W0221923

– 100 | – 1 | 1 | 100 | 200 | 300 | 400 | 500

Vénus de Milo (– 120)

– 19
Virgile
Énéide

8
Ovide
Métamorphoses

481 à 511
RÈGNE DE CLOVIS

–27 à 476
EMPIRE ROMAIN

1100 | 1200 | 1400 | 1500

1090
La Chanson de Roland

1170
Chrétien de Troyes
Yvain, le Chevalier au lion

Enluminure du *Codex Manesse* (1300)

1175 et 1180
Thomas et Béroul
Tristan et Iseut

1096 à 1099
MIÈRE CROISADE

1226 à 1270
RÈGNE DE SAINT LOUIS

1170 à 1250
Le Roman de Renart

1337 à 1453
GUERRE DE CENT ANS

1460
La Farce de maître Pathelin

1461
Villon
Le Testament

1650 | 1700

1637
Corneille
Le Cid

1648 à 1696
Madame de Sévigné, *Lettres*

1667
Racine
Andromaque

1671
Molière
Les Fourberies de Scapin

Vermeer
La Jeune Fille à la perle
(1665)

1697
Perrault
Contes de ma mère l'Oye

1668 à 1693
La Fontaine, *Fables*

1643 à 1661
RÉGENCE D'ANNE D'AUTRICHE

1617 à 1643
NE DE LOUIS XIII

1661 à 1715
RÈGNE DE LOUIS XIV

le classicisme

Collection *Rives bleues*
Ouvrage réalisé sous la direction d'**Hélène Potelet**

Rives bleues

Français 3e

LIVRE UNIQUE

Anne Autiquet
Agrégée de lettres classiques

Michelle Busseron-Coupel
Agrégée de lettres classiques
Professeur au collège Eugène-Delacroix (Paris)

Sylvie Choquet
Certifiée de lettres modernes
Professeur au collège Eugène-Delacroix (Paris)

Claudine Grossir
Agrégée de lettres modernes
Maître de conférences à l'IUFM de Paris-Sorbonne

Dorine Samé-Tuquet
Certifiée de lettres modernes
Professeur au collège Boris-Vian (Paris)

Hélène Potelet
Agrégée de lettres classiques
Professeur au collège Boris-Vian (Paris)

Avec la collaboration de
Céline Delivré
Certifiée de lettres modernes
Professeur au collège Léon-Gambetta (Paris)

Hatier

Avant-propos

Une collection pour tous les publics

• La collection *Rives bleues* est fondée sur un **double objectif** : mettre en œuvre les **nouveaux programmes d'enseignement du français** dans le respect du **Socle commun** et répondre aux **besoins** des élèves, dont les connaissances et les compétences sont en constante évolution.

• Le manuel comporte **trois parties** : une première est consacrée aux **textes**, à l'**Histoire des Arts** et à l'**expression**, une deuxième, à **la langue** et une troisième, à des exercices visant à **tester les acquis** des élèves dans le cadre de la **validation du Socle commun.** Un système de renvois assure une libre circulation entre les parties et permet au professeur d'**organiser librement son enseignement**.

Une structure dynamique

• Le **manuel comporte quatorze entrées** pour la partie « Textes et images » : neuf **chapitres**, quatre dossiers axés sur l'**Histoire des Arts** et un dossier méthode **Argumenter à l'écrit et à l'oral**. Cette nouvelle répartition permet au professeur de traiter dans l'année l'**ensemble des œuvres inscrites au programme** (récits des XXe et XXIe siècles, théâtre tragique de l'Antiquité au XXe siècle, poésie engagée et contemporaine...).

• Les **chapitres** présentent des **études d'œuvres intégrales** ou des **groupements de textes.** Une large place est accordée aux repères culturels, à la lecture, à l'Histoire des Arts, aux activités de langue, à des activités régulières d'écriture et d'oral.

• Les **dossiers Histoire des Arts** abordent plusieurs domaines artistiques : **cinéma** et **société**, **design** et **architecture**, **musique** et **tragique**, **art** et **poésie** au début du XXe siècle. Ces dossiers pourront être exploités dans la perspective de l'épreuve orale d'Histoire des Arts du brevet.

• Le dossier méthode **Argumenter à l'écrit et à l'oral** permet de familiariser les élèves avec des situations d'argumentation diverses. On y trouvera, par exemple, une méthode pour **construire un devoir de réflexion type brevet**, des conseils pour **écrire une lettre de demande de stage**, du **vocabulaire pour débattre.** Trois fiches ► Leçons 42 à 44, p. 372 à 376 viennent en complément de ce dossier ; l'une d'entre elles propose l'étude d'une image argumentative (publicité).

• **L'étude de la langue** peut être abordée au sein des chapitres, **en lien avec les textes**, et **de façon « décrochée »** à partir des **quarante-quatre fiches** de la partie II.

La prise en compte du nouveau brevet

• Le manuel offre à l'élève une **préparation efficace à l'épreuve du brevet.** Chaque chapitre se clôt par un sujet type brevet, conçu comme un **exercice d'entraînement** : l'élève trouvera au fil des questions des **conseils méthodologiques** pour répondre.

• Il pourra en outre disposer du **« Cahier brevet »** ***Rives bleues 3e*** qui lui permettra de tester ses connaissances et de réviser certaines notions de manière autonome tout au long de l'année.

• Enfin, l'**épreuve d'Histoire des arts** est détaillée dans une fiche ► p. 276 à 278 : modalités et conseils pour l'épreuve, lexique des arts, vocabulaire de l'analyse de l'image.

Des dispositifs d'évaluation du Socle commun SOCLE

Pour faciliter l'évaluation des compétences du Socle commun, le professeur et l'élève trouveront :

• dans le spécimen, un **document** qui met **en vis-à-vis** les **compétences attendues en 3e** et les **rubriques du manuel** où elles sont travaillées ;

• dans le manuel, l'**affichage des compétences** en jeu dans les **dossiers** et les **fiches de grammaire** ;

• en fin de manuel, un **dossier « Socle » pour l'élève** qui propose des **tests** pour valider les compétences à maîtriser en fin de 3e.

• Les **grilles de compétences** des **brevets** proposés dans le manuel sont disponibles pour l'enseignant dans le livre du professeur.

Des ressources multimédias sur DVD

• Le manuel s'accompagne d'un DVD pour la classe. Il contient des **extraits vidéos de films** et de **pièces de théâtre**, des **poèmes lus par un comédien** et des **iconographies variées.** Le logo DVD signale dans le manuel les textes en lien avec les extraits vidéos et les images présents dans le DVD. Toutes les vidéos et toutes les images sont accompagnées d'une fiche d'activités photocopiable avec corrigé.

Les auteurs.

Conception graphique et réalisation : **Laurent Romano.**
Iconographie : **Édith Garraud** / Hatier illustration.
Correction : **Lucie Martinet.**
Illustrations : **Carole Xénard** (p. 277).
Édition : **Florence de Boissieu** et **Isabelle Stiégler.**
Avec nos remerciements les plus chaleureux à **Stéphanie Mange** (professeur de lettres en collège, à Saint-Arnoult-en-Yvelines) pour sa relecture.

© HATIER, Paris, avril 2012 – ISBN : 978-2-218-95493-1
Toute représentation, traduction, adaptation ou reproduction, même partielle, par tous procédés, en tous pays, faite sans autorisation préalable est illicite et exposerait le contrevenant à des poursuites judiciaires. Réf. : loi du 11 mars 1957, alinéas 2 et 3 de l'article 41.
Une représentation ou reproduction sans autorisation de l'éditeur ou du centre français d'Exploitation du droit de copie (20, rue des Grands-Augustins, 75006 PARIS) constituerait une contrefaçon sanctionnée par les articles 425 et suivants du Code pénal.

Brelion Florentin 3 l Pasteur

Sommaire général

Textes et images

Grammaire, conjugaison, orthographe, vocabulaire

Cette partie comporte **44 leçons** et environ **360 exercices**.

Dossier Socle commun

SOCLE

HISTOIRE DES Arts

Dossiers

Chapitres

Fiche HDA

1 Atelier de rentrée sur le récit

Textes et images

Expression

Étude de la langue

Faire le point

Une rue à Santiago (Chili, 2010).

Récits d'enfance et d'adolescence (XXe-XXIe)

2 Enfance, rêves et tourments

3 Romain Gary, *La Promesse de l'aube* ou l'amour d'une mère

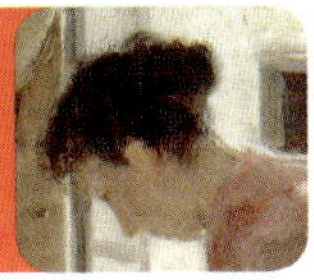

4 Les écrivains face à la guerre

5 Histoire des Arts — Cinéma et société

Dossier

SOCLE Compétence 5

Charlie Chaplin, *Les Temps modernes* (1936) (DVD)

▲ Photographie de tournage des *Temps modernes* de **Charlie Chaplin.**

6 Rêves et désillusions de la vie moderne

7 HISTOIRE DES Arts — Dossier
Design et architecture

Dessin de Olislaeger.

C. W. Gluck (1714-1787), opéra *Orphée et Eurydice* (1774), chorégraphie de **Pina Bausch** (1975), avec **Charlotte Hellekant** (chant d'Orphée) (Opéra de Paris, 2005).

Le théâtre : continuité et renouvellement (Antiquité-XXe)

10 HISTOIRE DES Arts Dossier
Musique et tragique

SOCLE Compétence 5

11 Yasmina Reza, *Le Dieu du carnage* : le conflit au théâtre

Poésie d'aujourd'hui (XXe-XXIe)

12 L'engagement des poètes

13 Poètes voyageurs

14 HISTOIRE DES Arts — Dossier
Art et poésie au début du XXe siècle

SOCLE **Compétence 5**

Paul Klee (1879-1940) détail de *Port et voiliers* (1937) ▲ peinture, 90 x 60 cm (musée national d'Art moderne, Centre Georges Pompidou, Paris).

Grammaire, conjugaison, orthographe, vocabulaire

Leçons et exercices SOCLE Compétence 1

Cette partie comporte **44 leçons** et environ **360 exercices**.

Grammaire

Les classes et fonctions grammaticales

De la phrase au texte

Conjugaison et valeurs des temps

Orthographe

Vocabulaire

Dossier Socle commun SOCLE

Valider les compétences du Socle (tests)

Tableaux de conjugaison

▲ **Océane Mozas** (Antigone) dans *Antigone* de Sophocle, mise en scène de **Jacques Nichet** (théâtre de l'Odéon-Berthier, Paris, 2004).

1 Atelier de rentrée sur le récit

Objectifs du chapitre

- Lire et analyser une nouvelle.
- Revoir les principaux outils d'analyse du récit.
- Dégager la portée d'un texte à partir de la compréhension de l'implicite.

Antonio Skármeta
(né en 1940)

Le saviez-vous ?

• Le 11 septembre 1973, le **général Pinochet**, commandant en chef de l'armée chilienne, renverse par un coup d'État le gouvernement d'**Allende**, président socialiste du Chili qui avait été élu démocratiquement en septembre 1970. Pinochet instaure un gouvernement autoritaire marqué par des arrestations et des tortures.

• **Antonio Skármeta** (né au Chili, en 1940), professeur à Santiago du Chili, doit s'exiler en 1973, à la suite de la prise de pouvoir du général Pinochet. Il est l'auteur de romans et de nouvelles qui ont reçu de nombreux prix et ont été traduits dans vingt-cinq langues. Il est aussi scénariste de films pour le cinéma et la télévision.

Premier acte de résistance

Texte intégral

A. Skármeta, « La rédaction »

Pour son anniversaire, Pedro a reçu un ballon. Il a protesté parce qu'il l'aurait voulu en cuir blanc avec des carrés noirs, comme ceux dans lesquels shootent les footballeurs professionnels. Celui-là, en plastique, et jaune par-dessus le marché, lui semblait beaucoup trop léger.

– Quand on veut marquer un but en faisant une tête, il s'envole. On dirait un oiseau tellement il pèse pas.

– Tant mieux, lui dit son père. Comme ça, tu te feras pas mal à la tête.

Et il lui fit de la main le geste de se taire parce qu'il voulait écouter la radio. Depuis le mois précédent, depuis que les rues de Santiago[1] s'étaient remplies de soldats, Pedro avait remarqué que son papa, tous les soirs, s'asseyait dans son fauteuil préféré, sortait l'antenne de la radio verte et écoutait avec attention des nouvelles qui arrivaient de très loin. Parfois, il venait des amis de son père qui fumaient comme des cheminées et, après, s'étendaient par terre et se collaient au haut-parleur comme s'il allait leur distribuer des bonbons par les trous.

Pedro demanda à sa maman :

– Pourquoi ils écoutent toujours cette radio pleine de crachouillis ?

– Parce que ce qu'elle dit est intéressant.

– Et qu'est-ce qu'elle dit ?

– Des choses sur nous, sur notre pays.

– Quelles choses ?

– Des choses qui arrivent.

– Et pourquoi on l'entend si mal ?

– Parce que la voix vient de très loin.

Et Pedro tout ensommeillé se mettait à sa fenêtre et tâchait de deviner entre quelles montagnes de la Cordillère[2] que lui offrait sa fenêtre la voix de la radio pouvait bien se faufiler.

En octobre, Pedro disputa de grands matchs de foot dans le quartier. Ils jouaient dans une rue pleine d'arbres, et courir à leur ombre au printemps[3] était presque aussi agréable que de nager dans la rivière en été. Pedro sentait que les feuilles bruissantes étaient comme l'immense verrière d'un stade couvert et qu'elles l'ovationnaient[4] quand il recevait une passe précise de Daniel, le fils de l'épicier, ou s'infiltrait comme Simonsen[5] entre les grands de la défense pour marquer un but.

– But ! criait Pedro. Et il courait embrasser tous ceux de son équipe, qui le portaient en triomphe comme s'il était un drapeau ou un cerf-volant. Bien que Pedro eût déjà neuf ans, il était le plus petit du coin et c'est pour ça que tout le monde l'appelait « microbe ».

– Pourquoi t'es si petit ? lui demandait-on quelquefois pour l'embêter.

– Parce que mon papa est petit et que ma maman est petite.

– Et sûrement aussi ton grand-père et ta grand-mère, parce que t'es vraiment microbe.

– Je suis microbe, mais je suis intelligent et rapide. Tandis que, toi, la seule chose que tu sais bouger vite, c'est ta langue.

Un jour, Pedro fit une attaque foudroyante sur l'aile gauche jusqu'à l'endroit où aurait dû se trouver le fanion du corner si ça avait été un vrai terrain et non pas la rue de terre du quartier. Quand il arriva sur Daniel, le fils de l'épicier, il fit croire, d'une feinte de la taille, qu'il allait avancer, mais il bloqua le ballon du pied, le fit passer pardessus le corps de Daniel déjà à plat ventre dans la boue, et doucement le fit rouler entre les pierres qui marquaient le but.

– But ! cria Pedro. Et il courut au centre du terrain pour recevoir l'accolade[6] des copains. Mais, cette fois, personne ne bougea. Ils étaient tous cloués sur place à regarder l'épicerie. Quelques fenêtres s'ouvrirent et des gens s'y penchèrent, les yeux fixés au coin de la rue comme si un célèbre magicien venait d'arriver, ou bien le cirque des Aigles-Humains avec ses éléphants danseurs. D'autres portes, cependant, s'étaient fermées, claquées par un coup de vent imprévu. C'est alors que Pedro vit le père de Daniel emmené par deux hommes qui le tiraient, tandis qu'un piquet de soldats[7] pointaient sur lui leurs mitraillettes.

Quand Daniel voulut s'approcher, un des hommes l'arrêta en lui mettant la main sur la poitrine.

– Bouge pas ! lui cria-t-il.

L'épicier regarda son fils et lui dit tout doucement :

– Surveille-moi bien le magasin.

Au moment où les hommes le poussaient vers la Jeep, il voulut mettre une main dans sa poche et aussitôt un soldat leva sa mitraillette.

1. **Santiago** : capitale du Chili, pays d'Amérique latine.
2. **la Cordillère** : la cordillère des Andes est une longue chaîne de montagnes en Amérique du Sud.
3. **au printemps** : dans l'hémisphère Sud, le printemps commence en septembre et se termine en décembre.
4. **ovationnaient :** acclamaient.
5. **Simonsen** : célèbre footballeur danois des années 1970.
6. **recevoir l'accolade** : recevoir une embrassade.
7. **piquet de soldats** : groupe de soldats.

▲ Garçons jouant au football, La Serena (Chili).

– Attention !

L'épicier dit :

– Je voudrais donner les clefs au gosse.

Un des hommes le bloqua avec son coude.

– C'est moi qui vais le faire.

Il palpa le pantalon du prisonnier et, là où se produisit un bruit métallique, il plongea sa main et sortit les clefs. Daniel les saisit au vol. La Jeep partit et les mères se précipitèrent sur les trottoirs, attrapèrent leurs enfants par le cou et les rentrèrent à la maison. Pedro resta près de Daniel dans le tourbillon de poussière qu'avait soulevé la Jeep.

– Pourquoi on l'a emmené ? demanda-t-il.

Daniel enfonça les mains dans ses poches et serra les clefs au fond.

– Mon papa il est de gauche, dit-il.

– Et ça veut dire quoi ?

– Qu'il est antifasciste[8].

Pedro avait déjà entendu ce mot le soir quand son père était près de la radio, mais il ne savait pas encore ce que ça voulait dire, et surtout il avait du mal à le prononcer. Le « f » et le « s » s'embrouillaient sur sa langue et ça faisait un bruit plein d'air et de salive quand il le disait.

– Ça veut dire quoi anti-fa-ciste ? demanda-t-il.

Son ami regarda la rue vide à présent et lui dit comme un secret :

– C'est quand on veut que le pays soit libre. Que Pinochet s'en aille.

– Et c'est pour ça qu'on les met en prison ?

– Je crois.

– Qu'est-ce que tu vas faire ?

– Je sais pas.

Un ouvrier s'approcha lentement et vint passer la main dans les cheveux de Daniel, l'ébouriffant encore plus que d'habitude.

– Je vais t'aider à fermer, dit-il.

Pedro prit le chemin du retour en poussant le ballon du pied et, comme il n'y avait dans la rue personne avec qui jouer, il courut jusqu'à l'autre carrefour attendre le bus qui ramènerait son père du travail. Quand son père descendit, Pedro l'attrapa par la taille et son père se pencha pour l'embrasser.

– Maman n'est pas encore rentrée ?

– Non, dit l'enfant.

– Tu as beaucoup joué au foot ?

– Un peu.

La main de son père attrapa sa tête et la serra contre sa poitrine en une caresse.

– Y a des soldats qui sont venus arrêter le père de Daniel.

– Oui, je sais, dit le père.

– Et comment tu le sais ?

– On m'a prévenu par téléphone.

– Daniel, c'est lui le patron maintenant. Peut-être il va me donner des bonbons.

– Je ne crois pas.

– On l'a emmené dans une Jeep comme celles qu'il y a dans les films.

Le père ne répondit rien. Il respira profondément et resta là à regarder la rue avec une grande tristesse. Bien que ce fût un jour de printemps, on n'y voyait ni femmes ni enfants – que des hommes qui revenaient lentement de leur travail.

– Tu crois qu'on le verra à la télé ?

– Quoi ? demanda le père.

– Le papa de Daniel.

– Non.

Le soir, ils s'assirent tous les trois à table et, bien que personne ne lui ait dit de se taire, Pedro n'ouvrit pas la bouche, comme gagné par le silence de ses parents, et il regardait les dessins de la nappe comme si les fleurs brodées avaient été dans un endroit très loin. Soudain, sa mère se mit à pleurer sans bruit.

– Pourquoi elle pleure, maman ?

Le père regarda d'abord Pedro, puis sa femme et ne répondit pas. La mère dit :

– Je ne pleure pas.

– Quelqu'un t'a fait quelque chose ? demanda Pedro.

– Non.

Ils finirent de manger en silence et Pedro alla mettre son pyjama, qui était orange avec plein d'oiseaux et de lapins. Quand il revint, son père et sa mère se tenaient enlacés dans le fauteuil, l'oreille tout près de la radio qui émettait des sons bizarres, encore plus vagues que d'habitude à cause du faible niveau. Devinant presque que son père allait mettre un doigt sur ses lèvres et lui faire signe de se taire, Pedro demanda très vite.

– Papa, t'es de gauche, toi ?

L'homme regarda son fils, sa femme, et puis tous les deux regardèrent Pedro. Après quoi il leva et baissa lentement la tête pour acquiescer[9].

– On va t'arrêter toi aussi ?

– Non, dit le père.

– Et comment tu le sais ?

– Tu me portes chance, moineau, dit l'homme en souriant.

Pedro s'appuya au cadre de la porte, heureux qu'on ne l'envoie pas se coucher tout de suite comme les autres soirs. Il prêta attention à la radio, en essayant de comprendre ce qui attirait ses parents et leurs amis chaque soir. Quand il entendit la voix du speaker[10] dire : « La junte[11] fasciste »,

Mémorial aux disparus et aux dissidents politiques assassinés sous la dictature de Pinochet, Santiago (Chili, 2010).

il sentit que toutes les choses, qui jusque-là flottaient éparses[12] dans sa tête, s'assemblaient soudain comme dans ces puzzles où petit bout par petit bout il recomposait l'image d'un voilier.

– Papa ! s'écria-t-il. Moi aussi je suis antifasciste ?

Le père regarda sa femme, comme si la réponse à cette question était écrite dans ses yeux à elle, et la mère gratta sa pommette[13] d'un air amusé et finit par dire :

– C'est difficile à dire.

– Et pourquoi ?

– Parce que les enfants ne sont anti-rien. Les enfants sont simplement des enfants. Les enfants de ton âge doivent aller à l'école, beaucoup étudier, jouer encore plus, et bien aimer leurs parents.

Chaque fois qu'on disait à Pedro de si longues phrases, il ouvrait grands les yeux en espérant que le puzzle allait s'organiser dans sa tête. Mais cette fois il battit des cils, le regard fixé sur la radio.

– Bon, dit-il en se grattant le nombril qui pointait chaque fois que le pantalon de son pyjama commençait à glisser, mais si le papa de Daniel est en prison, Daniel ne pourra pas aller à l'école.

– Allez, au lit, moineau, dit le père.

Le lendemain, Pedro avala deux petits pains avec de la confiture, promena un doigt dans le lavabo, s'essuya le coin des yeux et partit ventre à terre à l'école pour qu'on ne lui marque pas un autre retard. En chemin, il vit un beau cerf-volant bleu pris dans les branches d'un arbre, mais il eut beau sauter et sauter, rien à faire. La cloche n'avait pas encore fini de sonner ding-dong quand la maîtresse entra, toute raide, accompagnée d'un monsieur en uniforme militaire, une médaille sur la poitrine longue comme une carotte, des moustaches grises et des lunettes plus noires que la crasse des genoux. Il ne les enleva pas, peut-être parce que le soleil entrait dans la classe comme s'il avait voulu l'incendier.

La maîtresse dit :

– Debout mes enfants, et bien droits.

Les enfants se levèrent et attendirent le discours du militaire qui souriait avec ses moustaches en brosse à dents sous ses lunettes noires.

8. **antifasciste** : qui prend position contre un régime totalitaire.
9. **acquiescer** : faire signe que oui.
10. **speaker** : présentateur de radio.
11. **junte** : groupe de militaires qui se saisissent du pouvoir politique.
12. **éparses** : éparpillées.
13. **pommette** : haut de la joue.

▲ 10e anniversaire du coup d'État militaire du général Pinochet (Chili, 1983).

– Bonjour mes petits amis, dit-il. Je suis le capitaine Romo[14] et je suis venu vous voir de la part du gouvernement, c'est-à-dire du général Pinochet, de l'amiral Merino[14] et du général Leigh[14], pour inviter tous les enfants de toutes les classes de cette école à faire une rédaction. Celui qui aura écrit la plus belle de toutes recevra des mains du général Pinochet lui-même une médaille en or et un ruban comme celui-là, aux couleurs du drapeau chilien.

Il croisa ses mains derrière son dos, se plaça, d'un saut, jambes écartées et étira le cou en levant un peu le menton.

– Attention ! Asseyez-vous !

Les enfants obéirent en se grattant à deux mains.

– Bien, dit le militaire. Prenez vos cahiers… Les cahiers sont prêts ? Bien, prenez vos crayons… Les crayons sont prêts ? Écrivez ! Sujet de la rédaction : « Ma maison et ma famille. » Vu ? C'est-à-dire ce que vous faites, vous et vos parents, à votre retour de l'école et du travail. Les amis qui viennent. Ce dont on parle. Les réflexions qu'on fait quand on regarde la télé. Tout ce qui vous passera par la tête, librement, en toute liberté. Prêts ? Une, deux, trois, partez !

– On peut effacer, m'sieu ? demanda un enfant.

– Oui, dit le capitaine.

– On peut écrire avec un Bic ?

– Oui, jeune homme, bien sûr !

– On peut écrire sur une copie, m'sieu ?

– Absolument.

– Il faut en mettre combien, m'sieu ?

– Deux ou trois pages.

Les enfants protestèrent en chœur.

– Bon, conclut le capitaine. Une ou deux alors. Au travail !

Les enfants mirent leur crayon entre les dents et regardèrent au plafond pour voir si, par un petit trou, l'oiseau de l'inspiration n'allait pas descendre vers eux. Pedro suçait avec force le bout de son crayon, mais il n'en sortit pas le moindre mot. Il fourragea dans son nez et colla sous la table une petite crotte qui en était sortie par hasard. Leïva, son voisin de table, était en train de se ronger les ongles un à un.

– Tu les manges ? lui demanda Pedro.

– Quoi ?

– Les ongles.

– Non, je les coupe avec mes dents et après je les crache. Comme ça. T'as vu ?

Le capitaine s'avança entre les tables et Pedro

put voir à quelques centimètres la boucle dure et brillante de son ceinturon.

– Et vous, vous ne travaillez pas ?

– Si, m'sieu, dit Leïva.

Et, à toute vitesse, il fronça les sourcils, sortit sa langue entre ses dents et écrivit un grand « A » pour commencer sa rédaction. Quand le capitaine fut revenu au tableau et se fut installé pour parler tout bas avec la maîtresse, Pedro jeta un coup d'œil à la feuille de Leïva.

– Qu'est-ce que tu vas mettre ?

– N'importe quoi. Et toi ?

– Chais pas.

– Qu'est-ce qu'ils ont fait tes vieux hier au soir ?

– Ben, toujours la même chose. Ils ont mangé, ils ont écouté la radio et ils se sont couchés.

– Ma maman, pareil.

– Ma maman, elle s'est mise à pleurer tout à coup.

– Les femmes, ça pleure tout le temps, t'as pas remarqué ?

– Moi, j'essaie de jamais pleurer. Ça fait presque un an que j'ai pas pleuré.

– Et si je te casse la gueule ?

– Ben, pourquoi, puisqu'on est copains ?

– C'est vrai.

Ils empoignèrent tous les deux leurs stylos et regardèrent l'ampoule éteinte, les ombres sur les murs, et ils se sentaient la tête vide comme une tirelire et sombre comme un tableau noir. Pedro approcha sa bouche de l'oreille de Leïva et lui dit :

– Dis, t'es antifasciste, toi ?

Leïva surveilla la position du capitaine. Il fit signe à Pedro de tourner la tête et vint lui souffler son haleine dans l'oreille :

– Ben, évidemment, ducon.

Pedro s'écarta un peu de lui et cligna de l'œil exactement comme font les cow-boys au ciné. Après quoi, il se rapprocha encore en faisant semblant d'écrire quelque chose sur la page déserte.

– Mais t'es qu'un enfant, toi !

– Ça n'a rien à voir.

– Ma maman, elle dit que les enfants…

– Elles disent toujours ça… Mon papi on l'a arrêté et on l'a emmené dans le nord.

– Le papa de Daniel aussi.

– Je connais pas.

– L'épicier.

Pedro contempla la feuille blanche et lut, écrit de sa propre main : « Pedro Malbran. École Siria – cours moyen A – Ma maison et ma famille. »

– Eh ! le Maigre ! dit-il à Leïva. Chiche que je gagne la médaille !

– Vas-y, microbe !

– Si je la gagne, je la revends et je m'achète un ballon de foot, un vrai, en cuir blanc avec des carrés noirs.

– Tu l'as pas encore gagnée.

Pedro mouilla la pointe de son crayon avec un peu de salive, poussa un profond soupir et écrivit d'un seul trait le texte suivant :

« Quand mon papa revient du travail, je vais l'attendre à l'arrêt du bus. Des fois, ma maman est déjà rentrée et quand mon papa arrive elle lui dit alors mon grand ça s'est bien passé aujourd'hui. Oui lui dit mon papa et toi aussi. Ça va, ça va, lui dit ma maman. Après, moi je vais jouer au foot et j'aime bien marquer des buts en faisant des têtes. Daniel, lui, il aime bien être goal mais moi je l'énerve parce qu'il arrive pas à bloquer quand je choute. Après, ma maman vient me chercher et elle me dit maintenant viens manger Pedrito, et on se met à table et moi je mange tout sauf les haricots parce que je peux pas les blairer. Après mon papa et ma maman s'assoient dans les fauteuils du livingue[15] et ils jouent aux échecs et moi je fais mes devoirs. Et après on va tous au lit et moi je joue à leur chatouiller les pieds. Et après, après, j'ai plus rien à raconter parce que je m'endors.

signé : Pedro Malbran.

PS : Si on me donne un prix pour la rédaction, je voudrais bien un ballon de foot mais pas en plastique. »

Une semaine passa, au cours de laquelle un arbre du quartier s'abattit tellement il était vieux, l'éboueur ne passa pas pendant cinq jours et les mouches venaient heurter les yeux des gens et même leur entraient dans le nez, Gustavo Martinez de la maison d'en face se maria et ils donnèrent du gâteau de mariage à tous les voisins, la Jeep revint et on arrêta le professeur Manuel Pedraza, le curé ne voulut pas dire la messe ce dimanche-là, le Colo[16] gagna un match international haut la main, on trouva le mur blanc de l'école barré d'un large mot en rouge : « RÉSISTANCE », Daniel revint jouer au foot et il marqua un but d'un retournement et un autre d'une tête, le prix des glaces augmenta, et Mathilde Shepp, le jour de ses huit ans, demanda à Pedro de l'embrasser sur la bouche.

14. **Romo, Merino, Leigh** : ils ont fait partie de la junte militaire ; Romo était commandant de l'armée de terre, Leigh représentant des forces aériennes, Merino de la marine.

15. **livingue** : pour *living-room* (salon).

16. **Colo** : club de football chilien, un des meilleurs de l'Amérique du Sud.

– T'es pas folle, toi ! lui répondit-il.

Après cette semaine en vint une autre et, un jour, le militaire réapparut dans leur classe, les bras chargés de papiers, d'un sac de bonbons et d'un calendrier avec la photo d'un général[17].

– Mes chers petits amis, dit-il à la classe, vos rédactions étaient très jolies et elles nous ont beaucoup amusés mes collègues et moi, aussi en notre nom à tous et au nom du général Pinochet, je dois vous féliciter très sincèrement. Ce n'est pas dans votre classe que la médaille d'or a été gagnée, mais dans une autre ; oui, une autre. Cependant, pour récompenser votre sympathique petit travail, je vais vous distribuer à chacun un bonbon, votre rédaction avec une note, et ce calendrier avec la photo du héros.

Pedro mangea son bonbon dans le bus du retour. Il alla attendre son père au coin de la rue et, plus tard, il posa sa rédaction sur la table du dîner. En bas, le capitaine avait écrit à l'encre verte : « Bravo ! Je te félicite ! » Mangeant sa soupe d'une main et se grattant le nombril de l'autre, Pedro attendit que son père ait fini de la lire. L'homme passa la rédaction à la mère et la regarda sans rien dire ; il enfilait ses cuillerées de soupe l'une après l'autre sans s'arrêter, mais sans quitter sa femme du regard. Elle leva les yeux de la feuille et il lui vint aux lèvres un sourire radieux, éclatant comme un fruit. Sourire que le père copia aussitôt, tout pareil.

– Bon, dit-il. Il va falloir acheter un jeu d'échecs, on sait jamais.

Antonio Skármeta, *Le Cycliste de San Cristobal* (1973),
traduit de l'espagnol par Laure Bataillon,
© Le Seuil (1984).

17. **un général :** il s'agit du général Pinochet, désigné ici par le terme de *héros* (l. 417).

Dégager l'essentiel

a. Qui est Pedro ? Quel âge a-t-il ?

b. Dans quel pays et quelle ville vit-il ?

c. Qui sont les personnages appartenant à son entourage habituel ? Indiquez leurs noms et leurs relations.

d. À quel événement grave Pedro assiste-t-il dans la rue ?

e. Pourquoi les parents de Pedro et leurs amis écoutent-ils la radio, le soir ?

f. Quel sujet de rédaction Pedro et ses camarades doivent-ils traiter ? Qui le leur a imposé ? Dans quel but avoué et inavoué ?

g. Pedro a-t-il dit la vérité dans sa rédaction ? Pourquoi son père doit-il acheter un jeu d'échecs ?

Le narrateur et le cadre réaliste

1. a. À quelle personne le narrateur mène-t-il le récit ? Est-il un personnage de l'histoire ?

b. S'agit-il d'un récit au présent ou au passé ? Justifiez.

2. a. Quels personnages et quels événements évoquent la dictature militaire qui règne au Chili ?

b. La prise de pouvoir des militaires est-elle récente au moment où démarre le récit ? Appuyez-vous sur des faits précis et une indication de temps.

3. Dans quels différents lieux l'action se déroule-t-elle ?

La structure du récit et le rythme

4. Rétablissez la chronologie des événements et retrouvez les étapes du schéma narratif (situation initiale, élément déclencheur, actions, dénouement). Y a-t-il une situation finale ?

a. Le lendemain, un militaire entre dans la classe et demande aux élèves de faire une rédaction.

b. Les parents de Pedro lisent sa rédaction.

c. Le soir, à la maison, Pedro apprend de ses parents qu'ils sont antifascistes.

d. Daniel explique à Pedro que son père est antifasciste.

e. Les parents envisagent d'acheter un jeu d'échecs.

f. Le militaire rend les rédactions.

g. Pedro a reçu en cadeau un ballon. Il joue au foot avec ses camarades dans la rue ; ses parents écoutent la radio.

h. Avant d'écrire, Pedro discute avec son voisin Leïva.

i. Un jour, l'épicier, le père de son ami Daniel, est arrêté.

5. Sur quelle durée approximative les événements s'étendent-ils ? Relevez les indications temporelles.

6. Sur quelles scènes le narrateur s'attarde-t-il ? Appuyez-vous sur la présence de dialogues.

7. a. *Une semaine passa, au cours de laquelle...* (l. 385-401) : que se passe-t-il durant cette période ? Pourquoi le narrateur en fait-il un résumé ?

b. *Après cette semaine en vint une autre* (l. 403) : expliquez ce qu'est une ellipse. Quelle en est la durée, ici ?

Le parcours de Pedro

8. a. Quelle est la passion favorite de Pedro ? Relevez un champ lexical.

b. Quels sont les éléments dans la vie de Pedro qui renvoient au monde de l'enfance ? Citez quelques exemples.

9. a. Pedro a-t-il compris, au début du récit, la situation politique de son pays ? Et à la fin ? Justifiez.

b. Quelles sont les étapes qui lui permettent de la comprendre ? Appuyez-vous sur les différentes discussions qu'il a avec ses parents et ses camarades. Quel mot sert de fil conducteur au cours de ces discussions ?

c. Expliquez cette image : *il sentit que toutes les choses, qui jusque-là flottaient éparses dans sa tête, s'assemblaient soudain comme dans ces puzzles où petit bout par petit bout il recomposait l'image d'un voilier* (l. 205-208).

10. a. *la maîtresse entra, toute raide, accompagnée d'un monsieur en uniforme militaire* (l. 236-238) : selon quel point de vue le narrateur décrit-il le personnage ?

b. Relevez les comparaisons et métaphores qui jalonnent le texte. À quel univers renvoient-elles ?

c. À quel point de vue se rattachent-elles ?

11. Quelles sont les relations de Pedro avec ses parents ? Et de ses parents entre eux ? Relevez des gestes et des paroles significatifs.

12. a. Quelles sont les opinions politiques de ses parents ? Citez le texte.

b. Quels risques courent-ils ? Quelles précautions doivent-ils prendre ?

c. Comment la communication passe-t-elle entre les trois personnages dans la scène finale ?

La chute et la portée de la nouvelle

13. Quel est le contenu de la rédaction écrite par Pedro ? Le lecteur s'y attendait-il ?

14. Quelle image est donnée du personnage du militaire (l. 237-285) ? Pour répondre :

a. relevez les comparaisons qui le décrivent ;

b. qualifiez la façon dont il s'adresse aux enfants. Appuyez-vous sur les types de phrases.

15. *Tu me portes chance, moineau* (l. 197) : en quoi la chute de la nouvelle illustre-t-elle cette phrase du père ?

16. Que peut symboliser, selon vous, le motif de l'oiseau ou de l'objet volant qui parcourt la nouvelle (*On dirait un oiseau*, l. 8 ; son pyjama *orange avec plein d'oiseaux*, l. 182-183 ; *moineau*, l. 197 ; *cerf-volant*, l. 233 ; *l'oiseau de l'inspiration*, l. 288) ?

17. Quel est l'enjeu (ou la visée) de cette nouvelle ? Le narrateur ne cherche-t-il qu'à raconter une histoire pour divertir ?

Réécrire

18. *Le soir, ils s'assirent tous les trois à table […] se mit à pleurer sans bruit* (l. 167-173) : réécrivez le passage en imaginant que Pedro raconte son histoire à la première personne.

aide

Commencez par : *Le soir, nous…*

19. Réécrivez la rédaction de Pedro en utilisant un niveau de langage courant et en rétablissant la ponctuation et la disposition du dialogue (des tirets pour les changements d'interlocuteurs).

Une rue à Santiago (Chili, 2010).

Résumer

20. Résumez la nouvelle, en ne dépassant pas une quinzaine de lignes. Allez à l'essentiel, ne reproduisez pas les dialogues.

Écrire

21. Pedro a la passion du foot. Et vous, quelle est votre passion dans la vie ?

Consignes d'écriture

- *Présentez votre passion. Quel événement l'a déclenchée ? À quels moments la pratiquez-vous ?*
- *Que vous apporte-t-elle ? Vous est-elle bénéfique ou devient-elle trop envahissante ?*

1 Classes et fonctions grammaticales

1. a. Identifiez les fonctions grammaticales des groupes *avec attention* et *des nouvelles* (phrase a).

b. Indiquez la nature de la proposition subordonnée introduite par *qui*.

2. a. Indiquez la classe grammaticale des mots en violet (phrase b). Quel mot est repris par *l'* ?

b. Identifiez le sujet du verbe *shootent*. À quelle place est-il ?

> a. écoutait avec attention des nouvelles qui arrivaient de très loin.
>
> b. Pour son anniversaire, Pedro a reçu un ballon. Il a protesté parce qu'il l'aurait voulu en cuir blanc avec des carrés noirs, comme ceux dans lesquels shootent les footballeurs professionnels.
>
> Antonio Skármeta, *Le Cycliste de San Cristobal* (1973), traduit de l'espagnol par L. Bataillon, © Le Seuil (1984).

2 Temps des verbes et valeur des temps

Identifiez le temps et le mode des verbes en violet, puis indiquez la valeur de ces temps : habitude, vérité générale, actualité (renvoyant au moment de l'énonciation), action de premier plan, antériorité dans le passé.

> a. comme ceux dans lesquels shootent les footballeurs professionnels.
>
> b. Pedro avait remarqué que son papa, tous les soirs, s'asseyait dans son fauteuil préféré.
>
> c. Et pourquoi on l'entend si mal ?
>
> d. Un jour, Pedro fit une attaque foudroyante.
>
> Antonio Skármeta, *Le Cycliste de San Cristobal* (1973), traduit de l'espagnol par L. Bataillon, © Le Seuil (1984).

3 Le niveau de langage

Réécrivez les phrases suivantes dans un niveau de langage courant.

> a. Pourquoi t'es si petit ?
>
> b. Ça veut dire quoi anti-fa-ciste ?
>
> c. Il faut en mettre combien, m'sieu ?
>
> d. Chais pas.
>
> Antonio Skármeta, *Le Cycliste de San Cristobal* (1973), traduit de l'espagnol par L. Bataillon, © Le Seuil (1984).

4 Les accords

Justifiez les accords des mots en violet.

> a. Il venait des amis de son père qui fumaient comme des cheminées.
>
> b. Vos rédactions étaient très jolies et elles nous ont beaucoup amusés mes collègues et moi.
>
> Antonio Skármeta, *Le Cycliste de San Cristobal* (1973), traduit de l'espagnol par L. Bataillon, © Le Seuil (1984).

5 Les temps de l'indicatif

Écrivez les verbes à l'indicatif présent, imparfait, futur, passé simple, passé composé, plus-que-parfait.

a. Pedro (recevoir) un ballon. b. Pedro (faire) une attaque foudroyante. c. Comment tu le (savoir) ? d. Je ne (pleurer) pas.

6 Le préfixe *anti-*

Les enfants ne sont anti-rien (l. 216).

anti- est un préfixe grec signifiant « contre ». C'est aussi un préfixe latin signifiant « avant ».

1. Classez les mots suivants selon qu'ils sont formés du préfixe *anti-* ou non.

2. Si oui, vous distinguerez *anti-* (contre) et *anti-* (avant). Établissez alors trois listes.

a. antimite. b. antilope. c. anticonstitutionnel. d. anticiper. e. antipathie. f. antidater. g. antivol. h. antiquaire. i. antichambre. j. antireflet. k. antillais.

7 Les idéologies

Associez chaque mot à sa définition : *capitalisme, nazisme, démocratie, fascisme, communisme.*

a. idéologie fasciste de l'Allemagne hitlérienne. b. régime totalitaire. c. système politique dans lequel la souveraineté appartient au peuple. d. régime politique et social fondé sur la propriété collective. e. régime économique et social fondé sur l'entreprise privée.

8 Une figure de style : la comparaison

Un sourire... éclatant comme un fruit (l. 429-430).

Complétez ces comparaisons en vous aidant du texte.

a. Les parents de Pedro se collaient au haut-parleur comme s'il .... b. La jeep partit rapide comme .... c. La maîtresse entra raide comme .... d. Pedro était fier comme .... e. Sa mère pleurait comme ....

Faire le point

La nouvelle et les caractéristiques du récit

Définition de la nouvelle

- La nouvelle est un **récit court**, centré sur **un seul événement** et comportant **peu de personnages**. Elle évoque généralement un **moment précis** d'une existence mais elle peut aussi, en quelques pages, s'étendre sur une durée plus longue, concentrée autour de **moments choisis**.
- Sa forme brève favorise l'**intensité dramatique** : les événements s'enchaînent en fonction de la **chute** (fin de la nouvelle), destinée à créer un **effet de surprise** et à susciter la **réflexion**.

L'auteur, le narrateur

- L'**auteur** est la personne réelle qui a écrit le texte (Antonio Skármeta pour « La rédaction »).
- Le **narrateur** est celui qui raconte l'histoire. Le narrateur de « La rédaction » mène le récit à la troisième personne (*Pour son anniversaire Pedro a reçu un ballon*, l. 1). Il adopte un **point de vue omniscient** : il se présente comme ayant une connaissance parfaite des événements, des personnages (passé, sentiments, intentions ► *Pedro a reçu un ballon. Il a protesté parce qu'il l'aurait voulu en cuir blanc*, l. 1-3). Il adopte aussi par moments le point de vue de Pedro (**point de vue interne**), ce qui permet au lecteur de s'identifier au personnage (*un monsieur en uniforme militaire*, l. 237-238).

Le rythme du récit, les dialogues

- Le narrateur peut **accélérer le rythme** en racontant une longue durée en peu de lignes : il fait pour cela des **ellipses** (sauts dans le temps ► *Après cette semaine en vint une autre*, l. 403) ou des **sommaires** (résumés ► *Une semaine passa, au cours de laquelle un arbre s'abattit*, l. 385-386).
- Il peut, au contraire, **mettre en valeur une scène** en lui consacrant plusieurs lignes ou pages (scène de l'arrestation, scène de l'école, scènes entre Pedro et ses parents).
- Une scène comporte souvent des dialogues (paroles au **discours direct**). Les dialogues donnent vie au récit ; ils restituent les émotions, le niveau de langage (*Chais pas*, l. 313).

La portée du texte et les enjeux

- Identifier la portée d'un texte et ses enjeux, c'est dégager l'**intention du narrateur** et, par-delà, de l'**auteur** : divertir, faire rire, susciter la réflexion, dénoncer…
- Un texte comporte souvent des **éléments implicites** (non clairement dits mais suggérés). La force de la **chute** de la nouvelle de Skármeta (l'achat du jeu d'échecs) est fondée sur un implicite qui donne sa signification profonde au texte.

◄ Manifestation contre le général Pinochet, à Santiago (Chili, 1983).

2 Enfance, rêves et tourments

Objectifs du chapitre

- Distinguer récit autobiographique et récit de fiction.
- Découvrir les principales thématiques du récit d'enfance.
- Analyser l'expression des sentiments et émotions.

Affichette pour le film *L'Argent de poche* (1976), de **François Truffaut**.

– Alors, tu vas vraiment faire ça ? « Évoquer tes souvenirs d'enfance »... [...]
– Oui, je n'y peux rien, ça me tente, je ne sais pas pourquoi...

Nathalie Sarraute, *Enfance* (1983) © Gallimard.

Estonie (2007).

▲ **Pablo Picasso** (1881-1973), *Enfant jouant avec un camion* (1953), huile sur toile, 130 x 96,5 cm (musée Picasso, Paris).

- Que représente ce tableau de Picasso ?
- Est-il réaliste ?
- En quoi est-il une invitation à entrer dans l'univers de l'enfance ?

Des écrivains face à l'enfance

De nombreux écrivains ont mis en scène des personnages ***enfants*** *ou* ***adolescents****, dans des récits* ***autobiographiques*** *(récits de leur propre vie) ou des récits de* ***fiction*** *(histoires inventées). Voici une présentation de ceux que vous trouverez dans le chapitre. Des suggestions d'autres lectures et de films figurent* ► p. 49.

Les récits autobiographiques

- **Nathalie Sarraute** (1900-1999) est née en Russie dans une famille aisée et cultivée ; très vite, ses parents se séparent et l'enfant est ballottée entre son père et sa mère, entre Paris et Saint-Pétersbourg. À partir de 1909, sa mère la laisse chez son père à Paris ; c'est là qu'elle poursuivra ses études, se mariera et deviendra une romancière célèbre. Dans son récit autobiographique *Enfance* (1983), elle présente un dialogue avec elle-même : la narratrice tente de retrouver avec sa conscience d'adulte le point de vue de l'enfant qu'elle était ► p. 30.

- **Annie Ernaux** est née en 1940 en Normandie, dans une famille d'origine paysanne et ouvrière. Contrairement à ses parents, elle fait des études ; elle devient professeur de lettres tout en poursuivant une carrière d'écrivain. Elle écrit *La Place* (1983), en hommage à son père décédé, puis *Une femme* (1988), œuvre dédiée à sa mère. Elle qualifie elle-même ces récits d'auto-socio-biographies, en s'attachant à analyser son sentiment de trahison par rapport à ses origines ► p. 32.
- **Éric Fottorino** est né à Nice en 1960. Sa mère l'élève seule jusqu'à son mariage avec Michel Fottorino. Ce dernier adopte alors le

◄ **Andrew Macara** (né en 1944), *Enfants courant à Lesbos* (1999), huile sur toile (collection privée).

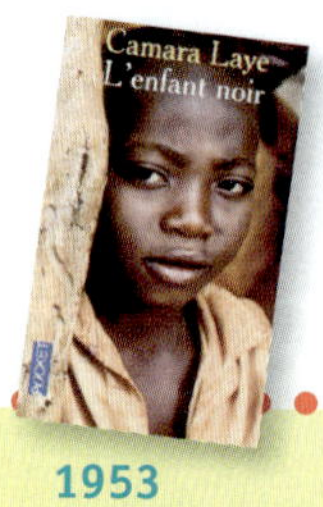

1914-1918	1923	1930	1939-1945	1946-1958	1953
Première Guerre mondiale	*Le Blé en herbe* de Colette (1873-1954)	*Le Bal* d'Irène Némirovsky (1903-1942)	Seconde Guerre mondiale	Quatrième République	*L'Enfant noir* de Camara Laye (1928-1980) ► p. 48

jeune Éric âgé de neuf ans et lui donne son nom. Journaliste au *Monde*, il est également connu comme romancier et essayiste. Dans son œuvre, il ne cesse de rendre hommage à ce père adoptif chaleureux à travers divers personnages de fiction ; mais après le suicide de ce dernier, il écrit pour lui le récit autobiographique *L'homme qui m'aimait tout bas* (2009) ► p. 28.

Les récits de fiction

Sidonie Gabrielle Colette (1873-1954) a vécu une enfance heureuse dans un village de Bourgogne, auprès d'une mère qui lui a appris à aimer la nature et les animaux. À vingt ans, elle épouse Henry Gauthier-Villars, dit Willy, qui encourage ses talents d'écrivain et l'introduit dans le Paris mondain. Après son divorce, elle mène une vie libre, aussi bien dans ses choix sentimentaux que professionnels. Son écriture traduit sa sensibilité et son amour de la vie. Dans *Le Blé en herbe* (1923), elle raconte l'histoire de deux adolescents amis d'enfance qui découvrent l'amour ► p. 36.

Irène Némirovsky (1903-1942) est née en Ukraine, dans une famille de banquiers juifs qui s'installe en France après la Première Guerre mondiale. Elle fait des études de lettres. *Le Bal*, paru en 1930, connaît un vif succès : elle s'inspire de sa propre vie d'enfant délaissée par une mère frivole et égoïste et du milieu fortuné de ses parents pour créer le personnage d'Antoinette. À cause des lois antijuives du gouvernement de Pétain, elle doit se cacher avec sa famille à la campagne. Arrêtée en 1942, elle meurt comme son mari en camp de concentration ► p. 34.

Jean Marie Gustave Le Clézio est né à Nice le 13 avril 1940. Ses ancêtres, d'origine bretonne, ont immigré à l'île Maurice, cadre de son roman *Le Chercheur d'or* (1985). Le Clézio est un écrivain voyageur. Fuyant le monde moderne et ses violences, il s'intéresse à toutes les cultures porteuses de valeurs humanistes et fondées sur la tolérance ► p. 38.

▲ Colette en 1888.

Ai-je bien lu ?

1. Quelle différence y a-t-il entre un récit autobiographique et un récit de fiction ?
2. Qui a écrit *Enfance* ? *Le Blé en Herbe* ? *La Place* ? *Le Bal* ? *Le Chercheur d'or* ? *L'homme qui m'aimait tout bas* ?
3. Qui sont les écrivains en vie aujourd'hui ?

1958
Début de la Cinquième République

1968 (mai-juin)
Révolte culturelle, sociale et politique en France

1983
Enfance de Nathalie Sarraute (1900-1999)
La Place d'Annie Ernaux (née en 1940)

2008
J. M. G. Le Clézio reçoit le prix Nobel de littérature

2009
L'homme qui m'aimait tout bas d'Éric Fottorino (né en 1960)

Éric Fottorino
(né en 1960)

Préparer la lecture

1. Situez sur une carte de France la Pointe Espagnole et Pontaillac.
2. Faites une recherche sur le film *Tarzan l'homme-singe* dans lequel Johnny Weissmuller a joué le rôle-titre.

Père et fils

Le narrateur passe ses vacances à Royan (en Charente-Maritime) avec sa mère et son beau-père Michel Fottorino, qui l'a adopté.

Il est d'autant mieux devenu mon père que, de toutes mes forces et de toutes mes peurs, j'ai voulu devenir son fils. [...]

Cette fois nous nageons. Plutôt je me noie sans m'en apercevoir. J'ai dix ans, nous sommes à la Pointe Espagnole, en famille un dimanche d'été, baignade non surveillée. Ma petite planche en bois, le nez dressé pour prendre les vagues, glisse vers le large. Les courants m'emportent. Je n'entends pas vos cris. Je m'éloigne. Je n'ai pas la moindre idée du danger. Quand je lutterai pour revenir vers le rivage, ce sera trop tard. Je revois très précisément mon père à travers le rideau épais des années. Il s'est élancé du bord et a plongé comme un javelot, tête la première. Soudain entre la crête des vagues, il est là. Comment a-t-il fait pour me rejoindre si vite ? Il parle calmement, n'a pas le souffle coupé. Il doit avoir la force de Johnny Weissmuller dans *Tarzan*. Pour maman là-bas sur le sable, nous ne sommes que deux petits points dans un gouffre bleu. Je la vois qui court puis s'effondre, son ventre rond en avant car il y a François[1] dedans, mon cadeau d'anniversaire pour le mois d'août. C'est une scène sans paroles, seulement bruitée par la houle. Je devine que maman pleure, qu'elle nous voit déjà par le fond, papa et moi. Des gens l'entourent. Elle tient son visage entre ses mains. Mon père, serein, continue de me parler, il m'invite à bien respirer, à rester tranquille. Mais je ne suis pas affolé puisqu'il est là. La confiance est une forme d'inconscience. Après, je saurai que chaque année des enfants et aussi des adultes périssent dans ces courants. Je n'ai pas eu peur, mon père m'a rejoint, on est revenus sans encombre sur le sable. On avait dérivé loin des serviettes et de ma mère paniquée. Sauvés. Mon père a son petit sourire, il nous console. Il y a bien assez d'eau salée dans l'océan, pourquoi le grossir de nos larmes. Pour oublier nos frayeurs, Zoune[2] préparera un « complet poisson » si parfumé qu'on sucera jusqu'aux arêtes, on mangera des sorbets de chez le glacier Judici, des sucres d'orge dont la pâte pend comme un long serpent paresseux au-dessus des tables de marbre du confiseur Tamisier. Dès demain on se retrouvera sur la plage de Pontaillac.

Éric Fottorino, *L'homme qui m'aimait tout bas* (2009), © Gallimard.

1. **François** : demi-frère du narrateur, qui naîtra comme lui un 26 août.
2. **Zoune** : sœur du père du narrateur.

Dégager l'essentiel

a. Où le narrateur se trouve-t-il ? Quel âge a-t-il ?
b. Quelles sont les personnes présentes ? Quels liens ont-elles avec lui ?
c. Que lui est-il arrivé ?
d. Qui l'a sauvé ? Comment ?

Analyser le texte

● Un sauvetage périlleux

1. Montrez, en citant le texte, que le narrateur court un grave danger et qu'il ne s'en rend pas compte.

2. a. Quelles qualités font de son père un héros à ses yeux ? Citez une comparaison, une référence cinématographique et le lexique du sang-froid.
b. Comment le père rassure-t-il l'enfant ? Expliquez sa plaisanterie (l. 24-25).

3. Quels sont les sentiments éprouvés par le narrateur ? Appuyez-vous sur le lexique de la peur, les types et formes de phrases et des répétitions.

4. Quelles sont les réactions et émotions de la mère ? Citez le texte.

● Une seconde naissance

5. a. Pourquoi peut-on dire que le récit est autobiographique ? Appuyez-vous sur le paratexte.
b. Relevez dans les lignes 6 à 10 une métaphore qui montre que le récit est mené par le narrateur adulte.

6. a. *Je revois très précisément* (l. 8) ; *Je la vois qui court* (l. 14). Distinguez :
– le *je* qui renvoie au narrateur enfant de celui qui renvoie au narrateur adulte ;
– le présent qui renvoie au moment de l'écriture de celui qui renvoie au moment du souvenir.
b. Quelle est la valeur de chacun d'eux ?

7. En quoi ce sauvetage est-il pour le narrateur une seconde naissance ? Appuyez-vous sur la première phrase.

8. **La portée du texte.** Après la lecture de ce texte, quel sens donnez-vous au titre du roman de Fottorino ?

▲ Plage de Nice (2008).

Enrichir son vocabulaire

La polysémie

On dit qu'un mot est polysémique lorsqu'il revêt plusieurs sens.

Je revois très précisément mon père à travers le rideau épais des années (l. 8-9).

9. Donnez le sens du verbe *revoir* dans ces phrases.
a. J'ai hâte de te revoir. b. Vous reverrez cette leçon pour demain. c. Je la revois encore en train de jouer sur cette plage. d. J'ai revu cet été le jardin de mon enfance.

Écrire

on mangera [...] *des sucres d'orge dont la pâte pend comme un long serpent paresseux au-dessus des tables de marbre du confiseur Tamisier* (l. 26 à 28).

10. Relevez et expliquez la comparaison, puis rédigez une phrase sur ce modèle en évoquant les friandises que vous aimiez manger étant enfant.

Consignes d'écriture

- *Vous commencerez par :* On mangeait...
- *Vous utiliserez une comparaison.*

Nathalie Sarraute
(1900-1999)

Préparer la lecture

1. Quel est l'âge de Nathalie Sarraute lorsqu'elle publie *Enfance* ?
2. Recherchez les origines de sa famille. Aidez-vous des Repères (► p. 26).

Jeux d'enfance

▲ **Édouard Vallotton** (1865-1925), *Jeune fille écrivant* (1905), huile sur toile (collection particulière).

La narratrice, âgée d'une dizaine d'années, est bonne élève, particulièrement en français, et rêve d'être institutrice.

Dans les grandes feuilles de papier bleu qui servent à recouvrir mes cahiers et mes livres, je découpe des petits carrés que je plie et replie comme on me l'a appris pour en faire des cocottes en papier. Sur la tête de chacune j'inscris d'un côté le nom et de l'autre le prénom d'une élève de ma classe : trente en tout et je suis l'une d'entre elles. Je les dispose sur ma table, côte à côte, en plusieurs rangs et moi, leur maîtresse... pas la vraie qui nous enseigne cette année... une maîtresse que j'invente... je m'installe sur ma chaise en face d'elles.

Ainsi je peux apprendre sans souffrance, et même en m'amusant les leçons les plus assommantes. J'ai devant moi mon livre d'histoire ou de géographie et je pose à mes élèves et à moi-même des questions... aux cancres, quand je ne connais pas encore bien la leçon... ils bafouillent, disent toutes sortes de choses stupides et drôles que j'invente en les imitant... j'aime beaucoup imiter les gens et souvent mes imitations font rire...

Enrobé de cette façon, de facéties[1], de pitreries[2], de tordantes inepties[3], parvient à s'introduire en moi et à y demeurer ce qui à l'état nu serait repoussé... traités de paix, noms des batailles, des villes, des départements, des pays, leur superficie, le nombre de leurs habitants, leurs produits... je saupoudre tout cela avec ce qui est mon goût... du genre... « Dis-moi, oui, toi, Madeleine Tamboitte... mais ne prends pas, je t'en prie, cet air ahuri... *Qui* a gagné la bataille de Poitiers ? Qui ? Ne lui soufflez pas... je tapote impatiemment ma table avec mon crayon... Qui, as-tu dit ? Charles et Marcel... Bravo ! Non, ne riez pas. C'est Charles Martel, ignorante... Char-les Mar-tel. Et toi, Suzanne Morin, dis-moi, *qui* a-t-il repoussé ? Quoi ! les Allemands ! Mais qu'est-ce que tu racontes, mais tu as de la bouillie dans la tête... les Allemands, c'est ceux qui nous ont pris...

dis-le, Germaine Pelletier… et elle répond de sa voix de crécelle[4]… l'Alsace-Lorraine, en 1870… Trrès bien… […] »

Certains jours arrivent des inspecteurs… des inspecteurs de toutes sortes… […]

Cet inspecteur est un peu dur d'oreille… « Qu'a donc répondu cette élève ?… Je transforme aussitôt la mauvaise réponse… Elle a dit cela ? Il m'a semblé pourtant… – Non, Monsieur l'Inspecteur, toute la classe l'a entendue… N'est-ce pas ? (d'un air doucereux[5]) mes enfants ?… et toute la classe en chœur, comme un bêlement…. Oooui Maadaame… »

Quel dommage de dire à mes élèves que pour aujourd'hui la classe est terminée, de ramasser toutes les cocottes en papier, de les ranger l'une contre l'autre dans leur boîte.

Nathalie Sarraute, *Enfance* (1983), © Gallimard.

1. **facéties** : plaisanteries.
2. **pitreries** : farces de clown.
3. **tordantes inepties** : amusantes sottises.
4. **voix de crécelle** : voix aiguë et désagréable.
5. **doucereux** : doux et hypocrite.

Dégager l'essentiel

a. À quel jeu la narratrice joue-t-elle ?

b. Quel est le rôle des cocottes en papier dans son jeu ? Et le sien ?

c. Ce jeu est-il seulement destiné à distraire la narratrice ?

Analyser le texte

● Un jeu d'imitation

1. a. Comment la narratrice enfant met-elle en place le jeu de l'école ? Relevez les verbes à la première personne désignant ses actions successives.

b. Comment donne-t-elle vie aux personnages matérialisés par les cocottes en papier ? Appuyez-vous sur les dialogues (interlocuteurs, types et formes de phrases, intonation).

2. Quelles facultés la narratrice met-elle en œuvre dans son jeu ? Appuyez-vous sur le champ lexical de l'imagination et de l'imitation.

● Le regard de la narratrice

3. Quels indices montrent que le texte est autobiographique ?

4. a. Comment la narratrice adulte analyse-t-elle le rôle de ce jeu dans la mémorisation de ses leçons d'écolière ? Appuyez-vous sur des termes antonymes.

b. Garde-t-elle un bon souvenir des moments passés à jouer à l'école ?

5. **La portée du texte.** Et vous ? Mettez-vous en place des stratégies pour mémoriser ? Lesquelles ?

Enrichir son vocabulaire

Le suffixe *-eux*

6. Indiquez le sens des adjectifs et les noms sur lesquels ils sont formés.

a. un air souffreteux. b. un ton cérémonieux. c. un élève studieux. d. un discours élogieux. e. un gâteau moelleux. f. des paroles mielleuses.

7. Dans quels mots le suffixe *-eux* a-t-il une nuance péjorative ?

Écrire

8. Enfant, vous avez joué à des jeux d'imitation (jeu de l'école, des pirates…) seul(e) ou à plusieurs. Racontez comment vous mettiez en place le jeu, distribuiez les rôles et preniez du plaisir à « faire comme si ».

Consignes d'écriture

- *Faites le récit au présent et à la 1re personne.*
- *Insérez des dialogues.*

HISTOIRE DES Arts

1. Identifiez l'auteur du tableau, son titre, sa date, la technique utilisée.

2. Décrivez la jeune fille. Que fait-elle ?

3. Où le peintre se trouve-t-il ? La jeune fille semble-t-elle le voir ?

4. Comment le peintre a-t-il créé un effet de profondeur ? Appuyez-vous sur les différents plans.

5. a. Caractérisez les couleurs, la lumière.

b. Quelle impression se dégage de ce tableau ?

Annie Ernaux
(née en 1940)

B2i **Préparer la lecture**

1. Annie Ernaux est-elle un auteur contemporain ? Justifiez votre réponse.
2. Où a-t-elle passé sa jeunesse ?

Les études en question

Annie Ernaux évoque son père, ancien ouvrier, devenu petit commerçant dans un village normand (il tient une épicerie et un café avec sa femme). Il espérait pour sa fille une « bonne situation ».

Je travaillais mes cours, j'écoutais des disques, je lisais, toujours dans ma chambre. Je n'en descendais que pour me mettre à table. On mangeait sans parler. […]

Mon père est entré dans la catégorie des *gens simples* ou *modestes* ou *braves gens*. Il n'osait plus me raconter des histoires de son enfance. Je ne lui parlais plus de mes études. Sauf le latin, parce qu'il avait servi la messe[1], elles lui étaient incompréhensibles et il refusait de faire mine de s'y intéresser, à la différence de ma mère. Il se fâchait quand je me plaignais du travail ou critiquais les cours. Le mot « prof » lui déplaisait, ou « dirlo », même « bouquin ». Et toujours la peur OU PEUT-ÊTRE LE DÉSIR que je n'y arrive pas.

Il s'énervait de me voir à longueur de journée dans les livres, mettant sur leur compte mon visage fermé et ma mauvaise humeur. La lumière sous la porte de ma chambre le soir lui faisait dire que je m'usais la santé. Les études, une souffrance obligée pour obtenir une bonne situation et *ne pas prendre un ouvrier*[2]. Mais que j'aime me casser la tête lui paraissait suspect. Une absence de vie à la fleur de l'âge. Il avait parfois l'air de penser que j'étais malheureuse.

Devant la famille, les clients, de la gêne, presque de la honte que je ne gagne pas encore ma vie à dix-sept ans, autour de nous toutes les filles de cet âge allaient au bureau, à l'usine ou servaient derrière le comptoir de leurs parents. Il craignait qu'on ne me prenne pour une paresseuse et lui pour un crâneur. Comme une excuse : « On ne l'a jamais poussée, elle avait ça dans elle. » Il disait que j'apprenais bien, jamais que je travaillais bien. Travailler, c'était seulement travailler de ses mains.

Les études n'avaient pas pour lui de rapport avec la vie ordinaire. Il lavait la salade dans une seule eau, aussi restait-il souvent des limaces. Il a été scandalisé quand, forte des principes de désinfection reçus en troisième, j'ai proposé qu'on la lave dans plusieurs eaux. Une autre fois, sa stupéfaction a été sans bornes, de me voir parler anglais avec un autostoppeur qu'un client avait pris dans son camion. Que j'aie appris une langue étrangère en classe, sans aller dans le pays, le laissait incrédule.

Annie Ernaux, *La Place* (1983), © Gallimard.

1. **il avait servi la messe** : il avait assisté le prêtre pendant la messe, dont une partie était dite en latin dans les années 1950.
2. **prendre un ouvrier** : épouser un ouvrier.

Dégager l'essentiel

a. Quel âge environ la narratrice a-t-elle ? À quel milieu social sa famille appartient-elle ?

b. Les filles de ce milieu faisaient-elles alors des études ?

c. Le père s'intéresse-t-il aux études de sa fille ? Pourquoi ?

d. Comment leurs relations évoluent-elles ?

Analyser le texte

● La place des études

1. a. Quelle est la place des études dans la vie de la narratrice ?

b. Quels en sont les avantages pour elle ?

2. a. Pour quelles différentes raisons le père de la narratrice ne comprend-il pas que sa fille fasse des études ?

b. *Il disait que j'apprenais bien, jamais que je travaillais bien* (l. 21-22) : expliquez la nuance. Quel sens le père donne-t-il au mot *travailler* ?

c. Dans quel but a-t-il accepté cependant que sa fille poursuive ses études ? Citez le texte.

● La déchirure

3. À quel genre littéraire ce texte appartient-il ? Appuyez-vous sur la présence de la première personne et sur le paratexte.

4. Quel est le temps dominant de ce récit ? Quelle en est la valeur ? À quelle période de la vie de la narratrice renvoie-t-il ?

5. À quel niveau de langage l'expression *prendre un ouvrier* (l. 13-14), appartient-elle ? Qui parle ainsi ?

6. Quels termes la narratrice adulte met-elle entre guillemets et en capitales (l. 8-9) ? En quoi sont-ils révélateurs du fossé qui se creuse entre le père et sa fille ?

7. Comment analyse-t-elle les réactions de son père ? Appuyez-vous sur les termes en majuscules.

8. **La portée du texte**. La narratrice vous semble-t-elle rendre hommage à son père ? De quelle façon ?

Enrichir son vocabulaire

Autour du mot *fleur*

9. Expliquez l'expression *à la fleur de l'âge* (l. 15).

10. Quel sens donnez-vous à ces expressions ?
a. arriver comme une fleur. b. la fleur au fusil. c. avoir les nerfs à fleur de peau. d. être fleur bleue. e. faire une fleur à quelqu'un.

Écrire

11. Développez sous la forme d'un dialogue au discours direct l'anecdote à propos de la salade (l. 23 à 27).

Consignes d'écriture

- *Utilisez guillemets et tirets pour présenter le dialogue.*
- *Faites connaître les interlocuteurs et leurs émotions par des phrases incises.*

Débattre

12. Selon vous, est-ce une chance de pouvoir étudier ? Quelles sont les différentes raisons qui peuvent pousser un jeune à faire des études ? Échangez vos points de vue.

▲ Chez Victor, à Paris (1955).

Irène Némirovsky
(1903-1942)

B2i **Préparer la lecture**

1. Quelle œuvre a valu à Irène Némirovsky le prix Renaudot ? Dans quelles circonstances ?
2. Revoyez la fiche de grammaire sur les paroles rapportées : discours direct, indirect, indirect libre (► Leçon 21, p. 326).

▲ **Gustav Klimt** (1862-1918), *Portrait de Maeda Primavesi* (1912), huile sur toile, 150 x 110 cm (Museum of Art, New York, États-Unis).

Révolte

Dans les années 1930, Antoinette, jeune adolescente, vient d'apprendre qu'elle n'assisterait pas au bal donné par ses parents ; elle se couche révoltée par leur refus.

Antoinette grimaça : « sale Anglaise[1] » et tendit vers le mur ses faibles poings crispés. Sales égoïstes, hypocrites, tous, tous... Ça leur était bien égal qu'elle suffoquât, toute seule, dans le noir à force de pleurer, qu'elle se sentît misérable et seule comme un chien perdu...

Personne ne l'aimait, pas une âme au monde... Mais ils ne voyaient donc pas, aveugles, imbéciles, qu'elle était mille fois plus intelligente, plus précieuse, plus profonde qu'eux tous, ces gens qui osaient l'élever, l'instruire... De nouveaux riches[2] grossiers, incultes... Ah ! comme elle avait ri d'eux toute la soirée, et ils n'avaient rien vu, naturellement... elle pouvait pleurer ou rire sous leurs yeux, ils ne daignaient rien voir... une enfant de quatorze ans, une gamine, c'est quelque chose de méprisable et de bas comme un chien... de quel droit ils l'envoyaient se coucher, la punissaient, l'injuriaient ? « Ah ! je voudrais qu'ils meurent. » Derrière le mur, on entendait l'Anglaise respirer doucement en dormant. De nouveau Antoinette recommença à pleurer, mais plus bas, goûtant les larmes qui coulaient sur les coins de sa bouche et à l'intérieur des lèvres ; brusquement, un étrange plaisir l'envahit ; pour la première fois de sa vie, elle pleurait ainsi, sans grimaces, ni hoquets, silencieusement, comme une femme... Plus tard, elle pleurerait, d'amour, les mêmes larmes... Un long moment, elle écouta rouler les sanglots dans sa poitrine comme une houle profonde et basse sur la mer... sa bouche trempée de larmes avait une saveur de sel d'eau... Elle alluma la lampe et regarda curieusement son miroir. Elle avait les paupières gonflées, les joues rouges et marbrées. Comme une petite fille battue. Elle était laide, laide... Elle sanglota de nouveau. [...]

Ah ! oui, l'âge heureux, quelle blague, hein, quelle blague ! Elle répéta rageusement en mordant ses mains si fort qu'elle les sentit saigner sous ses dents : « Heureux... heureux... j'aimerais mieux être morte au fond de la terre... »

Irène Némirovsky, *Le Bal* (1930), © Grasset & Fasquelle.

1. **Anglaise** : femme chargée de son éducation, qui dort dans la chambre voisine et a tenté de la consoler à travers la cloison.
2. **nouveaux riches** : personnes qui ont gagné de l'argent et se sont élevés à une condition supérieure sans en avoir le comportement, le style...

Dégager l'essentiel

a. Quel est l'âge d'Antoinette ? Où se trouve-t-elle ?
b. Qui sont les personnages évoqués ?
c. Quelle est la cause de son chagrin ?

Analyser le texte

Le mode de narration

1. a. À quelle personne et à quel temps le récit est-il mené ?
b. Le récit est-il autobiographique ? Appuyez-vous sur le paratexte.
2. a. Relevez les passages au discours direct. À qui Antoinette s'adresse-t-elle ?
b. Relevez des exemples de paroles rapportées au discours indirect libre.
c. En quoi peut-on dire qu'Antoinette se livre à un monologue intérieur ?

Un violent désespoir

3. Quelles sont les manifestations physiques du désespoir d'Antoinette ? Relevez des termes précis et une comparaison.
4. Sur quel ton l'adolescente parle-t-elle ? Appuyez-vous sur les types de phrases.
5. Montrez qu'Antoinette est profondément malheureuse :
a. relevez des expressions de sa solitude et de son abandon ;
b. dites à quel animal elle se compare par deux fois. Pourquoi ?

Les tourments de l'adolescence

6. a. Par quels pronoms Antoinette désigne-t-elle ses parents ?
b. Quels sentiments éprouve-t-elle pour eux ? Appuyez-vous sur des termes injurieux et une hyperbole (une exagération).
7. a. Comment ses parents la considèrent-ils encore ?
b. Comment se considère-t-elle déjà ? Expliquez la cause de son étrange plaisir.
c. Quelle image d'elle-même son miroir lui renvoie-t-il cependant ?
8. L'adolescence est-elle à ses yeux l'âge heureux ? Appuyez-vous sur un type de phrase et une hyperbole dans le dernier paragraphe.
9. **La portée du texte.** Quels peuvent être les sujets de révolte lorsqu'on est adolescent ?

Enrichir son vocabulaire

Autour du mot *inculte*

De nouveaux riches grossiers, incultes (l. 11-12).

10. Décomposez le mot *inculte*. Quel est le sens du préfixe ?
11. Qu'est-ce qu'une *terre inculte* (sens propre) ? une *personne inculte* (sens figuré) ?

Débattre

12. Pensez-vous que l'adolescence est un âge heureux ?

Écrire

13. Vos parents vous ont refusé une permission (sortie, achat, vêtement...). Rédigez un monologue intérieur pour exprimer votre révolte.

Consignes d'écriture

- *Écrivez le texte au passé.*
- *Commencez par :* De quel droit me refusaient-ils...?
- *Utilisez des phrases de type exclamatif et interrogatif.*
- *Utilisez la figure de l'hyperbole.*

HISTOIRE DES Arts

1. Qui est l'auteur du tableau ? Précisez la nature de l'œuvre, sa date et son titre.
2. Décrivez la jeune fille (vêtement, expression du visage, attitude).
3. Comment est-elle mise en valeur par sa place dans le tableau ?
4. Trouvez deux adjectifs pour caractériser le décor qui l'entoure.
5. En quoi peut-on rapprocher cette jeune fille d'Antoinette ? Répondez en vous appuyant sur le texte.

DICO

Préparer la lecture

[Le roman de Colette a pour titre *Le Blé en herbe*. Cherchez le sens de cette expression.]

Colette
(1873-1954)

Premiers émois amoureux

Vinca, 15 ans, et Philippe, 16 ans, passent tous les ans leurs vacances en Bretagne. Phil (Philippe) montre à Vinca un trou d'eau empli de crevettes.

– [...] Regarde.

Elle se pencha davantage, et ses cheveux battirent, comme une aile courte et prisonnière[1], la joue de son compagnon. Elle recula, puis revint d'un mouvement insensible, pour reculer encore. Il ne parut pas s'en apercevoir, mais sa main libre attira le bras nu, hâlé[2] et salé, de Vinca.

– Regarde, Vinca... La plus belle, qui vient...

Le bras de Vinca, qu'elle déroba[3], glissa jusqu'au poignet dans la main de Phil comme dans un bracelet, car il ne le serrait pas.

– Tu ne l'auras pas, Phil, elle est repartie...

Pour suivre mieux le jeu de la crevette, Vinca rendit son bras[4], jusqu'au coude, à la main demi-fermée. Dans l'eau verte, la longue crevette d'agate[5] grise tâtait du bout des pattes, du bout des barbes[6], le bord du havenet[7]. Un coup de poignet, et... Mais le pêcheur tardait, savourant peut-être l'immobilité du bras docile[8] à sa main, le poids d'une tête voilée de cheveux, qui s'appuya, un moment vaincue, à son épaule, puis s'écarta, farouche...

– Vite, Phil, vite, relève le filet!... Oh! elle est partie! Pourquoi l'as-tu laissée partir?

Phil respira, laissa tomber sur son amie un regard où l'orgueil, étonné, méprisait un peu sa victoire; il délivra le bras mince, qui ne réclamait point de liberté, et brouillant, à coups de havenet, toute la flaque claire:

– Oh! elle reviendra... Il n'y a qu'à attendre...

Ils nageaient côte à côte, lui plus blanc de peau, la tête noire et ronde sous ses cheveux mouillés, elle brûlée comme une blonde,

1. **comme une aile courte et prisonnière:** Vinca a les cheveux raides, mi-longs, coupés au carré.
2. **hâlé:** bronzé.
3. **déroba:** chercha à dégager.
4. **rendit son bras:** donna son bras.
5. **agate:** pierre fine brillante.
6. **barbes:** pattes fines sous l'abdomen des crevettes.
7. **havenet:** petit filet pour pêcher les crevettes.
8. **docile:** qui se laisse faire.

◀ **Philip Wilson Steer** (1860-1942), *Pêche à la crevette* (1891), huile sur toile (musée Hull, Grande-Bretagne).

9. **burent :** burent la tasse (l'eau).

10. **exigence de propriétaire précoce :** désir de possession et de domination.

coiffée d'un foulard bleu. Le bain quotidien, joie silencieuse et complète, rendait à leur âge difficile la paix et l'enfance, toutes deux en péril. Vinca se coucha sur le flot, souffla de l'eau en l'air comme un petit phoque. Le foulard tordu découvrait ses oreilles roses et délicates, que les cheveux abritaient pendant le jour, et des clairières de peau blanche aux tempes qui ne voyaient la lumière qu'à l'heure du bain. Elle sourit à Philippe, et sous le soleil d'onze heures le bleu délicieux de ses prunelles verdit un peu au reflet de la mer. Son ami plongea brusquement, saisit un pied de Vinca et la tira sous la vague. Ils « burent[9] » ensemble, reparurent crachant, soufflant, et riant comme s'ils oubliaient, elle ses quinze ans tourmentés d'amour pour son compagnon d'enfance, lui ses seize ans dominateurs, son dédain de joli garçon et son exigence de propriétaire précoce[10].

– Jusqu'au rocher ! cria-t-il en fendant l'eau.

Mais Vinca ne le suivit pas, et gagna le sable proche.

– Tu t'en vas déjà ?

Colette, *Le Blé en herbe* (1923), © Flammarion.

Dégager l'essentiel

a. À quelle personne le récit est-il mené ?

b. Où l'action se déroule-t-elle ?

c. Quelles sont les deux occupations des amis au cours de ces vacances ?

d. Quelle relation nouvelle s'instaure entre eux ?

Analyser le texte

● La pêche à la crevette ou l'éveil des sens (l. 1 à 27)

1. a. Quelle occasion la pêche à la crevette fournit-elle aux deux amis ?

b. Quel est le premier contact physique qui s'établit entre eux ? Relevez la comparaison qui le définit.

c. Par quelles parties de leur corps s'établit le deuxième contact ? Puis le troisième ?

2. À quel petit jeu les adolescents se livrent-ils ? Relevez les expressions évoquant la capture, puis celles évoquant la libération.

3. En quoi le jeu de la crevette est-il la métaphore (l'image) de celui de Phil et Vinca ?

● La baignade ou la fin de l'enfance (l. 28 à 46)

4. a. *le bleu délicieux de ses prunelles* (l. 37-38) : selon quel point de vue le portrait de Vinca est-il fait ?

b. Relevez les éléments qui décrivent Vinca. Quelle image est donnée de la jeune fille ?

c. Phil de son côté apparaît-il comme un garçon séduisant ? Citez le texte.

5. a. Montrez que Vinca oscille entre soumission et révolte face aux *seize ans dominateurs* (l. 42) de Phil.

b. Montrez, en vous appuyant sur l'ensemble de l'extrait, que Phil tantôt cherche à dominer, tantôt veut qu'on lui résiste.

6. Quelles expressions montrent que pour les jeunes gens l'enfance touche à sa fin ?

7. **La portée du texte.** Pensez-vous qu'à l'adolescence la frontière entre amitié et amour est fragile ?

Enrichir son vocabulaire

Le mot *tourment*

ses quinze ans tourmentés d'amour (l. 41) : *tourment* vient du latin *tormentum* : « machine de guerre, instrument de torture ».

8. Remplacez l'adjectif *tourmenté* par un synonyme que vous accorderez : *inquiet, agité, troublé, accidenté, tordu.*

a. une mer tourmentée. b. une époque tourmentée. c. un être tourmenté. d. un relief tourmenté. e. des branches aux formes tourmentées.

Écrire

9. Imaginez la réponse que peut formuler Vinca à la question de Phil *Tu t'en vas déjà ?* (l. 46) et le dialogue qui peut s'instaurer entre les deux adolescents.

Consignes d'écriture

- *Respectez la disposition du dialogue.*
- *Vous introduirez un ou plusieurs passage(s) narratif(s).*

J. M. G. Le Clézio
(né en 1940)

B2i **Préparer la lecture**

1. Faites une recherche sur le navire Argo et l'expédition des Argonautes.
2. Cherchez où se trouvent l'île Maurice, Port-Louis et les Comores.

Rêves d'aventures

Le narrateur enfant, Alexis, vit à l'île Maurice avec sa sœur et ses parents. Son père lui a parlé de l'île de Rodrigues où un corsaire a caché un trésor. Devenu adolescent et après la mort de son père, Alexis se promène sur les quais de Port-Louis, rêvant de partir. Un bateau attire son attention…

Sur la longue coque noire relevée vers la proue j'ai lu son nom étrange, écrit en lettres blanches : ZETA.

Au milieu des autres bateaux de pêche, il ressemblait à un pur-sang prêt pour la course, avec ses grandes voiles très blanches et son gréement[1] qui volait du hunier[2] au beaupré[3]. Je suis resté longtemps immobile, à l'admirer. D'où venait-il ? Allait-il repartir pour un voyage que j'imaginais sans retour ? Un marin était debout sur le pont, un Noir comorien. J'ai osé lui demander d'où il venait, et il m'a répondu : « Agalega. » Quand je lui ai demandé à qui était le navire, il m'a dit un nom que j'ai mal compris : « Capitaine Bras-de-Mer. » C'est peut-être ce nom qui évoquait le temps des corsaires, qui a mis d'abord mon imagination en éveil, m'a attiré vers ce bateau. […]

Toute la journée, le narrateur pense au bateau ; au crépuscule, il retourne devant le Zeta.

L'attirance était trop forte. D'un bond, j'ai franchi la planche qui servait de coupée[4], et je me suis retrouvé sur le pont du *Zeta*. J'ai marché jusqu'au fauteuil et je m'y suis assis, pour attendre, devant la grande roue de bois de la barre. J'étais tellement pris par la magie du navire, dans la solitude du port et la lumière dorée du soleil couchant, que je n'ai même pas entendu le capitaine arriver. Il est venu jusqu'à moi, et m'a regardé avec curiosité, sans se mettre en colère, et il m'a dit, d'un drôle d'air, à la fois moqueur et sérieux :

« Eh bien, monsieur ? Quand partons-nous ? »

Je me souviens bien de la façon dont il m'a posé cette question, et de la rougeur qui a couvert mon visage, parce que je ne savais pas quoi lui répondre.

Qu'ai-je dit, pour m'excuser ? Je me souviens surtout de l'impression que m'a faite alors le capitaine, son corps massif, ses habits usés comme son navire, constellés de traces

indélébiles comme des cicatrices, son visage d'Anglais à la peau très rouge, lourd, sérieux, que démentaient des yeux noirs brillants, la lueur de moquerie juvénile de son regard. C'est lui qui m'a parlé d'abord, et j'ai su que « Bras-de-Mer » était en réalité le capitaine Bradmer, un officier de la Marine Royale qui arrivait au bout de ses aventures solitaires.

Je crois que je l'ai su tout de suite : je partirais sur le *Zeta*, ce serait mon navire Argo, celui qui me conduirait à travers la mer jusqu'au lieu dont j'avais rêvé, à Rodrigues, pour ma quête d'un trésor sans fin.

J. M. G. Le Clézio, *Le Chercheur d'or* (1985), © Gallimard.

1. **gréement** : ensemble des éléments servant à régler et manœuvrer la voilure d'un bateau (mât, cordages, voiles…).
2. **hunier** : voile carrée.
3. **beaupré** : mât placé à l'avant du navire.
4. **coupée** : sorte de passerelle permettant aux personnes d'accéder depuis le quai à un bateau.

Dégager l'essentiel

a. Qui est le narrateur ?
b. Dans quel lieu se promène-t-il ?
c. Quel personnage rencontre-t-il ?
d. Quel rêve forme-t-il pour l'avenir ?

Analyser le texte

● Le bateau

1. a. Quelle description le narrateur fait-il du bateau ? Quels termes techniques utilise-t-il ?
b. À quoi le compare-t-il ?
2. a. Quel sentiment éprouve-t-il face à ce bateau ?
b. Que désire-t-il savoir à son propos ?

● Les rencontres

3. En quoi la conversation avec le marin comorien stimule-t-elle l'imagination du narrateur ?
4. Quels éléments du portrait du capitaine ont pu fasciner le narrateur (l. 29 à 33) ?
5. a. Comment le capitaine réagit-il lorsqu'il voit le jeune garçon ? Où ce dernier se trouve-t-il à ce moment-là ?
b. Que lui apprend le capitaine ?

● Rêve de départ

6. a. Quel est le moment de la journée ? Le port est-il encore en activité ? Caractérisez la lumière qui y règne.
b. Quel effet ces éléments produisent-ils sur le jeune garçon ?
7. *je partirais sur le* Zeta, *ce serait mon navire Argo* (l. 37).
a. Identifiez le temps utilisé. Quelle en est la valeur ? ► Leçon 24, p. 336
b. Pourquoi le narrateur fait-il allusion au navire Argo ? De quoi est-il en quête ?
8. **La portée du texte.** Comprenez-vous que l'on puisse être fasciné par la vue d'un bateau ? Justifiez votre réponse.

Enrichir son vocabulaire

Autour des mots *juvénile* et *coque*

la lueur de moquerie juvénile de son regard (l. 32-33) : *juvénile* vient du latin *juvenis* qui signifie « jeune ».
9. Qu'est-ce que *la fontaine de jouvence* ? *un jouvenceau* ? *une jouvencelle* ?
10. Sachant que *vieux* se dit *senes* en latin, trouvez l'adjectif antonyme de *juvénile* et le nom formé sur cet adjectif. Aidez-vous de la phrase : *Cette personne souffre de s...... précoce*.
11. Donnez le sens de ces expressions.
a. coque d'un bateau. b. bateau monocoque. c. bateau multicoque. d. œuf à la coque. e. coque de noix. f. coque d'un téléphone portable. g. ouvrir et manger des coques.

Écrire

12. *Partir* : qu'évoque ce mot pour vous ?

Consignes d'écriture

- *Réfléchissez aux sens du mot* partir *(sens propre et figuré).*
- *Pensez qu'un départ peut être triste ou joyeux.*
- *Rédigez librement quelques lignes. Vous pouvez envisager plusieurs significations du mot* (partir c'est..., partir c'est...) *ou évoquer un souvenir précis.*

Débattre

13. Est-il bon selon vous de rêver ? Le rêve permet-il de se construire ou est-il une manière de fuir la réalité ?

L'Ami retrouvé (1971)
de Fred Uhlman

Le saviez-vous ?

Fred Uhlman (1901-1985) est né en Allemagne. Avocat juif, il s'exile en 1933 en Angleterre, à la suite de la prise du pouvoir par Hitler. Dans son roman *L'Ami retrouvé*, écrit en anglais, il raconte l'histoire d'un adolescent juif au moment de la montée du nazisme.

Le guide de lecture

Lisez le récit et répondez aux questions au fur et à mesure de votre lecture.

Chapitres 1 à 5 : la naissance d'une amitié

1. Dans quel lieu précis l'action débute-t-elle ? Dans quelle ville ? À quelle date ?

2. Qui est le narrateur ? Quel est son âge au moment des faits ?

3. a. Quel personnage fait son entrée dans la classe ?

b. Pourquoi fait-il sensation ?

4. Quels sont les groupes d'élèves qui vont tenter d'obtenir son amitié ? Vont-ils réussir ?

5. a. Quels efforts le narrateur fait-il pour conquérir l'amitié du nouvel élève ?

b. À quelle occasion cette amitié va-t-elle naître ?

Chapitres 6 à 12 : les inséparables

6. a. Quelles sont les occupations des deux amis le week-end ?

b. Quels sont leurs sujets de discussion ?

7. a. À quelle confession religieuse les parents de Hans appartiennent-ils ? Et ceux de Conrad ?

b. Quelle est la profession de leur père respectif ?

8. Le père de Hans s'inquiète-t-il de la montée du nazisme ?

9. a. Quelles sont les réactions des parents de Hans lors de la première visite de Conrad ?

b. Quels sentiments mêlés Hans éprouve-t-il alors ?

Chapitres 13 à 15 : les désillusions

10. Qu'éprouve Hans lors de sa première visite chez Conrad ? Comment Conrad se comporte-t-il ?

11. a. Pourquoi Conrad ne présente-t-il pas Hans à ses parents lors de la représentation de l'opéra *Fidelio* ?

b. Comment Conrad se justifie-t-il ensuite auprès de son ami ?

Chapitres 16 à 19 : une amitié perdue et retrouvée

12. a. Pourquoi Hans se bat-il contre Bollacher ? Qui le professeur soutient-il ?

b. Conrad est-il solidaire de son ami ?

13. a. À quelle date Hans part-il en Amérique ? Pourquoi ?

b. De qui reçoit-il des lettres avant son départ ? Résumez le contenu de chacune.

14. a. Quelle vie Hans a-t-il menée en Amérique depuis les faits ?

b. Comment ses parents sont-ils morts ?

15. a. Quel fait déclenche le souvenir ?

b. Qu'apprend alors Hans sur Conrad ?

Le bilan de lecture

a. Quel est le contexte historique de *L'Ami retrouvé* ?

b. Le récit est-il autobiographique ? Appuyez-vous sur les noms de l'auteur et du narrateur et les dates des faits.

c. Quels chapitres correspondent au moment de l'écriture ? Quel est l'âge du narrateur adulte ?

d. Dans quels chapitres le narrateur raconte-t-il les événements passés ?

e. Expliquez le titre *L'Ami retrouvé* en retrouvant les étapes déterminantes de l'histoire de cette amitié et en vous appuyant sur les dernières lignes.

Faire le point

Le récit d'enfance et d'adolescence

Définition et caractéristiques

- Un récit d'enfance et d'adolescence est un récit dans lequel un **narrateur adulte** raconte les **années de jeunesse** d'un personnage.
- Ce personnage peut être **lui-même**, les événements racontés étant réellement arrivés. Dans ce cas, le récit est **autobiographique** : le narrateur, à la fois auteur et personnage, raconte l'histoire **à la 1re personne** (► Fottorino, p. 28 ; Sarraute, p. 30 ; Ernaux, p. 32).
- Le personnage peut être **imaginaire** et les événements sont inventés même s'ils peuvent être inspirés du vécu de l'écrivain. Dans ce cas le récit est **fictif** ; il est mené à la 1re personne (► Le Clézio, p. 38) ou à la 3e personne (► Némirovsky, p. 34 ; Colette, p. 36).
- Le récit d'enfance est un récit **rétrospectif**, c'est-à-dire fait longtemps après que les événements se sont produits (► Sarraute, p. 30 ; Ernaux, p. 32 ; Le Clézio, p. 38).
- Lorsque le récit est à la 1re personne, il convient de distinguer le pronom ***je*** qui renvoie au **narrateur adulte** du pronom ***je*** qui renvoie au **narrateur enfant.**

Les principaux motifs

- Les récits d'enfance et d'adolescence traitent souvent :
  - des **rapports avec les parents** : Fottorino (père), Ernaux (père) ; Némirovsky (révolte contre les parents) ;
  - des **jeux d'enfance** (Sarraute) ;
  - de l'**amitié** (► Uhlman, p. 40) et de l'éveil du **sentiment amoureux** (Colette) ;
  - des rêves d'**aventures** et d'**avenir** (Le Clézio).

Le mode de narration et les procédés d'écriture

- Le récit des souvenirs est souvent mené au **passé** (► Ernaux, p. 32 ; Le Clézio, p. 38) et parfois au **présent de narration** (► Fottorino, p. 28) pour les rendre plus vivants et exprimer la force de la mémoire.
- Le narrateur intervient souvent pour **porter un jugement** sur les événements passés. Il utilise alors le **présent d'énonciation** (ou d'actualité) renvoyant au moment de l'écriture par le narrateur adulte.
- Le récit est rendu vivant par la présence de nombreuses **paroles ou pensées rapportées** (► Leçon 20, p. 324).
- Le narrateur exploite la **ponctuation** (points de suspension) pour marquer les hésitations de la mémoire et joue sur les **types de phrases** (interrogatives, exclamatives) lorsqu'il veut restituer des émotions fortes (► Némirovsky, p. 34 ; Le Clézio, p. 38).
- Les **figures de style** les plus utilisées sont la **comparaison**, la **métaphore**, l'**hyperbole**, l'**énumération**, l'**apostrophe** (► exercice 13, p. 46).

◄ **Gustav Klimt**, détail du *Portrait de Maeda Primavesi* ► p. 34

HISTOIRE DES Arts

L'adolescence en BD

Le saviez-vous ?

Dans *Persepolis*, **Marjane Satrapi**, scénariste et dessinatrice iranienne née en 1969, retrace ses années de jeunesse entre 1979 et 1994. Elle connaît la révolution contre le régime du shah, l'instauration d'une république islamique répressive (1979), la guerre Iran-Irak (1980-1988). L'adolescente est rebelle, ses parents la mettent à l'abri du danger en l'envoyant à 14 ans faire ses études à Vienne, en Autriche.

DVD

Analyser et s'exprimer

1. Combien y a-t-il de bandes ? Combien de vignettes par bande ?
2. Qui parle dans les bulles ? Qui fait des commentaires dans les cartouches en bas des vignettes ? En quoi l'œuvre est-elle autobiographique ?
3. Comment le décor du café est-il suggéré ?
4. Quelles paroles blessent Marjane (vignettes 1 et 2) ?
5. Comment la colère de Marjane est-elle graphiquement représentée (vignettes 2 et 3) ?
6. a. Comment les sentiments et l'expression du visage de Marjane évoluent-ils (deux dernières bandes) ? Quel sens les cartouches donnent-ils au dessin ?
b. Quels sont les trois cadrages utilisés dans la dernière bande ? Au cinéma, quel effet visuel aurait-on obtenu ?
7. Comment comprenez-vous l'expression « être intègre à soi-même » ici ?

Les mots à connaître (aide)

- La bande dessinée : une **bande** (succession horizontale de plusieurs vignettes), une **vignette** (image avec texte et dessin), une **bulle** (espace de forme ronde ou ovale où sont inscrites les paroles et pensées des personnages), un **cartouche** (commentaire du narrateur placé dans un rectangle), le **graphisme** (style du dessin).
- Le cadrage (portion de l'espace représenté) : plan **général** (décor large), **moyen** (personnage en entier), **américain** (personnage jusqu'à mi-cuisses), **rapproché** (personnage jusqu'à la taille ou aux épaules), **gros plan** (visage ou objet), **très gros plan** (détail).

► Fiche HDA oral du brevet, p. 276

Retenir

- *Persepolis*, du nom donné dans l'Antiquité à la capitale de la Perse (Iran aujourd'hui), est une **bande dessinée autobiographique**.
- Marjane raconte la **répression** en Iran et son **exil** à Vienne où elle doit faire face à la **solitude** loin de sa famille et à la **difficulté de s'intégrer**.
- Les dessins sont en **noir et blanc**, il n'y a ni ombre, ni contraste, les décors sont peu détaillés. La dessinatrice se concentre sur les **expressions des visages**, les **attitudes** et les **gestes**. Les situations et les paroles des personnages dans les bulles (**moment du souvenir**) sont commentées avec beaucoup de **lucidité** et d'**humour** par la dessinatrice adulte (**moment de l'écriture**).

Dans l'épisode « Intègre à moi-même », Marjane se trouve dans un café et elle entend des camarades de classe parler d'elle : celles-ci ne l'ont pas vue…

Marjane Satrapi, *Persepolis*, tome 3 (2002) © L'Association.

Grammaire

▲ Le jardin du Luxembourg à Paris (2011).

1 Les valeurs de l'indicatif présent

► Leçon 24, p. 334

Classez les verbes en couleur en fonction de leur valeur :
- présent d'énonciation ou d'actualité ;
- présent de répétition ou d'habitude ;
- présent de narration ;
- présent de description.

a. Je me promène avec mon père… ou plutôt il me promène, comme il le fait chaque jour quand il vient à Paris.
b. Nous sommes passés par l'entrée du Grand Luxembourg qui fait face au Sénat et nous nous dirigeons vers la gauche où se trouvent le Guignol, les balançoires, les chevaux de bois…
c. Tout est gris, l'air, le ciel, les allées, les vastes espaces pelés, les branches dénudées des arbres. Il me semble que nous nous taisons. En tout cas, de ce qui a pu être dit ne sont restés que ces mots que j'entends encore très distinctement : « Est-ce que tu m'aimes, papa ?… »

Phrases extraites d'*Enfance* (1983), de **Nathalie Sarraute**, © Gallimard.

2 Le discours direct

► Leçon 21, p. 326

1. a. Identifiez les paroles et les pensées rapportées.
b. Quels signes montrent qu'elles le sont au discours direct ?
c. Qui pense ? Qui parle ?
2. Montrez que l'extrait c présente deux niveaux de paroles rapportées.
3. Quels sont les temps utilisés dans les passages au discours direct ?
4. Transformez au discours indirect les passages en couleur.
5. Quel est l'intérêt du discours direct ?

a. « Encore quelques jours, se dit Philippe, et nous serons séparés. Nous ne nous éveillerons plus sous le même toit, et je ne verrai Vinca que le dimanche, chez son père, chez le mien ou au cinéma. Et j'ai seize ans. »
b. Vinca accourut.
– Phil ! Qu'est-ce que c'est que cette dame ? […]
– Bête, va ! C'est une dame avec son auto, qui se trompait de route. Un peu plus, l'auto s'enlisait ici. Je l'ai renseignée.

c. – Qu'est-ce que tu veux, petit ? Tu n'es pas le garçon de la Cancalaise qui nous vend du poisson ?
– Si, dit le petit. […]. C'est la dame qui m'a dit…
– Quelle dame ?
– Elle m'a dit […] : « Tu diras à M. Phil que je suis forcée de partir aujourd'hui. »

Extraits du *Blé en herbe* (1923), de **Colette**, © Flammarion.

3 Le discours indirect

► Leçon 21, p. 326

1. Repérez le passage au discours indirect.
2. Identifiez la nature des deux propositions introduites par *que*.
3. Réécrivez la phrase en utilisant le discours direct.

Un soir il est entré dans ma chambre et m'a dit en se raclant la gorge que si je voulais bien il serait mon père et que je pourrais l'appeler papa.

Éric Fottorino, *L'homme qui m'aimait tout bas* (2009), © Gallimard.

4 Le discours indirect libre

► Leçon 21, p. 326

1. Repérez le passage au discours indirect libre qui permet au narrateur de rapporter les pensées du personnage (► extrait p. 34).
2. Réécrivez ces pensées au discours direct puis indirect. Ajoutez un verbe introducteur.

– Comment ? Un bal ? Ta mère donne un bal ?
Elle tournait et retournait la carte entre ses doigts, puis elle la passa furtivement sur le dos de sa main. Était-elle gravée ou imprimée seulement ? Cela faisait au moins quarante francs de différence…

Irène Némirovsky, *Le Bal* (1930), © Grasset & Fasquelle.

Conjugaison et orthographe

5 L'indicatif présent, imparfait, passé simple

► Tableaux de conjugaison, p. 388

Conjuguez les verbes au temps de l'indicatif indiqué.

Au présent :

a. Je [revoir] ma mère berçant mon petit frère. b. Je [se rappeler] la douceur de son regard.

Au passé simple :

a. Je [croire] que toute amitié était finie entre nous. b. Vinca [appeler] Phil pour lui montrer les crevettes. c. Nous [avoir] notre première querelle ce jour-là.

À l'imparfait :

a. Nous nous [voir] tous les jours. b. Antoinette [lancer] à sa mère des regards furieux. c. Tous les samedis, mon père et moi [prendre] notre vélo pour une randonnée. d. Tous les ans, je [faire] un stage de voile.

6 L'indicatif conditionnel présent

► Tableaux de conjugaison, p. 388

1. Conjuguez les verbes à l'indicatif conditionnel présent.

a. Si ses parents lui interdisaient de sortir, elle [devoir] encore passer la soirée avec ses petits frères. b. Je ne [savoir] dire combien de temps dura mon attente. c. Il nous [falloir] quitter la maison de notre enfance pour toujours. d. Sans Phil, Vinca n'[être] plus la même.

2. Mettez les verbes en orange au passé simple et modifiez le temps des verbes soulignés.

a. Mon père nous annonce que nous <u>déménagerons</u> en septembre pour La Rochelle. b. Je pense au fond de moi-même que je ne <u>mettrai</u> jamais cette robe pour aller au collège. c. Je devine que ma mère ne <u>viendra</u> pas me chercher.

7 L'accord des participes passés

► Leçon 30, p. 348

Écrivez correctement les participes passés. Justifiez vos réponses.

a. Toutes les lettres d'invitation, Antoinette les a fait... tomber dans la Seine. b. Toutes ses belles promesses s'étaient envolé.... c. Phil et Vinca ramenèrent à la villa les poissons qu'ils avaient pêché....

8 Dictée préparée

► Leçons 30, p. 348 ; 33, p. 354

Je me rattrape avec les dictées. C'est l'instant de l'après-midi que je préfère quand, penché sur la page blanche de mon cahier, tenant la plume à la main, j'attends que vienne la voix de Mam[1], inventant les mots un à un, très lentement, comme si elle nous les donnait, comme si elle les dessinait avec les inflexions[2] des syllabes. Il y a les mots difficiles, qu'elle a choisis avec soin, car c'est elle qui invente les textes de nos dictées : « charrette », « soupirail », « arc-en-ciel », « cavalcade », « attelle », « gué », « apercevoir », et bien sûr, de temps en temps, pour nous faire rire, les « poux », les « choux », les « hiboux » et les « bijoux ». J'écris sans me presser, le mieux que je peux, pour faire durer le temps où résonne la voix de Mam dans le silence de la feuille blanche.

J. M. G. Le Clézio, *Le Chercheur d'or* (1985),
© Gallimard.

1. **Mam** : la mère du narrateur. 2. **inflexions** : changements de ton dans la voix.

1. Le narrateur est-il un garçon ou une fille ? Justifiez votre réponse.

2. *qu'elle a choisis* : justifiez l'orthographe du participe passé.

3. Recopiez les mots *charrette* et *attelle* en repérant les lettres doubles.

4. Cherchez ce que sont un *soupirail*, un *gué*.

5. Citez la règle du pluriel des noms en *-ou*.

6. *Résonne / raisonne* : utilisez chacun de ces homonymes dans une phrase.

Vocabulaire et figures de style

9 Un peu d'étymologie

Le saviez-vous ?

- *Enfant* vient du latin *infans* : « qui ne parle pas ». L'enfant (de six à quinze ans) se dit *puer* en latin.
- En grec, *enfant* se dit *pais, paidos*. En Grèce, le *pédagogue* était l'esclave qui accompagnait l'enfant à l'école.
- Le mot *jeune* vient du latin *juvenis*.
- Le mot *bambin* vient de l'italien *bambino*. Le mot désigne d'abord en peinture l'Enfant Jésus.

1. Comment appelle-t-on un médecin spécialisé dans les maladies infantiles ?

2. Quel est le sens du mot *pédagogue* aujourd'hui ?

3. En quoi consiste le métier de *puéricultrice* ? Quel en est le masculin ?

4. Quand parle-t-on de comportement *puéril, infantile, juvénile* ?

10 Synonymes et antonymes

▶ Leçon 36, p. 358

1. Classez les mots suivants en deux séries : termes familiers synonymes du nom *enfant* et termes désignant les enfants par rapport aux parents (lignée).
a. gamin. b. héritier. c. gosse. d. rejeton. e. progéniture. f. garnement. g. descendance. h. mioche. i. fils / fille. j. moutard. k. môme. l. sang.

2. Regroupez les adjectifs suivants, qualifiant un enfant, en séries de deux antonymes.
a. légitime. b. désobéissant. c. chétif. d. naturel. e. calme. f. choyé. g. potelé. h. docile. i. turbulent. j. délaissé.

11 Sensations enfantines

1. Quels sont les éléments décrits ?

2. Relevez le vocabulaire des sensations et classez-le : sensations visuelles, tactiles, gustatives.

a. Il n'y a que lui qui me soit vraiment proche, Michka, mon ours en peluche, soyeux, tiède, doux, mou, tout imprégné de familiarité tendre. Il dort toujours avec moi, sa tête au pelage doré, aux oreilles droites, est posée à côté de moi sur l'oreiller, son bon nez rond avec sa truffe noire comme ses petits yeux brillants dépassent du drap…

b. Nos assiettes sont remplies de macaronis dorés et luisants de beurre frais, à chaque bouchée descend de la fourchette une longue coulée de fromage fondu qu'on tranche avec ses dents.

Extraits d'*Enfance* (1983), de **Nathalie Sarraute**, © Gallimard.

12 Les verbes pour se souvenir

Le saviez-vous ?

- On dit *se souvenir* ***de*** *quelque chose* mais *se rappeler* ou *se remémorer quelque chose*.

Écrivez trois phrases en utilisant chacun de ces verbes. Respectez leur construction.

13 Les figures de style

▶ Leçon 39, p. 364

1. Retrouvez les figures de style dans ces extraits : comparaison, répétition, personnification, énumération, apostrophe, hyperbole.

a. Ô mon enfance, gelées de coings, bougies roses, journaux illustrés du jeudi, ours en peluche, convalescences chéries, anniversaires, lettres du Nouvel An sur du papier à dentelures, dindes de Noël, fables de La Fontaine idiotement récitées debout sur la table, bonbons à fleurettes, attentes des vacances.

Albert Cohen, *Le Livre de ma mère* (1954), © Gallimard.

b. *Le narrateur doit quitter Kouroussa en Haute-Guinée pour poursuivre ses études à Conakry, à six cents kilomètres de chez lui.*

Nous descendions à présent vers la côte et vers Conakry, et le train roulait, roulait ; autant il s'était essoufflé à escalader le massif, autant il le dévalait joyeusement. […] À la nuit tombée, la presqu'île de Conakry se découvrit, vivement illuminée. Je l'aperçus de loin comme une grande fleur claire posée sur les flots.

Camara Laye, *L'Enfant noir* (1953), © Librairie Plon.

c. Je remontai dans la chambre pour jouer au plus beau jeu du monde : la toupie. J'avais une toupie en plastique qui valait toutes les merveilles de l'univers.

Amélie Nothomb, *Métaphysique des tubes* (2000), © Albin Michel.

2. **Extrait a** : évoquez quelques moments marquants de votre enfance en utilisant le même procédé d'écriture.

3. **Extrait c** : évoquez ce qui a été pour vous le plus beau jeu du monde.

Expression écrite

1 Raconter un souvenir d'enfance

Racontez un souvenir d'enfance ou d'adolescence : souvenir scolaire, souvenir d'un jeu ou d'un jouet, souvenir d'une fête familiale, souvenir de vacances, souvenir d'un moment de bonheur, d'une rencontre, d'une peur éprouvée (comme dans l'extrait d'Éric Fottorino, ► p. 28). Vous exprimerez vos sentiments avec le recul que vous avez pris.

Consignes d'écriture

- *Précisez les circonstances en introduction.*
- *Introduisez une rapide description (lieu, personnages...).*
- *Vous pouvez insérer des paroles rapportées.*
- *Utilisez les temps du passé et le présent de narration.*
- *Introduisez quelques commentaires.*

Le vocabulaire du souvenir (aide)

- **Le déclenchement du souvenir :** je me souviens qu'un jour ; si mes souvenirs sont justes, voici comment les choses se passèrent ; autant que je m'en souvienne.
- **L'ouverture du récit :** je devais avoir un peu plus de x ans lorsque ; c'était en novembre ; la scène me frappa au point que je crois bien n'avoir pas oublié le moindre détail.
- **Les commentaires du narrateur :** au moment où j'écris ces lignes, je m'interroge encore ; j'ai compris depuis que c'est dur pour un enfant de... ; oh ! la belle journée ! ; combien de fois ai-je pensé à lui (à elle) ?

2 Écrire des *Je me souviens...*

Dans son livre Je me souviens *(1978), Georges Perec (1936-1982) a sélectionné des souvenirs de son enfance qu'il présente sous la forme de 480 fragments numérotés.*

46 Je me souviens de l'époque où la mode était aux chemises noires.

63 Je me souviens de « Dop Dop Dop, adoptez le shampoing Dop ».

144 Je me souviens que je n'aimais pas la choucroute.

295 Je me souviens de la barbe à papa dans les fêtes foraines.

Georges Perec, *Je me souviens* (1978),
© Librairie Arthème Fayard, 2010.

Évoquez dix faits marquants de votre enfance (souvenir personnel, publicité, actualité, mode, goûts alimentaires...).

Consignes d'écriture

- *Utilisez la même anaphore* Je me souviens.
- *Chaque souvenir est exprimé en une phrase.*
- *Numérotez vos souvenirs.*

3 Rédiger son autoportrait

Anne Frank (1929-1945), adolescente juive, cachée à Amsterdam avec sa famille pour échapper aux nazis, écrit son journal sous forme de lettres à une amie imaginaire, Kitty.

Samedi 30 janvier 1943

Chère Kitty,

Je bous de fureur et je ne peux pas le montrer, je voudrais taper du pied, crier, secouer Maman un bon coup, pleurer, que sais-je encore [...]. Tout le monde me trouve prétentieuse quand je parle, ridicule quand je me tais, insolente quand je réponds, roublarde quand j'ai une bonne idée, paresseuse quand je suis fatiguée, égoïste quand je mange une bouchée de trop, lâche, calculatrice, etc. Toute la journée, je m'entends dire que je suis une gosse insupportable et même si j'en ris et fais semblant de m'en moquer, ça me fait de la peine.

Anne Frank, *Journal* (1947), traduit du néerlandais par P. Noble et I. Rosselin-Bobulesco,
© Calmann-Lévy, 1992, 2001.

Comme Anne, faites d'abord un portrait de vous tel que les autres vous voient, puis tel que vous vous voyez vous-même.

Consigne d'écriture

- *Vous débuterez par* Tout le monde me trouve... *et poursuivrez par* Je ne suis pas cette personne, je suis...

Expression orale

Apprendre et réciter une dédicace poétique

À MA MÈRE

Femme noire, femme africaine,
ô toi ma mère je pense à toi…

Ô Dâman[1], ô ma mère, toi qui me
portas sur le dos, toi qui m'allaitas,
toi qui gouvernas mes premiers pas,
toi qui la première m'ouvris les yeux
aux prodiges de la terre, je pense à toi…

Femme des champs, femme des
rivières, femme du grand fleuve,
ô toi, ma mère, je pense à toi…

Ô toi Dâman, ô ma mère, toi qui
essuyais mes larmes, toi qui me
réjouissais le cœur, toi qui, patiemment
supportais mes caprices, comme
j'aimerais encore être près de toi,
être enfant près de toi !

Femme simple, femme de la résignation,
ô toi, ma mère, je pense à toi…

Ô Dâman, Dâman de la grande
famille des forgerons, ma pensée
toujours se tourne vers toi, la tienne
à chaque pas m'accompagne,
ô Dâman, ma mère, comme j'aimerais
encore être dans ta chaleur, être
enfant près de toi…

Femme noire, femme africaine,
ô toi, ma mère, merci ; merci pour tout
ce que tu fis pour moi, ton fils,
si loin, si près de toi !

Camara Laye, *L'Enfant noir* (1953),
© Librairie Plon.

1. **Dâman** : nom de jeune fille de la mère.

Mère et enfant en Guinée.

Comprendre la dédicace

1. a. Qu'est-ce qu'une dédicace ?
b. Qui est l'auteur de cette dédicace ? À qui est-elle adressée ?
2. a. Quelle image le narrateur donne-t-il de la mère ? Quelles expressions caractérisent la mère dans les strophes 1, 3, 5 et 7 ?
b. Quels souvenirs évoqués sont liés à la mère et lesquels concernent l'Afrique ?
3. Quels sentiments l'auteur exprime-t-il ? Appuyez-vous sur le lexique et l'antithèse finale (l. 29).

Étudier le rythme

4. De combien de strophes le texte est-il composé ?
5. Relevez les anaphores. Quel est le rythme produit ?
6. Quelle expression crée un effet de refrain ?
7. À quel genre littéraire cette dédicace s'apparente-t-elle ?

Réciter la dédicace

8. Apprenez la dédicace.
9. a. Récitez-la en respectant le rythme créé par les anaphores et les refrains.
b. Mettez le ton qui convient à cet hommage émouvant de l'auteur à sa mère.

Le saviez-vous ?

Camara Laye (1928-1980) est né à Kouroussa, un village de Haute-Guinée. Il part faire ses études à Conakry, la capitale, obtient un diplôme de mécanicien, puis se rend en France où il travaille dans l'automobile tout en poursuivant ses études. Dans *L'Enfant noir*, il présente, à travers le récit de son enfance, un document sur la société et les traditions africaines.

Des livres, des films sur l'enfance et l'adolescence

Récits autobiographiques

- **Alain-Fournier**, *Le Grand Meaulnes* (1913, Le Livre de poche) : dans le décor poétique de la Sologne, l'histoire d'un mystérieux amour entre Augustin Meaulnes et Yvonne de Galais.
- **Camara Laye**, *L'Enfant noir* (1953, « Œuvres et thèmes », Hatier) : autobiographie d'une enfance heureuse en Haute-Guinée.
- **Annie Ernaux**, *La Place* (1983, « Folio », Gallimard) : un livre que la narratrice consacre à son père. ► Lire une œuvre complète, p. 66

Récits de fiction

- **Irène Némirovsky**, *Le Bal* (1930, « Classiques », Hachette) : Antoinette, âgée de 14 ans, rêve de participer au bal qu'organisent ses parents.
- **Jirô Taniguchi**, *Quartier lointain* (1998, Casterman) : dans ce manga, Hiroshi, un homme mûr, est projeté dans le passé et revit ses 14 ans.
- **Marie-Aude Murail**, *Maïté coiffure* (2004, L'École des loisirs) : Louis Feyrières, fils de chirurgien, est en 3e ; il va faire son stage en entreprise dans un salon de coiffure.
- **Francesco Gungui**, *Je t'aime comme ça* (2011, Pocket Jeunesse) : à cause de ses mauvais résultats scolaires, Alice n'ira pas en vacances avec ses amies mais en camping avec ses parents. Heureusement, elle y fera des rencontres.

Cinéma

- *Les Quatre Cents Coups* (1959), de **François Truffaut** : l'enfance difficile d'Antoine Doinel.
- *Stand by me* (1987), de **Rob Reiner** : quatre garçons partent à la recherche d'un adolescent mystérieusement disparu dans la forêt de l'Oregon aux États-Unis.
- *Mon ami Machuca* (2004), d'**André Wood** : à Santiago du Chili, l'amitié de Gonzalo, issu d'une famille aisée, et de Machuca, qui vit dans un bidonville.
- DVD *Persepolis* (2007), film d'animation de **Vincent Paronnaud** et **Marjane Satrapi**, s'inspirant de la bande dessinée (► p. 42).
- DVD *Le Gamin au vélo* (2011), de **Jean-Pierre** et **Luc Dardenne** : Cyril, délaissé par son père, cherche l'affection de Samantha, qui tient un salon de coiffure.

Préparation au brevet

Ce récit est autobiographique, le narrateur raconte son enfance dans un village de Haute-Guinée.

J'étais enfant et je jouais près de la case[1] de mon père. Quel âge avais-je en ce temps-là ? Je ne me rappelle pas exactement. Je devais être très jeune encore : cinq ans, six ans peut-être. Ma mère était dans l'atelier, près de mon père, et leurs voix me parvenaient, rassurantes, tranquilles, mêlées à celles des clients de la forge et au bruit de l'enclume[2].

Brusquement j'avais interrompu de jouer, l'attention, toute mon attention, captée par un serpent qui rampait autour de la case, qui vraiment paraissait se promener autour de la case ; et je m'étais bientôt approché. J'avais ramassé un roseau qui traînait dans la cour – il en traînait toujours, qui se détachaient de la palissade de roseaux tressés qui enclôt notre concession[3] – et, à présent, j'enfonçais ce roseau dans la gueule de la bête. Le serpent ne se dérobait pas : il prenait goût au jeu ; il avalait lentement le roseau, il l'avalait comme une proie, avec la même volupté[4], me semblait-il, les yeux brillants de bonheur, et sa tête, petit à petit, se rapprochait de ma main. Il vint un moment où le roseau se trouva à peu près englouti, et où la gueule du serpent se trouva terriblement proche de mes doigts.

Je riais, je n'avais pas peur du tout, et je crois bien que le serpent n'eût plus beaucoup tardé à m'enfoncer ses crochets dans les doigts si, à l'instant, Damany, l'un des apprentis, ne fût sorti de l'atelier. L'apprenti fit signe à mon père, et presque aussitôt je me sentis soulevé de terre : j'étais dans les bras d'un ami de mon père !

Autour de moi, on menait grand bruit ; ma mère surtout criait fort et elle me donna quelques claques. Je me mis à pleurer, plus ému par le tumulte qui s'était si opinément[5] élevé, que par les claques que j'avais reçues. Un peu plus tard, quand je me fus un peu calmé et qu'autour de moi les cris eurent cessé, j'entendis ma mère m'avertir sévèrement de ne plus jamais recommencer un tel jeu ; je le lui promis, bien que le danger de mon jeu ne m'apparût pas clairement. [...]

Depuis qu'on m'avait défendu de jouer avec les serpents, sitôt que j'en apercevais un, j'accourais chez ma mère.

– Il y a un serpent ! criais-je.

– Encore un ! s'écriait ma mère.

Et elle venait voir quelle sorte de serpent c'était. Si c'était un serpent comme tous les serpents – en fait, ils différaient fort ! – elle le tuait aussitôt à coups de bâton, et elle s'acharnait, comme toutes les femmes de chez nous, jusqu'à le réduire en bouillie, tandis que les hommes, eux, se contentent d'un coup sec, nettement asséné.

Camara Laye (1928-1980),
L'Enfant noir (1953), © Librairie Plon.

1. **case** : habitation en matériaux légers des pays chauds.
2. **enclume** : masse métallique sur laquelle on forge les métaux.
3. **concession** : en Afrique, terrain clos regroupant autour d'une cour plusieurs habitations où loge une famille.
4. **volupté** : plaisir.
5. **opinément** : à propos, au bon moment.

PREMIÈRE PARTIE (1 h 30)

Questions 15 PTS

Méthode pour réussir les questions

- Lisez attentivement le **texte** et le **paratexte** (chapeau, notes).
- Tenez compte des **titres des axes de lecture** : ils constituent des aides précieuses pour répondre aux questions.
- Rédigez des **phrases complètes** pour répondre.
- Introduisez les **citations** entre guillemets et précisez le numéro de la ligne.

I. Un récit d'enfance 4 PTS

1. a. Dans le premier paragraphe, relevez les marques de la première personne et indiquez leur classe grammaticale. (1,5 PT)

b. Quels sont les deux temps employés ? Donnez leur valeur respective. (1,5 PT)

1. a. La **classe grammaticale** est la nature du mot (nom, déterminant, pronom, adjectif, verbe, adverbe, conjonction de coordination ou de subordination, préposition, interjection).

2. a. Quel âge le narrateur a-t-il au moment des faits ? Est-il sûr de sa mémoire ? Citez le texte. (0,5 PT)
b. Relevez deux éléments qui se réfèrent au cadre africain. (0,5 PT)

II. Un jeu dangereux 6 PTS

3. Dans quel lieu précis l'action se déroule-t-elle ? (0,5 PT)
4. Relevez l'indication de temps qui déclenche l'action et précisez sa classe grammaticale. (1 PT)
5. a. *mon attention, captée par un serpent* (l. 10-11) : donnez trois mots de la famille de *captée* (un nom, un adjectif, un verbe). (1 PT)
b. *Le serpent ne se dérobait pas* (l. 18) : donnez un synonyme du verbe *se dérober*. (0,5 PT)
6. a. À quel jeu le narrateur se livre-t-il avec le serpent (l. 9 à 25) ? (0,5 PT)
b. A-t-il conscience du danger ? Citez deux expressions du texte. (0,5 PT)
7. a. Nommez et expliquez la figure de style : *il l'avalait comme une proie* (l. 20). (1 PT)
b. Indiquez la fonction du groupe nominal *avec la même volupté* (l. 20-21). (0,5 PT)
8. Comment le jeu se termine-t-il ? (0,5 PT)

III. Une bonne leçon 5 PTS

9. Pourquoi l'enfant pleure-t-il (l. 35) ? Relevez dans les lignes 33 à 42 un champ lexical à l'appui de votre réponse. (1,5 PT)
10. a. Quelles sont les réactions successives de la mère (l. 33 à 42) ? (1 PT)
b. Quel rôle joue-t-elle ensuite auprès de l'enfant (l. 43 à 54) ? (0,5 PT)
11. *les claques que j'avais reçues* (l. 37) : expliquez l'accord du participe passé en rappelant la règle. (1 PT)
12. Quelle leçon l'enfant tire-t-il de sa première expérience avec le serpent ? (1 PT)

Réécriture 4 PTS

Réécrivez les trois premières phrases du texte en remplaçant *je* par *nous*.

Dictée 6 PTS

Votre professeur vous dictera un autre passage de *L'Enfant noir*.

1. b. Donner la **valeur d'un temps** c'est indiquer ce qu'il exprime (une action ponctuelle, une durée, une habitude, une vérité générale, le moment de l'énonciation…).

5. a. Une **famille de mots** est composée de mots ayant le même radical. **Ex :** *terre, terrestre, territoire, déterrer…*

7. a. ► Leçon 39, p. 364

7. b. Les principales **fonctions du nom** sont : sujet, attribut, apposition, complément d'objet, complément circonstanciel, complément du nom ► Tableau, p. 280

9. Un **champ lexical** est constitué de mots ou expressions rattachés à la même notion ou idée (**Ex :** *mer, port, pêcher, poisson…*).

11. ► Leçon 30, p. 348

DEUXIÈME PARTIE (1 h 30)

Rédaction 15 PTS

Méthode pour réussir la rédaction

- Soulignez les **mots clés** du sujet (sujet 1 : *vous, danger, récit de l'incident, émotions, impact…* ; sujet 2 : *former un jeune, expérience, protéger*).
- Notez le **type de texte** demandé (récit ou développement argumenté).
- Soignez l'**orthographe** et la **ponctuation**.
- Choisissez un **vocabulaire** précis.

Vous traiterez l'un des deux sujets au choix.

1. Sujet d'imagination
Vous aussi, vous avez couru un danger par inconscience, dans votre enfance. Vous ferez le récit de l'incident en insistant sur vos émotions et sur celles de l'entourage. Vous direz en conclusion quel impact cet événement a eu dans votre vie.

2. Sujet de réflexion
Pensez-vous que, pour former un jeune, il vaut mieux lui laisser faire sa propre expérience ou bien le protéger de toutes les façons ? Développez votre réflexion dans un devoir construit et argumenté. Vous le nourrirez d'exemples issus de votre expérience personnelle (ou de celle de votre entourage) et de vos lectures.

Méthode (sujet 1)
- Menez le récit à la première personne et aux temps du passé.
- Employez le présent d'actualité (ou d'énonciation) pour vos commentaires.
- Utilisez le lexique des émotions.
- Insérez un court dialogue au discours direct.

3 R. Gary, *La Promesse de l'aube* ou l'amour d'une mère

Objectif du chapitre

- Lire et analyser un roman d'inspiration autobiographique.

Friedrich Seindenstücker (1882-1966), *Mère et enfant fermement enlacés* (vers 1925-1930).

Affiche de *La Promesse de l'aube*, film de **Jules Dassin** (1970).

– Ça fait rien, vous pouvez dire que votre mère, elle vous aime vraiment. Elle parle que de vous quand vous êtes pas là. […] Mon Romain par-ci, mon Romain par-là…

Romain Gary, *La Promesse de l'aube* (1960), chapitre IV, © Gallimard.

▲ **Paul Mathey** (1844-1929),
Enfant et femme dans un intérieur
(vers 1890), huile sur toile,
48 x 38 cm (musée d'Orsay, Paris).

- Distinguez les trois plans de l'image.
- Décrivez l'enfant et la femme (vêtements, accessoire, attitudes, regard).
- Quelle image le tableau donne-t-il de l'enfance ?

Romain Gary

▲ Affiche des *Racines du ciel*, film de **John Huston** (1958).

✱ **Romain Gary**, de son vrai nom **Roman Kacew**, est né le 8 mai 1914 à Vilnius, en Lituanie, alors dans l'Empire russe. Son père, Arieh Leib Kacew, est le second mari de sa mère, Mina Owczynska, une actrice sans grand succès. Abandonnée par son époux, celle-ci doit élever son fils seule.

✱ Après avoir vécu à Varsovie (Pologne), Romain et sa mère arrivent **en France**, à Nice, **en 1928**. Les premiers temps sont difficiles, puis la mère prend la direction d'un petit hôtel. Romain grandit, fait des études de droit et publie ses premières nouvelles.

✱ Naturalisé français en 1935, il fait son service militaire dans l'aviation et, dès 1940, s'engage dans les Forces aériennes françaises libres. Il prend le nom de Gary qui signifie « brûle » en russe et publie en 1944 son premier roman, ***Éducation européenne***, qui lui vaudra le succès et le prix des Critiques. La même année, il épouse une journaliste anglaise, Lesley Blanch. Il est fait compagnon de la Libération en 1945. Il entre dans la diplomatie française et terminera sa carrière comme **Consul Général** à Los Angeles, de 1957 à 1960 ; c'est là qu'il rencontre l'actrice Jean Seberg, sa seconde épouse, qui se suicidera en 1979.

✱ En 1956, il obtient le **prix Goncourt** pour son roman ***Les Racines du ciel***, qui raconte les efforts d'un homme décidé à sauver du massacre les éléphants d'Afrique. ***La Promesse de l'aube***, roman autobiographique écrit en hommage à sa mère, paraît en 1960.

✱ Il met fin à ses jours le 2 décembre 1980. On apprend alors qu'il est en fait l'auteur d'autres romans écrits sous le pseudonyme d'Émile Ajar, en particulier ***La Vie devant soi***, histoire de l'amour d'un petit orphelin émigré pour madame Rosa, une ancienne prostituée qui l'a recueilli. Ce roman a obtenu le prix Goncourt en 1975.

▲ **Simone Signoret** et **Samy Ben-Youb** dans *La Vie devant soi*, film de **Moshe Mizrahi** (1980).

Ai-je bien lu ?

1. Quel est le vrai nom de Romain Gary ? Que signifie « Gary » ? Sous quel autre nom est-il aussi connu ?
2. Citez trois romans de l'auteur.
3. Quels sont les romans qui lui ont valu le prix Goncourt ?

1914	1935	1956	1960	1975	1980
Naissance de Roman Kacew	Roman Kacew naturalisé français	*Les Racines du ciel* (prix Goncourt)	*La Promesse de l'aube*	*La Vie devant soi* (prix Goncourt)	Mort de Romain Gary

Romain Gary
(1914-1980)

Préparer la lecture

B2i

1. Dans quelles villes françaises les émigrés russes s'installent-ils après la révolution russe de 1917 ?
Voir le site http://www.russie.net/france/emigration_1.htm
2. Quelles sont leurs conditions de vie ? Quels métiers exercent-ils ?

Extrait 1

Le sacrifice d'une mère

Le narrateur, Romain Kacew (Romain Gary), et sa mère viennent d'arriver en France.

J'étais alors élève de quatrième au lycée de Nice et ma mère avait, à l'Hôtel Négresco, une de ces « vitrines » de couloir où elle exposait les articles que les magasins de luxe lui concédaient[1] ; chaque écharpe, chaque ceinture ou chemisette vendue, lui rapportait dix pour cent de commission. Parfois, elle pratiquait une petite hausse illicite[2] des prix et mettait la différence dans sa poche. Toute la journée, elle guettait les clients éventuels, fumant nerveusement d'innombrables gauloises[3], car notre pain quotidien dépendait alors entièrement de ce commerce incertain.

Depuis treize ans, déjà, seule, sans mari, sans amant, elle luttait ainsi courageusement, afin de gagner, chaque mois, ce qu'il nous fallait pour vivre, pour payer le beurre, les souliers, le loyer, les vêtements, le bifteck de midi – ce bifteck qu'elle plaçait chaque jour devant moi dans l'assiette, un peu solennellement, comme le signe même de sa victoire sur l'adversité[4]. Je revenais du lycée et m'attablais devant le plat. Ma mère, debout, me regardait manger avec cet air apaisé des chiennes qui allaitent leurs petits.

Elle refusait d'y toucher elle-même et m'assurait qu'elle n'aimait que les légumes et que la viande et les graisses lui étaient strictement défendues.

Un jour, quittant la table, j'allai à la cuisine boire un verre d'eau.

Ma mère était assise sur un tabouret ; elle tenait sur ses genoux la poêle à frire où mon bifteck avait été cuit. Elle en essuyait soigneusement le fond graisseux avec des morceaux de pain qu'elle mangeait ensuite avidement et, malgré son geste rapide pour dissimuler la poêle sous la serviette, je sus soudain, dans un éclair, toute la vérité sur les motifs réels de son régime végétarien.

Je demeurai là un moment, immobile, pétrifié[5], regardant avec horreur la poêle mal cachée sous la serviette et le sourire inquiet, coupable, de ma mère, puis j'éclatai en sanglots et m'enfuis.

1. **lui concédaient** : lui accordaient.
2. **illicite** : illégale.
3. **gauloises** : marque de cigarettes.
4. **adversité** : malheur.
5. **pétrifié** : paralysé.

François Raffoul dans *La Promesse de l'aube*, film de **Jules Dassin** (1970).

Au bout de l'avenue Shakespeare où nous habitions alors, il y avait un remblai[6] presque vertical qui dominait le chemin de fer, et c'est là que je courus me cacher. L'idée de me jeter sous un train et de me dérober ainsi à ma honte et à mon impuissance me passa par la tête, mais, presque aussitôt, une farouche résolution de redresser le monde et de le déposer un jour aux pieds de ma mère, heureux, juste, digne d'elle, enfin, me mordit au cœur d'une brûlure dont mon sang charria[7] le feu jusqu'à la fin. Le visage enfoui dans mes bras, je me laissai aller à ma peine, mais les larmes, qui me furent souvent si clémentes[8], ne m'apportèrent cette fois aucune consolation. [...]

J'étais en train de pleurer dans l'herbe, lorsque je vis ma mère apparaître en haut du talus. Je ne sais comment elle avait découvert l'endroit : personne n'y venait jamais. Je la vis se baisser pour passer sous les fils de fer, puis descendre vers moi, ses cheveux gris pleins de lumière et de ciel. Elle vint s'asseoir à côté de moi, son éternelle gauloise à la main.

– Ne pleure pas.

– Laisse-moi.

– Ne pleure pas. Je te demande pardon. Tu es un homme, maintenant. Je t'ai fait de la peine.

– Laisse-moi, je te dis !

Un train passa sur la voie. Il me parut soudain que c'était mon chagrin qui faisait tout ce fracas.

– Je ne recommencerai plus.

Je me calmai un peu. Nous étions assis sur le remblai tous les deux, les bras sur les genoux, regardant de l'autre côté. Il y avait une chèvre attachée à un arbre, un mimosa. Le mimosa était en fleurs, le ciel était très bleu, et le soleil faisait de son mieux. Je pensai soudain que le monde donnait bien le change[9]. C'est ma première pensée d'adulte dont je me souvienne.

Romain Gary, *La Promesse de l'aube* (1960), chapitre II, © Gallimard.

6. **remblai** : talus de terre.
7. **charria** : transporta.
8. **clémentes** : douces, apaisantes.
9. **donner le change** : tromper en faisant prendre une chose pour une autre.

Raoul Dufy (1877-1953), *La Jetée-Promenade de Nice* (vers 1926), huile sur toile, 38 x 46 cm (musée d'Art moderne de la Ville de Paris, Paris).

Dégager l'essentiel

a. Quel est l'âge du narrateur ? Quelle est sa situation familiale ?

b. Quelle découverte fait-il par hasard ?

c. Où s'enfuit-il ?

d. Qui vient le consoler ?

Analyser le texte

● La figure maternelle

1. a. Quelle est la source des revenus de la mère du narrateur ? S'agit-il d'une situation stable ? Citez deux adjectifs (l. 6-8).

b. Citez trois mots ou expressions (l. 9) qui caractérisent sa vie privée.

2. a. Comment la mère affronte-t-elle les difficultés ? Relevez un verbe et un adverbe (l. 9-10).

b. Quelle est l'importance à ses yeux du bifteck quotidien de son fils ? Citez le texte.

3. a. Quel mensonge la mère a-t-elle fait au narrateur ? Expliquez les motifs réels de son régime végétarien.

b. Souffre-t-elle du sacrifice accompli pour son fils ? Relevez et commentez une métaphore.

● Un souvenir traumatisant

4. a. En quoi la découverte faite par le narrateur est-elle un terrible choc ? Citez ses trois réactions successives à son arrivée dans la cuisine.

b. Quelle tentation lui traverse l'esprit ?

5. a. Quelle décision prend-il pour être à la hauteur du sacrifice de sa mère ? Citez le texte.

b. Quelle métaphore utilise-t-il pour exprimer ce qu'il ressent ?

6. a. Comment réagit-il lorsque sa mère vient le retrouver ?

b. Quelle étape celle-ci lui permet-elle de franchir ?

7. Quelle est la première pensée d'adulte dont le narrateur se souvienne ? Quelle est la valeur du présent *C'est* (l. 59) ?

8. **La portée du texte.** D'après ce texte, dites comment peut s'effectuer le passage à l'âge adulte.

Enrichir son vocabulaire

Le préfixe *in-*

Une petite hausse ***illicite*** (l. 5)*; ce commerce incertain* (l. 8)*; Je demeurai là un moment,* ***immobile*** (l. 27-28).

9. a. Quel préfixe les trois adjectifs ont-ils en commun ? Comment expliquez-vous que ce préfixe prenne des formes différentes ?

b. Quel est le sens de ce préfixe ?

10. À partir du même préfixe, trouvez les adjectifs répondant aux définitions suivantes :

a. que l'on ne peut vaincre. b. que l'on ne peut tolérer. c. à quoi on ne peut remédier. d. qui n'est pas bon à manger. e. que l'on ne peut blesser (aide : « blessure » se dit *vulnus* en latin).

Écrire

11. Imaginez que le narrateur ait une autre réaction face à sa mère : il ne s'enfuit pas et parle avec elle. Rédigez le dialogue.

Consignes d'écriture

- *Tenez compte de la situation et des sentiments éprouvés par les personnages.*
- *Respectez la disposition du dialogue.*
- *Vous introduirez un ou plusieurs passage(s) narratif(s).*

Débattre

12. Pourquoi le narrateur s'enfuit-il ? Que pensez-vous de son attitude ?

HISTOIRE DES Arts

1. Identifiez l'auteur du tableau, sa nature, sa date et son titre.

2. Décrivez le paysage (bâtiments, végétation, personnages) en distinguant les différents plans.

3. a. Caractérisez les couleurs et la lumière.

b. Quelle remarque faites-vous sur la façon dont est posée la couleur ? S'inscrit-elle à l'intérieur des traits ?

4. Dufy disait qu'il voulait exprimer la joie qui était en lui. Ce tableau vous paraît-il répondre à ce désir ?

5. Quel passage du texte pourrait illustrer ce tableau ?

B2i **Préparer la lecture**

[Qu'est-ce que l'ordre de la Libération ? Qui l'a créé ?
Voir le site http://www.ordredelaliberation.fr]

Extrait 2

Un avenir tout tracé

Le narrateur revient en arrière, sur ses jeunes années à Wilno (nom polonais de Vilnius), en Pologne. Il a huit ans et sa mère façonne des chapeaux qu'elle tente de vendre en faisant du porte à porte.

▲ Romain Gary en uniforme d'aviateur FFL.

Nous avions des voisins et ces voisins n'aimaient pas ma mère. La petite bourgeoisie de Wilno n'avait rien à envier à celle d'ailleurs, et les allées et venues de cette étrangère avec ses valises et ses cartons, jugées mystérieuses et louches, eurent vite fait d'être signalées à la police polonaise, très soupçonneuse, à cette époque, à l'égard des Russes réfugiés[1]. Ma mère fut accusée de recel d'objets volés. Elle n'eut aucune peine à confondre ses détracteurs[2], mais la honte, le chagrin, l'indignation, comme toujours, chez elle, prirent une forme violemment agressive. Après avoir sangloté quelques heures, parmi ses chapeaux bouleversés – les chapeaux de femmes sont restés jusqu'à ce jour une de mes petites phobies[3] – elle me prit par la main et, après m'avoir annoncé qu'« Ils ne savent pas à qui ils ont affaire », elle me traîna hors de l'appartement, dans l'escalier. Ce qui suivit fut pour moi un des moments les plus pénibles de mon existence – et j'en ai connu quelques-uns.

Ma mère allait de porte en porte, sonnant, frappant et invitant tous les locataires à sortir sur le palier. Les premières insultes à peine échangées – là, ma mère avait toujours et incontestablement le dessus – elle m'attira contre elle et, me désignant à l'assistance, elle annonça, hautement et fièrement, d'une voix qui retentit encore en ce moment à mes oreilles :

– Sales petites punaises bourgeoises ! Vous ne savez pas à qui vous avez l'honneur de parler ! Mon fils sera ambassadeur de France, chevalier de la Légion d'honneur, grand auteur dramatique, Ibsen, Gabriele d'Annunzio[4] ! Il...

Elle chercha quelque chose de tout à fait écrasant, une démonstration suprême et définitive de réussite terrestre :

– Il s'habillera à Londres !

1. **Russes réfugiés** : de nombreux Russes ont quitté la Russie après la Révolution d'octobre 1917 et la prise de pouvoir des Bolcheviks.
2. **confondre ses détracteurs** : prouver leur erreur à ses accusateurs.
3. **phobies** : peurs maladives.
4. **Ibsen** : auteur norvégien (1828-1906) ; d'Annunzio : auteur italien (1863-1938).

J'entends encore le bon gros rire des « punaises bourgeoises » à mes oreilles. Je rougis encore, en écrivant ces lignes. Je les entends clairement et je vois les visages moqueurs, haineux, méprisants – je les vois sans haine : ce sont des visages humains, on connaît ça. Il vaut peut-être mieux dire tout de suite, pour la clarté de ce récit, que je suis aujourd'hui Consul Général de France[5], compagnon de la Libération, officier de la Légion d'honneur et que si je ne suis devenu ni Ibsen, ni d'Annunzio, ce n'est pas faute d'avoir essayé.

Et qu'on ne s'y trompe pas : je m'habille à Londres. J'ai horreur de la coupe anglaise, mais je n'ai pas le choix.

Je crois qu'aucun événement n'a joué un rôle plus important dans ma vie que cet éclat de rire qui vint se jeter sur moi, dans l'escalier d'un vieil immeuble de Wilno, au n° 16 de la Grande-Pohulanka. Je lui dois ce que je suis : pour le meilleur comme pour le pire, ce rire est devenu moi.

Ma mère se tenait debout sous la bourrasque, la tête haute, me serrant contre elle. Il n'y avait en elle nulle trace de gêne ou d'humiliation. Elle *savait*.

Romain Gary, *La Promesse de l'aube* (1960), chapitre VI, © Gallimard.

5. Consul Général de France : diplomate en poste à l'étranger.

Croix de la Libération (1940) ▶
(musée de l'Armée, Paris).

Dégager l'essentiel

a. De quoi la mère du narrateur a-t-elle été accusée ? Par qui ? A-t-elle été disculpée ?

b. Quel discours tient-elle à ses accusateurs dans l'escalier ?

c. Comment ceux-ci réagissent-ils ?

Analyser le texte

● La revanche d'une mère

1. Quels sentiments successifs la mère du narrateur éprouve-t-elle à la suite de l'accusation dont elle a été victime ? Appuyez-vous sur des termes précis.

2. a. En quoi la scène de l'escalier est-elle théâtrale ? Répondez en vous appuyant sur le décor, les gestes, attitudes et paroles de la mère.

b. Quel regard la mère porte-t-elle sur son fils ? Quel verbe est en italique ? Pourquoi ?

● Un événement déterminant

3. Quel sentiment le narrateur enfant a-t-il éprouvé lors de cet événement ? Pourquoi ?

4. a. Quelle place cette scène tient-elle dans la vie du narrateur adulte ? Citez le texte.

b. Sur quel ton le narrateur la raconte-t-il ?

5. En quoi peut-on dire que le narrateur a réalisé les espoirs de sa mère ?

6. **La portée du texte.** Quel peut être le rôle des parents dans le choix de l'orientation ?

Enrichir son vocabulaire

Le champs lexical de la honte

la honte, le chagrin, l'indignation (l. 13-14).

7. Complétez ces phrases avec des mots appartenant au champ lexical de la honte : *déshonoré, confus, humilié, honteux, honni, éhonté.*

a. Le narrateur enfant s'est senti ...... par les rires de ses voisins. b. Pris sur le fait, il ne put nier son mensonge .... c. Un citoyen déchu de ses droits civiques est .... d. ...... soit qui mal y pense. e. Je suis ...... d'avoir oublié mon rendez-vous. f. Il triche de façon ....

B2i **Préparer la lecture**

[1. Recherchez le sens des mots *munitions, capituler.* À quel champ lexical appartiennent-ils ?
2. Qui est Casanova ? Pourquoi est-il célèbre ?]

Extrait 3

Une passion dévorante

À Wilno, la mère du narrateur ouvre une maison de couture qui devient prospère. De nombreux professeurs particuliers assurent l'éducation de Romain qui va connaître alors son premier amour.

J'avais déjà près de neuf ans lorsque je tombai amoureux pour la première fois. Je fus tout entier aspiré par une passion violente, totale, qui m'empoisonna complètement l'existence et faillit même me coûter la vie.

Elle avait huit ans et elle s'appelait Valentine. Je pourrais la décrire longuement et à perte de souffle, et si j'avais une voix, je ne cesserais de chanter sa beauté et sa douceur. C'était une brune aux yeux clairs, admirablement faite, vêtue d'une robe blanche et elle tenait une balle à la main. Je l'ai vue apparaître devant moi dans le dépôt de bois[1], à l'endroit où commençaient les orties, qui couvraient le sol jusqu'au mur du verger voisin. Je ne puis décrire l'émoi qui s'empara de moi : tout ce que je sais, c'est que mes jambes devinrent molles et que mon cœur se mit à sauter avec une telle violence que ma vue se troubla. Absolument résolu à la séduire immédiatement et pour toujours, de façon qu'il n'y eût plus jamais de place pour un autre homme dans sa vie, je fis comme ma mère me l'avait dit[2] et, m'appuyant négligemment contre les bûches, je levai les yeux vers la lumière pour la subjuguer[3]. Mais Valentine n'était pas femme à se laisser impressionner. Je restai là, les yeux levés vers le soleil, jusqu'à ce que mon visage ruisselât de larmes, mais la cruelle, pendant tout ce temps-là, continua à jouer avec sa balle, sans paraître le moins du monde intéressée. Les yeux me sortaient de la tête, tout devenait feu et flamme autour de moi, mais Valentine ne m'accordait même pas un regard. Complètement décontenancé par cette indifférence, alors que tant de belles dames, dans le salon de ma mère, s'étaient dûment[4] extasiées devant mes yeux bleus, à demi aveugle et ayant ainsi, du premier coup, épuisé, pour ainsi dire, mes munitions, j'essuyai mes larmes et, capitulant sans conditions, je lui tendis les trois pommes vertes que je venais de voler dans le verger. Elle les accepta et m'annonça, comme en passant :

◀ **Henry d'Estienne** (1872-1949), *Portrait de fillette ou Mademoiselle S...* (vers 1913), huile sur toile, 135 x 85 cm (musée d'Orsay, Paris).

– Janek a mangé pour moi toute sa collection de timbres-poste.

C'est ainsi que mon martyre commença. Au cours des jours qui suivirent, je mangeai pour Valentine plusieurs poignées de vers de terre, un grand nombre de papillons, un kilo de cerises avec les noyaux, une souris, et, pour finir, je peux dire qu'à neuf ans, c'est-à-dire bien plus jeune que Casanova, je pris place parmi les plus grands amants de tous les temps, en accomplissant une prouesse[5] amoureuse que personne, à ma connaissance, n'est jamais venu égaler. Je mangeai pour ma bien-aimée un soulier en caoutchouc.

Romain Gary, *La Promesse de l'aube* (1960), chapitre XI, © Gallimard.

1. **dépôt de bois :** réserve de bois utilisé pour faire du feu.
2. **comme ma mère me l'avait dit :** sa mère, très fière de ses yeux clairs, lui fait lever les yeux vers la lumière devant ses clientes.
3. **subjuguer :** séduire, charmer.
4. **dûment :** comme il faut.
5. **prouesse :** acte héroïque.

Dégager l'essentiel

a. De qui le narrateur est-il tombé amoureux ? Quel âge les personnages ont-ils ?

b. Cet amour est-il réciproque ?

c. En quoi le *martyre* (l. 33) du narrateur consiste-t-il ?

Analyser le texte

● Un amour passionné

1. En quoi peut-on parler de coup de foudre du narrateur ? Citez les expressions qui traduisent la violence des sentiments et le trouble physique.

2. Quel rôle le regard joue-t-il dans la naissance de l'amour et la tentative de séduction ? Citez des termes précis.

3. a. Comment Valentine réagit-elle ?

b. Par quel terme le narrateur la désigne-t-il (l. 18 à 21) ?

c. Quelles épreuves impose-t-elle au narrateur ?

● Le regard du narrateur adulte

4. Montrez que le ton amusé du narrateur adulte est en décalage avec ce souvenir d'enfance, en relevant :

a. les éléments du portrait de Valentine qui pourraient caractériser une femme ;

b. des expressions exagérées (hyperboliques) pour un amour enfantin et une référence à un séducteur célèbre ;

c. une métaphore qui assimile la séduction amoureuse à un combat guerrier.

5. Quel rôle la mère du narrateur joue-t-elle ici ?

6. La portée du texte. Et vous, accepteriez-vous de réaliser les épreuves imposées au narrateur pour séduire le garçon ou la fille de vos rêves ?

Enrichir son vocabulaire

Autour du mot *martyr*

Le mot *martyr* vient du grec *marturos* qui signifie « témoin ». Le mot a été employé pour les premiers chrétiens persécutés à Rome.

7. a. Quel est le sens actuel du mot *martyr* dans les expressions *être le martyr de la liberté, un enfant martyr* ?

b. Comment passe-t-on du sens étymologique au sens actuel ?

c. Quel est le sens du mot *martyre* dans le texte ? Attention à l'orthographe.

Écrire

8. Vous êtes « tombé amoureux » lorsque vous étiez enfant. Racontez cette « passion » à la manière de Romain Gary.

Consignes d'écriture

- *Écrivez à la première personne et aux temps du passé.*
- *Commencez par* J'avais déjà près de ... ans lorsque je tombai amoureux pour la première fois.
- *Racontez sur le mode humoristique (utilisation de l'hyperbole, par exemple).*

HISTOIRE DES Arts

1. Indiquez l'auteur et le titre du tableau, son époque, la technique utilisée, le musée où il est conservé.

2. Quelle est la fonction de la chaise dans le décor ?

3. a. Comment le personnage est-il cadré ? Décrivez-le.

b. Caractérisez son regard.

4. Ce personnage ressemble-t-il à Valentine ? Justifiez votre réponse.

B2i **Préparer la lecture**

1. Quel est l'auteur du conte français *Le Chat botté* ?
2. Faites une recherche sur ces événements de l'Histoire de France : Jeanne d'Arc et la guerre de Cent Ans, la prise de la Bastille, Napoléon et la conquête de l'Égypte, l'appel du 18 juin.

Extrait 4

Une éducation française

Le narrateur, âgé de huit ans, est élevé à Wilno (Lituanie) dans l'amour de la France.

L'amour, l'adoration, je devrais dire, de ma mère, pour la France, a toujours été pour moi une source considérable d'étonnement. Qu'on me comprenne bien. J'ai toujours été moi-même un grand francophile. Mais je n'y suis pour rien : j'ai été élevé ainsi. Essayez donc d'écouter, enfant, dans les forêts lituaniennes[1], les légendes françaises ; regardez un pays que vous ne connaissez pas dans les yeux de votre mère, apprenez-le dans son sourire et dans sa voix émerveillée ; écoutez, le soir, au coin du feu où chantent les bûches, alors que la neige, dehors, fait le silence autour de vous, écoutez la France qui vous est contée comme *Le Chat botté* ; ouvrez de grands yeux devant chaque bergère et entendez des voix ; annoncez à vos soldats de plomb que du haut de ces pyramides quarante siècles les contemplent ; coiffez-vous d'un bicorne en papier et prenez la Bastille, donnez la liberté au monde en abattant avec votre sabre de bois les chardons et les orties ; apprenez à lire dans les fables de La Fontaine – et essayez ensuite, à l'âge d'homme, de vous en débarrasser. Même un séjour prolongé en France ne vous y aidera pas.

Il va sans dire qu'un jour vint où cette image hautement théorique de la France vue de la forêt lituanienne, se heurta violemment à la réalité tumultueuse et contradictoire de mon pays : mais il était déjà trop tard, beaucoup trop tard : j'étais né.

Dans toute mon existence, je n'ai entendu que deux êtres parler de la France avec le même accent : ma mère et le général de Gaulle. Ils étaient fort dissemblables, physiquement et autrement. Mais lorsque j'entendis l'appel du 18 juin, ce fut autant à la voix de la vieille dame qui vendait des chapeaux au 16 de la rue Grande-Pohulanka à Wilno, qu'à celle du Général que je répondis sans hésiter[2].

Dès l'âge de huit ans, surtout lorsque les choses allaient mal – et elles allèrent mal, très rapidement – ma mère venait s'asseoir en face de moi, le visage fatigué, les yeux traqués, me regardait longuement, avec une admiration et une fierté sans limites, puis se levait, prenait ma tête entre ses mains, comme pour mieux voir chaque détail de mon visage, et me disait :

– Tu seras ambassadeur de France, c'est ta mère qui te le dit.

Tout de même, il y a une chose qui m'intrigue un peu. Pourquoi ne m'avait-elle pas fait Président de la République, pendant qu'elle y était ? Peut-être y avait-il, malgré tout, chez elle, plus de réserve, plus de retenue, que je ne lui en accordais. Peut-être considérait-elle, aussi, que dans l'univers d'Anna Karénine[3]

1. **forêts lituaniennes** : de Lituanie, pays balte qui faisait alors partie de la Pologne.
2. **je répondis sans hésiter** : dès l'appel du 18 juin 1940, Romain Gary a rejoint les Forces françaises libres en Angleterre.
3. **Anna Karénine** : personnage et titre d'un roman de Tolstoï.
4. **officiers de la Garde** : Anna Karénine est amoureuse d'un officier de la Garde impériale.
5. **mon refuge de bûches parfumées** : dépôt de bûches dans la cour de l'immeuble.

et des officiers de la Garde[4], un Président de la République, ce n'était pas tout à fait du « beau monde », et qu'un ambassadeur en grand uniforme, ça faisait plus distingué.

J'allais parfois me cacher dans mon refuge de bûches parfumées[5], je songeais à tout ce que ma mère attendait de moi, et je me mettais à pleurer, longuement, silencieusement : je ne voyais pas du tout comment j'allais pouvoir me retourner.

Romain Gary, *La Promesse de l'aube* (1960), chapitre XIII, © Gallimard.

▲ **Siss** (XXe siècle), *Portrait du général de Gaulle*, impression sur papier (musée de l'Armée, Paris).

Dégager l'essentiel

a. Quel est l'âge du narrateur enfant ? Où vit-il ?

b. Quelle image se fait-il de la France à travers les récits de sa mère ?

c. Quel avenir celle-ci lui promet-elle en France ?

Analyser le texte

● Une vision idyllique de la France

1. a. Dans quelles circonstances le narrateur enfant entend-il parler de la France ? Citez le texte.

b. À quel genre les récits faits à l'enfant s'apparentent-ils ? Relevez une comparaison.

2. Comment l'enfant intègre-t-il les épisodes de l'Histoire de France à ses jeux ? Appuyez-vous sur les verbes à l'impératif.

● Une éducation efficace

3. Lorsque l'enfant découvre la réalité de la France (l. 17), l'idée qu'il se fait de ce pays change-t-elle ? Expliquez pourquoi.

4. À quel grand personnage le narrateur compare-t-il sa mère ? Pourquoi ? Précisez les circonstances historiques.

5. a. Comment le narrateur enfant réagit-il à la prédiction de sa mère, *Tu seras ambassadeur de France* (l. 31) ?

b. Quel ton le narrateur adulte adopte-t-il pour évoquer cette prédiction ?

6. La portée du texte. À votre avis, les études et la culture favorisent-elles l'intégration ?

Enrichir son vocabulaire

Le radical grec *-phile*

Le narrateur se dit *francophile* (l. 3), c'est-à-dire qui aime la France.

7. a. Quel est le sens du radical grec *-phile* ?

b. À partir de leur étymologie, dites ce que signifient ces mots.

a. hydrophile (coton hydrophile). b. philanthrope. c. philosophe. d. le prénom Philippe. e. cinéphile. f. bibliophile. g. haltérophile. h. hémophile.

Écrire

8. Imaginez les pensées du narrateur réfugié dans son tas de bûches.

Consignes d'écriture

- *Écrivez à la première personne et aux temps du passé (y compris le conditionnel à valeur de futur dans le passé.* Ex : je songeais que je n'y arriverais pas*).*
- *Commencez par* Je songeais à tout ce que ma mère attendait de moi *(l. 40) : l'enfant se répète ce que sa mère attend de lui, il exprime ses doutes et ses peurs.*

Préparer la lecture

[1. Qu'est-ce qu'un *prétendant* ?
2. Que veut dire *quinquagénaire* ?]

Extrait 5

Désir d'indépendance

Le narrateur, adolescent, vit avec sa mère gérante d'un hôtel à Nice. Un de leurs pensionnaires, monsieur Zaremba, riche peintre polonais d'un certain âge, a chargé le jeune homme de présenter sa demande en mariage à sa mère. Romain y voit l'occasion de prendre son envol hors du nid.

Vers dix heures et demie, le lendemain, j'attendais dans le vestibule, en proie à une nervosité que seul M. Zaremba, qui se morfondait là-haut dans sa chambre au septième, était capable de comprendre. Je savais fort bien que notre prétendant aux moustaches tombantes recherchait plus une mère qu'une épouse, mais c'était un homme d'une grande gentillesse, qui traiterait ma mère avec plus de déférence[1] que la vie ne lui en avait témoigné jusqu'ici. Certes, on pouvait avoir des doutes sur son talent de peintre, mais après tout, un seul authentique créateur[2] dans la famille suffirait amplement.

Ma mère me trouva dans le salon, maladroitement armé de mon bouquet de fleurs que je tenais sous le bras. Je le lui tendis en silence : j'avais la gorge nouée. Elle enfouit son visage dans les roses, puis me jeta un regard de reproche.

– Il ne fallait pas !

– J'ai à te parler.

Je lui fis signe de s'asseoir. Elle prit place sur le petit sofa légèrement râpé de l'entrée.

– Écoute, dis-je.

Mais il n'était pas facile de trouver les mots.

– Je... Heu... C'est un homme très bien, murmurai-je.

Cela suffit. Elle comprit immédiatement. Saisissant le bouquet, elle le lança à travers le vestibule d'un geste large, méprisant et définitif. Il alla cogner contre un vase qui tomba en miettes sur le sol, avec un sens aigu du drame. Lina, la femme de chambre italienne, entra précipitamment et, voyant l'expression sur le visage de ma mère, sortit tout aussi vite.

– Mais enfin, quoi ! gueulai-je. Il possède une superbe propriété en Floride !

Elle pleurait. J'essayai de rester calme mais, comme toujours entre nous, son émotion me gagnait et rejaillissait à son tour sur elle, montant d'un cran à chaque aller-retour, selon la meilleure tradition des scènes d'amour. Je voulais lui crier que c'était sa dernière chance, qu'elle avait besoin d'un homme à ses côtés, que je ne pouvais être cet homme parce que, tôt ou tard, je partirais, la laissant seule. Je voulais lui dire surtout qu'il n'y avait rien que mon amour ne pût accomplir pour elle, sauf une chose, sauf renoncer à ma vie d'homme, à mon droit d'en disposer comme je l'entendrais. Mais à mesure que l'émotion et les pensées contradictoires se bousculaient dans ma tête, il m'apparut qu'en

1. **déférence** : respect.
2. **un seul authentique créateur** : Romain a abandonné le lycée pour se consacrer à l'écriture, avec l'accord de sa mère.

Fernand Gravey ▶ et **Melina Mercouri** dans *La Promesse de l'aube*, film de **Jules Dassin** (1970).

un sens je m'efforçais de me débarrasser d'elle, de son amour envahissant, de l'accablant poids de sa tendresse. J'avais mille fois le droit de me rebeller et de lutter pour mon indépendance mais je ne savais plus très bien où finissait la légitime défense et où commençait la dureté.

– Écoute, maman, je suis pour le moment incapable de t'aider. Lui, il peut.

– Je n'ai pas la moindre intention d'adopter un fils quinquagénaire !

Romain Gary, *La Promesse de l'aube* (1960), chapitre XXII, © Gallimard.

Dégager l'essentiel

a. Quel est l'âge du narrateur ? Où vit-il ? Quel métier sa mère exerce-t-elle alors ?

b. Qui est M. Zaremba ? De quelle mission a-t-il chargé Romain ?

c. Quel est le résultat de cette mission ?

Analyser le texte

● Une scène théâtrale

1. Dans quel cadre la scène a-t-elle lieu ?

2. Montrez que la scène s'apparente à une « scène de théâtre » en vous appuyant sur :

a. les gestes du narrateur et de sa mère, le rôle des accessoires ;

b. l'expression exagérée de leurs sentiments ;

c. l'entrée puis la sortie d'un personnage ; lequel ?

● Le malaise du narrateur

3. a. Pourquoi le narrateur a-t-il agréé la demande de M. Zaremba ? Appuyez-vous sur le portrait qu'il dresse du personnage (l. 5-6).

b. Quels avantages le narrateur pense-t-il retirer du mariage de sa mère ? Citez le texte.

4. a. Quels arguments le narrateur formule-t-il en lui-même en faveur du mariage de sa mère (l. 28-38) ?

b. Pourquoi est-il en même temps mal à l'aise ?

5. La portée du texte. Vous semble-t-il facile ou difficile de conquérir son indépendance ?

Enrichir son vocabulaire

Autour du mot *prétendant* (l. 4)

6. Retrouvez les sens du mot *prétendre* dans les phrases suivantes : **1.** chercher à obtenir. **2.** avoir la ferme intention de. **3.** affirmer.

a. Où prétendez-vous aller ? **b.** Et tu prétends que tu as travaillé toute la journée ? **c.** Il prétend au titre de champion du monde.

Écrire

7. Réécrivez au discours direct le passage des lignes 28-33.

Consigne d'écriture

▸ *Commencez par :* Je voulais lui crier : « … » *et faites les modifications qui s'imposent.*

La Place (1983)
d'Annie Ernaux

Le guide de lecture

Lisez le récit et répondez aux questions au fur et à mesure de votre lecture.

Il faudra que j'explique tout cela (p. 9-18)

1. a. À quelle profession la narratrice se destine-t-elle ? (p. 9)

b. Quand la mort de son père se situe-t-elle par rapport à l'examen qu'elle vient de passer ? (p. 10)

2. Quel commerce ses parents tenaient-ils à Y... ? (p. 10)

3. Pourquoi et à quel moment la narratrice décide-t-elle d'écrire un livre sur son père ? (p. 17-18)

La peur d'être déplacé (p. 18-70)

4. a. À quelle époque du passé la narratrice remonte-t-elle ? (p. 18)

b. Comment ses grands-parents vivaient-ils ? (p. 18-21)

c. Comment son père a-t-il gagné sa vie jusqu'au régiment ? (p. 22-25)

5. a. Où les parents de la narratrice se sont-ils rencontrés ? (p. 25)

b. De quel milieu social sa mère est-elle issue ? (p. 26)

6. a. Quel commerce ses parents réussissent-ils à acheter ? Où ? (p. 27-30)

b. Quels métiers le père exerce-t-il parallèlement ? Pourquoi ? (p. 30-31)

7. a. De quoi la sœur aînée de la narratrice meurt-elle ? (p. 33)

b. Dans quelles circonstances la narratrice est-elle née ? (p. 33-34)

8. a. Son père est-il toujours ouvrier ? (p. 36-39)

b. Citez quelques signes d'aisance financière de la famille et d'autres montrant *la peur d'être déplacé* du père. (p. 39-42)

c. Quels sont ceux qui trahissent encore ses origines paysannes ? (p. 43-49)

9. a. Quelle espérance le père a-t-il en envoyant sa fille à l'école ? (p. 51)

b. Comment les relations entre le père et la narratrice évoluent-elles lors de son adolescence ? Pourquoi ? (p. 54-58)

10. Quels changements la narratrice remarque-t-elle chez son père après son opération ? (p. 59-61)

11. a. Quelles études la narratrice mène-t-elle ? Dans quelle ville ? (p. 61-63)

b. À quel milieu social son fiancé appartient-il ? Comment son père se comporte-t-il avec lui ? (p. 64-65)

c. Donnez des exemples de l'incompréhension qui s'installe entre la fille et le père, après son mariage. (p. 66-68)

12. Comment les parents de la narratrice accueillent-ils son petit garçon ? (p. 70)

Maintenant c'est un autre temps (p. 71-76)

13. a. Quelle scène du début la narratrice reprend-elle à la fin de son récit ? (p. 71-75)

b. Quel dernier souvenir d'enfance évoque-t-elle ? (p. 76)

c. Par quelle anecdote le récit se termine-t-il ? À quel moment de sa vie renvoie-t-elle ?

Synthèse littéraire

a. En quoi le récit est-il autobiographique ?

b. Montrez que le récit est construit sur un retour en arrière. Pourquoi selon vous ?

c. *Passeur entre deux rives* (p. 77) : en quoi le père de la narratrice a-t-il été un passeur ?

d. Quelle signification donnez-vous au titre *La Place* ? De quelle place s'agit-il ? (p. 41 et question 8 b)

e. La narratrice choisit une *écriture plate* (p. 17-18). Quel effet cette écriture a-t-elle produit sur vous quand vous avez lu le livre ?

Faire le point

La Promesse de l'aube de Romain Gary

Un roman autobiographique

- Le narrateur de *La Promesse de l'aube* mène le récit à la première personne. Dans ce roman, l'**auteur** est à la fois le **narrateur** et le **personnage principal**, comme en témoigne le passage : *Si tu étais un virtuose violoniste, le nom de Kacew, ce serait très bien, répéta ma mère* ; or Roman Kacew est bien le véritable nom de l'auteur, il a pris le nom de Gary pendant la guerre.
- Le roman se présente comme un **récit rétrospectif**, c'est-à dire un récit que fait un narrateur de sa vie passée. Le début et la fin du roman sont constitués de deux passages où le narrateur adulte, allongé sur la plage de Big-Sur, en Californie, évoque avec nostalgie l'amour incomparable de sa mère.
- Cependant, même si on retrouve les épisodes authentiques de sa vie dans *La Promesse de l'aube*, l'auteur a certainement **romancé ses souvenirs** pour des raisons littéraires et par amour pour sa mère, dont il donne une image élogieuse.

Le thème principal : l'amour de la mère

- Le roman est avant tout un **hommage émouvant à la mère**. Le narrateur dresse en effet de sa mère un portrait haut en couleur : scène de cris et d'injures ► extrait 2, p. 58 ; scène « théâtrale » ► extrait 5, p. 64.
- Le **titre de l'œuvre** illustre la **double promesse** que la mère et le fils se sont faite : elle se sacrifie pour lui jusqu'à se priver de nourriture ► extrait 1, p. 55, croit en son destin et lui promet la gloire dans tous les domaines ► extrait 2, p. 58 ; lui, de son côté, n'aura de cesse toute sa vie de suivre le programme qu'elle lui a tracé ► extraits 2 et 4, p. 58 et 62.
- Mais cet extraordinaire amour maternel constitue aussi une **promesse que la vie ne tiendra pas** : Romain Gary sera à jamais en quête d'un amour aussi parfait et ne le trouvera pas ; sa première déception amoureuse en est déjà l'illustration ► extrait 3, p. 60.
- Le livre vient aussi combler le sentiment de culpabilité que le narrateur éprouvera toujours à l'égard de sa mère : **comment accomplir son destin** sans causer de peine à celle-ci ► extrait 5, p. 64.

Le mode de narration et les procédés d'écriture

- Le récit des souvenirs est mené aux **temps du passé** par le **narrateur adulte** qui intervient souvent dans son récit pour porter un jugement sur les événements passés : *Je crois qu'aucun événement n'a joué un rôle plus important dans ma vie que cet éclat de rire* ► extrait 2, p. 59.
- Le **narrateur adulte** se manifeste surtout par son **humour** ► extrait 3, p. 60 (avec la figure de l'hyperbole ► Leçon 39, p. 364). Il sait mettre en scène l'ancienne actrice qu'est sa mère dans de savoureux passages qui oscillent entre le rire et les larmes ► extrait 2, p. 58.

◄ **Paul Mathey** (1844-1929), détail d'*Enfant et femme dans un intérieur*, huile sur toile, 48 x 38 cm (musée d'Orsay, Paris).

1 L'attribut du sujet

▸ Leçons 9, p. 300 ; 7, p. 294

1. Relevez les attributs du sujet et indiquez leur classe grammaticale : adjectif (ou participe adjectif), groupe nominal, groupe infinitif.

2. Relevez et classez les verbes attributifs (verbes d'état, verbes d'action intransitifs, passifs, pronominaux).

a. D'abord, je tombai malade. b. Je fus déclaré perdu à plusieurs reprises. c. Son idée était de vendre la maison de couture à Wilno et de venir en ouvrir une autre à Nice. d. Pour la première fois depuis qu'elle m'avait, ma mère se montra désespérée. e. « Mon fils sera ambassadeur de France, chevalier de la Légion d'honneur, grand auteur dramatique. »

Phrases extraites de *La Promesse de l'aube* (1960), de **Romain Gary**, © Gallimard.

2 L'attribut du COD

▸ Leçon 9, p. 300

Les attributs du COD sont notés en violet. Dites de quels mots ils sont attributs.

a. Lorsque j'avais onze ans, ma mère me tenait encore par la main dans la rue. Je trouvais cela fort gênant. b. Ma mère me considérait comme un héros. c. Je jugeai l'accusation de ma mère injustifiée. d. Le médecin déclara l'enfant guéri. e. Ma mère trouvait très belle l'histoire de Paul et Virginie. f. M. Zaremba me chargea de faire sa demande en mariage à ma mère. J'estimai la situation particulièrement délicate.

3 Juxtaposition, coordination, subordination

▸ Leçon 14, p. 310

1. Identifiez les phrases simples et les phrases complexes.

2. Identifiez le lien qui unit les propositions présentes dans les phrases complexes : juxtaposition, coordination, subordination.

3. Indiquez la classe de chacune des neuf propositions de l'extrait : indépendante, principale, subordonnée.

Nous étions assis sur le remblai tous les deux, les bras sur les genoux, regardant de l'autre côté. Il y avait une chèvre attachée à un arbre, un mimosa. Le mimosa était en fleurs, le ciel était très bleu, et le soleil faisait de son mieux. Je pensai soudain que le monde donnait bien le change. C'est ma première pensée d'adulte dont je me souvienne.

Romain Gary, *La Promesse de l'aube* (1960), © Gallimard.

4 Les propositions subordonnées introduites par *que*

▸ Leçons 6, p. 292 ; 15, p. 312

1. Distinguez *que* pronom relatif et *que* conjonction de subordination :

2. Relevez l'antécédent du pronom relatif *que*.

3. Donnez la fonction de la proposition subordonnée introduite par *que* conjonction de subordination : attribut du sujet, COD, complément circonstanciel de temps.

a. Puis je me rappelai que j'avais dans ma poche un morceau de gâteau au pavot que j'avais volé le matin dans l'arrière-boutique d'une pâtisserie. b. « Votre fils, Madame, a un talent pour la peinture qu'il ne faut pas négliger. » c. Lorsque les affaires allaient bien et que la vente de « quelque bijou de famille » permettait à ma mère d'envisager un mois de relative sécurité matérielle, son premier soin était d'aller chez le coiffeur […]. d. Le plus triste était que je n'arrivais pas à l'impressionner.

Phrases extraites de *La Promesse de l'aube* (1960), de **Romain Gary**, © Gallimard.

Melina Mercouri et **Didier Haudepin** ▸ dans *La Promesse de l'aube*, film de **Jules Dassin** (1970).

Conjugaison et orthographe

5 L'indicatif futur simple

► Tableaux de conjugaison, p. 388

Conjuguez les verbes à l'indicatif futur simple.

a. Tu [être] un grand violoniste. b. Tu [voir], ta mère a toujours raison. c. Nous [venir] vivre en France, à Nice. d. Je [déposer] le monde aux pieds de ma mère. e. Vous [savoir] un jour à qui vous avez eu l'honneur de parler. f. M. Zaremba te [rendre] heureuse.

6 L'indicatif plus-que-parfait et passé antérieur

► Tableaux de conjugaison, p. 388

Conjuguez les verbes au temps de l'indicatif indiqué et faites les accords nécessaires.

1. **Au plus-que-parfait.** a. M. Zaremba [prendre] pension à l'hôtel Mermonts que tenait ma mère. b. Un petit chat apparut soudain entre les bûches du tas de bois où je [se réfugier]. c. Ma mère [faire] un long trajet en taxi pour venir me dire adieu. d. Je mangeais toutes les marguerites que Valentine [cueillir].

2. **Au passé antérieur.** a. Après que je [avaler] mon soulier en caoutchouc pour Valentine, je fus gravement malade. b. Quand elle [comprendre] la demande de M. Zaremba, ma mère jeta les roses par terre. c. Quand le train [s'arrêter] en gare de Nice, je courus voir la mer. d. Dès que nous [recevoir] le mandat, j'eus droit à une splendide bicyclette.

7 Les familles de mots irrégulières

► Leçon 34, p. 356

Certains mots d'une même famille ont une consonne doublée et d'autres une consonne simple.
Doublez si nécessaire la consonne dans les mots des phrases suivantes :

a. Ma mère recevait parfois un mandat d'un mystérieux don...ateur ; j'ignore encore qui nous don...ait cet argent. b. Je fus nom...é Consul de France à Los Angeles, mais ma mère est morte avant de connaître cette nomin...ation. c. Je me serais senti déshon...oré, si je n'avais pas relevé le défi de Janek : c'était une question d'hon...eur. d. Lors de la crise économique et mon...étaire de 1929, ma mère gagnait quelques pièces de mon...aie en vendant notre argenterie.

8 Les suffixes *-ance / -ence*

lutter pour mon indépendance (l. 37 ► p. 65).
Les suffixes *-ance / -ence* servent à former des noms féminins.
Complétez les terminaisons des noms.

a. espér.... b. afflu.... c. correspond.... d. phosphoresc.... e. circonst.... f. intransige.... g. décad.... h. perform.... i. excell.... j. adolesc.... k. exige.... l. descend.... m. somnol....

9 Les adverbes en *-ment*

longuement, silencieusement (l. 41 ► p. 63).
Formez des adverbes à partir des adjectifs suivants :

a. ancien. b. brillant. c. innocent. d. consciencieux. e. précis. f. bref. g. gentil. h. conforme. i. abondant. j. constant.

10 Dictée préparée

► Leçon 30, p. 348 ; Tableaux de conjugaison, p. 388

Mon rein guérit. Dès que la fièvre m'eut quitté, je fus placé sur un brancard et transporté dans un compartiment spécial à Bordighera, en Italie, où le soleil de la Méditerranée fut invité à me prodiguer ses soins.

Mon premier contact avec la mer eut sur moi un effet bouleversant. Je dormais paisiblement sur ma couchette lorsque je sentis sur le visage une bouffée de fraîcheur parfumée. Le train venait de s'arrêter à Alassio et ma mère avait baissé la fenêtre. Je me dressai sur les coudes et ma mère suivit mon regard en souriant. Je jetai un coup d'œil dehors et je sus brusquement, clairement, que j'étais arrivé. Je voyais la mer bleue, une plage de galets et des canots de pêcheurs, couchés sur le côté. Je regardai la mer. Quelque chose se passa en moi. Je ne sais quoi : une paix illimitée, l'impression d'être rendu.

Romain Gary, *La Promesse de l'aube* (1960), chapitre XVI, © Gallimard.

1. **Identifiez le temps et le mode des verbes :** ***dormais, me dressai, jetai, voyais, regardai.***
2. **Analysez les formes verbales composées :** ***eut quitté, avait baissé, étais arrivé.***
3. **Justifiez l'accord des participes passés** ***parfumée, couchés, illimitée, rendu.***
4. **Recopiez les noms propres et apprenez leur orthographe.**
5. **Relevez trois adverbes de manière et expliquez leur formation.**

Vocabulaire et figures de style

11 La racine *auto-*

1. Le radical grec *autos* signifie « soi-même, lui-même ».

a. Qu'est-ce qu'un *enfant autonome* ?

b. Comment appelle-t-on une personne qui s'instruit par elle-même, sans professeur ?

2. Le terme *autodérision* est formé à partir du latin *deridere* : « se moquer de ».

a. Quel adjectif est formé sur le nom *dérision* ? Utilisez-le dans une phrase.

b. Que signifie le verbe *dérider* ?

c. En quoi consiste la forme d'humour qu'est l'*autodérision* ?

12 Les figures de style

► Leçon 39, p. 364

1. Retrouvez les figures de style présentes dans ces extraits : énumération, répétition, métaphore.

2. Expliquez le sens des métaphores.

a. Avec l'amour maternel, la vie vous fait à l'aube une promesse qu'elle ne tient jamais. On est obligé ensuite de manger froid jusqu'à la fin de ses jours.

b. *La mère du narrateur rêve que son fils sera ambassadeur.*

Malheureusement, ma mère n'était pas femme à garder pour elle ce rêve consolant qui l'habitait. Tout, chez elle, était immédiatement extériorisé, proclamé, déclamé, claironné, projeté au-dehors, avec, en général, accompagnement de lave et de cendre.

c. Je n'ai pas pu accomplir toutes les prouesses qu'elle attendait de moi, mais j'ai tout de même réussi à ne pas trop prendre de ventre. [...] Je cours, je cours, oh, comme je cours ! Je fais également de l'escrime, du tir à l'arc et au pistolet, du saut en hauteur, du saut de carpe[1], des poids et haltères, et je sais encore jongler avec trois balles.

Romain Gary, *La Promesse de l'aube* (1960), © Gallimard.

1. **saut de carpe** : saut qui s'effectue en s'appuyant sur le sol avec les mains et en retombant sur ses pieds.

13 Autour du mot *pseudonyme*

Le terme *pseudonyme* vient de deux radicaux grecs, *pseudo-* : « faux » et *-onuma* (*-onyme*) : « nom ».

Expliquez à partir de l'étymologie :

a. les termes grammaticaux *antonyme, homonyme, synonyme*. b. les expressions *un nom patronymique, une lettre anonyme, un roman éponyme.*

14 Autour du mot *mère*

Le terme *mère* vient du latin *mater, matris* par dérivation populaire.

Complétez ces phrases avec des mots formés sur le radical latin : *matrone, maternité* (2 sens), *materné, matrimonial, matriarcal, maternel, matricide.*

a. Elle a rencontré son futur mari dans une agence ...... b. Cet enfant est trop ..... : il ne s'habille pas encore tout seul. c. On recrute des infirmières dans le service de ..... de cet hôpital. d. Dans un régime ....., c'est la mère qui transmet son nom aux enfants. e. Je suis entré à l'école ..... à l'âge de trois ans. f. L'épouse d'un citoyen romain est une ..... g. Le meurtre de sa propre mère est un ..... h. Elle a connu tardivement les joies de la ......

15 À la recherche d'une vocation

1. Complétez ces phrases par l'un des métiers suivants : *peintre, dramaturge, compositeur, poète, acteur, romancier, sculpteur*.

a. Jacques Prévert est un ..... du XXe siècle. b. Ce ..... ne travaille qu'avec le marbre de Carrare. c. Le ..... Alain-Fournier a écrit *Le Grand Meaulnes*. d. Raoul Dufy est un ..... du XXe siècle. e. Un auteur qui compose des pièces de théâtre est un ...... f. Mozart est le ..... de *La Petite Musique de nuit*. g. La cérémonie des Césars récompense les cinéastes et les ......

2. Donnez le féminin des noms : *écrivain, auteur, romancier, poète, chanteur, acteur, pianiste, compositeur.*

16 Aux sources de l'ambition

► Leçon 36, p. 358

1. Cherchez le sens de l'expression en bleu. Quels espoirs la mère met-elle en son fils ?

2. Relevez le champ lexical de l'ambition et de la gloire.

Le narrateur évoque sa mère et les ambitions qu'elle avait pour lui.

Son regard se perdit dans l'espace et un sourire heureux vint à ses lèvres, naïf et confiant à la fois, comme si ses yeux, perçant les brumes de l'avenir, avaient soudain vu son fils, à l'âge d'homme, monter lentement les marches du Panthéon, en grande tenue, couvert de gloire, de succès et d'honneurs.

Romain Gary, *La Promesse de l'aube* (1960), © Gallimard.

Expression écrite

1 Formuler des projets d'avenir

Un adulte de votre entourage (parent, ami, professeur...) a remarqué un de vos talents (arts, sports, écriture, théâtre, don mathématique...) ou une de vos qualités (éloquence, dévouement, ouverture aux autres, sens de l'organisation...) et vous a encouragé à le/la développer. Racontez la scène, en évoquant vos réactions et projets.

Consignes d'écriture

- *Menez le récit à la 1re personne.*
- *Précisez les circonstances.*
- *Introduisez un dialogue.*
- *Utilisez le lexique de l'ambition.*

2 Revendiquer son autonomie

Un jour, vous avez eu l'impression d'avoir acquis une certaine indépendance (première sortie seul dans la rue, pratique d'un sport, sortie, week-end chez des amis...). Racontez comment vous avez vécu ces moments de relative liberté.

Consignes d'écriture

- *Menez le récit à la 1re personne.*
- *Précisez les circonstances.*
- *Insérez des paroles rapportées.*
- *Développez vos arguments.*

3 Écrire le portrait d'un être cher

Le narrateur fait le portrait de sa mère.

Je savais aussi qu'elle était fille d'un horloger juif de la steppe russe, de Koursk, plus précisément; qu'elle avait été très belle, qu'elle avait quitté sa famille à l'âge de seize ans; qu'elle avait été mariée, divorcée, remariée, divorcée encore – et tout le reste, pour moi, était une joue contre la mienne, une voix mélodieuse, qui murmurait, parlait, chantait, riait – un rire insouciant, d'une gaieté étonnante, que je guette, j'attends, je cherche en vain, depuis, autour de moi; un parfum de muguet, une chevelure sombre qui coule à flots sur mon visage et, murmurées à l'oreille, des histoires étranges d'un pays qui, un jour, allait être le mien.

Romain Gary, *La Promesse de l'aube* (1960), © Gallimard.

Comme le narrateur, vous rédigerez le portrait physique et moral d'une personne aimée de votre enfance. Vous raconterez une courte anecdote qui fera revivre ce personnage.

Consignes d'écriture

- *Menez le récit à la 1re personne et utilisez les temps du passé.*
- *Mettez l'accent sur certains aspects du physique et du caractère du personnage choisi.*
- *Choisissez une anecdote qui les illustre.*
- *Alternez passages narratifs et passages descriptifs.*
- *Rapportez quelques paroles au discours direct.*

Vocabulaire du portrait lié aux souvenirs (aide)

- **Le point de départ de l'anecdote :** je le/la revois ; je l'entends encore ; je me souviens que ce jour-là.
- **Le lexique du portrait :** silhouette (élancée, trapue, musclée, chétive) ; visage (rond, ovale, carré) ; yeux (en amande, bleus, marron) ; cheveux (brillants, blonds, lisses) ; vêtements (à la mode ou non, impeccables ou négligés) ; regard (tendre, malicieux, inquiet) ; sourire (chaleureux, timide) ; voix (douce, mélodieuse, forte).
- **Le lexique des sentiments :** respect, amour, affection, tendresse, admiration, complicité.

Sonia Routchine-Vitry (1878-1931), *Portrait de femme brune au châle à fleurs* (1923), miniature sur ivoire, 10,5 x 8,6 cm (musée du Louvre, Paris).

Expression orale

Transposer et jouer une scène romanesque

M. Zaremba, pensionnaire de l'hôtel Mermonts, souhaite épouser la mère du narrateur et ne sait pas comment aborder le sujet. Ayant remarqué l'amour excessif qu'elle voue à son fils Romain, il prend ce prétexte pour lui parler, alors qu'elle boit son thé, assise dans le jardin.

– Il y a une chose, Nina[1], dont je tenais à vous parler depuis quelque temps déjà. Il s'agit de votre fils.

Elle buvait toujours son thé beaucoup trop chaud, et, après s'être brûlé les lèvres, elle avait l'étrange habitude de souffler dans la tasse pour le refroidir.

– Je vous écoute.

– Ce n'est jamais bon – je dirais même que c'est dangereux – d'être fils unique. On prend ainsi l'habitude de se sentir le centre du monde, et cet amour qu'on ne partage avec personne vous condamne plus tard à bien des déceptions.

Ma mère écrasa sa gauloise.

– Je n'ai aucune intention d'adopter un autre enfant, répliqua-t-elle sèchement.

– Je ne songeais à rien de ce genre, voyons ! murmura M. Zaremba, qui n'avait pas cessé de contempler la chaise[2].

– Asseyez-vous.

Le peintre s'inclina pour la remercier et s'assit.

– Ce que je voulais dire, simplement, c'est qu'il est important pour Romain de se sentir moins… unique. Il n'est pas bon pour lui d'être le seul homme dans votre vie. Une pareille exclusivité affective risque de le rendre terriblement exigeant dans ses rapports avec les femmes.

Ma mère repoussa sa tasse de thé et prit une autre gauloise. M. Zaremba s'empressa de lui offrir du feu.

– Où, exactement, voulez-vous en venir, *panie Janie*[3] ? Vous autres, Polonais, vous avez une manière de tourner en rond en faisant des arabesques qui fait de vous d'excellents valseurs mais qui vous rend parfois bien compliqués.

– Je voudrais seulement vous dire que cela aiderait Romain s'il y avait un autre homme à vos côtés. À condition, bien entendu, qu'il s'agisse de quelqu'un de compréhensif et qui ne se montrerait pas trop exigeant.

Romain Gary, *La Promesse de l'aube* (1960), chapitre XXI, © Gallimard.

▲ **Golia (Eugenio Colmo)** (1885-1967), jeune femme prenant le thé (1919), dessin de mode.

Comprendre le texte

1. Qui sont les personnages ? Où sont-ils ?
2. Quel est le sujet de conversation ?
3. Quel personnage en a eu l'initiative ? Quelle demande n'ose-t-il pas formuler directement ?
4. En quoi la scène est-elle amusante ?

Transposer la scène romanesque

5. Délimitez les passages narratifs et les passages dialogués.
6. Repérez toutes les indications qui serviront à la mise en scène (décor, accessoires, jeux de scène, intonations).
7. Réécrivez le texte en le présentant comme un dialogue de théâtre. N'oubliez pas les didascalies.

Jouer la scène

8. Disposez le décor : table, chaises, tasse…
9. Répartissez-vous les rôles par groupes de deux et apprenez le dialogue.
10. Jouez la scène en insistant sur le ton sec de Nina et la timidité et l'embarras de M. Zaremba.

1. **Nina :** prénom de la mère du narrateur.
2. **qui n'avait pas cessé de contempler la chaise :** qui attend une invitation à s'asseoir depuis le début de la scène.
3. ***panie Janie* :** en polonais, monsieur Jean (prénom de M. Zaremba).

Des romans d'inspiration autobiographique

- **Hervé Bazin**, *Vipère au poing* (1948, Le Livre de poche) : l'enfance de Jean Rezeau et de ses frères qui subissent la cruauté de leur mère, à qui ils donnent le surnom de Folcoche (folle cochonne).
- **Roald Dahl**, *Moi, Boy* (1984, « Folio junior », Gallimard) : récit autobiographique jusqu'aux années de collège.
- **Emmanuelle Laborit**, *Le Cri de la mouette* (1993, Pocket jeunesse) : récit autobiographique, l'éveil au monde d'une enfant malentendante, grâce à l'apprentissage de la langue des signes.

- **Amélie Nothomb**, *Métaphysique des tubes* (2000, Le Livre de poche) : une autobiographie de zéro à trois ans.
- **Agota Kristof**, *L'Analphabète* (2004, éd. Zoé) : l'histoire d'Agota, une petite fille hongroise qui fuit son pays après une enfance marquée par la guerre.
- **Philippe Grimbert**, *Un secret* (2006, Le Livre de poche) : Philippe, fils unique, a toujours été persuadé qu'il avait un frère ; il apprend le jour de ses quinze ans le secret de sa naissance.

Cinéma

Du roman au film

- *La Promesse de l'aube* (1970), de **Jules Dassin**, avec Melina Mercouri, d'après le roman de Romain Gary.
- *Vipère au poing* (2004), de **Philippe de Broca**, d'après le roman d'Hervé Bazin.
- *Pardonnez-moi* (2006), de **Maïwenn** : Violette attend son premier enfant ; elle décide de faire pour lui un film sur sa famille.
- *Un secret* (2007), de **Claude Miller**, d'après le roman de Philippe Grimbert : le petit François découvre de lourds secrets de famille ; les images du passé en couleur alternent avec celles du présent, en noir et blanc.

En 1939, le narrateur, âgé de vingt-cinq ans, est incorporé dans l'Armée de l'Air. Sa mère a pris un taxi depuis Nice pour venir lui dire adieu.

Je l'ai vue descendre du taxi, devant la cantine, la canne à la main, une gauloise aux lèvres et, sous le regard goguenard[1] des troufions[2], elle m'ouvrit ses bras d'un geste théâtral, attendant que son fils s'y jetât, selon la meilleure tradition.

J'allai vers elle avec désinvolture, roulant un peu les épaules, la casquette sur l'œil, les mains dans les poches de cette veste de cuir qui avait tant fait pour le recrutement de jeunes gens dans l'aviation, irrité et embarrassé par cette irruption inadmissible d'une mère dans l'univers viril où je jouissais d'une réputation péniblement acquise de « dur », de « vrai » et de « tatoué »[3].

Je l'embrassai avec toute la froideur amusée dont j'étais capable et tentai en vain de la manœuvrer habilement derrière le taxi, afin de la dérober aux regards, mais elle fit simplement un pas en arrière, pour mieux m'admirer et, le visage radieux, les yeux émerveillés, une main sur le cœur, aspirant bruyamment l'air par le nez, ce qui était toujours, chez elle, un signe d'intense satisfaction, elle s'exclama, d'une voix que tout le monde entendit, et avec un fort accent russe :

– Guynemer[4] ! Tu seras un second Guynemer ! Tu verras, ta mère a toujours raison !

Je sentis le sang me brûler la figure, j'entendis les rires derrière mon dos, et, déjà, avec un geste menaçant de la canne vers la soldatesque[5] hilare[6] étalée devant le café, elle proclamait, sur le mode inspiré :

– Tu seras un héros, tu seras général, Gabriele d'Annunzio[7], Ambassadeur de France – tous ces voyous ne savent pas qui tu es !

Je crois que jamais un fils n'a haï sa mère autant que moi, à ce moment-là. Mais, alors que j'essayais de lui expliquer dans un murmure rageur qu'elle me compromettait irrémédiablement aux yeux de l'Armée de l'Air, et que je faisais un nouvel effort pour la pousser derrière le taxi, son visage prit une expression désemparée, ses lèvres se mirent à trembler, et j'entendis une fois de plus la formule intolérable, devenue depuis longtemps classique dans nos rapports :

– Alors, tu as honte de ta vieille mère ?

D'un seul coup, tous les oripeaux[8] de fausse virilité, de vanité, de dureté, dont je m'étais si laborieusement paré, tombèrent à mes pieds. J'entourai ses épaules de mon bras [...].

Romain Gary, *La Promesse de l'aube* (1960), chapitre I, © Gallimard.

1. **goguenard** : moqueur.
2. **troufions** : simples soldats (langue familière).
3. **« tatoué »** : ici, synonyme de *vrai, dur* (référence à une chanson de Fernandel de 1939).
4. **Guynemer** : aviateur français (1894-1917), mort héroïquement au combat lors de la Première Guerre mondiale.
5. **la soldatesque** : ensemble de soldats brutaux et indisciplinés (sens péjoratif).
6. **hilare** : qui éclate de rire.
7. **Gabriele d'Annunzio** : écrivain italien célèbre (1863-1938).
8. **oripeaux** : vieux habits voyants.

PREMIÈRE PARTIE (1 h 30)

Questions 15 PTS

Méthode pour réussir les questions

- Lisez attentivement le **texte** et le **paratexte** (chapeau, notes).
- Tenez compte des **titres des axes de lecture** : ils constituent des aides précieuses pour répondre aux questions.
- Rédigez des **phrases complètes** pour répondre.
- Introduisez les **citations** par une phrase, mettez-les entre guillemets et précisez le numéro de la ligne.

I. Le récit rétrospectif 3,5 PTS

1. À quelle personne le récit est-il mené ? Le narrateur est-il personnage ? (0,5 PT)

2. *J'allai vers elle* (l. 6) ; *Je crois* (l. 34) ; *je faisais un nouvel effort* (l. 38-39) :

a. Quels sont les temps employés ? Donnez leur valeur respective. (1,5 PT)

b. Quel(s) temps renvoie(nt) au moment de l'écriture ? Le(s)quel(s) renvoie(nt) au moment du souvenir ? (1 PT)

2. Donner la **valeur d'un temps**, c'est indiquer ce qu'il exprime (une durée, une habitude, une vérité générale, le moment de l'énonciation...).
► Leçon 24, p. 334

c. Distinguez le *je* qui désigne le narrateur adulte du *je* qui désigne le narrateur encore jeune, en relevant des exemples significatifs dans le texte. (0,5 PT)

II. Une scène de théâtre 5 PTS

3. a. Quelle expression du premier paragraphe renvoie à un autre genre que le genre romanesque ? (0,5 PT)

b. Dans quel lieu la scène se déroule-t-elle ? Précisez le contexte historique. Aidez-vous du paratexte. (0,5 PT)

4. a. Qui sont les deux personnages acteurs de cette scène ? (0,5 PT)

b. Quels accessoires et costumes permettent de les caractériser (l. 2 et 7-8) ? Citez le texte. (0,5 PT)

5. Montrez, en citant au moins trois expressions du texte, que la mère joue cette scène comme une actrice. (1,5 PT)

6. a. Qui sont les spectateurs de la scène ? (0,5 PT)

b. Comment réagissent-ils ? Citez un champ lexical. (1 PT)

III. Les relations mère-fils 6,5 PTS

7. *Guynemer ! Tu seras un second Guynemer ! Tu verras, ta mère a toujours raison !*

a. Identifiez le temps des verbes. Quelle est la valeur de ce temps ? (1 PT)

b. Quel sentiment la mère éprouve-t-elle pour son fils ? (0,5 PT)

8. a. Décomposez l'adjectif *intolérable* (l. 42) et donnez son sens. (1 PT)

b. Relevez la formule que le narrateur juge intolérable. (0,5 PT)

9. a. Identifiez la classe et la fonction de la proposition *que jamais un fils…* (l. 34) (1 PT)

b. Quel sentiment le narrateur éprouve-t-il pour sa mère à ce moment-là ? (0,5 PT)

10. a. Expliquez le sens de l'avant-dernière phrase. Relevez la métaphore utilisée. (1,5 PT)

b. Quel changement s'opère dans l'attitude du narrateur (fin de l'extrait) ? (0,5 PT)

> **3.** Le **paratexte** est constitué de toutes les informations qui entourent le texte (chapeau, notes…).

> **5.** Attention, vous devez introduire les **citations**.

> **6.** Un **champ lexical** est constitué de mots ou d'expressions rattachés à la même notion ou idée : *gaieté, réjoui, sauter de joie, content…* appartiennent au champ lexical de la joie.

> **8. Décomposer un mot**, c'est indiquer son préfixe (élément placé devant le radical), son radical et son suffixe (élément placé derrière le radical). Il faut s'appuyer ensuite sur le sens du préfixe ou du suffixe pour expliquer le mot.

> **9.** Identifier la **classe** ou **nature d'une proposition**, c'est dire si elle est indépendante, principale, subordonnée (relative, conjonctive…). Les principales **fonctions** sont COD, complément de l'antécédent, complément circonstanciel. ► Leçon 1, p. 280

Réécriture 3 PTS

Réécrivez le passage des lignes 35 à 41 (*Mais, alors que j'essayais… trembler*) en remplaçant *elle* par *tu*.

Dictée 7 PTS

Votre professeur vous dictera un autre passage de *La Promesse de l'aube*.

DEUXIÈME PARTIE (1 h 30)

Rédaction 15 PTS

Méthode pour réussir la rédaction

- Soulignez les **mots clés** du sujet (sujet 1 : *honte, circonstances, sentiments* ; sujet 2 : *rester soi-même, jouer un rôle*).
- Notez le **type de texte** demandé (récit ou devoir de réflexion).
- Soignez l'**orthographe** et la **ponctuation**.
- Choisissez un **vocabulaire** précis.

Vous traiterez l'un des deux sujets au choix.

1. Sujet d'imagination

Comme le narrateur, vous avez vécu une situation où vous avez éprouvé de la honte. Racontez dans quelle circonstance, en insistant sur vos sentiments.

2. Sujet de réflexion

Le narrateur s'est forgé une réputation de «*dur*», de «*vrai*» et de «*tatoué*» (l. 13). Pensez-vous qu'il faut rester soi-même en toute circonstance ou y a-t-il des moments où l'on doit jouer un rôle ?

> **Méthode (sujet 1)**
> - Menez le récit à la première personne et aux temps du passé.
> - Employez le présent d'actualité pour vos commentaires.
> - Insérez de courts dialogues pour rendre la scène vivante.

4 Les écrivains face à la guerre

Objectifs du chapitre

- Découvrir des récits ayant pour toile de fond les deux guerres mondiales.
- Distinguer les récits témoignages et les romans.
- Dégager l'enjeu de ces récits : la dénonciation de la guerre.

- « Plus de guerre ! Plus de guerre ! »
- « On est fait pour vivre, pas pour crever comme ça ! »

Henri Barbusse, *Le Feu* (1916).

- Le besoin de raconter était en nous si pressant que ce livre, j'avais commencé à l'écrire là-bas, dans ce laboratoire allemand, au milieu du gel, de la guerre et des regards indiscrets, et tout en sachant bien que je ne pourrais pas conserver ces notes.
- Si je n'avais pas vécu l'épisode d'Auschwitz, je n'aurais probablement jamais écrit.

Primo Levi, appendice (1976) de *Si c'est un homme* (1947), traduit de l'italien par M. Schruoffeneger, © Julliard, 1987.

Fernand Cuville (1887-1927), poilu faisant sa correspondance sur une caisse en bois (autochrome).

Affiche symbolisant la victoire sur l'occupant (1944) : croix gammée recouverte de bleu, blanc, rouge (collection privée).

Otto Dix (1891-1969),
La Guerre (1929-1932), triptyque (panneau de gauche), huile sur bois, 204 x 102 cm (Gemäldegalerie, Neue Meister, Dresde, Allemagne).

- Cette œuvre fait partie d'un triptyque. Qu'est-ce qu'un triptyque ?
- Comment le peintre représente-t-il l'arrivée des soldats sur le front (formes, couleurs, lumières) ?
- Exprimez ce que vous ressentez face à ce tableau.

Les écrivains face à la guerre

▲ **François Flameng** (1856-1923), *La Ferme Lessard à La Ferté-Milon* (18 juillet 1918), aquarelle et gouache sur carton, 35 x 54 cm (musée de l'Armée, Paris).

De nombreux écrivains ont témoigné de leur expérience des deux guerres mondiales ou écrit des romans qui s'en inspirent. Voici une présentation de ceux que vous trouverez dans le chapitre. Des suggestions d'autres lectures et de films figurent ▶ p. 103.

La Première Guerre mondiale ou Grande Guerre

- Elle oppose, du 28 juillet 1914 au 11 novembre 1918, l'**entente franco-anglaise et ses alliés** aux « **Empires centraux** » (l'Allemagne, l'Autriche-Hongrie et leurs alliés). Elle se termine par la défaite de ces derniers et provoque la mort de **huit millions d'hommes** en Europe.
- L'usage prédominant de l'**artillerie lourde** (canons, obus) contraint les soldats à se terrer dans des **tranchées**. L'**héroïsme guerrier** prend le visage de **modestes soldats**, les **poilus**, boueux, couverts de poux et cohabitant avec les rats.

Quelques écrivains de la Première Guerre mondiale

- Les **soldats** écrivent sous la forme de **carnets**, de **journaux intimes**, de **dessins** et de **lettres** adressées à leurs proches.
- Les **écrivains soldats** tels que **Henri Barbusse** ▶ p. 80 et **Roland Dorgelès** nourrissent leurs romans de leur expérience au front : tous deux ont été blessés, ce qui leur a permis d'écrire pendant leur convalescence.
- D'autres, comme **Jean Giono** ▶ p. 82, combattant à Verdun, et, du côté allemand, **Erich Maria Remarque** ▶ p. 84, mobilisé sur le front de l'ouest, ont écrit leur roman plus de dix ans après la fin du conflit, en s'inspirant de la **réalité** qu'ils ont vécue.
- **Aujourd'hui**, de nombreux auteurs écrivent des œuvres de fiction inspirées de cette guerre : **Sébastien Japrisot** (*Un long dimanche de fiançailles*, 1991), **Marc Dugain** (*La Chambre des officiers*, 1998), **Laurent Gaudé** (*Cris*, 2001 ▶ p. 104).

Camille Godet (1879-1966), *Poilu* ▶ (1920), dessin, aquarelle, fusain et gouache, 88,4 x 60,4 cm (musée des Beaux-Arts, Rennes).

Juillet 1914	1916	1916	11 novembre 1918	1928	1931
Début de la Première Guerre mondiale	Bataille de Verdun	*Le Feu* de Barbusse (1873-1935)	Armistice	*À l'ouest rien de nouveau* de Remarque (1898-1970)	*Le Grand Troupeau* de Giono (1895-1970)

La Seconde Guerre mondiale

- Elle oppose, du 1er septembre 1939 au 2 septembre 1945, les **pays de l'Axe** (Allemagne, Italie, Japon) aux **Alliés** (Grande-Bretagne, URSS, États-Unis, France, Chine) qui sortiront victorieux du conflit. Cette guerre cause la mort de soixante millions de personnes. Elle repose sur de forts **enjeux idéologiques** opposant les **démocraties** aux **dictatures nazie** et **fasciste**.

▲ Affiche du *Jour le plus long* (1962), film de **K. Annakin**.

Quelques écrivains de la Seconde Guerre mondiale

- Pendant l'Occupation allemande en France, les productions littéraires et la presse sont soumises à la **censure nazie**. En 1941, Jean Bruller (sous le pseudonyme de Vercors) et Pierre de Lescure fondent, dans la **clandestinité**, les éditions de Minuit. **Vercors** (1902-1991) publie ainsi en 1942 une nouvelle, *Le Silence de la mer* ► p. 86.

- Certains rescapés des camps témoignent de l'horreur vécue :
  – L'Italien **Primo Levi**, arrêté comme résistant par la milice fasciste, est déporté en février 1944 au camp de concentration d'Auschwitz-Monowitz où il restera jusqu'en janvier 1945, date de la libération du camp. Il publie en 1947 son témoignage, *Si c'est un homme* ► p. 88.

  – La Française **Simone Veil**, à l'âge de 16 ans, est déportée avec sa mère et sa sœur au camp de concentration d'Auschwitz-Birkenau. Libérée en 1945 avec sa sœur (sa mère est morte du typhus dans le camp), elle rentre en France, poursuit ses études, s'engage dans la politique et devient académicienne. Elle publie le récit de son expérience dans *Une jeunesse au temps de la Shoah* (2010) ► p. 89.

- Plusieurs années après la fin de la guerre, **Cornelius Ryan** fait le récit du **débarquement des Alliés en Normandie** (*Le Jour le plus long*, 1959 ► p. 90).

Ai-je bien lu ?

1. Citez deux écrivains soldats de la Première Guerre mondiale.
2. Qui a fondé les éditions de Minuit ? Dans quelles circonstances ?
3. Quels écrivains ont raconté leur expérience des camps ?

1939	1942	6 juin 1944	8 mai 1945	1947	2010
Début de la Seconde Guerre mondiale	*Le Silence de la mer* de Vercors (1902-1991)	Débarquement des Alliés en Normandie	Capitulation allemande	*Si c'est un homme* de P. Levi (1919-1987)	*Une jeunesse au temps de la Shoah* de S. Veil (née en 1927)

Henri Barbusse
(1873-1935)

Préparer la lecture

1. Qu'appelle-t-on *guerre de position* ou *guerre des tranchées* ?
2. Qui appelait-on un *poilu* pendant la guerre de 1914-1918 ? Pourquoi ce nom ?
3. Situez l'Artois sur une carte.

Les poilus dans les tranchées

A. J. H. Marthe (XXe siècle), *Bombardement vu depuis la tranchée de Waldkirch en septembre* 1917, aquarelle (musée des Deux Guerres Mondiales, Paris).

Barbusse retrace son expérience de soldat par la voix d'un poilu qui raconte son quotidien. Le début du roman présente le lever du jour sur le champ de bataille dans la plaine de l'Artois.

Il ne pleut pas, mais tout est mouillé, suintant, lavé, naufragé, et la lumière blafarde[1] a l'air de couler.

On distingue de longs fossés en lacis[2] où le résidu de nuit[3] s'accumule. C'est la tranchée. Le fond en est tapissé d'une couche visqueuse d'où le pied se décolle à chaque pas avec bruit, et qui sent mauvais autour de chaque abri, à cause de l'urine de la nuit. Les trous eux-mêmes, si on s'y penche en passant, puent aussi, comme des bouches.

Je vois des ombres émerger de ces puits latéraux[4], et se mouvoir, masses énormes et difformes : des espèces d'ours qui pataugent et grognent. C'est nous.

Nous sommes emmitouflés à la manière des populations arctiques. Lainages, couvertures, toiles à sac, nous empaquettent, nous surmontent, nous arrondissent étrangement. Quelques-uns s'étirent, vomissent des bâillements. On perçoit des figures, rougeoyantes ou livides[5], avec des salissures qui les balafrent[6], trouées par les veilleuses[7] d'yeux brouillés et collés au bord, embroussaillées de barbes non taillées ou encrassées de poils non rasés.

Tac ! Tac ! Pan ! Les coups de fusil, la canonnade. Au-dessus de nous, partout, ça crépite ou ça roule, par longues rafales ou par coups séparés. Le sombre et flamboyant orage ne cesse jamais, jamais. Depuis plus de quinze mois, depuis

1. **blafarde** : pâle.
2. **en lacis** : en forme de lacets.
3. **résidu de nuit** : reste d'obscurité.
4. **puits latéraux** : qui s'étendent d'un côté et de l'autre.
5. **livides** : pâles.
6. **salissures qui les balafrent** : les joues portent des traces de saleté.
7. **veilleuses** : petites lampes qui restent allumées la nuit.

cinq cents jours, en ce lieu du monde où nous sommes, la fusillade et le bombardement ne se sont pas arrêtés du matin au soir et du soir au matin. On est enterré au fond d'un éternel champ de bataille ; mais comme le tic-tac des horloges de nos maisons, aux temps d'autrefois, dans le passé quasi légendaire, on n'entend cela que lorsqu'on écoute.

Une face de poupard[8], aux paupières bouffies, aux pommettes si carminées[9] qu'on dirait qu'on y a collé de petits losanges de papier rouge, sort de terre, ouvre un œil, les deux ; c'est Paradis. La peau de ses grosses joues est striée par la trace des plis de la toile de tente dans laquelle il a dormi la tête enveloppée.

Il promène les regards de ses petits yeux autour de lui, me voit, me fait signe et me dit :

– Encore une nuit de passée, mon pauv' vieux.

– Oui, fils, combien de pareilles en passerons-nous encore ?

Il lève au ciel ses deux bras boulus[10]. Il s'est extrait, à grand frottement, de l'escalier de la guitoune[11], et le voilà à côté de moi. Après avoir trébuché sur le tas obscur d'un bonhomme assis par terre, dans la pénombre, et qui se gratte énergiquement avec des soupirs rauques, Paradis s'éloigne, clapotant, cahin-caha[12], comme un pingouin, dans le décor diluvien[13].

Henri Barbusse, *Le Feu, Journal d'une escouade* (1916).

8. **poupard** : bébé grassouillet.
9. **carminées** : rougies.
10. **boulus** : arrondis.
11. **guitoune** : abri (en argot militaire).
12. **cahin-caha** : avec peine.
13. **diluvien** : détrempé (référence au déluge).

Dégager l'essentiel

a. Où le narrateur se trouve-t-il ?

b. Quel est le moment de la journée ?

c. Qui le rejoint ?

d. Quelle image le narrateur donne-t-il des poilus et des tranchées ?

Analyser le texte

Un récit témoignage

1. Montrez que le récit se présente comme un témoignage vécu. Appuyez-vous sur :
– la personne à laquelle le narrateur mène le récit ;
– le temps utilisé pour raconter ;
– le niveau de langage des personnages.

2. Quel champ lexical caractérise le paysage (l. 1-2 et 36) ?

3. Quelles sont les principales caractéristiques des tranchées (l. 1 à 7) ?

4. a. Relevez les termes qui caractérisent les poilus (silhouette, visages). À quoi sont-ils comparés (l. 9 et 36) ? Quelle image est donnée d'eux ?

b. Comment leur fraternité se traduit-elle ?

La guerre, un cauchemar

5. Par quelle onomatopée le narrateur évoque-t-il les bruits de la guerre ? Quel effet cela produit-il ?

6. *Le sombre et flamboyant orage* (l. 17-18) : expliquez et nommez la figure de style.

7. Montrez, à partir des notations de temps, des répétitions et des paroles des personnages, que le cauchemar de la guerre s'inscrit dans la durée.

8. **La portée du texte.** Quelle image les poilus donnent-ils de l'héroïsme ?

Enrichir son vocabulaire

Le suffixe *-ade*

la fusillade (l. 19), *la canonnade* (l. 16).

9. Classez les mots selon que le suffixe *-ade* exprime une action ou un ensemble.

Ex : *colonnade* : ensemble de colonnes ; *fusillade* : action de fusiller.

a. une bousculade. b. une peuplade. c. une barricade. d. une glissade. e. une noyade. f. une brimade. g. une balustrade.

Écrire

10. Le narrateur écrit à un de ses proches pour lui raconter sa vie dans les tranchées.

Consignes d'écriture

- *Respectez le genre de la lettre : date et lieu, formule d'appel, emploi de la 1re et de la 2e personne, formule finale, signature.*
- *Utilisez les informations fournies par le texte ainsi que vos connaissances sur le sujet.*

Jean Giono
(1895-1970)

B2i **Préparer la lecture**

1. Rappelez quelles étaient les forces en présence lors de la Guerre de 1914-1918.
2. De quel côté les troupes anglaises se battaient-elles ?

L'enfer de la guerre

Après avoir vécu les horreurs de Verdun, Olivier, avec quelques camarades survivants, dont Barnous et La Poule, se trouve sur le front belge en 1918, lors de la grande offensive allemande sur le mont Kemmel. Ils tentent de gagner la route pour atteindre une ferme.

– À la route, crie Barnous, on est sauvé !

La route est là à cent mètres, pomponnée[1] d'arbres et filant droit d'un bosquet à une ferme. Il pleut tout doucement. Quatre avions à croix noire[2] sortent des nuages. Ils descendent comme des hirondelles jusqu'à raser la terre avec leurs ventres. Ils tirent à la mitrailleuse quelques coups comme des claquements de bec.

– Soufflons[3], dit La Poule.

Un terrible éclair écarte la haie, là devant. Un départ[4].

C'est une batterie[5] anglaise[6] : des roues, des tronçons de tubes, des douilles vides, des obus comme des cocons de chenilles ; des chevaux éventrés, le cou tordu ; des hommes, la face contre la terre ; des visages noirs qui mordent le ciel ; une jambe, de la chair en bouillie, de la cervelle d'homme sur une jante de roue.

Au milieu de tout ça, un canon tire. Il est servi[7] par deux artilleurs nus jusqu'à la ceinture. Ils marchent sur le cadavre de l'officier. Pour relever l'obus[8] à deux ils écrasent le visage de l'officier sous leurs gros souliers.

Un obus éclate sur la batterie, on ne l'a pas entendu venir. Barnous penche la tête. Il essaie de toucher sa tête avec sa main, son bras ne va pas plus haut que l'épaule et retombe doucement. Il se renverse sur Olivier.

Un jet de sang fuse de sa tête étoilée.

– À la route !

La route est comme un ruisseau mort. Elle est sous la pourriture de voitures, de chevaux crevés et d'hommes ; des canons dans les fossés, des mitrailleuses, des tôles éventrées, des tonneaux de bière, des caisses de galettes, des pains de sucre[9], des sacs de tabac.

– À travers champs !

Deux fois déjà Olivier s'est arrêté de courir pour regarder à ses pieds. Qu'est-ce qui coule là, entre ses jambes ? Et partout dans le pré, dessous l'herbe, comme de l'eau d'arrosage, et si épais qu'on en voit les sillons ? Des rats ! des flots de rats ! Les rats de tous ces murs en flammes, de tous ces greniers éventrés ; les rats des villages écroulés ; des rats de la bataille et des morts, renversés en large eau noire par le chavirement de la terre.

Là-bas ils sortent du pré, dépassent le talus et tremblent, luisants comme de la poix[10], dans tous les creux des labours.

1. **pomponnée** : ornée, parée.
2. **croix noire** : insigne allemand.
3. **Soufflons** : reprenons notre souffle.
4. **Un départ** : un départ d'obus.
5. **batterie** : pièces d'artillerie (canons et obus) qui répondent aux tirs à la mitrailleuse des avions allemands.
6. **anglaise** : les Anglais combattaient auprès des Français.
7. **servi** : chargé.
8. **relever l'obus** : soulever l'obus pour charger le canon.
9. **pains de sucre** : blocs de sucre appelés pains.
10. **poix** : matière collante à base de résine et de goudron.
11. **ridelles** : montants disposés de chaque côté d'un chariot à foin et permettant de maintenir en place le chargement.

Une voiture folle, sans conducteur, saute au milieu des terres, tirée, bride abattue, par le plein galop de deux chevaux blancs. Elle se penche, elle rase l'herbe des ridelles[11], elle se couche de bâbord, elle se renverse enfin dans l'éclatement d'une fumée de terre et d'eau. Sa roue en l'air tourne encore à toute vitesse ; les deux chevaux, couchés dans les brancards, continuent à galoper sur le ciel, à écraser du ciel à pleins sabots.

Jean Giono, *Le Grand Troupeau* (1931), © Gallimard.

▲ **François Flameng** (1856-1923), *Yser, 4 août 1917*, aquarelle, carton et gouache, 57 x 39 cm (musée de l'Armée, Paris).

Dégager l'essentiel

a. Qui attaque ? Qui riposte ? De quelle façon ?
b. Qui est victime de l'assaut ?
c. Quels personnages cherchent à échapper au feu ? Lequel perd la vie ?

Analyser le texte

● Le cadre romanesque

1. a. À quelle personne le récit est-il mené ?
b. Quel est le temps utilisé pour raconter ? Quel effet son emploi produit-il ?

2. Quel point de vue le narrateur adopte-t-il dans les passages *on ne l'a pas entendu venir* (l. 17) et *Qu'est-ce qui coule là, entre ses jambes* (l. 28) ? Quel effet cherche-t-il à produire ?

● Les ravages de la guerre

3. Relevez deux énumérations qui montrent les ravages de la guerre.

4. Comment les artilleurs se comportent-ils (l. 14 à 16) ?

5. Par quelle figure de style, quel type de phrase le narrateur évoque-t-il les rats ? D'où viennent-ils ?

● La poésie de l'horreur

6. a. À quoi les avions allemands, les tirs à la mitrailleuse, les obus sont-ils comparés ? Commentez cette comparaison.
b. *Comme des claquements de bec* (l. 5-6) : relevez l'allitération. Quel est l'effet produit ?

7. Par quelle métaphore le narrateur évoque-t-il la mort de Barnous (l. 20) ?

8. Expliquez l'image finale : montrez qu'à la guerre l'ordre du monde est inversé.

9. La portée du texte. Quelles sont les répercussions de la guerre sur les hommes, le paysage, les animaux ?

Enrichir son vocabulaire

Le préfixe *é-*

des chevaux éventrés (l. 10), *tous ces greniers éventrés* (l. 30-31) : le préfixe *é-* signifie « la séparation, le changement d'état ».

10. Trouvez les mots formés avec ce préfixe et correspondant aux définitions.
a. Rendre borgne. b. Qui est sans cervelle, sans jugement. c. Dont les cheveux sont en désordre. d. Dont on a enlevé la crème. e. Un peigne qui a perdu une partie de ses dents. f. Un arbre qui a perdu ses feuilles. g. Un foulard qui a perdu ses franges.

Réécrire

11. Réécrivez les lignes 35 à 41 en remplaçant *une voiture* par *deux voitures*.

Erich Maria Remarque
(1898-1970)

B2i **Préparer la lecture**

1. Recherchez combien la Guerre de 1914-1918 a fait de victimes parmi les soldats français et allemands. Rendez-vous sur le site www.crdp-reims.fr/memoire/bac/1GM/connaissances/bilan.htm
2. Pourquoi Remarque s'exila-t-il en Suisse, puis aux États-Unis ?

Le face-à-face avec l'ennemi

Le narrateur, un jeune soldat allemand, vient de poignarder un soldat français qui s'était réfugié dans le même trou d'obus que lui. L'homme agonise toute la nuit et meurt à trois heures de l'après-midi.

Je parle, il faut que je parle. C'est pourquoi je m'adresse à lui, en lui disant : « Camarade, je ne voulais pas te tuer. […] Nous voyons les choses toujours trop tard. Pourquoi ne nous dit-on pas sans cesse que vous êtes, vous aussi, de pauvres chiens comme nous, que vos mères se tourmentent comme les nôtres et que nous avons tous la même peur de la mort, la même façon de mourir et les mêmes souffrances ? Pardonne-moi, camarade ; comment as-tu pu être mon ennemi ? Si nous jetions ces armes et cet uniforme tu pourrais être mon frère, tout comme Kat et Albert[1]. Prends vingt ans de ma vie, camarade, et lève-toi… Prends-en davantage, car je ne sais pas ce que, désormais, j'en ferai encore. »

Tout est calme. Le front est tranquille, à l'exception du crépitement des fusils. Les balles se suivent de près ; on ne tire pas n'importe comment ; au contraire, on vise soigneusement de tous les côtés. Je ne puis pas quitter mon abri.

1. **Kat et Albert** : deux camarades de tranchée du narrateur.

À l'ouest rien de nouveau, film de **Lewis Milestone** (1930).

« J'écrirai à ta femme, dis-je hâtivement au mort. Je veux lui écrire ; c'est moi qui lui apprendrai la nouvelle ; je veux tout lui dire, de ce que je te dis ; il ne faut pas qu'elle souffre ; je l'aiderai, et tes parents aussi, ainsi que ton enfant… »

Son uniforme est encore entrouvert. Il est facile de trouver le portefeuille. Mais j'hésite à l'ouvrir. Il y a là son livret militaire avec son nom. Tant que j'ignore son nom, je pourrai peut-être encore l'oublier ; le temps effacera cette image. Mais son nom est un clou qui s'enfoncera en moi et que je ne pourrai plus arracher. Il a cette force de tout rappeler, en tout temps ; cette scène pourra toujours se reproduire et se présenter devant moi.

Sans savoir que faire, je tiens dans ma main le portefeuille. Il m'échappe et s'ouvre. Il en tombe des portraits et des lettres. Je les ramasse pour les remettre en place ; mais la dépression que je subis, toute cette situation incertaine, la faim, le danger, ces heures passées avec le mort ont fait de moi un désespéré ; je veux hâter le dénouement, accroître la torture, pour y mettre fin, de même que l'on fracasse contre un arbre une main dont la douleur est insupportable, sans se soucier de ce qui arrivera ensuite.

Ce sont les portraits d'une femme et d'une petite fille, de menues[2] photographies d'amateur prises devant un mur de lierre. À côté d'elles il y a des lettres. Je les sors et j'essaie de les lire. Je ne comprends pas la plupart des choses ; c'est difficile à déchiffrer et je ne connais qu'un peu de français. Mais chaque mot que je traduis me pénètre, comme un coup de feu dans la poitrine, comme un coup de poignard au cœur…

2. **menues :** petites.

Erich Maria Remarque, *À l'ouest rien de nouveau* (1928),
traduit de l'allemand par Alzir Hella et Olivier Bournac, © Stock.

Dégager l'essentiel

a. À quelle personne le récit est-il mené ?

b. Précisez la nationalité du narrateur et de l'ennemi à qui il vient de donner la mort.

c. Que ressent le narrateur face à cet homme ?

Analyser le texte

● Le face-à-face avec l'ennemi

1. Pourquoi, dans un premier temps, le narrateur ne veut-il pas savoir le nom de sa victime ? Appuyez-vous sur la métaphore de la ligne 20 que vous expliquerez.

2. Quelles réflexions le narrateur se fait-il quant au regard qu'il portait sur l'ennemi ? Appuyez-vous sur l'emploi du pronom *nous* à la ligne 3 et sur les répétitions des lignes 3 à 6.

3. Le narrateur a donné trois coups de poignard au Français. À la lumière de cet acte, expliquez les deux comparaisons finales.

4. La portée du texte. *Tu pourrais être mon frère* (l. 7) : quelles réflexions à propos de la guerre et de la violence en général cette phrase vous inspire-t-elle ?

Enrichir son vocabulaire

Autour du mot *coup*

5. Quels sont les deux sens du mot *coup* dans les expressions *un coup de feu* (l. 34), *un coup de poignard* (l. 34-35) ?

6. Que signifient ces expressions ?

a. Un coup de soleil. **b.** Sur le coup. **c.** À coup sûr. **d.** Coup sur coup. **e.** Faire les quatre cents coups. **f.** Un coup de chapeau. **g.** Discuter le coup. **h.** Un coup d'État. **i.** Un coup monté. **j.** Payer un coup. **k.** Être hors du coup. **l.** Tenir le coup. **m.** En mettre un coup. **n.** Un coup de main. **o.** Un coup d'œil. **p.** Un coup bas.

Écrire

7. *J'écrirai à ta femme, dis-je hâtivement au mort. Je veux lui écrire* (l. 13).

Imaginez la lettre que le narrateur pourrait écrire à la femme du soldat à qui il a donné la mort.

Consignes d'écriture

- *Respectez les codes de la lettre.*
- *Tenez compte de la situation décrite dans l'extrait.*

Vercors
(1902-1991)

Préparer la lecture

1. Classez dans un tableau ces écrivains français selon leur siècle (du XVIe au XXe) : Balzac, Baudelaire, Beaumarchais, Buffon, Chateaubriand, Corneille, Descartes, Flaubert, La Fontaine, Hugo, Molière, Rabelais, Racine, Stendhal, Voltaire, Montaigne.
2. Citez une pièce de Shakespeare, le nom d'une œuvre célèbre de Dante et une de Cervantès.

Portrait d'un occupant

Sous l'Occupation allemande, un vieil homme, le narrateur, et sa nièce sont contraints de loger chez eux un jeune officier allemand. Tous les soirs, il vient passer un moment en leur compagnie mais eux résistent à leur façon en refusant de lui parler.

Ce fut au long de ces soirées, sur les sujets qui habitaient son cœur, – son pays, la musique, la France, – un interminable monologue ; car pas une fois il ne tenta d'obtenir de nous une réponse, un acquiescement, ou même un regard. Il ne parlait pas longtemps, – jamais beaucoup plus longtemps que le premier soir. Il prononçait quelques phrases, parfois brisées de silences, parfois s'enchaînant avec la continuité monotone d'une prière. Quelquefois immobile contre la cheminée, comme une cariatide[1], quelquefois s'approchant, sans s'interrompre, d'un objet, d'un dessin au mur. Puis il se taisait, il s'inclinait et nous souhaitait une bonne nuit.

Il dit une fois (c'était dans les premiers temps de ses visites) :

– Où est la différence entre un feu de chez moi et celui-ci ? Bien sûr le bois, la flamme, la cheminée se ressemblent. Mais non la lumière. Celle-ci dépend des objets qu'elle éclaire, – des habitants de ce fumoir, des meubles, des murs, des livres sur les rayons…

« Pourquoi aimé-je tant cette pièce ? dit-il pensivement. Elle n'est pas si belle – pardonnez-moi !… » Il rit : « Je veux dire : ce n'est pas une pièce de musée… Vos meubles, on ne dit pas : voilà des merveilles… Non… Mais cette pièce a une âme. Toute cette maison a une âme. »

Il était devant les rayons de la bibliothèque. Ses doigts suivaient les reliures d'une caresse légère.

– « … Balzac, Barrès, Baudelaire, Beaumarchais, Boileau, Buffon… Chateaubriand, Corneille, Descartes, Fénelon, Flaubert… La Fontaine, France, Gautier, Hugo… Quel appel ! » dit-il avec un rire léger et hochant la tête. « Et je n'en suis qu'à la lettre H !… Ni Molière, ni Rabelais, ni Racine, ni Pascal, ni Stendhal, ni Voltaire, ni Montaigne, ni tous les autres !… » Il continuait de glisser lentement le long des livres, et de temps en temps il laissait échapper un imperceptible « Ha ! », quand, je suppose, il lisait un nom auquel il ne songeait pas. « Les Anglais, reprit-il,

1. **cariatide** : statue soutenant une corniche sur sa tête.

▼ *Le Silence de la mer*, film de **Jean-Pierre Melville** (1947) avec, de gauche à droite, Jean-Marie Robain, Howard Vernon et Nicole Stéphane.

on pense aussitôt : Shakespeare. Les Italiens : Dante. L'Espagne : Cervantès. Et nous, tout de suite : Goethe. Après, il faut chercher. Mais si on dit : et la France ? Alors, qui surgit à l'instant ? Molière ? Racine ? Hugo ? Voltaire ? Rabelais ? ou quel autre ? Ils se pressent, ils sont comme une foule à l'entrée d'un théâtre, on ne sait pas qui faire entrer d'abord. »

Il se retourna et dit gravement :

– Mais pour la musique, alors c'est chez nous : Bach, Haendel, Beethoven, Wagner, Mozart… quel nom vient le premier ?

« Et nous nous sommes fait la guerre ! » dit-il lentement en remuant la tête. Il revint à la cheminée et ses yeux souriants se posèrent sur le profil de ma nièce : « Mais c'est la dernière ! Nous ne nous battrons plus : nous nous marierons ! »

Vercors, *Le Silence de la mer* (1942, 1951), © Albin Michel.

Dégager l'essentiel

a. Qui est le narrateur ?

b. Qui sont les personnages en présence ?

c. Qui parle ?

d. Y a-t-il communication entre les personnages ? Pourquoi ?

Analyser le texte

● Portrait d'un occupant

1. a. Quel rite l'officier allemand a-t-il instauré chaque soir ?

b. À quel temps sont les verbes qui l'expriment ?

c. L'officier se comporte-t-il avec courtoisie envers ses hôtes ? Citez le texte.

2. Quels sont les sujets qui tiennent à cœur à l'officier ?

3. Expliquez le rapprochement qu'il effectue entre le feu qui brille dans la pièce et le feu de chez lui.

4. Que représente à ses yeux la littérature française ?

● Rêve d'union

5. a. Quel jugement l'officier porte-t-il sur la guerre entre la France et l'Allemagne ?

b. Quel est le double sens de l'expression : *nous nous marierons* (l. 43) ?

6. La portée du texte. *Et nous nous sommes fait la guerre !* (l. 41) : quelles réflexions cette phrase vous inspire-t-elle ?

Écrire

7. *Nous ne nous battrons plus* (l. 43) : quelles réflexions cette parole de l'officier vous inspire-t-elle, concernant la guerre en général ? Pensez-vous que celle-ci soit inéluctable (inévitable) ? Développez et organisez votre réflexion.

Consignes d'écriture

- *Introduisez : citez la phrase en la replaçant dans son contexte romanesque. Posez le problème.*
- *Expliquez pourquoi les hommes devraient vivre en paix. Appuyez-vous sur les arguments de l'officier.*
- *Demandez-vous ensuite pourquoi les hommes se font la guerre.*
- *Concluez : à quelles conditions la paix est-elle ou serait-elle possible ? Vous pouvez évoquer l'évolution des relations franco-allemandes depuis le conflit.*

Affiche du film *Le Silence de la mer*, de **Jean-Pierre Melville** (1947).

DICO

Primo Levi
(1919-1987)

Préparer la lecture

1. Cherchez la définition des mots et expressions suivants : camp de concentration, camp d'extermination, déportation, crime contre l'humanité.
2. Cherchez sur une carte où se trouve le camp d'Auschwitz.

Rescapés des camps

Extrait 1

Primo Levi est déporté à Auschwitz en février 1944. Ayant survécu à l'horreur, il raconte son expérience dans Si c'est un homme. *Il évoque ici l'arrivée au camp en train.*

Nous découvrîmes un large quai, éclairé par des projecteurs. Un peu plus loin, une file de camions. Puis tout se tut à nouveau. Quelqu'un traduisit les ordres : il fallait descendre avec les bagages et les déposer le long du train. En un instant, le quai fourmillait d'ombres ; mais nous avions peur de rompre le silence, et tous s'affairaient autour des bagages, se cherchaient, s'interpellaient, mais timidement, à mi-voix.

Une dizaine de SS[1], plantés sur leurs jambes écartées, se tenaient à distance, l'air indifférent. À un moment donné ils s'approchèrent, et sans élever la voix, le visage impassible, ils se mirent à interroger certains d'entre nous en les prenant à part, rapidement : « Quel âge ? En bonne santé ou malade ? » et selon la réponse, ils nous indiquaient deux directions différentes. [...]

En moins de dix minutes, je me trouvai faire partie du groupe des hommes valides. Ce qu'il advint des autres, femmes, enfants, vieillards, il nous fut impossible alors de le savoir : la nuit les engloutit, purement et simplement. Aujourd'hui pourtant, nous savons que ce tri rapide et sommaire avait servi à juger si nous étions capables ou non de travailler utilement pour le Reich[2] ; nous savons que les camps de Buna-Monowitz[3] et de Birkenau[3] n'accueillirent respectivement que quatre-vingt-seize hommes et vingt-neuf femmes de notre convoi et que deux jours plus tard il ne restait de tous les autres – plus de cinq cents – aucun survivant. Nous savons aussi que même ce semblant de critère dans la discrimination entre ceux qui étaient reconnus aptes et ceux qui ne l'étaient pas ne fut pas toujours appliqué, et qu'un système plus expéditif fut adopté par la suite : on ouvrait les portières des wagons des deux côtés en même temps, sans avertir les nouveaux venus ni leur dire ce qu'il fallait faire. Ceux que le hasard faisait descendre du bon côté entraient dans le camp ; les autres finissaient à la chambre à gaz.

Primo Levi, *Si c'est un homme* (1947), traduit de l'italien par M. Schruoffeneger, © Julliard, 1987.

1. **SS** : police militaire de l'Allemagne nazie.
2. **Reich** : nom donné au régime nazi (IIIe Reich).
3. **Buna-Monowitz, Birkenau** : autres camps de concentration d'Auschwitz.

Charles Dabouis (XXe siècle), *Kaufering* (quartier du camp de concentration de Dachau), 1945, huile sur toile (musée des Deux Guerres Mondiales, Paris).

Simone Veil
(née en 1927)

Extrait 2

Simone Veil est âgée de seize ans et demi lorsqu'elle est arrêtée avec sa famille par la Gestapo et déportée au camp de concentration d'Auschwitz-Birkenau.

Vaille que vaille, nous nous faisions à l'effroyable ambiance qui régnait dans le camp, la pestilence des corps brûlés, la fumée qui obscurcissait le ciel en permanence, la boue partout, l'humidité pénétrante des marais. Aujourd'hui, quand on se rend sur le site, malgré le décor des baraques, des miradors et des barbelés, presque tout ce qui faisait Auschwitz a disparu. On ne voit pas ce qui a pu se dérouler en ces lieux, on ne peut l'imaginer. C'est que rien n'est à la mesure de l'extermination de ces millions d'êtres humains conduits là depuis tous les coins de l'Europe. Pour nous, les filles de Birkenau, ce fut peut-être l'arrivée des Hongrois qui donna la véritable mesure du cauchemar dans lequel nous étions plongés. L'industrie du massacre atteignit alors des sommets : plus de quatre cent mille personnes furent exterminées en moins de trois mois. Des blocs[1] entiers avaient été libérés pour les accueillir, mais la plupart ont été gazés tout de suite.

Simone Veil, *Une jeunesse au temps de la Shoah* (2010), extraits d'*Une vie* (2007), © Stock.

1. **blocs** : bâtiments.

Dégager l'essentiel

a. Qui sont Primo Levi et Simone Veil (▶ Repères p. 79) ?
b. Dans quels lieux ont-ils été déportés ?
c. Qu'ont-ils voulu exprimer à travers leurs témoignages ?

Analyser les textes

Extrait 1

1. Qui le pronom *nous* désigne-t-il ?
2. Quelle est l'atmosphère qui règne sur le quai ? Relevez les notations d'éclairage, de silence.
3. Quel portrait le narrateur fait-il des SS ?
4. a. À quoi correspondent les deux directions indiquées par les soldats aux passagers du train ?
b. Le narrateur le sait-il au moment où il vit cette situation ?
c. Qu'a-t-il appris plus tard ? Relevez un verbe répété sous forme d'anaphore renvoyant au moment de l'écriture.
5. Qu'est-ce qu'un *système expéditif* (l. 27) ? En quoi celui *adopté par la suite* est-il terrifiant ?

Extrait 2

6. Qui le pronom *nous* désigne-t-il ?
7. Quels termes Simone Veil utilise-t-elle pour caractériser les camps (l. 1 à 3) ?
8. a. Quelles traces reste-t-il aujourd'hui de l'horreur ?
b. Pourquoi ne peut-on imaginer ce qui s'est passé dans les camps ?
9. Que s'est-il passé à l'arrivée des Hongrois ? Combien de personnes ont été exterminées en trois mois ?
10. **La portée des textes.** En quoi est-il important de disposer aujourd'hui de tels témoignages ?

Enrichir son vocabulaire

Les mots *génocide* et *Shoah*

11. Qu'est-ce qu'un *génocide* ? Cherchez l'étymologie du mot.
12. Trouvez les mots formés avec l'élément *-cide* et correspondant aux définitions suivantes.
a. Action de tuer un être humain. b. Action de se donner la mort. c. Meurtre d'un roi. d. Meurtre d'un frère ou d'une sœur.
13. Cherchez le sens et l'origine du mot *Shoah*.

HISTOIRE DES Arts

1. Indiquez la date du tableau, la technique utilisée.
2. Que représente-t-il ?
3. Comment les personnages sont-ils vêtus ?
4. Comment l'artiste traduit-il leur aspect maladif et leur souffrance ?
5. Observez le décor. Que cherche à suggérer l'artiste à travers les formes et les couleurs ?

Cornelius Ryan
(1920-1974)

B2i Préparer la lecture

1. Qu'appelle-t-on le « Débarquement » en Histoire ?
2. Quel jour le Débarquement s'est-il déroulé ? Dans quel lieu ?
3. Cherchez où se trouve Sainte-Mère-l'Église.

Le Débarquement

À Sainte-Mère-l'Église, une nuit de pleine lune, Mme Angèle Levrault, une institutrice, est réveillée par des lueurs clignotantes rouges.

Au même instant, elle entendit au loin le sourd vrombissement des avions, des explosions étouffées et des claquements secs des obus de la D.C.A.[1] Elle se précipita à la fenêtre.

Au loin, vers la côte, étrangement suspendues dans le ciel comme des ballons, elle vit des fusées éclairantes. Les nuages étaient bordés de rouge. Dans le lointain, on pouvait voir des jaillissements de feu rose vif, et les traînées orange, vert et jaune des balles traceuses. Mme Levrault se dit que Cherbourg, distant de trente-cinq kilomètres, était encore bombardé et elle se félicita de vivre dans le petit village tranquille de Sainte-Mère-l'Église.

L'institutrice mit des chaussures et une robe de chambre, traversa la cuisine et sortit dans le jardin […].

Elle avait fait quelques pas dehors quand elle entendit les avions se rapprocher, se diriger tout droit vers son village. Soudain, toutes les batteries de D.C.A. de la région entrèrent en action. Terrifiée, Mme Levrault courut se réfugier sous un arbre. Les avions arrivaient rapidement, volant bas, entourés d'éclatements d'obus. Le bruit devenait assourdissant. Et puis, presque soudainement, le vrombissement des moteurs se tut, le tir cessa et, comme si rien ne s'était passé, tout retomba dans le silence.

1. **D.C.A.** : sigle qui signifie « Défense Contre Avions » (artillerie aérienne).
2. **brodequin** : chaussure montante.

Robert Capa (1913-1954), *Débarquement : la première vague de soldats américains à Omaha Beach le 6 juin 1944*, photographie.

Le Jour le plus long (1962), film de **K. Annakin**, avec Arletty.

Ce fut alors que la vieille dame entendit un murmure étrange, venant du ciel au-dessus d'elle. Elle leva les yeux. Comme un immense nénuphar, flottant dans les nuages et se dirigeant droit vers son jardin, elle vit un parachute, avec quelque chose de volumineux qui se balançait dessous. Pendant une seconde, une ombre recouvrit la lune et le soldat Robert M. Murphy, du 505e régiment de la 82e division aéroportée, tomba avec un bruit sourd à vingt mètres d'elle et fit une cabriole dans le jardin. Mme Levrault demeura figée sur place.

D'un geste vif, le parachutiste de dix-huit ans sortit un couteau de son brodequin[2], se débarrassa de son parachute, saisit un grand sac et se redressa. Il vit alors Mme Levrault. La vieille dame écarquillait les yeux et trouvait le jeune parachutiste étrange et effrayant. Il était grand et maigre et le barbouillage de guerre qui maculait son visage accentuait ses pommettes et son nez. Il croulait sous le poids de son équipement et de ses armes. Puis, alors que la vieille dame affolée restait incapable de faire un mouvement, l'étrange apparition mit un doigt sur ses lèvres pour lui intimer le silence et disparut. Alors, Mme Levrault retrouva l'usage de ses membres. Retroussant sa longue chemise de nuit, elle se rua comme une folle dans sa maison. Elle venait de voir un des premiers Américains poser le pied en Normandie. Il était zéro heure quinze, le mardi 6 juin 1944. Le Jour J venait de commencer.

Cornelius Ryan, *Le Jour le plus long* (1959),
traduit de l'anglais par France Marie Watkins, © Robert Laffont, 2003.

Dégager l'essentiel

a. Dans quel village et dans quel lieu précis la scène se déroule-t-elle ?

b. Quel personnage se retrouve face à l'institutrice ?

c. Quelle est la raison de sa présence dans ce lieu ?

d. À quelle heure et à quelle date cette scène s'est-elle passée ?

Analyser le texte

● L'assaut

1. a. Pourquoi Mme Levrault n'est-elle pas vraiment inquiète dans un premier temps ?

b. Relevez le lexique du bruit, des lumières et des couleurs. Quelle est l'origine de ces bruits ?

2. À quel moment la vieille dame est-elle terrifiée ? Où se réfugie-t-elle ?

● Le face-à-face

3. a. À quoi le parachute est-il comparé ?

b. *quelque chose de volumineux* (l. 22), *l'étrange apparition* (l. 32) : quel point de vue le narrateur adopte-t-il ?

4. a. Quel est l'aspect du parachutiste ? Relevez les termes qui le décrivent.

b. Quel équipement porte-t-il ?

5. a. Comment la vieille dame le juge-t-elle lorsqu'elle le voit (l. 28 à 30) ? Citez deux adjectifs.

b. Quelle est sa réaction ensuite ?

6. Quelle information le narrateur omniscient fournit-il au lecteur à la fin de l'extrait ?

7. **La portée du texte.** Quelle fut l'issue de cette journée ? Pourquoi l'appelle-t-on *D-Day* ou le Jour J ?

Enrichir son vocabulaire

Autour du mot *aéroportée* (l. 24)

aéro- est un élément savant du grec *aêr, aéros* : « air ».

8. a. Quelle différence faites-vous entre un *aéroport*, un *aérodrome*, un *aérogare* ?

b. Donnez un synonyme du mot *aérostat*.

c. Qu'est-ce que la *recherche aéronautique* ?

Écrire

9. La vieille dame raconte à ses petits-enfants l'étrange moment qu'elle a vécu.

Consignes d'écriture

- *Menez le récit à la 1re personne et au passé composé.*
- *Vous pouvez introduire un dialogue (questions des enfants).*
- *Utilisez les éléments du texte.*
- *Insistez sur les sentiments et émotions ressentis.*

À l'ouest rien de nouveau
(1928)
d'Erich Maria Remarque

Le guide de lecture

Lisez le roman et répondez aux questions au fur et à mesure de votre lecture.

✱ Chapitre 1 : le début de la guerre

1. Qui est le narrateur et qui sont ses camarades de lycée ? Précisez leur nationalité.
2. Qui sont les autres soldats du groupe ?
3. Quel camarade a été tué le premier ? Lequel a été blessé ?

✱ Chapitres 2 et 3 : la camaraderie

4. De quelle façon les soldats se vengent-ils de leur chef Himmelstoss ?
5. Comment le narrateur tente-t-il de réconforter Kemmerich mourant ? Qui récupère ses bottes ? Pourquoi ?
6. Comment Kat réussit-il à adoucir la vie des soldats ?

✱ Chapitres 4, 5 et 6 : le front

7. Qui sont les ennemis en présence sur le front ?
8. Quelle réflexion les cris des chevaux blessés suscitent-ils chez les soldats ?
9. Quel est l'effet produit par les gaz sur l'organisme ? Comment tente-t-on de s'en protéger ?
10. Comment les soldats tentent-ils de se débarrasser des rats ? Quels dégâts commettent-ils dans les abris ?
11. Quels moments de répit les soldats connaissent-ils ? Comment leur solidarité se manifeste-t-elle ?
12. a. Comment le narrateur montre-t-il la violence du front ?
b. Quelle aide les « anciens » apportent-ils aux nouvelles recrues ?
c. Sur cent cinquante hommes, combien sont revenus ?

✱ Chapitres 7 et 8 : la permission

13. Comment Paul vit-il sa permission ? Quel est son comportement face à sa mère ? face à la mère de Kemmerich ?
14. Quels sentiments Paul éprouve-t-il face aux prisonniers russes ?

✱ Chapitres 9, 10 et 11 : les morts et les blessés

15. Quelles réflexions les soldats font-ils sur la guerre ?
16. Que ressent le narrateur lorsqu'il se retrouve face à l'ennemi mourant ? Quelle est la nationalité de cet ennemi ?
17. Où la compagnie du narrateur est-elle ensuite affectée ? Quelle vie les soldats mènent-ils ?
18. Dans quelles circonstances Kropp et le narrateur sont-ils blessés ?
19. Quels renforts viennent au secours des Alliés ? Comment le moral des troupes allemandes évolue-t-il ?
20. Qu'advient-il de Detering, de Berger, de Müller, de Kat ?

✱ Chapitre 12 : la fin de la guerre

21. En quelle année et en quelle saison le roman se clôt-il ?
22. Qu'advient-il du narrateur à la fin du roman ?
23. Justifiez le changement de narrateur.

Synthèse littéraire

a. Regroupez les informations données au fil du roman sur :
– le quotidien vécu par les soldats (vie communautaire, nourriture, rats, mais aussi petits bonheurs) ;
– l'enfer de la guerre (front, destruction des paysages, soldats blessés, corps déchiquetés, animaux dans la guerre) ?

b. Quel est l'effet de la guerre sur des êtres jeunes ? Comment le retour à la vie civile peut-il être vécu (permission, après-guerre) ?

c. Quel est le sens du titre ?

d. Quelle est la visée du roman ? Quel est l'intérêt de découvrir le visage de la guerre à travers le point de vue des soldats allemands ?

e. Citez un passage qui vous a marqué. Dites en quoi.

Faire le point

Les récits de guerre

Définition

Les récits de guerre sont des récits dont l'action se déroule pendant une guerre. On distingue :

– les **témoignages**, écrits dans le feu de l'action ► lettres de poilus, p. 102 ou plusieurs années après la guerre ► Levi, p. 88, ► Veil, p. 89 ;

– les **transpositions romanesques** d'expériences vécues ► Barbusse, p. 80, ► Giono, p. 82, ► Remarque, p. 84, ► Vercors, p. 86 ;

– les **romans à toile de fond historique**, écrits dans la deuxième moitié du XXe siècle ou au début du XXIe siècle ► Ryan, p. 90, ► Gaudé, p. 104.

Les récits des deux Guerres mondiales

Les récits traitant de la **Première Guerre mondiale** sont des récits **réalistes** qui évoquent, par exemple :

– le quotidien des **poilus** dans les **tranchées** ► Barbusse, p. 80 ;

– la **violence** des combats au **front** et les **ravages de la guerre** : hommes et chevaux blessés, mort de camarades ► Giono, p. 82, face-à-face avec l'ennemi ► Remarque, p. 84, paysages massacrés ► Giono, p. 82 ;

– la **souffrance** des hommes en contact quotidien avec la mort.

Les récits ayant pour sujet la **Seconde Guerre mondiale** traitent principalement de :

– la **Résistance**, l'**Occupation** ► Vercors, p. 86 ;

– la **déportation** et ses horreurs ► Levi, p. 88, ► Veil, p. 89 ;

– le **Débarquement** et l'histoire du Jour J ► Ryan, p. 90.

Les procédés d'écriture et les enjeux de ces récits

La principale difficulté à laquelle se heurtent les auteurs de récits de guerre est de rendre avec des mots une **réalité** ressentie comme **indicible**.

Les écrivains emploient des **figures de style** comme la **comparaison** et la **métaphore** (images d'apocalypse, de déluge, de feu… : ► Barbusse, p. 80, ► Giono, p. 82.

Ils peuvent aussi faire le choix de la **simplicité** : ainsi, les rescapés des camps de concentration décrivent avec retenue et précision les cruautés, humiliations et souffrances subies ► Levi, p. 88, ► Veil, p. 89.

Les récits de guerre constituent une **dénonciation de la guerre**. Ils **témoignent** de l'**horreur** sous toutes ses formes, ils permettent de ne pas oublier les atrocités vécues ; c'est ce qu'on appelle le « **devoir de mémoire** ». Ils visent à **toucher les esprits** avec l'espoir que les générations futures ne feront plus la guerre.

◄ **François Flameng** (1856-1923), détail de *Yser, 4 août 1917*, aquarelle, carton et gouache, 57 x 39 cm (musée de l'Armée, Paris).

Images d'enfer

1 **Tardi** (né en 1946), vignette extraite de *C'était la guerre des tranchées 1914-1918* (1993), © Casterman.

Analyser et s'exprimer

Document 1

1. De quel genre d'ouvrage cette image est-elle tirée ?
2. Décrivez ce que vous voyez de la tranchée.
3. Comment les soldats donnent-ils l'alerte au gaz ? Comment s'équipent-ils pour se protéger ?
4. Montrez que texte (dans la bulle et le cartouche) et dessin sont complémentaires et nécessaires à la compréhension.
5. Identifiez le cadrage, l'angle de vue. Comment impliquent-ils le lecteur dans la scène ?
6. Caractérisez le graphisme (dessin).
7. Quel effet le dessinateur cherche-t-il à produire ?
8. a. Quelle est la date de la BD ?
b. Quel peut-être l'intérêt de raconter la guerre en BD, selon vous ?

Les mots à connaître (aide)

- La bande dessinée (doc. 1) : une **vignette** (encadré avec texte et dessin), une **bulle** (paroles d'un personnage), un **cartouche** (commentaire du narrateur), le **graphisme** (style du dessin).
- Le cadrage (portion de l'espace représenté), l'**angle de vue** (endroit d'où est vue la scène).
- Un montage photographique (doc. 2) : assemblage de plusieurs photographies.
- Un autochrome (doc. 3) : premier procédé de photographie en couleur, inventé par Louis Lumière en 1903.

► Fiche HDA oral du brevet, p. 276

et de répit

Analyser et s'exprimer

Document 2

1. a. Quelle est la nature de l'image (dessin, photographie) ?
b. Comment est-elle composée ?
2. a. Qui sont les deux personnages ? Décrivez-les.
b. Dans quels décors sont-ils représentés ?
3. Lisez le texte. En quoi s'agit-il de vers ? Identifiez le champ lexical présent.
4. Quelle était la fonction de telles images lors de la Première Guerre mondiale ?

2 Carte postale, lettre d'un poilu (1914).

3 *Le Repos du guerrier*, autochrome (1914-1918).

Document 3

1. Qui a pu prendre la photographie ?
2. a. Quelle est la scène représentée ?
b. À quelles différentes activités les soldats se livrent-ils ?
c. Comment tentent-ils de se ménager un minimum de confort ?
3. Quel est l'intérêt d'une telle photographie ?

Retenir

- En 1993, Tardi a réalisé une bande dessinée dans laquelle il montre le **quotidien des poilus** et le **front**. Il s'inspire du style graphique dit de la **ligne claire** : contours marqués d'un **trait net**, précision du dessin. L'utilisation exclusive du **noir et blanc**, la prédominance des **ombres** donnent une vision **désespérée** et **réaliste** de la guerre.
- Lors de la Première Guerre mondiale, les soldats et leurs proches ont échangé des millions de **cartes postales.** L'image, composée parfois d'un **montage photographique**, donne une vision adoucie de la guerre ; elle est souvent accompagnée d'un message de **tendresse**.
- Des **photographies de guerre** ont été réalisées par des photographes militaires tel Jean-Baptiste Tournassoud. Ces photographies, parmi les premières en couleur (et appelées **autochromes**), constituent des **témoignages** précieux sur la vie des soldats, au front, au repos ou dans les tranchées.

▸ Fiche HDA oral du brevet, p. 276

Images de guerre et de paix

4 **Otto Dix** (1891-1969), *Invalides de guerre jouant aux cartes* (1920), huile sur toile, 110 x 87 cm (Nationalgalerie, SMPK, Berlin, Allemagne).

Voici une description d'un des compagnons de chambre du narrateur.

Un obus, certainement, lui a enlevé le menton. La mâchoire a cédé comme une digue sous l'effet d'un raz de marée. Sa pommette gauche est enfoncée et la cavité de son œil est comme un nid pillé. Il respire doucement.

Marc Dugain, *La Chambre des officiers* (1998), © Jean-Claude Lattès.

Le saviez-vous ?

• L'**expressionnisme** est un mouvement artistique né en Allemagne au début du XXe siècle, dans lequel les artistes cherchent à exprimer une vision souvent **angoissée** de la **réalité**. Le peintre Otto Dix est un représentant de ce mouvement.

Analyser et s'exprimer

Document 4

1. Indiquez la taille du tableau, sa date, la technique utilisée.

2. a. Qui sont les personnages ? Que font-ils ?
b. Dans quel lieu sont-ils ? Citez un indice.

3. a. De quelles différentes infirmités souffrent-ils ?
b. Quels appareils de prothèse portent-ils ?

4. a. Caractérisez les couleurs utilisées pour représenter les personnages.
b. Les lignes sont-elles harmonieuses ou cassées ?

5. a. Pourquoi, selon vous, les cartes sont-elles retournées ?
b. Quel objet du tableau porte une tête de mort en filigrane ?

6. Quel effet ce tableau produit-il sur vous ? Que dénonce-t-il ?

7. Quel rapprochement pouvez-vous faire entre l'extrait de *La Chambre des officiers* et le tableau ?

Retenir

• **Otto Dix** (1891-1969), peintre allemand expressionniste, fut engagé comme volontaire dans la Première Guerre mondiale. Son œuvre se présente comme une violente **dénonciation de la guerre** et des **traumatismes irrémédiables** qu'elle engendre.

• En 1952, **Pablo Picasso** (1881-1973) décore la **chapelle de Vallauris** (près de Cannes) en peignant deux panneaux sur la voûte en pierre : l'un représente la **guerre**, l'autre la **paix**. En 1957, il ajoute une troisième peinture : quatre silhouettes, symbolisant l'union des hommes de toutes couleurs de peau, se réunissent autour de la colombe de la paix.

► Fiche HDA oral du brevet, p. 276

5 **Pablo Picasso** (1881-1973), décor de la chapelle du château-musée de Vallauris : *Le Temple de la Paix* (1952, restauré en 1998), huile sur bois, isorel, 470 x 1020 cm (chapelle, musée national Picasso, Vallauris).

Analyser et s'exprimer

Document 5

1. a. Quels éléments (couleurs, personnages, objets) renvoient à la guerre (panneau de gauche) ? Lesquels renvoient à la paix (panneau de droite) ?

b. Que symbolisent les rameaux d'olivier entourant le soleil ?

B2i 2. a. Cherchez l'origine du symbole de paix que représente la colombe.

b. Comment Picasso a-t-il représenté la paix entre tous les hommes sur le mur du fond (personnages, oiseau, couleurs) ?

3. Quelles valeurs Picasso a-t-il mises en avant sur ces peintures et par le choix du lieu ?

1 Les temps pour raconter

► Leçon 24, p. 334

1. Résumez en une phrase l'action racontée dans chacun des extraits.

2. a. Identifiez le temps utilisé pour exprimer les actions ou états passés au premier plan du récit (verbes en violet).

b. À quel temps sont exprimées les actions mises à l'arrière-plan du récit (verbes en vert) ?

a. Je venais d'arriver à une tranchée fangeuse[1], coupée de barbelés, quand le monstre[2] explosa juste dans mon dos. La violence du souffle me projeta par-dessus un paquet de barbelés dans un trou d'obus rempli de boue verdâtre, cependant qu'une averse de dures mottes de terre crevait sur ma tête. À moitié assourdi et mal en point, je me relevai.

Ernst Jünger, *Orages d'acier* (1920), traduit de l'allemand par H. Plard, © Christian Bourgois.

1. **fangeuse** : boueuse. 2. **monstre** : un obus.

b. Puis les kapos[1] nous ont fait lever et mettre en rang, par ordre alphabétique, et nous sommes passées l'une après l'autre devant des déportés qui nous ont tatouées. [...] À compter de cet instant, chacune d'entre nous est devenue un simple numéro, inscrit dans sa chair ; un numéro qu'il fallait savoir par cœur, puisque nous avions perdu toute identité.

Simone Veil, *Une jeunesse au temps de la Shoah* (2010), extraits d'*Une vie* (2007), © Stock.

1. **kapos** : dans les camps, détenues chargées de maintenir l'ordre par la violence.

2 Imparfait et passé simple

► Leçon 24, p. 334

Réécrivez l'extrait suivant en mettant les verbes en violet à l'indicatif passé simple ou à l'indicatif imparfait selon que l'action est au premier plan ou à l'arrière-plan du récit. Vous devrez garder un verbe à l'indicatif présent (présent de vérité générale).

Devant nous, la terre se crève. C'est une pluie de mottes. Je sens une secousse, ma manche est déchirée par un éclat. Je serre le poing, pas de douleur. Mais je ne suis quand même pas rassuré, car les blessures ne font mal qu'au bout d'un certain temps. Je passe la main sur mon bras. Il est égratigné, mais intact.

Erich Maria Remarque, *À l'ouest rien de nouveau* (1928), traduit de l'allemand par A. Hella et O. Bournac, © Stock.

3 Les valeurs de l'indicatif présent

► Leçon 24, p. 334

Identifiez les valeurs du présent : énonciation (renvoie au moment de l'écriture ou au moment où les paroles sont prononcées), narration (récit d'actions passées), habitude, description, vérité générale.

a. « Je vous le dis, que des animaux fassent la guerre, c'est la plus grande abomination qui soit ! » b. Des maisons en flammes se dressent dans la nuit, comme des flambeaux. c. Je me glisse prudemment hors du trou et j'avance à la manière d'un serpent.

Erich Maria Remarque, *À l'ouest rien de nouveau* (1928), traduit de l'allemand par A. Hella et O. Bournac, © Stock.

d. Je songe à vos milliers de croix de bois, alignées tout le long des grandes routes poudreuses. e. Et, aplatis contre le talus, des hommes lancent toujours des grenades, sans s'arrêter.

Roland Dorgelès, *Les Croix de bois* (1919), © Albin Michel.

4 Le niveau de langage

► Leçon 20, p. 322

Dans ces passages, le narrateur a restitué le niveau de langage des soldats.

1. Repérez les abréviations, les erreurs de syntaxe (omission de la négation), les termes familiers.

2. Réécrivez ces passages en langage courant.

a. – Ah ! reprit le premier, quand on racont'ra ça plus tard, si on r'vient, à eux autres chez nous, près du fourneau de la chandelle, qui voudra y croire ? C'est-i'pas malheureux, s'pas ?
– J'm'en fous, pourvu qu'on r'vienne, fit l'autre. Vitement, la fin, et qu'ça.
b. On les voit, ces h'obus, affirme Volpatte, quand c'est qu'ils sortent des canons. Et si t'es bien dans la direction du tir, tu les vois d'l'œil, même loin de la pièce[1].
Un autre succède.
– Là ! Tiens ! Tiens ! T'las vu c'ti là ? T'as pas r'gardé assez vite, la commande[2] est loupée. Faut s'manier la fraise. Tiens, un autre ! Tu l'as vu ?
– J'l'ai pas vu.

Henri Barbusse, *Le Feu* (1916).

1. **pièce** : pièce d'artillerie. 2. **la commande** : le départ.

Conjugaison et orthographe

5 Les verbes pronominaux

► Tableaux de conjugaison, p. 388 ; Leçon 30, p. 348

Conjuguez les verbes en orange à l'indicatif présent, puis à l'indicatif passé simple, puis à l'indicatif passé composé.

a. D'un seul mouvement, nous [se jeter] l'un contre l'autre. b. Arrivé sur la hauteur, je [s'arrêter] et [se retourner]. c. Tous [se terrer] dans le fossé. d. Un groupe [s'élancer] en criant. e. Nous [s'endormir] quelques instants. f. Les rats [se multiplier]. g. Le temps [s'adoucir] un peu.

6 L'indicatif plus-que-parfait

► Tableaux de conjugaison, p. 388

Écrivez les verbes en orange à l'indicatif plus-que-parfait.

a. Les mitrailleuses [faucher] des rangées d'hommes. b. Il [entendre] son camarade crier. c. L'attaque [ne pas se produire]. d. On [marcher] longtemps. e. On [descendre] dans le boyau. f. La pluie [ne pas cesser] et l'eau [ruisseler] au fond de la tranchée.

7 L'indicatif futur simple

► Tableaux de conjugaison, p. 388

Écrivez les verbes en orange à l'indicatif futur simple.

a. On [oublier] et on [rire] de tout ça, mes camarades. b. Il y [avoir] toujours des guerres. c. Je ne [revoir] plus jamais mes camarades. d. Tu [écrire] plus tard sur les soldats ? e. Je [parler] de vous. f. Je [se souvenir] toujours de la boue de Verdun. g. Le débarquement [avoir] lieu en Normandie. h. L'opération militaire [être] complexe.

8 L'accord des participes passés

► Leçon 30, p. 348

Écrivez les verbes en orange au participe passé.

Adèle écrit son journal ; elle parle de son frère.

Après il est (rentrer) à la maison. Il riait, il nous a (embrasser). Il nous a dit qu'à cause de leur barbe on les appelait les « poilus » et qu'on avait (changer) leur costume parce qu'avec le pantalon rouge ils faisaient de vraies cibles pour les Boches. [...] Et puis il a (courir) chez Louise, et je crois qu'en ce moment il lui donne la bague qu'il a (graver) dans un morceau d'obus avec la lime. Voilà à quoi a (servir) la lime ! Il a dit que ce serait leur bague de fiançailles.

D'après **Paule du Bouchet**, *Le Journal d'Adèle* (2007), © Gallimard Jeunesse.

9 Dictée préparée

► Leçons 27, p. 342 ; 30, p. 348

Je voulais voir le médecin. C'est un type que j'aime bien. De la guerre, il connaît, comme nous, les longues nuits d'insomnie passées à attendre l'ordre de l'assaut. De la guerre, comme nous, il connaît le crépitement des fusils et les explosions de soufre. Mais de la guerre aussi, il sait l'infinité de cris que l'homme peut pousser lorsqu'il a mal. Plus qu'aucun d'entre nous, il sait les plaies, le sang et la mort aveugle. Et je m'étonne que ses mains ne soient pas devenues rouges à jamais d'avoir tant baigné dans le corps des blessés.

Laurent Gaudé, *Cris* (2001), © Actes Sud.

1. Justifiez l'accord des participes passés *devenues* (l. 10), *passées* (l. 3) et *baigné* (l. 11).
2. *soient devenues* (l. 10) :
a. indiquez le mode, le temps et l'infinitif du verbe.
b. Récitez la règle d'accord du participe passé conjugué avec l'auxiliaire *être*.
3. *infinité* (l. 6) : quelle est la règle des noms en *-té* ? Quels sont les mots qui se terminent par *-tée* ?
4. *rouges* (l. 10) : quelle est la fonction de l'adjectif ? Justifiez l'accord (rappelez par écrit les règles d'accord des adjectifs de couleur).
5. Trouvez un homonyme de *tant* (*tant baigné*, l. 11) et un homonyme de *soufre* (l. 6).

▲ **Camille Godet** (1879-1966), *Soldat blessé, Guerre de 1914-1918*, dessin, fusain et gouache sur carton, 88,3 x 61,2 cm (musée des Beaux-Arts, Rennes).

Vocabulaire et figures de style

10 Guerre et paix : les antonymes

► Leçon 36, p. 358

Le saviez-vous ?

En latin, guerre se dit *bellum*, paix se dit *pax*.

Regroupez les mots par groupes de deux antonymes.

a. attaquer. b. guerre défensive. c. pacifique. d. rebelle. e. armistice. f. allié. g. soumis. h. conflit. i. ennemi. j. belliqueux. k. défendre. l. guerre offensive.

11 Les champs lexicaux

► Leçon 36, p. 358

1. Identifiez le champ lexical dominant.

Le narrateur est un soldat allemand.

Je fus soudain éveillé de mon indolence par un grand craquement, dans mon dos, et je vis s'élever tout droit un cône de fumée. Peu familier encore avec les bruits de la guerre, j'étais incapable de débrouiller les sifflements et les chuintements, les pétarades de nos propres pièces et les explosions fracassantes des obus ennemis, dont la chute se précipitait constamment, pour m'en former une image claire.

Ernst Jünger, *Orages d'acier* (1920), traduit de l'allemand par H. Plard, © Christian Bourgois.

2. Ces mots en partie effacés appartiennent au champ lexical de la destruction. Retrouvez-les.

a. fr_ca_ _er. b. d_l_bré. c. f_ss_ré. d. r_sé. e. an_ _ _tir. f. r_ _ne. g. dé_ _ _bres. h. déb_ _s. i. écr_ _é. j. l_z_ _dé.

12 L'argot des soldats

Cherchez dans la liste 2 les équivalents en langage courant des mots de la liste 1.

Liste 1. a. la bectance. b. le singe. c. la perme. d. les grolles. e. le jus. f. les marmites. g. le gourbi. h. le barda.

Liste 2. 1. le bagage du soldat. 2. la nourriture. 3. le café. 4. les chaussures. 5. la permission. 6. la viande en boîte de conserve. 7. les gros obus allemands. 8. l'abri.

13 Les figures de style

► Leçon 39, p. 364

1. À quels différents animaux les balles, fusées et mitrailleuses sont-elles comparées ? Identifiez les métaphores (dont une métaphore filée, c'est-à-dire qui se prolonge sur plusieurs lignes) et deux comparaisons.

a. Les fusées lançaient par douzaines leur singulier gazouillement de canaris.

Ernst Jünger, *Orages d'acier* (1920), traduit de l'allemand par H. Plard, © Christian Bourgois.

b. Face à nous, toute la ligne allemande tire : les balles miaulent au-dessus de la tranchée, très bas, et plusieurs claquent sur le parapet, comme des coups de fouet.

Roland Dorgelès, *Les Croix de bois* (1919), © Albin Michel.

c. Au-dessus du trou, on entendait passer la mitrailleuse. Elle griffait là tout autour avec ses ongles de fer. On entendait le déclic de ses grandes pattes, puis ce tressaillement de tout son corps, quand elle se secouait puis elle sautait comme un oiseau, grattait son corps métallique, puis la terre fumait sous ses griffes.

Jean Giono, *Le Grand Troupeau* (1931), © Gallimard.

2. Évoquez à votre tour, en une phrase, la violence des combats en utilisant une comparaison ou une métaphore animale.

3. Par quel procédé Simone Veil évoque-t-elle la Shoah ? Quels sentiments cherche-t-elle à susciter ?

La Shoah est omniprésente. Rien ne s'efface ; les convois, le travail, l'enfermement, les baraques, la maladie, le froid, le manque de sommeil, la faim, les humiliations, l'avilissement, les coups, les cris… non, rien ne peut ni ne doit être oublié.

Simone Veil, *Une jeunesse au temps de la Shoah* (2010), extraits d'*Une vie* (2007), © Stock.

▲ **Georges Bertin Scott** (1873-1942), *Effet d'un obus dans la nuit* (avril 1915), dessin à l'encre sur papier avec rehauts de gouache, 67 x 101 cm (musée de l'Armée, Paris).

Expression écrite

1 Décrire l'enfer de la guerre

Gaston Biron avait vingt-neuf ans en 1914. Blessé le 8 septembre 1916, il mourut de ses blessures le 11 septembre 1916.

Samedi 25 mars 1916 (après Verdun)

Ma chère mère,

[...] Par quel miracle suis-je sorti de cet enfer[1], je me demande encore bien des fois s'il est vrai que je suis encore vivant; pense donc, nous sommes montés mille deux cents et sommes redescendus trois cents; pourquoi suis-je de ces trois cents qui ont eu la chance de s'en tirer, je n'en sais rien. [...]

Ton fils qui te chérit et t'embrasse un million de fois.

Gaston

Paroles de Poilus : lettres et carnets du front, 1914-1918, sous la dir. de **J.-P. Guéno** et **Y. Laplume**, © Librio, © Radio France, 1998.

1. **cet enfer :** la bataille de Verdun.

Poursuivez la lettre : le soldat raconte l'enfer d'une attaque, quand il doit sortir de la tranchée avec ses camarades pour affronter l'ennemi.

Consignes d'écriture

- *Évoquez les bruits des obus, les lumières, les couleurs des fusées.*
- *Utilisez au moins une comparaison et une métaphore pour évoquer l'enfer de la guerre.*
- *Utilisez le lexique de la destruction, des blessures, de la mort.*

2 Écrire un dialogue entre soldats

Les soldats allemands discutent de la guerre, ici Kropp et le narrateur.

– C'est bizarre quand on y réfléchit, poursuit Kropp. Nous sommes pourtant ici pour défendre notre patrie. Mais les Français, eux aussi, sont là pour défendre la leur. Qui donc a raison ?

– Peut-être les uns et les autres, dis-je sans le croire.

Erich Maria Remarque, *À l'ouest rien de nouveau* (1928), traduit de l'allemand par A. Hella et O. Bournac, © Stock.

Poursuivez le dialogue. D'autres soldats du groupe interviennent et se posent la question de la guerre, de leur présence sur le front, de leur avenir, de la paix.

▲ **Robert Capa** (1913-1954), *Les Champs-Élysées à Paris, le 26 août 1944*, photographie.

Consignes d'écriture

- *Respectez la disposition du dialogue (tiret à la ligne).*
- *Utilisez un niveau de langage adapté (registre familier et argotique). Les passages narratifs seront en langage soutenu.*

3 Faire le récit de la Libération

C'est la Libération. Un personnage raconte ce qu'il a vécu (à Paris ou dans une autre ville), la joie des retrouvailles et de la paix revenue.

Consignes d'écriture

- *Choisissez le personnage que vous ferez parler (soldat revenant du front, jeune fille, jeune femme ou mère...).*
- *Cherchez à restituer l'atmosphère de joie. Aidez-vous de la photographie ci-dessus et du vocabulaire.*

Le vocabulaire de la guerre et de la paix (aide)

- **Sujet 1 :** les obus sifflent ; des fusées rouges jaillissent ; des grenades éclatent ; des hommes la figure en sang, sans bouche ; un soldat rampe les genoux brisés ; un homme sans tête continue de courir ; les cris, les hurlements des chevaux, le ventre ouvert ils continuent de galoper.
- **Sujet 3 :** foule en liesse ; drapeaux tricolores hissés ; cloches qui sonnent ; ruée des gens vers les véhicules des Américains ; des soldats américains envoient du chewing-gum et du chocolat ; j'étais stupéfait(e) et émerveillé(e) ; je me jetais dans les bras de...

Lire des lettres de poilus

1 *Étienne Tanty avait 24 ans en 1914. Il fut blessé, puis renvoyé au front et devint professeur de lettres et de latin après la guerre.*

2 novembre 1914

Je ne sais pas l'heure, je ne sais plus l'heure, je n'ai plus la notion du temps autrement que par le soleil et l'obscurité. Il fait grand jour et beau jour, le ciel d'automne est lumineux, s'il n'est plus bleu. Je l'aperçois par-dessus le remblai[1] de terre et de cailloux de la tranchée, et mon sac me sert de fauteuil, mes genoux touchent la paroi pierreuse : il y a juste la place de s'asseoir et la tête arrive au niveau du sol. [...] À ma gauche, le dos énorme d'un camarade qui fume en silence me cache l'extrémité de la tranchée ; à droite un autre, couché à moitié, roupille dans son couvre-pieds. Le bruit affaibli des conversations, le cri d'un corbeau, le son d'un obus qui file par instants vers les lignes françaises troublent seuls le silence. Nous sommes sales comme des cochons, c'est-à-dire blancs comme des meuniers, car cette terre est comme de la farine : tout est blanc, la peau, le visage, les ongles, la capote, les cartouchières, les souliers.

1. **remblai :** monticule.

2 *Lettre d'un poilu, le 28 novembre 1914.*

Tu ne peux croire le plaisir que cela fait quand on reçoit un colis, on est comme de grands enfants ici. Un rien te contente comme un rien t'attriste. Tu vois tous ces pères de famille, au courrier, l'œil et l'oreille aux aguets, épier et attendre, s'il y a une lettre ou un colis pour eux.

Quand ils n'en ont pas, quelle déception ! Quand ils ont une lettre ils ont le sourire, vivement ils la décachettent, avidement la parcourent pendant que d'un revers de main, ils écrasent la larme qui était au coin de l'œil.

Ton ami.

Paroles de Poilus : lettres et carnets du front, 1914-1918, sous la dir. de **J.-P. Guéno** et **Y. Laplume**, © Librio, © Radio France, 1998.

Comprendre les textes

1. Connaît-on précisément l'auteur de chacune des lettres ? Justifiez votre réponse.
2. Connaît-on les destinataires ? Justifiez votre réponse.
3. À quel moment de la guerre (début, milieu, fin) ces lettres ont-elles été écrites ?
4. D'où l'auteur de la première lettre écrit-il ? Quelle image donne-t-il de ses camarades et de lui-même ?
5. Quel plaisir l'auteur de la seconde lettre évoque-t-il ? Relevez le vocabulaire de la tristesse et de la joie.

Lire les textes

6. Lisez les textes lentement à voix haute en classe.

Lettre 1 : soulignez dans votre lecture le rythme de la première phrase (*Je ne sais pas, je ne sais plus, je n'ai plus*), les expressions *à ma gauche, à droite,* le rythme ternaire (*le bruit, le cri, le son*), les comparaisons et l'énumération de la dernière phrase.

Lettre 2 : soulignez les parallélismes (l. 1 à 4) et exprimez la joie et la déception ressenties par les soldats à l'arrivée du courrier (deuxième paragraphe).

Des livres, des films sur la guerre

Première Guerre mondiale

- **Roland Dorgelès**, *Les Croix de bois* (1919, Le Livre de poche) : le narrateur, Jacques Larcher, raconte l'horreur de la guerre.
- *Paroles de poilus : lettres et carnets du front, 1914-1918* (1998, Librio) : une centaine de lettres écrites par des poilus.
- **Paule du Bouchet**, *Le Journal d'Adèle* (2007, « Folio Junior », Gallimard) : jeudi 30 juillet 1914, Adèle commence un journal intime…
- **Yves Pinguilly**, *Verdun 1916 : un tirailleur en enfer* (2008, Nathan Jeunesse) : les horreurs de Verdun, vécues par un jeune Peul enrôlé dans le 36e bataillon des artilleurs sénégalais.

Seconde Guerre mondiale

- **Vercors**, *Le Silence de la mer* (1942, Le Livre de poche) : un officier allemand, amoureux de la France, est logé chez un vieil homme et sa nièce qui se murent dans le silence.
- **Jean-Claude Moscovici**, *Voyage à Pitchipoï* (2009, École des Loisirs) : le narrateur, âgé de 6 ans en 1942, a été arraché à ses parents et conduit avec sa petite sœur de 2 ans dans le camp de Drancy.
- **Simone Veil**, *Une jeunesse au temps de la Shoah* (2010, Le Livre de poche) : le témoignage de sa déportation au camp de concentration d'Auschwitz.
- **Philippe Bertin**, *Histoires extraordinaires du jour le plus long* (2004, Ouest-France) : plusieurs personnes qui ont vécu « le jour le plus long » témoignent.
- **Kathrine Kressmann-Taylor**, *Inconnu à cette adresse* (1999, Le Livre de poche) : à travers les lettres qu'ils s'écrivent, l'histoire de deux amis, un Allemand et un juif américain.

Cinéma

- *À l'ouest rien de nouveau* (1930), de **Lewis Milestone** : adapté du roman.
- *Les Sentiers de la gloire* (1957), de **Stanley Kubrick** : en 1916, des soldats français refusent de se lancer dans une mission suicide.
- DVD *Au revoir les enfants* (1987), de **Louis Malle** : en 1944, dans un collège catholique, le père Jean cache trois élèves juifs. Mais un jour la Gestapo vient les arrêter.
- *Il faut sauver le soldat Ryan* (1998), de **Steven Spielberg** : au moment du débarquement en Normandie, une escouade doit sauver le soldat Ryan qui se trouve derrière les lignes ennemies.
- DVD *L'Armée du crime* (2009), de **Robert Guédiguian** : dans Paris occupé par les Allemands, un groupe de jeunes résistants communistes de différentes nationalités combat dans la clandestinité pour libérer la France.

Préparation au brevet

En 1914, dans les tranchées, c'est la relève : rangés sur le côté, le lieutenant Rénier et ses hommes regardent passer les soldats qu'ils vont remplacer.

La nuit tombe. Il commence à faire froid. Les premiers ne tardent pas à apparaître. Une grappe d'hommes épuisés qui marchent lentement. La tête basse. Sans parler. Ils trébuchent souvent car ils sont trop fatigués pour ne pas laisser traîner leurs bottes. Une poignée d'hommes. Je les regarde passer. On dirait un peuple de boue. On voit à peine la couleur de leur uniforme. Juste de la boue séchée, partout. Sur le visage et sur les vêtements. Des barbes de trois jours. Le regard vide. Je crois qu'ils ne nous ont pas vus. Aucun ne nous a salués. Aucun ne nous a même adressé un signe de la main ou du regard. Des ombres. Sales et courbées. […]

J'ai entendu le soldat Dermoncourt, dans mon dos, qui murmurait entre ses dents : « Pas beaux à voir ceux-là. » Et c'est vrai qu'ils étaient hideux. Écuyers fatigués de chevaliers disparus. Mal rasés, débraillés, avec la crasse qui colle à la joue et la faim qui leur tiraille l'estomac. On aurait dit une armée en retraite. Un seul groupe de sept à dix hommes est passé. Le grand processus de la relève ne faisait que commencer. Pauvres hommes. Ils ne ressemblent plus à rien. Plus de regard, plus de force dans le corps. Juste la démarche mécanique des chevaux de trait[1]. Pauvres hommes qui se sont battus et ont perdu. Car même s'ils vivent encore, ceux-là ont perdu, et à les voir ainsi passer devant nous sans nous remarquer, je me demande s'ils retrouveront jamais l'usage de la parole. Nous avons encore attendu. Et un deuxième groupe d'une vingtaine d'hommes est passé. Les mêmes visages hirsutes[2] de vagabonds armés. Les mêmes démarches traînantes et courbées de chiens malades. Ils ont continué leur marche chaotique et je m'attendais à tout instant à voir l'un d'eux s'effondrer et mourir d'épuisement, là, à nos pieds, dans l'indifférence des autres marcheurs têtus. Mais ils ont tenu et leurs longues silhouettes ont à nouveau disparu dans la nuit. […] C'est cela la vieille garde[3]. Une toute petite poignée d'hommes exsangues[4], sans souffle, sans regard, avec la force juste de marcher, la force juste de s'éloigner le plus possible de ce front. La vieille garde défile sous nos yeux. Je ne vois pas leurs visages mais je peux les compter. Ils sont si peu. Je comprends maintenant que Dermoncourt a tort de dire qu'ils ne sont pas beaux à voir. Il a tort de penser qu'il n'aimerait pas leur ressembler. Je comprends maintenant que ce qu'il faut vouloir, de tout son cœur, c'est être un jour comme eux. Pouvoir comme eux, même épuisés et sales, même vagabonds et blessés, quitter ce front. C'est tout ce qu'il reste de la vieille garde et nous aurons de la chance si nous aussi, un jour, on vient nous relever et si nous avons encore assez de vie dans nos muscles pour nous lever et marcher jusqu'à la gare.

Laurent Gaudé, *Cris* (2001), © Actes Sud.

1. **chevaux de trait** : chevaux qui tirent des charrues.
2. **hirsutes** : avec les cheveux en désordre. 3. **vieille garde** : les plus anciens des soldats. 4. **exsangues** : très pâles.

PREMIÈRE PARTIE (1 h 30)

Questions 15 PTS

Méthode pour réussir les questions

- Lisez attentivement le **texte** et le **paratexte** (chapeau, notes).
- Tenez compte des titres des **axes de lecture** : ils constituent des aides précieuses pour répondre aux questions.
- Rédigez des **phrases complètes** pour répondre. Prenez appui sur les termes des questions.
- Introduisez les **citations** par une phrase, mettez-les entre guillemets et précisez le numéro de la ligne.

I. La forme du récit 3,5 PTS

1. À quelle personne le récit est-il mené ? Qui est le narrateur du passage ? Prenez en compte le paratexte. (0,5 PT)

2. *ils ne nous ont pas vus* (l. 11) : qui le pronom *nous* désigne-t-il ? (0,5 PT)
3. *La nuit tombe* (l. 1), *Les premiers ne tardent pas à apparaître* (l. 1-2), *Ils trébuchent souvent* (l. 4) : indiquez les trois valeurs du présent. (1,5 PT)
4. Relevez dans le premier paragraphe quatre phrases non verbales. Quel effet leur emploi produit-il ? (1 PT)

II. Une vision d'horreur 6,5 PTS

5. a. Relevez dans le texte quatre mots appartenant au champ lexical de la fatigue et quatre mots appartenant au champ lexical de la saleté. (2 PTS)
b. Quelles sont les manifestations physiques de l'épuisement des hommes ? (1 PT)
6. Relevez deux métaphores animales et expliquez leur emploi. (1 PT)
7. Relevez trois expressions ou formes négatives aux lignes 23 à 25 et 41 à 44. (1 PT)
8. *tiraille* (l. 20) : identifiez le suffixe et précisez son sens. (0,5 PT)
9. *On aurait dit une armée en retraite* (l. 20-21) : quel est le sens du mot *retraite* ici ? Utilisez ce même mot dans une phrase où il aura un autre sens. (1 PT)

III. La réflexion sur la guerre 5 PTS

10. Relevez trois expressions qui indiquent le nombre des soldats qui reviennent du front. Quelle réalité le narrateur met-il en relief ? (1 PT)
11. *Les mêmes visages* (l. 32-33), *Les mêmes démarches* (l. 33-34) : à qui ces deux expressions renvoient-elles ? Pourquoi le narrateur les répète-t-il ? (1 PT)
12. *Je comprends maintenant que Dermoncourt a tort de dire qu'ils ne sont pas beaux à voir* (l. 46-48).
a. Identifiez la classe et la fonction des deux propositions introduites par *que* et *qu'*. (1 PT)
b. Pourquoi le narrateur comprend-il que Dermoncourt a tort ? Développez votre réponse en vous appuyant sur la suite du texte. (2 PTS)

> **3.** Donner la **valeur d'un temps**, c'est indiquer ce qu'il exprime (présent de vérité générale, de narration, d'habitude, de description…).

> **4.** Une **phrase non verbale** est une phrase sans verbe.

> **5. a.** Un **champ lexical** est constitué de mots ou expressions rattachés à la même notion ou idée : *mer, port, pêcher, poisson…*

> **8.** Le **suffixe** est l'élément placé derrière le radical.

> **12. a.** Identifier la **classe** ou **nature** d'une proposition, c'est dire si elle est indépendante, principale, subordonnée (relative, conjonctive…). Les principales fonctions sont : COD, complément de l'antécédent, complément circonstanciel.

Réécriture 5 PTS

Réécrivez le passage *Ils ne ressemblent plus à rien* (l. 23) jusqu'à *ceux-là ont perdu* (l. 28) en remplaçant *Ils* et *ceux-là* par *tu*.

Dictée 5 PTS

Votre professeur vous dictera un autre passage de *Cris*.

DEUXIÈME PARTIE (1 h 30)

Rédaction 15 PTS

Méthode pour réussir la rédaction
- Soulignez les **mots clés** du sujet (sujet 1 : *un des soldats, va être relevé / un des hommes, prendre sa place* ; sujet 2 : *pensez-vous, repousser ses propres limites, exemples*)
- Notez le **type de texte** demandé (dialogue ou développement argumenté).
- Soignez l'**orthographe** et la **ponctuation**.
- Choisissez un **vocabulaire** précis.

Vous traiterez l'un des deux sujets au choix.

1. Sujet d'imagination
Un des soldats qui va être relevé lève la tête et rencontre le regard d'un des hommes qui va prendre sa place sur le front. Il s'arrête un instant. Imaginez le dialogue entre les deux hommes.

2. Sujet de réflexion
Mais ils ont tenu (l. 39) : pensez-vous que l'on puisse repousser ses propres limites et toujours aller plus loin ? Dans quelles circonstances ? Vous organiserez votre réflexion et vous vous appuierez sur des exemples.

> **Méthode (sujet 1)**
> - Respectez les règles du dialogue.
> - Prenez en compte la situation, les sentiments et la souffrance des personnages.
> - Utilisez un niveau de langage adapté.

5 Cinéma et société

SOCLE **Compétence 5** – La culture humaniste

- Connaître des œuvres cinématographiques du patrimoine.
- Analyser une image fixe ou mobile en utilisant le vocabulaire approprié.
- Analyser les effets produits par les différentes techniques mises en œuvre.

1889
Naissance de Chaplin

1895
Invention du cinéma par les frères Lumière

1914
Charlot est content de lui (7 minutes, muet, noir et blanc)

1921
Le Kid (1er long métrage, muet, noir et blanc)

1927
Début du cinéma parlant

1929
Crise économique

Années 1930
Apparition de la couleur au cinéma

1936
Les Temps modernes (muet, noir et blanc)

1940
Le Dictateur (parlant, noir et blanc)

1952
Les Feux de la rampe (parlant, noir et blanc)

1977
Mort de Charlie Chaplin

Le cinéma selon Chaplin

DVD

Photographie de tournage des *Temps modernes* : **Charlie Chaplin** réalisateur (l'œil à la caméra) et prêt à jouer le rôle de Charlot (dont il a revêtu le costume).

Qui est Charlie Chaplin ?

- **Charles Spencer Chaplin** est né à **Londres** le 16 avril 1889. Ses parents, artistes de music-hall, divorcent quand il a trois ans ; l'enfant connaît alors une **existence misérable.** À dix ans, il fait ses débuts sur les planches comme danseur de claquettes, puis enchaîne les activités dans le **monde du spectacle** (acteur, mime, acrobate, danseur…).
- Fin 1913, en tournée aux **États-Unis**, il est engagé par le réalisateur de comédies Mack Sennett. Il s'installe à Hollywood et tourne ses **premiers films.** C'est l'époque du cinéma muet, Chaplin invente le **personnage de Charlot**, aux mimiques expressives et avec lequel il conquiert une renommée internationale. En 1918, il monte la **société de production** United Artists qui le rend financièrement indépendant des grands studios.
- Ses films s'orientent vers la **satire sociale** : Chaplin utilise l'**humour** pour dénoncer les **injustices** et la **misère** : *Le Kid*, 1921 (l'enfance malheureuse) ; *La Ruée vers l'or*, 1925 (la faim et la survie); *Les Temps modernes*, 1936 (le travail à la chaîne).
- Avec *Les Lumières de la ville* en 1931 (un chômeur, amoureux d'une fleuriste, devient balayeur, puis boxeur) et *Les Temps modernes* en 1936, Chaplin fait son adieu au cinéma muet (quelques scènes de ces films sont sonorisées). Il ne réalise son **premier film parlant**, *Le Dictateur*, qu'en 1940 (film qui ridiculise Hitler). *Les Feux de la rampe* (1952) est son dernier film américain, tourné avec Buster Keaton (un clown en fin de carrière sauve une jeune danseuse du suicide).
- Après la guerre, Chaplin, en raison de ses **opinions politiques et sociales**, suspecté de communisme, s'installe en Suisse. Il meurt la nuit de Noël 1977.

Le saviez-vous ?

- **Charlot**, le **vagabond**, est un personnage **clownesque** à la **silhouette inimitable**, avec sa canne et son chapeau melon, ses chaussures trop grandes, son pantalon en accordéon, sa petite moustache, sa démarche de canard.
- Charlot incarne les **valeurs humanistes** auxquelles son créateur est attaché : représentant tous les déshérités de la terre, il ne se décourage jamais et conserve sa **dignité** même dans les situations les plus ridicules.

Dessin de Léo Houper pour l'affiche du film *Les Temps modernes* (titre original : *Modern Times*, 1936, États-Unis) de **Charlie Chaplin** ; durée : 87 minutes.

Analyser l'affiche

1. Retrouvez les caractéristiques (éléments typiques) de Charlot.
2. Quels éléments renvoient à l'usine ?
3. Observez le couple : quelle hypothèse faites-vous sur l'histoire racontée ?
4. À quoi voit-on que le film est comique ?

Un film : *Les Temps modernes* (1936)

En 1936, Chaplin, préoccupé par les **problèmes économiques et sociaux** de son temps (misère et chômage de masse, mécanisation industrielle…), décide de réaliser *Les Temps modernes*.

Alors que le cinéma parlant s'est imposé depuis une dizaine d'années, Chaplin continue à tourner des **films muets** : le personnage de **Charlot**, qui s'exprime par la **pantomime**, perdrait son identité en se mettant à parler. Chaplin a pourtant tenté de faire des *Temps modernes* son premier film parlant mais l'essai lui a semblé peu concluant ; il a alors abandonné le projet tout en intégrant des **effets sonores** dans son film dont il a lui-même composé la **musique**.

Pour la première fois le public entend la **voix de Chaplin** dans la scène finale où Charlot doit chanter dans un restaurant ; mais celui-ci, paralysé par le trac, oublie les paroles de sa chanson et improvise dans un charabia incompréhensible. *Les Temps modernes*, dernier film où apparaît Charlot, marque donc, dans la carrière de Chaplin, un tournant du **cinéma muet** au **cinéma parlant**.

Charlie Chaplin (Charlot).

Les mots à connaître

aide

- Le scénariste : personne qui élabore le scénario (document décrivant l'action d'un film et comprenant des indications techniques sur les décors, le cadrage… et des dialogues).
- Le synopsis : scénario résumé.
- Le story-board (de l'anglais *story*, « histoire » et *board*, « planche ») : scénario dessiné permettant de visualiser les décors et de prévoir le cadrage et le placement de la caméra.
- Le réalisateur ou cinéaste : personne qui dirige les opérations de préparation et de mise en scène d'un film.
- Le producteur : personne qui assure le financement d'un film.
- La bande-son : partie sonore d'un film (dialogues, musique, bruitages).
- Les bruitages : bruits fabriqués pour donner l'illusion de la réalité, créer une atmosphère…

Ai-je bien lu ?

1. Quels sont le lieu et l'année de naissance de Charles Chaplin ?
2. Quelle année marque le début du cinéma parlant ?
3. Qui est le réalisateur, le scénariste, le producteur des *Temps modernes* et qui joue en même temps le rôle de Charlot ?
4. a. Caractérisez le personnage de Charlot (physique, caractère).
b. Dans quel film ce personnage apparaît-il pour la dernière fois ? En quelle année ?
5. Pour quelles raisons peut-on dire que Chaplin est un cinéaste humaniste ?

Le travail à la chaîne

Séquence complète : 00 : 13 : 39 à 00 : 14 : 53

Voici le carton initial du film Les Temps modernes : *« Un récit sur l'industrie, l'initiative individuelle et la croisade de l'humanité à la recherche du bonheur. »*
Dans la séquence dont voici quelques photogrammes, Charlot est un ouvrier d'usine qui travaille à la chaîne. Il doit serrer des boulons tout au long de la journée et a bien du mal à suivre la cadence effrénée.

1

2

3

4

Les mots à connaître (aide)

- **Un clap** (mot anglais signifiant « claquette ») : engin formé de deux plaquettes où sont notés le titre du film, le nom du réalisateur, le numéro de la séquence et de la prise.
- **Un carton :** dans un film muet, texte de dialogue ou d'explication inséré entre deux plans.
- **Un photogramme :** image extraite d'un film.
- **Un plan :** suite continue d'images enregistrées par la caméra au cours d'une même prise (sans arrêter la caméra).
- **Une séquence :** succession de plans formant une unité (un tout) du point de vue de l'histoire.
- **Une prise :** tournage d'un plan. Un plan peut être tourné plusieurs fois pour chercher à obtenir la meilleure prise.
- **Le cadrage :** choix de ce qui entre dans le cadre (ou champ) de l'image. On distingue le plan d'ensemble, le plan général… jusqu'au très gros plan ► p. 110.
- **Les effets spéciaux :** trucages permettant de créer l'illusion au cinéma par une manipulation de l'image (incrustation, surimpression…).
- **Le montage :** après le tournage, choix et assemblage des divers plans d'un film.

Le saviez-vous ?

- C'est l'ingénieur économiste américain **Frederick Taylor** qui fut en 1911 l'initiateur du **travail à la chaîne** : le produit à fabriquer se déplace devant les ouvriers qui répètent la même opération sans quitter leur poste.
- Les **usines automobiles Ford**, que Chaplin a visitées, sont les premières à appliquer ces principes sur leurs chaînes de montage.

5

6

7

▲ *Les Temps modernes* (1936), film de **Charlie Chaplin** avec Charlie Chaplin (Charlot), Tiny Sandford (l'ouvrier) et Sammy Stein (le contremaître).

> Je crois que je puis toujours exprimer avec un geste ce que j'ai à dire. En fait, je puis dire plus avec un geste que je ne puis dire avec des mots.
>
> **Charlie Chaplin**, extrait de « À James Windeast », *Pour vous*, 28 février 1929.

Analyser et s'exprimer

1. Comment le tapis roulant de la chaîne de montage est-il mis en valeur (photogrammes 1 à 4) ? Appuyez-vous sur le cadrage.

2. Identifiez les personnages : à quoi reconnaissez-vous Charlot ?

3. Comment la pénibilité du travail est-elle rendue à l'image ?

4. Qu'arrive-t-il à Charlot (photogrammes 5 et 6) ?

5. a. Quel geste accomplit-il (photogramme 6) ?

b. Quel sens donnez-vous à ce geste ?

c. Comment ce geste est-il mis en valeur par le cadrage ?

6. a. Dans quel état physique et mental Charlot se trouve-t-il (photogramme 7) ?

b. En quoi sa situation est-elle à la fois réaliste et invraisemblable ?

7. Quels sont les éléments comiques ?

8. a. Montrez que cette séquence s'appuie sur la métaphore de la machine dévoreuse.

b. Que dénonce Chaplin ?

Écrire

9. Réécrivez cette séquence sous forme de récit.

Consignes d'écriture

- *Menez le récit à la 3e personne et au présent.*
- *Introduisez des notations descriptives et quelques paroles rapportées au discours direct.*
- *Vous pouvez commencer par :* Depuis le matin, Charlot est sur la chaîne, il accomplit le même geste depuis plusieurs heures déjà…

Le rêve américain… et la réalité

Séquence complète :
00 : 40 : 38
à 00 : 43 : 49
et 00 : 53 : 07
à 00 : 57 : 17

Affamée, une jeune orpheline vagabonde – appelée la Gamine – a volé un pain. Charlot a tenté de la disculper en s'accusant du vol. En vain. Tous deux sont en route pour la prison quand le fourgon de police est accidenté ; ils en profitent pour prendre la fuite et arrivent, épuisés, dans une jolie banlieue où ils assistent aux adieux d'un jeune couple dont le mari part au travail (photogramme 1). Charlot et la Gamine se mettent à rêver (photogrammes 2 et 3).

1

2

3

"I've got a surprise for you.
I've found a home."

"J'ai une surprise pour vous.
J'ai trouvé une maison."

4

Les mots à connaître

aide

- **Le champ / contre-champ :** la caméra montre en alternance deux personnages en face à face.
- **L'angle de vue :** désigne le point d'où est vue la scène. On distingue la vue de **face** (même niveau que le sujet regardé : impression de réalité), en **plongée** (vue d'en haut : le spectateur domine la scène), en **contre-plongée** (vue d'en bas : le spectateur est dominé, écrasé).
- **Le cadrage (ou échelle des plans) :** on distingue le **plan d'ensemble** (embrasse tout un paysage), le **plan général** ou de **demi-ensemble** (ne couvre qu'une partie du décor), le **plan moyen** (un ou plusieurs personnages en entier), le **plan américain** (personnage jusqu'à mi-cuisses), le **plan rapproché** (buste), le **gros plan** (visage de l'acteur), le **très gros plan** (un seul objet ou détail physique dramatiquement frappant).

► Fiche HDA oral du brevet, p. 277

Quelque temps plus tard, la Gamine vient chercher Charlot à la sortie de la prison où il vient de faire un nouveau séjour et lui annonce qu'elle a trouvé une maison.

> Ce pauvre petit être, craintif, chétif, mal nourri que je représente sur l'écran n'est [...] jamais la proie de ceux qui le tourmentent. Il s'élève au-dessus de ses souffrances ; victime de circonstances malheureuses, il se refuse à accepter sa défaite.
>
> **Charlie Chaplin**, extrait du *Petit Provençal*, 6 février 1931.

5

6

7

▲ *Les Temps modernes* (1936), film de **Charlie Chaplin** avec Charlie Chaplin (Charlot) et Paulette Goddard (la Gamine).

Analyser et s'exprimer

1. Selon le point de vue de quels personnages la scène est-elle filmée ?
2. De quoi Charlot et la Gamine rêvent-ils ? Décrivez le décor, les costumes, les actions des personnages (photogrammes 2 et 3).
3. Lisez le carton (photogramme 4). Qui parle ? Quelle est la fonction de ce carton ?
4. Comparez les photogrammes 5, 6, 7 et 1, 2, 3 (plans, enchaînement, cadrage). En quoi la réalité s'oppose-t-elle au rêve ?
5. **a.** Dans la cabane (photogrammes 5 à 7), que reste-t-il du rêve des deux personnages ? Semblent-ils heureux ? Justifiez votre réponse.
b. Quelle place la nourriture tient-elle dans leurs rêves comme dans leur vie (photogrammes 3 et 7) ? Comment l'expliquez-vous ?
6. Relisez le carton initial du film (► p. 108). En quoi rend-il compte du film ? Appuyez-vous sur les deux séquences étudiées.

Écrire

7. Pensez-vous que l'on puisse s'accommoder de situations difficiles si on sait les regarder avec les yeux de l'imagination ? Développez votre point de vue.

Le saviez-vous ?

• **Paulette Goddard**, l'interprète de la Gamine, était, à l'époque du tournage des *Temps modernes*, la compagne de Charlie Chaplin qui l'avait rencontrée en 1932. Dotée d'une forte personnalité, elle a joué un rôle important dans la construction du personnage de la Gamine. Véritable double de Charlot, la Gamine, elle aussi vagabonde, prend son destin en mains et ne se décourage jamais.

• Le cinéma muet, et particulièrement la comédie, exige des acteurs un jeu précis et demande des **heures de répétition** : Paulette Goddard dut se soumettre à une discipline de fer durant le tournage, l'un des plus longs de la carrière de Chaplin (du 11 octobre 1934 au 30 août 1935).

La virtuosité comique

Séquence complète :
1 : 08 : 55
à 1 : 09 : 15

La Gamine a trouvé un emploi de danseuse dans un restaurant. Elle a présenté Charlot à son patron qui a décidé de le prendre à l'essai pour faire le service et pour un numéro de chant en fin de soirée. Charlot fait ses débuts.

1 2 3

Les mots à connaître (aide)

- **Le comique** : est comique tout ce qui fait rire.
- **Les ressorts du comique** : les moyens utilisés pour faire rire.
- **Le comique de farce** : fondé sur le comique de **gestes** (mimiques, grimaces, chutes...) et sur le comique de **situation** (tromperie).
- **Le gag** : brève action comique.
- **La satire** : dénonciation des défauts humains par le biais du comique.
- **La pantomime** : art de s'exprimer par le geste, la mimique, sans recourir à la parole.

Analyser et s'exprimer

1. Dans quel lieu la scène se déroule-t-elle ?
2. Indiquez la fonction exercée par Charlot, le trajet qu'il doit effectuer, l'obstacle qu'il rencontre.
3. a. Quelle prouesse Charlot accomplit-il au cours de cette scène ?
b. Quel sentiment cette prouesse peut-elle susciter chez le spectateur ?
4. Montrez que cette scène s'apparente à un spectacle. Appuyez-vous sur l'organisation de l'espace, le comportement des dîneurs et des musiciens, la nature du cadrage.
5. Quels sont les éléments comiques dans cette scène ? De quel genre de comique s'agit-il ?

Écrire

Imaginez un autre incident survenu au cours de la soirée au restaurant, mettant une nouvelle fois Charlot en difficulté. Écrivez le scénario et le story-board de la séquence ► p. 107.

4

5

6

7

Les Temps modernes (1936), film de **Charlie Chaplin** avec Charlie Chaplin (Charlot).

Débattre

Pensez-vous que le cinéma muet a encore sa place de nos jours ? Comment expliquez-vous le succès de *The Artist* de Michel Hazanavicius (2011) ? Faites une recherche sur ce film pour nourrir votre réflexion.

Retenir

- Dans ***Les Temps modernes***, à travers le personnage de **Charlot**, que ses emplois conduisent à l'usine, au chantier naval, au grand magasin puis au restaurant, Chaplin **dénonce** la pénibilité du travail à la chaîne, les cadences inhumaines, les risques d'accident. Il met son art au service de la **cause des ouvriers**, premières **victimes** de la **crise économique de 1929**.
- L'arme utilisée par Chaplin est le **rire** : le scénario multiplie les situations cocasses et inattendues propres à la **farce** ; le **jeu** de Chaplin acteur utilise la **pantomime** et le **mime** avec une grande précision ; le **costume** et la **démarche** de **Charlot** accentuent son aspect **ridicule** ; le montage des séquences privilégie la **rapidité** du rythme.
- L'efficacité de ce **langage comique visuel** explique que le cinéaste préfère encore le **cinéma muet** (sans dialogues) pour *Les Temps modernes*. La **technique cinématographique** de Chaplin est au service des acteurs, constamment présents à l'image, notamment par l'utilisation du **plan rapproché** qui met en valeur l'**expressivité du jeu**.

► Fiche HDA oral du brevet, p. 276

6 Rêves et désillusions de la vie moderne

Objectifs du chapitre

- Lire des récits interrogeant le mode de vie contemporain.
- Étudier différentes formes narratives.
- Comprendre la fonction critique du récit moderne.

• Ne sais-tu pas [...] que les hommes se perdirent justement parce qu'ils avaient voulu épargner leur peine ? Ils avaient fabriqué mille et mille et mille sortes de machines. Chacune d'elles remplaçait un de leurs gestes, un de leurs efforts. Elles travaillaient, marchaient, regardaient, écoutaient pour eux. Ils ne savaient plus se servir de leurs mains. Ils ne savaient plus faire effort, plus voir, plus entendre.

René Barjavel, *Ravage* (1943), © Denoël.

Alberto Giacometti (1901-1966), *L'Homme qui chavire* (1950), sculpture en bronze, 60 x 36 x 22 cm (musée Granet, Aix-en-Provence).

Claes Oldenburg (né en 1929) et **Coosje van Bruggen** (1942-2009), *Balancing Tools* (*Outils en équilibre,* 1984), devant le Vitra Design Museum, à Weil-am-Rhein (Allemagne).

▲ **Jean Dubuffet** (1901-1985), *Le Boqueteau* (1969-1988), œuvre en trois dimensions, polyuréthane et résine époxy, 9,2 m de hauteur (Flaine, Haute-Savoie).

DICO

- Qu'est-ce qu'un boqueteau ?
- Décrivez celui-ci en vous aidant de la légende (matière, dimension, formes, couleurs).
- Quelle est votre réaction à la vue d'une telle sculpture dans un paysage de montagne ?

Romans et romanciers contemporains

La production et la diffusion romanesques aux XXe et XXIe siècles

- Le XXe et le début du XXIe siècle sont marqués par de nombreux bouleversements (guerres, crises économiques, écologiques) mais aussi par des progrès technologiques considérables.

- La **production romanesque** est abondante et variée, et bénéficie d'une diffusion de plus en plus large. Le roman favorise l'**évasion** (aventure, fantastique, science-fiction, policier…) ou bien se fait l'écho des **problèmes** et **réalités sociales du temps** (romans de société), incitant les lecteurs à porter un regard critique sur le monde.

- La création en 1953 du livre de poche, au format pratique et au prix abordable, a contribué à rendre la littérature accessible à tous. Les **livres** et **tablettes électroniques** offrent de nos jours un accès sans limite au livre.

- L'intérêt accordé au roman se manifeste par la distribution de **prix littéraires**, attribués tous les ans à l'automne par des jurys composés de professionnels du livre (critiques, libraires) ou de lecteurs. Ces manifestations contribuent à faire connaître les nouveaux romans. Amélie Nothomb reçut ainsi le grand prix de l'Académie française en 1999 pour son roman *Stupeur et tremblements*, Delphine de Vigan le prix des Libraires en 2007 pour *No et moi* et plusieurs prix en 2011, dont le Renaudot des lycéens, pour *Rien ne s'oppose à la nuit*.

▲ Le Kindle, livre électronique.

Quelques romanciers contemporains

Le chapitre présente quelques extraits de romans qui traduisent les inquiétudes et les espoirs du monde et de la société d'aujourd'hui.

- **René Barjavel** (1911-1985) est né de parents boulangers. Après avoir été professeur d'anglais, il devient journaliste, puis directeur littéraire dans une maison d'édition. En 1943 paraît son **premier roman**, ***Ravage*** ▸ p. 219, puis en 1968, il publie *La Nuit des temps*, deux **romans d'anticipation** qui font de lui une figure majeure du genre.

1914-1918	1929-1933	1939-1945	1943	1963	1968 (mai)
Première Guerre mondiale	Crise économique	Seconde Guerre mondiale	*Ravage* de René Barjavel (1911-1985)	*Marcovaldo* d'Italo Calvino (né en 1923)	Révolte de la jeunesse contre la société traditionnelle

Italo Calvino, né en 1923 d'un père ingénieur agronome et d'une mère biologiste, passe son enfance à San Remo, en Italie. Il entre dans la Résistance en 1943, puis devient journaliste. Il écrit *Le Vicomte pourfendu* (1952), aventures d'un homme coupé en deux, et *Le Baron perché* (1957), histoire d'un personnage qui a décidé de vivre dans les arbres. En 1963, il publie ***Marcovaldo***, mésaventures d'un ouvrier pauvre, père de quatre enfants et grand rêveur ► p. 120.

Arto Paasilinna est un écrivain finlandais. Il est né le 20 avril 1942, dans un camion, alors que sa famille fuyait les Allemands en traversant la Norvège, puis la Suède, pour s'installer en **Laponie**. Après avoir exercé très jeune les métiers de bûcheron et de travailleur agricole, il fait des études pour devenir journaliste. Il écrit de nombreux romans emplis d'**humour** et de bonne humeur, où la **nature** est un personnage à part entière ► p. 126.

Didier Daeninckx, fils d'ouvriers, est né en 1949 à Saint-Denis (région parisienne). Adolescent rebelle, il est renvoyé du lycée en seconde et travaille dans une imprimerie. Puis, passionné par la lecture et l'écriture, il devient **journaliste**, voyage et se met à écrire des romans ► p. 124, notamment des **romans noirs** dont l'intrigue est ancrée dans la réalité politique et sociale d'aujourd'hui.

Delphine de Vigan, née en 1966 à Boulogne-Billancourt, près de Paris, travaille d'abord dans un institut de sondage. Elle écrit également des romans et vit aujourd'hui de sa plume. Dans ***No et moi*** elle raconte l'histoire d'une rencontre, celle d'une adolescente qui vient en aide à une jeune SDF ► p. 122.

Amélie Nothomb, issue d'une famille d'aristocrates bruxellois amateurs de littérature, est née en 1967, au **Japon**, où elle passe ses cinq premières années. Dans ***Stupeur et tremblements***, elle raconte son expérience d'une année dans une multinationale nippone ► p. 118.

▲ **Amélie Nothomb** à la Foire du Livre de Brive-La-Gaillarde, en 2011.

Ai-je bien lu ?

1. Quels genres de romans sont publiés aujourd'hui ?
2. Comment la production romanesque est-elle diffusée ?
3. Qui sont les écrivains cités dans le chapitre ? Montrez la variété de leurs origines et de leurs parcours.

1975	1975	1998	1999	2007
Première crise énergétique	*Le Lièvre de Vatanen* d'Arto Paasilinna (né en 1942)	*Passages d'enfer* de Didier Daeninckx (né en 1949)	*Stupeur et tremblements* d'Amélie Nothomb (née en 1967)	*No et moi* de Delphine de Vigan (née en 1966)

B2i **Préparer la lecture**

1. Où se trouve Tokyo ?
2. Qu'est-ce qu'une entreprise d'import-export ?

Amélie Nothomb
(née en 1967)

Premier emploi, premier défi

La narratrice, Amélie-san, vient d'être engagée dans une entreprise d'import-export de Tokyo. Elle est accueillie par monsieur Saito, l'adjoint du vice-président de la société.

Monsieur Saito me présenta brièvement à l'assemblée. Après quoi, il me demanda si j'aimais les défis. Il était clair que je n'avais pas le droit de répondre par la négative.

– Oui, dis-je.

Ce fut le premier mot que je prononçai dans la compagnie. Jusque-là, je m'étais contentée d'incliner la tête.

Le « défi » que me proposa monsieur Saito consistait à accepter l'invitation d'un certain Adam Johnson à jouer au golf avec lui, le dimanche suivant. Il fallait que j'écrive une lettre en anglais à ce monsieur pour le lui signifier.

– Qui est Adam Johnson ? eus-je la sottise de demander.

Mon supérieur soupira avec exaspération et ne répondit pas. Était-il aberrant[1] d'ignorer qui était monsieur Johnson, ou alors ma question était-elle indiscrète ? Je ne le sus jamais – et ne sus jamais qui était Adam Johnson.

L'exercice me parut facile. Je m'assis et écrivis une lettre cordiale : monsieur Saito se réjouissait à l'idée de jouer au golf le dimanche suivant avec monsieur Johnson et lui envoyait ses amitiés. Je l'apportai à mon supérieur.

Monsieur Saito lut mon travail, poussa un petit cri méprisant et le déchira :

– Recommencez.

Je pensai que j'avais été trop aimable ou familière avec Adam Johnson et je rédigeai un texte froid et distant : monsieur Saito prenait acte de la décision de monsieur Johnson et conformément à ses volontés jouerait au golf avec lui.

1. **aberrant** : qui n'a pas de sens, absurde.
2. **tolérait** : acceptait, supportait.
3. **investigation** : enquête, recherche.
4. **missives** : lettres.

Sylvie Testud ▶
dans *Stupeur et tremblements*, film d'**Alain Corneau** (2003).

5. Dans le *Bourgeois gentilhomme* (II, 4) de Molière, M. Jourdain tourne cette phrase dans tous les sens pour écrire une lettre d'amour.

6. **sel :** qui donne du piquant, de l'intérêt.

7. **en mutation :** en changeant leur place.

8. **Aristote :** philosophe grec du IVe s. avant J.-C. célèbre pour sa *Rhétorique*, « l'art de bien parler ».

9. **Mademoiselle Mori :** secrétaire de monsieur Saito, supérieure hiérarchique d'Amélie.

Mon supérieur lut mon travail, poussa un petit cri méprisant et le déchira :

– Recommencez.

J'eus envie de demander où était mon erreur, mais il était clair que mon chef ne tolérait[2] pas les questions, comme l'avait prouvé sa réaction à mon investigation[3] au sujet du destinataire. Il fallait donc que je trouve par moi-même quel langage tenir au mystérieux Adam Johnson.

Je passai les heures qui suivirent à rédiger des missives[4] à ce joueur de golf. Monsieur Saito rythmait ma production en la déchirant, sans autre commentaire que ce cri qui devait être un refrain. Il me fallait à chaque fois inventer une formule nouvelle.

Il y avait à cet exercice un côté : « Belle marquise, vos beaux yeux me font mourir d'amour »[5] qui ne manquait pas de sel[6]. J'explorais des catégories grammaticales en mutation[7] : « Et si Adam Johnson devenait le verbe, dimanche prochain le sujet, jouer au golf le complément d'objet et monsieur Saito l'adverbe ? Dimanche prochain accepte avec joie de venir Adamjohnsoner un jouer au golf monsieurSaitoment. Et pan dans l'œil d'Aristote[8] ! »

Je commençais à m'amuser quand mon supérieur m'interrompit. Il déchira la énième lettre sans même la lire et me dit que mademoiselle Mori[9] était arrivée.

Amélie Nothomb, *Stupeur et tremblements* (1999), © Albin Michel.

Dégager l'essentiel

a. Qui sont les personnages ? Quelle est leur position respective au sein de l'entreprise ?

b. Qui est la narratrice ? Quel travail doit-elle effectuer ? Réussit-elle à l'accomplir ?

Analyser le texte

● Le monde de l'entreprise

1. À quelle personne la narratrice mène-t-elle le récit ? Le roman est-il d'inspiration autobiographique ► Repères, p. 116 ? En quoi est-il important pour le lecteur de le savoir ?

2. Quelle information manque-t-il à Amélie pour réussir sa mission ?

3. Caractérisez le ton de la première lettre et celui de la deuxième : quelle stratégie la narratrice a-t-elle adoptée pour passer de l'une à l'autre ?

4. a. Quelle est l'attitude de monsieur Saito à l'égard de la narratrice ? Citez le texte.

b. Pourquoi, à votre avis, lui a-t-il confié l'écriture de cette lettre ?

5. De quelles qualités la narratrice fait-elle preuve ?

● Le choix de l'humour

6. Pourquoi la narratrice met-elle le mot *défi* entre guillemets (l. 7) ?

7. Citez quelques exemples montrant que la narratrice analyse et vit la situation avec humour. Appuyez-vous notamment sur le comique de répétition et sur la façon dont elle rédige la dernière lettre.

8. Quelle image la narratrice donne-t-elle de l'entreprise japonaise ?

9. La portée du texte. Si vous étiez à la place d'Amélie, réagiriez-vous comme elle ? Développez votre point de vue.

Enrichir son vocabulaire

Une lettre cordiale

Le mot *cordial* vient du latin *cor* qui veut dire « cœur ».

10. Complétez avec des mots de la famille de *cœur*.

a. accueillir quelqu'un avec c_ _ _ _ _ _ _té. **b.** Nous nous sommes acc_ _ _és sur plusieurs points. **c.** Les témoignages sont c_ _ _ _ _dants. **d.** Un léger dé_ _ _ _ _ _d nous oppose. **e.** Ce sujet délicat est une véritable pomme de d_ _ _ _ _ _e. **f.** Le condamné sollicite la mi_ _ _ _ _ _ _ _de des juges.

Écrire

11. Imaginez un nouveau « défi » pour Amélie, que vous raconterez en conservant le ton humoristique.

Consignes d'écriture

- *Menez le récit à la 1re personne.*
- *Aidez-vous des expressions :* Le « défi » que me proposa monsieur Saito consistait à...; eus-je la sottise de demander ; la tâche me parut facile...
- *Utilisez le comique de répétition.*

Italo Calvino
(né en 1923)

B2i **Préparer la lecture**

1. Recherchez le sens de l'expression *société de consommation*. À quel moment apparaît-elle dans l'Histoire ?
2. Pour quelles raisons, selon vous, cette expression s'applique-t-elle à notre société ?

La société de consommation

L'action se déroule dans une grande ville du nord de l'Italie, dans les années 1950-1960.

À six heures du soir, la ville tombait aux mains des consommateurs[1]. Durant toute la journée, le gros travail de la population active[2] était la production[3] : elle produisait des biens de consommation[4]. À une heure donnée, comme si on avait abaissé un interrupteur, tout le monde laissait tomber la production et, hop ! se ruait vers la consommation. Chaque jour, les vitrines illuminées avaient à peine le temps de s'épanouir en de nouveaux étalages, les rouges saucissons de pendiller, les piles d'assiettes de porcelaine de s'élever jusqu'au plafond, les coupons de tissu de déployer leurs draperies comme des queues de paon que, déjà, la foule des consommateurs faisait irruption pour démanteler, grignoter, palper, faire main basse[5]. Une queue interminable serpentait sur tous les trottoirs, sous toutes les arcades des rues et, s'engouffrant à travers les portes vitrées des magasins, se pressait autour de tous les comptoirs, poussée par les coups de coude dans les côtes de chacun comme par d'incessants coups de piston. Consommez ! et ils tripotaient la marchandise, la remettaient en place, la reprenaient, se l'arrachaient des mains. Consommez ! et ils obligeaient les vendeuses pâlichonnes à étaler des sous-vêtements sur le comptoir. Consommez ! et les pelotes de ficelle de couleur tournaient comme des toupies, les feuilles de papier à fleurs battaient des ailes en enveloppant les achats pour en faire des petits paquets puis, en les groupant, des paquets moyens et, avec ceux-ci, de gros paquets, chacun d'eux ficelé avec un joli nœud. Et petits paquets, paquets moyens, gros paquets, portefeuilles, sacs à main tourbillonnaient autour de la caisse en un embouteillage qui n'en finissait plus ; les mains fouillaient dans les sacs pour y chercher les porte-monnaie, et les doigts fouillaient dans les porte-monnaie pour y chercher de la monnaie. Dans une forêt de jambes inconnues et de pans de pardessus et de manteaux, des enfants égarés, dont on avait lâché la main, pleuraient.

Un de ces soirs-là, Marcovaldo promenait sa famille. N'ayant pas d'argent, leur plaisir était de regarder les autres faire des achats [...].

Le supermarché était en libre service. Il y avait des chariots, pareils à des paniers à roulettes, que chaque client poussait devant lui et remplissait avec toutes sortes de bonnes choses. Comme les autres, Marcovaldo prit un chariot en entrant, sa femme fit de même et aussi ses quatre gosses qui en prirent un chacun. [...]

1. **consommateurs** : clients, acheteurs.
2. **population active** : les gens qui travaillent.
3. **production** : fabrication des articles.
4. **biens de consommation** : objets destinés à être achetés.
5. **faire main basse** : s'emparer de quelque chose.

– Papa, disaient à chaque instant les gosses, on peut prendre ça ?

– Non, on n'y touche pas, c'est défendu, répondait Marcovaldo, se souvenant que la caissière les attendait en fin de parcours pour le paiement.

– Pourquoi, alors, que cette dame-là elle en prend ?

Italo Calvino, *Marcovaldo ou les Saisons en ville* (1963), traduit de l'italien par Roland Stragliati, © Julliard (1979).

Dégager l'essentiel

a. Quelle est la situation financière de Marcovaldo ?
b. Combien a-t-il d'enfants ?
c. Que va-t-il faire au supermarché ?
d. Quel est le comportement des enfants dans le magasin ?

Analyser le texte

● La société de consommation

1. a. Que font les citadins après leur travail ?
b. Relevez dans l'ensemble du texte les termes appartenant au champ lexical du magasin.

2. Quel verbe est répété à trois reprises (l. 17-20) ? À quel mode et quel temps est-il conjugué ? Pourquoi ?

3. Relevez dans le premier paragraphe :
– trois exemples d'énumérations traduisant l'abondance de biens ;
– trois comparaisons. Quels éléments sont comparés ? À quoi ? Quel est l'effet produit ?

4. Comment les consommateurs se comportent-ils ? Citez des expressions et métaphores précises (l. 1-29).

5. Quelle est la valeur dominante de l'imparfait dans le texte ?

● Le regard du narrateur

6. a. À quelle personne le narrateur mène-t-il le récit ?
b. Comment rend-il la narration humoristique ? Citez des termes précis.

7. a. Montrez que le supermarché est présenté comme un lieu féérique où les objets prennent vie. Appuyez-vous sur les sujets des verbes des lignes 7-12 et 20-26.
b. Montrez, en citant le texte, que les humains sont déshumanisés (l. 26-29).

8. En quoi le supermarché est-il aussi le royaume de l'interdit ?

9. **La portée du texte.** Quel est votre comportement d'acheteur ? Pensez-vous être déjà victime de la société de consommation ?

▲ **Véronique Éliena** (née en 1966), *Rayon surgelés* (1991), photographie de la série *Supermarché*, 1 x 1,15 m (musée national d'Art moderne, Centre Georges Pompidou, Paris).

Enrichir son vocabulaire

Autour du mot *consommer*

la ville tombait aux mains des consommateurs (l. 1).

10. Donnez le sens de ces expressions.
a. régler une consommation. b. boire un consommé. c. un produit consommable. d. une association de consommateurs. e. un art consommé. f. une voiture qui consomme beaucoup.

Écrire

11. Imaginez la suite immédiate du texte. Que répond Marcovaldo à ses enfants ? Cédera-t-il à l'impulsion d'achat ? Quelles en seront les conséquences ?

Consignes d'écriture
- *Commencez par :* « Papa, disaient à chaque instant les gosses, on peut prendre ça ? »
- *Respectez les règles du dialogue inséré dans un récit.*

Delphine de Vigan
(née en 1966)

Préparer la lecture

1. Que signifient les sigles SDF ? SAMU ?
2. Cherchez sur Internet quelles sont les missions du SAMU social.

Sans domicile fixe

À treize ans, Lou Bertignac est élève de seconde dans un lycée parisien. Pour un exposé, elle choisit de raconter l'histoire d'une jeune femme sans abri. Son enquête la conduit vers No, une jeune fille de quinze ans rencontrée à la gare d'Austerlitz, qui accepte de se livrer peu à peu.

Au Relais d'Auvergne, nous avons notre table, un peu à l'écart, nos habitudes et nos silences. Elle boit un demi[1] ou deux, je prends un coca, je connais par cœur les murs jaunis, leur peinture écaillée, les appliques[2] de verre poli, les cadres et leurs images démodées, l'air agacé du serveur, je connais No, sa manière d'être assise, en déséquilibre, ses hésitations et sa pudeur, l'énergie qu'elle dépense pour avoir l'air normal.

On s'assoit l'une en face de l'autre, je vois la fatigue sur son visage, c'est comme un voile gris qui la recouvre, l'enveloppe, et peut-être la protège. Elle a fini par accepter que je prenne des notes. Au début je n'osais pas poser de questions, mais maintenant je me lance et je relance, je demande quand, pourquoi, comment, elle ne se laisse pas toujours faire, mais parfois ça marche, elle raconte pour de vrai, les yeux baissés, les mains sous la table, parfois elle sourit. Elle raconte la peur, le froid, l'errance. La violence. Les allers-retours en métro sur la même ligne, pour tuer le temps, les heures passées dans des cafés devant une tasse vide, avec le serveur qui revient quatre fois pour savoir si *Mademoiselle désire autre chose*, les laveries automatiques parce qu'il y fait chaud et qu'on y est tranquille, les bibliothèques, surtout celle de Montparnasse, les centres d'accueil de jour, les gares, les jardins publics.

Elle raconte cette vie, sa vie, les heures passées à attendre, et la peur de la nuit.

Je la quitte le soir sans savoir où elle dort, la plupart du temps elle refuse de me répondre, parfois elle se lève précipitamment parce que c'est l'heure de la fermeture des portes, elle doit courir à l'autre bout de Paris pour prendre sa place dans une file d'attente, obtenir un numéro de rang ou de chambre, se doucher dans une salle d'eau dégueulassée par les autres et chercher son lit dans un dortoir dont les couvertures sont infestées de puces ou de poux. Parfois elle ignore où, parce qu'elle n'a pas réussi à joindre le SAMU social dont le numéro est presque toujours saturé[3], ou parce qu'ils n'ont plus de place. Je la laisse repartir, sa valise bringuebalant[4] derrière elle, dans l'humidité des derniers soirs d'automne

Parfois, je la laisse là, devant une chope vide, je me lève, je me rassois, je m'attarde, je cherche quelque chose qui pourrait la réconforter, je ne trouve pas de mots, je n'arrive pas à partir, elle baisse les yeux, elle ne dit rien.

Et notre silence est chargé de toute l'impuissance du monde, notre silence est comme un retour à l'origine des choses, à leur vérité.

Delphine de Vigan, *No et moi* (2007), © Jean-Claude Lattès.

1. **un demi :** un verre de bière.
2. **appliques :** lampes fixées au mur.
3. **saturé :** occupé en raison d'un grand nombre d'appels.
4. **bringuebalant :** se balançant.

Dégager l'essentiel

a. Dans quel lieu l'action se situe-t-elle ?

b. Qui sont les deux personnages présents ?

c. Pour quelle raison se rencontrent-ils ?

Analyser le texte

• La conduite du récit

1. a. À quelle personne la narratrice conduit-elle le récit ?

b. Qui les pronoms *je, nous, on* désignent-ils ?

2. Quel est le temps verbal utilisé ? Justifiez son emploi.

• L'évocation de l'exclusion

3. a. Par quelles attitudes la détresse de No se traduit-elle ?

b. Quels sentiments et quelles sensations dominent sa vie ? Citez le texte.

4. a. Dans quels lieux peut-elle se réfugier le jour ? Et la nuit ?

b. Caractérisez l'état de ces lieux.

5. a. Relevez deux exemples d'énumérations qui traduisent l'errance du personnage.

b. Quelle remarque faites-vous sur la longueur et le rythme des phrases dans ces passages ? Quel est l'effet produit ?

6. Relevez un terme appartenant au langage familier. Pourquoi son emploi est-il pertinent ici ?

• La relation entre les personnages

7. a. Comment la confiance de No en son interlocutrice se manifeste-t-elle ?

b. Montrez en citant deux adverbes de temps (l. 7-13) que leur relation a évolué.

8. a. Quel sentiment Lou éprouve-t-elle pour No ?

b. Qu'apprend-elle à son contact ?

9. La portée du texte. Comment lutter dans notre quotidien contre la misère ?

▲ SDF dans le métro (Paris).

Enrichir son vocabulaire

Les préfixes négatifs

leurs images démodées (l. 4), *l'impuissance du monde* (l. 32).

10. Formez les antonymes des mots suivants en utilisant les préfixes *dé- / dés-*, *in- (il-, im-)*, *mé- / més-*.

Ex : *payé* → *impayé* → *Cette facture est impayée.*

11. Utilisez chacun d'eux dans une courte phrase.

a. stable. b. stabiliser. c. satisfait. d. priser. e. enchanter. f. changé. g. salubre. h. pourvu. i. espérer. j. visible. k. parfait. l. entente. m. illusion. n. légal.

Textes et images

Préparer la lecture

1. Rappelez ce qu'est une nouvelle.
2. Qu'est-ce que la télévision numérique ?

Didier Daeninckx
(né en 1949)

Texte intégral

« Solitude numérique »

Le pire, si Martine y réfléchissait, c'est que c'était elle qui avait enclenché le processus en lui offrant tout le matériel et l'abonnement à Gold-Sport, deux ans plus tôt pour son anniversaire… Et quand elle voulait être sincère, elle arrivait à s'avouer qu'elle avait une idée derrière la tête en choisissant ce cadeau : le retenir à la maison, samedis soir et dimanches après-midi tout au long de la saison footballistique. Le couper de toute cette bande de supporters assoiffés qui lui volait ses week-ends. Elle le revoyait qui déballait la parabole, plus heureux encore que le gamin qu'elle imaginait, agenouillé près du sapin de Noël devant son premier vélo. Ils avaient passé deux jours entiers à déterminer le meilleur angle de réception, puis à installer la coupole sur le toit du pavillon, à régler la monture polaire motorisée[1] afin de capter aussi bien le satellite Astra qu'Eutelstat. Régis, qui déprimait dès qu'il fallait changer le sac de l'aspirateur ou nettoyer le filtre du lave-vaisselle, se révéla un pilote hors pair dans la conduite du numérique. Les caractéristiques des décodeurs Vidéocrypt et Syster n'eurent plus de secrets pour lui, de même que les signaux oscillants, les angles d'azimut satellitaires, les Puissances Isotropes Rayonnées Équivalentes ou l'activation des circuits de clamp[2] ! Il se mit à parler une langue dont elle perdit rapidement la grille de décryptage, où il était question de « source duo-bloc », de « réchauffeurs souples », de « dédoublement de câble coaxial », de « polariseur mécanique », sans même tenir compte des « Low Noise Block » et autres « Duobinaire Multiplexed Analog Components »[3] ! Ils ne s'adressèrent plus la parole qu'en de rares occasions, entre deux retransmissions. Le plus souvent elle dormait, quand il venait se coucher, gavé

1. **monture polaire motorisée :** système de fixation de la coupole sur le toit, permettant de l'orienter.
2. **circuits de clamp :** circuits électriques de sécurité.
3. Termes techniques propres à l'électronique et à la télévision par satellite.
4. **P.S.G. :** Paris-Saint-Germain.
5. **Parc :** le stade du Parc des Princes, à Paris.
6. **goal-average :** au football, différence entre le nombre de buts marqués et le nombre de buts encaissés par une équipe.

7. **compresser les images :** réduire la taille des images afin de diminuer la mémoire nécessaire à leur stockage.
8. **ralenti séquentiel :** procédé de ralenti image par image.
9. **lucarne :** au football, but marqué dans l'angle supérieur formé par les poteaux des buts.
10. **Platini :** célèbre joueur de l'équipe de France dans les années 1980.

d'émotions. Un an plus tard, c'est lui qui lui fit un cadeau : la première parabole fut rejointe par sa sœur presque jumelle afin de détecter les signaux d'autres satellites évoluant plus à l'est ou plus à l'ouest. Au lieu de suivre les péripéties d'un match P.S.G.[4] - Auxerre sur le plastique froid des fauteuils du Parc[5], Régis pouvait assister, confortablement installé sur son canapé, en direct aux matches de championnat d'Indonésie, de Colombie, de Chine, se tenir au courant, heure par heure, du goal-average[6] de la troisième division camerounaise, vibrer aux tirs au but d'une finale amateur disputée au fin fond de la Finlande. Le budget consacré aux abonnements atteignait maintenant celui du loyer. Le quatrième décodeur, une merveille permettant également de compresser les images[7], de les stocker sur vidéodisques tout en regardant un autre programme, arriva dans le salon débordant d'électronique pour le deuxième anniversaire de l'abonnement à Gold-Sport. Martine fit une ultime tentative pour renouer le dialogue avec Régis en lui apportant son habituel plateau-repas. Il lui fit signe de se taire, de la main, absorbé par le ralenti séquentiel[8] qu'il venait de programmer sur une antique lucarne[9] de Platini[10] dans un but italien. Elle traversa le jardin, sortit l'échelle double du garage pour aller l'appuyer contre l'arrière du pavillon. Parvenue sur le toit, elle vint se placer à genoux entre les deux paraboles dans lesquelles, pour qu'il l'entende enfin, elle se mit à hurler son désespoir.

Didier Daeninckx, *Passages d'enfer* (1998), © Denoël.

Dégager l'essentiel

a. Par quel sport Régis est-il passionné ? Quel cadeau Martine lui a-t-elle offert ?
b. Quelle était la motivation de Martine ?
c. Quel comportement Régis adopte-t-il par la suite ?
d. Comment la nouvelle se termine-t-elle ?

Analyser le texte

● La construction de la nouvelle

1. À quelle personne le récit est-il conduit ?
2. En vous appuyant sur les notations de temps, établissez la chronologie des événements et la durée de l'action.
3. De quel personnage le narrateur adopte-t-il en grande partie le point de vue ? Justifiez votre réponse.

● Un portrait satirique

4. Relevez le champ lexical du football qui traduit la passion de Régis pour ce sport.
5. Avant l'acquisition de la parabole, comment la passion du football se manifestait-elle chez Régis ?
6. a. Quelle place la technologie numérique prend-elle dans la vie de Régis ? Appuyez-vous sur le lexique, les actions du personnage.
b. En quoi le portrait est-il satirique (moqueur) ?

● La satire du monde moderne

7. a. L'arrivée de la télévision numérique a-t-elle libéré ou aliéné Régis ?
b. Quels en ont été les effets sur le couple ?
8. Comment comprenez-vous le comportement de Martine à la fin de la nouvelle ?
9. **La portée du texte.** Expliquez le titre de la nouvelle : « Solitude numérique ».

Enrichir son vocabulaire

Le vidéodisque : le vocabulaire de la vision

En latin, « je vois » se dit *video*, « vision » se dit *visio* ; en grec, « voir » se dit *skopein* (racine *scope / scopie*).

10. Trouvez cinq mots issus de la racine grecque, cinq mots issus de la racine latine.

Écrire

11. Réécrivez les lignes 1 à 10 (jusqu'à *pavillon*) en imaginant que Martine est la narratrice.

Débattre

12. Pensez-vous être victime des nouvelles technologies ? Comment peut-on lutter contre leur utilisation abusive ?

Arto Paasilinna
(né en 1942)

Préparer la lecture

B2i

1. De quel pays Helsinki est-elle la capitale ? Situez le pays et la ville sur une carte.
2. Dans quel pays parle-t-on le finnois ?

Changer de vie ?

Au retour d'un reportage, le journaliste Vatanen et le photographe qui l'accompagne renversent accidentellement un jeune lièvre sur la route. Vatanen se porte au secours de l'animal, qui s'est réfugié dans la forêt. Son compagnon, lassé de l'attendre, a poursuivi sa route, laissant le journaliste passer la nuit à la belle étoile.

Vatanen installa le levraut au bord du ruisseau pour qu'il puisse boire. Le petit museau fendu plongea dans l'eau claire ; le lièvre semblait terriblement assoiffé pour un aussi petit corps. Après avoir bu, il se mit à brouter énergiquement le feuillage de la rive. Sa patte arrière le faisait encore souffrir.

Il fallait sans doute retourner à Helsinki, se dit Vatanen. Que pouvait-on bien penser au bureau de sa disparition ?

Mais quel bureau, aussi, quel emploi ! Un magazine qui dénonçait les abus notoires[1] mais se taisait obstinément sur toutes les tares[2] fondamentales de notre société. Sur la couverture du journal s'étalaient semaine après semaine des visages oisifs[3], miss, mannequins, nouveaux bébés de familles de musiqueux[4]. Plus jeune, Vatanen avait été content de son travail de reporter d'un grand journal, très content d'avoir l'occasion d'interviewer des individus incompris, dans le meilleur des cas victimes d'une oppression étatique[5]. Il avait eu l'impression de faire du bon travail : certains excès au moins étaient révélés au public. Mais avec les années il n'avait même plus l'illusion de faire quelque chose d'utile. Il se contentait de faire ce que l'on exigeait de lui, se satisfaisait de ne jamais ajouter de commentaire critique. Ses collègues, frustrés et cyniques[6], faisaient de même. Le plus vain[7] des spécialistes en marketing pouvait dire aux rédacteurs quel genre d'articles attendait le commanditaire[8], et on les écrivait. Le journal se portait bien, mais l'information n'était pas divulguée[9], elle était diluée, camouflée, transformée en un divertissement superficiel. Foutu métier.

Vatanen était relativement bien payé, mais il avait pourtant de perpétuels problèmes d'argent. Le loyer atteignait presque mille marks[10] par mois, se loger à Helsinki revient cher. À cause du loyer, Vatanen n'aurait jamais d'appartement à lui. Il avait un bateau, pourtant, mais en payait encore les traites[11]. En dehors de la navigation, Vatanen n'avait guère de passe-temps. Sa femme parlait parfois d'aller au théâtre, mais il ne voulait pas sortir avec sa femme, rien que sa voix, déjà, l'exaspérait.

Vatanen soupira.

1. **notoires** : importants.
2. **tares** : défauts.
3. **des visages oisifs** : des visages de personnes qui n'ont rien à faire.
4. **musiqueux** : musiciens (terme péjoratif).
5. **étatique** : de l'État.
6. **cyniques** : qui expriment ouvertement des opinions choquant la morale.
7. **vain** : inutile.
8. **commanditaire** : celui qui finance le journal.
9. **divulguée** : révélée au public.
10. **marks** : ancienne monnaie finlandaise.
11. **traites** : remboursements réguliers d'un emprunt.

Traversée de la rivière Gamajohka ▶
près de Guivi, parc national de Kevo (Finlande).

12. bruissait : faisait entendre des sons confus.

13. bigarrées : variées.

14. bureau de l'Administration des chasses : Vatanen va obtenir l'autorisation de garder et d'élever un animal sauvage.

Le clair matin d'été s'épanouissait mais ces sombres réflexions en avaient chassé la joie. Ce n'est que lorsque le lièvre eut mangé et que Vatanen l'eut mis dans sa poche que ces pensées pénibles le quittèrent. Il se mit en route d'un pas décidé, vers l'ouest, dans la même direction que la veille au soir sur la grand-route. La forêt bruissait[12] joyeusement, Vatanen chantonnait une vieille ballade. Les oreilles du lièvre dépassaient de la poche de sa veste.

Deux heures plus tard Vatanen tomba sur un village. [...]

Vatanen reste quelques jours dans ce village, puis arrive dans le village de Mikkeli.

Mikkeli sous le soleil, la liberté totale. Vatanen était assis sur un banc du parc central de la ville, le lièvre se cherchait à manger sur la pelouse. De la gare routière, quatre bohémiennes vêtues de vives couleurs bigarrées[13] s'approchaient, elles s'arrêtèrent pour regarder le lièvre, vinrent bavarder avec Vatanen. Les femmes étaient joyeuses, elles voulaient acheter le lièvre.

Les femmes surent indiquer à Vatanen où se trouvait le bureau de l'Administration des chasses[14] du district de Savo-Sud. L'une d'elles voulut absolument prédire l'avenir à Vatanen :

« Un grand bouleversement », dit la femme. Elle expliqua que Vatanen avait été soumis à de fortes tensions et avait pris une grande décision. La ligne centrale de sa main indiquait maintenant un avenir formidable, beaucoup de voyages en vue, aucun souci à se faire. Quand Vatanen voulut donner une pièce à la femme, elle la refusa.

« Allons, mon cœur, j'ai pas b'soin d'argent, l'été. »

Arto Paasilinna, *Le Lièvre de Vatanen* (1975),
traduit du finnois par Anne Colin du Terrail, © Denoël (1989).

Dégager l'essentiel

a. Qui est le héros de l'histoire ?
b. Quel métier exerce-t-il ?
c. Est-il satisfait de sa vie ?
d. Quel avenir lui est prédit à la fin du texte ?

Analyser le texte

Le parcours de Vatanen

1. À quelle personne le récit est-il mené ?

2. a. Quelles difficultés Vatanen rencontre-t-il dans sa vie personnelle (l. 22-28) ?

b. *Il fallait sans doute retourner à Helsinki, se dit Vatanen. Que pouvait-on bien penser au bureau de sa disparition ?* (l.5-6) Quel point de vue le narrateur adopte-t-il pour retranscrire les pensées de Vatanen ? Quel discours utilise-t-il (direct, indirect, indirect libre) ?

3. a. Quelle *grande décision* (l. 60) Vatanen a-t-il prise, selon vous ?

b. Quel événement a été l'élément déclencheur de sa décision ?

c. Dans quel état d'esprit est-il lorsqu'il traverse la forêt ? Citez le texte.

4. En quoi la rencontre avec les bohémiennes confirme-t-elle le bien-fondé de sa décision ?

La communion avec la nature

5. Relevez les expressions qui caractérisent le levraut. Quelle image se dégage de l'animal ?

6. Comment Vatanen s'occupe-t-il de lui ? Montrez que le lièvre lui permet de se rapprocher de la nature et de lier des contacts avec les gens.

7. a. Quel adjectif caractérise par deux fois la nature (l. 1-2 et 30) ?

b. Montrez que la forêt est personnifiée. Citez un adverbe.

La visée du récit

8. Quelles critiques Vatanen formule-t-il envers le monde de la presse (l. 7-21) ?

9. a. Quelle image le roman, à travers ce passage, donne-t-il de la nature ?

b. Le lièvre est lié à la symbolique de la végétation et du renouveau. Que pensez-vous du choix de cet animal, devenu compagnon de Vatanen ?

10. Sur quel ton le narrateur raconte-t-il l'histoire de Vatanen ? Donnez des exemples. Quel est l'effet produit sur le lecteur ?

11. La portée du texte. Selon vous, est-il facile de changer de vie ? Quels peuvent en être les risques et les difficultés ?

Enrichir son vocabulaire

Les synonymes

Un magazine qui dénonçait les ***abus*** *notoires* (l. 7-8) ; *certains* ***excès*** *au moins étaient révélés au public* (l. 18-19).

12. a. Cherchez dans le texte le synonyme des mots suivants : *emploi* (l. 7) ; *magazine* (l. 7) ; *révélés* (l. 14) ; *réflexions* (l. 30).

b. Trouvez au moins un synonyme pour chacun des mots suivants : *tares* (l. 8) ; *se satisfaisait* (l. 16) ; *camouflée* (l. 21) ; *perpétuels* (l. 22) ; *exaspérait* (l. 28) ; *pénibles* (l. 32) ; *bigarrées* (l. 39) ; *bouleversement* (l. 45) ; *décision* (l. 46) ; *formidable* (l. 47).

Écrire

13. Que serait pour vous « un avenir formidable » ?

Consignes d'écriture

- *Dans un premier temps, décrivez cet avenir (lieu de vie, occupations, projets...).*
- *Expliquez ensuite pour quelles raisons vous le trouvez « formidable ».*

René Barjavel
(1911-1985)

B2i **Préparer la lecture**

1. Faites une recherche sur l'architecte Le Corbusier et sur la Cité radieuse de Marseille. Reportez-vous aussi au dossier 7 ► p. 147.
2. Que signifie le mot *futuriste* ?
3. Qu'est-ce que le jardin d'Éden ?

Une cité futuriste

Nous sommes en 2052. Les vieux quartiers de Paris sont maintenant dominés par des gratte-ciel de plus de cent cinquante étages formant « la Ville Radieuse », construite par l'architecte Le Cornemusier. Une panne d'électricité générale a obligé les habitants à emprunter les escaliers pour quitter leurs appartements. Ils arrivent enfin au niveau du sol.

Ils débouchèrent dans les jardins que les constructeurs de la Ville Radieuse avaient dessinés entre les allées réservées aux piétons, au-dessous même du gratte-ciel, entre les pilotis[1].

Dans cette ombre perpétuelle, le gazon prenait une teinte nouvelle, intermédiaire entre le vert et le jaune, et les jardiniers cultivaient des fleurs énormes, presque sans tige, aux couleurs pâles. Le jardin se continuait plus loin, tout autour du vaste immeuble.

Sur un petit lac artificiel, glissaient des cygnes rouges, des cygnes bleus et des cygnes noirs à pois blancs. Des cygnes blancs à trois ou cinq têtes déployaient avec une grâce multipliée leur bouquet de cous. Leurs reflets se promenaient, dans l'eau limpide[2], parmi les poissons-roues, les poissons-écharpes, les poissons mille-queues, les poissons échassiers, les ballets d'anguilles arc-en-ciel, et les parterres éclatants de méduses d'eau douce. Tous ces animaux, créés pour le plaisir de l'œil, provenaient des Laboratoires d'Animaux d'Agrément. Des biologistes provoquaient la naissance de ces monstres admirables par l'intervention chimique et physique au cœur même de l'œuf.

Au bord du lac s'élevait, comme un champignon, la maison du chef jardinier, bâtie sur un pédoncule[3].

Ce style architectural répondait au double souci de laisser le sol à la disposition de la circulation, et de hisser les pièces d'habitation vers la lumière. La maison pouvait pivoter sur sa tige, et présenter au soleil telle ou telle face, selon le désir de ses habitants. Le pédoncule renfermait l'ascenseur, l'escalier et le vide-ordures.

Une cité ouvrière de cent mille foyers avait été construite à l'ouest de Paris, selon ces principes.

Pour éviter la monotonie, l'architecte en chef avait laissé toute liberté à ses collaborateurs, en ce qui concernait le style du corps même des habitations. Si bien que sur cent mille piliers de ciment absolument semblables et alignés au cordeau[4], s'épanouissaient des maisons d'aspect infiniment varié, depuis le chalet suisse, le castelet[5] Renaissance, le rendez-vous de chasse, la chaumière normande et la maisonnette banlieue 1930, jusqu'au cylindre de chrome au cube de plastec[6], à la sphère de ciment et au tronc de cône d'acier. L'immeuble le mieux réussi et le plus perfectionné était celui qui abritait la mairie de la cité.

1. **pilotis :** pieux soutenant une construction.
2. **limpide :** claire.
3. **pédoncule :** pied du champignon.
4. **au cordeau :** de façon nette et régulière.
5. **castelet :** manoir (petit château).
6. **plastec :** forme de plastique.

7. chapeau claque : chapeau haut de forme qu'un système de ressorts permet d'aplatir.

Il avait la forme d'une galette, mais se développait chaque matin et prenait de la hauteur, comme un chapeau claque[7]. Le soir, les employés partis, le concierge appuyait sur un bouton, les bureaux rentraient les uns dans les autres, les meubles s'aplatissaient, les plafonds venaient rejoindre les planchers, et l'immeuble se réduisait au dixième de sa hauteur.

René Barjavel, *Ravage* (1943), © Denoël.

▲ **Ean Taylor** (2de moitié du XXe s.), *La Cité du futur*.

Dégager l'essentiel

a. À quelle époque l'action se déroule-t-elle ?

b. Quelle est la ville décrite ? Quelles en sont les principales caractéristiques ?

Analyser le texte

• Une vision futuriste

1. a. Sur quels principes les constructions sont-elles fondées (l. 17-25) ?

b. Quels sont les matériaux et formes utilisés ? Quelles comparaisons les décrivent ?

2. a. Montrez que l'architecte a privilégié la dimension pratique et qu'il a voulu introduire la nature dans cet univers.

b. Quels éléments ont été créés pour *le plaisir de l'œil* (l. 14) ? Relevez des termes précis.

c. En quoi peut-on dire que la Ville Radieuse offre l'image d'un jardin d'Éden, d'un paradis perdu que l'homme aurait cherché à reconstruire ?

d. Quels éléments ont une dimension féerique ?

3. Quel immeuble est présenté comme le plus réussi ? En quoi ?

4. Relevez les énumérations qui rendent compte de la variété de cet univers.

• Un univers inquiétant

5. a. Quels éléments (animaux, maisons) ont un aspect monstrueux ?

b. Lesquels ont un caractère artificiel ?

c. Lesquels renvoient à une manipulation génétique ? Relevez les termes scientifiques.

d. Sur quelle figure de style l'expression *monstres admirables* (l. 15) repose-t-elle ?

6. Comment l'architecte a-t-il évité la monotonie d'un habitat stéréotypé ? Y a-t-il une cohérence dans le projet ?

7. a. Que signifie l'expression *Ville Radieuse* (l. 1) ?

b. Barjavel vous semble-t-il présenter la Ville Radieuse comme un modèle ? Justifiez votre réponse.

8. **La portée du texte.** Aimeriez-vous habiter dans une telle cité ? Quels peuvent en être les avantages, les inconvénients ?

Écrire

9. Vous êtes invité à séjourner dans une ville futuriste merveilleuse et inquiétante. Votre ami est venu vous chercher à l'aéroport. Décrivez la cité au fur et à mesure de vos découvertes.

Consignes d'écriture

- *Utilisez des indications spatiales* (au centre, autour, à la périphérie).
- *Utilisez le vocabulaire des matières, des couleurs, des lumières et des formes.*
- *Utilisez une ou deux comparaisons, une ou deux énumérations.*
- *Faites part de vos impressions.*

HISTOIRE DES Arts

1. a. Quelle est la nature de l'image ► p. 130 (photo, dessin...) ?

b. Que représente-t-elle ?

2. Comment l'artiste imagine-t-il la cité du futur ? Prenez en compte l'architecture, les matériaux utilisés, les formes, les moyens de transport. Y a-t-il des espaces verts ?

3. Aimeriez-vous vivre dans cette cité ?

Enrichir son vocabulaire

Termes génériques et termes spécifiques

le chalet suisse, le castellet Renaissance, le rendez-vous de chasse, la chaumière normande et la maisonnette banlieue 1930 (l. 29-31).

Un terme générique est un mot qui désigne un ensemble d'êtres vivants ou de choses. Chaque élément de cet ensemble est appelé « terme spécifique » (**Ex** : *oiseau*, terme générique, *mésange*, terme spécifique).

10. Quel terme générique peut regrouper l'ensemble des mots de l'énumération ci-dessus ?

11. Complétez cette liste avec cinq mots supplémentaires.

12. a. Quel terme générique peut regrouper les mots suivants : *ciment* (l. 28), *chrome* (l. 31), *plastec* (l. 32), *acier* (l. 32) ?

b. Complétez cette liste à l'aide de cinq mots.

c. Puis proposez pour cette liste un classement ; justifiez vos critères.

No et moi (2007)
de Delphine de Vigan

DVD

Le guide de lecture

a. Lisez le roman et répondez aux questions au fur et à mesure de votre lecture.
b. Remplissez un tableau à cinq colonnes : chapitre, indications temporelles, portrait des personnages, informations sur la vie des sans-abris, commentaires de la narratrice.

Un projet ambitieux (p. 11 à 38)

1. a. Quel sujet Lou se propose-t-elle de traiter dans son exposé ?
b. Quelle méthode compte-t-elle adopter pour le réaliser ?
2. a. Quel personnage rencontre-t-elle à la gare d'Austerlitz ?
b. En quoi cette rencontre est-elle décisive pour Lou ?

Deux personnages que tout oppose (p. 39 à 69)

3. a. Quel drame a frappé la famille de Lou ?
b. Quelles en sont les conséquences pour Lou ?
4. Que révèle No de la vie des sans-abris au cours de l'interview qu'elle accepte de donner à Lou ?

À la recherche de No (p. 70 à 105)

5. Comment l'exposé de Lou s'est-il déroulé ?
6. En quoi la rencontre de No a-t-elle transformé la façon de penser de Lou ?
7. a. Quel sentiment Lou éprouve-t-elle face à la disparition de No ?
b. Que tente-t-elle pour la retrouver ?

L'adoption (p. 106 à 129)

8. Pour quelles raisons Lou est-elle fière de ses parents ?
9. a. Quels changements interviennent dans la vie de No ?
b. Quel personnage se rapproche de Lou ?

Être ensemble (p. 130 à 159)

10. Qu'apprend-on sur l'enfance de No et sur ses relations avec sa mère ?
11. Quelles étapes marquent sa réinsertion ?
12. Quels changements se produisent dans le comportement de la mère de Lou ?

Le départ de No (p. 160 à 192)

13. Quelles difficultés No rencontre-t-elle dans son travail ?
14. Quels changements son comportement subit-il ?
15. Quelle décision le père de Lou prend-il ?

Le déséquilibre (p. 193 à 217)

16. Où No trouve-t-elle refuge ?
17. Quels signes montrent que la santé de Lou se dégrade ?
18. Comment les relations de Lou avec ses parents, avec Lucas évoluent-elles ?

Comment les choses basculent (p. 218 à 250)

19. Quels événements précipitent le départ de No et de Lou ?
20. a. Quelle expérience Lou fait-elle aux côtés de No après leur fuite ?
b. Quelle décision No prend-elle ? Pourquoi, selon vous ?
21. a. Qu'apprennent Lou et Lucas auprès de Geneviève ?
b. Que peut-on en conclure au sujet de No ?
22. Qu'apprend Lou de M. Marin et de Lucas, à la fin du récit ?

Synthèse littéraire

a. En vous appuyant sur les indications de temps fournies dans le récit, retrouvez la chronologie des événements.
b. Dressez le portrait physique et moral des personnages principaux : Lou, No et Lucas, en regroupant les informations dispersées dans le texte.
c. La vie des sans-abris vous semble-t-elle rendue avec réalisme ? Justifiez votre opinion.
d. Quelle philosophie de la vie le roman développe-t-il ? Appuyez-vous sur des commentaires de la narratrice.
e. Pensez-vous que le dénouement est optimiste ou pessimiste ? Expliquez votre point de vue.

Faire le point

Romans et nouvelles d'aujourd'hui

Les genres de récit et les thèmes abordés

▸ La littérature narrative se présente aujourd'hui sous des formes très variées :
– le roman **autobiographique** s'inspirant d'expériences vécues ► Nothomb, p. 118 ;
– le roman d'**apprentissage** (Lou découvre la vie des SDF aux côtés de No ► De Vigan, p. 122) ;
– le roman d'**anticipation** (la cité futuriste ► Barjavel, p. 129) ;
– le roman d'**aventures** d'inspiration **écologique** (Vatanen quitte la vie citadine pour se rapprocher de la nature ► Paasilinna, p. 126) ;
– la **nouvelle** (**récit bref**, aux personnages peu nombreux, centré sur un seul événement : Marcovaldo se rend au supermarché en famille ; Régis est aliéné par la télévision numérique ► Calvino, p. 120 ; Daeninckx, p. 124.

▸ Miroir du monde contemporain, ces récits représentent les **différents aspects de la société moderne** : les multinationales ► Nothomb, p. 118, les magasins ► Calvino, p. 120, la presse et les médias ► Daeninckx, p. 124 ; Paasilinna, p. 126, la réhabilitation de la nature ► Paasilinna, p. 126. À travers les situations vécues par les personnages, ils abordent les **problèmes d'un monde moderne en crise** : l'importance de la consommation conduit à des excès ► Calvino, p. 120 ; Daeninckx, p. 124 ou à l'exclusion ► De Vigan, p. 122.

▸ Les **romans d'anticipation** montrent de quelle façon le **développement des sciences** est susceptible de créer un univers artificiel ► Barjavel, p. 129.

L'écriture du roman contemporain

▸ La langue est tour à tour **soutenue** ou **familière** : l'emploi d'un **lexique spécialisé** (lexique du numérique ► Daeninckx, p. 124) contribue à ancrer le récit dans la réalité ; les expressions familières, en particulier dans les paroles rapportées, participent au **rendu de l'oralité** ► Calvino, p. 120 ; De Vigan, p. 122.

▸ Les figures de style les plus utilisées sont la **métaphore** et la **comparaison** (métaphore du consommateur pillard ► Calvino, p. 120 ; maisons comparées à un champignon ► Barjavel, p. 129, les **énumérations** qui créent un effet d'abondance ► Calvino, p. 120 ; Barjavel, p. 129, la **personnification** (la forêt joyeuse ► Paasilinna, p. 126), l'**oxymore** (les *monstres admirables* ► Barjavel, p. 129).

La portée des textes

▸ Les récits contemporains ont le plus souvent une visée critique :
– les personnages sont eux-mêmes porteurs d'un **discours de dénonciation explicite** ► Paasilinna, p. 126 ;
– le narrateur fait la **satire** du monde moderne (il critique en se moquant ► Calvino, p. 120 ; Daeninckx, p. 124, ou bien il juge les choses avec **humour** (regard amusé ► Nothomb, p. 118).

▸ La plupart de ces romans proposent en même temps un **rêve d'idéal** : entraide et écoute de l'autre ► De Vigan, p. 122 ; évasion par le rêve ► Calvino, p. 120 ; vie au sein de la nature ► Paasilinna, p. 126.

◀ Le building de la Lloyd's à Londres, photographie.

Grammaire

1 Les compléments circonstanciels

► Leçons 11 p. 304 ; 12, p. 306

1. **Identifiez les circonstances exprimées par les compléments circonstanciels en rose : temps, lieu, but, conséquence, opposition, accompagnement, comparaison, manière.**

2. **Indiquez la classe grammaticale de ces compléments circonstanciels : GN, GN ou groupe infinitif prépositionnels, adverbe, proposition subordonnée.**

a. Vatanen installa le levraut au bord du ruisseau pour qu'il puisse boire.
b. Le lendemain matin la fumée s'épaissit au point de leur brûler les yeux. Il y avait du vent sur le lac, mais toujours plus de fumée. Elle couvrait la contrée comme un lourd brouillard marin.
c. La chaleur était insupportable au point que les hommes durent rester pendant l'incendie au milieu du ruisseau, la tête seule exposée à la brûlure des lueurs rougeoyantes.
d. À la fin du mois de juillet, Vatanen se fit embaucher à Kuhmo pour débroussailler les coupes ; il nettoyait à la serpe les taillis trop touffus des flancs de collines sablonneux et vivait sous la tente en compagnie du lièvre toujours plus fidèle et presque de taille adulte.
e. Le lièvre [...] montait même courageusement dans la barque, bien qu'il fût évident qu'il craignait l'eau.

Arto Paasilinna, *Le Lièvre de Vatanen* (1975), traduit du finnois par A. Colin du Terrail, © Denoël (1989).

2 Transposer au discours direct

► Leçon 21, p. 326

Réécrivez les phrases suivantes en transposant les paroles au discours direct.

a. Une grande femme s'avança, elle me dit qu'elle était mademoiselle Mori et que je pouvais l'appeler Fubuki. **b.** Monsieur Saito me demanda si j'aimais les défis. **c.** Monsieur Saito me dit de recommencer parce que mes photocopies étaient décentrées. **d.** Il lui demanda si elle le faisait exprès. **e.** Elle prévint le directeur qu'elle resterait à travailler au bureau toute la nuit. **f.** Elle lui dit qu'elle aurait fini le lendemain. **g.** Mademoiselle Mori m'annonça que mon nouveau poste consistait à veiller à la propreté des toilettes de la compagnie Yumimoto.

3 Transposer au discours indirect

► Leçon 21, p. 326

Réécrivez le texte en rapportant les paroles au discours indirect. Ajoutez les verbes de parole introducteurs (*dire, ajouter, expliquer*...) et faites les modifications nécessaires.

Une panne d'électricité a paralysé Paris. François Deschamps, le personnage principal, demande à quelqu'un qui sort du métro ce qui s'est passé.

– Que se passe-t-il dans le métro, voyons ? Qu'est-ce qu'il y a ?

L'homme haletait.

– Je ne sais pas. Je rentrais de Versailles à Vincennes où j'habite. J'avais pris la rame directe, au cinquième sous-sol. Nous roulions depuis deux minutes quand les lumières se sont éteintes. La rame a ralenti et s'est arrêtée. Nous avons attendu longtemps ; la lumière ne revenait pas. Alors nous sommes descendus sur les voies, dans le noir. Nous avons suivi les rails.

René Barjavel, *Ravage* (1943), © Denoël.

4 Les connecteurs logiques

► Leçon 19, p. 320

Relevez les connecteurs logiques, puis précisez leur valeur (cause, conséquence, opposition, concession).

La narratrice a été embauchée dans une firme japonaise ; elle y subit des humiliations.

J'étais dans la compagnie depuis un mois à peine. Or, j'avais signé un contrat d'un an. Partir après si peu de temps m'eût couverte d'opprobre[1], à leurs yeux comme aux miens.

D'autant que je n'avais aucune envie de m'en aller. Je m'étais quand même donné du mal pour entrer dans cette compagnie : j'avais étudié la langue tokyoïte des affaires, j'avais passé des tests. Certes, je n'avais jamais eu l'ambition de devenir un foudre de guerre[2] du commerce international, mais j'avais éprouvé le désir de vivre dans ce pays auquel je vouais un culte depuis les premiers souvenirs idylliques[3] que j'avais gardés de ma petite enfance.

Je resterais.

Par conséquent, je devais trouver un moyen d'obéir à l'ordre de monsieur Saito.

Amélie Nothomb, *Stupeur et tremblements* (1999), © Albin Michel.

1. **opprobre :** honte. 2. **foudre de guerre :** grand capitaine.
3. idylliques : merveilleux.

Conjugaison et orthographe

5 L'indicatif imparfait et plus-que-parfait

► Tableaux de conjugaison, p. 388

1. Conjuguez les verbes à l'imparfait.

a. Son chef lui (déléguer) beaucoup de responsabilités. b. Vous (percevoir) votre salaire chaque trimestre. c. Les services (pourvoir) à tous les besoins des employés. d. Nous (résoudre) les problèmes avec rapidité. e. Je (conclure) la lettre par une formule de politesse.

2. Conjuguez les verbes au plus-que-parfait.

a. J'(apporter) des provisions. b. Nous (prévoir) de nous retrouver à 18 heures. c. Thomas et vous, vous (s'inquiéter) de ne pas nous voir revenir. d. Ils (aller) se renseigner au guichet. e. Tu (prendre) une petite valise. f. Il (venir) chercher son amie à la gare.

3. Mettez les verbes au temps qui convient (imparfait ou plus-que-parfait).

a. Quand elle (finir) de distribuer le courrier à tous les étages, elle prenait une pause. b. Elle l'avait attendu pendant longtemps, mais il n' (venir) pas à son rendez-vous. c. Il (se rendre) régulièrement à des entretiens et attendait les résultats.

6 La conjugaison passive

► Leçon 23, p. 332

Mettez les verbes à la voix passive, au temps indiqué.

a. Vatanen (réveiller, *indicatif passé simple*) par le chant des oiseaux. b. Le lac (entourer, *indicatif imparfait*) de forêts. c. L'incendie (maîtriser, *indicatif plus-que-parfait*) rapidement. d. Vatanen ne supporte pas d'(séparer, *infinitif présent*) de son lièvre. e. Vatanen (suivre, *indicatif imparfait*) toujours par son lièvre. f. Vatanen demande que le lièvre (juger, *subjonctif présent*) avec lui des délits dont il (accuser, *indicatif présent*).

7 L'indicatif passé simple et passé antérieur

► Tableaux de conjugaison, p. 388

1. Conjuguez les verbes au passé simple.

a. No et moi nous (partager) nos maigres ressources. b. Elle (vivre) quelque temps chez nous. c. Les intempéries (détruire) le campement. d. Vous ne (croire) pas un mot de ce qu'elle (raconter). e. Tu (conduire) ton amie en lieu sûr. f. Émue par son récit, je ne (savoir) que dire.

2. Conjuguez les verbes au passé antérieur.

a. Quand il (prendre) sa décision, il se sentit mieux. b. Après qu'ils (franchir) la frontière, le paysage changea. c. Quand nous (repérer) la piste, nous poursuivîmes notre chemin. d. Quand je (parvenir) au sommet, le soleil se leva. e. Après que vous, les filles, vous (se réchauffer), vous reprîtes l'ascension.

8 L'orthographe des mots se terminant par *-sion, -ssion, -tion*

► Leçon 35, p. 357

Complétez les mots avec la terminaison qui convient.

a. La mi... de cette associa... est de venir en aide aux plus démunis. b. Le conseil d'administra... de l'entreprise définit son organisa... et contrôle sa ges.... c. Une sci... est intervenue dans cette société, permettant la sépara... de ses activités en deux branches distinctes : la produc... et la commercialisa.... d. Il veut donner une autre dimen... à son poste : il a de l'ambi.... e. De nombreuses entreprises sont en cessa... d'activité en raison de la dépre... économique.

9 Dictée préparée

► Leçons 1, p. 280 ; 27, p. 342 ; 30, p. 348

La narratrice vient d'être embauchée dans l'entreprise japonaise Yumimoto.

Les jours s'écoulaient et je ne servais toujours à rien. Cela ne me dérangeait pas outre mesure. J'avais l'impression que l'on m'avait oubliée, ce qui n'était pas désagréable. Assise à mon bureau, je lisais et relisais les documents que Fubuki avait mis à ma disposition. Ils étaient prodigieusement inintéressants, à l'exception de l'un d'entre eux qui répertoriait les membres de la compagnie Yumimoto : y étaient inscrits leurs nom, prénom, date et lieu de naissance, le nom du conjoint éventuel et des enfants avec, pour chacun, la date de naissance.

Amélie Nothomb, *Stupeur et tremblements* (1999), © Albin Michel.

1. ***oubliée* (l. 3), *inscrits* (l. 9) : justifiez les accords des participes passés.**

2. ***inintéressants* (l. 7) : identifiez le préfixe et la classe grammaticale. Justifiez l'accord.**

3. Quels sont les sujets des verbes *répertoriait* (l. 8), *étaient* (l. 6) ?

4. ***leurs nom...* (l. 9-10) : pourquoi le déterminant est-il au pluriel et les mots qui suivent sont-ils au singulier ?**

10 Autour du mot *société*

Le mot *société* vient du latin *socius* : « associé, compagnon ».

Complétez les phrases avec les mots suivants, en les accordant si nécessaire : *social, socialiser, sociable, association, socioprofessionnel, socioculturel, associatif, sociologue, asocial.*

a. Il aime la compagnie, il est d'un caractère .... b. Il étudie les faits sociaux humains, c'est un .... c. Ils font partie d'une ...... de consommateurs. d. Les manifestants ont des revendications .... e. Un individu non adapté à la vie en société est .... f. La population est classée en professions et catégories .... g. Cette personne a des difficultés à s'intégrer à un groupe, nous tentons de la .... h. Il y a beaucoup d'associations dans la région, la vie ...... y est développée. i. Ils n'ont pas la même culture et ne sont pas issus du même groupe social ; mais ils s'enrichissent de leurs différences ....

11 Les champs lexicaux

▶ Leçon 36, p. 358

1. Donnez le sens des termes et expressions suivants.

2. Regroupez-les selon deux champs lexicaux auxquels vous donnerez un titre.

a. l'action humanitaire. b. faire la manche. c. un centre d'hébergement. d. secourir les plus démunis. e. l'exclusion sociale. f. le bénévolat. g. la soupe populaire. h. être en situation de précarité. i. un esprit de solidarité. j. faire une collecte. k. la paupérisation.

12 Soi et les autres

Regroupez les termes des listes 1 et 2 en paires de synonymes.

Liste 1. a. chaleureux. b. froid. c. altruisme. d. se maîtriser. e. détériorer (des relations). f. se distinguer des autres. g. blessant.

Liste 2. 1. dévouement. 2. se singulariser. 3. cordial. 4. distant. 5. acerbe. 6. prendre sur soi. 7. altérer.

13 L'écologie

Le mot *écologie* vient du grec *éco-* : « maison, habitat » et *-logie* : « science ».

L'écologie est un courant visant à protéger la nature et à assurer un meilleur équilibre entre l'homme et son environnement naturel.

Qu'est-ce qu'une *maison écologique* ? un *écomusée* ? un *écocitoyen*, l'*écocivisme* ?

14 Une racine grecque : *télé-*

La racine *télé-* (du mot grec *télê* : « loin ») signifie « au loin, à distance ».

1. Indiquez le sens des mots suivants à partir de leur étymologie.

a. téléphone (*phônê* : « voix »). b. télétravail. c. téléenseignement. d. télécommande. e. télévision. f. téléchargement.

2. Qu'est-ce qu'un *téléfilm* ? la *téléréalité* ? une personne *télégénique* ?

15 Les figures de style

▶ Leçon 39, p. 364

Identifiez dans les extraits suivants deux métaphores, trois comparaisons, une énumération. Commentez le choix de ces figures de style.

a. *La narratrice retrouve No, la jeune SDF avec qui elle s'est liée.*

C'est sa vie. Aller de foyer en foyer. Tenir le plus longtemps possible. Repousser les échéances. Trouver de quoi manger. Éviter de dormir dans la rue. Chercher du travail, elle a essayé. Les fast-foods, les bars, les restaurants, les supermarchés.

Delphine de Vigan, *No et moi* (2007), © Jean-Claude Lattès.

b. Sur une petite colline exposée au soleil, un jeune lièvre s'essayait à bondir ; dans l'ivresse de l'été il s'arrêta au milieu de la route, debout sur ses pattes de derrière ; le soleil rouge encadrait le levraut comme un tableau.

Arto Paasilinna, *Le Lièvre de Vatanen* (1989), traduit du finnois par A. Colin du Terrail, © Denoël.

c. *Régis le passionné de technologie numérique fait un cadeau à sa femme.*

Un an plus tard, c'est lui qui lui fit un cadeau : la première parabole fut rejointe par sa sœur presque jumelle.

Didier Daeninckx, « Solitude numérique », dans *Passages d'enfer* (1998), © Denoël.

d. Le supermarché était grand et aussi enchevêtré qu'un labyrinthe.

e. Une caissière pointait une caisse comptable crépitante comme une mitrailleuse contre tous ceux qui faisaient mine de sortir.

Italo Calvino, *Marcovaldo ou les Saisons en ville* (1963), traduit de l'italien par R. Stragliati, © Julliard (1979).

Expression écrite

1 Le règne de l'électronique

Vous avez un appareil électronique ou numérique auquel vous tenez. Lequel ? Que vous apporte-t-il ?

Consignes d'écriture

- *Introduisez : racontez le moment où vous êtes entré en possession de cet appareil (ou le moment où il est arrivé à la maison). Quels ont été alors vos sentiments ?*
- *Développez : décrivez l'appareil. Utilisez des figures de style (comparaison, métaphore, énumération). Dites pourquoi vous y tenez (ce qu'il vous apporte), de quelle façon vous l'utilisez.*
- *Concluez : pourriez-vous vous en passer ?*

aide

Un peu de vocabulaire

Écran d'une finesse incomparable, coque (couleur), design séduisant, fascinant, sauter de joie, configurer l'appareil, tester ses différentes fonctionnalités.

2 Le supermarché, un lieu de tentation ?

Allez-vous souvent dans les grandes surfaces ? Quels en sont les avantages ? les inconvénients ? En quoi sont-elles un lieu de tentation par rapport au petit magasin ? Faites part de vos réflexions.

Consignes d'écriture

- *Introduction : commencez par une phrase générale* (La plupart des gens fréquentent aujourd'hui les supermarchés)*, puis posez le problème.*
- *Première partie : les avantages du lieu.*
- *Seconde partie : le lieu de tentation, l'emplacement des produits, le comportement des consommateurs, des enfants. Pensez-vous que l'on n'achète que ce dont on a besoin ?*

aide

Un peu de vocabulaire

- Agencement du magasin : type et stratégie de placement des marchandises, produits d'appel (alimentaire) placés au fond du magasin pour obliger le consommateur à traverser les rayons, produits placés devant les caisses, éclairages, haut-parleurs, musique.
- Comportement : se déplacer dans les rayons, avoir préparé une liste, regarder les prix, prendre en main les produits, remplir le caddie.

3 Le monde de l'entreprise

Vous avez fait un stage en entreprise. Quelle image en avez-vous gardé ?

Consignes d'écriture

- *Introduisez :* J'ai eu cette année l'occasion d'effectuer un stage en entreprise...
- *Développez : présentez rapidement l'entreprise, puis, comme la narratrice de* Stupeur et tremblements ► p. 118*, racontez une scène qui vous a marqué. Rapportez les sentiments que vous avez éprouvés à ce moment-là.*

4 Une passion dévorante

Écrivez une petite nouvelle sur le modèle de celle de Daeninckx ► p. 124 : un personnage est dévoré par une passion (autre que le football).

aide

Un peu de vocabulaire

La dépendance, une habitude, une accoutumance, une obsession, une drogue, une addiction, perdre l'appétit, perdre le sommeil, passer sa vie à, ne plus s'intéresser à, se murer dans le silence, perdre la notion du temps, se couper du monde, sevrer, cesser, s'arrêter.

5 L'action humanitaire

Aimeriez-vous vous engager dans une action d'aide humanitaire ? Laquelle et pourquoi ? Développez votre point de vue.

Consignes d'écriture

- *Recherchez sur Internet des exemples d'actions humanitaires.*
- *Choisissez-en une et dites ce que vous aimeriez y faire.*
- *Donnez des exemples de la façon dont vous avez pu ou vous pourriez aider les autres au quotidien.*
- *Aidez-vous du vocabulaire* ► p. 136 (exercice 11).

Un membre de l'ONG « Action contre la faim », dans un camp de réfugiés du Darfour à Khartoum, au Soudan. ►

Réciter un poème

« UN ENFANT DANS UNE GRANDE SURFACE »

Il y avait une fois
dans une grande surface
un enfant qui se promenait.

Il y avait aussi dix mille
boîtes de petits pois et de haricots verts,
de céleris, de macédoine,
de carottes et d'artichauts,
de confiture d'abricot,
de pomme, de poire, de fraise.

Il y avait une fois
dans une grande surface
un enfant qui se promenait.

Il y avait aussi dix mille
bouteilles d'eau gazeuse ou plate,
d'orangeade, de citronnade, de bordeaux,
de bourgogne, de porto, d'huile de tournesol
et d'huile d'arachide, de javel et
de limonade.

Il y avait une fois
dans une grande surface
un enfant qui se promenait.

Il y avait aussi une rivière de
fromages, de yaourts, un mur
de gâteaux secs, une montagne
d'ananas, un fleuve de pommes de terre,
une cloison de spaghettis,
une mer de sardines à l'huile
et de maquereaux au vin blanc.

J'ai demandé à cet enfant :
– Que cherches-tu ? Du chocolat
ou des épinards surgelés ?
Une glace à la pistache ou
des betteraves et des choux ?
Des frites ? Des caramels mous ?
Des tartelettes aux cerises ?
Des chaussettes ou des chemises ?

Et cet enfant m'a répondu :
– Je cherche une chanson très belle,
je cherche un oiseau rouge et vert,
je cherche l'odeur de la mer
et le cri d'une tourterelle
lorsque le soleil aux doigts d'or
caresse les toits de la ville
et qu'on voit entrer dans le port
un bateau qui revient des îles.

Pierre Gamarra, dans *L'Almanach de la poésie*, de Jacques Charpentreau (1983), © Suzanne Gamarra.

Comprendre le poème

1. Relevez les anaphores (répétitions en début de vers) dans les vers 1, 10, 19, d'une part, et 4, 13, 22, d'autre part. À quel genre littéraire renvoient-elles ?

2. Repérez le dialogue. Qui parle ?

3. Quel champ lexical domine le poème sous forme d'énumération ?

4. Quelle rupture la dernière strophe introduit-elle ?

Étudier le rythme et réciter

5. Repérez le refrain.

6. Les vers sont-ils libres ou réguliers ? Dans quelle strophe y a-t-il des rimes ? Pourquoi, selon vous ?

7. Quels mots sont mis en valeur par les enjambements (v. 22-23 et 24-25) ?

8. À deux, trois ou quatre, décidez de la façon dont vous allez vous répartir la récitation du poème.

9. Récitez : mettez en valeur le refrain, martelez le rythme des énumérations, marquez le changement d'interlocuteur.

De la crise de 1929 aux Trente Glorieuses

- **John Steinbeck**, *Des souris et des hommes* (1937, « Folio », Gallimard) : George et Lennie sont ouvriers agricoles et vont de ferme en ferme, avec l'espoir de posséder un jour leur propre exploitation.

- **Raymond Queneau**, *Zazie dans le métro* (1959, « Folio », Gallimard) : les aventures de Zazie, âgée d'une dizaine d'années, à Paris, le temps d'un week-end ; la modernité du métro la fait rêver mais parviendra-t-elle à le prendre ?
- **Italo Calvino**, *Marcovaldo ou les Saisons en ville* (1963, 10/18) : Marcovaldo a bien du mal à joindre les deux bouts pour élever sa nombreuse famille.
- **Georges Perec**, *Les Choses, une histoire des années soixante* (1965, Pocket) : un jeune couple tente de conquérir sa place dans la société.

Aujourd'hui et demain

- **Lois Lowry**, *Le Passeur* (1994, « Médium », L'École des Loisirs) : un récit de science-fiction qui éclaire le rôle du passé et de la mémoire dans la société de demain.
- **Christian Lehmann**, *No pasarán, le jeu* (1996, « Médium », L'École des Loisirs) : l'univers des jeux vidéo et de la réalité virtuelle.
- **Didier Daeninckx**, *Passages d'enfer* (1998, « Folio », Gallimard) : un recueil de nouvelles pleines d'humanité, qui pointent les travers de notre société.
- **Collectif**, *Nouvelles vertes* et *Nouvelles re-vertes* (2005 et 2008, Thierry Magnier) : des récits à dimension écologique.

Cinéma

- *Stupeur et tremblements* (2003) d'**Alain Corneau** : l'adaptation fidèle du roman d'Amélie Nothomb ► p. 118.
- *L'Esquive* (2004), d'**Abdellatif Kechiche** : la vie des jeunes en banlieue sur fond de répétition du *Jeu de l'amour et du hasard* de Marivaux.
- *No et moi* (2010), de **Zabou Breitman** : l'adaptation du roman de Delphine de Vigan ► p. 122.
- *The Social Network* (2010), de **David Fincher** : la création de Facebook par Mark Zuckerberg, jeune étudiant de l'université Harvard.

Préparation au brevet

En 1913, au cours d'une randonnée, le narrateur a rencontré pour la première fois le berger Elzéard Bouffier qui consacre sa vie à planter des arbres sur des terres nues et fouettées par le vent des Alpes-de-Haute-Provence. Depuis cette date, il lui a rendu plusieurs visites, notant chaque fois les progrès du reboisement. Au lendemain de la Seconde Guerre mondiale, le narrateur effectue une nouvelle visite.

Tout était changé. L'air lui-même. Au lieu des bourrasques[1] sèches et brutales qui m'accueillaient jadis, soufflait une brise souple chargée d'odeurs. Un bruit semblable à celui de l'eau venait des hauteurs : c'était celui du vent dans les forêts. Enfin, chose plus étonnante, j'entendis le vrai bruit de l'eau coulant dans un bassin. Je vis qu'on avait fait une fontaine, qu'elle était abondante et, ce qui me toucha le plus, on avait planté près d'elle un tilleul qui pouvait déjà avoir dans les quatre ans, déjà gras, symbole incontestable d'une résurrection. [...]

L'espoir était donc revenu. On avait déblayé les ruines, abattu les pans de murs délabrés et reconstruit cinq maisons. Le hameau comptait désormais vingt-huit habitants dont quatre jeunes ménages. Les maisons neuves, crépies[2] de frais, étaient entourées de jardins potagers où poussaient, mélangés mais alignés, les légumes et les fleurs, les choux et les rosiers, les poireaux et les gueules-de-loup[3], les céleris et les anémones[4]. C'était désormais un endroit où l'on avait envie d'habiter.

À partir de là, je fis mon chemin à pied. La guerre dont nous sortions à peine n'avait pas permis l'épanouissement complet de la vie, mais Lazare[5] était hors du tombeau. Sur les flancs abaissés de la montagne, je voyais de petits champs d'orge[6] et de seigle[7] en herbe ; au fond des étroites vallées, quelques prairies verdissaient.

Il n'a fallu que les huit ans qui nous séparent de cette époque pour que tout le pays resplendisse de santé et d'aisance. Sur l'emplacement des ruines que j'avais vues en 1913, s'élèvent maintenant des fermes propres, bien crépies, qui dénotent une vie heureuse et confortable. Les vieilles sources, alimentées par les pluies et les neiges que retiennent les forêts, se sont remises à couler. On en a canalisé les eaux. À côté de chaque ferme, dans des bosquets[8] d'érables, les bassins des fontaines débordent sur des tapis de menthe fraîche. Les villages se sont reconstruits peu à peu. Une population venue des plaines où la terre se vend cher s'est fixée dans le pays, y apportant de la jeunesse, du mouvement, de l'esprit d'aventure. On rencontre dans les chemins des hommes et des femmes bien nourris, des garçons et des filles qui savent rire et ont repris goût aux fêtes campagnardes. Si on compte l'ancienne population, méconnaissable depuis qu'elle vit avec douceur et les nouveaux venus, plus de dix mille personnes doivent leur bonheur à Elzéard Bouffier.

Jean Giono, *L'Homme qui plantait des arbres* (1953), dans *Œuvres romanesques complètes*, © Gallimard (1980).

1. **bourrasques** : coups de vent violents. 2. **crépies** : repeintes.
3. **gueules-de-loup** : plantes ornementales à fleurs en grappe.
4. **anémones** : plantes de la famille des renoncules.
5. **Lazare** : personnage que Jésus aurait ressuscité, selon l'Évangile de Jean. 6. **orge** : céréale utilisée pour la nourriture du bétail. 7. **seigle** : céréale proche du blé. 8. **bosquets** : groupes d'arbres.

PREMIÈRE PARTIE (1 h 30)

Questions 15 PTS

Méthode pour réussir les questions

- Lisez attentivement le **texte** et le **paratexte** (chapeau, notes).
- Tenez compte des **titres des axes de lecture** : ils constituent des aides précieuses pour répondre aux questions.
- Rédigez des **phrases complètes** pour répondre. Prenez appui sur les termes des questions.
- Introduisez les **citations** par une phrase, mettez-les entre guillemets et précisez le numéro de la ligne.

I. Le narrateur et le cadre 6 PTS

1. À quelle personne le récit est-il conduit ? Quel rôle le narrateur joue-t-il dans l'histoire ? (1 PT)

2. *Je vis qu'on avait fait une fontaine* (l. 7-8), *qui nous séparent* (l. 30) : identifiez le mode et le temps des verbes et dites à quels moments ils renvoient. (2 PTS)

3. a. Relevez trois indications de temps qui permettent d'établir la chronologie des visites du narrateur. (1 PT)

b. *cette époque* (l. 31) : indiquez la classe du déterminant. De quelle époque est-il question ? (1 PT)

4. *on avait planté... un tilleul* (l. 9-10), *Si on compte* (l. 48) : dans quelle forme verbale le pronom *on* inclut-il le narrateur ? Qui désigne-t-il dans l'autre forme ? (1 PT)

> **1.** Le **narrateur** peut-être extérieur à l'histoire ou personnage de l'histoire (en tant qu'acteur ou témoin des événements).

> **4.** Le **pronom indéfini *on*** peut exclure ou inclure celui qui parle ou écrit.

II. La renaissance du pays 5,5 PTS

5. *remises* (l. 37), *reconstruits* (l. 41), *repris* (l. 47) : quel élément ces trois mots ont-ils en commun ? Que signifie-t-il ? (1 PT)

6. Quel est le champ lexical dominant dans les lignes 1 à 12 ? Citez les termes. Dans quelles lignes retrouve-t-on ce champ lexical ? Pourquoi est-il important ? (1,5 PT)

7. a. Relevez les antithèses dans les lignes 1 à 4 et 13 à 21. (1 PT)

b. *On avait déblayé les ruines, abattu les pans de murs délabrés et reconstruit cinq maisons* (l. 13 à 15) : réécrivez cette phrase à la forme passive. (1 PT)

c. Quels changements le narrateur note-t-il dans la végétation et l'habitat ? (1 PT)

> **5.** Un mot comporte un radical, un préfixe, un suffixe.

> **7 a.** Une **antithèse** est une figure de style qui exprime une opposition.
> **7 b.** Exemple de passage de la forme active à la **forme passive** : *Le vent a arraché un arbre.* → *Un arbre a été arraché par le vent.*

III. L'homme qui apporte le bonheur 3,5 PTS

8. a. *résurrection* (l. 12) : sur quel verbe ce nom est-il construit ? (0,5 PT)

b. Quel a été le rôle d'Elzéard Bouffier dans cette résurrection ? (0,5 PT)

c. Montrez comment les phénomènes se sont enchaînés ensuite. (1 PT)

9. Relevez à partir de la ligne 30 le lexique du bonheur et du bien-être. Quelle est la raison de ce bonheur ? (1,5 PT)

Réécriture 6 PTS

Réécrivez le passage des lignes 32 à 37 en remplaçant chaque nom au pluriel par le nom au singulier.

Dictée 4 PTS

Votre professeur vous dictera un autre passage de la nouvelle de Jean Giono.

DEUXIÈME PARTIE (1 h 30)

Rédaction 15 PTS

Méthode pour réussir la rédaction

- Soulignez **les mots clés** du sujet (sujet 1 : *agir pour la planète, racontez ;* sujet 2 : *presse jeunesse, convaincre, faire un geste pour la planète, écocitoyen*).
- Notez **le type de texte** demandé (récit ou article de presse).
- Soignez l'**orthographe** et la **ponctuation**.
- Choisissez un **vocabulaire** précis.

Vous traiterez l'un des deux sujets au choix.

1. Sujet d'imagination

Vous avez eu l'occasion d'agir pour la planète, même de façon modeste. En quelles circonstances ? Qu'avez-vous éprouvé et que comptez-vous faire encore ?

2. Sujet de réflexion

Un journal de la presse jeunesse vous demande d'écrire un article destiné à convaincre les jeunes (et les moins jeunes) de faire un geste, même modeste, pour la planète et d'avoir un comportement d'écocitoyen.

> **Méthode (sujet 2)**
> – Trouvez un titre percutant.
> – Soyez convaincant : donnez au moins deux arguments et des exemples.
> – Faites des phrases courtes, explicites, avec des termes forts.
> – Vous pouvez vous adresser à votre lecteur (pronom *vous*).

7

Design et architecture

• Qu'est-ce que le design ?

1849
Henry Cole, promoteur de l'Exposition universelle, lance le *Journal of Design*

1887-1965
Le Corbusier, architecte

1903-1999
Charlotte Perriand, architecte

1919-1933
École d'art du Bauhaus, en Allemagne : tous les objets fonctionnels doivent être des objets d'art.

1958
Mon oncle, film de Jacques Tati

1981
Inauguration du TGV

SOCLE **Compétence 5** – La culture humaniste

- Connaître des œuvres architecturales ou cinématographiques du patrimoine.
- Dégager la visée d'une œuvre artistique.
- Exprimer son avis sur une lecture, une œuvre d'art.

1 **Susan Ryder** (née en 1944), *Après dîner*, huile sur toile, 81,3 x 96,5 cm (collection privée).
Susan Ryder, célèbre en Angleterre, peint des portraits, des cottages, des intérieurs anglais.

Le saviez-vous ?

• Le mot anglais *design* vient du latin *designare*, « dessiner », puis de l'italien *disegno* qui signifie à la fois « dessin » et « dessein » (projet). Le designer est un **styliste** qui conçoit un objet (ou un espace) fonctionnel avec une exigence esthétique.

• On situe la **naissance du design** en **1851**, lors de la première Exposition universelle, à Londres, où se trouvèrent réunies les innovations techniques du monde entier.

Comparer et s'exprimer

1. Décrivez les deux intérieurs représentés. Notez les différences (lumière, occupation de l'espace…)
2. *J'affirme la nécessité de se débarrasser d'un maximum d'objets… La maison devient machine à habiter, la décoration, équipement et les sièges, machines à repos*, écrit Le Corbusier dans *L'Art décoratif aujourd'hui* (1925). En quoi cette affirmation s'applique-t-elle au salon de la photo 2 ?
3. Décrivez la pièce (chambre, salon) de vos rêves. Auquel de ces deux intérieurs ressemblera-t-elle ?

2 **Le Corbusier** (1887-1965), la villa Savoye à Poissy (1929-1931) : salon ouvert sur un toit-terrasse.
Cette maison de week-end construite pour la famille Savoye est considérée comme le modèle de la villa moderne ▸ aussi p. 147.

3 **Marianne Brandt** (1893-1983), théière en argent et ébène (1924), H 7,3 cm (collection privée).
Marianne Brandt fit partie de l'école d'art allemande du Bauhaus (fondée en 1919).

4 **Kem Weber** (1889-1963), fauteuil Airline, en bois d'érable et moleskine (1934), 78,7 x 86,3 x 63 cm (Museum of Fine Arts, Houston).
Ce fauteuil était destiné à être vendu en pièces détachées dans une boîte mais aucun fabricant n'en osa la production.

5 Le TGV (1993), designer **Roger Tallon** (1929-2011).
Le 27 septembre 1981 est inauguré le premier TGV, qui relie Paris à Lyon à plus de 300 km/h.

Comparer et s'exprimer

1. a. Quels sont les objets représentés ? Quelles sont leurs fonctions ?
b. Décrivez ces objets. Aidez-vous du vocabulaire donné.
2. Vous semblent-ils beaux ? fonctionnels ? les deux ?
3. Lequel de ces objets préférez-vous ? Dites pourquoi.

Les mots à connaître

aide

- Les nouvelles matières : l'acier inoxydable ou inox, les matières plastiques dont la bakélite, le plexiglas (plastique dur, transparent, imitant le verre), le bois (appliqué en plaques fines sur une matière), l'aluminium (métal blanc léger), la moleskine (toile imitant le cuir).
- Les formes et les lignes : courbes, fluides (légères et harmonieuses), aérodynamiques (allongées, offrant peu de résistance à l'air et favorisant la vitesse), épurées (sans ornementation), géométriques, tubulaires (en forme de tube), fuselées (longues et minces).

Retenir

- Le projet des designers repose sur une **utopie**, c'est-à-dire sur le **rêve d'un avenir meilleur fondé sur un nouvel art de vivre : environnement épuré**, sain, lumineux, **plaisant ; objets du quotidien** à la fois **beaux** (harmonie des formes, matières, couleurs) et **fonctionnels** (adaptés à leur fonction).
- La fascination pour la **vitesse** séduit de nombreux designers américains des années 1930 appartenant au mouvement **Streamline** (« cours du ruisseau ») qui s'inspire de la forme **aérodynamique** de la goutte d'eau. Ils créent des machines à la beauté dynamique (TGV) et des objets aux lignes fluides et aux courbes arrondies (théière...).

► Fiche HDA oral du brevet, p. 276

• Design et objets du quotidien

1 **Gerrit Thomas Rietveld** (1888-1964), fauteuil rouge et bleu (1918).

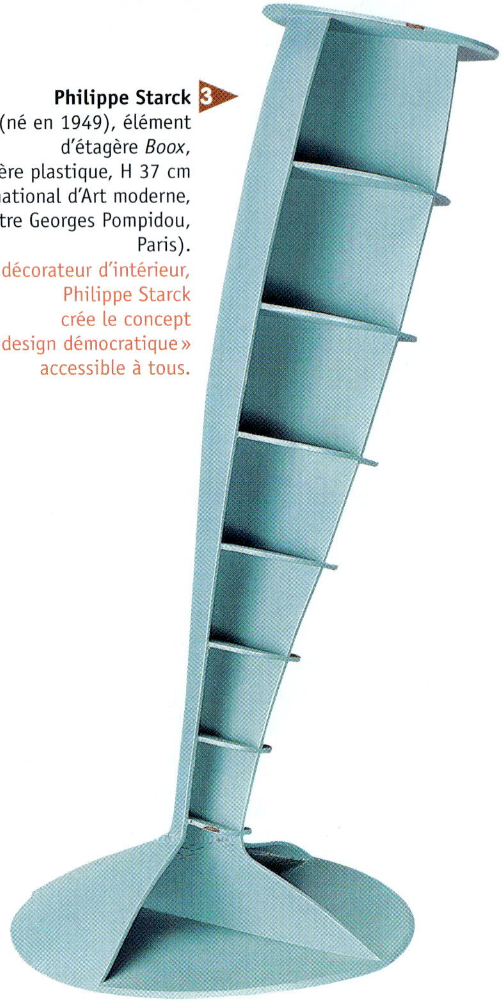

Philippe Starck 3 (né en 1949), élément d'étagère *Boox*, matière plastique, H 37 cm (musée national d'Art moderne, Centre Georges Pompidou, Paris).
Grand décorateur d'intérieur, Philippe Starck crée le concept de « design démocratique » accessible à tous.

Tweetie, brosse à laver la vaisselle de **Koziol**. 2

Comparer et s'exprimer

1. a. Quels sont les objets représentés ? En quoi sont-ils beaux ?
b. Lesquels sont amusants ? En quoi ?
2. Ces objets vous semblent-ils apporter un mieux-être dans la vie quotidienne ? Justifiez votre réponse.
3. Selon vous, un objet à usage quotidien peut-il et doit-il être beau ?
4. Vous êtes designer et vous avez créé un objet du quotidien (pour la salle de bains ou la cuisine).
a. Faites le dessin de cet objet.
b. Présentez cet objet à une firme industrielle. Rédigez votre argumentaire de vente (trouvez des arguments pour vanter le produit).

Retenir

- Le design s'introduit dans le quotidien pour l'**égayer** et favoriser le **bien-être** des personnes.
- Le célèbre designer français **Philippe Starck** s'est distingué dans plusieurs domaines (mobilier, décoration d'intérieur, mobilier urbain…). Ses objets de forme originale nous introduisent dans un monde rassurant et joyeux ► aussi p. 145.

► Fiche HDA oral du brevet, p. 276

• Design et nouvelles technologies

4 **Ive Jonathan** (né en 1967), ordinateur portable iBook (1999) d'Apple (musée national d'Art moderne, Centre Georges Pompidou, Paris).

5 **Philippe Starck** (né en 1949), souris d'ordinateur (2005), matière plastique (musée national d'Art moderne, Centre Georges Pompidou, Paris).

6 **Olivier Mével** et **Rafi Haladjian**, lapin robot *Nabaztag* (2005) de Mindscape.
Connecté à Internet par Wifi, ce robot bouge les oreilles, entend les instructions, fournit toutes sortes d'informations, lit des histoires…

7 **Jean-Yves Hepp**, tablette QOOQ (2009) de Unowhy.
Tablette tactile dédiée à la cuisine.

Comparer et s'exprimer

1. a. Décrivez chacun des objets.
b. Quelle est leur fonction ?
2. Apparaissent-ils comme rassurants (formes, couleurs…) ? Justifiez votre réponse.
3. En quoi ces objets ont-ils transformé notre univers ?
4. Quel est votre objet préféré ? Décrivez-le en quelques lignes.

Retenir

- Le design s'est rapidement introduit dans l'univers des **nouvelles technologies**.
- Apparaissent sur le marché des objets d'utilisation facile, à la **forme arrondie**, aux **couleurs gaies** et qui se fondent parfaitement dans l'**environnement domestique** : par exemple, l'iBook d'Apple pour lequel l'entrepreneur en informatique Steve Jobs s'est associé au dessinateur Jonathan Ive.

► Fiche HDA oral du brevet, p. 276

• Design et cinéma

Comparer et s'exprimer

1. Décrivez les deux lieux représentés ainsi que les personnages présents.
2. Quelle vision le film *Metropolis* donne-t-il de la cité futuriste ?
3. La banquette de la maison des Arpel vous semble-t-elle confortable ?
4. Imaginez le dialogue entre madame Arpel, qui vante les qualités de la banquette, et son amie, qui émet des doutes.

1 *Metropolis*, film muet en noir et blanc de **Fritz Lang** (1927).
Nous sommes en 2026, dans le bureau de Johhan Fredersen qui dirige, dans les hauteurs d'un building, la cité de Metropolis.

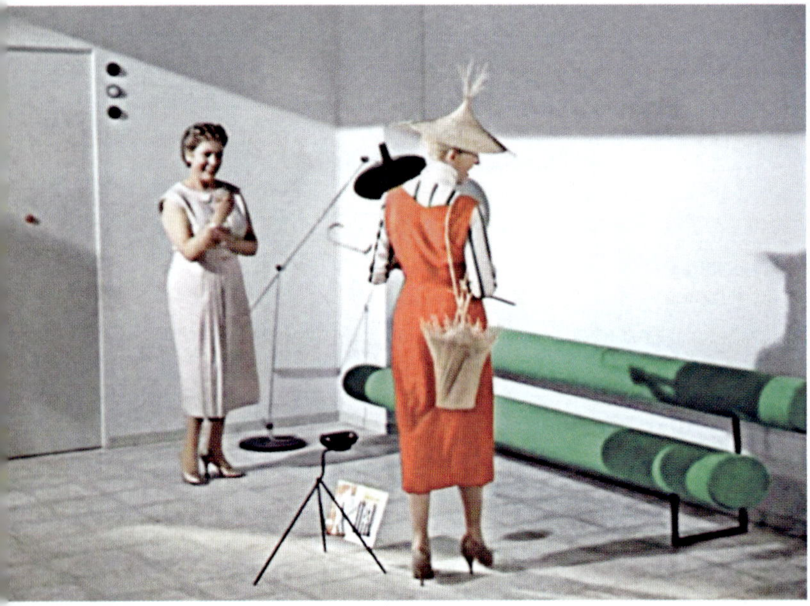

2 *Mon oncle*, film de **Jacques Tati** (1958).
Madame Arpel fait visiter sa villa ultramoderne à une amie.

Les mots à connaître (aide)

- **La robotique** : étude et fabrication de robots, machines qui se substituent à l'homme pour effectuer certaines tâches (robots ménagers…).
- **La domotique** : technologies informatiques appliquées à l'habitation (télécommandes, alarmes…).
- **Cité, architecture futuriste** : évoquant l'état futur de l'humanité tel qu'on peut l'imaginer.

Retenir

- L'univers de la science-fiction, monde de **cités futuristes** (*Metropolis*), offre aux designers un **réservoir d'idées** pour la création d'objets nouveaux.
- Certains films (*Metropolis*) dénoncent les **dangers de l'évolution technologique** qui peut rendre l'homme esclave de la machine. D'autres, comme *Mon oncle*, portent un regard amusé sur le modernisme à travers la caricature de la villa design des années 1950 : design et progrès deviennent synonymes d'**inconfort**.

► Fiche HDA oral du brevet, p. 276

• Deux maîtres du design

3 Charles Édouard Jeanneret Gris dit **Le Corbusier**, la facade de la villa Savoye à Poissy (1931) ▶ aussi p. 142.

4 **Charlotte Perriand**, bibliothèque de la maison de Tunisie dite « bibliothèque Nuage » (1952), acajou, aluminium, pin, tôle, 162 x 353 x 530 cm (musée national d'Art moderne, Centre Georges Pompidou, Paris).
Avec la bibliothèque Nuage, Charlotte Perriand crée le meuble en kit, à assembler soi-même.

Le saviez-vous ?

• **L'architecte Le Corbusier** (1887-1965), créateur de la Cité radieuse à Marseille, pose les bases de l'architecture moderne :
– des pilotis pour libérer de l'espace sous la maison ;
– un toit-terrasse pour gagner de l'espace (piscine, jardin...) ;
– des ouvertures sur les façades ;
– une fenêtre bandeau, en longueur, pour plus de lumière.

• **Charlotte Perriand** (1903-1999), architecte, designer, travaille avec Le Corbusier. Engagée aux côtés des ouvriers, elle milite pour l'amélioration du logement social et le gain de place. Influencée par le Japon où elle a travaillé, passionnée par le sport de montagne et l'écologie, elle crée par exemple, en 1936, le « Refuge Bivouac », œuvre préfabriquée, proche de la nature, en osmose avec l'arbre et la terre.

Comparer et s'exprimer

B2i **1.** Décrivez la villa Savoye. Retrouvez les principes de l'architecte. Quel passage du texte de Barjavel ▶ p. 129 fait écho à ces principes ?

2. Décrivez la bibliothèque de Charlotte Perriand. En quoi le nom de la bibliothèque révèle-t-il les préoccupations de la designer ?

3. Cherchez une photographie du Refuge Bivouac (par exemple sur le site internet du Centre Pompidou). En combien de jours peut-il être monté ? Quel est le matériau utilisé ?

4. Décrivez la maison que vous aimeriez habiter.

8 Argumenter à l'écrit et à l'oral

MÉTHODE

Objectifs du dossier

- Apprendre à argumenter à l'écrit : écrire un discours pour convaincre, rédiger un article de presse (critique de film), traiter un sujet de réflexion type brevet, écrire une lettre de motivation (demande de stage).
- Apprendre à argumenter à l'oral : se préparer à un débat et y participer.

Argumenter à l'écrit : le discours

George Orwell
(1903-1950)

La Ferme des animaux,
téléfilm de John Stephenson (1995).

Dans La Ferme des animaux, *George Orwell met en scène des animaux pour rendre compte de l'état de la société de son temps. Un cochon âgé et qui fait figure de sage s'adresse aux animaux de la ferme pour les inciter à la révolte.*

Quelle est donc, camarades, la nature de notre existence ? Regardons les choses en face : nous avons une vie de labeur, une vie de misère, une vie trop brève. Une fois au monde, il nous est tout juste donné de quoi survivre, et ceux d'entre nous qui ont la force voulue sont astreints[1] au travail jusqu'à ce qu'ils rendent l'âme. Et dans l'instant que nous cessons d'être utiles, voici qu'on nous égorge avec une cruauté inqualifiable. Passée notre première année sur cette terre, il n'y a pas un seul animal qui entrevoie ce que signifient des mots comme loisir ou bonheur. Et quand le malheur l'accable, ou la servitude, pas un animal qui soit libre. Telle est la simple vérité.

Et doit-il en être tout uniment[2] ainsi par un décret de la nature ? Notre pays est-il donc si pauvre qu'il ne puisse procurer à ceux qui l'habitent une vie digne et décente ? Non, camarades, mille fois non ! Fertile est le sol de l'Angleterre et propice son climat. Il est possible de nourrir dans l'abondance un nombre d'animaux bien plus considérable que ceux qui vivent ici. Cette ferme à elle seule pourrait pourvoir aux besoins d'une douzaine de chevaux, d'une vingtaine de vaches, de centaines de moutons – tous vivant dans l'aisance une vie honorable. Le hic, c'est que nous avons le plus grand mal à imaginer chose pareille. Mais puisque telle est la triste réalité, pourquoi en sommes-nous toujours à végéter dans un état pitoyable ? Parce que tout le produit de notre travail, ou presque, est volé par les humains. Camarades, là se trouve la réponse à nos problèmes. Tout tient en un mot : l'Homme. Car l'Homme est notre seul véritable ennemi. Qu'on le supprime, et voici extirpée la racine du mal. Plus à trimer sans relâche ! Plus de meurt-la-faim !

George Orwell, *La Ferme des animaux* (1945),
traduit de l'anglais par Jean Quéval, © Eric Blair, © Champ libre.

1. **astreints :** contraints.
2. **uniment :** simplement.

Comprendre le texte

1. La thèse : qui le cochon veut-il convaincre ? De quoi ?
2. Le problème posé (ou thème) : quel constat le cochon fait-il (l. 1 à 10) ?
3. Les procédés pour argumenter.
a. Les arguments et les exemples : relevez un argument et un exemple.
b. Les connecteurs : classez-les (cause, conséquence, opposition). Expliquez le raisonnement.
c. Le vocabulaire : classez les mots en gris en deux séries, selon qu'ils renvoient au bonheur ou au malheur.
d. Les types de phrases (interrogatif, exclamatif) : relevez-les. Quel est l'effet produit par leur emploi ?

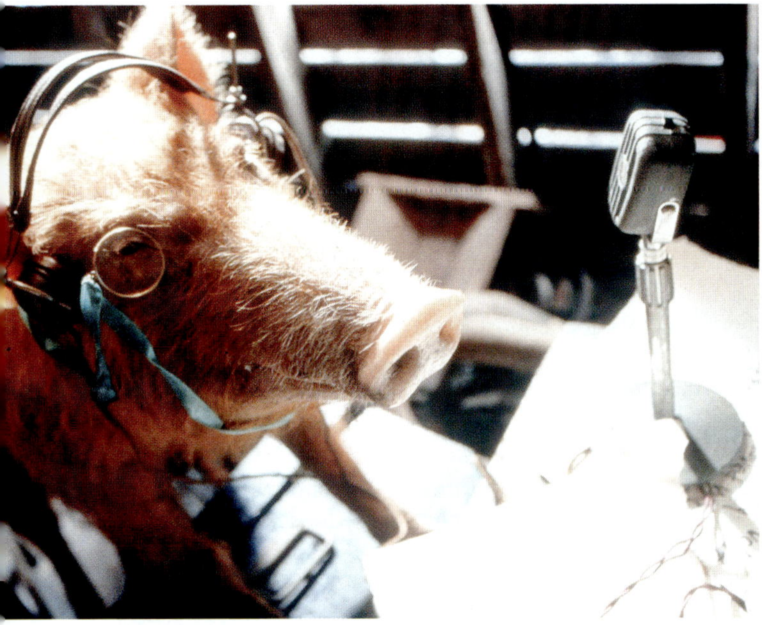

Retenir

- L'argumentateur expose sa **thèse** (position) sur un **thème** donné. Il cherche à **convaincre** le destinataire de partager son opinion (ou point de vue).
- Il utilise des **arguments** (tout élément venant à l'appui de la thèse) et des **exemples** (anecdotes, chiffres, expériences personnelles...). Les arguments sont reliés de manière **logique** au moyen de **connecteurs**.
- L'argumentateur utilise des tournures frappantes (emploi de **types et formes de phrases** variés). Il se réfère à des **valeurs** universelles : le bien, le juste, la paix, la vérité, le bonheur...

► Leçon 42, p. 372

Écrire un discours

4. Vous vous portez candidat à la fonction de délégué(e) de classe. Vous vous adressez à vos camarades pour les convaincre que vous saurez les représenter.

Méthode pour rédiger votre discours

• Faites votre annonce. – Exprimez-vous à la première personne ; désignez vos auditeurs selon l'effet que vous recherchez. Annoncez votre candidature. Insistez sur les enjeux et le sérieux du vote.	**Ex :** Mes chers camarades ; mes chers amis, vous tous, élèves de la 3e 2...
• Organisez votre discours. – Pourquoi vous présentez-vous ?	**Ex :** J'ai déjà exercé la fonction de délégué (*ou non* : J'aimerais l'exercer) ; j'ai le goût des responsabilités ; j'aime rendre service...
– Comment exercerez-vous votre fonction ? Mettez-vous en avant : quels sont vos atouts ? Faites référence aux valeurs que vous défendez.	**Ex :** J'ai un bon contact avec tout le monde, je ne suis pas timide, j'aime parler en public, je saurai me faire écouter... Je veux être au service de tous, faire en sorte que la classe exploite toutes ses qualités, qu'elle donne le meilleur d'elle-même ; je mettrai toujours en avant nos efforts, je servirai toujours d'intermédiaire pour vous aider à résoudre une difficulté... Si vous avez des problèmes, faites-m'en part...
–Terminez par un appel à voter pour vous. Vous pouvez imaginer un slogan.	**Ex :** Votez pour moi, vous serez dignement représentés ; vous ne serez pas déçus. N'en doutez pas, je serai à votre écoute et votre porte-parole fidèle tout au long de l'année...

MÉTHODE

Argumenter à l'écrit : la critique de film

*Voici deux critiques d'*Intouchables*, film d'Éric Toledano et Olivier Nakache, sorti en salles le 2 novembre 2011.*

Critique Cinéma Pour

Un « grand frère » de banlieue est engagé comme homme de compagnie auprès d'un riche aristocrate en fauteuil roulant. De cette rencontre improbable naîtra une complicité pour le moins inattendue. Raconté tel quel, le nouveau film du tandem des *Jours heureux* pourrait sembler banal sinon convenu. C'est tout l'inverse. D'abord parce que les réalisateurs ont eu l'idée de confier les rôles principaux à deux acteurs issus d'horizons fort différents : François Cluzet, passé maître dans l'art de la composition en vivant ses rôles davantage qu'en les interprétant, et Omar Sy, transfuge[1] du « SAV »[2], qui affirme ici l'autorité et la fantaisie d'un Eddie Murphy[3] français, aussi à son aise dans l'humour que dans l'émotion. Ensuite parce que cette comédie enthousiasmante tord le cou à tous les clichés[4] associés au handicap et aux cités. Du coup, on arrive à s'identifier à ces deux protagonistes car c'est précisément leur différence qui les rapproche. *Intouchables* fait partie de ces films très rares qui réchauffent le cœur et donnent à réfléchir sur l'insigne fragilité de la condition humaine sans apitoiement ni complaisance.

Jean-Philippe Guérand, sur le site *cinéma.nouvelobs.com*, 13 janvier 2012.

1. **transfuge :** qui passe d'un lieu à un autre.
2. **SAV** (service après-vente) : en référence au *SAV des émissions*, sketchs présentés par le duo comique Omar et Fred.
3. **Eddie Murphy :** acteur, chanteur et humoriste américain.
4. **clichés :** idées reçues (toutes faites).

Critique Cinéma Contre

Ça recommence, alors allons-y une fois de plus : une histoire vraie ne fait pas forcément un bon film. Et ce n'est pas parce qu'il est généreux qu'il est forcément génial. *Intouchables* ruisselle de bons sentiments, et c'est la barbe ! La barbe, aussi, avec les clichés démagos : le milliardaire paralysé qui n'aime que l'opéra (bien sûr !) et le gars du peuple, pas cultivé mais pétri de bon sens, qui, lui, se tord de rire devant Wagner[1] et l'art moderne qu'il copie avec succès. Ben voyons…

S'il y avait du rythme, au moins. Mais non. Au bout de dix minutes, les deux personnages sont clairement définis. Ils n'évolueront plus. Techniquement, c'est la même fadasserie : des champs-contrechamps, à satiété[2] durant près de deux heures. […] Décidément, 2011 risque d'être une sale année pour les fans du cinéma français qui croient encore à la mise en scène. […]

Pierre Murat, dans *Télérama* n° 2337 du 5 au 11 novembre 2011.

1. **Wagner (1813-1883) :** célèbre compositeur allemand.
2. **à satiété :** jusqu'à en être rassasié.

Comparer les textes

1. a. Quelle critique vous donne envie d'aller voir le film ? Laquelle vous en dissuade ?
b. Laquelle présente une argumentation structurée (connecteurs) pour convaincre ? Laquelle privilégie l'émotion pour persuader ?
2. Quelle critique présente un résumé du film ?
3. Quelle est la réaction de chacun des critiques face aux *clichés* ?
4. Montrez en citant le texte que chaque critique prend en compte des éléments se référant à l'art du cinéma.
5. Classez les mots et expressions en gris selon qu'ils traduisent un point de vue positif ou négatif.

Le vocabulaire pour exprimer un jugement

aide

- **Le vocabulaire mélioratif :** excellent, admirable, réussi, enthousiasmant, séduisant, captivant, extraordinaire, amusant, drôle, plein d'humour, touchant, émouvant, bouleversant, pertinent, juste, qui emporte l'adhésion, rare, fort, porteur de valeurs.
- **Le vocabulaire péjoratif :** mauvais, ennuyeux, décevant, déplaisant, détestable, désagréable, désastreux, horrible, insupportable, raté, banal, convenu, de mauvais goût, vulgaire, pas des plus réussis, on s'ennuie ferme, on sature, pas crédible.

Retenir

- Une critique est un texte qui présente un **jugement** sur une œuvre (livre, film, spectacle) et qui vise à **persuader** ou à **dissuader** le lecteur ou le spectateur de découvrir cette œuvre.
- La critique comporte une partie **informative** (auteur, genre, résumé rapide) et une partie **argumentative** (appréciation personnelle).

► Leçon 43, p. 374

Écrire une critique

6. Vous êtes responsable de la rubrique « Culture » dans le journal du collège. Rédigez un article critique sur un film de votre choix.

Méthode pour rédiger votre critique

• Présentez rapidement l'œuvre :	réalisateur, date, genre de film, principaux acteurs, résumé rapide… tout en donnant le ton : le lecteur doit vite comprendre si la critique sera négative ou positive. En fonction de votre jugement, vous pouvez terminer le résumé par : *Raconté tel quel, le film pourrait sembler banal.*
• Donnez votre point de vue	sur l'histoire, les valeurs mises en jeu par le film.
• Exprimez un jugement esthétique	sur l'œuvre en vous intéressant au jeu des acteurs et à la mise en scène, aux prises de vue.
• Exprimez votre jugement	par le choix d'un vocabulaire mélioratif ou péjoratif, par des phrases exclamatives, des commentaires entre parenthèses.
• Reliez vos analyses	par des connecteurs (*d'abord, puis, ensuite, parce que…* ► p. 153).

Argumenter à l'écrit : le sujet de réflexion au brevet

Philippe Delerm
(né en 1950)

Monsieur Spitzweg n'a pas de répondeur sur son vieux téléphone. Personne ne l'appelle. Quelle idée l'a donc pris d'acheter un portable ? Dès son apparition sur les trottoirs parisiens, cet objet l'a fasciné. Un jour, tout près de lui, un golden boy[1] a sorti l'appareil de sa poche, avec une désinvolture[2] calculée. Il a tiré la petite antenne, pianoté sur les touches, puis s'est mis à parler. Monsieur Spitzweg a senti aussitôt une grande bouffée de mélancolie le traverser. Quoi, en plein milieu de la rue de Rennes, à deux pas de la Fnac, on pouvait ainsi d'un seul coup s'envoler, faire semblant de continuer à marcher au cœur de la foule pressée, et parler en même temps à quelqu'un, dans un jardin, peut-être, ou au bord de la mer ?

Monsieur Spitzweg a songé aussitôt à Hélène Necker[3], ce qui ne lui était pas arrivé depuis longtemps – oui, c'est Hélène qu'il aurait appelée. [...]

▲ Dessin de Olislaeger.

Trois jours plus tard, monsieur Spitzweg s'est offert un portable. Au bureau de poste de la rue des Saints-Pères[4] il n'en a parlé à personne. Un peu lâchement, il a même fustigé[5] un jour devant ses collègues tous ces hommes d'affaires qui « se font voir » sur les trottoirs de la capitale. Depuis, la mode s'est tassée, la gloire du marcheur au portable a diminué. Mais pour monsieur Spitzweg, la magie demeure. Il ne « se fait pas voir ». Il se fait exister. Il rentre chez lui à pied. Arrivé sur la place de la Concorde, ou bien à la Madeleine, il sort son appareil d'un air gourmand, et tout à coup se sent en possession du monde. 08 36 68 02 75. Il appelle la météo. Monsieur Spitzweg aime savoir le temps qu'il va faire sur ses jours.

Philippe Delerm, *Il avait plu tout le dimanche* (1998), © Mercure de France.

1. **golden boy** : homme d'affaires dynamique (« trader »).
2. **désinvolture** : aisance un peu insolente.
3. **Hélène Necker** : la petite fille qu'il aimait lorsqu'il était enfant et qui en a épousé un autre.
4. **bureau de poste de la rue des Saints-Pères** : bureau où travaille monsieur Spitzweg.
5. **fustigé** : critiqué.

Comprendre le texte

1. Pour quelle raison monsieur Spitzweg a-t-il acheté un téléphone portable ?
2. Quel usage en fait-il réellement ?
3. Quelle critique émet-il sur les possesseurs de portable ?
4. Quel sentiment éprouve-t-il lorsqu'il a son portable à la main ? Citez le texte.

Le vocabulaire : les connecteurs (aide)

- **Introduire son opinion :** pour ma part, quant à moi, en ce qui me concerne.
- **Introduire une relation de cause / conséquence :** parce que, car, c'est pourquoi, par conséquent, donc, si bien que.
- **Classer les arguments :** en premier lieu, d'abord, puis, ensuite, enfin, pour conclure.
- **Ajouter des arguments :** en outre, de surcroît, non seulement... mais encore.
- **Opposer des arguments :** mais, cependant, toutefois, pourtant, néanmoins, en revanche, bien que, alors que.

Traiter un sujet de réflexion

Sujet 1 Pensez-vous qu'aujourd'hui il est indispensable de posséder un téléphone portable ?

(Pensez-vous : donner son opinion ; indispensable : problème posé ; téléphone portable : thème)

Méthode pour exprimer son opinion et la justifier

• Lisez bien le sujet. – Surlignez les mots importants.	
• Rédigez l'introduction. – Indiquez le thème, reformulez avec vos propres mots le problème posé, annoncez votre prise de position.	Ex : Le téléphone portable est aujourd'hui entre toutes les mains. **Mais** est-il réellement indispensable ? **Pour ma part**, je considère qu'il est très utile. OU **En ce qui me concerne**, je trouve que c'est un objet dont on pourrait très bien se passer.
• Développez votre réflexion. – Citez un argument par paragraphe, suivi d'un exemple. – Utilisez les connecteurs.	Ex : En premier lieu, c'est un outil de communication très précieux qui permet d'être joint à tout moment. **Ainsi**, mes parents me laissent plus volontiers sortir **car** ils savent toujours où je suis. OU Le portable supprime toute convivialité : les personnes passent leur temps les yeux rivés sur leur téléphone portable au lieu de prendre part à la conversation.
• Concluez. – Résumez votre point de vue.	Ex : **En bref**, le portable est devenu indispensable, qu'on soit jeune ou moins jeune. OU **Pour conclure**, je dirai que le téléphone portable est une invention intéressante, certes, mais dont on doit pouvoir se passer.

Traiter un sujet de réflexion

Sujet 2 Quels sont les avantages et les inconvénients du téléphone portable ? Lesquels l'emportent selon vous ?

(avantages : analyser le pour ; inconvénients : et le contre ; téléphone portable : thème ; Lesquels l'emportent selon vous : donner son opinion)

Méthode pour envisager le pour et le contre

• Lisez bien le sujet. – Surlignez les mots importants.	
• Introduisez le sujet. – Indiquez le thème et annoncez le plan (avantages et inconvénients ou l'inverse).	Ex : Le téléphone portable est aujourd'hui entre toutes les mains **mais** son usage est parfois bien contesté. S'il est **utile**, il comporte aussi de nombreux **inconvénients**. OU Il comporte sans doute de nombreux **inconvénients mais** il est bien **utile**.
• Développez votre réflexion en deux paragraphes. – Reliez les paragraphes par une phrase de transition. – Utilisez les connecteurs.	Ex : Comme nous l'avons vu, le téléphone portable présente bien des avantages, **pourtant** son utilisation abusive peut aussi se révéler nuisible. OU Ainsi, on fait bien des reproches au téléphone portable, **néanmoins** on a du mal à s'en passer.
• Concluez. – Selon vous, les avantages l'emportent-ils sur les inconvénients ou l'inverse ?	Ex : Malgré les quelques **inconvénients** que nous avons évoqués, je pense que le téléphone portable fait désormais partie des nouveaux **besoins** du monde moderne.

Argumenter à l'écrit : la lettre de demande de stage

Mathilde Dufourt [1]
3, place de la République
75010 Paris
Téléphone : 01 48 22...
Email : mathilde.dufourt@...

À Monsieur le Rédacteur en chef [2]
L'Actu
14 bis rue des Minimes
75003 Paris

Paris, le 7 novembre 2012 [3]

Objet : demande de stage d'observation[4]

Monsieur le Rédacteur en chef,[5]

Élève de 3e au collège Boris Vian[6], je dois effectuer un stage de découverte en entreprise d'une durée d'une semaine, à compter du 3 décembre 2012.[7] Ce stage est destiné à me permettre de préciser mon orientation et mon projet professionnels.[8]

Passionnée par l'information, je suis particulièrement intéressée par le métier de journaliste. C'est pourquoi, pour effectuer ce stage, je m'adresse à votre journal, dont je suis une fidèle lectrice. J'apprécierais beaucoup de pouvoir participer à une conférence de rédaction, de pouvoir suivre un journaliste dans ses investigations et d'acquérir une première expérience de rédaction.[9]

Je serais heureuse, si vous le jugez utile, de mettre à votre disposition ma modeste expérience acquise à la rédaction du journal du collège.[10]

Dans l'attente d'une réponse favorable de votre part, je vous prie d'agréer, Monsieur le Rédacteur en chef, mes respectueuses salutations.[11]

M Dufourt [12]

1. Vos coordonnées
2. Nom et adresse de l'entreprise
3. Lieu et date
4. La raison de votre lettre
5. Formule d'appel
6. Qui vous êtes
7. Nature, durée et dates du stage
8. Objectifs du stage
9. Votre motivation et vos attentes
10. Votre désir de vous impliquer dans l'entreprise
11. Formule finale
12. Signature

Rédigez votre lettre de demande de stage

Rédigez la lettre de motivation que vous allez écrire à l'entreprise de votre choix pour lui demander de vous accueillir en stage.

Méthode pour rédiger votre lettre

• Attention. – Si vous écrivez à plusieurs entreprises, personnalisez votre lettre selon les destinataires. Renseignez-vous sur les entreprises que vous contactez : votre lettre doit montrer à votre destinataire que vous n'avez pas choisi son entreprise au hasard. **• Utilisez l'exemple ci-dessus pour présenter votre lettre.** **• La formule d'appel diffère selon la fonction de votre interlocuteur.**	Ex : *Maître* pour un avocat, *Monsieur le Directeur* pour un chef d'entreprise...
• Soignez la formule d'introduction. – Indiquez la formation scolaire que vous poursuivez.	
• Précisez votre demande et les dates du stage.	Ex : Je me permets de m'adresser à vous car... Je souhaiterais effectuer un stage du... au...
• Donnez vos motivations, précisez vos centres d'intérêt.	Ex : Je m'intéresse particulièrement à... Ce stage me donnera l'occasion de...
• Terminez par une formule finale qui laisse espérer une réponse favorable.	Ex : J'espère vivement que vous pourrez accorder une suite favorable à ma demande.
• Votre lettre doit être manuscrite, écrite à l'encre bleue ou noire et ne comporter aucune faute d'orthographe ni rature.	

MÉTHODE

Argumenter à l'oral : participer à un débat

Débattre

Vous avez à débattre sur le sujet suivant : êtes-vous pour ou contre le port de l'uniforme ou d'une blouse au collège ?

Le vocabulaire pour mener un bon débat

aide

- **Pour donner votre avis :** Je suis d'avis que… ; Il me semble que… ; Je suis convaincu que… ; Pour ma part, je crois que…
- **Pour s'opposer ou concéder** (admettre en partie les propos de l'autre) **:** Je respecte ton opinion, mais permets-moi de ne pas la partager (ou de penser différemment) ; Je ne suis pas du tout de cet avis ; Ce que tu dis est vrai, mais… ; Sans doute, mais… ; Tu dis que…, mais en ce qui me concerne, je pense que… ; Tu as raison sur ce point mais…
- **Pour approuver :** Je pense moi aussi que… ; J'admets en effet que… ; Je suis de ton avis sur ce point… ; Je suis tout à fait d'accord avec ce que tu as dit…
- **Pour renforcer et approfondir :** J'ajouterais que… ; On peut également souligner le fait que…
- **Pour conclure une intervention :** Par conséquent (*ou* Donc, c'est pourquoi…), je pense que…. ; Je considère enfin que… ; Pour terminer, j'insisterai sur le fait que… ; N'oublions pas, pour finir, que…

Méthode pour participer à un débat

• **À savoir.** • Pour participer **efficacement à un débat**, il faut **connaître le sujet** débattu et **avoir préparé** son argumentation. • Il faut aussi **savoir écouter** les participants et respecter la prise de parole des autres.	
• **Préparez-vous.** • **Cernez le sujet** : soulignez les mots clés qui vont vous permettre de mettre en évidence les points à débattre.	**Ex :** uniforme, collège.
• **Documentez-vous** : recherchez sur Internet, dans des livres ou magazines, des informations (enquêtes, chiffres…) en rapport avec votre sujet (et de toutes opinions).	**Ex :** http://blog.crdp-versailles.fr/schpountz/index.php/post/05/11/2010/L-uniforme-au-collège,-Pour-ou-Contre
• **Sélectionnez des arguments** : notez-les et associez-les à des exemples précis (pris dans votre culture ou votre expérience personnelle).	**Ex : Arguments POUR :** le port de l'uniforme gomme les différences sociales. Il évite la compétition des marques. **Arguments CONTRE :** le port de l'uniforme entrave l'épanouissement de la personnalité. Il n'y aura plus de moyen de s'exprimer à travers ses vêtements.
• **Participez.** • **Demandez la parole** à l'animateur du débat. • **Présentez vos arguments**, soit en appuyant ce qui vient d'être dit, soit en vous y opposant, soit en apportant des restrictions, des nuances, des précisions : indiquez votre position à l'aide d'un connecteur logique ou d'une formule appropriée.	**Ex :** Tu as sans doute raison de dire que le port de l'uniforme gomme les différences, mais tu oublies qu'il ne les supprime pas.
• Illustrez vos arguments à l'aide d'exemples précis.	**Ex :** Il est inexact que l'on perd sa personnalité lorsqu'on est en uniforme. J'ai en effet une amie qui porte un uniforme et qui réussit à personnaliser sa tenue.
• **Gardez votre calme** : acceptez la contradiction ; profitez des échanges pour approfondir votre point de vue.	

9 Héros et héroïnes tragiques

Objectifs du chapitre

- Comparer le traitement du mythe antique dans les tragédies antiques, classiques et modernes.
- Découvrir trois héros mythiques : Œdipe, Antigone et Andromaque.
- Connaître les caractéristiques de la tragédie et son évolution à travers les siècles.

Sotigui Kouyaté (Œdipe), dans *Œdipe ou la Controverse* de Sophocle, adaptation et mise en scène de **Sotigui Kouyaté** (théâtre des Bouffes du Nord, Paris, 2003).

Cécile Brune (Andromaque), **Céline Samie** (Céphise) et **Léonie Simaga** (Hermione), dans *Andromaque* de Jean Racine, mise en scène de **Muriel Mayette** (Comédie-Française, Paris, 2010).

Œdipe. – J'ai tué celui qu'il ne fallait pas. J'ai épousé celle qu'il ne fallait pas. J'ai perpétué ce qu'il ne fallait pas. Lumière est faite…

Jean Cocteau, « Œdipe Roi », *La Machine infernale* (1934), © Grasset & Fasquelle, 1938.

Ce qui était beau du temps des Grecs et qui est beau encore c'est de connaître d'avance le dénouement. C'est ça le vrai « suspense »…

Jean Anouilh (1942).

▲ **Évelyne Didi** (Hécabé), **Laure Thiéry** (Andromaque), **Emmanuelle Wion** (Cassandre) et **Frédérique Loliée** (Hélène), dans *Femmes de Troie*, texte et mise en scène de **Matthias Langhoff** d'après Euripide (théâtre national de Bretagne, Rennes, 1998).

- Quel est le titre de la pièce ? sa date de représentation ?
- Quels éléments renvoient à l'Antiquité ? Lesquels renvoient à notre époque ?
- En quoi cette image introduit-elle dans l'univers de la tragédie ?

Du mythe antique à la tragédie moderne

L'origine de la tragédie

▲ Masque tragique du Ier siècle (musées du Capitole, Rome, Italie).

- Les premières tragédies sont nées en Grèce de **fêtes religieuses**. À l'origine, un groupe d'hommes, appelé le **chœur**, chantait des poèmes sacrés et mimait la **vie des dieux**. À partir du VIe siècle av. J.-C., on dressa une estrade (**scène**) sur laquelle parut un **acteur** qui **dialoguait avec le chœur**, puis il y eut deux, puis trois acteurs qui se donnaient la réplique. Par la suite, le rôle du chœur s'estompa, il fut chargé de **commenter l'action** et d'exprimer des **émotions**.
- Les représentations théâtrales avaient lieu dans de **vastes théâtres en plein air** lors des fêtes de **Dionysos**, dieu de la vigne, du vin et de l'inspiration. Les acteurs étaient tous des hommes et portaient des **masques**. Les pièces de théâtre présentées sous forme de **concours** étaient récompensées par des juges tirés au sort.

La tragédie antique et les mythes (Ve siècle av. J.-C.)

- La tragédie antique s'inspire des **mythes**, récits fabuleux qui racontent l'histoire de dieux, héros ou monstres au destin exceptionnel. Les mythes ont des significations complexes, ils expliquent des **phénomènes naturels** (origine du monde) ou les grandes **préoccupations humaines** (le destin, la liberté, l'amour, la mort).
- Voici quelques mythes antiques que vous retrouverez dans ce chapitre :
  – Le mythe d'**Œdipe** : Œdipe, devenu roi de Thèbes par son mariage avec la reine Jocaste, découvre qu'il est malgré lui l'assassin de son père et l'époux de sa mère. Il se crève les yeux de désespoir. Il est chassé de Thèbes par ses fils qui s'entretuent pour régner ; Créon (frère de Jocaste) prend alors le pouvoir ► p. 160, 162.
  – Le mythe d'**Antigone** : Antigone, fille d'Œdipe, enterre son frère Polynice alors

Vue du théâtre d'Épidaure en Grèce (IVe siècle av. J.-C.). ►

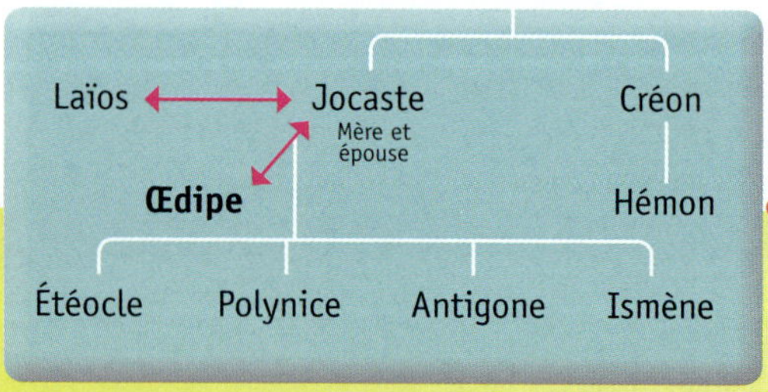

507 à 404 av. J.-C.
Démocratie athénienne

442 av. J.-C.
Antigone de Sophocle (496-406 av. J.-C.)

Vers 424 av. J.-C.
Andromaque d'Euripide (480-406 av. J.-C.)

que le roi Créon l'a interdit de sépulture, le considérant comme traître à la patrie ; elle est mise à mort ► p. 164, 166, 167 et 184.

– Le mythe d'**Andromaque** : au cours de la guerre de Troie (opposant Grecs et Troyens), le prince troyen Hector, époux d'Andromaque, a été tué par le Grec Achille. Après la victoire des Grecs, Andromaque devient la captive de Néoptolème, le fils d'Achille, dont elle a un fils, Molossos. Cependant, Hermione, l'épouse de Néoptolème, dévorée par la jalousie, cherche à se venger d'Andromaque ► p. 170 et 173.

- Quelques tragédies grecques sont parvenues jusqu'à nous, parmi lesquelles : *Antigone* ► p. 164 et *Œdipe Roi* ► p. 160, de **Sophocle** (496-406 av. J.-C.) ; *Andromaque* ► p. 170, d'**Euripide** (480-406 av. J.-C).

▲ **Bernard Daydé** (1921-1986), maquette de costume pour le personnage d'Hector dans *La guerre de Troie n'aura pas lieu* de Jean Giraudoux, mise en scène de **Jean Marchat** (Festival de Baallbeck, Liban, 1955).

La tragédie classique et les mythes (XVIIe siècle)

- **Jean Racine** (1639-1699) écrit une *Andromaque* (1667), pièce dans laquelle il met en scène des personnages prisonniers d'un **destin** qui les dépasse, confrontés à la **passion amoureuse** ou à l'**amour non partagé** ► p. 173.

La tragédie moderne et les mythes (XXe siècle)

- Dans la première moitié du XXe siècle, les dramaturges sont désireux de **renouveler la tragédie.** L'utilisation des **mythes** permet de s'interroger sur le rôle du **destin** et de la **fatalité** dans des époques troublées par les **guerres** et la **menace fasciste.**

- **Jean Giraudoux** (1882-1944) montre dans *La guerre de Troie n'aura pas lieu* (1935) que l'homme est le jouet des dieux : la guerre aura lieu. **Jean Cocteau** (1889-1963), dans *La Machine infernale* ► p. 162, enrichit le mythe d'Œdipe de son histoire personnelle. **Jean Anouilh** (1910-1987) transpose dans le monde moderne la tragédie de Sophocle, *Antigone* (1944 ► p. 166, 167 et 184). La figure d'Antigone pose la question de la **Résistance** ou de l'obéissance au pouvoir mais Anouilh s'est défendu de réduire la pièce à cette seule lecture.

Ai-je bien lu ?

1. Quelles sont les origines de la tragédie ? Citez deux dramaturges grecs.
2. Quels sont les auteurs classiques et modernes qui se sont inspirés de mythes grecs ? dans quelles pièces ?
3. Pourquoi les auteurs du XXe siècle ont-ils travaillé sur des mythes antiques ?

Vers 420 av. J.-C.	1661-1715	1667	1934	1939-1945	1944
Œdipe Roi de Sophocle	Règne de Louis XIV	*Andromaque* de Racine (1639-1699)	*La Machine infernale* de Cocteau (1889-1963)	Seconde Guerre mondiale	*Antigone* d'Anouilh (1910-1987)

Sophocle
496-406 av. J.-C.

Le saviez-vous ?

• **Œdipe** est le fils de **Laïos**, roi de Thèbes, et de la reine **Jocaste**. L'oracle[1] de Delphes ayant prédit aux parents que leur fils **tuerait son père** et **épouserait sa mère**, ceux-ci demandèrent à un serviteur d'abandonner l'enfant qui venait de naître. Mais il fut recueilli et élevé par Polybe, roi de Corinthe.

• Plus tard, Œdipe apprend de l'oracle le terrible **destin** qui l'attend. Il fuit ceux qu'il croit être ses parents ; au croisement du carrefour de Daulie et de Delphes, il tue accidentellement un homme (qui se trouve être son père, Laïos). Il arrive à Thèbes, alors menacée par le Sphinx, résout l'énigme qui lui est posée[2] et obtient pour récompense la main de la reine Jocaste, veuve du roi Laïos...

Extrait 1

L'accomplissement du destin

La peste ravage Thèbes. L'oracle déclare qu'il faut punir le meurtrier de Laïos pour faire cesser le mal. Œdipe mène l'enquête. Or, voici qu'un messager arrive de Corinthe pour lui annoncer la mort de Polybe. Œdipe croit avoir échappé à son destin (tuer son père), mais le messager lui révèle que Polybe est son père adoptif et qu'un serviteur de Laïos lui a remis autrefois un enfant. Œdipe retrouve ce serviteur.

ŒDIPE. – C'est toi qui lui[3] remis l'enfant dont il nous parle ?
LE SERVITEUR. – C'est moi. J'aurais bien dû mourir le même jour.
ŒDIPE. – Refuse de parler, et c'est ce qui t'attend.
LE SERVITEUR. – Si je parle, ma mort est bien plus sûre encore.
ŒDIPE. – Cet homme m'a tout l'air de chercher des délais[4].
LE SERVITEUR. – Non, je l'ai dit déjà : c'est moi qui le remis.
ŒDIPE. – De qui le tenais-tu ? De toi-même ou d'un autre ?
LE SERVITEUR. – Il n'était pas à moi. Je le tenais d'un autre.
ŒDIPE. – De qui ? de quel foyer de Thèbes sortait-il ?
LE SERVITEUR. – Non, maître, au nom des dieux, n'en demande pas plus.
ŒDIPE. – Tu es mort, si je dois répéter ma demande.
LE SERVITEUR. – Il était né chez Laïos.
ŒDIPE. – Esclave ?... Ou parent du roi ?
LE SERVITEUR. – Hélas ! j'en suis au plus cruel à dire.
ŒDIPE. – Et pour moi à entendre. Pourtant je l'entendrai.
LE SERVITEUR. – Il passait pour son fils... Mais ta femme, au palais, peut bien mieux que personne te dire ce qui est.
ŒDIPE. – C'est elle qui te l'avait remis ?
LE SERVITEUR. – C'est elle, Seigneur.
ŒDIPE. – Dans quelle intention ?
LE SERVITEUR. – Pour que je le tue.
ŒDIPE. – Une mère !... La pauvre femme !

1. **oracle** : réponse faite par un prêtre (ou une prêtresse), inspiré par les dieux.
2. L'énigme était : « Quel est l'être qui marche sur quatre pattes le matin, sur deux le midi, sur trois le soir ? ». La réponse était : « L'homme, du bébé au vieillard avec sa canne ».
3. **lui / ce vieillard** : désigne le messager venu de Corinthe.
4. **délais** : prolongation de temps.
5. Après avoir appris la nouvelle, Œdipe se crèvera les yeux.

Le Serviteur. – Elle avait peur d'un oracle des dieux.

Œdipe. – Qu'annonçait-il ?

Le Serviteur. – Qu'un jour, prétendait-on, il tuerait ses parents.

Œdipe. – Mais pourquoi l'avoir, toi, remis à ce vieillard[3] ?

Le Serviteur. – J'eus pitié de lui, maître. Je crus, moi, qu'il l'emporterait au pays d'où il arrivait. Il t'a sauvé la vie, mais pour les pires maux ! Si tu es vraiment celui dont il parle, sache que tu es né marqué par le malheur.

Œdipe. – Hélas ! hélas ! ainsi tout à la fin serait vrai ! Ah ! lumière du jour, que je te voie ici pour la dernière fois[5], puisque aujourd'hui, je me révèle le fils de qui je ne devais pas naître, l'époux de qui je ne devais pas l'être, le meurtrier de qui je ne devais pas tuer !

Sophocle, *Œdipe Roi* (vers 420 av. J.-C.),
traduit du grec par Alphonse Dain et Paul Mazon, © Les Belles Lettres.

Dégager l'essentiel

a. Qui est Œdipe ? Comment est-il devenu roi de Thèbes ?

b. Pourquoi mène-t-il une enquête ?

c. Qui Œdipe interroge-t-il ?

d. Quelle monstrueuse révélation lui est faite ?

Analyser le texte

● La quête de la vérité

1. Pourquoi la révélation de son adoption par le roi de Corinthe rapproche-t-elle Œdipe de la vérité ?

2. Comment l'interrogatoire est-il mené par Œdipe ? Appuyez-vous sur la longueur des répliques et les marques de menace.

3. a. Montrez que le serviteur retarde la révélation finale. Notez les informations qu'il fournit peu à peu.

b. Quelles précautions de langage prend-il pour faire l'annonce finale (l. 16-17) ? Pourquoi ?

● Un personnage marqué par le destin

4. a. Par quel moyen les parents d'Œdipe ont-ils cherché à éviter l'accomplissement de l'oracle ?

b. Quel a été alors le rôle du serviteur ? Au nom de quel sentiment a-t-il agi ?

c. Quelles paroles du serviteur montrent que le destin d'Œdipe était inévitable ?

5. a. Quelle est la réaction d'Œdipe à la fin du dialogue ? Appuyez-vous sur les interjections, le type de phrases et la construction de la dernière phrase.

b. Quelle décision prend-il ?

6. Quels sont les deux sens possibles (propre et figuré) que peut prendre l'expression *Ah ! lumière du jour, que je te voie ici pour la dernière fois* (l. 30-31) ?

7. **La portée du texte.** Pensez-vous que notre destin est écrit d'avance et qu'il est impossible d'y échapper ?

Enrichir son vocabulaire

Le préfixe *mal-* / *mé-*

tu es né marqué par le malheur (l. 29)

8. Complétez avec le préfixe *mal-*, *mé-* ou *més-*.

a. Qui n'a pas de chance. : …chanceux. b. Qui fait du mal à autrui : …faisant. c. Qui a changé au point qu'on ne le reconnaît pas : …connaissable. d. Qui a de mauvaises intentions : …intentionné. e. Qui dit du mal de quelqu'un : …disant. f. Mauvaise entente : …entente.

Œdipe de Sophocle, adaptation et mise en scène de **Philippe Adrien** (théâtre de la Tempête, Cartoucherie de Vincennes, 2009).

Jean Cocteau
(1889-1963)

DICO

Préparer la lecture

1. Situez sur une carte de la Grèce le Péloponnèse, la mer Égée et ces villes : Athènes, Thèbes, Corinthe, Delphes.
2. Relisez l'extrait 1 ► p. 160 pour pouvoir comparer les deux scènes, de Sophocle et de Cocteau.
3. Combien de siècles séparent les deux auteurs ?

Extrait 2

La révélation monstrueuse

Devant Créon, Tirésias et Jocaste, Œdipe vient de dire qu'il se souvient d'avoir tué un vieillard au carrefour de Daulie et de Delphes. À ces mots, Jocaste quitte la pièce effondrée. Créon dit à Œdipe qu'il faut punir le meurtrier de Laïos. Œdipe, craignant de comprendre, va retrouver Jocaste pour lui parler mais il revient bouleversé et annonce à Créon et Tirésias qu'elle s'est pendue à son écharpe. Tirésias déclare à Œdipe que c'est lui le meurtrier de Laïos. Pour preuve, il a fait venir le berger qui a abandonné Œdipe enfant dans la montagne.

ŒDIPE. – Quel est cet homme ?
CRÉON. – L'homme qui t'a porté blessé et lié sur la montagne d'après les ordres de ta mère. Qu'il avoue.
LE BERGER[1]. – Parler m'aurait valu la mort. Princes, que ne suis-je mort afin de ne pas vivre cette minute.
ŒDIPE. – De qui suis-je le fils, bonhomme ? Frappe, frappe vite.
LE BERGER. – Hélas !
ŒDIPE. – Je suis près d'une chose impossible à entendre.
LE BERGER. – Et moi… d'une chose impossible à dire.
CRÉON. – Il faut la dire. Je le veux.
LE BERGER. – Tu es le fils de Jocaste, ta femme, et de Laïus[2] tué par toi au carrefour des trois routes. Inceste et parricide[3], les dieux te pardonnent[4].
ŒDIPE. – J'ai tué celui qu'il ne fallait pas. J'ai épousé celle qu'il ne fallait pas. J'ai perpétué[5] ce qu'il ne fallait pas. Lumière est faite…
Il sort. […]

1. **Le berger :** serviteur de Laïos chargé d'abandonner l'enfant.
2. **Laïus :** nom latin de Laïos.
3. **parricide :** meurtre du père et de la mère.

◄ **Christian Bérard** (1902-1949), maquettes de costumes (Le soldat, Jocaste et Tirésias) pour *La Machine infernale* de Jean Cocteau, mise en scène de **Louis Jouvet** (Comédie des Champs-Élysées, Paris, 1934).

4. **les dieux te pardonnent :** que les dieux te pardonnent.
5. **perpétué :** continué (Œdipe a eu quatre enfants avec Jocaste).
6. **Antigone :** fille d'Œdipe et de Jocaste, nièce de Créon.
7. **logette :** balcon.
8. **broche :** bijou.
9. **qu'on me lapide :** qu'on me lance des pierres.
10. **augure :** prêtre romain chargé d'observer certains signes pour prédire l'avenir.

La petite Antigone[6], les cheveux épars, apparaît, à la logette[7].

ANTIGONE. – Mon oncle ! Tirésias ! Montez vite, vite, c'est épouvantable ! J'ai entendu crier dans la chambre ; petite mère ne bouge plus, elle est tombée de tout son long et petit père se roule sur elle et il se donne des coups dans les yeux avec sa grosse broche[8] en or. Il y a du sang partout. J'ai peur ! J'ai trop peur, montez… montez vite… […]

La porte s'ouvre. Œdipe aveugle apparaît. Antigone s'accroche à sa robe.

TIRÉSIAS. – Halte !

CRÉON. – Je deviens fou. Pourquoi a-t-il fait cela ? Mieux valait la mort.

TIRÉSIAS. – Son orgueil ne le trompe pas. Il a voulu être le plus heureux des hommes, maintenant il veut être le plus malheureux.

ŒDIPE. – Qu'on me chasse, qu'on m'achève, qu'on me lapide[9], qu'on abatte la bête immonde.

ANTIGONE. – Père !

ŒDIPE. – Laisse-moi… ne touche pas mes mains, ne m'approche pas.

TIRÉSIAS. – Antigone !

Mon bâton d'augure[10]. Offre-le-lui de ma part. Il lui portera chance.

Jean Cocteau, *La Machine infernale* (1934), extrait de l'acte IV « Œdipe Roi »,
© Grasset & Fasquelle, 1938.

Dégager l'essentiel

a. Quelle révélation le berger fait-il à Œdipe ?

b. Quelles en sont les conséquences ?

Analyser le texte

● De Sophocle à Cocteau

1. a. Qui mène l'interrogatoire d'Œdipe chez Cocteau ? Appuyez-vous sur des phrases injonctives.

b. L'interrogatoire est-il aussi long que chez Sophocle ? Pourquoi ?

2. Quelles répliques sont proches du texte de Sophocle ? Relevez des termes précis.

3. a. Comparez les répliques d'Œdipe (formes de phrases, lexique, expressions parallèles) : l. 30 à 33, p. 161 et l. 16 à 20, p. 162.

b. *Lumière est faite* (l. 19-20) : quel est le sens du mot *lumière* ici ?

● Une vérité tragique

4. À quelle scène Antigone a-t-elle assisté ? Quels sentiments éprouve-t-elle ? Appuyez-vous sur le lexique et les types de phrases.

5. a. Pourquoi Œdipe s'est-il crevé les yeux ?

b. Comment Œdipe se considère-t-il à la fin du passage ? Citez le texte.

6. Expliquez la réplique de Tirésias (l. 31-32).

7. Quel objet Tirésias donne-t-il à Œdipe ? Montrez qu'Œdipe est passé par les trois étapes de l'énigme du Sphinx ► note 2, p. 160.

8. a. Quelles réactions cette scène peut-elle susciter chez le spectateur ?

b. Quel sens pouvez-vous donner au titre de la pièce de Cocteau, *La Machine infernale* ?

9. La portée du texte. L'orgueil est-il une qualité ou un défaut, d'après vous ?

Enrichir son vocabulaire

Le suffixe *-cide*

10. Décomposez et expliquez le mot *parricide* (l. 14).

11. Trouvez les mots correspondant aux définitions suivantes.

a. Celui qui tue sa mère. **b.** Le fait de tuer son enfant. **c.** Produit qui élimine des insectes. **d.** Produit qui détruit les mauvaises herbes. **e.** Qui protège les cultures contre les parasites.

Réécrire

12. Réécrivez à la 2e personne du singulier et du pluriel de l'impératif présent la réplique d'Œdipe des lignes 33-34. Commencez par : *Chasse-moi…*

13. Réécrivez à la 3e personne du singulier du subjonctif présent la réplique d'Œdipe de la ligne 36. Commencez par : *Qu'on me…*

Sophocle
496-406 av. J.-C.

Préparer la lecture

1. Qu'appelle-t-on le *chœur* dans une tragédie antique ► Repères, p. 158 ? Quel est son rôle ?
2. Qui est Hadès ?
3. Cherchez dans le glossaire le sens du mot *stichomythie*. Apprenez sa définition.

Extrait 1

Lois divines, lois humaines

Œdipe a été chassé de Thèbes par ses fils Étéocle et Polynice. Étéocle devient roi de Thèbes, puis refuse de céder comme convenu au bout d'un an le pouvoir à Polynice qui attaque Thèbes. Les deux frères s'entretuent. Leur oncle Créon devient roi ; il décide de punir Polynice le traître en privant son cadavre de funérailles. Mais Antigone est allée le recouvrir de terre. Elle est arrêtée et conduite devant Créon.

CRÉON. – […] (*À Antigone.*) Mais toi, réponds sans détours en peu de mots. Connaissais-tu la défense[1] que j'avais fait publier ?

ANTIGONE. – Je la connaissais. Comment ne pas la connaître ? Elle était publique.

CRÉON. – Et pourtant tu as osé transgresser[2] cette loi ?

ANTIGONE. – Ce n'était ni Zeus ni la Justice[3], compagne des dieux infernaux[4], qui avaient publié une pareille loi. Et je ne pensais pas que les décrets eussent assez de force pour que les lois non écrites, mais immuables, émanées des dieux, dussent céder à un mortel[5]. Car elles ne sont ni d'aujourd'hui, ni d'hier ; elles sont éternelles et personne ne sait quand elles ont pris naissance. Je ne devais donc pas, par crainte de froisser l'orgueil d'un mortel[6], m'exposer à la vengeance des dieux pour les avoir transgressées. Je savais que je devais mourir (pouvais-je l'ignorer ?), même sans ton arrêt. Mais si je meurs avant le temps, c'est pour moi grand profit, je le déclare. Quand on vit, comme je fais, au milieu des maux, comment la mort ne serait-elle pas un avantage ? Aussi le sort qui m'attend ne me cause aucune peine. Au contraire, si j'avais laissé sans sépulture celui qui connut les mêmes parents que moi, grande serait mon affliction[7]. Ce que j'ai fait ne m'en cause aucune. Si donc ma conduite te paraît insensée, peut-être est-ce un fou qui me taxe de folie.

LE CHŒUR. – À ce caractère farouche[8] on reconnaît la fille du farouche Œdipe. Elle ne sait pas céder au malheur. […]

ANTIGONE. – Il n'y a point de honte à honorer un frère.

CRÉON. – N'était-il pas aussi ton frère, celui qui est mort en combattant contre lui ?

ANTIGONE. – Oui, fils de la même mère et du même père.

CRÉON. – Pourquoi donc cet hommage et ce service[9] qui te rendent impie[10] envers lui ?

ANTIGONE. – Ce langage, le mort ne l'approuverait pas.

CRÉON. – Mais tu le mets au même rang que l'impie.

ANTIGONE. – Polynice n'est pas mort son esclave, mais son frère.

1. **défense :** interdiction.
2. **transgresser :** désobéir à une règle.
3. **Justice :** déesse de la justice.
4. **infernaux :** des enfers (séjour des morts pour les Grecs).
5. Antigone ne pensait pas que les lois humaines puissent l'emporter sur les lois divines.
6. **mortel :** Créon.
7. **affliction :** profond chagrin.
8. **farouche :** intransigeant.
9. **service :** service dû aux morts.
10. **impie :** qui offense la religion.
11. **vertu :** conduite irréprochable.
12. **maximes :** règles de conduite.
13. **ont crédit :** sont valables.

CRÉON. – Il ravageait ce pays ; l'autre le défendait.
ANTIGONE. – Cependant Hadès désire que les lois soient égales.
CRÉON. – Mais la vertu[11] et le crime ne méritent pas le même traitement.
ANTIGONE. – Qui sait si ces maximes[12] ont crédit[13] dans les enfers ?
CRÉON. – Jamais un ennemi, pas même après sa mort, ne devient un ami.
ANTIGONE. – Moi, je suis née pour partager l'amour et non la haine.
CRÉON. – Va donc aux enfers ; puisque tu as besoin d'aimer, aime ceux qui les habitent. Moi vivant, une femme ne fera pas ici la loi.

Sophocle, *Antigone* (442 av. J.-C.), second épisode, traduit du grec par J. Bousquet et M. Vacquelin.

Dégager l'essentiel

a. Quelle est la défense (l'interdiction) publiée par Créon ? Dans quel but ?
b. Quel acte Antigone a-t-elle accompli ? Quel est son lien de parenté avec Créon ? Et avec Polynice ?
c. Quelle décision Créon prend-il à la fin de l'extrait ?

Analyser le texte

Un conflit politique et moral

1. a. Au nom de quelles lois et de quelles valeurs Antigone conteste-t-elle la loi de Créon ? Appuyez-vous sur les termes qui caractérisent ces lois et sur la périphrase par laquelle elle désigne son frère (l. 15 à 19).
b. Considère-t-elle qu'elle est impie envers Étéocle, son autre frère ? Pourquoi ? Citez le texte (l. 28 à 36).
2. a. Quelle distinction Créon fait-il entre les deux frères d'Antigone (l. 31 à 35) ? Appuyez-vous sur des antonymes.
b. Quel est donc son devoir de roi à l'égard de la cité de Thèbes ?
3. Antigone est-elle convaincue par les arguments de Créon, à la fin de l'échange ?

Une héroïne intransigeante

4. De quelle qualité Antigone fait-elle preuve face à Créon ?
5. a. Quel choix Antigone fait-elle à la fin de sa tirade (l. 13 à 15) ?
b. En éprouve-t-elle de la tristesse ? Justifiez votre réponse.
6. Quels sont les points communs entre Antigone et Œdipe, d'après le chœur ? Citez le texte.
7. Quelle est la valeur suprême pour Antigone ? Expliquez sa dernière réplique.
8. **La portée du texte.** Un règlement, une loi peuvent-ils se discuter ?

Enrichir son vocabulaire

Autour du mot *loi* (l. 15)

Le nom *loi* vient du latin *lex, legis*.

9. Complétez les phrases avec ces mots formés sur les radicaux *loi* ou *leg-* : *illégitime, légiférer, loyauté, légal, illicite, déloyal*.
a. Les députés sont élus pour .... b. Tricher est un acte .... c. Il a été nommé tuteur .... des enfants de son frère. d. Le téléchargement .... de musique et de films est sévèrement puni. e. Vos craintes n'ont pas de raison d'être, elles sont .... f. Avant le combat, les adversaires ont juré de combattre avec ....

Elsa Lepoivre (Antigone) et **Marcel Bozonnet** (Créon), dans *Antigone* de Sophocle, mise en scène de **Marcel Bozonnet** (théâtre de la Bastille, Paris, 1999).

Jean Anouilh
(1910-1987)

Extrait 2

Une mort annoncée

[Voici le début de la pièce avec la didascalie initiale.]

Un décor neutre. Trois portes semblables. Au lever du rideau, tous les personnages sont en scène. Ils bavardent, tricotent, jouent aux cartes. Le Prologue se détache et s'avance.

LE PROLOGUE[1]. – Voilà. Ces personnages vont vous jouer l'histoire d'Antigone. Antigone, c'est la petite maigre qui est assise là-bas, et qui ne dit rien. Elle regarde droit devant elle. Elle pense. Elle pense qu'elle va être Antigone tout à l'heure, qu'elle va surgir soudain de la maigre jeune fille noiraude et renfermée que personne ne prenait au sérieux dans la famille et se dresser seule en face du monde, seule en face de Créon, son oncle, qui est le roi. Elle pense qu'elle va mourir, qu'elle est jeune et qu'elle aussi, elle aurait bien aimé vivre. Mais il n'y a rien à faire. Elle s'appelle Antigone et il va falloir qu'elle joue son rôle jusqu'au bout… Et, depuis que ce rideau s'est levé, elle sent qu'elle s'éloigne à une vitesse vertigineuse de sa sœur Ismène, qui bavarde et rit avec un jeune homme, de nous tous, qui sommes là bien tranquilles à la regarder, de nous qui n'avons pas à mourir ce soir.

Jean Anouilh, *Antigone* (1946), © La Table Ronde.

1. **Prologue** : dans la tragédie grecque, personnage chargé de présenter la pièce.

Analyser le texte

● Une représentation théâtrale

1. Qui les pronoms *vous* (l. 4) et *nous* (l. 15) désignent-ils ? Expliquez le passage d'un pronom à l'autre.

2. Relevez les expressions qui montrent que l'on est au théâtre. À quel moment de la journée la représentation a-t-elle lieu ?

3. Selon vous, qu'est-ce qu'un *décor neutre* (l. 1) ?

● Le tragique moderne

4. Quelle image se dégage du personnage d'Antigone ? Appuyez-vous sur des termes précis. En quoi diffère-t-elle de sa sœur Ismène ?

5. Quel destin est annoncé pour Antigone ? Relevez un adjectif et un verbe répétés qui la présentent comme une héroïne tragique.

6. a. Quel indice, dans la didascalie initiale, ne renvoie pas à l'Antiquité ?

b. Relevez des exemples de familiarité dans le discours du Prologue. Quel est l'effet produit ?

7. À votre avis, puisque le spectateur connaît la fin tragique d'Antigone, quel sera l'intérêt de la pièce ? Serons-nous *bien tranquilles* (l. 15-16) à la fin du spectacle ?

Enrichir son vocabulaire

Les suffixes péjoratifs

8. Identifiez le suffixe péjoratif dans *noiraude* (l. 8).

9. Retrouvez les noms, adjectifs et verbes péjoratifs formés avec les suffixes *-aud*, *-aille(r)*, *-ard*, *-asse(r)*.

a. qui est lourd. **b.** d'un jaune terne. **c.** un vilain blond. **d.** qui conduit mal (mauvais chauffeur). **e.** vieux morceaux de fer. **f.** nourriture abondante et médiocre (*à partir du verbe* manger). **g.** traîner en perdant son temps. **h.** mou (sans énergie). **i.** qui pleurniche. **j.** discuter de façon interminable.

B2i **Préparer la lecture**

1. Quels étaient les rites funèbres dans l'Antiquité grecque ?
2. Relisez l'extrait d'*Antigone* de Sophocle ▶ p. 164.

Extrait 3

Le pouvoir de dire « non »

Antigone est allée recouvrir de terre le corps de son frère Polynice. Elle est arrêtée et conduite devant Créon.

CRÉON. – Tu y crois donc vraiment, toi, à cet enterrement dans les règles ? À cette ombre de ton frère condamnée à errer toujours si on ne jette pas sur le cadavre un petit peu de terre avec la formule du prêtre ? Tu leur as déjà entendu la réciter, aux prêtres de Thèbes, la formule ? Tu as vu ces pauvres têtes d'employés fatigués écourtant les gestes, avalant les mots, bâclant ce mort pour en prendre un autre avant le repas de midi ?

ANTIGONE. – Oui, je les ai vus.

CRÉON. – Est-ce que tu n'as jamais pensé alors que si c'était un être que tu aimais vraiment, qui était là, couché dans cette boîte, tu te mettrais à hurler tout d'un coup ? À leur crier de se taire, de s'en aller ?

ANTIGONE. – Si, je l'ai pensé.

CRÉON. – Et tu risques la mort maintenant parce que j'ai refusé à ton frère ce passeport dérisoire, ce bredouillage en série sur sa dépouille, cette pantomime dont tu aurais été la première à avoir honte et mal si on l'avait jouée. C'est absurde !

ANTIGONE. – Oui, c'est absurde.

CRÉON. – Pourquoi fais-tu ce geste, alors ? Pour les autres, pour ceux qui y croient ? Pour les dresser contre moi ?

ANTIGONE. – Non.

CRÉON. – Ni pour les autres, ni pour ton frère ? Pour qui alors ?

ANTIGONE. – Pour personne. Pour moi.

CRÉON *la regarde en silence*. – Tu as donc bien envie de mourir ? Tu as l'air d'un petit gibier pris.

ANTIGONE. – Ne vous attendrissez pas sur moi. Faites comme moi. Faites ce que vous avez à faire. Mais si vous êtes un être humain, faites-le vite. Voilà tout ce que je vous demande. Je n'aurai pas du courage éternellement, c'est vrai.

CRÉON, *se rapproche*. – Je veux te sauver, Antigone.

ANTIGONE. – Vous êtes le roi, vous pouvez tout, mais cela, vous ne le pouvez pas.

CRÉON. – Tu crois ?

ANTIGONE. – Ni me sauver, ni me contraindre.

CRÉON. – Orgueilleuse ! Petite Œdipe !

ANTIGONE. – Vous pouvez seulement me faire mourir.

CRÉON. – Et si je te fais torturer ?

ANTIGONE. – Pourquoi ? Pour que je pleure, que je demande grâce, pour que je jure tout ce qu'on voudra, et que je recommence après, quand je n'aurai plus mal ?

◀ **Barbara Schulz** (Antigone) dans *Antigone* de Jean Anouilh, mise en scène de **Nicolas Briançon** (théâtre Marigny, Paris, 2003).

Barbara Schulz (Antigone) ▶
dans *Antigone* de Jean Anouilh,
mise en scène
de **Nicolas Briançon**
(théâtre Marigny,
Paris, 2003).

CRÉON, *lui serre le bras.* – Écoute-moi bien. J'ai le mauvais rôle, c'est entendu, et tu as le bon. Et tu le sens. Mais n'en profite tout de même pas trop, petite peste... Si j'étais une bonne brute ordinaire de tyran, il y aurait déjà longtemps qu'on t'aurait arraché la langue, tiré les membres aux tenailles, ou jetée dans un trou. Mais tu vois dans mes yeux quelque chose qui hésite, tu vois que je te laisse parler au lieu d'appeler mes soldats ; alors, tu nargues, tu attaques tant que tu peux. Où veux-tu en venir, petite furie ?

ANTIGONE. – Lâchez-moi. Vous me faites mal au bras avec votre main.

CRÉON, *qui serre plus fort.* – Non. Moi, je suis le plus fort comme cela, j'en profite aussi.

ANTIGONE, *pousse un petit cri.* – Aïe !

CRÉON, *dont les yeux rient.* – C'est peut-être ce que je devrais faire après tout, tout simplement, te tordre le poignet, te tirer les cheveux comme on fait aux filles dans les jeux. (*Il la regarde encore. Il redevient grave. Il lui dit tout près.*) Je suis ton oncle, c'est entendu, mais nous ne sommes pas tendres les uns pour les autres, dans la famille. Cela ne te semble pas drôle, tout de même, ce roi bafoué[1] qui t'écoute, ce vieux[2] homme qui peut tout et qui en a vu tuer d'autres, je t'assure, et d'aussi attendrissants que toi, et qui est là, à se donner toute cette peine pour essayer de t'empêcher de mourir ?

[Créon explique alors à Antigone que s'il a refusé des funérailles à Polynice, c'est pour des raisons politiques : il fallait montrer ce qu'il advient des traîtres.]

CRÉON. – [...] Pour que les brutes que je gouverne comprennent, il faut que cela pue le cadavre de Polynice dans toute la ville, pendant un mois.

ANTIGONE. – Vous êtes odieux !

CRÉON. – Oui, mon petit. C'est le métier qui le veut. Ce qu'on peut discuter, c'est s'il faut le faire ou ne pas le faire. Mais si on le fait, il faut le faire comme cela.

ANTIGONE. – Pourquoi le faites-vous ?

CRÉON. – Un matin, je me suis réveillé roi de Thèbes. Et Dieu sait si j'aimais autre chose dans la vie que d'être puissant...

ANTIGONE. – Il fallait dire non, alors !

CRÉON. – Je le pouvais. Seulement, je me suis senti tout d'un coup comme un ouvrier qui refusait un ouvrage. Cela ne m'a pas paru honnête. J'ai dit oui.

ANTIGONE. – Hé bien, tant pis pour vous. Moi, je n'ai pas dit « oui » ! Qu'est-ce

1. **bafoué** : méprisé.
2. **vieux** : mis pour *vieil.*
3. **votre nécessité** : vos obligations.

que vous voulez que cela me fasse, à moi, votre politique, votre nécessité[3], vos pauvres histoires ? Moi, je peux dire « non » encore à tout ce que je n'aime pas et je suis seul juge. Et vous, avec votre couronne, avec vos gardes, avec votre attirail, vous pouvez seulement me faire mourir parce que vous avez dit « oui ».

Jean Anouilh, *Antigone* (1946), © La Table Ronde.

Robert Hossein (Créon) ► et **Barbara Schulz** (Antigone) dans *Antigone* de Jean Anouilh, mise en scène de **Nicolas Briançon** (théâtre Marigny, Paris, 2003).

Dégager l'essentiel

a. Comment Créon tente-t-il de détourner Antigone de son projet ?

b. Pourquoi le fait-il ?

c. Quel pouvoir Antigone a-t-elle sur Créon ?

Analyser le texte

● De Sophocle à Anouilh

1. a. Pour quelle unique raison l'Antigone de Sophocle ► p. 164 est-elle allée enterrer son frère ?

b. Comparez avec l'Antigone d'Anouilh : ses motivations sont-elles claires ? Pour qui agit-elle finalement ?

c. En quoi, malgré leurs différences, les deux Antigone sont-elles des personnages tragiques ?

2. a. Créon croit-il à la valeur religieuse des rites funèbres ?

b. Relevez les termes dévalorisants et familiers dans les lignes 1 à 15.

3. Quel est le niveau de langage utilisé dans la pièce d'Anouilh ? Donnez des exemples. Est-ce celui d'une tragédie ?

● Les relations entre Créon et Antigone

4. Comparez le Créon de Sophocle et celui d'Anouilh. En quoi diffèrent-ils ?

5. Comment Créon conçoit-il sa fonction de roi (l. 81-82) ? À qui se compare-t-il ?

6. a. Expliquez l'expression *J'ai dit oui* (l. 82).

b. Comment Antigone juge-t-elle cette acceptation ?

7. Relevez les menaces verbales et physiques faites par Créon. Ont-elles un effet sur Antigone ?

8. a. Montrez en citant le texte qu'Antigone provoque Créon et qu'elle n'accepte aucune contrainte.

b. Qui, selon vous, prend le dessus à ce moment de l'échange ?

9. La portée du texte. Est-il plus facile de dire oui ou de dire non ? Envisagez plusieurs cas (vie quotidienne, circonstances politiques, historiques...).

Enrichir son vocabulaire

Autour du mot *politique* (l. 84)

Le mot *politique* vient du grec *polis* qui signifie « cité ».

10. À partir de ces définitions, trouvez les mots formés avec la racine grecque *poli / pole*.

a. Règles qui régissent le comportement en société. b. Personne qui exerce une action politique. c. Personne assurant le maintien de l'ordre public. d. Vaste cimetière dans l'Antiquité. e. Très grande agglomération urbaine. f. État considéré par rapport à ses territoires extérieurs et colonies. g. Moyen de transport urbain.

Écrire

11. Au moment de mourir, Antigone regrette sa décision et évoque toutes les raisons qu'elle avait de dire *oui* (joie de vivre, amour des êtres humains et de la nature, projets d'avenir...).

Consignes d'écriture

- *Utilisez les types de phrases et le lexique des sentiments.*
- *Vous pouvez commencer par :* Et voilà, maintenant je vais mourir...

Euripide
(480-406 av. J.-C)

Préparer la lecture

1. Recherchez l'histoire de la guerre de Troie. Quels en sont les principaux héros ?
2. Quel auteur a fait le récit de cette guerre ? Dans quelle œuvre ?
3. Cherchez les définitions de la métaphore et de l'anaphore ► Leçon 39, p. 364.

Extrait 1

L'impossible choix

Après la chute de Troie et la mort de son mari Hector, Andromaque est devenue l'esclave de Néoptolème (autre nom de Pyrrhus, ► p. 173*) avec qui elle a eu un fils, Molossos. Pour échapper à Hermione, épouse de Néoptolème, qui désire sa mort et celle de son fils, Andromaque cache l'enfant et se réfugie dans le temple de Thétis. Ménélas, le père d'Hermione, arrive devant le temple avec Molossos, qu'il a retrouvé.*

MÉNÉLAS, *portant le jeune Molossos*

[…] Si tu acceptes de mourir, l'enfant que voici échappe à son sort,
mais je le tue si tu refuses.
L'un de vous deux doit renoncer à la vie.

▼ **Christine Gagnieux** (Andromaque) et **le chœur** à droite, dans *Andromaque* d'Euripide, mise en scène de **Jacques Lassalle** (festival d'Avignon, cour d'honneur du Palais des Papes, 1994).

ANDROMAQUE

Hélas, quel lot cruel tu m'obliges à tirer[1] ! […]
Ah ! c'est trop de malheurs ! Ô ma déplorable patrie,
comme je suis traitée ! Que m'a servi d'avoir un fils
si c'était pour doubler le poids de ma misère ?
Mais à quoi bon pleurer ainsi ? Les maux présents
devraient me trouver les yeux secs, indifférente,
moi qui vis Hector égorgé, traîné aux roues d'un char,
moi qui vis Troie impitoyablement brûlée[2],
moi qui vins en esclave[3] aux navires des Grecs,
traînée par les cheveux, et, à peine arrivée
en Phthie[4], qui fus unie aux meurtriers d'Hector[5] !
Quelle joie puis-je avoir à vivre ? vers quoi regarder,
vers le malheur présent ou le malheur passé ?
Un enfant me restait, c'était l'œil de ma vie.
Ils vont le tuer, ils l'ont décidé.
Ma misérable vie ne vaut pas un tel prix.
En lui, s'il est sauvé, est encore un espoir,
et la honte est sur moi si je ne meurs pour lui[6].
(*Elle se lève.*)
Vois, je quitte l'autel[7] et me livre à vos mains.
Vous pouvez m'égorger, me tuer, me lier, me pendre.
Ô mon petit, moi qui t'ai mis au monde, pour t'épargner la mort
je descends vers l'Hadès[8]. Si tu évites l'heure fatale
souviens-toi de ta mère, de ma fin douloureuse.
Quand tu embrasseras ton père,
serre-le en pleurant contre toi,
dis-lui ce que j'ai fait. Pour tous les hommes je le sais,
les enfants sont la vie. Qui n'en a pas et nous méprise
évite bien des peines, mais il se loue d'une infortune[9]. […]

MÉNÉLAS

Saisissez-moi cette femme, gardes. Tenez-la à deux bras.
Car elle va entendre un discours qui n'est pas pour lui plaire.
Je te tiens ! Pour te faire quitter le saint autel de la déesse
j'ai mis en avant la vie de ton fils, t'amenant ainsi
à te livrer entre mes mains, et pour être tuée.
En ce qui te regarde, c'est résolu, sache-le bien.
Pour ton enfant, ma fille[10] en sera juge,
qu'elle décide ou non de le faire mourir.
Allons, rentre dans la maison afin d'y apprendre enfin,
toi l'esclave, à ne plus offenser des gens libres.

ANDROMAQUE

Hélas, tu me tendais un piège, et j'y suis prise !

Euripide, *Andromaque* (vers 424 av. J.-C),
traduit du grec par Marie Delcourt-Curvers, © Gallimard.

1. **quel lot… à tirer :** quel destin cruel tu m'obliges à choisir.
2. Allusion à la mort de son mari Hector et à la chute de Troie brûlée par les Grecs.
3. Andromaque a dû embarquer sur le navire de Néoptolème (Grec vainqueur).
4. **Phthie :** Épire (Grèce), royaume d'Achille et de son fils Pyrrhus (Néoptolème).
5. **meurtriers d'Hector :** Néoptolème est le fils d'Achille, meurtrier d'Hector.
6. **pour lui :** à sa place.
7. **autel :** table de sacrifices (offrande aux dieux).
8. **Hadès :** royaume des morts.
9. **il se loue d'une infortune :** il se félicite de ne pas avoir d'enfant, alors que c'est un malheur de ne pas en avoir.
10. **ma fille :** Hermione.

Dégager l'essentiel

a. Pourquoi Andromaque a-t-elle caché son fils et trouvé refuge dans un temple ?

b. Quel personnage a découvert son fils ? Quel chantage exerce-t-il sur elle ?

c. Quel choix Andromaque fait-elle ?

d. Dans quel piège tombe-t-elle ? Quel sera son sort ? Et celui de son fils ?

Analyser le texte

● Le sacrifice d'une mère

1. Quelle est la réaction d'Andromaque aux premières paroles de Ménélas ?

2. a. Par quelle métaphore Andromaque désigne-t-elle son fils ?

b. Hésite-t-elle à se sacrifier pour lui (v. 17 à 26) ?

c. *Vous pouvez m'égorger, me tuer, me lier, me pendre* (v. 24) : identifiez la figure de style et le champ lexical.

● La dimension pathétique

3. Quelles sont les souffrances endurées par Andromaque à cause de la guerre de Troie (v. 5 à 16) ? Appuyez-vous sur le vocabulaire, les types de phrases, l'anaphore et l'énumération.

4. a. En quoi les paroles adressées par Andromaque à son fils sont-elles pathétiques ?

b. Quelle scène future se plaît-elle à imaginer ? Relevez le vocabulaire de la tendresse.

c. Quelles demandes lui adresse-t-elle avec insistance ?

● Un piège odieux

5. a. Quel moyen Ménélas a-t-il employé pour parvenir à ses fins ? Comment qualifiez-vous sa conduite ?

b. Comment traite-t-il Andromaque ? Citez le texte (v. 33 à 42).

6. **La portée du texte.** Aimez-vous voir ou lire des scènes tristes et pathétiques ? Pourquoi ?

Jean Maublanc (1582-1628), *La Prise de Troie* (détail), huile sur toile (musée des Beaux-Arts, Besançon).

Enrichir son vocabulaire

La famille du mot *pleur*

Ô ma déplorable patrie (v. 5)

7. Complétez avec ces mots de la famille du mot *pleur* : *éplorée, implorante, implore, déploré, déplorable, pleureur, pleurnicher.*

a. Il y a un magnifique saule ...... dans le parc. b. Cesse de ...... pour un rien. c. Nous avons ...... votre absence. d. Ce comportement est .... e. Andromaque est une veuve .... f. Andromaque ...... Ménélas d'épargner son enfant. g. Elle s'adresse à lui d'une voix ....

Jouer et mettre en scène

8. Par groupes de deux, apprenez la scène en vous répartissant les rôles (et deux camarades joueront le rôle des gardes, v. 33).

Consignes de jeu

- *Choisissez quelques accessoires de décor (poupée pour figurer l'enfant, table recouverte d'un drap pour l'autel de la déesse).*
- *Réfléchissez aux jeux de scène (didascalies, vers 1, 23, 33).*
- *Choisissez les intonations et les expressions qui conviennent à la situation.*

Écrire

9. Dans l'espoir qu'il vivra, Andromaque écrit une lettre à son fils avant de mourir. Commencez par : *Ô mon petit, moi qui t'ai mis au monde.*

Consignes d'écriture

- *Respectez les codes du genre épistolaire.*
- *Utilisez le vocabulaire des sentiments.*

Textes et images | Andromaque, princesse captive

Jean Racine
(1639-1699)

Préparer la lecture

1. Relisez l'extrait 1 ▸ p. 170 pour pouvoir comparer les scènes d'Euripide et de Racine.
2. Combien de siècles séparent les deux auteurs ?
3. Cherchez ce que sont un dilemme et une anaphore ▸ Leçon 39, p. 364.

Extrait 2

Le dilemme tragique

Après la guerre de Troie, Andromaque, veuve du prince troyen Hector, est prisonnière de Pyrrhus, roi d'Épire et fils d'Achille, le meurtrier de son époux. Les Grecs réclament la mort d'Astyanax, le fils qu'elle a eu avec Hector, de crainte qu'il ne venge un jour son père ; mais Pyrrhus, épris d'elle, exerce un odieux chantage : soit elle l'épouse et il sauvera Astyanax, soit elle refuse et il livrera l'enfant aux Grecs. Céphise, confidente d'Andromaque, lui conseille d'épouser Pyrrhus.

Sylvie Milhaud (Andromaque), ▲ dans *Andromaque* de Jean Racine, mise en scène de **Jean-Louis Martinelli** (théâtre national de Strasbourg, 1997).

Acte III, scène 8
ANDROMAQUE, CÉPHISE

ANDROMAQUE

[...] Songe, songe, Céphise, à cette nuit cruelle
Qui fut pour tout un peuple une nuit éternelle[1] ;
Figure-toi Pyrrhus, les yeux étincelants,
Entrant à la lueur de nos palais brûlants ;
Sur tous mes frères morts se faisant un passage,
Et de sang tout couvert échauffant[2] le carnage.
Songe aux cris des vainqueurs, songe aux cris des mourants,
Dans la flamme étouffés, sous le fer expirants ;
Peins-toi dans ces horreurs Andromaque éperdue :
Voilà comme[3] Pyrrhus vint s'offrir à ma vue ;
Voilà par quels exploits il sut se couronner,
Enfin voilà l'époux que tu me veux donner.
Non, je ne serai point complice de ses crimes ;
Qu'il nous prenne, s'il veut, pour dernières victimes.
Tous mes ressentiments[4] lui seraient asservis[5].

CÉPHISE

Eh bien, allons donc voir expirer votre fils :
On n'attend plus que vous. Vous frémissez, Madame ?

ANDROMAQUE

Ah ! de quel souvenir viens-tu frapper mon âme !
Quoi, Céphise, j'irai voir expirer encor[6]
Ce fils, ma seule joie, et l'image d'Hector ?
Ce fils que de sa flamme il me laissa pour gage[7] ?
Hélas ! je m'en souviens, le jour que son courage
Lui fit chercher Achille, ou plutôt le trépas[8],
Il demanda son fils, et le prit dans ses bras :

« Chère épouse, dit-il en essuyant mes larmes,
J'ignore quel succès[9] le sort garde à mes armes ;
Je te laisse mon fils pour gage de ma foi :
S'il me perd, je prétends[10] qu'il me retrouve en toi.
Si d'un heureux hymen[11] la mémoire t'est chère,
Montre au fils à quel point tu chérissais le père. »
Et je puis voir répandre un sang si précieux ?
Et je laisse avec lui périr tous ses aïeux ?
Roi barbare, faut-il que mon crime l'entraîne[12] ?
Si je te hais, est-il coupable de ma haine ?
T'a-t-il de tous les siens reproché le trépas ?
S'est-il plaint à tes yeux des maux qu'il ne sent pas ?
Mais cependant, mon fils, tu meurs si je n'arrête
Le fer que le cruel tient levé sur ta tête.
Je l'en puis détourner, et je t'y vais offrir ?
Non, tu ne mourras point : je ne le puis souffrir.
Allons trouver Pyrrhus. Mais non, chère Céphise,
Va le trouver pour moi.

CÉPHISE

Que faut-il que je dise ? [...]

ANDROMAQUE

Eh bien ! va l'assurer...

CÉPHISE

De quoi ? de votre foi[13] ?

ANDROMAQUE

Hélas ! pour la promettre est-elle encore à moi ?
Ô cendres d'un époux ! Ô Troyens ! Ô mon père !
Ô mon fils, que tes jours coûtent cher à ta mère !
Allons.

CÉPHISE

Où donc, Madame, et que résolvez-vous[14] ?

ANDROMAQUE

Allons sur son tombeau consulter mon époux.

Jean Racine, *Andromaque* (1667), extrait de la scène 8 de l'acte III.

1. **nuit éternelle :** nuit de la prise de Troie.
2. **échauffant :** encourageant.
3. **comme :** comment.
4. **ressentiments :** sentiments de haine.
5. **lui seraient asservis :** ne pourraient plus s'exprimer (si j'épousais Pyrrhus).
6. **encor :** encore.
7. **que de sa flamme il me laissa pour gage :** qui témoigne de son amour.
8. **trépas :** mort.
9. **succès :** issue.
10. **prétends :** veux.
11. **hymen :** mariage.
12. **que mon crime l'entraîne :** que le crime de ne pas t'aimer entraîne mon fils dans la mort.
13. **foi :** fidélité.
14. **que résolvez-vous :** que décidez-vous.

Julie Recoing (Céphise) et **Sylvie Milhaud** (Andromaque), dans *Andromaque* de Jean Racine, mise en scène de **Jean-Louis Martinelli** (théâtre des Amandiers, Nanterre, 2003).

Dégager l'essentiel

a. Qui Andromaque trahit-elle si elle épouse Pyrrhus ?
b. Qui condamne-t-elle à mort si elle refuse de l'épouser ?
c. Quel conseil sa confidente Céphise lui donne-t-elle ?
d. Quelle décision Andromaque prend-elle à la fin ?

Analyser le texte

D'Euripide à Racine

1. Quel est dans la pièce de Racine le nom de la Phthie et quel est celui de Néoptolème ?

2. Pour chacune des pièces, dites qui est le père du fils d'Andromaque et qui exige la mort de ce fils.

3. a. Quel choix Andromaque fait-elle dans le texte d'Euripide ? Dans quel piège tombe-t-elle ?
b. Dans la pièce de Racine, Andromaque peut-elle faire un choix ?

4. a. Devant quel dilemme tragique l'Andromaque de Racine se trouve-t-elle ?
b. Montrez, en citant le texte, ses hésitations (v. 40 à 48).

Le poids du passé

5. a. Quel souvenir Andromaque a-t-elle gardé de la prise de Troie et du rôle qu'y a joué Pyrrhus (dont le nom signifie *feu* en grec) ? Appuyez-vous sur le lexique du feu, du carnage et sur les anaphores.
b. Que veut prouver Andromaque à Céphise ? Appuyez-vous sur la répétition de *Voilà*.

6. En quoi le deuxième souvenir évoqué par Andromaque (v. 18 à 30) forme-t-il un contraste avec le précédent ? Appuyez-vous sur le lexique, les interjections.

7. a. Par quel procédé Andromaque fait-elle revivre Hector ?
b. Quelles sont les dernières volontés d'Hector pour son fils ?
c. Que représente dès lors ce fils pour sa mère ? Citez le texte.

8. La portée du texte. Pouvez-vous comprendre les hésitations d'Andromaque ?

Enrichir son vocabulaire

Le préfixe *ex-*

sous le fer expirants (v. 8)

9. Le préfixe d'origine latine *ex-* signifie *hors de*. Il peut avoir une valeur intensive (*au-delà*).
Retrouvez dans la liste 2 le sens de chacun des verbes de la liste 1 appartenant au champ lexical de la violence.

Liste 1. **1.** exécrer. **2.** expirer. **3.** expulser. **4.** exterminer. **5.** extorquer. **6.** exécuter. **7.** exacerber.

Liste 2. **a.** Faire périr jusqu'au dernier. **b.** Rendre le dernier soupir. **c.** Obtenir sous la menace et par la force. **d.** Faire mourir par décision de justice. **e.** Chasser par la force. **f.** Porter à son plus haut point (niveau soutenu). **g.** Détester (niveau soutenu).

La racine grecque *pyro-*

Figure-toi Pyrrhus, les yeux étincelants (v. 3)
En grec, *feu* se dit *pur*, *puros*.

10. Donnez le sens de ces mots.
a. pyromane. **b.** pyrotechnie. **c.** pyrogravure. **d.** pyrex. **e.** pyrolyse.

Écrire

11. Réécrivez les paroles d'Hector à Andromaque (v. 25 à 30) selon les codes de l'écriture théâtrale, puis rédigez en quelques lignes la réponse d'Andromaque.

Consignes d'écriture

- *Donnez le nom de celui qui parle et introduisez une ou deux didascalies.*
- *Utilisez le vocabulaire des sentiments et les types de phrases.*

HISTOIRE DES Arts

1. Comparez les deux mises en scènes d'*Andromaque*, pages 173 et 174 : nom du metteur en scène, date et lieu des représentations, personnages présents, nom des actrices, costumes.

2. Comment le dilemme d'Andromaque est-il rendu par le jeu des actrices dans chaque représentation (attitudes et expressions) ?

3. Quels vers pouvez-vous associer à chacune de ces images ?

Antigone (1946) de Jean Anouilh

DVD

Le guide de lecture

Lisez la pièce et répondez aux questions au fur et à mesure de votre lecture. Les pages renvoient à la collection « La petite vermillon », © La Table Ronde.

Le Prologue (p. 9 à 13 : *Un décor... de mort*)

1. À qui le Prologue s'adresse-t-il ?

2. Dans quelle ville l'action se situe-t-elle ? Peut-on dire à quelle époque ?

3. a. Quels sont les personnages présents et évoqués ? Établissez les liens de parenté et notez les termes qui les caractérisent.

b. Quels sont ceux dont la mort est annoncée ?

4. Résumez la situation avant que l'action ne commence.

Le secret d'Antigone (p. 13 à 53 : *Pendant que... Le Chœur entre*)

5. a. À quel moment de la journée l'action débute-t-elle ? D'où Antigone vient-elle ?

b. Pourquoi la nourrice se fâche-t-elle ?

6. a. De quoi Ismène veut-elle convaincre Antigone ? Avec quels arguments ?

b. Quelle est l'issue de l'échange ?

7. Quelle révélation Antigone fait-elle à Hémon ?

8. Quelle annonce Antigone fait-elle ensuite à Ismène ?

9. De quoi le garde vient-il avertir Créon ? Quel ordre le roi donne-t-il alors ?

L'arrestation et l'affrontement d'Antigone et de Créon (p. 53 à 97 : *Et voilà... tes gardes*)

10. À qui le Chœur s'adresse-t-il ? Quel est le principe de la tragédie ?

11. a. De quoi Créon veut-il convaincre Antigone ?

b. Quelle est sa conception du pouvoir ? du bonheur ?

c. Sur quels points Antigone s'oppose-t-elle à Créon ?

d. Quelles raisons donne-t-elle pour expliquer son acte ? Quel choix fait-elle finalement ?

Vers le dénouement tragique (p. 97 à 123 : *La porte s'ouvre... Fin*)

12. Comment Antigone réagit-elle au souhait d'Ismène de vouloir mourir avec elle ?

13. Quelle demande Hémon fait-il à son père ? Pourquoi ce dernier refuse-t-il ?

14. Le Chœur réussit-il à convaincre Créon d'épargner Antigone ?

15. a. Le garde se préoccupe-t-il du sort d'Antigone ?

b. Quel est le contenu de la lettre qu'elle lui dicte ? Pourquoi fait-elle rayer ce qu'elle a écrit ?

16. Quelle annonce le messager fait-il ?

17. À quelle heure l'action s'achève-t-elle ? Que va faire Créon ? Avec qui est-il ?

18. Quels personnages restent sur scène ? Que font-ils ?

Synthèse littéraire

a. Présentez le personnage d'Antigone : physique, caractère.

b. Quelles sont au début de la pièce les motivations qui la poussent à résister à son oncle ? Montrez que ses motivations et ses valeurs s'effondrent peu à peu.

c. Présentez le personnage de Créon.

d. Comment Créon conçoit-il son métier de roi ?

e. Quels sont ses rapports avec Antigone ? Sur quels points s'affronte-t-il avec elle ?

f. Pourquoi ne réussit-il pas à la sauver ?

g. Analysez le tragique moderne : relevez des exemples d'anachronismes et de niveau de langage familier.

h. Montrez que les valeurs religieuses sont absentes. Le Chœur donne-t-il un sens à la mort des personnages à la fin de la pièce ?

Cécile Brune (Andromaque), dans *Andromaque* de Jean Racine, mise en scène de **Muriel Mayette** (Comédie-Française, Paris, 2010). ▶

Faire le point

Du tragique antique au tragique moderne

Du tragique antique...

- Le **héros tragique** est un être **marqué par le malheur** ► p. 160. Luttant contre des forces qui le dépassent, pris au piège de son propre destin, il inspire au spectateur de la **terreur** et de la **pitié**.
- Le **tragique grec** naît le plus souvent de la lutte héroïque, mais vouée à la défaite, de l'homme contre un **destin implacable** que l'on appelle « **fatalité** ». **Œdipe** devient ainsi sans le vouloir coupable d'un **parricide** et d'un **inceste** ► p. 160. Dans l'*Antigone* de Sophocle, le tragique provient du **conflit** entre Antigone et Créon, entre les **lois divines** et les **lois humaines** ► p. 164.
- Euripide **renouvelle le tragique** en mettant en scène les **passions humaines** : Andromaque, victime de la jalousie d'Hermione, se bat pour sauver son fils de la mort ► p. 170.

...au tragique moderne

- Au XVIIe siècle, Racine met en scène une **Andromaque** en proie à un **dilemme tragique** : elle doit choisir entre sa **fidélité** à son mari défunt et son **amour maternel** ► p. 173. Racine, en maintenant en vie Astyanax qui, selon les légendes grecques, avait péri lors de la prise de Troie, donne plus de force au drame d'Andromaque.
- Au XXe siècle, **Anouilh** ► p. 166, 167, 184 et **Cocteau** ► p. 162 donnent au mythe antique une dimension nouvelle. Chez Anouilh, **Antigone** n'est plus motivée par des valeurs religieuses et sacrées comme chez Sophocle, elle est une **jeune fille rebelle**, éprise d'**absolu**, qui finit par mourir sans savoir pourquoi. Chez Cocteau, le tragique naît du fait qu'**Œdipe**, inconsciemment, travaille à sa **propre perte**. La pièce pose le problème de la **liberté humaine**.

L'écriture tragique

- La tragédie classique, comme la tragédie antique, sont caractérisées par un **langage soutenu** où prédomine le lexique de la **douleur**, de la **fatalité**, de la **mort** ► p. 164, 166, 170.
- Les auteurs modernes usent parfois d'un **langage familier** (Créon traite Antigone de *petite furie*, de *petite peste* ► p. 167) et introduisent de nombreux **anachronismes** (les gardes jouent aux cartes, la reine tricote ► p. 166), ce qui permet d'**actualiser** les pièces et de leur donner une **dimension universelle** en les détachant du contexte antique.
- Les **types de phrases** (exclamatif, interrogatif), les **interjections** (*Hélas !*, *Ah !* ► p. 160, 170, 173), les **stichomythies** (échange rapide de répliques ► p. 164) permettent d'exprimer la **violence tragique** des émotions ou des échanges.
- Parmi les figures de style de la tragédie, on trouve l'**antithèse** et les **parallélismes** qui soulignent les oppositions vie / mort, bonheur / malheur ► p. 162, 164, l'**énumération** qui fait la liste des malheurs subis ► p. 170, l'**anaphore** qui martèle et donne force aux propos ► p. 173.

1 L'expression de la condition

▸ Leçon 17, p. 316

1. Dans chaque extrait, relevez la (ou les) subordonnée(s) circonstancielle(s) de condition.

2. Classez-les selon leur sens :

– éventuel (condition dont la réalisation est envisagée comme certaine dans le présent) ;

– potentiel (condition dont la réalisation est envisagée comme possible dans l'avenir) ;

– irréel du présent ou du passé (condition qui ne s'est pas réalisée, dans le présent ou le passé).

a. *Antigone à Créon.* Si j'avais laissé sans sépulture celui qui connut les mêmes parents que moi, grande serait mon affliction[1].

b. *Hémon à Créon.* Si tu n'étais pas mon père, je dirais que tu déraisonnes.

c. *Ismène à Créon.* Si vous la faites mourir, il faudra me faire mourir avec elle !

d. *Antigone fait promettre à sa nourrice de parler à Douce sa chienne.*

ANTIGONE, *doucement.* – Si moi, pour une raison ou pour une autre, je ne pouvais plus lui parler…

LA NOURRICE, *qui ne comprend pas.* – Plus lui parler, plus lui parler ? Pourquoi ?

ANTIGONE […]. – Et puis, si elle était trop triste, si elle avait trop l'air d'attendre tout de même, – le nez sous la porte comme lorsque je suis sortie –, il vaudrait peut-être mieux la faire tuer, nounou, sans qu'elle ait mal.

a et b : **Sophocle**, *Antigone* (442 av. J.-C.), traduit du grec par J. Bousquet et M. Vacquelin.

c et d : **Jean Anouilh**, *Antigone* (1946), © La Table Ronde.

1. **affliction** : douleur.

2 La forme emphatique

▸ Leçon 13, p. 308

1. Voici des phrases de forme emphatique. Relevez les termes mis en valeur et identifiez les différents procédés de l'emphase :

– modification de l'ordre habituel des mots ;

– présentatif suivi d'un pronom relatif ;

– détachement d'un mot (ou groupe de mots) en début ou en fin de phrase, repris par un pronom.

2. Réécrivez les phrases en supprimant la forme emphatique.

a. *Ismène à Antigone.* Encore faut-il que tu réussisses ; et c'est l'impossible que tu poursuis.

b. *Ismène à Antigone.* Agir contre la volonté de mes concitoyens, j'en suis incapable.

c. *Le garde à Créon.* Oui, voilà celle qui a commis le crime. […] C'est moi qui ai fait cette découverte, moi seul.

d. *Antigone à Créon.* Ce langage, le mort ne l'approuverait pas.

e. *Créon à Tirésias.* Habile devin, oui, tu l'es.

f. *Tirésias à Créon.* Combien préférable à la fortune[1] est la prudence !

Sophocle, *Antigone* (442 av. J.-C.), traduit du grec par J. Bousquet et M. Vacquelin.

1. **fortune** : argent.

3 Les niveaux de langage

▸ Leçon 20, p. 322

Identifiez les niveaux de langage (familier, courant, soutenu) et précisez les indices (vocabulaire, syntaxe) qui vous ont aidé à répondre.

a. *Le garde au deuxième garde.* Dis, Boudousse, qu'est-ce qu'on va se payer comme gueuleton tous les trois, pour fêter ça !

b. *Antigone à Hémon.* Pardon, Hémon, pour notre dispute d'hier soir et pour tout. C'est moi qui avais tort. Je te prie de me pardonner.

c. *Œdipe, évoquant la mort de Laïos.* Il a fallu que le sort vînt s'abattre sur sa tête ! C'est moi dès lors qui lutterai pour lui, comme s'il eût été mon père.

d. *Le Coryphée à Œdipe.* Voici que l'on t'amène l'auguste devin, celui qui, seul parmi les hommes, porte en son sein la vérité !

a et b : **Jean Anouilh**, *Antigone* (1946), © La Table Ronde.

c et d : **Sophocle**, *Œdipe Roi* (vers 420 av. J.-C.), traduit du grec par A. Dain et P. Mazon, © Les Belles Lettres.

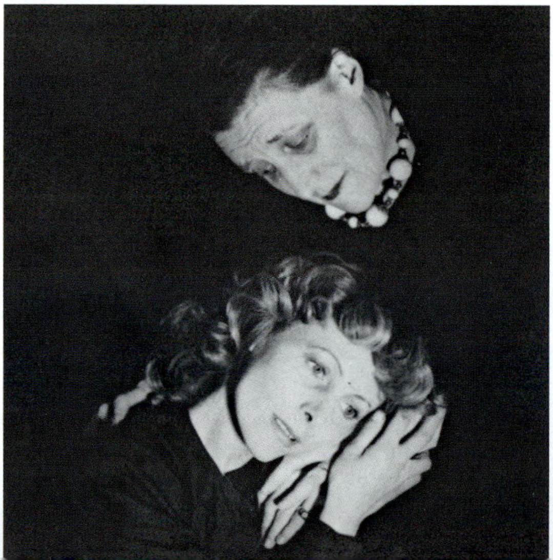

Monelle Valentin (Antigone) et **Odette Talazac** (La Nourrice), dans *Antigone* de Jean Anouilh, mise en scène d'**André Barsacq** (théâtre de l'Atelier, Paris, 1944). ▸

Conjugaison et orthographe

4 L'indicatif conditionnel

► Tableaux de conjugaison, p. 388

Conjuguez les verbes au temps indiqué de l'indicatif conditionnel.

a. Tu as bien dit que Laïos (être tué, *cond. passé*) à la croisée de deux chemins ? **b.** Combien de temps (se passer, *cond. passé*) depuis ce jour ? **c.** L'oracle avait prédit qu'Œdipe (tuer, *cond. présent*) son père et (épouser, *cond. présent*) sa mère. **d.** Donc, l'oracle (s'accomplir, *cond. passé*) point par point. **e.** Tu (pouvoir, *cond. présent*) être heureuse Antigone. **f.** Père, je ne (savoir, *cond. présent*) te donner tort, mais montre-toi plus clément.

5 L'indicatif présent et passé composé

► Tableaux de conjugaison, p. 388

Conjuguez les verbes au temps de l'indicatif indiqué.

a. Antigone (enfreindre, *présent*) la loi de Créon. **b.** Si nous (enfreindre, *présent*) les ordres de Créon, il nous fera mourir. **c.** C'est vous qui (être, *présent*) le roi. **d.** L'oracle (enjoindre, *passé composé*) à Œdipe de trouver l'assassin de Laïos. **e.** Ils prétendent que c'est moi qui (tuer, *passé composé*) Laïos. **f.** C'est toi qui (être, *présent*) le criminel. **g.** Tirésias, toi qui (connaître, *présent*) l'avenir, aide-moi. **h.** Voilà le berger qui (se présenter, *passé composé*) au palais. **i.** Est-ce toi qui (remettre, *passé composé*) l'enfant à Polybe ? Oui c'est moi qui l'(remettre, *passé composé*).

6 Distinguer des homonymes

► Leçon 31, p. 350

Complétez avec *quelque, quelle que, quel que, qu'elle, quelle, quel*.

> ŒDIPE. – **a.** ...... soit votre souffrance, il n'est pas un de vous qui souffre autant que moi. **b.** ...... soit l'assassin, il peut vouloir un jour me frapper d'un coup tout pareil. Lorsque je défends Laïos, c'est moi-même aussi que je sers. **c.** Parmi ceux qui sont là est-il quelqu'un qui sache ...... est le berger dont parle cet homme ?
>
> TIRÉSIAS. – **d.** L'homme que tu cherches depuis ...... temps avec toutes ces menaces, ces proclamations sur Laïos assassiné, cet homme est ici même.
>
> CRÉON. – **e.** Eh bien ! voici ...... réponse m'a été faite au nom du dieu.
>
> LE CORYPHÉE. – **f.** Mais je vois Jocaste sortir justement du palais. Il faut ...... vous aide à régler la querelle qui vous a mis aux prises.
>
> Phrases d'après *Œdipe Roi* (vers 420 av. J.-C.), de **Sophocle**, traduit du grec par A. Dain et P. Mazon, © Les Belles Lettres.

7 Les graphies *œ, œu, eu*

Complétez les mots avec la graphie correcte : *œ, œu* ou *eu*. Quelle différence de prononciation y a-t-il entre les graphies *œ* et les graphies *œu* et *eu* ?

a. Admirer un chef-d'...vre. **b.** Effectuer une man...vre. **c.** Voir un n...rologue. **d.** Formuler un v.... **e.** Faire des études d'...nologie. **f.** Offrir des ...illets. **g.** Souffrir de l'...sophage. **h.** Battre les ...fs en neige. **i.** Un spectacle qui ém...t. **j.** Jeter un coup d'...il.

8 Dictée préparée

► Leçons 2, p. 282 ; 27, p. 342 ; 30, p. 348

> LE PROLOGUE. – Et maintenant que vous les connaissez tous, ils vont pouvoir vous jouer leur histoire. Elle commence au moment où les deux fils d'Œdipe, Étéocle et Polynice, qui devaient régner sur Thèbes un an chacun à tour de rôle, se sont battus et entre-tués sous les murs de la ville, Étéocle l'aîné, au terme de la première année de pouvoir, ayant refusé de céder la place à son frère. Sept grands princes étrangers que Polynice avait gagnés à sa cause ont été défaits devant les sept portes de Thèbes. Maintenant la ville est sauvée, les deux frères ennemis sont morts et Créon, le roi, a ordonné qu'à Étéocle, le bon frère, il serait fait d'imposantes funérailles, mais que Polynice, le vaurien, le révolté, le voyou, serait laissé sans pleurs et sans sépulture, la proie des corbeaux et des chacals.
>
> **Jean Anouilh**, *Antigone* (1946), © La Table Ronde.

1. Recopiez les noms propres.

2. Justifiez l'orthographe des participes passés *battus* (l. 6), *entre-tués* (l. 6), *gagnés* (l. 9), *défaits* (l. 10), *sauvée* (l. 11).

3. *sept grands princes* (l. 8-9), *les sept portes* (l. 10), *les deux frères* (l. 11-12) : quelle est la classe grammaticale de *sept* et de *deux* ? Ces mots sont-ils variables ou invariables ?

4. *il serait fait d'imposantes funérailles* (l. 13-14) : quel est le sujet grammatical ? le sujet réel ? Le verbe s'accorde-t-il avec le sujet grammatical ou avec le sujet réel ?

5. *devaient* (l. 4) : quel est le sujet du verbe ? Justifiez l'accord.

9 Le lexique du destin

Complétez les phrases avec les mots suivants : *destinée, fatalité, fortune, providence, sort, adversité, étoile, aléa*.

a. Les âmes désespérées pensent être nées sous une mauvaise .... b. Les plus optimistes croient en la divine .... c. Je ne serai rassuré sur mon ...... qu'à l'annonce des résultats de l'examen. d. On ne peut prévoir tous les ...... de la vie. e. Les deux amoureux ont décidé d'unir leurs ...... en avril. f. L'homme qui ne veut pas reconnaître ses échecs accuse souvent la .... g. La ...... sourit aux audacieux. h. Il faut garder son sang-froid face à l' ....

10 Le lexique du malheur

Donnez le sens des mots en bleu. Pour vous aider, voici leurs sens donnés dans le désordre : qui apporte la mort, qui apporte le malheur (deux fois), qui se rapporte aux funérailles, malheureux.

a. L'infortuné Œdipe a tué son père et épousé sa mère. b. Laïos est mort à la suite d'un coup fatal. c. Antigone accomplit les rites funèbres. d. Œdipe a reçu un présage funeste. e. Œdipe a appris la sinistre vérité.

11 Autour du mot *chœur*

Donnez les définitions des mots et expressions appartenant à la famille du mot *chœur*.

a. le chœur d'une tragédie antique. b. chanter en chœur. c. un choriste. d. une chorale. e. une chorégraphie.

12 L'accord et l'opposition

Classez les expressions suivantes en deux colonnes selon qu'elles expriment un accord ou un désaccord.

a. Donner son assentiment. b. Avoir un différend avec quelqu'un. c. Établir un consensus. d. Exposer des théories divergentes. e. Entrer en litige. f. Constater une convergence de points de vue. g. Prendre le contre-pied. h. Vivre en bonne entente grâce à une compatibilité de caractères. i. Adhérer à un jugement. j. Avoir des intérêts inconciliables. k. Tenter une conciliation. l. Vivre dans un climat de dissensions familiales.

13 Les figures de style

► Leçon 39, p. 364

Retrouvez les figures de style : parallélisme, périphrase, anaphore, énumération, comparaison, métaphore, antithèse. Dites quels sont les effets produits

a. *Antigone à sa sœur Ismène.*

ANTIGONE. – Tu as choisi la vie et moi la mort.

b. *Créon parle de son métier de roi.*

CRÉON. – Il faut pourtant qu'il y en ait qui mènent la barque. Cela prend l'eau de toutes parts, c'est plein de crimes, de bêtise, de misère… Et le gouvernail est là qui ballotte. L'équipage ne veut plus rien faire, il ne pense qu'à piller la cale et les officiers sont déjà en train de se construire un petit radeau confortable, rien que pour eux, avec toute la provision d'eau douce pour tirer au moins leurs os de là. Et le mât craque, et le vent siffle, et les voiles vont se déchirer.

c. ŒDIPE. – Je suis près d'une chose impossible à entendre.

LE BERGER. – Et moi… d'une chose impossible à dire.

d. *Le Sphinx se décrit à Œdipe.*

LE SPHINX. – […] plus adroit qu'un aveugle, plus rapide que le filet des gladiateurs, plus subtil que la foudre, plus raide qu'un cocher, plus lourd qu'une vache, plus sage qu'un élève tirant la langue sur des chiffres, plus gréé[1], plus voilé, plus ancré, plus bercé qu'un navire, plus incorruptible qu'un juge, plus vorace que les insectes, plus sanguinaire que les oiseaux.

1. gréé : équipé.

e. *Andromaque captive s'adresse à Pyrrhus.*

ANDROMAQUE

Je passais jusqu'aux lieux où l'on garde mon fils
Puisqu'une fois le jour vous souffrez[1] que je voie
Le seul bien qui me reste et d'Hector et de Troie.

1. vous souffrez : vous acceptez.

f. ANDROMAQUE

Mais à quoi bon pleurer ainsi ? Les maux présents
devraient me trouver les yeux secs, indifférente,
moi qui vis Hector égorgé, traîné aux roues d'un [char,
moi qui vis Troie impitoyablement brûlée,
moi qui vins en esclave aux navires des Grecs.

a et b : **Jean Anouilh**, *Antigone* (1946), © La Table Ronde.
c et d : **Jean Cocteau**, *La Machine infernale* (1934), © Grasset & Fasquelle, 1938.
e : **Jean Racine**, *Andromaque* (1667), extrait de la scène 4 de l'acte I.
f : **Euripide**, *Andromaque* (vers 424 av. J.-C), traduit du grec par M. Delcourt-Curvers, © Gallimard.

Expression écrite

1 L'interrogatoire tragique

Imaginez les questions que pose Œdipe au berger corinthien.

Un berger venu de Corinthe apprend à Œdipe la mort de son père Polybe. Œdipe est rassuré : il ne sera pas le meurtrier de celui qu'il croit être son père. Mais le berger apporte une autre nouvelle…

LE CORINTHIEN. – Sache donc que Polybe ne t'est rien par le sang.

ŒDIPE. – ....

LE CORINTHIEN. – Polybe ne t'a pas engendré plus que moi. […]

ŒDIPE. – ....

LE CORINTHIEN. – C'est qu'il t'avait reçu comme un don de mes mains. […]

ŒDIPE. – ....

LE CORINTHIEN. – Oui, trouvé dans un val du Cithéron boisé.

ŒDIPE. – ....

LE CORINTHIEN. – Je gardais là des troupeaux transhumants. […]

ŒDIPE. – ....

LE CORINTHIEN. – Tes pieds pourraient sans doute en témoigner encore[1]. […] C'est moi qui dégageai tes deux pieds transpercés. […]

ŒDIPE. – ....

LE CORINTHIEN. – Je ne sais ; mais celui qui te mit entre mes mains sait cela mieux que moi.

ŒDIPE. – ....

LE CORINTHIEN. – Oui, un autre berger t'avait remis à moi.

ŒDIPE. – ....

LE CORINTHIEN. – Il était sans nul doute des gens de Laïos.

D'après **Sophocle**, *Œdipe Roi* (vers 420 av. J.-C.), traduit du grec par A. Dain et P. Mazon, © Les Belles Lettres.

1. Œdipe a été suspendu par les pieds ; adulte, il en garde les cicatrices.

2 Une scène d'affrontement

Rédigez un dialogue théâtral entre deux personnages qui s'affrontent (révolte suite à un sentiment d'injustice, désaccord sur un sujet…).

Consignes d'écriture

- *Respectez les codes de l'écriture théâtrale (répliques, didascalies).*
- *Rédigez la didascalie initiale présentant le lieu et les personnages.*
- *Faites progresser le dialogue (échange argumenté).*

Le vocabulaire de l'affrontement (aide)

- Vous pouvez vous inspirer de ces répliques extraites d'*Antigone* d'Anouilh.

CRÉON. – Tu ne sais plus ce que tu dis. Tais-toi.

ANTIGONE. – Pourquoi veux-tu me faire taire ? Parce que tu sais que j'ai raison ?

ANTIGONE. – Comprendre. Toujours comprendre. Moi, je ne veux pas comprendre. Je comprendrai quand je serai vieille.

Jean Anouilh, *Antigone* (1946), © La Table Ronde.

3 L'espoir fait-il vivre ?

Dans *Antigone* d'Anouilh, le chœur déclare : *c'est reposant, la tragédie, parce qu'on sait qu'il n'y a plus d'espoir, le sale espoir* (© La Table Ronde).

On dit que l'espoir fait vivre. Selon vous, est-ce vrai ? Rédigez un devoir de réflexion en vous appuyant sur votre expérience personnelle.

Consignes d'écriture

- *Dites d'abord en quoi l'espoir peut être bénéfique.*
- *Nuancez ensuite : ne peut-on vivre que dans l'espoir ?*
- *Trouvez un ou deux arguments pour chaque point. Illustrez chaque argument par un exemple.*
- *Concluez par un court bilan : revenez au sens du proverbe.*

◀ **Vladimir Ant** (Le Corinthien), dans *Œdipe* de Sophocle, adaptation et mise en scène de **Philippe Adrien** (théâtre de la Tempête, Cartoucherie de Vincennes, 2009).

Jouer un extrait de théâtre

Œdipe, après avoir résolu l'énigme du Sphinx, est devenu l'époux de la reine Jocaste et le roi de Thèbes. Des années plus tard, une peste s'abat sur la ville. Œdipe interroge les dieux : il faut punir le meurtrier de Laïos, l'ancien roi de Thèbes et époux de Jocaste. Œdipe mène l'enquête.

ŒDIPE. – Tu as bien dit ceci : Laïos aurait été tué au croisement de deux chemins ?
JOCASTE. – On l'a dit alors, on le dit toujours.
ŒDIPE. – Et en quel pays se place l'endroit où Laïos aurait subi ce sort ?
JOCASTE. – Le pays est la Phocide ; le carrefour est celui où se joignent les deux chemins qui viennent de Delphes et de Daulia.
ŒDIPE. – Et combien de temps se serait-il passé depuis l'événement ?
JOCASTE. – C'est un peu avant le jour où fut reconnu ton pouvoir sur Thèbes que la nouvelle en fut apportée ici.
ŒDIPE. – Ah ! que songes-tu donc, Zeus, à faire de moi ?
JOCASTE. – Quel est le souci qui te tient, Œdipe ?
ŒDIPE. – Attends encore un peu pour m'interroger. Et Laïos, quelle était son allure ? quel âge portait-il ?
JOCASTE. – Il était grand. Les cheveux sur son front commençaient à blanchir. Son aspect n'était pas très éloigné du tien.
ŒDIPE. – Malheureux ! je crains bien d'avoir, sans m'en douter, lancé contre moi-même tout à l'heure d'étranges malédictions[1].
JOCASTE. – Que dis-tu, seigneur ? Je tremble à te regarder. [...]
ŒDIPE. – Laïos allait-il en modeste équipage ? ou entouré de gardes en nombre, ainsi qu'il convient à un souverain ?
JOCASTE. – Ils étaient cinq en tout, dont un héraut[2]. Un chariot portait Laïos.
ŒDIPE. – Ah ! cette fois tout est clair !..

Sophocle, *Œdipe Roi* ((vers 420 av. J.-C.), traduit du grec par Alphonse Dain et Paul Mazon, © Les Belles Lettres.

1. **malédictions :** Œdipe vient de maudire l'assassin de Laïos sans savoir que c'est lui.
2. **héraut :** messager.

▲ **Bruno Ouzeau** (Œdipe) et **Catherine Le Hénan** (Jocaste), dans *Œdipe* de Sophocle, adaptation et mise en scène de **Philippe Adrien** (théâtre de la Tempête, Cartoucherie de Vincennes, 2009).

Comprendre le texte

1. a. Quel lien unit Œdipe et Jocaste ?
b. Que sont-ils également l'un pour l'autre ?
2. a. Sur quoi Œdipe mène-t-il l'enquête ? Pourquoi ? ► p. 160
b. Les réponses de Jocaste sont-elles précises ? Citez le texte.
3. a. Montrez qu'Œdipe est de plus en plus troublé, en vous appuyant sur le lexique et les types de phrases.
b. Quelle découverte fait-il sur lui-même ?

Jouer le passage

4. Formez des couples de deux élèves et apprenez l'un des deux rôles.
5. Travaillez l'intonation à partir des types de phrases.
6. Travaillez ensemble la gestuelle, l'expression des visages.
7. Ne tournez pas le dos au public et articulez.

Des livres, des films sur les héros tragiques

Récits et légendes

- **Marie-Thérèse Davidson**, *Œdipe le maudit* (2003, Nathan), *Rebelle Antigone* (2005, Nathan Jeunesse) : les récits des mythes d'Œdipe et d'Antigone.

- **Christian Grenier**et **Philippe Kailhenn**, *Contes et légendes des héros de la mythologie* (2010, Nathan Jeunesse) : les légendes d'Orphée, Œdipe, Antigone, Pâris, Achille, Ulysse...

Théâtre antique et moderne

- **Sophocle**, *Œdipe Roi* (420 av. J.-C., Librio) : la peste sévit à Thèbes. Œdipe apprend que l'épidémie est un châtiment divin qui durera tant que l'assassin de Laïos ne sera pas retrouvé. Œdipe mène l'enquête avec détermination.

- **Jean Cocteau**, *La Machine infernale* (1934, Le Livre de poche) : une nouvelle version du mythe d'Œdipe, empreinte d'humour et de poésie.

- **Jean Giraudoux**, *La guerre de Troie n'aura pas lieu* (1935, Le Livre de poche) : à Troie, on attend une ambassade grecque pour éviter la guerre. Mais le pire ne pourra être évité : la guerre aura lieu.

- **Suzanne Osten** et **Per Lysander**, *Les Enfants de Médée* (2009, éditions Théâtrales Jeunesse) : la pièce d'Euripide transposée à notre époque, pour évoquer la famille d'aujourd'hui et le divorce des parents.

DVD

- *Orphée*, film de **Jean Cocteau** (1950) : Eurydice, épouse d'Orphée, a été renversée par des motocyclistes. Orphée parvient à l'arracher du royaume des morts sous la promesse de ne plus jamais la regarder...

- *Orfeu Negro*, film musical de **Marcel Camus** (1959) : la légende d'Orphée transposée en plein carnaval de Rio sur fond de bossa nova.

- *Orphée et Eurydice*, opéra de **Gluck**, ballet chorégraphié par **Pina Bausch** (1975) ► p. 186.

- *Électre* de **Sophocle**, mise en scène d'**Antoine Vitez** (1986, théâtre national de Chaillot) : Électre et son frère Oreste décident de faire périr leur mère Clytemnestre et son amant Égisthe, le meurtrier de leur père Agamemnon.

- *Antigone* d'**Anouilh**, mise en scène de **Nicolas Briançon** (2003) : la pièce filmée.

Préparation au brevet

Le roi Créon a expliqué à sa nièce Antigone que ses deux frères, Étéocle et Polynice, étaient des vauriens et qu'ils s'étaient conduits de façon ignoble avec leur père Œdipe. Convaincue de l'inutilité de son sacrifice, Antigone s'apprête à remonter dans sa chambre…

CRÉON. – […] Marie-toi, vite, Antigone, sois heureuse. La vie n'est pas ce que tu crois. C'est une eau que les jeunes gens laissent couler sans le savoir, entre leurs doigts ouverts. Ferme tes mains, ferme tes mains, vite. Retiens-la. Tu verras, cela deviendra une petite chose dure et simple qu'on grignote, assis au soleil. Ils te diront tous le contraire parce qu'ils ont besoin de ta force et de ton élan. Ne les écoute pas. Ne m'écoute pas quand je ferai mon prochain discours devant le tombeau d'Étéocle. Ce ne sera pas vrai. Rien n'est vrai que ce qu'on ne dit pas… Tu l'apprendras toi aussi, trop tard, la vie c'est un livre qu'on aime, c'est un enfant qui joue à vos pieds, un outil qu'on tient bien dans sa main, un banc pour se reposer le soir devant sa maison. Tu vas me mépriser encore, mais de découvrir cela, tu verras, c'est la consolation dérisoire[1] de vieillir ; la vie, ce n'est peut-être tout de même que le bonheur !

ANTIGONE, *murmure, le regard perdu.* – Le bonheur…

CRÉON, *a un peu honte soudain.* – Un pauvre mot, hein ?

ANTIGONE, *doucement.* – Quel sera-t-il, mon bonheur ? Quelle femme heureuse deviendra-t-elle, la petite Antigone ? Quelles pauvretés[2] faudra-t-il qu'elle fasse elle aussi, jour par jour, pour arracher avec ses dents son petit lambeau de bonheur ? Dites, à qui devra-t-elle mentir, à qui sourire, à qui se vendre ? Qui devra-t-elle laisser mourir en détournant le regard ?

CRÉON, *hausse les épaules.* – Tu es folle, tais-toi.

ANTIGONE. – Non, je ne me tairai pas ! Je veux savoir comment je m'y prendrai, moi aussi, pour être heureuse. Tout de suite, puisque c'est tout de suite qu'il faut choisir. Vous dites que c'est si beau la vie. Je veux savoir comment je m'y prendrai pour vivre.

CRÉON. – Tu aimes Hémon ?

ANTIGONE. – Oui, j'aime Hémon. J'aime un Hémon dur et jeune ; un Hémon exigeant et fidèle, comme moi. Mais si votre vie, votre bonheur doivent passer sur lui avec leur usure, si Hémon ne doit plus pâlir quand je pâlis, s'il ne doit plus me croire morte quand je suis en retard de cinq minutes, s'il ne doit plus se sentir seul au monde et me détester quand je ris sans qu'il sache pourquoi, s'il doit devenir près de moi le monsieur Hémon, s'il doit apprendre à dire « oui », lui aussi, alors je n'aime plus Hémon !

CRÉON. – Tu ne sais plus ce que tu dis. Tais-toi.

ANTIGONE. – Si, je sais ce que je dis, mais c'est vous qui ne m'entendez plus. Je vous parle de trop loin maintenant, d'un royaume où vous ne pouvez plus entrer avec vos rides, votre sagesse, votre ventre. (*Elle rit.*)

Jean Anouilh, *Antigone* (1946), © La Table Ronde.

1. **dérisoire :** insignifiante, insuffisante.
2. **pauvretés :** actions médiocres.

PREMIÈRE PARTIE (1 h 30)

Questions 15 PTS

Méthode pour réussir les questions

- Lisez attentivement le **texte** et le **paratexte** (chapeau, notes).
- Tenez compte des titres des **axes de lecture** : ils constituent des aides précieuses pour répondre aux questions.
- Rédigez des **phrases complètes** pour répondre. Prenez appui sur les termes des questions.
- Introduisez les **citations** par une phrase, mettez-les entre guillemets et précisez le numéro de la ligne.

I. Le genre du texte et l'énonciation 3,5 PTS

1. Donnez deux indices qui permettent à un lecteur d'identifier ce texte comme un texte de théâtre. (1 PT)

1. Un **texte de théâtre** se reconnaît à la présence de répliques prononcées par les personnages et à la présence de didascalies (indications de mise en scène, en italique dans le texte).

2. a. Qui sont les personnages en présence ? Quel lien existe-t-il entre eux ? (1 PT)
b. Qui les pronoms *tu* (l. 2), *vous* (l. 36) et *elle* (l. 27) désignent-ils ? (1,5 PT)

II. Deux conceptions du bonheur et de la vie 5,5 PTS

3. a. Citez cinq expressions utilisées par Créon pour définir le bonheur (l. 1 à 19). (1 PT)
b. Quelle figure de style utilise-t-il ? (1 PT)
c. Les termes utilisés sont-ils concrets ou abstraits ? Quelle est sa conception du bonheur ? (1,5 PT)
4. a. Quelles sont les *pauvretés* (l. 26) refusées par Antigone ? Citez le texte. (1 PT)
b. Quelle idée Antigone se fait-elle du bonheur ? (1 PT)

> **3. c.** Les **termes concrets** désignent des éléments que l'on peut voir, toucher, sentir, entendre. Les **termes abstraits** désignent des réalités impalpables.

III. Une Antigone moderne 6 PTS

5. *Oui, j'aime Hémon... je n'aime plus Hémon !* (l. 40 à 50)
a. Par quelle conjonction les subordonnées circonstancielles de condition sont-elles introduites ? Combien y en a-t-il ? (1 PT)
b. Quelles qualités Antigone attend-elle d'Hémon ? Relevez quatre adjectifs. (1 PT)
c. Quelle idée Antigone se fait-elle de l'amour ? (1 PT)
6. Quels traits de caractère Antigone révèle-t-elle dans ce passage ? Par quels adjectifs pourriez-vous la caractériser ? (1,5 PT)
7. Relevez les termes qui renvoient à la vieillesse de Créon. En quoi le conflit d'Antigone et de Créon est-il aussi un conflit de générations (jeunesse contre vieillesse) ? (1,5 PT)

> **5. a.** La **proposition subordonnée circonstancielle de condition** est introduite par *si, à condition que, à supposer que*.

Réécriture 4 PTS

Réécrivez la dernière réplique d'Antigone (l. 52 à 56) en imaginant qu'elle tutoie Créon.

Dictée 6 PTS

Votre professeur vous dictera un autre passage d'*Antigone*.

DEUXIÈME PARTIE (1 h 30)

Rédaction 15 PTS

Méthode pour réussir la rédaction
- Soulignez les **mots clés** du sujet (sujet 1 : *bonheur, circonstances, sentiments* ; sujet 2 : *vie heureuse*).
- Notez le **type de texte** demandé (récit d'imagination ou de réflexion).
- Soignez l'**orthographe** et la **ponctuation**.
- Choisissez un **vocabulaire** précis.

Vous traiterez l'un des deux sujets au choix.

1. Sujet d'imagination
Racontez un moment de bonheur que vous avez vécu. Précisez-en les circonstances et analysez les sentiments que vous avez éprouvés.

2. Sujet de réflexion
Pour vous, qu'est-ce qu'une vie heureuse ? Développez votre réflexion dans un devoir construit.

> **Méthode (sujet 2)**
> - Introduisez le sujet en posant la question du bonheur (tout le monde souhaite être heureux).
> - Vous pouvez développer deux ou trois éléments de réponse. *Pour moi, une vie heureuse c'est... Une vie heureuse c'est aussi...*
> - Concluez de façon personnelle.

10 Musique et tragique

• Orphée et Eurydice

70 av. J.-C.-19 ap. J.-C.
Virgile, *Les Géorgiques* (livre IV : légende d'Orphée)

1594-1595
Shakespeare, *Roméo et Juliette* (tragédie)

1774
Gluck, *Orphée et Eurydice* (opéra)

1847
Mérimée, *Carmen* (nouvelle)

1875
Bizet, *Carmen* (opéra)

1961
Wise, Robbins, *West Side Story* (comédie musicale filmée)

1975
Bausch, *Orphée et Eurydice* (ballet)

SOCLE **Compétence 5** – La culture humaniste

- Connaître des œuvres musicales et scéniques du patrimoine.
- Établir des liens entre les œuvres artistiques pour mieux les comprendre.
- Être sensible aux enjeux esthétiques et humains d'une œuvre artistique.

1 **C. W. Gluck** (1714-1787), opéra *Orphée et Eurydice* (1774), chorégraphie de **Pina Bausch** (1975), avec Yann Bridard (Orphée) et Charlotte Hellekant (chant d'Orphée) (Opéra de Paris, 2005).
Eurydice vient de mourir. Orphée n'accepte pas cette mort voulue par le destin, ici représenté par les Parques (assises, en blanc) qui dévident et coupent le fil de la vie. Chaque rôle est doublé : la chanteuse en noir à droite est le double chanté d'Orphée (à gauche, debout, de dos).

Les mots à connaître (aide)

- **Opéra** : œuvre dramatique dont le texte est **chanté** avec accompagnement d'**orchestre**. On distingue les **airs** (chantés par une personne) et les **chœurs** (chantés par plusieurs personnes).
- **Livret** : texte chanté d'un opéra. Un librettiste est un auteur de livret d'opéra.
- **Ballet** : spectacle de danse.
- **Chorégraphie** : art de composer des ballets, d'en régler les figures et les pas.
- **Comédie musicale** : spectacle musical et dansé ; il peut être joué sur une **scène** de théâtre ou faire l'objet d'un **film**.

► Fiche HDA oral du brevet, p. 276

Le saviez-vous ?

• Dans la mythologie grecque, **Orphée**, le poète musicien, pleure sa jeune épouse **Eurydice**, morte piquée par un serpent le jour de leur mariage. Il est autorisé à se rendre dans le monde souterrain des **enfers** pour la chercher mais à **une condition** : ne pas se retourner pour la regarder avant d'être arrivé à la lumière. Au moment où Orphée met un premier pied dehors, il se retourne... trop tôt, et **Eurydice disparaît définitivement**.

C. W. Gluck (1714-1787), opéra *Orphée et Eurydice* (1774), chorégraphie de **Pina Bausch** (1975) par le Tanztheater Wuppertal avec Dominique Mercy (Orphée) et Malou Airaudo (Eurydice), (Opéra de Paris, 1993).
Orphée est allé chercher Eurydice aux enfers. Les deux époux n'ont pas le droit de se regarder.

À la fin de l'œuvre, Orphée a définitivement perdu Eurydice.

Orphée
J'ai perdu mon Eurydice,
Rien n'égale mon malheur ;
Sort cruel ! Quelle rigueur !
Je succombe à ma douleur !
Eurydice, réponds-moi… quel supplice !
C'est ton époux fidèle,
Entends ma voix qui t'appelle…

Orphée et Eurydice, livret français de Pierre-Louis Moline, © *L'Avant-Scène Opéra*, sept.-oct. 1999, n° 192.

3 Extrait du livret de l'opéra de Gluck.

Analyser et s'exprimer

Document 1 ► p. 186

1. Recherchez qui sont les Parques dans la mythologie grecque.
2. À quoi reconnaissez-vous les Parques sur cette photographie ? Pourquoi ont-elles les yeux fermés ?
3. Comment Orphée se tient-il ? Qu'exprime, selon vous, son attitude ?

Document 2 ► p. 187

4. Dans quelle position Orphée et Eurydice se trouvent-ils l'un par rapport à l'autre ?
5. En vous appuyant sur l'expression du visage d'Eurydice, les gestes des mains et la position des corps, dites les sentiments qu' éprouvent les personnages.
6. Quelles sont les couleurs de leurs costumes ? Que symbolisent-elles ?
7. « La danse, un minimum d'explications, un maximum de sensations », a dit le chorégraphe Maurice Béjart. Partagez-vous cet avis ? Répondez en vous appuyant sur ces images et l'extrait de ballet regardé sur YouTube.

Document 3 (extrait du livret) ► p. 187

8. À qui Orphée s'adresse-t-il ?
9. Identifiez le champ lexical dominant.
10. **a.** Relevez les marques de 1re et de 2e personne ainsi que l'adjectif qui montrent l'amour du couple.
b. En quoi ce passage est-il pathétique (touchant) ?

B2i Voir et écouter la scène du deuil

Allez sur le lien http://www.youtube.com/watch?v=uLS9iMjxyE4

Cette scène se situe au début du ballet, avant les deux scènes figurant sur les documents 1 et 2.

1. **a.** Où Eurydice se trouve-t-elle ? Comment est-elle vêtue ? Est-elle morte ou vivante ?
b. Repérez Orphée. Dans quelle position est-il ? En quoi cette position traduit-elle son état intérieur ?
2. **a.** Décrivez les costumes et les mouvements des danseurs et des danseuses qui constituent le chœur.
b. Que font-ils d'après vous ?
3. Qu'exprime la musique dans cet extrait ?

• Tony et Maria / Roméo et Juliette

4 Ci-dessus et p. 189 : *West Side Story* (1961), comédie musicale filmée de **Robert Wise** (réalisation) et **Jerome Robbins** (réalisation et chorégraphie), musique de **Leonard Bernstein**, avec Natalie Wood (Maria) et Richard Beymer (Tony).

Le saviez-vous ?

• *Roméo et Juliette* (1594-1595) est une **tragédie** de Shakespeare. À **Vérone**, en Italie, Roméo **Montaigu** et Juliette **Capulet** tombent amoureux l'un de l'autre alors que leurs familles se vouent une haine ancestrale. Ils se marient en secret mais Roméo doit quitter la ville parce qu'il a tué le cousin de Juliette. Pour éviter d'être mariée à un autre, Juliette prend une potion qui la fait passer pour morte. Roméo, qui n'a pu être prévenu à temps de la ruse, croit sa bien-aimée morte et se tue. Juliette, à son réveil, découvrant que son amant n'est plus en vie, se tue à son tour.

• *West Side Story* (1961) est une **comédie musicale filmée** qui transpose l'histoire de *Roméo et Juliette* : les amants Tony et Maria appartiennent à deux bandes rivales, les **Jets** et les **Sharks**, qui s'affrontent à **New York** dans les années 1950.

B2i Voir et écouter la scène d'affrontement

Allez sur le lien http://www.youtube.com/watch?v=m8R9GiLImSw

1. Dans quel lieu l'action se déroule-t-elle ?
2. Que font les deux bandes rivales ? De quelle manière s'affrontent-elles ?
3. Caractérisez la musique (instruments, rythme...).

5 ▶

JULIETTE. – Viens ici, nourrice ! Quel est ce gentilhomme, là-bas ? [...]
LA NOURRICE. – Son nom est Roméo ; c'est un Montaigu, le fils unique de votre grand ennemi.
JULIETTE. – Mon unique amour émane de mon unique haine ! Je l'ai vu trop tôt sans le connaître et je l'ai connu trop tard. Il m'est né un prodigieux amour, puisque je dois aimer un ennemi exécré !

William Shakespeare(1564-1616), *Roméo et Juliette* (1594-1595), extrait de l'acte I, scène 5, traduit de l'anglais par François-Victor Hugo.

6 Extrait de *Roméo et Juliette*.

Analyser et s'exprimer

Document 4 ▶ p. 188

1. Où Maria et Tony sont-ils placés dans la salle de bal ?
2. Que se passe-t-il entre eux à cet instant précis ?
3. Que symbolisent les couleurs portées par Maria ?
4. Quel effet cinématographique est utilisé au second plan ? Dans quel but ?

Document 5 ▶ p. 189

5. Dans quelle position Tony se trouve-t-il ? Que lui est-il arrivé ?
6. Que ressent la jeune fille ? Appuyez-vous sur son regard et ses gestes.
7. Quelle est la couleur de la robe de Maria ? Que symbolise cette couleur dans chacune des images ?
8. Appréciez-vous les comédies musicales ? Développez votre réponse.

Document 6 (extrait de Shakespeare) ▶ p. 189

9. Lisez l'extrait de la pièce de Shakespeare
a. Relevez le vocabulaire de l'amour et de la haine.
b. Quel parallèle effectuez-vous avec *West Side Story* ?

Écrire

10. Écrivez le texte de la chanson que chante Maria (document 5) au moment où elle découvre le corps de l'homme qu'elle aime.

Consignes d'écriture

- *Vous pouvez faire quelques vers.*
- *Utilisez le vocabulaire des sentiments et des émotions (tristesse, colère...).*

• Carmen et Don José

Le saviez-vous ?

• En 1830, un brigand de Malaga, en Espagne, tue sa maîtresse par jalousie. **Prosper Mérimée** (1803-1870) s'inspire de ce fait divers pour écrire la nouvelle *Carmen* en 1847. **Georges Bizet** (1838-1875) compose l'opéra du même nom en 1875.

• Dans ces deux œuvres, littéraire et musicale, les héros sont **Carmen** et son amant **Don José**.

Voir et écouter la scène de séduction

Allez sur le lien suivant : www.youtube.com/watch?v=D-Fgw3cCi9o

L'action se déroule à Séville. Carmen a déclenché une bagarre dans la manufacture de tabac où elle travaille. Le brigadier Don José l'arrête et l'attache avec une corde.

1. a. Décrivez Carmen. Étudiez le jeu de séduction auquel elle se livre (chant, danse, regard).
b. Où donne-t-elle rendez-vous à Don José ?
2. Observez le jeu de Carmen avec la corde. Que peut symboliser cette corde ?
3. Don José est-il conquis ? Justifiez votre réponse.

Analyser et s'exprimer

Document 7 ► p. 190

1. Observez les costumes : dans quel pays cette scène se déroule-t-elle ?

2. Que font Carmen et Don José ?

3. Comment réagit la foule autour d'eux ?

Document 8 ► p. 191

4. Quel acte Don José s'apprête-t-il à commettre ? Pour quelle raison ?

5. Qui domine dans la scène représentée ? Justifiez votre réponse.

6. Que ressent Carmen ? Appuyez-vous sur sa position et son expression.

7. Quelles sont les couleurs de son costume ? Comparez-les aux couleurs des costumes d'Eurydice (► p. 187) et de Maria (► p. 188-189).

8. Comment, à travers cette image, la violence de la passion se traduit-elle ?

Document 9 (extrait du livret) ► p. 191

9. Quel geste Carmen fait-elle ? Quelle en est la signification ?

10. Montrez en citant le texte que l'amour est associé à la mort.

11. Quel est le rôle du chœur ? À qui s'adresse-t-il ?

7

8 Ci-dessus et p. 190 : **Georges Bizet** (1838-1875), opéra *Carmen* (1875), mise en scène d'**Adrian Noble**, avec Caterina Antonacci (Carmen) et Andrew Richards (Don José) (Opéra-Comique, 2009).

9 Extrait du livret de l'opéra de Bizet.

Carmen est tombée amoureuse du toréador Escamillo ; elle refuse donc de partir avec José.

JOSÉ. – Pour la dernière fois, démon, veux-tu me suivre ?
CARMEN. – Non ! Non ! Cette bague autrefois tu me l'avais donnée. Tiens. *(Elle la jette à la volée.)*
JOSÉ, *le poignard à la main, s'avançant sur Carmen.* – Eh bien, damnée[1]...
Carmen recule... José la poursuit... Pendant ce temps, fanfares et chœur dans le cirque[2].
CHŒUR *(dans le cirque)*
Toréador, en garde, Toréador, Toréador
Et songe bien, oui songe en combattant
Qu'un œil noir te regarde,
Et que l'amour t'attend,
Toréador, l'amour t'attend.
José a frappé Carmen... Elle tombe morte... [...] *La foule sort du cirque.*
JOSÉ. – Vous pouvez m'arrêter... C'est moi qui l'ai tuée.

Carmen, livret d'Henri Meilhac et Ludovic Halévy,
© *L'Avant-Scène Opéra*, mars-avril 1980, n° 26.

1. **damnée** : maudite. 2. **cirque** : arène dans laquelle a lieu la corrida (course de taureaux).

Retenir

- Le mot « **passion** » vient de la racine latine *patior*, qui signifie « subir, endurer ». Par l'étymologie, l'**amour** et la **douleur** sont donc liés.
- L'art lyrique (chants de l'**opéra**) et l'art chorégraphique (danses du **ballet**, de la **comédie musicale**) s'inspirent de ces deux thèmes en mettant en scène des **couples** dont l'amour s'achève dans la mort. Sont ainsi réunis les dieux mythologiques **Éros** (dieu de l'amour) et **Thanatos** (personnification de la mort).
- Les **mouvements** des danseurs, la **voix** des chanteurs et la **musique** permettent d'exprimer la **force** et la **violence** des sentiments liés à l'amour tragique.

► Fiche HDA oral du brevet, p. 276

11 Y. Reza, *Le Dieu du carnage* : le conflit au théâtre

Objectifs du chapitre

- Découvrir une comédie de mœurs dont l'action se déroule au XXIe siècle.
- Analyser le motif du conflit et ses enjeux.
- Identifier les différentes formes de comique.

Robert Doisneau (1912-1994), *Les Chagrins de la récréation* (1956), photographie.

Voici la didascalie initiale de la pièce : le nom des personnages et le décor.

VÉRONIQUE HOULLIÉ
MICHEL HOULLIÉ
ANNETTE REILLE
ALAIN REILLE

(Entre quarante et cinquante ans.)

Un salon.
Pas de réalisme.
Pas d'éléments inutiles.

Edward Paschke (1939-2004), *Dubois* (1978), huile sur toile, 1,75 x 1,88 m (musée national d'Art moderne, Centre Georges Pompidou, Paris).

André Marcon (Michel) et **Isabelle Huppert** (Véronique) dans *Le Dieu du carnage*, mise en scène de **Yasmina Reza** (théâtre Antoine, Paris, 2008).

- À quels indices voit-on que la pièce est contemporaine ?
- Lisez la légende et les didascalies : quel lien unit ces deux personnages ? Observez leur attitude et leur expression. Peut-on imaginer la nature de leur échange ?
- Que laissent présager les fissures sur les murs ?

Yasmina Reza

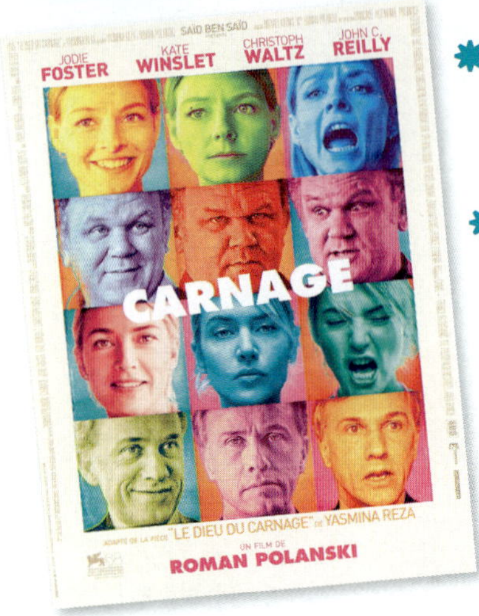

▲ Affiche du film *Carnage*, de **Roman Polanski** (2011).

✱ Yasmina Reza est née à Paris, en **1959** ; son père est un ingénieur russe d'origine iranienne et sa mère une violoniste hongroise. Elle étudie le théâtre et la sociologie à l'université de Nanterre ; puis elle commence une **carrière d'actrice** au théâtre et au cinéma.

✱ La première pièce qu'elle écrit, *Conversations après un enterrement*, est récompensée par un **Molière** en 1987 : l'enterrement de Simon Winberg est l'occasion pour ses proches de se retrouver dans la propriété familiale. Mais c'est ***Art*** qui la fera connaître d'un vaste public en 1994 et lui vaudra un **deuxième Molière** : dans cette comédie de mœurs, l'auteur se moque de trois « bobos » (bourgeois-bohêmes) parisiens dont l'un a acheté très cher un tableau peint uniquement en blanc.

✱ En 2008, elle assure elle-même la mise en scène de sa nouvelle pièce, ***Le Dieu du carnage***, avec l'actrice Isabelle Huppert dans le rôle de Véronique Houllié.

✱ Son œuvre, qui témoigne d'une **vision à la fois pessimiste et drôle de la nature humaine**, comprend également des récits autobiographiques, des romans (*Une désolation* publié en 1999 et *Adam Haberberg* en 2003) et des essais.

✱ Aujourd'hui, ses pièces traduites en trente-cinq langues sont montées dans le monde entier. **Roman Polanski** a adapté au cinéma *Le Dieu du carnage*, sous le titre *Carnage* (2011).

Jean Rochefort, **Jean-Louis Trintignant** et **Pierre Vaneck** dans *Art*, mise en scène de **Patrice Kerbrat** (théâtre Hébertot, Paris, 1998). ▶

Ai-je bien lu ?

1. En quelle année Yasmina Reza est-elle née ? Quelles études a-t-elle faites ?
2. Citez trois de ses pièces de théâtre, avec leurs dates.
3. Dans quels autres domaines artistiques et littéraires s'est-elle illustrée ?

1959	1968	1984	1994	2008
Naissance de Yasmina Reza	Crise politique, sociale et culturelle	*Conversations après un enterrement*	*Art*	*Le Dieu du carnage*

DICO

Préparer la lecture

1. Quel est le sens du mot *carnage* ?
2. Relisez la didascalie ▶ p. 192 :
a. Quels sont les personnages et les couples ?
b. Caractérisez le décor. Quelle remarque faites-vous sur les indications données ?

Yasmina Reza
(née en 1959)

Extrait 1

Dispute d'enfants

Les Houllié et les Reille, assis face à face.
On doit sentir d'emblée qu'on est chez les Houllié et que les deux couples viennent de faire connaissance.
Au centre, une table basse, couverte de livres d'art.
Deux gros bouquets de tulipes dans des pots.
Règne une atmosphère grave, cordiale et tolérante.

VÉRONIQUE. – Donc notre déclaration… Vous ferez la vôtre de votre côté… « Le 3 novembre, à dix-sept heures trente, au square de l'Aspirant-Dunant, à la suite d'une altercation verbale[1], Ferdinand Reille, onze ans, armé d'un bâton, a frappé au visage notre fils Bruno Houllié. Les conséquences de cet acte sont, outre la tuméfaction[2] de la lèvre supérieure, une brisure des deux incisives, avec atteinte du nerf de l'incisive droite. »

ALAIN. – Armé ?

VÉRONIQUE. – Armé ? Vous n'aimez pas « armé », qu'est-ce qu'on met Michel, muni, doté, muni d'un bâton, ça va ?

ALAIN. – Muni oui.

MICHEL. – Muni d'un bâton.

[…]

VÉRONIQUE. – Vous savez qu'il[3] ne voulait pas dénoncer Ferdinand.

MICHEL. – Non il ne voulait pas.

VÉRONIQUE. – C'était impressionnant de voir cet enfant qui n'avait plus de visage, plus de dents et qui refusait de parler.

ANNETTE. – J'imagine.

MICHEL. – Il ne voulait pas le dénoncer aussi par crainte de passer pour un rapporteur devant ses camarades, il faut être honnête Véronique, il n'y avait pas que de la bravoure.

VÉRONIQUE. – Certes, mais la bravoure c'est aussi un esprit collectif.

ANNETTE. – Naturellement… Et comment… ? Enfin je veux dire comment avez-vous obtenu le nom de Ferdinand ?….

VÉRONIQUE. – Parce que nous avons expliqué à Bruno qu'il ne rendait pas service à cet enfant en le protégeant.

MICHEL. – Nous lui avons dit si cet enfant pense qu'il peut continuer à taper sans être inquiété, pourquoi veux-tu qu'il s'arrête ?

VÉRONIQUE. – Nous lui avons dit si nous étions les parents de ce garçon, nous voudrions absolument être informés.

ANNETTE. – Bien sûr.

1. **altercation verbale** : dispute qui s'exprime par des mots.
2. **tuméfaction** : enflure, gonflement.
3. **il** : Bruno Houllié.

Isabelle Huppert (Véronique), **André Marcon** (Michel), **Éric Elmosnino** (Alain) et **Valérie Bonneton** (Annette) dans *Le Dieu du carnage*, mise en scène de **Yasmina Reza** (théâtre Antoine, Paris, 2008).

ALAIN. – Oui… *(son portable vibre)*. Excusez-moi… *(il s'écarte du groupe; pendant qu'il parle, il sort un quotidien de sa poche.)*… Oui, Maurice, merci de me rappeler. Bon, dans *Les Échos* de ce matin, je vous le lis… : « Selon une étude publiée dans la revue britannique *Lancet* et reprise hier dans le *F.T.*, deux chercheurs australiens auraient mis au jour les effets neurologiques de l'Antril, antihypertenseur[4] des laboratoires Verenz-Pharma, allant de la baisse d'audition à l'ataxie[5]. »… Mais qui fait la veille média[6] chez vous ?… Oui c'est très emmerdant… Non, mais moi ce qui m'emmerde c'est l'A.G.O.[7], vous avez une assemblée générale dans quinze jours. Vous avez provisionné ce litige[8] ?… OK… Et, Maurice, Maurice, demandez au dircom[9] s'il y a d'autres reprises… À tout de suite. *(Il raccroche.)*… Excusez-moi.

MICHEL. – Vous êtes…

ALAIN. – Avocat.

ANNETTE. – Et vous ?

MICHEL. – Moi je suis grossiste en articles ménagers, Véronique est écrivain, et travaille à mi-temps dans une librairie d'art et d'histoire.

[…]

ANNETTE. – Vous avez d'autres enfants ?

VÉRONIQUE. – Bruno a une sœur de neuf ans, Camille. Qui est fâchée avec son père parce que son père s'est débarrassé du hamster cette nuit.

ANNETTE. – Vous vous êtes débarrassé du hamster ?

MICHEL. – Oui. Ce hamster fait un bruit épouvantable la nuit. Ce sont des êtres qui dorment le jour. Bruno souffrait, il était exaspéré par le bruit du hamster. Moi, pour dire la vérité, ça faisait longtemps que j'avais envie de m'en débarrasser, je me suis dit ça suffit, je l'ai pris, je l'ai mis dans la rue. Je croyais que ces animaux aimaient les caniveaux, les égouts, pas du tout, il était pétrifié sur le trottoir. En fait, ce ne sont ni des animaux domestiques, ni des animaux sauvages, je ne sais pas où est leur milieu naturel. Fous-les dans une clairière, ils sont malheureux aussi. Je ne sais pas où on peut les mettre.

ANNETTE. – Vous l'avez laissé dehors ?

VÉRONIQUE. – Il l'a laissé, et il a voulu faire croire à Camille qu'il s'était enfui. Sauf qu'elle ne l'a pas cru.

ALAIN. – Et ce matin, le hamster avait disparu ?

MICHEL. – Disparu.

VÉRONIQUE. – Et vous, vous êtes dans quelle branche ?

ANNETTE. – Je suis conseillère en gestion de patrimoine[10].

Yasmina Reza, *Le Dieu du carnage* (2007), © Albin Michel et Yasmina Reza.

4. **antihypertenseur** : qui lutte contre l'hypertension artérielle.
5. **ataxie** : manque de coordination fine des mouvements volontaires.
6. **veille média** : surveillance de la presse télévisuelle, radiophonique, papier, Internet.
7. **A.G.O.** : assemblée générale ordinaire, obligatoire, chaque année, pour toute société ayant plusieurs actionnaires.
8. **provisionné ce litige** : prévu des crédits financiers pour régler ce conflit et payer les avocats.
9. **dircom** : directeur commercial.
10. **conseillère en gestion de patrimoine** : qui gère les biens des particuliers.

Dégager l'essentiel

a. Qui sont les personnages présents ? Quels sont ceux qui sont évoqués ?

b. Quels sont leurs liens ?

c. Où sont-ils réunis ? Pourquoi ?

Analyser le texte

Une scène d'exposition

1. a. En quoi la didascalie précédant le texte complète-t-elle la didascalie initiale ▶ p.192 ?

b. Les divisions classiques en actes et en scènes sont-elles mentionnées dans le paratexte ?

2. a. Quelles informations sont fournies au spectateur sur la situation et les personnages (métiers, condition sociale...) ?

b. Ce début vous paraît-il renvoyer à l'univers de la comédie ou de la tragédie ? Justifiez.

Parents et enfants

3. a. Sur quel terme de la déclaration d'assurance Alain et Véronique sont-ils en désaccord ? Pourquoi ?

b. Sur quel terme s'accordent-ils finalement ?

c. Véronique a-t-elle changé d'avis sur l'agression de son fils ? Appuyez-vous sur la périphrase par laquelle elle le désigne.

4. Comment Michel et Véronique interprètent-ils chacun le refus de leur fils de dénoncer son agresseur ? Appuyez-vous sur le lexique et les formes de phrases.

Écarts de conduite, écarts de langage

5. Quel niveau de langage Véronique utilise-t-elle dans sa déclaration d'assurance ? Citez le texte.

6. a. En quoi la conduite d'Alain est-elle incorrecte, voire grossière (l. 36 à 46) ?

b. Alain est-il ému par le problème de santé posé par le médicament ? De quoi se préoccupe-t-il ? Appuyez-vous sur les niveaux de langage et les types de phrases.

7. Pour quelles différentes raisons Michel s'est-il débarrassé du hamster ?

8. **La portée du texte.** Un enfant ou un adolescent agressé doit-il dénoncer ou non son agresseur ?

Réécrire

9. Réécrivez correctement les deux phrases commençant par *Nous lui avons dit...* (l. 31-32 et 33-34) : celle de Michel au discours direct et celle de Véronique au discours indirect.

Consignes d'écriture

- *Rétablissez la ponctuation (réplique de Michel).*
- *Ajoutez la conjonction de subordination (réplique de Véronique).*

Jouer et mettre en scène

10. Par groupes de quatre, apprenez la scène en vous répartissant les rôles, puis jouez-la.

Consignes de jeu

- *Choisissez quelques accessoires de décor.*
- *Réfléchissez ensemble aux jeux de scène, notamment lorsqu'Alain téléphone. Comment les autres personnages se tiennent-ils pendant ce temps ?*
- *Choisissez les intonations et les expressions qui vous semblent convenir à la situation.*

Christoph Waltz ▲
(Alan-Alain) dans *Carnage*, film de **Roman Polanski** (2011).

Préparer la lecture

[Rappelez l'incident qui a eu lieu entre les enfants.]

Extrait 2

Tentative de réconciliation

Les Houllié servent boissons et clafoutis, pendant qu'Alain reçoit un nouvel appel professionnel. Mais sa femme l'oblige à revenir dans la conversation.

VÉRONIQUE. – Et Ferdinand qu'est-ce qu'il dit ? Comment il vit la situation ?
ANNETTE. – Il ne parle pas beaucoup. Il est désemparé[1] je crois.
VÉRONIQUE. – Il réalise qu'il a défiguré son camarade ?
ALAIN. – Non. Non, il ne réalise pas qu'il a défiguré son camarade.
ANNETTE. – Mais pourquoi tu dis ça ? Ferdinand réalise bien sûr !
ALAIN. – Il réalise qu'il a eu un comportement brutal, il ne réalise pas qu'il a défiguré son camarade.
VÉRONIQUE. – Vous n'aimez pas le mot, mais le mot est malheureusement juste.
ALAIN. – Mon fils n'a pas défiguré votre fils.
VÉRONIQUE. – Votre fils a défiguré notre fils. Revenez ici à cinq heures, vous verrez sa bouche et ses dents.
MICHEL. – Momentanément défiguré.
ALAIN. – Sa bouche va dégonfler, quant à ses dents, s'il faut l'emmener chez le meilleur dentiste, je suis prêt à participer…
MICHEL. – Les assurances sont là pour ça. Nous, nous voudrions que les garçons se réconcilient et que ce genre d'épisode ne se reproduise pas.
ANNETTE. – Organisons une rencontre.
MICHEL. – Oui. Voilà.
VÉRONIQUE. – En notre présence ?
ALAIN. – Ils n'ont pas besoin d'être coachés[2]. Laissons-les entre hommes.
ANNETTE. – Entre hommes Alain, c'est ridicule. Cela dit, on n'a peut-être pas besoin d'être là. Ce serait mieux si on n'était pas là, non ?
VÉRONIQUE. – La question n'est pas qu'on soit là ou pas. La question est souhaitent-ils se parler, souhaitent-ils s'expliquer ?
MICHEL. – Bruno le souhaite.
VÉRONIQUE. – Mais Ferdinand ?
ANNETTE. – On ne va pas lui demander son avis.
VÉRONIQUE. – Il faut que ça vienne de lui.
ANNETTE. – Ferdinand se comporte comme un voyou, on ne s'intéresse pas à ses états d'âme.
VÉRONIQUE. – Si Ferdinand rencontre Bruno dans le cadre d'une obligation punitive, je ne vois pas ce qu'il peut en résulter de positif.
ALAIN. – Madame, notre fils est un sauvage.

▼ **Christoph Waltz** (Alan-Alain) et **Kate Winslet** (Nancy-Annette) dans *Carnage*, film de Roman **Polanski** (2011).

Espérer de lui une contrition[3] spontanée est irréel. Bon, je suis désolé, je dois retourner au cabinet[4]. Annette, tu restes, vous me raconterez ce que vous avez décidé, de toute façon je ne sers à rien. La femme pense il faut l'homme, il faut le père, comme si ça servait à quelque chose. L'homme est un paquet qu'on traîne donc il est décalé et maladroit, ah vous voyez un bout de métro aérien, c'est marrant ! […]

VÉRONIQUE. – Alors qu'est-ce qu'on décide ?

ANNETTE. – Est-ce que vous pourriez passer à la maison vers dix-neuf heures trente avec Bruno ?

VÉRONIQUE. – Dix-neuf heures trente ?… Qu'est-ce que tu en penses, Michel ?

MICHEL. – Moi… Si je peux me permettre…

ANNETTE. – Allez-y.

MICHEL. – Je pense que c'est plutôt Ferdinand qui devrait venir.

VÉRONIQUE. – Oui, je suis d'accord.

MICHEL. – Ce n'est pas à la victime de se déplacer.

VÉRONIQUE. – C'est vrai.

Yasmina Reza, *Le Dieu du carnage* (2007), © Albin Michel et Yasmina Reza.

1. **désemparé :** ne sachant quoi faire.
2. **coachés :** encadrés et conseillés.
3. **contrition :** regret pour ses péchés ou fautes (vocabulaire religieux).
4. **cabinet :** lieu où un avocat ou un médecin reçoit ses clients.

Dégager l'essentiel

a. Quels personnages s'affrontent au début de l'extrait ?

b. À quel sujet ?

c. Quelle décision les deux couples prennent-ils pour réconcilier les deux enfants ?

Analyser le texte

● Le conflit des parents

1. a. Quelle idée Véronique veut-elle imposer avec le mot *défiguré* (l. 3) ?

b. Quelle expression Alain lui préfère-t-il ? Pourquoi ?

2. a. En quoi le conflit entre Véronique et Alain semble-t-il sans issue ? Appuyez-vous sur les répétitions et les formes de phrases.

b. Montrez, en citant le texte, qu'Alain, Michel et Annette font des concessions (l. 1 à 14).

c. Le registre de l'extrait est-il plutôt grave ou comique ?

● Le conflit des enfants

3. Quel personnage propose une réconciliation entre les enfants ? Dans quel but ? Sous quelle forme ?

4. a. Quelle est la proposition des Reille concernant le règlement du conflit ?

b. Sur quel point sont-ils en désaccord ?

5. En quoi Véronique fait-elle preuve d'une exigence morale supérieure ? Expliquez la réplique des lignes 34 à 37.

6. Quelles excuses Alain donne-t-il pour échapper à ses responsabilités ?

7. **La portée du texte.** Comment se réconcilier après un conflit violent ?

Enrichir son vocabulaire

Le préfixe *dé-*

il a défiguré son camarade (l. 3).

8. Quel est le sens du préfixe *dé-* ?

9. Trouvez les termes formés avec les préfixes *dé-* (*dés-*) ou *dis-* :

a. réparer un dommage. b. ne pas approuver un projet. c. qui n'a aucune grâce. d. qui n'est pas loyal. e. qui a perdu tout crédit. f. qui a perdu l'espoir. g. priver quelqu'un d'un héritage.

Écrire

10. Avez-vous effectué une punition sans en comprendre le sens ? Pensez-vous qu'il faille qu'une punition soit acceptée et comprise pour être efficace ?

Consignes d'écriture

- *Commencez par un petit récit (circonstances et nature de la punition, sentiments éprouvés).*
- *Rédigez un court paragraphe de réflexion pour justifier votre point de vue.*

Textes et images

Préparer la lecture

1. Relisez, dans l'extrait 1, le passage concernant le hamster des Houllié.
2. Qu'est-ce que l'ironie ? Qu'appelle-t-on une antiphrase ?

Extrait 3 Montée de la violence

▲ **Valérie Bonneton** (Annette), **Éric Elmosnino** (Alain), **Isabelle Huppert** (Véronique) et **André Marcon** (Michel) dans *Le Dieu du carnage*, mise en scène de **Yasmina Reza** (théâtre Antoine, Paris, 2008).

Annette a un malaise et vomit sur les livres d'art de Véronique, furieuse. Les dégâts réparés et Annette remise, la discussion reprend sur le problème des enfants et Annette suggère que leur fils avait été traité de balance et n'était pas entièrement dans son tort. Le ton monte et Annette reproche à Michel d'avoir tué le hamster de sa fille. Véronique semble d'accord avec elle.

MICHEL. – Véronique, je trouve odieux d'être subitement sur la sellette[1] pour cette histoire de hamster que tu as cru bon de raconter. C'est une affaire personnelle qui ne regarde que nous et qui n'a rien à voir avec la situation présente ! Et je trouve inconcevable[2] de me faire traiter d'assassin ! Dans ma maison !

VÉRONIQUE. – Qu'est-ce que ta maison a à voir là-dedans ?

MICHEL. – Une maison dont j'ouvre les portes, dont j'ouvre grand les portes dans un esprit de conciliation[3], à des gens qui devraient m'en savoir gré[4] !

ALAIN. – Vous continuez à vous jeter des fleurs, c'est merveilleux.

ANNETTE. – Vous n'éprouvez pas de remords ?

MICHEL. – Je n'éprouve aucun remords. Cet animal m'a toujours répugné. Je suis ravi qu'il ne soit plus là.

VÉRONIQUE. – Michel c'est ridicule.

MICHEL. – Qu'est-ce qui est ridicule ? Tu deviens folle toi aussi ? Leur fils tabasse Bruno et on me fait chier pour un hamster ?

VÉRONIQUE. – Tu t'es très mal comporté avec ce hamster, tu ne peux pas le nier.

1. **être sur la sellette** : être accusé.
2. **inconcevable** : inadmissible.
3. **conciliation** : règlement à l'amiable.
4. **savoir gré** : être reconnaissant.

[…] MICHEL. – Je vais vous dire, toutes ces délibérations[5] à la con, j'en ai par-dessus la tête. On a voulu être sympathiques, on a acheté des tulipes, ma femme m'a déguisé en type de gauche[6], mais la vérité est que je n'ai aucun self-control[7], je suis un caractériel[8] pur.

ALAIN. – On l'est tous.

VÉRONIQUE. – Non. Non. Je regrette, nous ne sommes pas tous des caractériels.

ALAIN. – Pas vous, bon.

VÉRONIQUE. – Pas moi non, Dieu merci.

MICHEL. – Pas toi darji[9], pas toi, toi tu es une femme évoluée, tu es à l'abri des dérapages.

VÉRONIQUE. – Pourquoi tu m'agresses ?

MICHEL. – Je ne t'agresse pas. Au contraire.

VÉRONIQUE. – Si, tu m'agresses, tu le sais.

MICHEL. – Tu as organisé ce petit raout[10], je me suis laissé embrigader[11]…

VÉRONIQUE. – Tu t'es laissé embrigader ?….

MICHEL. – Oui.

VÉRONIQUE. – C'est odieux.

MICHEL. – Pas du tout. Tu milites[12] pour la civilisation, c'est tout à ton honneur.

VÉRONIQUE. – Je milite pour la civilisation, parfaitement ! Et heureusement qu'il y a des gens qui le font ! *(Au bord des larmes.)* Tu trouves que c'est mieux d'être un caractériel ?

Yasmina Reza, *Le Dieu du carnage* (2007), © Albin Michel et Yasmina Reza.

5. **délibérations :** ici débats, discussions.
6. **de gauche :** qui défend les idées des partis politiques de gauche.
7. **self-control :** maîtrise de soi (anglicisme).
8. **caractériel :** instable et agressif.
9. **darji :** diminutif de *darjeeling* (thé indien) et surnom de Véronique.
10. **raout :** réunion mondaine.
11. **embrigader :** entraîner dans une action commune.
12. **milites pour :** défends la cause de.

Dégager l'essentiel

a. De quoi Michel est-il accusé par les autres personnages ?

b. A-t-il des remords à propos de son geste ?

c. Quels sont les deux personnages qui se querellent, en fait ?

Analyser le texte

● L'expression des passions

1. Montrez que Michel se laisse envahir par la colère, en vous appuyant sur les types de phrases, des expressions exagérées, des termes vulgaires.

2. Comment Véronique réagit-elle ? Sur quel ton parle-t-elle ?

3. a. En quoi la réplique de Michel (*Pas toi… dérapages*, l. 24-25) est-elle ironique ?

b. Quelle expression de Véronique montre qu'elle en a été blessée ?

c. Comment son émotion se manifeste-t-elle alors ? Appuyez-vous sur le lexique, les types de phrases et la didascalie.

● La civilisation en question

4. *Leur fils tabasse Bruno et on me fait chier pour un hamster* (l. 13-14).

a. Michel pense-t-il que ces deux faits ont un rapport entre eux ? Quel est le sens de *et* ?

b. Quels arguments avance-t-il pour soutenir son point de vue ?

c. Quelle faute morale a-t-il commise envers le hamster ? Est-elle si différente de l'agression de Bruno ?

5. Montrez que Michel n'est pas ce qu'il paraît.

6. Quelle valeur Véronique revendique-t-elle ? Sur quel ton ? Appuyez-vous sur les types de phrases et les adverbes.

7. **La portée du texte.** Les règles de savoir-vivre et de politesse sont-elles nécessaires en société ?

Écrire

8. Imaginez une querelle entre deux personnages. Vous écrirez un dialogue théâtral dans lequel vous inclurez les deux répliques suivantes :
– *Pourquoi tu m'agresses / vous m'agressez ?*
– *Je ne t'agresse pas / vous agresse pas. Au contraire.*

Consignes d'écriture

- *Choisissez l'identité des personnages et le motif de la querelle (problème dans une file d'attente, la cour de récréation, les transports en commun…).*
- *Le niveau de langage doit être correct.*

Préparer la lecture

1. Révisez vos acquis concernant le genre théâtral:
a. Quand dit-on qu'il y a comique de mots, de situation, de gestes?
b. Qu'est-ce qu'une comédie de mœurs?
2. Relisez la conversation téléphonique d'Alain dans l'extrait 1 ► p. 195.

Extrait 4

Le dieu du carnage

Michel supporte mal les critiques de sa femme qui lui reproche d'être négatif et se lance dans un discours amer sur le couple et la vie de famille. Et le portable d'Alain sonne à nouveau.

ALAIN. – [...] *(vibration du portable)*... Oui Serge[1]... Vas-y... Mets Paris, le... et une heure précise...
ANNETTE. – C'est infernal!
ALAIN. – *(s'écartant et à voix feutrée pour échapper au courroux[2])* ... L'heure à laquelle tu l'envoies. Il faut que ce soit tout chaud sorti du four. ... Non, pas « s'étonne ». « Dénonce ». S'étonne c'est mou...
ANNETTE. – Je vis ça du matin au soir, du matin au soir il est accroché à ce portable! Nous avons une vie hachée par le portable!
ALAIN. – Heu... Une seconde... *(couvrant le téléphone)*... Annette, c'est très important!...
ANNETTE. – C'est toujours très important. Ce qui se passe à distance est toujours plus important.
ALAIN *(reprenant)*. –... Vas-y... Oui... Pas « procédé ». « Manœuvre ». Une manœuvre, qui intervient à quinze jours de la reddition des comptes[3] etc.
ANNETTE. – Dans la rue, à table, n'importe où...
ALAIN. –... Une étude entre guillemets! Tu mets étude entre guillemets...
ANNETTE. – Je ne dis plus rien. Capitulation totale. J'ai de nouveau envie de vomir.
MICHEL. – Où est la cuvette?
VÉRONIQUE. – Je ne sais pas.
ALAIN. –... Tu n'as qu'à me citer: « Il s'agit d'une lamentable tentative de manipulation du cours[4]... »
VÉRONIQUE. – Elle est là. Je vous en prie, allez-y.
MICHEL. – Véro.
VÉRONIQUE. – Tout va bien. On est équipés maintenant.
ALAIN. – «... du cours et de déstabilisation[5] de mon client », affirme maître Reille, avocat de la société Verenz-Pharma... AFP, Reuter, presse généraliste, presse spécialisée, tutti frutti[6]... *(raccroche)*.
MICHEL. – Elle a de nouveau envie de vomir.
ALAIN. – Mais qu'est-ce que tu as!
ANNETTE. – Ta tendresse me touche.
ALAIN. – Je m'inquiète!
ANNETTE. – Excuse-moi. Je n'avais pas compris.
ALAIN. – Oh Annette, je t'en prie! On ne va pas s'y mettre nous aussi! Ils

1. **Serge**: collaborateur d'Alain.
2. **courroux**: colère.
3. **reddition des comptes**: présentation des comptes de la société pour vérification.
4. **cours**: cours de la Bourse.
5. **déstabilisation**: fragilisation.
6. **tutti frutti** (en italien « tous fruits »): mis ici pour *tutti quanti* à la fin d'une énumération, dans le sens de *et tout le reste*.

s'engueulent, leur couple est déliquescent[7], on n'est pas obligés de leur faire concurrence !

VÉRONIQUE. – Qu'est-ce qui vous permet de dire que notre couple est déliquescent ! De quel droit ?

[...]

Je vous défends de porter le moindre jugement sur notre famille.

ALAIN. – Ne portez pas de jugement sur mon fils non plus.

VÉRONIQUE. – Mais ça n'a rien à voir ! Votre fils a brutalisé le nôtre !

ALAIN. – Ils sont jeunes, ce sont des gamins, de tout temps les gamins se sont castagnés[8] dans les cours de récré. C'est une loi de la vie.

VÉRONIQUE. – Non, non !...

ALAIN. – Mais si. Il faut un certain apprentissage pour substituer le droit à la violence. À l'origine je vous rappelle, le droit c'est la force.

VÉRONIQUE. – Chez les hommes préhistoriques peut-être. Pas chez nous.

ALAIN. – Chez nous ! Expliquez-moi chez nous.

VÉRONIQUE. – Vous me fatiguez, je suis fatiguée de ces conversations.

ALAIN. – Véronique, moi je crois au dieu du carnage[9]. C'est le seul qui gouverne, sans partage, depuis la nuit des temps. [...]

Yasmina Reza, *Le Dieu du carnage* (2007), © Albin Michel et Yasmina Reza.

7. **déliquescent** : en train de s'effondrer.
8. **castagnés** : battus.
9. **carnage** : massacre ; tuerie.

Ralph Fiennes (Alain) et **Janet Mac Teer** (Véronique) ▲
dans *Le Dieu du Carnage*, mise en scène de Matthew Warchus
(théâtre Gielgud, Londres, 2008).

Dégager l'essentiel

a. Avec qui Alain est-il au téléphone ? Pourquoi ?

b. Comment Annette réagit-elle à cette situation ?

c. Quels sont les deux personnages qui s'affrontent à la fin de l'extrait ? Qui a le dernier mot ?

Analyser le texte

• Une comédie de mœurs

1. Pourquoi y a-t-il des points de suspension dans la première réplique ?

2. a. L'alternance des répliques d'Alain et d'Annette au début de l'extrait est-elle un véritable dialogue ? Pourquoi ?

b. En quoi la présence du téléphone portable suscite-t-elle le rire ? Quel est le type de comique utilisé ?

3. a. Quel effet le malaise d'Annette produit-il ?

b. Michel et Véronique s'en inquiètent-ils ? Justifiez votre réponse.

4. Quelle expression d'Alain fait soudain réagir Véronique ? En quoi est-ce comique ? Appuyez-vous sur le paratexte.

• La loi du plus fort

5. « *Dénonce* ». *S'étonne c'est mou* (l. 6) : comment Alain se comporte-t-il avec son collaborateur ?

6. a. Alain attache-t-il de l'importance à la dispute des enfants ? Citez le texte.

b. Quel est le rôle de l'éducation selon lui ?

c. À quoi Alain croit-il (l. 51-52) ? Expliquez la métaphore qui constitue le titre de la pièce.

7. a. Véronique est-elle de son avis ? Quelle distinction fait-elle ?

b. Ne se montre-t-elle pas elle-même agressive ? Expliquez *chez nous* (l. 48).

8. La portée du texte. Les rapports humains sont-ils régis nécessairement par la loi du plus fort ?

Enrichir son vocabulaire

Mots de la même famille

la reddition des comptes (l. 14).

9. Trouvez les verbes à partir desquels sont formés les noms suivants :

a. reddition. b. fondation. c. ironie. d. invasion. e. fonte. f. apprentissage. g. croyance. h. croissance.

Autour du mot *carnage*

Le mot *carnage* vient du latin *caro*, carnis qui signifie « chair ».

10. Complétez les phrases suivantes par un mot de la famille de chair et faites les accords si nécessaire : *chair, carnassier, décharné, carné, charnu, acharné, charognard, incarné.*

a. Le lion est un animal .... b. Il suit un régime .... c. Depuis qu'elle fait un régime, elle est .... d. Le vautour est un....... e. Ce fruit est juteux et .... f. J'ai un ongle .... Que dois-je faire ? g. Il mène un combat ...... pour obtenir justice. h. Je l'ai vu en ...... et en os.

Écrire

11. Relisez et résumez en quelques phrases la fable de La Fontaine « Le loup et l'agneau ». Quel rapport voyez-vous entre la morale de la fable et la dernière réplique de l'extrait ?

Jouer et mettre en scène

12. Par groupes de quatre, apprenez le début de la scène (l. 1 à 33) en vous répartissant les rôles.

Consignes de jeu

- *Choisissez quelques accessoires de décor et prévoyez les deux objets essentiels : le portable et la cuvette.*
- *Réfléchissez aux jeux de scène.*
- *Choisissez les intonations et les expressions qui vous semblent convenir à une situation comique.*

B2i **Préparer la lecture**

Révisez vos acquis concernant le genre théâtral :
a. Qu'est-ce que le comique de gestes, le comique de caractères ?
b. Qu'est-ce que le dénouement ?

Extrait 5

Conflit résolu ?

Excédée, Annette arrache le portable de son mari et le plonge dans le vase de tulipes. Alain est furieux, les deux femmes rient et Michel tente de sécher le téléphone au séchoir à cheveux. Après un moment d'apaisement, on en revient au sujet qui a motivé la rencontre : la dispute des enfants.

ANNETTE. – À mon avis, il y a des torts des deux côtés. Voilà. Des torts des deux côtés.
VÉRONIQUE. – Vous êtes sérieuse ?
ANNETTE. – Pardon ?
VÉRONIQUE. – Vous pensez ce que vous dites ?
ANNETTE. – Je le pense. Oui.
VÉRONIQUE. – Notre fils Bruno, à qui j'ai dû donner deux Efferalgan codéinés[1] cette nuit a tort ? !
ANNETTE. – Il n'est pas forcément innocent.
VÉRONIQUE. – Foutez le camp ! Je vous ai assez vus *(elle se saisit du sac d'Annette et le balance vers la porte)*. Foutez le camp !
ANNETTE. – Mon sac !.... *(comme une petite fille)*. Alain !....
MICHEL. – Mais qu'est-ce qui se passe ? Elles sont déchaînées.
ANNETTE *(ramassant ce qui peut être éparpillé)*. – Alain, au secours !....
VÉRONIQUE. – Alain-au-secours !
ANNETTE. – La ferme !.... Elle a cassé mon poudrier ! Et mon vaporisateur ! *(à Alain)*. Défends-moi, pourquoi tu ne me défends pas ?....
ALAIN. – On s'en va *(il s'apprête à récupérer les éléments de son portable)*.
VÉRONIQUE. – Je ne suis pas en train de l'étrangler !
ANNETTE. – Qu'est-ce que je vous ai fait ? !
VÉRONIQUE. – Il n'y a pas de torts des deux côtés ! On ne confond pas les victimes et les bourreaux !
ANNETTE. – Les bourreaux !
MICHEL. – Oh tu fais chier Véronique, on en a marre de ce boniment simpliste[2] !
VÉRONIQUE. – Que je revendique. [...]

La dispute s'envenime. Véronique reproche à Annette d'être fausse et de ne pas être plus concernée que son mari. Alain riposte en critiquant les femmes militantes, peu séduisantes à son avis.

VÉRONIQUE. – On se fout complètement de ce que vous aimez chez les femmes ! D'où sort cette tirade ? Vous êtes un homme dont on se fout royalement de l'avis !
ALAIN. – Elle hurle. Quartier-maître[3] sur un thonier[4] au dix-neuvième siècle !
VÉRONIQUE. – Et elle, elle ne hurle pas ? ! Quand elle dit que son petit connard a bien fait de cogner le nôtre ?

1. **Efferalgan codéiné :** marque de médicaments antidouleurs.
2. **boniment simpliste :** discours trompeur qui ne considère qu'un aspect des choses.
3. **quartier-maître :** qui s'exprime comme un marin encadrant les simples matelots.
4. **thonier :** bateau pour la pêche au thon.

ANNETTE. – Il a bien fait, oui ! Au moins on n'a pas un petit pédé qui s'écrase ! VÉRONIQUE. – Vous avez une balance[5], c'est mieux ? ANNETTE. – Partons Alain ! Qu'est-ce qu'on fait encore dans cette baraque ? *(Elle fait mine de partir puis revient vers les tulipes qu'elle gifle violemment. Les fleurs volent, se désagrègent et s'étalent partout.)* Et tiens, tiens, voilà ce que j'en fais de vos fleurs minables, vos tulipes hideuses !.... Ha, ha, ha !.... *(elle s'effondre en pleurs)*... C'est le pire jour de ma vie aussi[6]. [...]

Les deux couples se taisent soudain, hébétés. Le téléphone sonne : c'est Camille qui s'inquiète de son hamster, sa mère lui ment pour la rassurer...

Flottement.
MICHEL. – Si ça se trouve, cette bête festoie à l'heure qu'il est.
VÉRONIQUE. – Non.
Silence.
MICHEL. – Qu'est-ce qu'on sait ?

Yasmina Reza, *Le Dieu du carnage* (2007), © Albin Michel et Yasmina Reza.

5. **balance** : rapporteur ; Ferdinand a été traité de *balance* par Bruno, ce qui explique l'agression.
6. Véronique, se jugeant très malheureuse, vient de dire la même chose.

Isabelle Huppert (Véronique), **Valérie Bonneton** (Annette) ▲ et **André Marcon** (Michel) dans *Le Dieu du carnage*, mise en scène de **Yasmina Reza** (théâtre Antoine, Paris, 2008).

Dégager l'essentiel

a. Quels personnages entrent en conflit ? À quel sujet ?

b. Quels dégâts provoquent-ils ?

c. Le problème posé par le conflit des enfants est-il résolu ?

Analyser le texte

Entre le rire et les larmes

1. En quoi le comique de gestes consiste-t-il dans cet extrait ? Appuyez-vous sur les didascalies.

2. a. Quelle image conventionnelle du couple Alain et Annette donnent-ils ?

b. Comment Véronique se moque-t-elle d'Annette ? Expliquez l'orthographe de l'expression *Alain-au-secours* (l. 15).

c. Véronique se moque-t-elle également d'Alain ? Pourquoi ? Appuyez-vous sur le niveau de langage et les types de phrases (*On se fout...*, l. 26).

3. Quels traits de caractère de Véronique sont critiqués avec un humour féroce ? Expliquez les répliques de Michel (*Oh tu fais... ce boniment simpliste*, l. 24) et d'Alain (*Elle hurle... dix-neuvième siècle !*, l. 28).

4. Comparez les didascalies du début et de la fin de la scène. Le contraste est-il seulement comique ?

Un dénouement ouvert

5. a. Pourquoi la réplique d'Annette (l. 31) relance-t-elle le conflit entre les parents ?

b. Montrez en citant le texte que Véronique considère toujours son fils comme une victime.

c. Une réconciliation des parents paraît-elle désormais possible ? Et celle des enfants ? Appuyez-vous sur les gestes, le niveau de langage, des expressions exagérées ou insultantes.

6. a. Le mensonge de Véronique résout-il le problème posé par le hamster ?

b. Quel personnage a le mot de la fin ? Sa réplique laisse-t-elle le dénouement ouvert ou fermé ?

7. **La portée du texte.** Les parents doivent-ils intervenir dans les conflits des enfants ?

Écrire

8. Écrivez la partie du texte manquante (l. 38) : imaginez le dialogue entre Camille et sa mère.

Consignes d'écriture

- *Tenez compte de la situation.*
- *Respectez les codes de l'écriture théâtrale (répliques, didascalies).*

Jouer et mettre en scène

9. Apprenez un rôle et jouez la scène à plusieurs ; certains élèves seront accessoiriste ou metteur en scène.

Consignes de jeu

- *Travaillez sur la mise en scène du conflit : gestes (comment donner une gifle au théâtre), expressions des visages.*
- *Préparez les accessoires (sac, fleurs...), réalisez les bruitages (sonnerie du portable).*

HISTOIRE DES Arts

Observez toutes les photographies de mises en scène du chapitre ► p. 193, 196, 197,198, 200, 203, 206.

1. Classez-les selon qu'elles sont extraites d'un film ou qu'elles sont des photos de représentation théâtrale. Précisez le nom du réalisateur ou du metteur en scène.

2. Quels points communs et quelles différences notez-vous concernant les costumes et les décors ?

3. Dans quelles photos les personnages témoignent-ils d'une certaine convivialité ? Dans lesquelles se laissent-ils aller à l'émotion ?

La Cantatrice chauve (1950)
d'Eugène Ionesco

Le saviez-vous ?

Avec *La Cantatrice chauve* (1950), intitulée « anti-pièce », Ionesco inaugure une nouvelle forme de théâtre : le théâtre de l'absurde. Au-delà de la bouffonnerie, se profile un univers tragique soulignant la solitude de l'homme.

Le guide de lecture

Lisez la pièce et répondez aux questions au fur et à mesure de votre lecture.

Scènes 1 et 2 : les époux Smith

1. a. Dans quel lieu les époux Smith se trouvent-ils ? Quelle heure est-il ?

b. Quels sont leurs sujets de conversation ? Quelle est la particularité de la famille Watson ?

2. Quelle nouvelle Mary, la bonne, vient-elle leur annoncer ?

Scènes 3 à 6 : les époux Martin

3. Les Martin semblent-ils se connaître ? Que découvrent-ils peu à peu ?

4. Quelles révélations Mary fait-elle alors ?

5. De quoi les Martin se réjouissent-ils ?

Scènes 7 à 11 : une conversation absurde

6. a. Les deux couples arrivent-ils à engager une conversation suivie ?

b. Quel incident survient à la fin de la scène 7 ?

c. Quelle conclusion surprenante Mme Smith en tire-t-elle ?

7. a. L'entrée du capitaine des pompiers à la scène 8 permet-elle de résoudre le problème précédent ?

b. De quoi le pompier se plaint-il ?

c. Quel genre d'anecdotes raconte-t-il ? Citez un exemple.

8. a. Quel est le lien de Mary avec le pompier ?

b. Quel poème récite-t-elle ? En l'honneur de qui ?

9. a. Pourquoi le pompier prend-il congé des Smith et des Martin à la scène 10 ?

b. Quelle question pose-t-il en rapport avec le titre de la pièce ?

10. Comment les deux couples manifestent-ils leur agressivité tout au long de la scène (longueur, sens, ton des répliques échangées, gestes des personnages) ?

11. Quel est le couple en scène à la fin de la pièce ? Que va-t-il se passer ?

Synthèse littéraire

a. Une anti-pièce : le titre de la pièce correspond-il au contenu ?

b. La pièce comporte-t-elle une intrigue cohérente ? un dénouement ?

c. Les personnages ont-ils une individualité propre ? Éprouvent-ils des sentiments ? Montrez qu'ils vivent dans un univers absurde.

d. Montrez à l'aide d'exemples que Ionesco exploite les ressources du comique verbal et farcesque.

e. Avez-vous ri ? De quoi et pourquoi ? La pièce est-elle comique ou teintée de tragique ?

f. Montrez que la pièce repose sur les thèmes :
– du langage : a-t-il sa fonction de communication ? Justifiez votre réponse ;
– de la solitude : appuyez-vous sur la relation entretenue par chacun des couples ;
– du temps : à quoi voit-on qu'il est détraqué ? Montrez qu'il n'avance pas et ne permet aucune progression. Appuyez-vous sur la didascalie finale de la pièce.

Faire le point

Le Dieu du carnage de Yasmina Reza

Une comédie de mœurs moderne

La comédie de mœurs est une **comédie satirique** : elle dénonce en s'en moquant les défauts d'une époque, d'un groupe, d'une classe sociale. Dans ***Le Dieu du carnage***, Yasmina Reza fait la satire de certains **milieux bourgeois contemporains** dont la bonne éducation n'est parfois qu'une apparence : ainsi, Véronique, qui défend la **morale** et la **culture**, finit par agresser Annette en hurlant ► extrait 5, p. 205.

Les auteurs dramatiques des XXe et XXIe siècles remettent souvent en cause les **conventions théâtrales** : ici, par exemple, est abandonnée la **séparation en actes et en scènes.** Des **objets contemporains** comme le téléphone portable font leur apparition au sein de la pièce ► extraits 1 et 4, p. 195 et 202.

Les principaux thèmes et enjeux de la pièce

La pièce aborde le problème de la **violence entre les enfants**, le rôle de l'**éducation** et des parents pour le résoudre ► extraits 1 et 2, p. 195 et 198. Mais elle traite également des **animaux de compagnie** ► extraits 1 et 3, p. 195 et 200, de la **place du portable** et des **médias** dans la vie quotidienne ; elle aborde aussi le **monde de l'entreprise** par le biais d'un des personnages qui est avocat d'affaires.

La grande question de la pièce reste celle posée par le titre, *Le Dieu du carnage*, image qui renvoie à la **loi du plus fort** : le « dieu du carnage » règne-t-il en maître malgré des siècles de civilisation ?

Le conflit, moteur de l'action et source du comique

Dans la pièce, **un conflit en entraîne un autre** : le conflit entre les enfants déclenche celui **entre les deux couples** ► extraits 2, 3 et 4, p. 198, p. 200 et 202. La dispute s'installe aussi **à l'intérieur des couples** ► extraits 3 et 4, p. 200 et 202. Quand la violence atteint son paroxysme (son plus haut degré), elle cesse brutalement, sans dénouement réel ► extrait 5, p. 205.

La pièce repose sur différents types de comiques :

– le **comique de mots :** mots mal interprétés à l'origine d'une dispute ► extraits 1 et 4, p. 195 et 202, termes familiers ou même très vulgaires ;

– le **comique de gestes** : bagarre des deux femmes ► extrait 5, p. 205 ;

– le **comique de situation** : dialogue impossible entre les époux Reille à cause du portable ► extrait 4, p. 202.

Mais le face-à-face entre les deux couples débouche aussi sur la question plus vaste et plus grave de la nature de l'**homme** déchiré entre ses **instincts** et les **exigences de la vie sociale** ► extrait 4, p. 202, si bien que le registre n'est pas toujours celui de la comédie.

◄ **Isabelle Huppert** (Véronique) dans *Le Dieu du carnage*, mise en scène de **Yasmina Reza** (théâtre Antoine, Paris, 2008).

HISTOIRE DES Arts

La mise en scène

1 **André Seweryn** (de Guiche) et**Michel Vuillermoz** (Cyrano) dans *Cyrano de Bergerac*, mise en scène de **Denis Podalydès** (Comédie-Française, Paris, 2006).

Comédie héroïque (mêlant comique et valeurs héroïques). Cyrano, mousquetaire gascon à l'esprit vif et brillant, est affublé d'un grand nez dont il ne supporte pas que l'on se moque. Pourtant, un jeune vicomte (noble) se risque à le faire…

LE VICOMTE. […] *Il s'avance vers Cyrano qui l'observe et se campant devant lui d'un air fat.*
Vous avez un nez… heu… un nez… très grand.

CYRANO, *gravement.*
Très.

LE VICOMTE, *riant.*
Ha !

CYRANO, *imperturbable.*
C'est tout ?

[…]
J'ai des fourmis dans mon épée !

LE VICOMTE, *tirant la sienne.*
Soit !

Edmond Rostand, *Cyrano de Bergerac* (1897), acte I, scène 4.

BOULINGRIN *(avec autorité).* – Allons, tais-toi !
MADAME BOULINGRIN. – Je me tairai si je veux.
BOULINGRIN. – Si tu veux ?
MADAME BOULINGRIN. – Oui, si je veux.

Georges Courteline, *Les Boulingrin* (1898), scène 3.

2 **Jean-Sébastien Bau** (Boulingrin), **Lionel Peintre** (des Rillettes) et **Doris Lamprecht** (Mme Boulingrin) dans *Les Boulingrin*, mise en scène de **Jérôme Deschamps** (Opéra-Comique, Paris, 2010).

Comédie en un acte. Un pique-assiette espère profiter des Boulingrin. Mais ceux-ci ne cessent de se disputer, le prenant à témoin.

du conflit comique

À la fin de cette scène, les quatre personnages devront se trouver debout, tout près les uns des autres, criant leurs répliques, levant les poings, prêts à se jeter les uns sur les autres. [...]

Mme MARTIN. – Touche pas ma babouche !
M. MARTIN. – Bouge pas la babouche !
M. SMITH. – Touche la mouche, mouche pas la touche.
Mme MARTIN. – La mouche bouge.
Mme SMITH. – Mouche ta bouche.

Eugène Ionesco, *La Cantatrice chauve*, scène XI, © Gallimard (1954).

3 **Jean-Louis Grinfeld**, **Mireille Herbstmeyer** (les Smith), **Olivier Achard** et **Emmanuelle Brunschwig** (les Martin) dans *La Cantatrice chauve*, mise en scène de **Jean-Luc Lagarce** (théâtre de l'Athénée, Paris, 2009).
Pièce absurde. Deux couples se reçoivent, les Smith et les Martin. Ils échangent d'abord des banalités, puis en viennent à se lancer des mots à la figure.

Retenir

- Le texte théâtral est fait pour être **joué**. Le metteur en scène construit la mise en scène à partir du texte et des indications scéniques données par les **didascalies**. Mais il dispose d'une grande liberté d'interprétation. Il joue des expressions des visages, des **gestes**, des **accessoires**, de la **place des personnages** sur scène.
- Les scènes de conflit dans la comédie peuvent être **dramatisées** ou franchement **amusantes**, voire farcesques selon les choix de la mise en scène.

► Fiche HDA oral du brevet, p. 276

Comparer et s'exprimer

1. Identifiez les trois pièces de théâtre (auteurs, lieux et dates des représentations).
2. Quels personnages se disputent ou s'affrontent ? Décrivez-les.
3. a. Comment les metteurs en scène ont-ils représenté la dispute (gestes, expressions des visages, place des personnages, accessoires) ?
b. Montrez qu'ils exploitent plusieurs types de comique (gestes, mots, situation). Appuyez-vous sur les textes et les images.
4. Identifiez le registre du comique pour chacune des mises en scène : comique de farce, comique de l'absurde, héroï-comique.

1 La situation d'énonciation et ses indices

► Leçon 20, p. 322

1. a. Qui les pronoms des 1re et 2e personnes en violet désignent-ils ?

b. À qui les pronoms personnels en vert renvoient-ils ?

2. Relevez une indication de temps et situez-la par rapport au moment de l'énonciation.

3. En quoi les déterminants démonstratifs soulignés sont-ils des indices de l'énonciation ?

4. Identifiez les temps utilisés et donnez leur valeur : *vous vous êtes débarrassé* (l. 5) ; *il souffrait* (l. 8) ; *je ne sais pas* (l. 15-16). Quel est le temps de référence ?

ANNETTE. – Vous avez d'autres enfants ?
VÉRONIQUE. – Bruno a une sœur de neuf ans, Camille. Qui est fâchée avec son père parce que son père s'est débarrassé du hamster cette nuit.
ANNETTE. – Vous vous êtes débarrassé du hamster ?
MICHEL. – Oui. Ce hamster fait un bruit épouvantable la nuit. Ce sont des êtres qui dorment le jour. Bruno souffrait, il était exaspéré par le bruit du hamster. Moi, pour dire la vérité, ça faisait longtemps que j'avais envie de m'en débarrasser, je me suis dit ça suffit, je l'ai pris, je l'ai mis dans la rue. Je croyais que ces animaux aimaient les caniveaux, les égouts, pas du tout, il était pétrifié sur le trottoir. En fait, ce ne sont ni des animaux domestiques, ni des animaux sauvages, je ne sais pas où est leur milieu naturel. Fous-les dans une clairière, ils sont malheureux aussi. Je ne sais pas où on peut les mettre.
ANNETTE. – Vous l'avez laissé dehors ?
VÉRONIQUE. – Il l'a laissé, et il a voulu faire croire à Camille qu'il s'était enfui. Sauf qu'elle ne l'a pas cru.

Yasmina Reza, *Le Dieu du carnage* (2007),
© Albin Michel et Yasmina Reza.

2 Les fonctions des pronoms personnels

► Leçon 4, p. 286

Indiquez la fonction des pronoms personnels en violet.

a. Je voulais m'en débarrasser. **b.** Je ne vous comprends pas. **c.** Ne lui parle pas de moi. **d.** Dites-moi où je peux vous rencontrer. **e.** Ce livre, je le lui ai donné. **f.** Viens avec moi. **g.** Tu es désordonnée, moi je ne le suis pas.

3 Les indices de l'énonciation

► Leçon 20, p. 322

1. Distinguez les phrases de récit de celles qui pourraient appartenir à un dialogue théâtral.

2. Relevez les indices d'énonciation dans les phrases de dialogue.

a. Demain matin notre fils ira chez le dentiste, à deux rues de chez nous. **b.** Ce jour-là, les grands parents de Colin l'emmenèrent au cinéma. **c.** Les élèves avaient rendez-vous au musée la veille des vacances. **d.** Je t'ai rendu ton livre hier. **e.** Regarde ce tableau : il a été peint par Dalí. **f.** Son professeur lui avait toujours promis qu'il réussirait. **g.** Tu as entendu ce bruit ? On dirait que les travaux ont repris de plus belle depuis hier.

4 Les types et formes de phrases, les niveaux de langage

► Leçons 13, p. 308 ; 20, p. 322

1. Donnez les types et formes de phrases utilisés.

2. Précisez le niveau de langage.

3. Réécrivez en langage courant ou soutenu les phrases familières.

a. VÉRONIQUE. – Les conséquences de cet acte sont, outre la tuméfaction de la lèvre supérieure, une brisure des deux incisives, avec atteinte du nerf de l'incisive droite.
b. ALAIN. – Bon, je suis désolé, je dois retourner au cabinet. Annette, tu restes, vous me raconterez ce que vous avez décidé [...].
c. MICHEL. – Qu'est-ce qui est ridicule ? Tu deviens folle toi aussi ? Leur fils tabasse Bruno et on me fait chier pour un hamster ?
d. MICHEL. – Je vais vous dire, toutes ces délibérations à la con, j'en ai par-dessus la tête.
e. ALAIN. – Ne portez pas de jugement sur mon fils non plus.
f. MICHEL. – Oh tu fais chier Véronique, on en a marre de ce boniment simpliste !

Yasmina Reza, *Le Dieu du carnage* (2007),
© Albin Michel et Yasmina Reza.

5 Les interjections

Retrouvez les sentiments exprimés par les interjections : joie triomphante, appel à la modération, hésitation, énervement, regret, soulagement.

a. Euh... je ne sais pas... **b.** Hein ? Qu'est-ce que je vous avais dit ! **c.** Ah ! enfin te voilà. **d.** Hélas, si je pouvais ! **e.** Holà ! Du calme ! f. Bon ! ça recommence !

Conjugaison et orthographe

6 Les périphrases verbales

► Leçon 7, p. 294

Conjuguez les verbes aux temps indiqués en utilisant les périphrases verbales *venir de* pour le passé proche ou *aller* pour le futur proche.

a. Votre fils frappe (*passé proche*) Bruno au visage. b. Nous rédigeons (*futur proche*) la déclaration pour l'assurance. c. Je supprime (*passé proche*) le mot « armé » et cela ne vous suffit pas. d. Vous renversez (*passé proche*) mon vase ! e. Tu travailles (*futur proche*) à La Haye demain ?

7 L'impératif présent et le subjonctif passé

► Leçon 22, p. 330

1. **Conjuguez les verbes entre parenthèses à l'impératif présent.**

a. Alain, (arrêter) de téléphoner et (revenir) avec nous. b. Michel, (aller) chercher la cuvette. c. (Cesser) de nous quereller. d. (Servir)-vous une part de clafoutis. e. (Être) assurés de mon amour pour les hamsters.

2. **Conjuguez les verbes entre parenthèses au subjonctif passé.**

a. Serge, il faut que vous (finir) ce rapport quand je reviendrai au bureau. b. Michel, il faut que tu (sortir), avant que Camille ne découvre l'absence du hamster. c. Il faut que nous (terminer) la déclaration d'accident avant la rencontre de nos enfants. d. Il faut que nous (réparer) les dégâts avant l'arrivée de Camille.

8 L'accord du verbe avec le sujet dans les subordonnées relatives

► Leçon 27, p. 342

Accordez les verbes avec le pronom relatif sujet (présent de l'indicatif).

a. C'est toi qui (vouloir) réconcilier les enfants. b. Ce n'est pas la victime qui (devoir) se déplacer. c. Est-ce nous qui (rédiger) la déclaration d'accident ? d. Je ne suis pas de ces pères qui (pousser) le landau de leurs enfants. e. C'est bien moi la seule, parmi tous les gens présents, qui ne (croire) pas au dieu du carnage.

9 Réécriture

Réécrivez le texte en remplaçant *je* par *nous*, *Madame* par *Mesdames* et *Monsieur* par *Messieurs*. Vous mettrez des tirets pour marquer les changements d'interlocuteurs (à la place des personnages).

Roger Desfossez et **Claude Darvy** (les Smith) dans *La Cantatrice chauve*, mise en scène de **Nicolas Bataille** (théâtre de la Huchette, Paris, 2007).

M. MARTIN [...]. – Mes excuses, Madame, mais il me semble, si je ne me trompe, que je vous ai déjà rencontrée quelque part.

Mme MARTIN. – À moi aussi, Monsieur, il me semble que je vous ai déjà rencontré quelque part.

M. MARTIN. – Ne vous aurais-je pas déjà aperçue, Madame, à Manchester, par hasard ?

Mme MARTIN. – C'est très possible ! Moi, je suis originaire de la ville de Manchester ! Mais je ne me souviens pas très bien, Monsieur, je ne pourrais pas dire si je vous y ai aperçu, ou non !

Eugène Ionesco, *La Cantatrice chauve* (1954), scène IV, © Gallimard.

10 Dictée préparée

MICHEL. – Véronique, je trouve odieux d'être subitement sur la sellette pour cette histoire de hamster que tu as cru bon de raconter. C'est une affaire personnelle qui ne regarde que nous et qui n'a rien à voir avec la situation présente ! Et je trouve inconcevable de me faire traiter d'assassin ! Dans ma maison !

VÉRONIQUE. – Qu'est-ce que ta maison a à voir là-dedans ?

MICHEL. – Une maison dont j'ouvre les portes, dont j'ouvre grand les portes dans un esprit de conciliation, à des gens qui devraient m'en savoir gré !

Yasmina Reza, *Le Dieu du carnage* (2007), © Albin Michel et Yasmina Reza.

1. Cherchez le sens des mots et expressions en orange.
2. Relevez les verbes des subordonnées relatives et justifiez leur accord.
3. a. Expliquez l'accord de l'adjectif *odieux* (l. 1).
b. Recherchez le sens de l'expression *croire bon* (l. 3).
4. Relevez les formes *a* et *à* et justifiez la présence ou non de l'accent.
5. Justifiez l'emploi de l'infinitif en rappelant les règles : *raconter* (l. 3), *traiter* (l. 6).

11 Le franglais dans le langage oral contemporain

Remplacez les expressions en italique par un terme anglais de la liste.

Liste : *thrillers, best-seller, low cost, break, coach, fashion victim, marketing, look, prime time.*

a. Avez-vous lu le dernier *livre à succès* de cet auteur américain ? b. J'ai pris un vol à *bas prix* pour aller à Nice. c. Moi j'adore les *films à suspense*. d. C'est une véritable *esclave de la mode* qui change d'*apparence* à chaque saison. e. Elle s'occupe de la *promotion des ventes* dans sa nouvelle entreprise. f. Je suis fatiguée, je vais faire une *pause*. g. Ce film passé en *début de soirée* a eu une grande audience. h. Il fait du sport avec un *professeur particulier*.

12 Les sigles et abréviations

Alain emploie l'abréviation *dircom* pour « directeur commercial » et le sigle *AGO* pour « assemblée générale ordinaire » ► p. 196.

1. Rétablissez le terme complet pour ces abréviations et sigles de la langue familière ou courante.

a. Il a rendez-vous avec le *DRH* pour son entretien annuel. b. Viens au *ciné* avec nous. c. Quel *bac* choisiras-tu ? Le *bac S*, *L*, ou *ES* ? d. Moi je vais faire un bac *techno* en informatique. e. La *CPE* a réuni les délégués pour une journée de formation. f. Moi je vais en *EPS*. g. Il prend le *TGV* Paris-Lyon. h. Tu passes ton temps devant l'*ordi* !

2. Quel est le sens des abréviations *LOL, mdr, cc, jtm* ?

13 Violence des émotions et niveaux de langage

► Leçon 20, p. 322

1. Remplacez les termes familiers en italique par des termes courants ou soutenus.

2. Quel niveau de langage exprime le mieux la violence des émotions ?

a. Oui c'est très *emmerdant*… Non, mais moi ce qui m'*emmerde* c'est l'A.G.O., vous avez une assemblée générale dans quinze jours.
b. Je ne vais pas me faire dicter ma conduite par une *morveuse* de neuf ans !
c. C'est *infernal* !
d. *Foutez le camp* ! Je vous ai assez vus.
e. Et elle, elle ne hurle pas ?! Quand elle dit que son petit *connard* a bien fait de *cogner* le nôtre ?
f. Qu'est-ce qu'on fait encore dans cette *baraque* ?

Yasmina Reza, *Le Dieu du carnage* (2007),
© Albin Michel et Yasmina Reza.

14 Les figures de style

► Leçon 39, p. 364

Retrouvez les figures de style dans ces extraits : hyperbole (exagération forte), répétition, comparaison, métaphore, périphrase et antiphrase.

a. VÉRONIQUE. – C'était impressionnant de voir cet enfant qui n'avait plus de visage, plus de dents et qui refusait de parler.
b. ANNETTE. – Ferdinand se comporte comme un voyou, on ne s'intéresse pas à ses états d'âme.
c. ALAIN. – L'homme est un paquet qu'on traîne donc il est décalé et maladroit.
d. ALAIN. – Vous continuez à vous jeter des fleurs, c'est merveilleux.
e. ANNETTE. – Je vis ça du matin au soir, du matin au soir il est accroché à ce portable ! Nous avons une vie hachée par le portable !
f. VÉRONIQUE. – Il n'y a pas de torts des deux côtés ! On ne confond pas les victimes et les bourreaux !
g. ANNETTE. – Et tiens, tiens, voilà ce que j'en fais de vos fleurs minables, vos tulipes hideuses !… Ha, ha, ha !… (*elle s'effondre en pleurs*)… C'est le pire jour de ma vie aussi.

Yasmina Reza, *Le Dieu du carnage* (2007),
© Albin Michel et Yasmina Reza.

Robert Salles (1871-1929), ► illustration du mot « querelle » dans un abécédaire (1926).

Expression écrite

Kate Winslet (Nancy-Annette) dans *Carnage*, film de **Roman Polanski** (2011).

1 Rédiger la scène initiale : la dispute des enfants

Bruno Houllié et Ferdinand Reille se disputent vivement avant que Ferdinand ne prenne un bâton. Imaginez le dialogue des enfants en vous appuyant sur la déclaration d'assurance : *Donc notre déclaration... Vous ferez la vôtre de votre côté... « Le 3 novembre, à dix-sept heures trente, au square de l'Aspirant-Dunant, à la suite d'une altercation verbale, Ferdinand Reille, onze ans, armé d'un bâton, a frappé au visage notre fils Bruno Houllié. Les conséquences de cet acte sont, outre la tuméfaction de la lèvre supérieure, une brisure des deux incisives, avec atteinte du nerf de l'incisive droite. »*

Consignes d'écriture

- *Présentez le dialogue comme au théâtre.*
- *Utilisez quelques didascalies pour faire connaître les déplacements, gestes et intonations des personnages.*

2 Écrire une scène théâtrale à partir d'un accessoire

Un adolescent souhaite obtenir une permission (sortie entre amis, voyage scolaire, achat, animal familier...) d'un de ses parents quand soudain le téléphone portable de ce dernier sonne. Imaginez la scène : l'adolescent essaie de poursuivre la conversation tandis que l'adulte, accaparé par son interlocuteur (ami(e), membre de la famille, collaborateur...), tente de le faire patienter.

Consignes d'écriture

- *Présentez le dialogue comme au théâtre.*
- *Rédigez des didascalies pour distinguer les deux dialogues qui s'entrecroisent et indiquer les gestes et expressions.* ► p. 202
- *Utilisez des types, formes de phrases et niveaux de langage sans vulgarité pour exprimer les sentiments et émotions.*

3 Imaginer un monologue

Annette rentre seule chez elle pendant qu'Alain se rend à son bureau. Dans son salon, tout en buvant un thé, elle retrace à haute voix les événements de la journée. Imaginez le monologue qu'elle pourrait prononcer.

Consignes d'écriture

- *Commencez le monologue ou terminez-le par :* C'est le pire jour de ma vie aussi.
- *Conservez les caractéristiques du personnage.*
- *Utilisez les types et formes de phrases appropriés pour exprimer ses différents sentiments.*

4 Soutenir un point de vue

Répondez à l'une des questions en justifiant votre point de vue à l'aide d'au moins deux arguments.

a. Faut-il respecter son animal de compagnie et comment ?

b. La politesse est-elle une forme d'hypocrisie ? Peut-on dire tout ce que l'on pense ?

Consignes d'écriture

- *Prenez position en formulant la thèse que vous soutenez. Pour le sujet b, recherchez l'étymologie du mot* politesse.
- *Présentez chaque argument et son exemple dans un paragraphe.*
- *Utilisez des connecteurs pour les enchaînements.*

aide

Vocabulaire de l'argumentation

- Verbes marquant l'accord ou le désaccord : approuver, partager, adopter, soutenir ; désapprouver, s'opposer à, refuser...
- Connecteurs pour enchaîner les arguments : d'abord, puis, ensuite, enfin ; d'une part, d'autre part ; par ailleurs, en outre, de plus...
- Connecteurs de cause / conséquence : car, en effet, puisque ; donc, c'est pourquoi, ainsi...
- Expressions pour introduire un exemple : ainsi, par exemple, c'est le cas, tel est...
- Lexique évaluatif : choquant, insupportable, inadmissible, odieux, scandaleux ; judicieux, pertinent, utile, raisonnable...

Expression orale

Jouer une scène de théâtre

▲ **Mireille Herbstmeyer** et **Jean-Louis Grinfeld** (les Smith) dans *La Cantatrice chauve*, mise en scène de **Jean-Luc Lagarce** (Théâtre 71, Malakoff, 1992).

M. et Mme Martin, invités chez les Smith, attendent l'arrivée de leurs hôtes.

M. MARTIN (*le dialogue qui suit doit être dit d'une voix traînante, monotone, un peu chantante, nullement nuancée*). – Mes excuses, Madame, mais il me semble, si je ne me trompe, que je vous ai déjà rencontrée quelque part.

Mme MARTIN. – À moi aussi, Monsieur, il me semble que je vous ai déjà rencontré quelque part.

M. MARTIN. – Ne vous aurais-je pas déjà aperçue, Madame, à Manchester, par hasard ?

Mme MARTIN. – C'est très possible ! Moi, je suis originaire de la ville de Manchester ! Mais je ne me souviens pas très bien, Monsieur, je ne pourrais pas dire si je vous y ai aperçu, ou non !

M. MARTIN. – Mon Dieu, comme c'est curieux ! Moi aussi je suis originaire de la ville de Manchester, Madame !

Mme MARTIN. – Comme c'est curieux !

M. MARTIN. – Comme c'est curieux !... Seulement moi, Madame, j'ai quitté la ville de Manchester, il y a cinq semaines, environ.

Les Martin s'aperçoivent ainsi qu'ils ont pris le même train, qu'ils habitent à Londres dans le même appartement.

M. MARTIN. – J'ai une petite fille, ma petite fille, elle habite avec moi, chère Madame. Elle a deux ans, elle est blonde, elle a un œil blanc et un œil rouge, elle est très jolie, elle s'appelle Alice, chère Madame.

Mme MARTIN. – Quelle bizarre coïncidence ! Moi aussi j'ai une petite fille, elle a deux ans, un œil blanc et un œil rouge, elle est très jolie et s'appelle aussi Alice, cher Monsieur !

M. MARTIN, *même voix traînante, monotone*. – Comme c'est curieux et quelle coïncidence ! et bizarre ! C'est peut-être la même, chère Madame !

Mme MARTIN. – Comme c'est curieux ! c'est bien possible cher Monsieur.

Un assez long moment de silence... La pendule sonne vingt-neuf fois.

M. MARTIN, *après avoir longuement réfléchi, se lève lentement et, sans se presser, se dirige vers Mme Martin qui, surprise par l'air solennel de M. Martin, s'est levée, elle aussi, tout doucement ; M. Martin a la même voix rare, monotone, vaguement chantante.* – Alors, chère Madame, je crois qu'il n'y a pas de doute, nous nous sommes déjà vus et vous êtes ma propre épouse... Élisabeth, je t'ai retrouvée !

Eugène Ionesco, *La Cantatrice chauve* (1954), scène IV, © Gallimard.

Comprendre le texte

1. Quelles similitudes M. et Mme Martin remarquent-ils dans leurs actions ? Comment se les expliquent-ils ? Appuyez-vous sur les répétitions.

2. a. Pourquoi les époux ne se sont-ils pas tout de suite reconnus ? Est-ce vraisemblable ?

b. Quelle image l'auteur donne-t-il du couple dans cette scène ?

Jouer la scène

3. Lisez les didascalies et rassemblez les accessoires.

4. a. Formez des couples de deux élèves et apprenez l'un des rôles.

b. Travaillez l'intonation : *voix rare, monotone, vaguement chantante*.

Des livres, des films autour du théâtre moderne

Pièces de théâtre

● **Raymond Queneau**, *En passant* (2000, Folio Junior Théâtre) : Irène et Étienne ne s'aiment plus, Sabine et Joachim non plus. Dans le métro, Irène s'évade en rêve avec un passant, Étienne avec une passante…

● **Yasmina Reza**, *Art* (1994 ; Magnard, Classiques contemporains, 2002) : amateur d'art contemporain, Serge a acheté un tableau blanc ; cet achat « modernissime » provoque discussions et querelles entre lui et ses meilleurs amis Marc et Yvan.

Pièces courtes et sketches

● **Jacques Prévert**, *Le Bel Enfant* (2000, Folio Junior Théâtre, avec un petit carnet de mise en scène) : sept courtes pièces écrites par Prévert dans les années 1930.

● **Roland Dubillard**, *Le Gobe-douille et autres dialogues* (2000, Folio Junior Théâtre) : des sketches drôles et fantaisistes.

● *Scènes à lire et à jouer* (2004, « Œuvres et thèmes », Hatier) : une anthologie de scènes célèbres.

● **Jean-Michel Ribes**, *Trois pièces facétieuses* (2010, Magnard, Classiques contemporains), extraites du recueil *Théâtre sans animaux* (2004, « Babel », Actes Sud) : trois courtes pièces alliant fantaisie et humour ; *Égalité-Fraternité* : histoire de deux frères dont l'un est jaloux de l'autre ; *Le Goéland* : un coiffeur finit par avouer qu'il aimerait être un oiseau ; *Musée haut, musée bas* : une satire féroce des visiteurs de musées.

Cinéma

● *Cuisine et dépendances* (1991), d'**Agnès Jaoui** et **Jean-Pierre Bacri**, pièce filmée (DVD avec livret) : Jacques et Martine, un couple de bourgeois ordinaires, invitent à dîner deux amis perdus de vue depuis dix ans, un écrivain et journaliste à succès et sa femme.

● *Cuisine et dépendances* (1993), de **Philippe Muyl** : film adapté de la pièce de théâtre d'Agnès Jaoui et Jean-Pierre Bacri.

● *Chicas* (2010), de **Yasmina Reza** : Pilar, une veuve espagnole qui a élevé ses trois filles en France, organise un dîner pour leur présenter Fernand, le gérant de son immeuble, dont elle est amoureuse. La réunion dégénère…

● *Carnage* (2011), de **Roman Polanski** : film adapté de la pièce de Yasmina Reza ; l'action a été transposée à New York.

Préparation au brevet

Bruno, fils de Michel et Véronique Houllié, a été violemment frappé et blessé par Ferdinand, fils d'Alain et Annette Reille ; les deux couples se rencontrent pour faire une déclaration d'accident.

MICHEL. – Je me demandais, bien que ce soit sans importance, quel était le motif de la dispute. Bruno est resté complètement muet sur ce point.

ANNETTE. – Bruno a refusé de faire rentrer Ferdinand dans sa bande.

VÉRONIQUE. – Bruno a une bande ?

ALAIN. – Et il l'a traité de « balance ».

VÉRONIQUE. – Tu savais que Bruno avait une bande ?

MICHEL. – Non. Je suis fou de joie.

VÉRONIQUE. – Pourquoi tu es fou de joie ?

MICHEL. – Parce que moi aussi j'étais chef de bande.

ALAIN. – Moi aussi.

VÉRONIQUE. – Ça consiste en quoi ?

MICHEL. – Tu as cinq, six gars qui t'aiment et qui sont prêts à se sacrifier pour toi. Comme dans *Ivanhoé*[1].

ALAIN. – Comme dans *Ivanhoé*, exactement !

VÉRONIQUE. – Qui connaît *Ivanhoé* aujourd'hui ?

ALAIN. – Ils prennent un autre type. Un Spiderman.

VÉRONIQUE. – Enfin je constate que vous en savez plus que nous. Ferdinand n'est pas resté aussi muet que vous voulez bien le dire. Et pourquoi il l'a traité de « balance » ? Non, c'est bête, c'est bête comme question. D'abord je m'en fiche, et ce n'est pas le sujet.

ANNETTE. – On ne peut pas rentrer dans ces querelles d'enfant.

VÉRONIQUE. – Ça ne nous regarde pas.

ANNETTE. – Non.

VÉRONIQUE. – En revanche ce qui nous regarde, c'est ce qui s'est passé malheureusement. La violence nous regarde.

MICHEL. – Quand j'étais chef de bande, en septième, j'avais battu en combat singulier Didier Leglu, qui était plus fort que moi.

VÉRONIQUE. – Qu'est-ce que tu veux dire Michel ? Ça n'a rien à voir.

MICHEL. – Non, non, ça n'a rien à voir.

VÉRONIQUE. – On ne parle pas d'un combat singulier. Les enfants ne se sont pas battus.

MICHEL. – Tout à fait, tout à fait. J'évoquais juste un souvenir.

ALAIN. – Il n'y a pas une grande différence.

VÉRONIQUE. – Ah si. Permettez-moi monsieur, il y a une différence.

MICHEL. – Il y a une différence.

ALAIN. – Laquelle ?

MICHEL. – Avec Didier Leglu, nous étions d'accord pour nous battre.

Yasmina Reza, *Le Dieu du carnage* (2007),
© Albin Michel et Yasmina Reza.

1. **Ivanhoé** : chevalier médiéval qui combat aux côtés de Richard Cœur de Lion et donne son nom au roman de Walter Scott (1819).

PREMIÈRE PARTIE (1 h 30)

Questions 15 PTS

Méthode pour réussir les questions

- Lisez attentivement le **texte** et le **paratexte** (chapeau, notes).
- Tenez compte des **titres des axes de lecture** : ils constituent des aides précieuses pour répondre aux questions.
- Rédigez des **phrases complètes** pour répondre.
- Introduisez les **citations** entre guillemets et précisez le numéro de la ligne.

I Un texte de théâtre 4 PTS

1. Donnez deux indices qui permettent à un lecteur d'identifier ce texte comme un texte de théâtre. (1 PT)

2. Précisez la situation d'énonciation.

a. Qui sont les personnages en présence ? Quel lien existe-t-il entre eux ? (1 PT)

b. Quel est leur sujet de conversation ? (0,5 PT)

c. À quel temps est le verbe *suis* (*fou de joie*, l. 10) ? Quelle est la valeur du présent ? (0,5 PT)

3. À qui les pronoms *il* et *l'* (*Et il l'a traité de « balance »*, l. 7) renvoient-ils ? (1 PT)

2. Identifier la **situation d'énonciation**, c'est identifier l'énonciateur et le destinataire de l'énoncé, les relations qu'ils entretiennent (lien familial, amitié…), le lieu et les circonstances de l'énoncé.

II La dispute des enfants 4,5 PTS

4. *Je me demandais, bien que ce soit sans importance, quel était le motif de la dispute* (l. 1-2).

a. Indiquez la fonction de la proposition subordonnée introduite par *bien que* et la classe grammaticale de la subordonnée introduite par *quel*. (1 PT)

b. Quel était le motif de la dispute des enfants ? Citez le texte. (1 PT)

5. Que signifie le terme *balance* (l. 7) ? Quel est le niveau de langage utilisé ? (1 PT)

6. *j'avais battu en combat singulier Didier Leglu* (l. 37-38).

a. Quel est le sens de l'adjectif *singulier* dans cette expression ? (0,5 PT)

b. La dispute de Bruno et Ferdinand s'est-elle terminée par un *combat singulier* ? Justifiez votre réponse en citant le texte. (1 PT)

> **4. a.** Une **proposition subordonnée** peut être relative, conjonctive, interrogative indirecte.

III La discussion des parents 6,5 PTS

7. *Ferdinand n'est pas resté aussi muet que vous voulez bien le dire* (l. 24-25).

a. Indiquez le degré de comparaison et la fonction de l'adjectif *muet*. (1 PT)

b. Sur quel ton Véronique parle-t-elle ? Quel reproche fait-elle à l'autre couple ? (1 PT)

8. a. Quelles sont les références littéraires ou culturelles communes de Michel et Alain ? (0,5 PT)

b. En quoi les générations des pères et des fils se ressemblent-elles ? Citez le texte. (1 PT)

9. *D'abord je m'en fiche, et ce n'est pas le sujet* (l. 27-28).

a. Quel est le niveau de langage utilisé par Véronique ? (0,5 PT)

b. Quel est le vrai sujet de la discussion d'après elle ? Citez le texte. (0,5 PT)

10. Sur quel point Véronique est-elle en désaccord avec son mari ? puis avec Alain ? (1 PT)

c. À partir des réponses précédentes, dites si la discussion peut évoluer en conflit. (1 PT)

> **7. a.** On distingue le degré d'**infériorité** (*moins... que*), le degré d'**égalité** (*aussi... que*) et le degré de **supériorité** (*plus... que*).

> **8. a.** Les **références littéraires ou culturelles** communes sont la culture que les personnages ont en commun (noms d'écrivains, titres d'œuvres...).

Réécriture 4 PTS

Réécrivez le passage des lignes 23 à 30 (*Enfin je constate... querelles d'enfant*) en remplaçant *je* et *on* par *nous*, *vous* par *tu* et *Ferdinand* par *Julie*.

Dictée 6 PTS

Votre professeur vous dictera un autre passage de la pièce de Yasmina Reza, *Le Dieu du carnage*.

DEUXIÈME PARTIE (1 h 30)

Rédaction 15 PTS

Méthode pour réussir la rédaction

- Soulignez les **mots clés** du sujet (sujet 1 : *scène, interrogent, dispute, agression* ; sujet 2 : *bagarre, régler une dispute*).
- Notez le **type de texte** demandé (un dialogue théâtral ou un sujet de réflexion).
- Soignez l'**orthographe** et la **ponctuation**.
- Choisissez un **vocabulaire** précis.

Vous traiterez l'un des deux sujets au choix.

1. Sujet d'imagination

Écrivez la scène dans laquelle Alain et Annette interrogent avec insistance Ferdinand pour lui faire raconter sa dispute avec Bruno et l'agression dont il s'est rendu coupable.

2. Sujet de réflexion

Pensez-vous que la bagarre soit le meilleur moyen de régler une dispute ? Développez votre réflexion en un devoir construit, argumenté et nourri d'exemples tirés de votre expérience ou de vos lectures.

> **Méthode (sujet 1)**
> - Respectez les codes de l'écriture théâtrale.
> - Utilisez des didascalies pour faire connaître les gestes et intonations des personnages.

12 L'engagement des poètes

Objectifs du chapitre

- Découvrir des poètes engagés dans les combats des XXe et XXIe siècles.
- Analyser des formes variées d'écriture poétique.

◄ **Fernand Léger** (1881-1955), illustration de la première page du livre-objet *Liberté*, de Paul Eluard (1953), © Seghers.

▼ **Tiken Jah Fakoly** au festival des Vieilles Charrues à Carhaix (2005) ► p. 237.

Vous demandez pourquoi ma poésie
Ne parle pas du songe, des feuilles,
Des grands volcans de mon pays natal !

Venez voir le sang dans les rues,
Venez voir
Le sang dans les rues,
Venez voir le sang
Dans les rues !

Pablo Neruda, *L'Espagne au cœur* (1938), traduction de l'espagnol par L. Parrot, © Denoël.

▲**Pablo Picasso** (1881-1973),
Femme qui pleure (1937), huile sur toile,
55,3 x 46,3 cm (musée Picasso, Paris).

- Identifiez la nature des quatre documents.
- Quels arts différents sont représentés ?
- Comment Picasso a-t-il rendu la souffrance de la femme ? Quel est le rôle des artistes face à la souffrance ?

La poésie engagée au XXe siècle

Qu'est-ce que l'engagement ?

- L'engagement consiste à **prendre parti** par son action, ses discours ou ses écrits sur des problèmes politiques ou sociaux de son temps. Au cours des siècles, des artistes et écrivains se sont engagés en mettant leurs œuvres au service d'une cause. **Au XIXe siècle** par exemple, Victor Hugo a combattu tout au long de sa vie contre le travail des enfants et la peine de mort. **Aux XXe et XXIe siècles**, beaucoup d'artistes, conscients du rôle qu'ils peuvent jouer, s'attachent à **dénoncer les injustices et les abus**, et à s'élever contre toute atteinte aux **droits de l'homme**.

Des poètes engagés au XXe siècle

- Le XXe siècle, période de guerres, de bouleversements et de crises, voit se développer une poésie engagée qui s'exprime à travers des personnalités variées et des formes poétiques nouvelles.
- **Guillaume Apollinaire** (1880-1918) s'engage dans la guerre en 1914. Victime d'un éclat d'obus, il est trépané (opéré de la boîte cranienne) en mai 1916. Il écrit alors ses « **calligrammes** » (poèmes dessins) dont le sous-titre est *Poèmes de la paix et de la guerre* ► p. 224. Atteint de la grippe espagnole, il meurt le 9 novembre 1918, deux jours avant l'armistice. Son recueil *Alcools* (1913) témoigne de son désir de renouveler les thèmes et les formes poétiques, inaugurant ce qu'on appelle la « **modernité** ». Ami des peintres de son époque (Picasso, Braque, Matisse, Marie Laurencin avec qui il eut une liaison), il fit connaître le **cubisme** ► Dossier 14, p. 270.
- **Louis Aragon** (1897-1982) fut avec André Breton et Philippe Soupault un des fondateurs du **mouvement surréaliste** dans les années 1920 : pour les surréalistes, la création artistique naît des rêves et de l'inconscient ► Dossier 14, p. 270. Aragon devient membre du parti communiste en 1927, et pendant la Seconde Guerre mondiale, participe à la **Résistance**. Son œuvre poétique est marquée par ses **combats politiques** ► p. 226 et par son amour pour sa compagne **Elsa Triolet**.

▲ **Louis Aragon** et **Elsa Triolet** chez eux, à Paris (1954).

1914-1918	1918	1936-1939	1938	1939-1945	1942
Première Guerre mondiale	*Calligrammes* de Guillaume Apollinaire (1880-1918)	Guerre d'Espagne	*La Fable du monde* de Jules Supervielle (1884-1960)	Seconde Guerre mondiale	*Poésie et Vérité* de Paul Eluard (1895-1952)

Paul Eluard, André Breton et Robert Desnos à la Foire de Montmartre (vers 1923) (bibliothèque Jacques Doucet, Paris).

Affiche du film *Le jour se lève* (1939), dialogues de Jacques Prévert.

- **Paul Eluard** (1895-1952) participe au mouvement **surréaliste** dont il se dégagera plus tard. Il adhère un temps au parti communiste, soutient l'**Espagne républicaine**, puis s'engage dans la **Résistance** ► p. 228. Il écrit notamment *Poésie et Vérité* en 1942, dont fait partie le célèbre poème « Liberté » ► p. 242. L'amour et la femme aimée sont aussi une puissante source d'inspiration pour le poète, qu'il s'agisse de **Gala**, **Nush** ou **Dominique** ► p. 274-275.
- **Jacques Prévert** (1900-1977) crée dans ses poèmes un univers de liberté et de fantaisie. Il **dénonce les injustices** et remet en question l'**ordre établi** ► p. 230. Il est également scénariste et dialoguiste pour le **cinéma** des années 1930 à 1950, notamment dans les films de **Marcel Carné**.
- **David Diop** (1927-1960), né à Bordeaux d'un père sénégalais et d'une mère camerounaise, soutient l'indépendance des pays africains dès les années 1950, tant sur le plan politique que culturel ► p. 233. Aux côtés de **Léopold Sédar Senghor** (futur président du Sénégal), d'**Aimé Césaire** (futur député-maire de la Martinique), il fait naître une « **poésie de la négritude** ». *La négritude,* définie par Césaire en 1935 dans la revue de *L'Étudiant noir* (article « Négrerie »), *est la simple reconnaissance du fait d'être noir, et l'acceptation de ce fait, de notre destin de Noir, de notre histoire et de notre culture.*

Ai-je bien lu ?

1. Quel poète a ouvert la voie à la modernité ?
2. Quels poètes ont participé au mouvement surréaliste et se sont engagés dans la Résistance ?
3. Quels poètes ont chanté la négritude ?

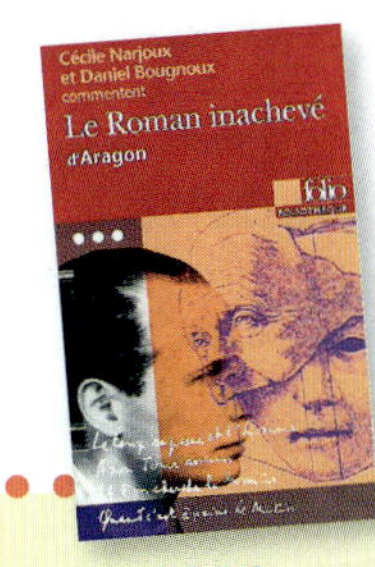

1945-1962
Décolonisation française

1949
Paroles de Jacques Prévert (1900-1977)

1956
Le Roman inachevé de Louis Aragon (1897-1982)

1956
Coups de pilon de David Diop (1927-1960)

1993
C'est déjà ça chanson d'Alain Souchon

B2i **Préparer la lecture**

1. Qui étaient Georges Braque, Max Jacob, André Derain ?
2. Cherchez d'où vient le mot « calligramme » et ce qu'il signifie.

Dénoncer la guerre

Poème 1

« La colombe poignardée et le jet d'eau »

Ce poème a été écrit dans les tranchées, pendant la guerre de 1914-1918. Apollinaire songe aux femmes qu'il a aimées et à ses amis partis au front.

Douces figures poignardées Chères lèvres fleuries
MIA MAREYE
YETTE LORIE
ANNIE et toi MARIE
où êtes-
vous ô
jeunes filles
MAIS
près d'un
jet d'eau qui
pleure et qui prie
cette colombe s'extasie

Tous les souvenirs de naguère
O mes amis partis en guerre
Jaillissent vers le firmament
Et vos regards en l'eau dormant
Meurent mélancoliquement
Où sont-ils Braque et Max Jacob
Derain aux yeux gris comme l'aube
Où sont Raynal Billy Dalize
Dont les noms se mélancolisent
Comme des pas dans une église
Où est Cremnitz qui s'engagea
Peut-être sont-ils morts déjà
De souvenirs mon âme est pleine
Le jet d'eau pleure sur ma peine

CEUX QUI SONT PARTIS A LA GUERRE AU NORD SE BATTENT MAINTENANT
Le soir tombe O sanglante mer
Jardins où saigne abondamment le laurier rose fleur guerrière

Guillaume Apollinaire (1880-1918), *Calligrammes* (1918), © Gallimard.

- **Mya, Mareye… :** prénoms de femmes aimées d'Apollinaire, parmi lesquelles Annie Pleyden, Marie Laurencin, Marie Dubois (Mareye).
- **s'extasier :** être en extase, dans un état d'émerveillement.
- **le firmament :** le ciel (poétique).
- **Braque, Max Jacob… :** amis d'Apollinaire.

Analyser le poème

● Une forme particulière : le calligramme

1. Identifiez les trois dessins qui composent ce calligramme.

2. Sachant que les rimes sont suivies, trouvez le sens de lecture des vers qui forment le jet d'eau. Quel est le mètre utilisé pour le jet d'eau et le bassin ?

3. Repérez l'axe central du calligramme :

a. Quels mots, quels signes, quelles lettres sont mis en valeur par cet axe ?

b. Quel sens pouvez-vous donner aux sonorités DCD ?

● L'état intérieur du poète-soldat

4. a. Relevez les mots en majuscules dans la partie « colombe ». Quelles sonorités ont-ils en commun ? Qui désignent-ils ?

b. Quel prénom est mis en valeur ? De quelle façon ?

5. a. Qui sont pour le poète les personnes citées dans les vers formant le jet d'eau ? Quel effet leur accumulation produit-elle ?

b. Quelle question le poète se pose-t-il à leur sujet ?

6. a. *naguère, maintenant* : quelle opposition le poète souligne-t-il ?

b. En quoi l'expression *fleur guerrière* est-elle un oxymore ? Retrouvez dans le dessin un mot de la famille de *fleur*. À qui renvoie-t-il ?

● La force des symboles

7. a. *un jet d'eau qui pleure et qui prie* : nommez la figure de style. Qui ce jet d'eau peut-il représenter ?

b. *se mélancolisent* : que traduit ce verbe de l'état d'esprit du poète ?

c. Quel rapport voyez-vous entre la forme du jet d'eau et le verbe *pleure* ?

8. *sanglante mer / jardins où saigne abondamment* :

a. De quoi cette *mer* et ces *jardins* sont-ils la métaphore dans ce contexte guerrier ?

b. Quel est le sort probable des amis soldats du poète ? Faites le lien avec les trois lettres DCD et le jeu de mot formé par *tombe Ô*.

9. a. De quoi la colombe est-elle le symbole ? Quel sens ce symbole prend-il lorsque la colombe est poignardée ?

b. En quoi ce poème est-il une dénonciation de la guerre ?

10. **La portée du poème**. Dans un calligramme, qu'apporte le dessin au texte, selon vous ?

▲ **Pierre de Belay** (1890-1947), *Portrait de Guillaume Apollinaire* (1905).

Enrichir son vocabulaire

Le néologisme

se mélancolisent : le verbe *se mélancoliser* est un néologisme (mot nouveau créé par le poète).

11. a. À partir de quel suffixe ce mot est-il formé ? Quel sens donnez-vous à ce verbe ?

b. Cherchez dans le poème l'adverbe appartenant à la famille du mot *mélancolie*.

Écrire

12. À votre tour, créez un calligramme sur le thème de la guerre ou de la paix.

Consignes d'écriture

- *Écrivez le texte. Vous pouvez utiliser un passage du chapitre 4 (par exemple* ► p. 80*, l. 16-18, ou un extrait de lettre de poilu* ► p. 102*).*
- *Tracez au crayon à papier les lignes du dessin que vous avez choisi en lien avec le thème.*
- *Recopiez au stylo le texte de votre poème sur les lignes du dessin.*
- *Gommez les traits de crayon.*
- *Exposez vos calligrammes.*

Louis Aragon
(1897-1982)

Préparer la lecture

1. Cherchez ce qu'est un euphémisme et rappelez la définition de l'anaphore ▶ Leçon 39, p. 364.
2. Qu'est-ce qu'un monument aux morts ?

DVD

Poème 2

« La guerre et ce qui s'en suivit »

En 1956, Louis Aragon publie son autobiographie, rédigée sous la forme d'un long poème et intitulée Le Roman inachevé. *En 1918, alors âgé de vingt ans, il s'était engagé sur le front en tant que médecin auxiliaire : il revient sur cet épisode.*

[…] Tu n'en reviendras pas[1] toi qui courais les filles
Jeune homme dont j'ai vu battre le cœur à nu
Quand j'ai déchiré ta chemise[2] et toi non plus
Tu n'en reviendras pas vieux joueur de manille[3]

Qu'un obus a coupé par le travers en deux
Pour une fois qu'il avait un jeu du tonnerre
Et toi le tatoué l'ancien Légionnaire[4]
Tu survivras longtemps sans visage sans yeux

Roule au loin roule train des dernières lueurs
Les soldats assoupis que ta danse secoue
Laissent pencher leur front et fléchissent le cou
Cela sent le tabac la laine et la sueur

Comment vous regarder sans voir vos destinées
Fiancés de la terre et promis des douleurs
La veilleuse[5] vous fait de la couleur des pleurs
Vous bougez vaguement vos jambes condamnées

Vous étirez vos bras vous retrouvez le jour
Arrêt brusque et quelqu'un crie Au jus[6] là-dedans
Vous bâillez Vous avez une bouche et des dents
Et le caporal chante *Au pont de Minaucourt*[7]

Déjà la pierre[8] pense où votre nom s'inscrit
Déjà vous n'êtes plus qu'un mot d'or sur nos places
Déjà le souvenir de vos amours s'efface
Déjà vous n'êtes plus que pour avoir péri

Louis Aragon, *Le Roman inachevé* (1956), © Gallimard.

1. **Tu n'en reviendras pas** : de la guerre, du front.
2. **déchiré ta chemise** : le médecin a dû déchirer la chemise du soldat pour soigner ses blessures.
3. **la manille** : jeu de cartes.
4. **Légionnaire** : étranger engagé volontaire dans l'armée française.
5. **la veilleuse** : faible lumière éclairant le wagon.
6. **Au jus** : cri d'un soldat appelant les autres à prendre le café (*jus*).
7. ***Au pont de Minaucourt*** : chanson de soldats.
8. **la pierre** : la pierre tombale ou celle du monument érigé sur chaque place de village pour rendre hommage aux « morts pour la patrie ».

Analyser le poème

La forme du poème et l'énonciation

1. Présentez le poème : quelles remarques faites-vous sur sa forme (mètres, strophes, disposition des rimes) ► Leçon 38, p. 362 ?

2. a. À quels personnages le poète s'adresse-t-il successivement dans les deux premières strophes ? Leur parle-t-il réellement ?

b. Comment interprétez-vous le glissement du *tu* au *vous* (v. 13) ?

3. Quels termes relèvent du langage familier ? Pourquoi le poète les utilise-t-il ?

Dans le train

4. a. Montrez que le train est personnifié.

b. *Roule au loin roule train des dernières lueurs* (v. 9) : quelle remarque faites-vous sur le rythme et les sonorités de ce vers ?

5. Où les soldats vont-ils ?

La destinée du poilu

6. *Tu n'en reviendras pas* (v. 1) :

a. Quel est le temps du verbe ? Quelle est sa valeur : une probabilité ou une certitude ?

b. En quoi cette expression est-elle un euphémisme ► Leçon 39, p. 364 ?

7. Quelle est la destinée des soldats ? Appuyez-vous sur la métaphore *Fiancés de la terre* (v. 14) et sur le lexique de la 4ᵉ strophe (v. 13 à 16).

8. a. Relevez l'anaphore de la 6ᵉ strophe (v. 21 à 24) : sur quelle idée insiste-t-elle ?

b. Vers 21-22 : quel élément est personnifié ? Quelles personnes deviennent « choses » ? Que dénonce le poète ?

c. Comment comprenez-vous le dernier vers ? Identifiez le mode et le temps de *avoir péri*.

9. La portée du poème. Quels sentiments éprouvez-vous et quelles réflexions vous faites-vous face à un monument aux morts ?

Enrichir son vocabulaire

Autour du mot *cœur*

Jeune homme dont j'ai vu battre le cœur à nu (v. 2).

10. Expliquez l'expression : *j'ai vu battre le cœur à nu*.

11. Donnez le sens des expressions suivantes formées à partir du mot *cœur*.

a. ouvrir son cœur à quelqu'un. **b.** une opération à cœur ouvert. **c.** avoir le cœur sur la main. **d.** prendre quelque chose à cœur. **e.** en avoir le cœur net. **f.** faire contre mauvaise fortune bon cœur.

Écouter et comparer

12. Écoutez sur YouTube la version chantée de ce poème, par Léo Ferré et Barbara (titre : « Tu n'en reviendras pas »). Qu'est-ce que leur interprétation fait ressortir du poème ?

13. En quoi ce poème d'Aragon constitue-t-il une réponse au poème d'Apollinaire ► p. 224 ?

HISTOIRE DES Arts

1. a. De combien de parties ce monument aux morts est-il constitué ? Quels sont les matériaux utilisés ?

b. À qui est-il dédié ? Lisez les trois premières lignes d'inscriptions.

2. De quoi la statue est-elle l'allégorie ► Leçon 39, p. 364 ? Appuyez-vous sur ses attributs : casque, bouclier, branche de palmier (cherchez sur Internet une reproduction du monument).

▲ Le monument aux morts d'Arles (Bouches-du-Rhône).

Paul Eluard
(1895-1952)

Préparer la lecture

1. À quelle époque et dans quelles circonstances les Éditions de Minuit ont-elles été fondées ► Repères, p. 79 ?
2. Faites une recherche sur les publications clandestines pendant la Résistance.

Résister

« Courage »

Paul Eluard évoque la misère des Parisiens durant l'Occupation allemande. Ce poème, avec d'autres, a été publié en 1943 dans la clandestinité, aux Éditions de Minuit.

Paris a froid Paris a faim
Paris ne mange plus de marrons dans la rue
Paris a mis de vieux vêtements de vieille
Paris dort tout debout sans air dans le métro[1]
Plus de malheur encore est imposé aux pauvres
Et la sagesse et la folie
De Paris malheureux
C'est l'air pur c'est le feu
C'est la beauté c'est la bonté
De ses travailleurs affamés
Ne crie pas au secours Paris
Tu es vivant d'une vie sans égale
Et derrière la nudité
De ta pâleur de ta maigreur
Tout ce qui est humain se révèle en tes yeux
Paris ma belle ville
Fine comme une aiguille forte comme une épée
Ingénue[2] et savante
Tu ne supportes pas l'injustice
Pour toi c'est le seul désordre
Tu vas te libérer Paris
Paris tremblant comme une étoile
Notre espoir survivant
Tu vas te libérer de la fatigue et de la boue
Frères ayons du courage
Nous qui ne sommes pas casqués
Ni bottés ni gantés ni bien élevés[3]
Un rayon s'allume en nos veines
Notre lumière nous revient
Les meilleurs d'entre nous sont morts pour nous
Et voici que leur sang retrouve notre cœur
Et c'est de nouveau le matin un matin de Paris
La pointe de la délivrance

1. **dans le métro** : les Parisiens se réfugiaient dans le métro, durant les alertes aux bombardements.
2. **ingénue** : d'une sincérité innocente (non calculée).
3. **bien élevés** : les troupes d'Occupation avaient pour consigne d'être courtoises.
4. **la force idiote a le dessous** : l'année 1943 signe le début du déclin de l'armée nazie.
5. **vont se lever** : les Allemands, esclaves d'une force idiote, vont se lever, se révolter contre elle.

L'espace du printemps naissant
La force idiote a le dessous[4]
Ces esclaves nos ennemis
S'ils ont compris
S'ils sont capables de comprendre
Vont se lever[5].

Paul Eluard, *Au rendez-vous allemand* (1944), © Minuit.

Analyser le poème

● La forme du poème et l'énonciation

1. a. Le poème est en vers libres : quels sont les différents mètres utilisés ?

b. Le rythme rapide est-il créé par les mètres courts ou longs ?

c. Y a-t-il des mots qui riment, en fin de vers ou à l'intérieur du poème ?

2. Le poème est-il ponctué ?

3. En quoi la forme choisie (vers libres, ponctuation) est-elle en accord avec le contenu du poème ?

4. À qui le poète s'adresse-t-il successivement (v. 12 à 24 et v. 25 à la fin) ?

● Paris et les Parisiens

5. Montrez que la ville de Paris est personnifiée.

6. Dans quel état Paris se trouve-t-elle (v. 1 à 15 et v. 24) ? Appuyez-vous sur des termes précis et relevez les allitérations des vers 1 à 3.

7. Quel est l'effet produit par l'anaphore (v. 1 à 4) ?

● L'appel au courage

8. *Frères ayons du courage* (v. 25) : indiquez le mode du verbe. Quelle est sa valeur ?

9. a. Relevez les champs lexicaux de la lumière et du renouveau (v. 28 à 34).

b. Que connotent les mots *matin* (v. 32) et *printemps naissant* (v. 34) ?

10. a. Par quels termes le poète dévalorise-t-il l'ennemi (v. 26-27, 35 à 39) ?

b. En quoi le rythme et les sonorités des vers 26-27 imitent-ils le pas du soldat allemand ?

11. Par quelles expressions le poète met-il en valeur un Paris affaibli ? Relevez les comparaisons et les termes valorisants.

12. *Tu vas te libérer* (v. 21) / *Vont se lever* (v. 39) : quelles sont la valeur et la force de la périphrase verbale *aller* suivie de l'infinitif ?

13. Quel espoir le poète exprime-t-il dans les vers 35 à 39 ?

14. La portée du poème. Peut-on agir ou faire agir avec des mots ?

▲ **Robert Doisneau** (1912-1994), le rationnement sous l'Occupation (Paris).

Écrire

15. Écrivez à votre tour un court poème d'espoir, en vers libres, intitulé « Courage ».

Consignes d'écriture

- *Adressez-vous à un pays, une ville, qui a subi une catastrophe naturelle, une famine, une guerre…*
- *Personnifiez ce lieu à plusieurs reprises.*
- *Utilisez l'anaphore :* Tu vas… Tu vas…

Écouter et comparer

16. Écoutez sur YouTube « Le Chant des partisans ».

a. Qui a écrit cette chanson ? Dans quelles circonstances ?

b. Quels liens établissez-vous entre les deux textes : adresses, but recherché ?

17. Quelle est la force d'une chanson pour faire passer un message ?

B2i **Préparer la lecture**

[1. Citez un recueil de poésies de Jacques Prévert.
2. Faites une recherche sur le magasin Félix Potin.]

Jacques Prévert
(1900-1977)

Combattre les inégalités

DVD

« La grasse matinée »

Il est terrible
le petit bruit de l'œuf dur cassé sur un comptoir d'étain[1]
il est terrible ce bruit
quand il remue dans la mémoire de l'homme qui a faim
elle est terrible aussi la tête de l'homme
la tête de l'homme qui a faim
quand il se regarde à six heures du matin
dans la glace du grand magasin
une tête couleur de poussière
ce n'est pas sa tête pourtant qu'il regarde
dans la vitrine de chez Potin
il s'en fout de sa tête l'homme
il n'y pense pas
il songe
il imagine une autre tête
une tête de veau par exemple
avec une sauce de vinaigre
ou une tête de n'importe quoi qui se mange
et il remue doucement la mâchoire
doucement
et il grince des dents doucement
car le monde se paye sa tête
et il ne peut rien contre ce monde
et il compte sur ses doigts un deux trois
un deux trois
cela fait trois jours qu'il n'a pas mangé
et il a beau se répéter depuis trois jours
Ça ne peut pas durer
ça dure
trois jours
trois nuits
sans manger
et derrière ces vitres
ces pâtés ces bouteilles ces conserves
poissons morts protégés par les boîtes
boîtes protégées par les vitres
vitres protégées par les flics
flics protégés par la crainte

1. **un comptoir d'étain :** le comptoir des bars est recouvert d'étain ou de zinc. Sur un présentoir, des œufs durs sont souvent proposés à la clientèle.

Jean-Philippe Charbonnier ▶ (1921-2004), un bistrot à Martigues (Bouches-du-Rhône) dans les années 1950.

que de barricades pour six malheureuses sardines…
Un peu plus loin le bistro
café-crème et croissants chauds
l'homme titube
et dans l'intérieur de sa tête
un brouillard de mots
un brouillard de mots
sardines à manger
œuf dur café-crème
café arrosé rhum
café-crème
café-crème
café-crime arrosé sang !…
Un homme très estimé dans son quartier
a été égorgé en plein jour
l'assassin le vagabond lui a volé
deux francs
soit un café arrosé
zéro franc soixante-dix
deux tartines beurrées
et vingt-cinq centimes pour le pourboire du garçon.

Il est terrible
le petit bruit de l'œuf dur
cassé sur un comptoir d'étain
il est terrible ce bruit
quand il remue dans la mémoire
de l'homme qui a faim.

Jacques Prévert, *Paroles* (1949), © Gallimard.

Analyser le poème

Un poème-récit

1. En quoi ce poème est-il en vers libres ? Quels vers sont mis en valeur par leur longueur ?
2. Qui est le personnage principal ?
3. Résumez l'histoire racontée : appuyez-vous sur les indications de lieux et de temps.

Un homme en souffrance

4. Quel adjectif ouvre le poème ? Combien de fois est-il répété ?
5. a. Relevez le champ lexical de la nourriture.
b. Par quel procédé le poète montre-t-il que la nourriture est inaccessible à l'homme (v. 34 à 39) ?
6. a. *Il s'en fout de sa tête l'homme / Car le monde se paye sa tête* (v. 12, 22) : identifiez le niveau de langage et le jeu sur les mots.
b. Dans quel état d'esprit l'homme se trouve-t-il ?
7. a. *un brouillard de mots* (v. 44) : expliquez la métaphore.
b. Comment l'homme en vient-il au crime ? Appuyez-vous sur les répétitions de mots et les rapprochements de sonorités des vers 47 à 51.

Le regard du poète

8. a. Pour quelle somme un homme est-il tué ?
b. Quelle prise de conscience le poète cherche-t-il à susciter ?
9. Comment le poète suggère-t-il que la situation va se reproduire ? Appuyez-vous sur le début et la fin du poème, sur l'expression *l'homme qui a faim* (v. 4).
10. a. Comment comprenez-vous le titre du poème ? Sur quel jeu de mots est-il fondé ?
b. En quoi est-il ironique ?
11. **La portée du poème.** Vous est-il arrivé-t-il de penser à ceux qui ne mangent pas à leur faim ? Dans quelles circonstances y avez-vous pensé ?

Écouter et comparer

12. Écoutez sur YouTube la chanson « Le chat de la voisine », interprétée par Yves Montand en 1958.
a. Notez les oppositions entre la vie du chat et celle des hommes évoqués dans la chanson.
b. Comment l'accompagnement musical souligne-t-il cette opposition ?
c. *Et vive le chat* ! Expliquez l'ironie du message.
13. Que reprochent Prévert et Montand à la société moderne ?

Enrichir son vocabulaire

Autour du mot *tête*

14. Donnez le sens des expressions :
a. agir sur un coup de tête. b. ne plus savoir où donner de la tête. c. être une forte tête. d. passer en tête. e. jurer sur la tête de quelqu'un. f. perdre la tête.

Écrire

15. Sur le modèle des vers 42 à 51, imaginez un *brouillard de mots* dans la tête d'un homme qui aurait froid.

Consignes d'écriture

- *Faites une énumération, jouez sur un rapprochement sonore* (feu, froid...).

Daniel Spoerri (né en 1930), *Maquette du menu pour « Faim du cnack-wuerstchen »* (1976), collage, 40 x 59,5 cm (musée national d'Art moderne, Centre Georges Pompidou, Paris).

David Diop
(1927-1960)

Célébrer la liberté

▲ **Antoine Lyée de Belleau** (1898-1981), dit Tony, *L'Afrique*, sculpture, 58 x 33 x 33 cm (musée du quai Branly, Paris).

« Afrique »

à ma mère

Afrique mon Afrique
Afrique des fiers guerriers dans les savanes ancestrales
Afrique que chante ma grand-Mère
Au bord de son fleuve lointain
Je ne t'ai jamais connue
Mais mon regard est plein de ton sang
Ton beau sang noir à travers les champs répandu
Le sang de ta sueur
La sueur de ton travail
Le travail de l'esclavage
L'esclavage de tes enfants

Afrique dis-moi Afrique
Est-ce donc toi ce dos qui se courbe
Et se couche sous le poids de l'humilité[1]
Ce dos tremblant à zébrures rouges
Qui dit oui au fouet sur les routes de midi

Alors gravement une voix me répondit
Fils impétueux[2] cet arbre robuste et jeune
Cet arbre là-bas
Splendidement seul au milieu des fleurs blanches et fanées
C'est l'Afrique ton Afrique qui repousse
Qui repousse patiemment obstinément[3]
Et dont les fruits ont peu à peu
L'amère saveur de la liberté.

David Diop, *Coups de pilon* (1956), © Présence africaine.

1. **humilité** : soumission, docilité.
2. **impétueux** : qui agit avec fougue, violence et impatience.
3. **obstinément** : avec détermination.

Analyser le poème

● Le poète face à son histoire

1. a. À qui le poète s'adresse-t-il ?
b. Quelle est la figure de style utilisée ?
2. Identifiez les vers qui constituent la réponse aux vers du début du poème.
3. Quels liens le poète a-t-il avec l'Afrique ? Citez des indices précis.
4. a. Quels termes montrent que l'Afrique a souffert, souffre encore ?
b. Quelle allitération imite le bruit du fouet ?
c. En quoi la construction des vers 8 à 11 met-elle en valeur cette souffrance ?

● Un message d'espoir et de liberté

5. Expliquez la métaphore de l'arbre dans les vers 18 à 24. Quels termes la prolongent ?
6. *Splendidement seul* (v. 20) : en quoi cette expression évoque-t-elle l'indépendance ?
7. Quelle répétition et quels adverbes montrent que rien n'arrêtera la venue de la liberté ?

Jules Supervielle
(1884-1960)

Respecter la nature

« Docilité »

La forêt dit : « C'est toujours moi la sacrifiée,
On me harcèle, on me traverse, on me brise à coups de hache,
On me cherche noise[1], on me tourmente sans raison,
On me lance des oiseaux à la tête ou des fourmis dans les jambes,
Et l'on me grave des noms auxquels je ne puis m'attacher.
Ah ! on ne le sait que trop que je ne puis me défendre
Comme un cheval qu'on agace ou la vache mécontente.
Et pourtant je fais toujours ce que l'on m'avait dit de faire.
On m'ordonna : "Prenez racine." Et je donnai de la racine tant que je pus,
"Faites de l'ombre." Et j'en fis autant qu'il était raisonnable,
"Cessez d'en donner l'hiver." Je perdis mes feuilles jusqu'à la dernière.
Mois par mois et jour par jour je sais bien ce que je dois faire,
Voilà longtemps qu'on n'a plus besoin de me commander.
Alors pourquoi ces bûcherons qui s'en viennent au pas cadencé ?
Que l'on me dise ce qu'on attend de moi, et je le ferai,
Qu'on me réponde par un nuage ou quelque signe dans le ciel,
Je ne suis pas une révoltée, je ne cherche querelle à personne
Mais il me semble tout de même que l'on pourrait bien me répondre
Lorsque le vent qui se lève fait de moi une questionneuse. »

Jules Supervielle, *La Fable du monde* (1938), © Gallimard.

1. **chercher noise :** chercher querelle.

Analyser le poème

Une fable moderne

1. Qui parle ? Quelle figure de style apparente ce poème à une fable ?

2. Quelle remarque faites-vous sur la longueur des vers ?

3. *On me lance* […] *des fourmis dans les jambes* (v. 4) : quelles sont les deux expressions familières présentes dans ce vers ? Expliquez les jeux de mots.

Une victime docile ?

4. À quel champ lexical les verbes des vers 2 à 5 appartiennent-ils ? Quelle remarque faites-vous sur leur sujet et leur complément d'objet ?

5. a. *Et pourtant* (v. 8), *tout de même* (v. 18) : quel lien logique est exprimé ?

b. Quelles actions la forêt a-t-elle accomplies par docilité (v. 9-11) ?

6. a. Que demande la forêt ? Identifiez le mode et le temps de *dise* (v. 15).

b. Demeure-t-elle bienveillante ?

7. Comment exprime-t-elle cependant sa colère ? Quelle est l'image présente dans le dernier vers ?

8. La portée du poème. Quel est le message implicite de cette « fable » ? Trouvez-lui une moralité.

Faire le point

La poésie engagée

La mission du poète engagé

▸ Le poète engagé met sa plume au service d'une **cause** pour défendre des valeurs de justice, de paix, de liberté… Il se donne pour mission d'éveiller les consciences et de se faire le **porte-parole** et le **défenseur** des **exclus** et des **opprimés**.

▸ Aux XXe et XXIe siècles, il prend parti dans différents domaines :
– **politique** : dénonciation des **guerres** qui séparent à jamais les amis ► Apollinaire, p. 224 ou qui traumatisent et rendent infirmes les survivants ► Aragon, p. 226 ; encouragement au processus de **décolonisation** ► Diop, p. 233 ; appel à la **Résistance** ► Eluard, p. 228 ;
– **social** (injustices, inégalités) : dénonciation d'une société qui exclut, engendre de cruelles inégalités et pousse à la violence ► Prévert, p. 230 ;
– **écologique** : défense de l'environnement ► Supervielle, p. 234.

▸ Pour faire passer leur message, les poètes cherchent à **émouvoir** en recourant à la **poésie lyrique** : ils expriment à la 1re personne leur intérêt pour les autres Apollinaire, p. 224 ; Aragon, p. 226.

Les procédés d'écriture de la poésie engagée

▸ Véritable arme au service de l'action, la poésie engagée utilise de nombreuses ressources de l'écriture poétique :
– adresses au **destinataire** sous la forme d'**apostrophes** ► Diop, p. 233 ;
– emploi prédominant du **lexique de la souffrance** (*terrible* ► p. 230 ; *Paris malheureux* ► p. 228 ; *on me brise à coups de hache* ► p. 234 ; *la couleur des pleurs* ► p. 226) ou du **courage** et de l'**espoir** (*ton Afrique qui repousse* ► p. 233) ;
– utilisation d'un **rythme** créé par l'alternance des mètres longs et courts, la suppression de la ponctuation, les **jeux sur les sonorités** (*Roule au loin roule train des dernières lueurs* ► p. 226) ;
– jeu sur les **connotations** (ce qu'évoquent les mots) : *le matin, le printemps* ► p. 228 évoquent le renouveau ;
– emploi de **formes poétiques nouvelles** (le calligramme, poème-dessin ► p. 224) ;
– emploi de **figures de style**, parmi lesquelles l'**anaphore** qui crée des effets de martèlement (*Afrique mon Afrique* ► p. 233), la **métaphore** (*Fiancés de la terre* pour évoquer les futurs morts ► p. 226), l'**oxymore** (*fleur guerrière* ► p. 224), l'**antithèse** qui met en lumière les oppositions entre le juste et l'injuste, le bien et le mal, l'espoir et le désespoir, le **néologisme** (*se mélancoliser* ► p. 224, *café-crime* ► p. 231), la **comparaison** (*Paris… forte comme une épée* ► p. 228), la **personnification** et l'**allégorie** pour incarner un lieu (*Paris a faim* ► p. 228) ou une idée (*la colombe poignardée* symbolisant la guerre ► p. 224).

◄ **Page 234 et ci-contre : Natalia Gontcharova** (1881-1962), *Forêt d'automne* (1950), huile sur toile, 61 x 50 cm (musée national d'Art moderne, Centre Georges Pompidou, Paris).

HISTOIRE DES Arts

Chanter

Préparer l'étude de la chanson

1. Recherchez et écoutez le son que produit l'instrument de musique appelé « kora ». Quelle en est l'origine ?
2. Quelle a été la situation politique du Soudan, de 1983 à 2005 ?
3. Quelle différence y a-t-il entre un immigré et un émigré ?

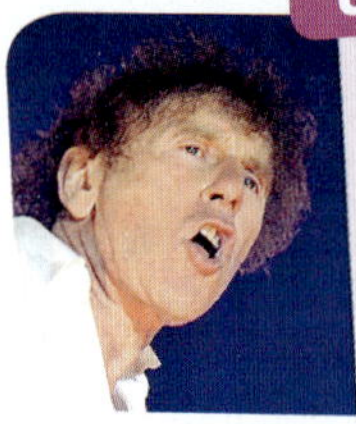

Le saviez-vous ?

• Alain Souchon est un **auteur-compositeur-interprète** français, né en 1944 à Casablanca. Il allie **chansons à texte** et **musique pop** en lien avec son époque (composée par son complice Laurent Voulzy), depuis les années 1970.

« C'EST DÉJÀ ÇA »

Je sais bien que, rue d'Belleville,
Rien n'est fait pour moi,
Mais je suis dans une belle ville :
C'est déjà ça.
Si loin de mes antilopes,
Je marche tout bas.
Marcher dans une ville d'Europe,
C'est déjà ça.

[Refrain]

Oh, oh, oh, et je rêve
Que Soudan, mon pays, soudain, se soulève…
Oh, oh, rêver, c'est déjà ça, c'est déjà ça.

Y a un sac de plastique vert
Au bout de mon bras.
Dans mon sac vert, il y a de l'air :
C'est déjà ça.
Quand je danse en marchant
Dans ces djellabas,
Ça fait sourire les passants :
C'est déjà ça.

[Refrain]

Pour vouloir la belle musique,
Soudan, mon Soudan,
Sur un air démocratique,
On s'casse les dents.
Pour vouloir le monde parlé,
Soudan, mon Soudan,
Celui d'la parole échangée,
On s'casse les dents.

[Refrain]

Je suis assis rue d'Belleville
Au milieu d'une foule,
Et là, le temps, hémophile[1],
Coule.

[Refrain] x 2

C'est… dé… jà… ça.

Alain Souchon, album *C'est déjà ça* (1993), © EMI.

1. **hémophile :** qui coule sans cesse, comme le sang atteint d'une maladie hémorragique.

contre l'indifférence et le rejet

Le saviez-vous ?

• Tiken Jah Fakoly est un **auteur-compositeur-interprète** ivoirien, de style **reggae**, né en 1968. Opposant politique en Côte d'Ivoire, il vit exilé au Mali. Il se sert de la musique pour « éveiller les consciences ».

Retenir

- La chanson est un **art populaire** qui atteint un très large public. La musicalité des **rythmes** et des **sonorités**, associée à la poésie du langage, sont des moyens efficaces pour exprimer une conviction.
- Le **reggae**, qui puise ses racines en Éthiopie et en Jamaïque, naît dans les années 1960 comme un écho à l'émancipation des peuples noirs. Quel que soit son style, le chanteur se fait le porte-parole de ceux qui *marche[nt] tout bas* (Souchon) ou explosent de colère.

◀ Émigrés à bord d'un avion quittant le Soudan (2000).

Analyser la chanson

Des paroles pour expliquer l'émigration

1. Pourquoi les Soudanais fuient-ils leur pays ? Appuyez-vous sur le troisième couplet.
2. Quels vers expliquent le décalage des cultures entre Belleville et le Soudan ?
3. Quel objet symbolise à la fois la pauvreté et la liberté du personnage principal à Paris ?
4. Contre quelles réactions envers les immigrés cette chanson cherche-t-elle à lutter ?

La musicalité du texte

5. a. Sur quel rapprochement sonore le refrain joue-t-il ?
b. Quelles assonances et allitérations ce refrain fait-il entendre ?
6. Quel jeu de mots note-t-on au tout début de la chanson ? A-t-il un effet comique ?
7. Quelle métaphore a retenu votre attention ? Expliquez-la.

Écouter et comparer

8. Écoutez la chanson d'Alain Souchon sur YouTube. Quels instruments reconnaissez-vous ? Quel métissage musical cette chanson réussit-elle ?
9. Écoutez sur YouTube « Africain à Paris », interprétée par Tiken Jah Fakoly (album *L'Africain*, 2007). Comparez les deux chansons.
a. Identifiez le style musical de chacune : le reggae, la pop française teintée de sonorités africaines.
b. Pour quelle raison chaque personnage a-t-il quitté son pays ? Justifiez en citant le texte.
c. Dans chaque chanson, citez un vers qui traduit l'optimisme de ces personnages qui continuent à espérer des lendemains meilleurs.
10. Visionnez le clip des deux chansons sur YouTube.
a. Établissez les points communs entre les deux clips (couleurs, prises de vue, position de la caméra, déplacements des personnages).
b. Dans quel clip l'impression de solitude et d'isolement est-elle la plus forte ?
c. À quelle réalisation êtes-vous le plus sensible ? Expliquez votre choix.

Grammaire et versification

1 Classes et fonctions grammaticales

► Leçon 1, p. 280

1. Relevez les participes passés et un participe présent. À quel mot se rapportent-ils ?

2. Relevez les compléments du nom dans les vers 8 et 9 et précisez quels noms communs ils complètent.

Tant de forêts arrachées à la terre
et massacrées
achevées
rotativées

Tant de forêts sacrifiées pour la pâte à papier
des milliards de journaux attirant annuellement
l'attention des lecteurs sur les dangers du déboisement des bois et des forêts.

Jacques Prévert, « Tant de forêts... »
dans *La Pluie et le Beau Temps* (1955), © Gallimard.

2 L'apposition

► Leçon 3, p. 284

1. a. Recopiez les vers en rétablissant les virgules.

b. Combien comptez-vous d'appositions aux noms *Paris* et *matin* ?

2. a. Précisez la classe grammaticale des différentes appositions (groupe nominal, adjectif ou groupe adjectival).

b. Quelles informations apportent-elles ?

Paris ma belle ville
Fine comme une aiguille forte comme une épée
Ingénue et savante
Tu ne supportes pas l'injustice
[...]
Et c'est de nouveau le matin un matin de Paris

Paul Eluard, extrait de « Courage »,
dans *Au rendez-vous allemand* (1944), © Minuit.

3 Reconstituer les vers

► Leçon 38, p. 362

Voici deux strophes consécutives. La disposition en vers ainsi que les majuscules ont été supprimées. Reconstituez les vers, sachant que les mètres sont des octosyllabes à rimes plates. Attention, il y a un enjambement dans la strophe 1.

J'ai laissé mon cœur à la traîne dans les bosquets du Cours-la-Reine je ne vous reverrai jamais fleurir marronniers que j'aimais je pars et je vous abandonne longs quais de pierre sans personne veillant sur le fleuve profond où les désespérés s'en vont

Il paraît que je pars me battre adieu Paris mon grand théâtre adieu viaduc de Passy[1] adieu tout ce qu'on voit d'ici les deux rives fuyant à l'amble[2] ce qui se cache et ce qui tremble les jardins du Trocadéro et le ver luisant du métro.

D'après **Louis Aragon**, extrait de « Classe 17 »,
dans *Le Roman inachevé* (1956), © Aragon.

1. **viaduc de Passy :** pont sur la Seine, où passe le métro.
2. **l'amble :** allure d'un cheval.

4 Retrouver les rimes

► Leçon 38, p. 362

Voici la strophe suivante du poème d'Aragon ► exercice 3. Rétablissez les rimes données en désordre.

a. poignet. **b.** fumées. **c.** sourd. **d.** s'éloignait. **e.** métamorphoses. **f.** lourds. **g.** armées. **h.** choses.

Le temps vient des ......
J'ai quitté la beauté des ......
Et dans le train qui ......
Ma plaque de fer[1] au ......
J'entendais d'abord creux et ......
Croître le bruit des canons ......
Et le wagon vers les ......
Portait des chants et des ......

D'après **Louis Aragon**, extrait de « Classe 17 »,
dans *Le Roman inachevé* (1956), © Aragon.

1. **Ma plaque de fer :** les soldats portent au poignet une plaque en aluminium où est inscrite leur identité.

5 Allitérations et assonances

► Leçon 38, p. 362

Relevez les allitérations et les assonances. Quel effet produisent-elles ?

a. Le ciel est étoilé par les obus des Boches [...]
Les obus miaulaient un amour à mourir

Guillaume Apollinaire, extrait de « La nuit d'avril 1915 »,
dans *Calligrammes* (1918), © Gallimard.

b. Ce cœur qui haïssait la guerre voilà qu'il bat pour le combat et la bataille !

Robert Desnos,
extrait de « Ce cœur qui haïssait la guerre... »,
dans *Destinée arbitraire* (posth., 1975), © Gallimard.

Conjugaison et orthographe

6 L'impératif et le subjonctif présent

► Leçon 22, p. 330

1. Conjuguez les verbes aux trois personnes de l'impératif présent.

a. se rappeler les jours heureux. b. croire en la victoire. c. espérer des jours meilleurs. d. honorer les camarades disparus. e. avoir du courage. f. ne jamais oublier. g. combattre pour la liberté. h. résister à l'ennemi.

2. Conjuguez-les ensuite au subjonctif présent, à la deuxième personne du singulier et aux deux premières personnes du pluriel (*il faut que tu…, que nous…, que vous…*).

7 L'indicatif futur simple

► Tableaux de conjugaison, p. 388

Conjuguez les verbes à l'indicatif futur simple.

a. Vous (se revoir) bientôt. b. Je songe à vous qui (être) libres demain. c. Nous (saluer) le retour à la paix. d. Les roses (refleurir). e. Nous (vaincre) ensemble. f. Nous (crier) victoire. g. Nous ne (faire) plus jamais la guerre. h. Nous (courir) embrasser nos amis. i. Ils (jeter) leurs armes. j. Nous (chanter) un hymne de joie.

8 Les noms en *-ée, -té, -tié*

Complétez la terminaison des noms :

a. la destin…. b. la fatalit…. c. l'arriv…. d. la nouveaut…. e. la piti…. f. la mont…. g. la solidarit…. h. les tranch…. i. une arm…. j. l'humanit…. k. la port…. l. une équip…. m. des cl…. n. l'amiti…. o. la fiert…. p. une difficult…. q. la docilit….

aide

- Les noms féminins terminés par le **son [té] ou [tié]** ne prennent **pas d'-e final**. Cinq mots font exception : *dictée, jetée, pâtée, portée, montée* ainsi que les mots évoquant un contenu (*brouettée, assiettée*).
- Les noms terminés par le **son [é]** prennent un **-e final**, à l'exception de : *la clé, l'acné.*

9 Lettre simple ou lettres doubles

► Leçon 33, p. 354

Complétez par *r* ou *rr*.

a. gue…ier. b. gué…ir. c. ague…ir. d. gue…illa. e. gue…oyer. f. naguè…e. g. gue…illero. h. gué…ison. i. guè…e.

10 Dictée préparée

► Leçons 1, p. 280 ; 4, p. 286 ; 37, p. 360

Paul Eluard rend hommage à Gabriel Péri, journaliste résistant, mort exécuté.

[…]
Il y a des mots qui font vivre
Et ce sont des mots innocents
Le mot chaleur le mot confiance
Amour justice et le mot liberté
Le mot enfant et le mot gentillesse
Et certains noms de fleurs et certains noms de [fruits
Le mot courage et le mot découvrir
Et le mot frère et le mot camarade
Et certains noms de pays de villages
Et certains noms de femmes et d'amis
Ajoutons-y Péri
Péri est mort pour ce qui nous fait vivre
Tutoyons-le sa poitrine est trouée
Mais grâce à lui nous nous connaissons mieux
Tutoyons-nous son espoir est vivant.

Paul Eluard, « Gabriel Péri », dans *Au rendez-vous allemand* (1944), © Minuit.

1. a. Indiquez la classe grammaticale de *ce* (v. 2, 12) et de *certains* (v. 6, 9, 10).
b. Quelle est la différence de sens entre *certain* au singulier et *certains* au pluriel ?
2. Pourquoi le mot *innocent* (v. 2) ne prend-il pas de cédille ?
3. Identifiez le suffixe du mot *confiance* (v. 3).
4. Identifiez le suffixe du mot *gentillesse* (v. 5).
5. *Tutoyons-le, Tutoyons-nous* (v. 13, 15) : identifiez le temps et le mode du verbe.
6. À quoi les pronoms *y* (v. 11) et *le* (v. 13) renvoient-ils ? Par quel signe sont-ils reliés au verbe ?
7. *trouée* (v. 13) : justifiez l'accord.

Robert Capa (1913-1954), Résistant écoutant le général de Gaulle, le 23 août 1944, à Chartres. ►

Vocabulaire et figures de style

11 Autour de la négritude : les connotations

► Leçon 36, p. 358

a. Ma négritude point n'est sommeil de la race mais soleil de l'âme.
b. Que meure le vieux nègre et vive le Nègre nouveau !

Léopold Sédar Senghor, extraits de « Élégie des alizés », dans *Élégies majeures* (1979), © Le Seuil.

1. a. Le mot *nègre* vient du latin *niger*, qui signifie « noir ». Comment le mot *négritude*, créé par Senghor et Césaire, a-t-il été formé ?

b. Quelle en est la connotation ? Justifiez votre réponse. Reportez-vous aussi aux Repères ► p. 222.

2. En quoi la présence de la majuscule au mot *Nègre* (b) en modifie-t-elle la connotation ?

3. a. Emploie-t-on le mot *nègre* aujourd'hui ? Pourquoi, selon vous ?

b. On a, à un certain moment, utilisé l'expression *homme de couleur* : dans quelle intention ?

c. Que pensez-vous de l'emploi des mots *black* ou *renoi* ? À quelles langues ont-ils été empruntés ? Quelle en est la connotation ?

12 Le suffixe *-itude*

► Leçon 37, p. 360

Le suffixe *-itude* sert à former des noms abstraits qui désignent un état, une manière d'être.

Retrouvez pour chaque mot son synonyme dans la liste ci-dessous.

a. servitude. b. promptitude. c. rectitude. d. décrépitude. e. inaptitude. f. similitude. g. inexactitude. h. habitude.

Liste : 1. décadence. 2. ressemblance. 3. imprécision. 4. coutume. 5. esclavage. 6. incapacité. 7. rapidité. 8. honnêteté.

13 Les euphémismes

► Leçon 39, p. 364

Un euphémisme est une expression atténuant la connotation déplaisante ou choquante d'un terme.

1. Le discours dit « politiquement correct » utilise des euphémismes. Que signifie l'expression « politiquement correct » ?

2. Voici une série de termes « politiquement corrects ». Retrouvez le terme jugé choquant aujourd'hui. Ex : *un malvoyant → un aveugle*.

a. les seniors. b. une personne à mobilité réduite. c. un demandeur d'emploi. d. un déficient auditif ou malentendant. e. une personne en surcharge pondérale. f. un gardien d'immeuble. g. un technicien de surface. h. les personnes en situation de précarité.

14 Les figures de style

► Leçon 39, p. 364

1. a. Relevez dans le texte suivant une anaphore, une énumération (ou accumulation), une antithèse.

b. Quelle image ces figures de style donnent-elles de la Résistance ? Quelle est la position du poète ?

c. Expliquez la métaphore du dernier vers.

Je vous salue vous qui dormez
Après le dur travail clandestin,
Imprimeurs, porteurs de bombes, déboulonneurs
[de rails, incendiaires,
Distributeurs de tracts, contrebandiers, porteurs
[de messages,
Je vous salue vous tous qui résistez, enfants de
[vingt ans au sourire de source
Vieillards plus chenus[1] que les ponts, hommes
[robustes, images des saisons,
Je vous salue au seuil du nouveau matin.

Robert Desnos, extrait de « Le veilleur du Pont-au-Change », dans *Destinée arbitraire* (1944), © Gallimard.

1. **chenus** : ici, devenus robustes et résistants avec l'âge.

2. Montrez que, dans ces vers, Apollinaire utilise l'ironie pour dénoncer la guerre.

Ah Dieu ! que la guerre est jolie
Avec ses chants ses longs loisirs

Guillaume Apollinaire, extrait de « L'adieu du cavalier », dans *Calligrammes* (1918), © Gallimard.

3. Les « Feuillets d'Hypnos » se présentent sous la forme de 237 énoncés courts (ou fragments) écrits durant la Résistance. Sur quelle figure de style le fragment suivant est-il construit ? Expliquez-le.

À tous les repas pris en commun, nous invitons la liberté à s'asseoir. La place demeure vide mais le couvert reste mis.

René Char, « Feuillets d'Hypnos » (1943-1944), fragment n° 131, dans *Fureur et mystère* (1962), © Gallimard.

Expression écrite

1 Mon anthologie poétique

1. Choisissez un thème pour votre anthologie : la poésie d'Eluard ; la poésie de Prévert ; le thème de la liberté ; la guerre ; l'inégalité sociale ; la Résistance ; la poésie de la Négritude.
2. Cherchez au moins cinq poèmes (il peut y avoir une chanson), au CDI ou sur Internet, qui s'inscrivent dans ce thème et auxquels vous êtes sensible.
3. Cherchez des œuvres artistiques qui pourraient illustrer ces poèmes (avec leurs références précises) : tableaux, sculptures, photographies...
4. Rédigez une courte biographie des poètes. Illustrez-la d'un portrait que vous aurez trouvé.
5. Saisissez les poèmes sur traitement de textes, insérez les images, faites une présentation organisée de cette anthologie. Ajoutez un sommaire. Fabriquez une couverture.
6. Enregistrez votre travail sur une clé USB, imprimez-le et mettez-le dans un lutin pour qu'il soit évalué.
7. Présentez votre anthologie à la classe. Et conservez-la !

2 Dire non aujourd'hui

Rédigez un poème engagé pour défendre une cause à laquelle vous êtes sensible : le travail des enfants dans le monde, les déséquilibres mondiaux, les inégalités et injustices de toutes sortes, l'équilibre écologique menacé (déforestation, pollution, animaux en voie de disparition...).

Consignes d'écriture

- *Structurez votre poème autour d'une anaphore* (Je dis non) *et faites des rimes suivies.*
- *Vous pouvez le disposer en acrostiche* (Ex : Planète en danger à la verticale pour commencer chaque vers) *; et faites des vers libres.*
- *Utilisez l'impératif, des apostrophes, des phrases injonctives.*

Fillette travaillant au Bangladesh (2000).

3 Raconter pour dénoncer l'injustice

Dans votre quotidien, vous avez été témoin d'une scène injuste qui a suscité chez vous révolte et compassion. Racontez-la sous la forme d'un poème-récit, à la manière de Prévert ► p. 230.

Consignes d'écriture

- *Commencez et terminez par exemple par :* Il / Elle est terrible...
- *Introduisez une métaphore, des jeux de sonorités.*

4 Écrire une chanson engagée

En vous inspirant des thèmes de l'exercice 2, composez le texte d'une chanson engagée sur le sujet de votre choix.

Consignes d'écriture

- *Composez le texte à partir de l'anaphore :* Je veux chanter pour...
- *Énumérez tous ceux à qui vous dédiez votre chanson.*
- *Créez une mélodie ou proposez un slam, un rap.*

5 Écrire à la manière de...

Lisez le poème « Liberté » d'Eluard ► p. 242. À votre tour, choisissez un mot qui représente pour vous une valeur importante et que vous aimeriez écrire partout (vous pouvez reprendre le mot *Liberté*). Composez ensuite quatre strophes à la manière d'Eluard.

Consignes d'écriture

- *Énumérez les supports d'écriture, mélangez les termes abstraits et concrets.*
- *Chaque strophe se terminera par* J'écris ton nom.

Le vocabulaire de l'engagement (aide)

- **La souffrance :** tous les opprimés, les humiliés, les massacrés, ceux qui souffrent, qui ont de la peine, qui ont faim, qui ont froid, qui désespèrent, tant de malheurs, tant de peines, de souffrances, de misères, de pleurs, de chaînes, de haine, de sang versé, de guerres.
- **La révolte :** être scandalisé, révolté, indigné, lever le poing, s'insurger, combattre, dénoncer, lutter contre.
- **L'espoir :** espérer, reprendre courage, avoir confiance, renaître, fraternité, chaleur, croire en des jours meilleurs.
- **L'écologie :** polluer, protéger, préserver, sauvegarder, environnement, déchets, usines, centrales nucléaires, dioxyde de carbone, tri sélectif, biodégradable, recyclable, énergies renouvelables, ressources naturelles.

Réciter un poème à plusieurs voix

« Liberté »

Le poème, traduit en dix langues, a été parachuté par milliers d'exemplaires sur la France et les pays occupés, par les avions de la Royal Air Force. Le poète avait, à l'origine, destiné ce poème à la femme qu'il aimait.

Sur mes cahiers d'écolier
Sur mon pupitre et les arbres
Sur le sable sur la neige
J'écris ton nom

Sur les pages lues
Sur toutes les pages blanches
Pierre sang papier ou cendre
J'écris ton nom

Sur les images dorées
Sur les armes des guerriers
Sur la couronne des rois
J'écris ton nom

Sur la jungle et le désert
Sur les nids sur les genêts[1]
Sur l'écho de mon enfance
J'écris ton nom

Sur les merveilles des nuits
Sur le pain blanc des journées
Sur les saisons fiancées
J'écris ton nom

Sur tous mes chiffons d'azur
Sur l'étang soleil moisi
Sur le lac lune vivante
J'écris ton nom

Sur les champs sur l'horizon
Sur les ailes des oiseaux
Et sur le moulin des ombres
J'écris ton nom

Sur chaque bouffée d'aurore
Sur la mer sur les bateaux
Sur la montagne démente
J'écris ton nom

Sur la mousse des nuages
Sur les sueurs de l'orage
Sur la pluie épaisse et fade
J'écris ton nom

[...]
Sur mon chien gourmand et [tendre
Sur ses oreilles dressées
Sur sa patte maladroite
J'écris ton nom

Sur le tremplin de ma porte
Sur les objets familiers
Sur le flot du feu béni
J'écris ton nom

Sur toute chair accordée
Sur le front de mes amis
Sur chaque main qui se tend
J'écris ton nom
[...]
Sur l'absence sans désir
Sur la solitude nue
Sur les marches de la mort
J'écris ton nom

Sur la santé revenue
Sur le risque disparu
Sur l'espoir sans souvenir
J'écris ton nom

Et par le pouvoir d'un mot
Je recommence ma vie
Je suis né pour te connaître
Pour te nommer

Liberté

Paul Eluard, *Poésie et Vérité* (1942), dans *Au rendez-vous allemand*, © Minuit.

1. **genêts :** petits arbres à fleurs jaunes.

▲ Affiche de propagande française pour la Résistance en France (vers 1945) (The National Archives, Londres).

Comprendre le poème

1. Sur quelle anaphore et quel refrain ce poème est-il construit ?

2. Quelles strophes préférez-vous ? Quelles images vous surprennent ?

3. a. Comment le mot *Liberté* est-il mis en valeur ?

b. Quel est le pouvoir de ce mot pour le poète ?

Réciter le poème

4. Mettez-vous à deux ou trois, apprenez le poème, répartissez-vous les strophes à réciter.

5. Entraînez-vous à réciter ensemble : articulez, enchaînez de façon fluide les strophes, énoncez en chœur la dernière. Mettez en valeur le mot final : *Liberté*. Personnalisez votre travail oral : vous pouvez slamer, avoir recours à un fond sonore, réaliser un diaporama (comme sur YouTube).

6. En classe, faites un défi-poésie : confrontez les versions de chaque groupe et élisez la meilleure.

Des livres, des films sur la poésie

Anthologies

- **Jacques Charpentreau et Dominique Coffin**, *Demain dès l'aube : les cent plus beaux poèmes pour l'enfance et la jeunesse* (2002, Le Livre de poche jeunesse) : un recueil pour s'initier aux différentes formes poétiques.
- **Anne de Berranger** et **Philippe Bouchey**, *Poèmes et poèmes : les plus belles poésies de la langue française* (2006, « Castor poche », Flammarion) : une sélection de poèmes, du Moyen Âge au XXe siècle, regroupés par thèmes : ailleurs, révolte, douleur, amour, nature…
- **Hélène Fieschi**, *Poèmes à apprendre par cœur* (2010, « Folioplus classiques », Gallimard) : un choix de poèmes patrimoniaux suivis d'une petite histoire de la poésie à travers les siècles.
- **Nathalie Laurent**, *Poésie du monde contemporain* (2012, « Œuvres et thèmes », Hatier) : en quête d'une parole poétique nouvelle, les poètes d'aujourd'hui expriment leurs combats, leurs révoltes mais aussi leurs espoirs face à une époque traversée par des crises.

Histoire de la poésie

- **Magali Wiéner**, *La Poésie à travers les âges* (2006, « Castor doc », Flammarion).
- **Sophie Nauleau**, *Poètes en partance, de Charles Baudelaire à Henri Michaux* (2011, « Poésie », Gallimard).

Des albums et bandes dessinées

- *Le Apollinaire, Le Desnos, Le Paul Eluard, Le Prévert, Le Barbara, Le Ferré*… (Mango Jeunesse) : albums illustrés autour d'un poète, d'un chanteur.
- *Hugo, Prévert, Boris Vian, Brassens, Brel*… (Petit à petit) : bandes dessinées illustrant les poèmes et les chansons de chaque auteur.

Cinéma

Quelques films engagés :

- *Le Dictateur* (1940), de **Charlie Chaplin** : une sévère caricature d'Hitler, un éloge de la tolérance et de la démocratie.
- *Land and Freedom* (1995), de **Ken Loach** : une jeune fille reconstitue, à partir de photos retrouvées, le combat que son grand-père a mené aux côtés des Républicains, lors de la guerre civile espagnole de 1936-1939.
- *Le vent se lève* (2006), de **Ken Loach** : en 1920, de jeunes Irlandais se battent pour l'indépendance de l'Irlande face à l'oppresseur britannique.

Sur la Résistance :

- *Jean Moulin* (2002), d'**Yves Boisset** : le destin tragique de Jean Moulin, une grande figure de la Résistance.
- *Lucie Aubrac* (1996), de **Claude Berri** : en 1943, Raymond Aubrac est arrêté avec Jean Moulin par la Gestapo ; Lucie Aubrac, son épouse, entreprend tout ce qui est en son pouvoir pour le sauver.

Préparation au brevet

Robert Desnos, membre d'un réseau de la Résistance, fut arrêté à Paris en février 1944 et mourut en 1945, quelques jours après la libération du camp où il avait été déporté. Le poème qui suit a été composé pendant l'Occupation allemande.

DVD

« La voix »

Une voix, une voix qui vient de si loin
Qu'elle ne fait plus tinter les oreilles,
Une voix, comme un tambour, voilée
Parvient pourtant, distinctement, jusqu'à nous.

Bien qu'elle semble sortir d'un tombeau
Elle ne parle que d'été et de printemps.
Elle emplit le corps de joie,
Elle allume aux lèvres le sourire.

Je l'écoute. Ce n'est qu'une voix humaine
Qui traverse les fracas de la vie et des batailles,
L'écroulement du tonnerre et le murmure des bavardages.

Et vous ? Ne l'entendez-vous pas ?
Elle dit : « La peine sera de courte durée. »
Elle dit : « La belle saison est proche. »

Ne l'entendez-vous pas ?

Robert Desnos, *Domaine public* (1953), © Gallimard.

PREMIÈRE PARTIE (1 h 30)

Questions 15 PTS

Méthode pour réussir les questions

- Lisez attentivement le **texte** et le **paratexte** (chapeau, notes).
- Tenez compte des **titres des axes de lecture** : ils constituent des aides précieuses pour répondre aux questions.
- Rédigez des **phrases complètes** pour répondre. Prenez appui sur les termes des questions.
- Introduisez les **citations** par une phrase, mettez-les entre guillemets et précisez le numéro de la ligne.

I. Un poème-message 5 PTS

1. Quelles caractéristiques vous permettent d'identifier ce texte comme un poème ? (0,5 PT)

2. Relevez les anaphores qui rythment le poème. Quel élément mettent-elles en valeur ? (1,5 PT)

3. *Je l'écoute. Ce n'est qu'une voix humaine* (v. 9)
Et vous ? Ne l'entendez-vous pas ? (v. 12)

a. Relevez les pronoms personnels. Qui parle, à qui, de quoi ? (1,5 PT)

4. a. Qui le pronom *nous* désigne-t-il au vers 4 ? (0,5 PT)

b. Par quel sens et quel canal le message passera-t-il ? Référez-vous au contexte historique. (1 PT)

II. Une voix dans la guerre 5 PTS

5. *Elle dit : « La peine sera de courte durée »* (v. 13). Qui parle ? (0,5 PT)

6. Relevez les termes qui caractérisent la voix (strophes 1 et 3) :
- une proposition subordonnée relative ;
- deux adjectifs ;
- une comparaison. (2 PTS)

7. a. Relevez les mots appartenant au champ lexical du bruit (v. 10-11). Relevez les allitérations et assonances. (1,5 PT)

b. En quoi les bruits évoqués sont-ils liés au contexte historique ? (0,5 PT)

8. Qui cette *voix humaine* (v. 9) peut-elle donc représenter sous l'Occupation allemande ? (0,5 PT)

> **6. a. Les allitérations** sont des répétitions de sons consonnes ; les **assonances** sont des répétitions de sons voyelles.

> **8. a.** Un **lien logique** est un lien de cause, de conséquence, d'opposition.
>
> **8. b.** Un mot comporte un **radical**, un **préfixe** et / ou un **suffixe**.

III. Un poème d'espoir 5 PTS

9. *Parvient pourtant, distinctement, jusqu'à nous* (v. 4)
Bien qu'elle semble sortir d'un tombeau (v. 5)

a. Quel lien logique les mots soulignés expriment-ils ? (0,5 PT)

b. *distinctement* : expliquez la formation de ce mot et donnez sa classe grammaticale précise. (0,5 PT)

10. Dans la deuxième strophe, relevez et nommez le champ lexical développé. (1 PT)

11. Dans la dernière strophe :

a. Comment l'idée de futur est-elle évoquée aux vers 13-14 (temps du verbe, vocabulaire) ? (0,5 PT)

b. De quel message la voix entendue est-elle porteuse ? (0,5 PT)

c. Quelle métaphore identifiez-vous au vers 14 ? Expliquez-la. (1 PT)

12. Quels sont le type et la forme de la dernière phrase du poème (v. 15) ? Comment le poète alimente-t-il l'espoir des autres ? (1 PT)

> **11. Type de phrase :** déclarative, interrogative, injonctive, exclamative. **Forme de phrase :** affirmative, négative, emphatique.

Réécriture 4 PTS

Réécrivez les vers 12 à 14 en mettant les verbes *entendre* et *dire* au passé composé et en transposant les paroles au style indirect.

Dictée 6 PTS

Votre professeur vous dictera un passage du recueil *Ce cœur qui haïssait la guerre* de Robert Desnos.

DEUXIÈME PARTIE (1 h 30)

Rédaction 15 PTS

Méthode pour réussir la rédaction
- Soulignez **les mots clés** du sujet (sujet 1 : *message d'espoir, ami en difficulté* ; sujet 2 : *poésie, chanson, efficaces, encourager*).
- Notez **le type de texte** demandé (ici un poème ou un sujet de réflexion).
- Soignez l'**orthographe** et la **ponctuation**.
- Choisissez un **vocabulaire** précis.

Vous traiterez l'un des deux sujets au choix.

1. Sujet d'imagination

Rédigez sous forme de poème (vers libres ou réguliers) un message d'espoir pour soutenir un ami face à un examen à passer, une opération à subir, une peine de cœur à surmonter…

2. Sujet de réflexion

Pensez-vous que la poésie comme la chanson soient efficaces pour encourager quelqu'un qui souffre ou pour transmettre un message d'espoir ? Justifiez votre réponse dans un développement organisé.

> **Méthode (sujet 1)**
> - Évoquez des lendemains meilleurs.
> - Utilisez une comparaison ou une métaphore.
> - Faites entendre une assonance et / ou une allitération.
> - Variez les types et formes de phrases.

13 Poètes voyageurs

Objectifs du chapitre

- Découvrir des poètes voyageurs du XXᵉ siècle.
- Étudier les liens entre le voyage et la poésie.
- Analyser des formes variées d'écriture poétique.

Viens dans les îles perdues
[du Pacifique !
Elles ont nom du Phénix,
[des Marquises
Bornéo et Java
Et Célèbes à la forme d'un chat.

Blaise Cendrars, extrait de « Prose du transsibérien et de la petite Jeanne de France » (1913), *Du monde entier*, © Denoël.

Gino Severini (1883-1966), *Le Train entre les maisons*, pastel, craie noire sur carton, 52,5 x 64,5 cm (Kunsthalle de Hambourg, Allemagne).

Quartier colonial Pelourinho, église dos Pretos (Salvador de Bahia, Brésil).

▲ **Paul Klee** (1879-1940), *Port et voiliers* (1937), peinture, 90 x 60 cm (musée national d'Art moderne, Centre Georges Pompidou, Paris).

- Quel est le titre du tableau ? Quelles formes identifiez-vous par rapport à ce titre ?
- Quelles sont les couleurs utilisées ?
- En quoi cette peinture fait-elle voyager le spectateur ?

Le voyage en poésie

Le voyage, réel ou imaginaire

- Le thème du **voyage**, **réel** ou **imaginaire**, constitue un thème littéraire riche, dès l'**Antiquité**, avec le récit du voyage d'Ulysse (l'*Odyssée* d'Homère). Au **XVIe siècle**, Du Bellay chante la nostalgie de son pays (« Heureux qui comme Ulysse ») ; le **XVIIIe siècle** voit se développer le goût de l'exotisme avec la traduction des *Mille et Une Nuits* ; au **XIXe siècle**, Baudelaire exprime dans « L'invitation au voyage » son désir d'un ailleurs. Aux **XXe et XXIe siècles**, le thème, toujours porteur, s'enrichit de formes et de contenus nouveaux.
- Le **goût du voyage** a été favorisé à partir du XIXe siècle par la construction des **grands paquebots** et le développement des **chemins de fer** qui permettent de traverser le monde. Le train Nord-Express, créé en 1896, relie les grandes capitales d'Europe ; l'Orient-Express, train de luxe créé en 1883, assure la liaison entre Paris, Vienne et Istanbul ; le transsibérien relie Moscou à Vladivostok (au bord du Pacifique) ou Pékin..

▲ Anonyme, affiche pour l'Orient-Express (début XXe siècle), lithographie en couleur (collection privée).

Quelques poètes « voyageurs »

▲ **Raoul du Gardier** (1871-1952), *Arrivée du paquebot* Normandie *à New York, le 2 juin 1935*, aquarelle (musée de la Poste, Amboise).

Voici quelques poètes inspirés par le thème du voyage que vous retrouverez dans le chapitre.

- **Paul Claudel** (1868-1955), à la fois écrivain et diplomate (il fut consul aux États-Unis, puis en Chine et ambassadeur de France au Japon), évoque dans ses poèmes ses séjours en Asie ► p. 256.
- **Valery Larbaud** (1881-1957), issu d'une famille fortunée, voyage en Europe jusqu'en Russie. Il est l'auteur des *Poésies d'A. O. Barnabooth* où Barnabooth incarne le personnage d'un poète fréquentant les trains et les paquebots de luxe ► p. 268.
- **Jules Supervielle** (1884-1960), né à Montevideo, partageait sa vie entre l'Uruguay et la France ► p. 261.

1900	1910	1913	1916-1955	1914-1918	1922
Connaissance de l'Est de Claudel (1868-1955)	*Comme des voiliers* de Supervielle (1884-1960)	*Poésies d'A. O. Barnabooth* de Larbaud (1881-1957)	Œuvre poétique de Cocteau (1889-1963)	Première Guerre mondiale	*Westwego* de Soupault (1897-1990)

David Bomberg (1890-1957), *Coucher de soleil, La Baie, Devon nord* (1946), huile sur toile (Laing Art Gallery, Newcastle upon Tyne, Grande-Bretagne).

- **Blaise Cendrars** (1887-1961) fait une fugue à l'âge de 16 ans et prend un train qui le conduit à Moscou. Il mène ensuite une vie d'aventurier, voyage en Extrême-Orient et en Amérique. En 1915, blessé par un obus, il est amputé du bras droit au-dessus du coude ► p. 252.
- **Philippe Soupault** (1897-1990) s'engage aux côtés d'André Breton et de Louis Aragon (► p. 222, 226) dans l'aventure surréaliste (► Dossier 14, p. 272). Journaliste et romancier, il fait de grands reportages à travers le monde (Europe, Amérique, Russie) ► p. 251.
- **Raymond Queneau** (1903-1976) participe au mouvement surréaliste. Romancier et poète, il revendique la liberté du langage ► p. 250.
- **Léopold Sédar Senghor** (1906-2001) est né au Sénégal. De culture africaine et française (il fut professeur de français), poète et homme politique (président du Sénégal entre 1960 et 1980), il a œuvré toute sa vie pour le respect des valeurs de chaque culture ► p. 254.
- **Grand Corps Malade** (Fabien Marsaud) est né en 1977 dans la banlieue parisienne. À l'âge de vingt ans, à la suite d'un terrible accident (il plonge dans une piscine dont le niveau d'eau était trop bas), il est atteint quelques années de paralysie. Retrouvant l'usage de ses jambes, il découvre le slam, une poésie de rue, ouverte à tous et que l'on vient dire et écouter dans les cafés ► p. 258.

Ai-je bien lu ?

1. Quels poètes ont été inspirés par le thème du voyage avant le XXe siècle ?
2. Quel écrivain a été journaliste ? lequel président ? lequel diplomate ? lequel aventurier ? Lequel a voyagé dans des paquebots de luxe ?
3. Qu'est-ce que le slam ? Qui est auteur de slams ?

1939-1945
Seconde Guerre mondiale

1947
Feuilles de route de Cendrars (1887-1961)

1945-1990
Œuvre poétique de Senghor (1906-2001)

1969
Fendre les flots de Queneau (1903-1976)

2008
« Les voyages en train » de Grand Corps Malade (né en 1977)

Raymond Queneau
(1903-1976)

Préparer la lecture

1. a. Lisez le poème de Baudelaire « L'invitation au voyage ».
b. Quelle image du voyage s'en dégage ?
2. Rappelez quelles sont les caractéristiques du sonnet ► Leçon 38, p. 362.

Partir ou rester ? DVD

« L'INVITATION AU VOYAGE »

Voyager dans les airs voyager dans les astres
ou bien rester chez soi ainsi qu'un soliveau[1]
voilà c'est le dilemme[2] ou bien c'est un désastre
on dit il faut bouger ou devenir idiot

« Voyagez simplement alors autour du monde
si vous craignez d'errer dans l'espace au-dessus
voyagez en Afrique en Asie en Irlande
vous serez satisfait et vous aurez vécu »

Ces conseils indécents[3] me laissent bien perplexe[4]
où dans tout ça pourrais-je retrouver mon axe ?
si l'on me fait tourner comme un simple toton[5]

Je ne suis pas bien sûr que cette agitation
me permette d'aller bien plus loin que Bléville[6]
que l'on confond parfois avec l'Eure[7] ou Graville[6]

Raymond Queneau, *Fendre les flots* (1969), © Gallimard.

1. **soliveau :** pièce de bois (sens propre) ; ici homme sans énergie (sens figuré et familier).
2. **dilemme :** choix impossible entre deux propositions contraires.
3. **indécents :** qui ne me conviennent pas.
4. **perplexe :** indécis.
5. **toton :** petite toupie.
6. **Bléville, Graville :** quartiers du Havre où est né Queneau.
7. **l'Eure :** affluent de la Seine ; ici quartier du Havre.

Analyser le poème

• Le voyage en question

1. Retrouvez les caractéristiques du sonnet.

2. a. En quoi le dilemme du poète consiste-t-il ? Appuyez-vous sur des termes qui s'opposent et le rythme des vers (v. 1 à 4).
b. Quel conseil le poète reçoit-il de son entourage (strophe 2) ? Citez les lieux évoqués, relevez les répétitions, notez le rythme du vers 7.

3. a. Montrez que le poète remet en question le voyage. Appuyez-vous sur les termes *indécents* (v. 9) et *agitation* (v. 12) et sur la comparaison du vers 11 que vous expliquerez.
b. Quittera-t-il le port ? Qu'évoquent les noms de lieux des vers 13 et 14, par rapport à ceux cités au vers 7 ?

4. **La portée du poème.** Partir ou rester ? Comment répondriez-vous à cette question ?

◄ **Gaston Chaissac** (1910-1964), *Maxime aux bas verts* (1961), huile sur isorel, 305 x 45 cm (musée national d'Art moderne, Centre Georges Pompidou, Paris).

Réciter le poème

5. Apprenez le poème par cœur et récitez-le en respectant le rythme et le changement de locuteur dans la 2e strophe.

Préparer la lecture

[Quelles sont les principales caractéristiques du surréalisme ▸ Dossier 14, p. 272 ?]

Philippe Soupault
(1897-1990)

▲ **Robert Delaunay** (1885-1941), *La Tour Eiffel* (1926), huile sur toile, 169 x 86 cm (musée national d'Art moderne, Centre Georges Pompidou, Paris).

Voyage imaginaire

DVD

« Étrange voyageur voyageur sans bagages... »

Étrange voyageur voyageur sans bagages
je n'ai jamais quitté Paris [...]
je suis assis à la terrasse d'un café
et je souris de toutes mes dents
en pensant à tous mes fameux voyages
je voulais aller à New York ou à Buenos Aires
connaître la neige de Moscou
partir un soir à bord d'un paquebot
pour Madagascar ou Shanghai
remonter le Mississippi
je suis allé à Barbizon[1]
et j'ai relu les voyages du capitaine Cook[2]
je me suis couché sur la mousse élastique
j'ai écrit des poèmes près d'une anémone sylvie[3]
en cueillant les mots qui pendaient aux branches
le petit chemin de fer me faisait penser au transcanadien[4]
et ce soir je souris parce que je suis ici [...]

Philippe Soupault, extrait de *Westwego* (1917-1922) © Gallimard.

1. **Barbizon :** village proche de Paris, rendu célèbre par des peintres comme Corot.
2. **capitaine Cook :** explorateur du XVIIIe siècle qui a fait le récit de ses trois voyages dans l'océan Pacifique.
3. **anémone sylvie :** petite plante à fleurs blanc-rose.
4. **transcanadien :** train qui traverse le Canada d'est en ouest.

Analyser le poème

● Le voyage imaginaire

1. a. Les vers sont-ils réguliers ? Ont-ils des rimes ? Sont-ils ponctués ?
b. Quel pronom désigne le poète ?
2. a. Quels voyages le poète voulait-il faire (v. 6 à 10) ? Relevez l'énumération des noms propres qui le font rêver.
b. Quel est le seul voyage qu'il a accompli ? Dans quel but ? Appuyez-vous sur les verbes au passé composé (v. 11 à 14).
3. Quelles sont les sources d'inspiration du poète (v. 15-16) ? Expliquez la métaphore du vers 15.
4. a. À quel lieu l'adverbe *ici* (v. 17) renvoie-t-il ? Connote-t-il le déplacement ou le sur-place ?
b. Relevez l'assonance et l'allitération du vers 17. Pourquoi le poète sourit-il ?
c. En quoi est-il un *Étrange voyageur voyageur sans bagages* (v. 1) ?
5. **La portée du texte.** Et vous, quels sont les noms de villes ou de pays qui vous font rêver ?

Écrire

6. Réécrivez les vers 6 à 16 à votre façon. Terminez par le vers 17.

Consignes d'écriture

- *Conservez la structure de la phrase des vers 6 à 10 (série d'infinitifs précédés de je voulais...).*
- *Choisissez des noms évocateurs de lieux qui vous font rêver.*

Blaise Cendrars
(1887-1961)

Préparer la lecture

1. Qu'est-ce que la *latitude* ? la *longitude* ?
2. Que signifient les termes *bâbord* et *tribord* ?
3. Cherchez sur une carte où se trouvent Madère et Casablanca.

Horizons nouveaux

▲ **Max Ernst** (1891-1976), *Coucher de soleil bleu* (vers 1950), craie de couleur sur papier bleu, frottage, 14 x 31 cm (collection Frank Brabant, Wiesbaden, Allemagne).

« 35° 57' LATITUDE NORD
15° 16' LONGITUDE OUEST »

C'est aujourd'hui que c'est arrivé
Je guettais l'événement depuis le début de la traversée
La mer était belle avec une grosse houle de fond qui [nous faisait rouler
Le ciel était couvert depuis le matin
Il était 4 heures de l'après-midi
J'étais en train de jouer aux dominos
Tout à coup je poussai un cri et courus sur le pont
C'est ça c'est ça
Le bleu d'oultremer[1]
Le bleu perroquet du ciel
Atmosphère chaude
On ne sait pas comment cela s'est passé et comment définir la chose
Mais tout monte d'un degré de tonalité
Le soir j'en avais la preuve par quatre
Le ciel était maintenant pur
Le soleil couchant comme une roue
La pleine lune comme une autre roue
Et les étoiles plus grandes plus grandes

Ce point se trouve entre Madère à tribord et Casablanca à bâbord
Déjà

Blaise Cendrars, *Feuilles de route*, © Denoël, 1947 et Miriam Cendrars, 1961.

1. **oultremer :** mis pour *outremer* (couleur d'un bleu intense).

Analyser le poème

La forme du poème et l'énonciation

1. a. Caractérisez la forme du poème (vers utilisés, mise en espace spécifique, présence ou absence de ponctuation).

b. Par quel pronom le poète se désigne-t-il ?

2. a. À quel moment le poète écrit-il par rapport au moment où a lieu l'événement ? Appuyez-vous sur les mots *aujourd'hui* (v. 1) et *maintenant* (v. 15).

b. En quoi peut-on rapprocher ce poème de l'art de la photographie ?

Une longue attente

3. a. Où le poète se trouve-t-il ? Relevez des termes précis à l'appui de votre réponse.

b. À quelle activité se livrait-il avant l'événement ?

4. a. Relevez les indications temporelles qui montrent l'écoulement du temps. Pourquoi, selon vous, le poète fournit-il ces précisions ?

b. Quelles sont les valeurs de l'imparfait au vers 2 puis aux vers 3 et 4 ?

Un événement surprenant

5. a. À quel événement le poète assiste-t-il ? À quelle heure a-t-il lieu ?

b. Quels termes et quel temps de l'indicatif insistent sur la soudaineté de l'événement ?

6. a. Par quels termes le poète caractérise-t-il les éléments naturels ? Relevez le vocabulaire des sensations visuelles (couleurs, formes...) et tactiles.

b. Quels changements le poète perçoit-il dans le spectacle qu'il découvre ? Citez des termes du poème.

c. Quels termes sont répétés au vers 18 ? Quel est l'effet produit ?

7. Quelle émotion le poète ressent-il ? Peut-il expliquer et exprimer le mystère de l'univers ?

8. Dans quel lieu du monde cet événement a-t-il eu lieu ? À quel endroit du poème le poète le précise-t-il ? Quel est l'effet produit ?

9. **La portée du poème.** Avez-vous déjà ressenti une émotion devant un paysage ? Laquelle ?

Enrichir son vocabulaire

La racine latine *ultra*

Le mot *oultremer* (v. 9) vient du latin *ultra* qui signifie « au-delà » et désigne une couleur.

10. Donnez le sens des mots et expressions suivants en les rattachant à leur origine latine.

a. Territoires d'outre-mer. b. Outrepasser ses droits. c. Être ultrasensible. d. Des rayons ultraviolets. e. Passer outre. f. Des propos outrés.

11. Cherchez trois autres façons de désigner la couleur bleue.

Le chiffre *quatre*

j'en avais la preuve par quatre (v. 14)

12. Donnez le sens de ces expressions.

a. Ne pas y aller par quatre chemins. b. Se mettre en quatre. c. Être tiré à quatre épingles. d. Entre quatre yeux. e. Faire ses quatre volontés. f. Se saigner aux quatre veines. g. Se retrouver les quatre fers en l'air. h. Les quatre éléments.

Écrire

13. Dans un poème en vers libres, et à la manière de Cendrars, décrivez une chute de neige puis le paysage couvert de neige.

Consignes d'écriture

- *Commencez par :*
C'est aujourd'hui que c'est arrivé
Je guettais l'événement depuis...
- *Insistez sur les changements survenus dans le paysage.*
- *Caractérisez la consistance et la couleur de la neige :* coton, cotonneuse, poudreuse, floconneuse, laiteuse, blanc immaculé, scintillante...

HISTOIRE DES Arts

1. Identifiez l'auteur, le titre, la date du tableau. Quelle est la technique utilisée ?

2. Quelle est votre première impression face à ce tableau ? Exprimez-vous librement.

3. a. Quelle ligne principale structure le tableau ?

b. Quelles autres lignes distinguez-vous ?

4. Observez les différentes nuances de bleu. À quoi correspondent-elles ?

5. Quel rapport pouvez-vous établir entre le poème de Cendrars et le tableau ?

Léopold Sédar Senghor
(1906-2001)

B2i Préparer la lecture

1. Relisez les informations données sur Senghor ► p. 249. Complétez sa biographie en faisant une recherche sur Internet.
2. Cherchez ce qu'est une assonance ► Leçon 38, p. 362.
3. Revoyez et apprenez les définitions de l'anaphore et de l'allitération ► Leçons 38 et 39, p. 362 et 364.

DVD

En quête d'une vie meilleure

« DÉPART »

Je suis parti
Par les chemins bordés de rosée
Où piaillait le soleil.

Je suis parti
Loin des jours croupissants[1]
Et des carcans[2],
Vomissant des laideurs
À pleine gueule.

Je suis parti
Pour d'étranges voyages,
Léger et nu,
Sans bâton ni besace[3],
Sans but.

Je suis parti
Pour toujours
Sans pensée de retour.
Vendez tous mes troupeaux,
Mais pas les bergers avec.

Je suis parti
Vers des pays bleus,
Vers des pays larges,
Vers des pays de passions tourmentés de tornades,
Vers des pays gras et juteux.

Je suis parti pour toujours.
Sans pensée de retour.
Vendez tous mes bijoux.

Léopold Sédar Senghor, *Poèmes perdus* (1964), © Le Seuil.

1. croupissants : pourrissants, stagnants.
2. carcans : colliers de fer (instruments de torture), au sens propre ; contraintes, au sens figuré.
3. besace : long sac formé de deux poches.

Analyser le poème

La forme du poème

1. Les vers sont-ils réguliers ? Ont-ils des rimes ou des assonances ? Justifiez votre réponse.

2. Combien de strophes le poème comporte-t-il ? Combien de vers par strophe ? Combien de phrases par strophes ?

3. Relevez les anaphores. Quel vers répété se présente comme un refrain ?

Les chemins de l'exil

4. a. Montrez que le départ du poète est associé dans la première strophe à l'espoir. Appuyez-vous sur le vocabulaire et sur une personnification.
b. Quelle autre strophe reprend le thème de l'espoir dans le poème ?

5. a. En quoi la deuxième strophe s'oppose-t-elle à la première (vocabulaire, niveau de langage, métaphores, jeux sur les sonorités) ?
b. À quoi le poète fait-il allusion dans cette strophe ?

6. Comment le poète envisage-t-il le voyage (strophe 3) ? Relevez les adjectifs, les groupes nominaux et les allitérations en [s], [b], [j].

7. a. En quoi ce départ est-il un exil définitif (strophes 4 et 6) ? Appuyez-vous sur des répétitions.
b. À qui le poète s'adresse-t-il dans les phrases injonctives ? À quels biens matériels le poète renonce-t-il ?

8. **La portée du poème.** À votre avis, s'installer dans un autre pays que le sien est-il une chance ?

▲ **Alex Majoli**, départ de réfugiés (2002, Kenya).

Enrichir son vocabulaire

Autour du mot *chemin*

Par les chemins bordés de rosée (v. 2)

9. Quel est le sens propre du mot *chemin* ?

10. Donnez le sens des expressions suivantes dans lesquelles le mot *chemin* est pris dans son sens figuré.
a. Passer son chemin. b. Faire du chemin (dans la vie). c. Un chemin de ronde. d. Le chemin des écoliers. e. Tous les chemins mènent à Rome. f. Ne pas y aller par quatre chemins.

Réciter le poème

11. Récitez le poème à plusieurs. Choisissez le nombre de récitants et la façon dont vous allez distribuer les strophes.

Consignes d'oral

- *Mettez l'accent sur l'anaphore.*
- *Réfléchissez aux différents tons que vous allez adopter (nostalgique, enthousiaste...).*

Écrire

12. Ajoutez une strophe au poème.

Consignes d'écriture

- *Choisissez l'endroit où vous la placerez.*
- *Choisissez le nombre de vers qu'elle comportera.*
- *Commencez par :* Je suis parti.
- *Rassemblez les strophes de votre classe et réalisez une exposition autour du poème de Senghor.*

Paul Claudel
(1868-1955)

Préparer la lecture

1. a. Dans quel pays Paul Claudel vivait-il lorsqu'il composa le recueil poétique *Connaissance de l'Est* ?
b. Quelle fonction y exerçait-il ?
2. Qu'appelle-t-on un *poème en prose* ► Leçon 38, p. 362 ?
3. Cherchez ce qu'est un *chiasme* ► Leçon 39, p. 364.

DVD Aller-retour

« Pensée en mer »

Le bateau fait sa route entre les îles ; la mer est si calme qu'on dirait qu'elle n'existe pas. Il est onze heures du matin, et l'on ne sait s'il pleut ou non.

La pensée du voyageur se reporte à l'année précédente. Il revoit sa traversée de l'Océan dans la nuit et la rafale, les ports, les gares, l'arrivée le dimanche gras[1], le roulement vers la maison, tandis que d'un œil froid il considérait au travers de la glace[2] souillée de boue les fêtes hideuses de la foule[3]. On allait lui remontrer les parents, les amis, les lieux, et puis il faut de nouveau partir. Amère entrevue ! comme s'il était permis à quelqu'un d'étreindre[4] son passé.

C'est ce qui rend le retour plus triste qu'un départ. Le voyageur rentre chez lui comme un hôte ; il est étranger à tout, et tout lui est étrange. Servante, suspends seulement le manteau de voyage et ne l'emporte point. De nouveau, il faudra partir ! À la table de famille le voici qui se rassied, convive suspect et précaire[5]. Mais, parents, non[6] ! Ce passant que vous avez accueilli, les oreilles pleines du fracas des trains et de la clameur de la mer, oscillant, comme un homme qui rêve, du profond mouvement qu'il sent encore sous ses pieds et qui va le remporter, n'est plus le même homme que vous conduisîtes au quai fatal[7]. La séparation a eu lieu, et l'exil où il est entré le suit[8].

Paul Claudel, *Connaissance de l'Est* (1900), © Mercure de France.

1. **dimanche gras :** le jour gras est un jour où l'Église catholique permet aux fidèles de manger de la viande.
2. **glace :** vitre de la voiture.
3. **fêtes hideuses de la foule :** la joie (peut-être hypocrite) de ceux qui fêtent votre retour.
4. **étreindre :** retenir.
5. **suspect et précaire :** qui intrigue et qui repartira bientôt.
6. **Mais, parents, non ! :** adresse aux parents, développée dans la phrase suivante.
7. **quai fatal :** ici, quai des adieux.
8. **l'exil où il est entré le suit :** le voyageur est un éternel exilé.

Katsushika Hokusai (1760-1849), *Sous la grande vague au large de Kanagawa*, estampe en couleur, 25,4 x 38,1 cm (The Metropolitan Museum of Art, New York, États-Unis).
Kanagawa est situé non loin de la baie de Tokyo et du mont Fuji.

Analyser le poème

La forme poétique et l'énonciation

1. Le poème comporte-t-il des vers, des strophes, ou bien des paragraphes ?

2. En quel lieu le poème a-t-il pris naissance ?

3. Quelle phrase marque un retour en arrière ?

4. Quels sont les souvenirs évoqués ? Citez le poème.

5. À quelle personne le poème est-il écrit ? Par quelles expressions le poète est-il désigné ?

L'exil intérieur

6. En quoi le voyage de retour est-il marqué par la tristesse (2e paragraphe) ? Prenez en compte le vocabulaire, l'énumération, les jeux sur les sonorités.

7. a. Sur quels mots le poète joue-t-il dans l'expression *il est étranger à tout, et tout lui est étrange* (l. 10) ?

b. En quoi cette expression forme-t-elle un chiasme ?

8. Comment les autres perçoivent-ils le poète ? Pour répondre, expliquez la comparaison *Le voyageur rentre chez lui comme un hôte* (l. 9-10).

9. a. En quoi le malaise du poète consiste-t-il à la fin du poème ? Appuyez-vous sur l'expression qui désigne le voyageur, les termes qui le caractérisent et une comparaison.

b. Le voyageur a-t-il définitivement rompu avec son passé ? Expliquez la dernière phrase.

10. **La portée du poème.** Comprenez-vous que l'on puisse éprouver un sentiment d'étrangeté au retour d'un voyage (scolaire ou autre) ? Justifiez votre réponse.

Enrichir son vocabulaire

Autour du mot *hôte*

Le voyageur rentre chez lui comme un hôte (l. 9-10). Le mot *hôte* vient du latin *hospes*.

11. Quels sont les deux sens du mot *hôte* dans ces phrases ?

a. En partant j'ai remercié mes hôtes. b. Vous êtes mon hôte, cher ami.

12. Complétez avec les mots *hospitalité, hôpital, hôtesse, hôtel, hospitalier* (deux fois), *hôtes, hospitalisée, hôtelière*.

a. Mes amis sont très ..., leur maison est ouverte à tous. b. Merci de votre .... c. Le personnel ... est très dévoué aux malades. d. Ils habitent un ... particulier. e. Louez-vous des chambres d'... ? f. Plus tard je serai ... de l'air. g. J'aimerais m'inscrire à l'école .... h. Ce n'est pas grave, elle ne sera ... que deux jours. i. Il est médecin interne dans un ....

Autour des mots *voyage, voyageur*

la pensée du voyageur (l. 3), *le manteau de voyage* (l. 11)

13. Donnez le sens de ces mots et expressions.

a. Voyage de tourisme. b. Voyage d'affaires. c. Agence de voyages. d. Un train de voyageurs. e. Un carnet de voyage. f. Les gens du voyage. g. Ne pas être déçu du voyage. h. Les voyages forment la jeunesse. i. Faire le grand voyage. j. Qui veut voyager loin ménage sa monture.

Écrire

14. *Mais, parents, non ! Ce passant que vous avez accueilli [...] n'est plus le même homme* (l. 13 à 16). Imaginez la lettre que la mère du poète lui envoie après son séjour dans la famille.

Consignes d'écriture

- *La mère exprime à son fils le changement qu'elle a constaté en lui depuis qu'il voyage.*
- *Elle lui exprime sa nostalgie et son émotion tout en respectant ce qu'il est devenu.*

HISTOIRE DES Arts

1. De quel pays Hokusai est-il originaire ?

2. Cherchez ce qu'est une estampe.

3. Selon vous, quelles informations sont fournies dans les inscriptions à gauche de l'estampe ?

4. Distinguez les différents plans : décrivez ce que vous voyez.

5. Comment le peintre rend-il le mouvement, la hauteur et l'agressivité de la vague ? Appuyez-vous sur les lignes, les formes, les couleurs, la composition en plans.

6. a. Que va-t-il advenir des barques des pêcheurs ?

b. Quelle image le peintre donne-t-il de la nature ?

Textes et images

Préparer la lecture

B2i

1. Pourquoi le poète a-t-il choisi le pseudonyme de Grand Corps Malade ▶ p. 249 ?
2. Quelle est l'origine du mot *slam* ? Qui est l'initiateur de ce mouvement ? En quelle année ?
3. Quel est le sens du sigle SNCF ?

Grand Corps Malade (né en 1977) ▶ le 8 mai 2008 aux Méditerranéennes de Leucate.

Parcours amoureux

« Les voyages en train »

J'crois que les histoires d'amour c'est comme les voyages en train,
Et quand j'vois tous ces voyageurs parfois j'aimerais en être un,
Pourquoi tu crois que tant d'gens attendent sur le quai de la gare,
Pourquoi tu crois qu'on flippe autant d'arriver en retard.

Les trains démarrent souvent au moment où l'on s'y attend le moins,
Et l'histoire d'amour t'emporte sous l'œil impuissant des témoins,
Les témoins c'est tes potes qui t'disent au revoir sur le quai,
Ils regardent le train s'éloigner avec un sourire inquiet,
Toi aussi tu leur fais signe et t'imagines leurs commentaires,
Certains pensent que tu t'plantes et que t'as pas les pieds sur terre,
Chacun y va de son pronostic sur la durée du voyage,
Pour la plupart le train va dérailler dès le premier orage.

Le grand amour change forcément ton comportement,
Dès le premier jour faut bien choisir ton compartiment,
Siège couloir ou contre la vitre il faut trouver la bonne place,
Tu choisis quoi une love story de première ou d'seconde classe.

Dans les premiers kilomètres tu n'as d'yeux que pour son visage,
Tu calcules pas derrière la fenêtre le défilé des paysages,
Tu t'sens vivant tu t'sens léger tu ne vois pas passer l'heure,
T'es tellement bien que t'as presque envie d'embrasser le contrôleur.

Mais la magie ne dure qu'un temps et ton histoire bat d'l'aile,
Toi tu te dis que tu n'y es pour rien et qu'c'est sa faute à elle,
Le ronronnement du train te soûle et chaque virage t'écœure,
Faut que tu te lèves que tu marches tu vas te dégourdir le cœur.

Et le train ralentit et c'est déjà la fin de ton histoire,
En plus t'es comme un con tes potes sont restés à l'autre gare,
Tu dis au revoir à celle que tu appelleras désormais ton ex,
Dans son agenda sur ton nom elle va passer un coup de tipex.

C'est vrai que les histoires d'amour c'est comme les voyages en train
Et quand j'vois tous ces voyageurs parfois j'aimerais en être un,
Pourquoi tu crois que tant d'gens attendent sur le quai de la gare,
Pourquoi tu crois qu'on flippe autant d'arriver en retard.

Pour beaucoup la vie se résume à essayer de monter dans l'train,
À connaître ce qu'est l'amour et se découvrir plein d'entrain
Pour beaucoup l'objectif est d'arriver à la bonne heure,
Pour réussir son voyage et avoir accès au bonheur.

Il est facile de prendre un train encore faut-il prendre le bon,
Moi je suis monté dans deux-trois rames mais c'était pas l'bon wagon,
Car les trains sont capricieux et certains sont inaccessibles,
Et je ne crois pas tout le temps qu'avec la SNCF c'est possible[1].

1. **SNCF c'est possible** : référence à un slogan publicitaire de la SNCF.

Y'a ceux pour qui les trains sont toujours en grève,
Et leurs histoires d'amour n'existent que dans leurs rêves,
Et y'a ceux qui foncent dans l'premier train sans faire attention,
Mais forcément ils descendront déçus à la prochaine station,
Y'a celles qui flippent de s'engager parce qu'elles sont trop émotives,
Pour elles c'est trop risqué de s'accrocher à la locomotive,
Et y'a les aventuriers qu'enchaînent voyage sur voyage,
Dès qu'une histoire est terminée, ils attaquent une autre page.

Moi après mon seul vrai voyage j'ai souffert pendant des mois,
On s'est quitté d'un commun accord mais elle était plus d'accord que moi,
Depuis j'traîne sur le quai j'regarde les trains au départ,
Y'a des portes qui s'ouvrent mais dans une gare j'me sens à part.

Il paraît que les voyages en train finissent mal
[en général,
Si pour toi c'est l'cas accroche-toi et garde le
[moral,
Car une chose est certaine y'aura toujours un
[terminus,
Maintenant tu es prévenu, la prochaine fois
[tu prendras l'bus.

Grand Corps Malade,
chanson de l'album *Midi 20*
(2006), © Anouche Productions.

Gare de Trouville-Deauville, le 1er janvier 2000.

Analyser le poème

Une forme poétique moderne

1. a. Combien le poème comporte-t-il de strophes ? Combien de vers par strophe ? Combien de phrases par strophe ?

b. Quelle strophe est une reprise presque identique de la première ?

2. a. Le vers est-il régulier ou libre ? Est-il long ou court ?

b. Comment les rimes sont-elles disposées ? Quelle remarque faites-vous sur la rime *comportement / compartiment* (v. 13-14) ?

c. Relevez les marques de la langue orale (élision de voyelles, niveau de langage).

Un voyage métaphorique

3. a. Sur quelle comparaison le poème est-il bâti ?

b. Montrez, en donnant des exemples, que cette comparaison est reprise sous forme de métaphore filée tout au long du poème ▶ Leçon 39, p. 364.

4. a. Qui le pronom *je* désigne-t-il ?

b. À qui le poète s'adresse-t-il en utilisant le pronom *tu* ?

c. Quels sont les autres personnages évoqués ? Quelle place ont-ils dans la vie du poète ?

d. Dans quelle strophe le poète évoque-t-il sa propre expérience ?

5. a. Retracez les étapes de l'évolution de l'histoire amoureuse.

b. Notez en parallèle les sentiments du poète. Comment les manifeste-t-il ?

Le registre du poème

6. En quoi ce poème est-il un poème lyrique ? Appuyez-vous sur le thème et les sentiments exprimés.

7. a. Quelle vision le poète a-t-il de l'amour ?

b. Quel ton utilise-t-il pour évoquer la solitude amoureuse ? Donnez quelques exemples.

c. Quel est l'effet produit par la chute (dernier vers) ?

8. **La portée du poème.** Aimez-vous le slam ? Justifiez votre point de vue.

Analyser le clip

Regardez le clip sur http://www.youtube.com/watch?v=lBVaLWk7jsk.

9. Dans quel lieu le chanteur se trouve-t-il ?

10. Quels différents personnages et quelles différentes histoires sont évoqués par les images ? Quel est le point de vue utilisé ?

11. Comment la solitude du poète est-elle mise en scène ?

12. Comment la chute du poème est-elle rendue par l'image ?

13. Caractérisez la mélodie. En quoi le rythme est-il en accord avec le sens ?

Enrichir son vocabulaire

Autour du mot *train*

14. Le mot *train* apparaît dans un grand nombre d'expressions. Indiquez le sens de chacune.

a. Mener grand train. b. Aller son train. c. Augmenter son train de vie. d. Aller à fond de train. e. Être un vrai boute-en-train. f. Mettre un travail en train.

Le niveau de langage

15. Donnez l'équivalent en langage courant des termes suivants.

a. flipper (v. 4). b. un pote (v. 7). c. se planter (v. 10). d. battre de l'aile (v. 21). e. soûler (v. 23).

Écrire

16. Composez un poème qui commencera comme celui de Grand Corps Malade, et reprenez la métaphore du voyage pour évoquer un amour heureux.

Consignes d'écriture

- *Utilisez les deux premières personnes.*
- *Composez au moins deux strophes en faisant rimer les vers deux par deux.*

Oral

17. Organisez un slam en classe (concours de déclamation de textes poétiques). Chaque élève lira son poème. La classe votera ensuite pour choisir le meilleur.

▼ Paysage de l'Uruguay (en lien avec le poème de la page 261).

Jules Supervielle
(1884-1960)

Préparer la lecture

1. Situez l'Uruguay sur une carte.
2. À quel type de paysage correspond la pampa ? À quel climat ?

Voyage et nostalgie

« Adieu à l'*Estancia*[1] »

Partout où nous vivons notre Rêve s'attache
Par un lien étroit, invisible mais fort,
Un voyage soudain trouve en nous un cœur lâche,
Et nous sentons qu'il neige au loin sur notre sort…

Il nous faut, pour quitter les lieux où nous vécûmes,
Déchirer quelque chose au moment de partir ;
Tout à coup nous avons comme un grand repentir,
Comme si nous quittions le soleil pour les brumes.

Adieu, chardons fleuris, azur frais des pampas,
Bois lointains que l'aurore inondait d'espérance,
Et familier jardin où tout sera silence,
Jardins des souvenirs et des blonds mimosas !

Adieu, ma meule[2] d'or comme une grappe mûre
Que le bœuf, sous le joug[3], regarde tout rêveur,
Chaumine[4] qui t'ouvrais, l'été, fraîche et obscure,
Et qui pendant l'hiver es chaude comme un cœur !

Mes chers eucalyptus, il est tard, je vous quitte,
Adieu, mes vieux amis au feuillage profond,
Vous, le parfum léger et l'âme de ce site,
Je vous laisse mon Rêve épars sur votre front…

Jules Supervielle, *Comme des voiliers* (1910), dans *Œuvres poétiques complètes*, © Gallimard.

1. **Estancia :** propriété familiale située en Amérique du Sud (Uruguay) où le poète est né.
2. **meule :** gros tas de foin.
3. **joug :** pièce de bois qu'on met sur la tête des bœufs pour les atteler.
4. **chaumine :** petite maison (chaumière).

Analyser le poème

Une scène d'adieu

1. Étudiez la forme du poème (strophes, mètre, rimes).
2. Quel lien attache les hommes à leur pays (v. 1 et 2) ?
3. Quel sentiment le poète éprouve-t-il à l'heure du départ ? Expliquez les figures de style (v. 4, 6, 8).
4. a. À qui le poète s'adresse-t-il aux vers 9 à 20 ? Relevez l'énumération.
b. Comment le mot *Adieu* est-il mis en valeur ?
5. Quelle relation le poète entretient-il avec le paysage ? Citez le texte. Quels sont les sens sollicités (v. 9 à 20) ?
6. Expliquez le dernier vers en le mettant en relation avec le vers 1.
7. La portée du texte. Comprenez-vous ce sentiment de nostalgie ?

Écrire

8. Vous avez dû quitter un lieu auquel vous étiez attaché (fin des vacances, départ, déménagement…). Écrivez deux ou trois strophes commençant par *Adieu* et introduisez l'expression : *Il est tard je vous quitte*.

Faire le point

Voyage et poésie

Les différentes formes de voyage

- **Vécu** ou **rêvé**, le voyage est un thème récurrent en poésie. L'écriture poétique **transfigure l'expérience du voyage.** Les lieux réellement vus sont recréés par la plume du poète, ils s'enrichissent de **couleurs**, de **chaleur** et de **lumière**, sont **magnifiés** (*atmosphère chaude, Et les étoiles plus grandes plus grandes* ► Cendrars, p. 252).
- La poésie est elle-même un **voyage dans l'écriture.** Pour atteindre la beauté du monde, nul besoin de partir : le poète *cueille les mots qui pendent aux branches* de l'arbre qui est au-dessus de lui ► Soupault, p. 251. Les **lieux du rêve** (*Afrique, Asie, Irlande* ► Queneau, p. 250 ; *New York, Buenos Aires, Shanghai* ► Soupault, p. 251 ; *les îles Marquises, Carolines* ► Cocteau, p. 267) s'opposent à ceux de la **réalité** (*Bléville, Barbizon, la Marne*).
- Voyager, c'est aussi **quitter son pays** pour un monde meilleur, **idéalisé** : c'est le sens du poème de Senghor ► p. 254 qui traduit ainsi l'expérience de l'**émigré.** Le voyage est également lié à la **nostalgie du départ** ► Supervielle, p. 261 ou à la tristesse et la **déception du retour** ► Claudel, p. 256.
- Enfin, le voyage peut être **métaphorique** et s'apparenter au **parcours amoureux** ► Grand Corps Malade, p. 258.

Les formes poétiques

- Les poètes du XXe siècle allient **tradition** et **modernité** : on trouve des formes traditionnelles comme le **sonnet** (poème à forme fixe formé de deux quatrains et deux tercets ► Queneau, p. 250) ou des **poèmes en vers réguliers**, courts ► Cocteau, p. 267 ou longs ► Noailles, p. 263. Mais l'écriture en est **modernisée**, notamment avec l'emploi de **termes familiers** (*on dit il faut bouger ou devenir idiot*, ► Queneau, p. 250).
- Le **poème en prose**, né au XIXe siècle, est toujours à l'honneur ► Claudel, p. 256 : il consiste en une prose rythmée, non soumise aux règles de la versification.
- Mais la forme la plus courante aux XXe et XXIe siècles est la **forme libre** : les **mètres** (nombre de syllabes du vers) sont **variables**, les **rimes** et la **ponctuation** souvent **absentes** ► Soupault, Cendrars...
- Une forme particulièrement moderne et originale est le **slam**, poésie orale exploitant les effets de sonorités et le pouvoir des mots (*Faut que tu te lèves que tu marches tu vas te dégourdir le cœur* ► Grand Corps Malade, p. 258).

L'écriture poétique

- L'évocation de l'ailleurs et du voyage repose sur plusieurs procédés :
– l'utilisation de **noms géographiques** qui suscitent le rêve ;
– le champ lexical du **train** ou du **bateau**, du **mouvement** ;
– le vocabulaire des **sensations** (couleurs, lumières...) et des **sentiments** ;
– les figures de style comme la **comparaison**, la **métaphore**, l'**anaphore**, l'**énumération.**

◄ **David Bomberg** (1890-1957), détail de *Coucher de soleil, La Baie, Devon nord* (1946), huile sur toile (Laing Art Gallery, Newcastle upon Tyne, Grande-Bretagne).

Grammaire et versification

1 Une forme régulière

► Leçon 38, p. 362

1. a. Quel est le mètre utilisé ? Le poème est-il de forme régulière ?

b. Combien chaque strophe compte-t-elle de vers ?

2. Quelle remarque faites-vous sur le rythme du vers 10 ? Recopiez le vers en séparant les syllabes par des slashs et en soulignant les syllabes accentuées.

Ex : *Le / vieux / port / gou / dro / nné / de Pa / ler / me, / le bruit*

soit : 3/3/3/3 (rythme régulier)

3. Quel sentiment ce vers 10 exprime-t-il ?

4. Relevez un enjambement dans la première strophe, deux dans la deuxième. Quel effet produit l'enjambement sur le rythme ? En quoi allonge-t-il le vers ?

5. Relevez les rimes. Comment sont-elles disposées ? Sur quelle sonorité voyelle (assonance) sont-elles construites de façon dominante ?

Je regardais souvent, de ma chambre si chaude,
Le vieux port goudronné de Palerme, le bruit
Que faisaient les marchands, divisés par la fraude,
Autour des sacs de grains, de farine et de fruits,
Sous un beau ciel, teinté de splendeur et d'ennui…

J'aimais la rade[1] noire et sa pauvre marine[2],
Les vaisseaux délabrés d'où j'entendais jaillir
Cet éternel souhait du cœur humain : partir !
– Les vapeurs, les sifflets faisaient un bruit d'usine
Dans ces cieux où le soir est si lent à venir…

Anna de Noailles, extrait du « Port de Palerme », *Les Vivants et les morts* (1913).

1. **rade :** large plan d'eau ouvrant sur la mer.
2. **marine :** ensemble des bateaux dans le port.

2 Une forme libre

► Leçon 38, p. 362

1. En quoi le poème est-il de forme libre ? Comporte-t-il une ponctuation ?

2. Comment le poète restitue-t-il les bruits et le mouvement du train ? Appuyez-vous sur :
– les répétitions de sonorités dans les vers 1 à 5 ;
– les termes qui évoquent le bruit et la musique ;
– les termes qui évoquent un mouvement.

Prête-moi ton grand bruit, ta grande allure [si douce,
Ton glissement nocturne à travers l'Europe [illuminée,
Ô train de luxe ! et l'angoissante musique
Qui bruit[1] le long de tes couloirs de cuir doré,
Tandis que derrière les portes laquées, aux loquets[2] [de cuivre lourd,
Dorment les millionnaires.
Je parcours en chantonnant tes couloirs
Et je suis ta course vers Vienne et Budapest,
Mêlant ma voix à tes cent mille voix,
Ô Harmonika-Zug[3] ! […]

Ah ! il faut que ces bruits et que ce mouvement
Entrent dans mes poèmes.

Valery Larbaud, « Ode », extrait des *Poésies d'A. O. Barnabooth* (1913), © Gallimard.

1. **bruit** (du verbe *bruire*) : fait du bruit.
2. **loquet :** sorte de verrou.
3. **Harmonika-Zug :** le train harmonica. L'harmonica est un instrument qui produit des sifflements, comme le train.

3 Les sonorités répétées

► Leçon 38, p. 362

1. Quel est l'élément décrit ?

2. Quelles allitérations et répétitions repérez-vous ?

3. En quoi les sonorités mettent-elles en valeur le sens ?

Les flots qui voyagent comme les vents,
Les flots légers, les flots vivants

Émile Verhaeren, extrait du « Port », *Les Villes tentaculaires* (1895).

4 Les expansions du nom

► Leçon 8, p. 298

Relisez l'extrait du poème d'Anna de Noailles (exercice 1).

1. a. Relevez les expansions des noms *chambre* (v. 1), *port* (v. 2), *sacs* (v. 4), *ciel* (v. 5), *rade* (v. 6), *marine* (v. 6), *bruit* (v. 9).

b. Donnez la classe grammaticale de ces expansions (adjectif, groupe participe, proposition subordonnée relative, nom).

2. À partir de ces expansions, dites quelle impression se dégage du port de Palerme.

5 L'indicatif présent et imparfait

► Tableaux de conjugaison, p. 388

Écrivez les verbes à l'indicatif présent puis à l'indicatif imparfait.

a. Un martin-pêcheur (voleter) le long de l'île. b. Le ciel (rougeoyer). c. Les étoiles (scintiller), (étinceler), (jeter) une brillante clarté. d. Un roc bleu (émerger) au-dessus de l'eau. e. Les rayons du soleil (tisser) des fils d'or. f. La lune (disparaître) entre les nuages.

6 L'impératif présent

► Leçon 22, p. 330

Réécrivez ce poème à l'impératif présent, à la 2e personne du singulier.

Quitter un appartement. Vider les lieux. Décamper.
Faire place nette. Débarrasser le plancher.
Inventorier ranger classer trier
Éliminer jeter fourguer
Casser
Brûler
Descendre desceller déclouer décoller dévisser
décrocher
Débrancher détacher couper tirer démonter plier
[couper
Rouler
Empaqueter emballer sangler nouer empiler
rassembler entasser ficeler envelopper protéger
recouvrir entourer serrer
Enlever porter soulever
Balayer
Fermer
Partir

Georges Perec, « Déménager », *Espèces d'espaces* (1974),
© Galilée, Georges Perec, 1974, 2000.

7 Les adjectifs de couleur

► Leçon 28, p. 344

Écrivez correctement les adjectifs de couleur en veillant aux accords.

a. des perroquets (vert) et (jaune citron). b. des ailes (bleu). c. une tache (noir). d. des plages de sable (jaune). e. des nuages (gris cendré). f. des collines (verdoyant). g. des pelages (ébène). h. des eaux (bleu marine). i. des fleurs (rose) et (mauve). j. les rayons (pourpre) du soleil couchant.

8 Dictée préparée

► Leçons 4, p. 286 ; 33, p. 354

Les cafés de Marseille
Sont plus beaux que le port
Les marins s'y asseyent
Dans des carrosses d'or

Ou bien sur leurs épaules
Déchargent les bateaux
Pleins des glaces du pôle
De fruits et de gâteaux

Jean Cocteau, « Marseille le soir », *Poésies (1917-1920)*, dans *Œuvres poétiques complètes*, Bibliothèque de la Pléiade,
© Gallimard.

1. a. *s'y asseyent* (v. 3) : indiquez l'infinitif du verbe. Quelle autre forme pourrait-on employer ?
b. Quelle est la classe grammaticale du mot *y* ? À quel groupe nominal renvoie-t-il ?
2. Quel est le sujet du verbe *déchargent* (v. 6) ?
3. Comment les noms et adjectifs en *-eau* (*beaux*, v. 2 ; *bateaux*, v. 6 ; *gâteaux*, v. 8) font-ils leur pluriel ?
4. *Pleins* (v. 7) : indiquez la classe du mot ; justifiez son accord.
5. DICO *carrosses* (v. 4) : cherchez trois mots de la même famille. Combien ont-ils de *r* ?

Josué Gaboriaud (1883-1955), *Le Vieux port de Marseille, les Barques* (avant 1928), huile sur toile, 92 x 60 cm (musée national d'Art moderne, Centre Georges Pompidou, Paris). ►

9 Les champs lexicaux des sensations

► Leçon 36, p. 358

Nommez et relevez les champs lexicaux dans chaque poème. Appuyez-vous sur les sens sollicités.

Poème 1 : « Léger et subtil »
L'air est embaumé
Musc ambre et fleur de citronnier
Le seul fait d'exister est un véritable bonheur

Poème 2 : « Keepsake[1] »
Le ciel et la mer
Les vagues viennent caresser les racines des cocotiers et des grands tamarins[2] au feuillage métallique.

1. **keepsake :** petit livre comportant de fines gravures.
2. **tamarins :** arbres exotiques à fleurs en grappes.

Poème 3 : « Anse poissonneuse »
L'eau est si transparente et si calme
On aperçoit dans les profondeurs les broussailles [blanches des coraux
Le balancement prismatique des méduses suspen- [dues
Les envols des poissons jaunes roses lilas
Et au pied des algues onduleuses les holothuries[1] [azurées et les oursins verts et violets

1. **holothurie :** petit animal marin.

Blaise Cendrars, poèmes VII à IX extraits de « Îles », *Documentaires* (1947), © Denoël.

10 Le vocabulaire des couleurs

Classez les couleurs selon qu'elles appartiennent aux gammes des blancs (3), noirs (3), rouges et pourpres (6), roses orangés (2), verts (3), jaunes (2), bruns (3), bleus (3), gris (2).

Ivoire, vermillon, saphir, mordoré, crème, saumon, nacre, noisette, ébène, jade, rubis, aigue-marine, coquelicot, émeraude, anthracite, olive, paille, prune, ardoise, aubergine, jais, charbon, corail, citron, grenat, caramel, turquoise.

11 Le vocabulaire de la marine

Donnez le sens des expressions et termes suivants.

a. proue. **b.** poupe. **c.** le pont. **d.** bastingages. **e.** voilure. **f.** à pleines voiles. **g.** mât de misaine. **h.** appareiller. **i.** arborer un pavillon. **j.** larguer les amarres. **k.** trois-mâts.

12 Les figures de style

► Leçon 39, p. 364

Identifiez une personnification, une anaphore, deux comparaisons et une métaphore.

Poème 1 : « Îles »
Îles
Îles
Iles où l'on ne prendra jamais terre
Îles où l'on ne descendra jamais
Îles couvertes de végétations
Îles tapies comme des jaguars
Îles muettes
Îles immobiles
Îles inoubliables et sans nom
Je lance mes chaussures par-dessus bord car je [voudrais bien aller jusqu'à vous

Blaise Cendrars, *Feuilles de route* (1947), © Denoël.

Poème 2 : « L'ancienne gare de Cahors »
Ô gare qui as vu tant d'adieux,
Tant de départs et tant de retours [...]
Désormais tu reposes et tu goûtes les saisons

Valery Larbaud, extrait des *Poésies d'A. O. Barnabooth* (1913), © Gallimard.

Poème 3
Le Kremlin était comme un immense gâteau tartare[1]
Croustillé d'or,
Avec les grandes amandes des cathédrales toutes [blanches
Et l'or mielleux des cloches...

1. **tartare :** venant de l'Asie centrale.

Blaise Cendrars, extrait de « Prose du transsibérien et de la petite Jeanne de France » (1913), *Du monde entier*, © Denoël.

La cathédrale de l'Annonciation au Kremlin, à Moscou (Russie).

Expression écrite

1 Décrire un lieu

À la manière de Cendrars, écrivez un poème pour présenter votre ville ou village ou un lieu de vacances (ma ville, mon village, l'Espagne, l'été...) en conservant la structure du poème. Vous pouvez terminer par : *Tel est mon village / mon pays.*

Lagunes églises palmiers maisons cubiques
Grandes barques avec deux voiles rectangulaires
renversées qui ressemblent aux jambes immenses
[d'un pantalon que le vent gonfle
Petites barquettes à aileron de requin qui bondis-
[sent entre les lames de fond
Grands nuages perpendiculaires renflés colorés
[comme des poteries
Jaunes et bleues

Blaise Cendrars, « Bahia »,
Feuilles de route (1947), © Denoël.

Consignes d'écriture

- *Énumérez une série de noms ou GN sans articles, reprenez les termes en vert :* avec, qui, à / au / aux, à qui, comme (*ou* qui ressemble à).
- *Utilisez des expansions du nom (adjectifs :* poteries jaunes et bleues *; complément du nom / proposition subordonnée relative :* Petites barquettes à aileron de requin qui bondissent entre les lames de fond*).*

2 Écrire une carte postale

Vous écrivez une carte postale en vers de votre lieu de vacances. Vous livrez quelques instantanés (comme une photographie prise sur le vif) de ce que vous voyez et de ce que vous vivez.

Consignes d'écriture

- *Écrivez au moins deux strophes en utilisant des mètres courts à la façon de Cocteau (*► p. 267*) :* À Palma de Majorque / Tout le monde est heureux / On...
- *Titrez le poème en précisant le lieu :* Un bonjour de... *(ou autre).*
- *Utilisez le présent comme temps de référence (autres temps : imparfait, passé composé, futur).*
- *Utilisez les pronoms* je, on *ou* nous*.*
- *Utilisez le vocabulaire des sensations.*
- *Insérez une figure de style (comparaison, métaphore, personnification).*

3 Décrire un spectacle éblouissant

Vous avez assisté à un spectacle naturel éblouissant (lever ou coucher de soleil, nuit étoilée...) à la mer, à la montagne, à la campagne, en ville... Décrivez dans un court poème ce que vous avez vu et ressenti.

Consignes d'écriture

- *Choisissez la forme du poème (vers libres ou réguliers).*
- *Utilisez le vocabulaire des lumières et des couleurs.*

4 Évoquer un retour

Claudel pense que le retour est plus triste qu'un départ (► p. 256, l. 9). Du Bellay pense qu'il est bon de rentrer (*Heureux qui comme Ulysse a fait un beau voyage*). Et vous ? Que ressentez-vous lorsque vous rentrez chez vous après une absence ?

Consignes d'écriture

- *Écrivez un poème en prose à la manière de Claudel ; appuyez-vous sur votre expérience personnelle.*
- *Décrivez les lieux que vous retrouvez. Insistez sur la variété de vos sentiments (joie du retour, nostalgie du lieu quitté, regard neuf sur l'environnement quotidien).*

Le vocabulaire des couleurs et sensations (aide)

- **Couleurs :** rouge (pourpre, carmin, rosé, saumon, corail), vert (mousse, émeraude), jaune (citron, doré, safran, sable, paille), bleu (azur, saphir, outremer), noir (ébène, jais, d'encre), blanc (ivoire, argenté, laiteux), gris (anthracite, plombé), brun (mordoré).
- **Lumière :** éclatante, éblouissante, aveuglante ; scintillement, miroitement, phosphorescence ; translucide, nacré, transparent ; pénombre, clair-obscur, crépuscule, ombre ; lumière voilée, argentée.
- **Sensations tactiles :** chaleur étouffante, accablante, moite, suffocante, lourde torride, d'étuve ; fraîcheur, un froid glacial, rude, mordant, piquant, cuisant.
- **Odeurs :** senteur, arôme, parfum, effluves ; odeur fraîche, légère, grisante, enivrante, vanillée, camphrée ; parfum sucré, musqué, épicé.
- **Bruits :** grondement, fracas, mugissement, craquement, sifflement, bruissement, clapotement.

Expression orale

Réciter un poème

« Îles »

À Palma de Majorque[1]
Tout le monde est heureux
On mange dans la rue
Des sorbets au citron

Des fiacres plus jolis
Que des violoncelles
Vous attendent au port
Pour vous mettre à l'hôtel

Racontez-moi encore
Palma des Baléares[1]
Je ne connais qu'une île
Au milieu de la Marne

Elle est petite en tôle
Comme un tir de la foire[2]
Mon cœur est l'œuf qui danse
Sur le haut du jet d'eau[3]

Monsieur le photographe
Un oiseau va sortir
La noce qui s'embarque
Je reste seul sauvage

Marquises[4] Carolines[5]
Votre nom sur la carte
Grave le mien dans l'arbre
Près de la balançoire

Express et paquebots
Qui bercent nos voyages
Ce sont les bateaux-mouches
Et les trains de plaisir[6]

Jean Cocteau, *Poésies (1917-1920)*, dans *Œuvres poétiques complètes*, Bibliothèque de la Pléiade, © Gallimard.

1. **Palma de Majorque, Palma des Baléares :** les Baléares sont un archipel espagnol en Méditerranée. Palma de Majorque est la capitale.
2. **tir de la foire :** stand de foire qui peut être recouvert de tôle.
3. **Mon cœur… jet d'eau :** allusion à un jeu de foire consistant à tirer sur une cible en équilibre sur un jet d'eau.
4. **Marquises :** archipel de la Polynésie (sud de l'océan Pacifique).
5. **Carolines :** archipel de l'Océanie (ouest du Pacifique).
6. **train de plaisir :** train spécialement mis en circulation pour les promenades du dimanche.

Comprendre le poème

1. Quel est le mètre utilisé ?
2. a. Quels sont les lieux évoqués ? Où sont-ils situés ?
b. Lesquels sont rêvés par le poète ? Lequel appartient à la réalité ?
c. En quoi contrastent-ils ?
3. À quelle scène le poète assiste-t-il (v. 17 à 20) ?
4. Montrez que le poète mêle rêve et réalité (v. 21 à 28).
5. Quel est son état d'esprit (à partir du vers 11) ?

Réciter le poème

6. Mettez en valeur le rythme créé par le mètre court (effet de ritournelle à la manière d'une chanson enfantine).
7. Prononcez *vi / oloncelles* (v. 6) et *mili / eu* (v. 12) pour respecter le mètre (c'est une diérèse ▶ Leçon 38, p. 362).
8. Adoptez un ton léger, gai dans les vers 1 à 10. Nuancez ensuite.

Bateaux (Salvador de Bahia, Brésil). ▲

DVD

Le poète Valery Larbaud (1881-1957), disposant d'une fortune personnelle, voyage à bord de paquebots de luxe…

THALASSA[1]

Couché sur le divan au fond de la cabine
(Bercé comme une poupée aux bras d'une fillette folle
Par le tangage et le roulis – gros temps),
J'ai sur l'âme un cercle lumineux : le hublot,
Comme une vitrine de boutique où l'on vendrait la mer ;
Et, à demi sommeillant, je rêve
De construire, dans une forme inusitée encore, un poème
À la gloire de la mer. […]

Bruits du navire : voix dans un corridor,
Craquements des boiseries, grincements des lampes oscillantes,
Rythme des machines, leur odeur fade par bouffées,
Cris mangés de vent, qui brouillent la musique
D'une mandoline égrenant : « Sobre las olas del mar… »[2]
Et le bruit coutumier qui finit par être silence.

Oh ! sur le pont, là-haut, le vent long et féroce, le vent pirate
Sifflant dans les cordages, et faisant claquer comme un fouet
Le drapeau de bandes et d'étoiles aux trois couleurs…

Valery Larbaud, extrait des *Poésies d'A. O. Barnabooth* (1913), © Gallimard.

1. **Thalassa :** mot grec qui signifie « la mer ».
2. **Sobre las olas del mar :** « sur les vagues de la mer » (paroles en espagnol d'une valse célèbre du compositeur mexicain Juventino Rosas, 1884).

PREMIÈRE PARTIE (1 h 30)

Questions 15 PTS

Méthode pour réussir les questions

- Lisez attentivement le **texte** et le **paratexte** (chapeau, notes).
- Tenez compte des **titres des axes de lecture** : ils constituent des aides précieuses pour répondre aux questions.
- Rédigez des **phrases complètes** pour répondre. Prenez appui sur les termes des questions.
- Introduisez les **citations** par une phrase, mettez-les entre guillemets et précisez le numéro de la ligne.

I. Le voyage 5 PTS

1. Ce poème est-il écrit en vers libres ou réguliers ? Justifiez votre réponse. (1 PT)

2. a. Où le poète se trouve-t-il ? Relevez deux compléments circonstanciels de lieu dans les vers 1 à 7. (1 PT)

b. Quelle périphrase désigne le drapeau des États-Unis ? (0,5 PT)

2. b. Une **périphrase** est une figure de style qui consiste à remplacer un terme par une expression de même sens.

3. Dans quelles conditions météorologiques le voyage se fait-il ?
Relevez et nommez un champ lexical. (1 PT)
4. Vers 15 à 17.
a. Relevez les adjectifs et une comparaison qui caractérisent le vent. (1 PT)
b. Citez les allitérations qui imitent le bruit du vent. (0,5 PT)

II. La vie à bord 5 PTS

5. a. Relevez le champ lexical des bruits à bord du bateau (v. 9 à 14). (1 PT)
b. Par quelle figure de style ces bruits sont-ils mis en valeur dans ces vers ? (0,5 PT)
c. Quelle expression fait appel à un autre sens que l'ouïe ? Lequel ? (1 PT)
6. a. Relevez une allitération et une assonance dans les vers 9 et 10. (0,5 PT)
b. En quoi le rythme des vers 9 à 14 imite-t-il le tangage du navire ? (1 PT)
7. Expliquez le vers 14 à partir des réponses précédentes. (1 PT)

5. c. Les **sens** sont au nombre de cinq : vue, ouïe, odorat, goût, toucher.

III. Voyage et création poétique 5 PTS

8. a. Citez les participes apposés au pronom sujet *je* dans le début du poème. (0,5 PT)
b. Nommez et expliquez la figure de style du vers 2. (1 PT)
9. a. Comment comprenez-vous l'image du vers 4 ? (1 PT)
b. Expliquez la comparaison du vers 5. (1 PT)
10. a. Comment les circonstances favorisent-elles chez le poète le désir d'écrire ? (0,5 PT)
b. Le poète a-t-il selon vous réalisé son désir ? Justifiez votre réponse. (1 PT)

8. a. Un adjectif ou participe est **mis en apposition** à un nom (ou à un pronom) lorsqu'il est séparé de ce nom (ou pronom) par une virgule ou qu'il en est éloigné par sa place dans la phrase.

Réécriture 4 PTS

Réécrivez la première strophe (v. 1 à 8) à l'imparfait de l'indicatif et remplacez le pronom sujet *je* par *elle*.

Dictée 6 PTS

Votre professeur vous dictera un extrait d'un autre poème évoquant un voyage.

DEUXIÈME PARTIE (1 h 30)

Rédaction 15 PTS

Méthode pour réussir la rédaction

- Soulignez les **mots clés** du sujet (sujet 1 : *souvenir de voyage, sensations, sentiments* ; sujet 2 : *que peut apporter le voyage, votre expérience, films*).
- Notez le **type de texte** demandé (imagination ou réflexion).
- Soignez l'**orthographe** et la **ponctuation**.
- Choisissez un **vocabulaire** précis.

Vous traiterez l'un des deux sujets au choix.

1. Sujet d'imagination
Racontez un souvenir de voyage (ou de tout autre déplacement ou sortie...). Introduisez des passages descriptifs, éventuellement dialogués, faites part de vos sensations et sentiments.

2. Sujet de réflexion
Aimez-vous ou aimeriez-vous voyager ? Selon vous, que peut apporter le voyage ? Développez votre réflexion, appuyez-vous sur votre expérience ou sur celle de gens que vous connaissez, sur des films ou des documentaires.

Méthode (sujet 2)
Demandez-vous ce que peut apporter le voyage :
– la nécessité de s'adapter ;
– la découverte d'autres pays ;
– la découverte d'autres cultures...

14

Art et poésie au début du XXe siècle

1881-1973 Pablo Picasso

1882-1963 Georges Braque

1907-1930 Le mouvement cubiste

1890-1970 Man Ray

1891-1976 Max Ernst

1893-1983 Joan Miró

1895-1952 Paul Eluard

1896-1963 Tristan Tzara

1914-1921 Le mouvement dada

1896-1966 André Breton

1898-1967 René Magritte

1924-1966 Le mouvement surréaliste

SOCLE **Compétence 5** – La culture humaniste

- Avoir des connaissances et des repères relevant de la culture artistique : connaître deux mouvements artistiques du XXe siècle et les grands noms de ces mouvements.
- Découvrir les motifs et les techniques du cubisme et du surréalisme.
- Analyser et apprécier des œuvres variées.

• Le cubisme

DVD

1 **Georges Braque** (1882-1963), *Le Viaduc à l'Estaque* (1908), huile sur toile, 72,5 x 59 cm (musée national d'Art moderne, Centre Georges Pompidou, Paris).
L'Estaque est un petit port de pêche près de Marseille, qui accueille de nombreux artistes au début du XXe s.

Du rouge au vert tout le jaune se meurt
Paris Vancouver Hyères Maintenon
[New York et les Antilles
La fenêtre s'ouvre comme une orange
Le beau fruit de la lumière

Guillaume Apollinaire, « Les fenêtres », dans *Calligrammes* (1918), © Gallimard.

2 **Juan Gris** (1887-1927), *La Guitare* (1913), huile sur toile et papiers collés, 61 x 50 cm (musée national d'Art moderne, Centre Georges Pompidou, Paris).
Ce tableau est une nature morte (peinture qui représente des objets, fruits, fleurs... disposés sur une table). J. Gris a collé sur la toile du papier peint imitant le marbre et un tableau découpé.

Analyser et s'exprimer

Document 1

1. a. Décrivez le paysage en distinguant les différents plans. Y a-t-il un effet de perspective ?
b. Caractérisez les formes et les couleurs.
2. Mettez en rapport ce tableau et le texte d'Apollinaire.

Document 2

3. a. Quels objets identifiez-vous ?
b. Retrouvez les matières collées sur la toile.
c. Comment le peintre traite-t-il l'espace, les objets et comment agence-t-il les couleurs ?
4. Aimez-vous le principe du collage ? Pourquoi ?

Document 3

5. Identifiez la bouteille et le verre. Que pensez-vous des matériaux utilisés ?
6. Comment les cubistes transforment-ils les objets du quotidien en œuvres d'art ?

Document 4

7. a. Caractérisez les formes. Y a-t-il impression de volume ?
b. Montrez que le spectateur voit en même temps les musiciens et les partitions qu'ils regardent.
8. Qui joue de la clarinette ? du violon ? Décrivez les costumes.

3 **Henri Laurens** (1885-1954), *Bouteille et verre* (1918), sculpture, bois et tôle de fer polychromes, 62 x 34 x 21 cm (musée national d'Art moderne, Centre Georges Pompidou, Paris).
Un assemblage est une sculpture composée de matériaux détournés de leur usage originel, ici du bois et de la tôle de fer polychromes (de plusieurs couleurs).

4 **Pablo Picasso** (1881-1973), *Trois musiciens* (1921), huile sur toile, 200,7 x 222,9 cm (Museum of Modern Art, New York, États-Unis).
Pierrot, Arlequin et le moine Capucin sont des personnages de la *commedia dell'arte*.

Retenir

- Le **cubisme** (issu du mot *cube*) présente une vision nouvelle du monde : les paysages, corps, objets sont **fragmentés** en **formes géométriques** simples, les objets et visages sont peints sous toutes les faces à la fois, la perspective est gommée, les volumes sont représentés **à plat**.
- Les artistes cubistes utilisent différentes techniques : **peinture, sculpture, collage**.
- **Georges Braque, Pablo Picasso, Juan Gris** et leur ami le poète **Guillaume Apollinaire** sont à l'origine de ce mouvement.

► Fiche HDA oral du brevet, p. 276

• Le surréalisme

DVD

5 **Joan Miró** (1893-1983), *Le Carnaval d'Arlequin* (1924-1925), huile sur toile, 66 x 90,5 cm (Albright Knox Gallery, Buffalo, États-Unis). On retrouve dans ce tableau les formes géométriques du cubisme : sphères, cylindres, cônes, carrés…

André Breton (1896-1966), **Georges Sadoul** (1904-1967) et **Robert Desnos** (1900-1945), *Cadavre exquis* (1929), gouache, 24 x 16 cm (collection particulière). Règles du jeu du cadavre exquis : un participant inscrit sur le haut d'une feuille un mot ou un dessin, la replie pour cacher celui-ci ; un autre fait de même, et ainsi de suite. À la fin, on déplie la feuille pour obtenir l'œuvre du hasard. **6**

« POUR FAIRE UN POÈME DADAÏSTE[1] »

Prenez un journal
Prenez des ciseaux
Choisissez dans le journal un article ayant la longueur que
[vous comptez donner à votre poème.
Découpez l'article.
Découpez ensuite avec soin chacun des mots qui forment cet
[article et mettez-les dans un sac.
Agitez doucement.
Sortez ensuite chaque coupure l'une après l'autre.
Copiez consciencieusement
dans l'ordre où elles ont quitté le sac.
Le poème vous ressemblera.
Et vous voilà un écrivain infiniment original et d'une sensi-
[bilité charmante, encore qu'incomprise du vulgaire.

Tristan Tzara, *Sept manifestes de Dada*, © Pauvert, département de la Librairie Arthème Fayard (1979, 2000).

1. Le mouvement dada rejette toute logique, lui préférant le hasard et la provocation. Il précède le surréalisme.

Analyser et s'exprimer

Document 5

1. Retrouvez : Arlequin, une fenêtre, une échelle, un chapeau, un violon, deux chats.

2. Quels éléments semblent sortis d'un rêve ?

Document 6

3. Que représente ce dessin ? Retrouvez les lignes de pliage.

4. Quel est le rôle du hasard dans la démarche créatrice des surréalistes ? Référez-vous aussi au poème de T. Tzara.

Document 7

5. a. Quelle est la fonction du homard ? Comment expliquez-vous ce choix ?

b. Quelle a été, selon vous, l'intention de l'artiste ?

Document 8

6. a. Quels sont les éléments réalistes ? insolites ?

b. Comment le peintre représente-t-il la foule anonyme ? En quoi l'image repose-t-elle sur une métaphore ?

7. Quelle œuvre préférez-vous ? Justifiez.

7 **Salvador Dalí** (1904-1989), *Homard-téléphone* (1936) (collection privée).
Le corps de l'appareil est en bakélite ; le homard est un moulage en plâtre peint.

Écrire

8. Écrivez un cadavre exquis à quatre (un nom + un adjectif + un verbe + un complément).

8 **René Magritte** (1898-1967), *Golconda* (1953), huile sur toile, 81 x 100 cm (Menil Collection, Houston, États-Unis).
Les hommes vêtus de noir et coiffés d'un chapeau melon se retrouvent souvent dans l'œuvre de Magritte. Et il se représentait lui-même ainsi.

Retenir

- Le **surréalisme** est un mouvement artistique fondé par le poète **André Breton**, en 1924. Il fait suite au dadaïsme créé par Tristan Tzara et caractérisé par la volonté de **détruire toutes les règles**.
- Les artistes surréalistes se libèrent des contraintes imposées par le **goût** et la **raison**. Leur démarche créatrice repose sur le rôle du **hasard** (jeu du cadavre exquis, par exemple) et sur la place accordée au **rêve**, à l'**imaginaire** et à l'**inconscient** (écriture automatique consistant à écrire spontanément tout ce qui se présente à l'esprit).

► Fiche HDA oral du brevet, p. 276

• La femme inspiratrice

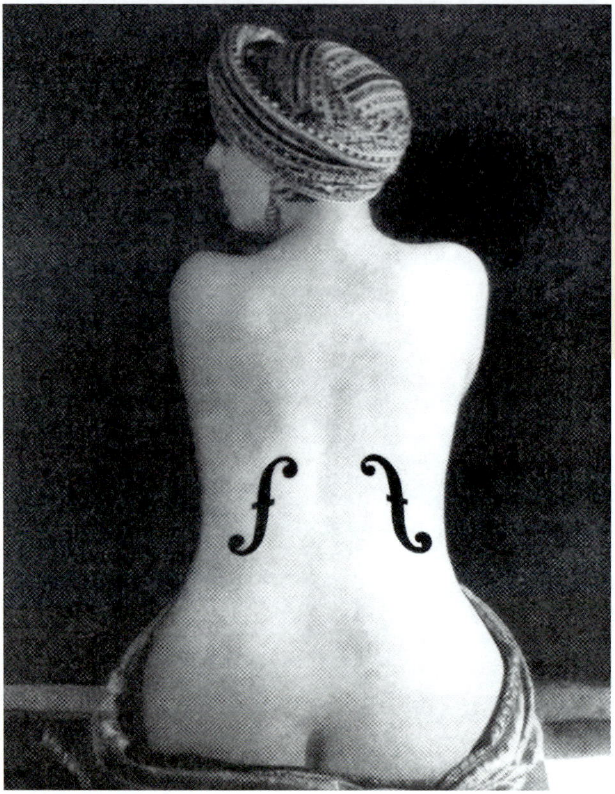

Man Ray (1890-1976), *Le Violon d'Ingres* (1924), photographie.
Cette photographie a été rehaussée de crayon et d'encre de Chine pour réaliser les ouïes du violon. Alice Prin, dite « Kiki de Montparnasse », fut la compagne et le modèle préféré de Man Ray.

La courbe de tes yeux[1] fait le tour de mon cœur,
Un rond de danse et de douceur,
Auréole du temps, berceau nocturne et sûr,
Et si je ne sais plus tout ce que j'ai vécu
C'est que tes yeux ne m'ont pas toujours vu.

Paul Eluard, *Capitale de la douleur* (1926), © Gallimard.

1. Ce poème fut écrit pour Gala, la première épouse d'Eluard.

Pablo Picasso (1881-1973), *Portrait de Dora Maar* (1937), huile sur toile, 92 x 65 cm (musée Picasso, Paris).
Dora Maar, artiste photographe, fut la compagne de Picasso de 1935 à 1945.

Retenir

- **Muse** éternelle, la femme aimée demeure l'**inspiratrice** privilégiée des artistes. **Picasso** réalise de nombreux portraits de femmes dont il peint la **beauté** et la **présence** en multipliant les angles de vue du visage et en simplifiant les volumes.
- Les surréalistes célèbrent la femme, à qui ils donnent une **dimension cosmique** : la femme est source de **vie**, de **réconfort** et d'**harmonie** ; elle réconcilie l'homme avec l'**univers**.

► Fiche HDA oral du brevet, p. 276

11 **Max Ernst** (1891-1976), *Le Jardin de la France* (1962), huile sur toile, 114 x 168 cm (musée national d'Art moderne, Centre Georges Pompidou, Paris).
Le peintre allemand, installé en Touraine avec sa femme, exprime son amour pour cette région de France. Il s'est inspiré d'une *Naissance de Vénus* de Cabanel, peintre du XIXe siècle.

Tu[1] te lèves l'eau se déplie
Tu te couches l'eau s'épanouit

Tu es l'eau détournée de ses abîmes
Tu es la terre qui prend racine
Et sur laquelle tout s'établit

[…] Femme tu mets au monde un corps toujours pareil
Le tien

Tu es la ressemblance.

Paul Eluard, *Facile* (1935), © Gallimard.

1. Poème dédié à Nush, qu'Eluard épouse en 1934.

Analyser et s'exprimer

Documents 9 et 11

1. a. À quoi Max Ernst et Man Ray associent-ils chacun le corps féminin ?
b. Quels fleuves Max Ernst a-t-il représentés ? Comment joue-t-il sur l'expression « le lit d'un fleuve » ?
c. En quoi le poème d'Eluard « Tu te lèves » illustre-t-il bien le tableau de Max Ernst ?
2. De quelle façon Man Ray réussit-il à modifier la réalité – à créer une surréalité – tout en faisant une photographie ?
3. Que signifie l'expression « avoir un violon d'Ingres » ? Montrez que Man Ray exprime ici son amour fou pour sa muse Kiki.
4. En quoi le poème d'Eluard « La courbe de tes yeux » peut-il illustrer les deux œuvres ? Appuyez-vous sur le vocabulaire de la rondeur et de la nature.

Document 10

5. Décrivez le portrait de Dora Maar : position du personnage, cadrage ► Fiche HDA oral du brevet, p. 276, couleurs.
6. Quels éléments du cubisme retrouve-t-on dans ce tableau ? En quoi, cependant, le peintre s'en écarte-t-il ?
7. Comment Picasso met-il en valeur la beauté de Dora Maar ?

Écrire

8. À laquelle de ces œuvres êtes-vous le plus sensible ? Justifiez votre choix. Incluez les poèmes.

B2i **9.** Choisissez sur Internet un portrait de femme de Picasso. Proposez votre analyse, exprimez vos impressions, puis cherchez quelques vers d'Eluard à lui associer.

Présenter l'épreuve orale d'Histoire des Arts au brevet

Méthode Compétences évaluées

• Vous allez passer l'**épreuve orale** d'Histoire des Arts devant un jury composé de deux professeurs.

• Vous devrez faire un **exposé** sur un sujet que vous aurez préparé pendant l'année, puis répondre aux questions du jury au cours d'un entretien.
La **durée** de l'épreuve est de **15 minutes**.

• À cette occasion, vous serez évalué sur une série de **compétences**.

• Vous devrez être **capable** :
- de situer une œuvre d'art dans son contexte historique, social ou artistique ;
- d'analyser l'œuvre (description, techniques utilisées) et de donner sa signification ;
- d'effectuer des rapprochements entre différentes œuvres ;
- de formuler un commentaire personnel, d'exprimer votre ressenti sur l'œuvre ;
- de construire un exposé cohérent et clair en utilisant un vocabulaire adapté.

Méthode Modalités de l'épreuve

• Chaque collège élabore les **modalités** de passage de l'épreuve. Vous devez **strictement** vous y conformer. Cependant, voici un plan qui pourra vous être utile pour le déroulé de l'épreuve.

• Introduction

• Saluez le jury avec le sourire.

• Présentez l'œuvre que vous allez étudier : indiquez son titre, son auteur, la nature de cette œuvre et sa date de création.

• Annoncez votre plan.
Ex : Dans une première partie, je m'attacherai à situer l'œuvre dans son contexte et dans la carrière de l'artiste ; dans une seconde partie, j'analyserai l'œuvre et je tenterai d'en dégager la signification. Je terminerai mon exposé par des commentaires plus personnels.

• Première partie

• Indiquez :
- le contexte historique de la création de l'œuvre (surtout si elle est en relation avec l'Histoire) et le contexte privé (place de l'œuvre dans la carrière de l'artiste, œuvre qui marque un tournant...) ;
- le mouvement artistique auquel elle appartient.

• Deuxième partie

• Décrivez l'œuvre : figurative ou abstraite, matériaux, support, dimensions ; que voit-on (personnages, décor, objets...) ?

• Analysez les techniques utilisées en montrant qu'elles contribuent au sens :
- composition, structure, lignes et formes dominantes ;
- pour une image : cadrage, point de vue, couleurs, lumière, trait du dessin ;
- dégagez toujours les **effets produits**.

• Précisez l'intention de l'artiste et la portée de l'œuvre :
- quelles visions du monde l'artiste veut-il offrir ?
- quels effets cherche-t-il à produire sur le spectateur ? Dans quelle intention ?

• Conclusion

• Rappelez en une phrase le sens et la portée de l'œuvre.

• Exprimez votre « ressenti », votre **impression personnelle**.

Analyser une image

Méthode

• Pour analyser une image, il convient d'étudier :
– la **composition** : lignes qui structurent l'espace (diagonales, verticales, horizontales, circulaires) et guident la direction du regard ;
– les **plans** : ils organisent les éléments dans l'espace (premier plan, second plan, arrière-plan). Ils créent des effets de profondeur et de perspective ;
– la **perspective** : elle donne l'illusion de la troisième dimension en faisant converger les lignes vers un point de fuite ;
– l'**angle de vue** : désigne l'endroit d'où est vue la scène. On distingue la vue de **face** (même niveau que le sujet regardé : impression de réalité), en **plongée** (vue d'en haut : le spectateur domine la scène), en **contre-plongée** (vue d'en bas : le spectateur est dominé, écrasé) ;
– le **cadrage** (ou échelle des plans) : on distingue **1** le plan général (vue d'ensemble d'un lieu), **2** le plan moyen (personnage en entier), **3** le plan américain (personnage jusqu'à mi-cuisses), **4** le plan rapproché (buste), **5** le gros plan (visage), **6** le très gros plan (détail) ;
– les **couleurs** : les couleurs chaudes (jaune, orangé, rouge) et les couleurs froides (bleu, vert) ; les couleurs dominantes ;
– la **lumière** (met en valeur un élément) et les effets de **clair-obscur** (de contraste) ;
– les **formes** (carré, cercle, triangle) et les **lignes** (horizontales, verticales, droites, obliques, courbes, brisées) qui prennent sens en fonction du contexte.

1

2

3

4

5

6

Leçon Identifier la nature de l'œuvre

• Voici un petit lexique des **arts**.

• **Arts du visuel**
– **Affiche publicitaire :** feuille imprimée, associant le plus souvent dessin ou photographie et texte, destinée à vanter un produit ou à inciter à adhérer à une cause ► p. 376.
– **Architecture :** construction d'édifices (maison, musée, château, temple, théâtre...) et agencement de l'espace (jardin, gare...) ► p. 147.
– **Bande dessinée :** histoire racontée en images (vignettes) ; les dialogues sont généralement inscrits dans des bulles ► p. 43, 94.
– **Cinéma :** projection d'images animées ► p. 106 à 113, 118, 146.
– **Design :** conception d'un objet, d'un espace destinés à améliorer la qualité de vie ► p. 142 à 147.

– **Dessin :** art de représenter sur différents supports (papier, toile, mur...) des objets, des personnages, des formes, par des contours tracés avec des instruments divers (crayon, feutre, encre de Chine) ► p. 72, 125, 152.
– **Gravure :** procédé de reproduction. Le dessin est gravé dans le bois, le cuivre ou la pierre (lithographie) à l'aide d'un instrument pointu ; le support est ensuite enduit d'encre qui s'imprime sur la feuille ► p. 329.
– **Illustration :** image destinée à accompagner un texte dans un livre.
– **Mosaïque :** assemblage de petites pièces de pierre, de marbre, de terre cuite, retenues par un ciment, et dont la combinaison forme un dessin.
– **Peinture :** couleur posée sur un support plat (mur, bois, toile, papier...) ou en relief (bois sculpté...). Il existe plusieurs types de peinture (l'huile ► p. 53, l'aquarelle ► p. 83, la fresque, la gouache ► p. 272...).
– **Photographie :** image fixée sur une pellicule ou un support numérique ► p. 17, 192, 255.
– **Sculpture :** création de formes dans des matériaux variés (pierre, bois, terre, métal... ► p. 114, 158, 271). Le bas-relief présente une sculpture légèrement en relief sur un fond support ; le haut-relief présente une sculpture qui se détache presque complètement de son fond support ; une ronde-bosse est une sculpture autour de laquelle on peut tourner.

- **Arts du spectacle vivant**

– **Ballet :** spectacle de danse exécuté par plusieurs personnes ► p. 186.
– **Comédie musicale :** spectacle musical et dansé ► p. 188.
– **Opéra :** œuvre dramatique dont le texte est chanté et accompagné d'un orchestre ► p. 190.
– **Théâtre :** art du spectacle dans lequel des acteurs jouent devant un public. Le spectacle peut mêler théâtre, musique et danse, comme dans la comédie-ballet ► p. 156 à 182, 192 à 216.

Leçon

Situer une œuvre dans un mouvement artistique du XXe siècle

- Le **cubisme** (début du XXe siècle) fragmente les figures et les objets, les montre sous toutes les faces à la fois, met à plat les volumes et gomme la perspective (Georges Braque, peintre français, 1882-1963 ; Pablo Picasso, peintre, dessinateur et sculpteur espagnol, 1881-1973) ► p. 270-271.

- L'**expressionnisme** (début du XXe siècle) simplifie les lignes et utilise la couleur vive pour exprimer la souffrance et le mal-être personnel (Otto Dix, peintre allemand, 1891-1969 ; Edvard Munch, peintre norvégien, 1863-1944) ► p. 96.

- Le **fauvisme** (début du XXe siècle), dans la lignée de l'expressionnisme, utilise des couleurs éclatantes mais qui expriment la chaleur et la joie (Henri Matisse, peintre français, 1869-1954) ► p. 56.

- L'**art abstrait** (début du XXe siècle) est un art non figuratif, qui ne présente pas d'image identifiable (Vassily Kandinsky, peintre d'origine russe, 1866-1944 ; Piet Mondrian, peintre néerlandais, 1872-1944) ► p. 115.

- Le **surréalisme** (milieu du XXe siècle) fonde la démarche créatrice sur le rêve et l'imaginaire, le hasard, l'inconscient (Max Ernst, peintre allemand, 1891-1976 ; Joan Miró, peintre et sculpteur espagnol, 1893-1983 ; René Magritte, peintre belge, 1898-1967 ; Salvador Dalí, peintre et écrivain espagnol, 1904-1989) ► p. 272-273.

- Le **Pop Art** (seconde moitié du XXe siècle) travaille à partir des objets du monde moderne (voiture, bande dessinée, boîte de conserve, photographies de magazines (Andy Warhol, peintre américain, 1929-1987).

Grammaire, conjugaison, orthographe, vocabulaire

Grammaire

Conjugaison, valeurs des temps

Orthographe

Vocabulaire

1 Les classes et fonctions grammaticales

RÉVISIONS

Rappels

1 Les classes grammaticales

Les mots variables	Formes	Exemples
Le nom : nomme un être, une chose, une idée • Le nom commun • Le nom propre		 – *livre, artiste, beauté* – *Julie, Sénégal, Paris*
Le déterminant ► Leçon 2, p. 282 • L'article : – défini / défini contracté – indéfini – partitif • Le déterminant démonstratif • Le déterminant possessif • Le déterminant indéfini • Le déterminant interrogatif • Le déterminant exclamatif • Le déterminant numéral cardinal	 – *le, la, les, l' / du, des, au, aux* – *un, une, des* – *du, de la, de l', des* – *ce, cet, cette, ces, ce…-ci, ce…-là* – *mon, ton, son, ma, ta, sa, notre, votre, leur, mes, tes, ses, nos, vos, leurs* – *tout, chaque, certain, aucun, autre, plusieurs, quelque…* – *quel(s) ? quelle(s) ?* – *quel(s) ! quelle(s) !* – *un, deux, cent…*	 – ***le** pays, **les** amis, / les feuilles **des** arbres* – ***un** livre, **des** fourmis* – ***du** riz, **des** pâtes* – ***ce** film, **ces** oiseaux* – ***mon** stylo, **tes** CD* – ***tout** homme, **quelques** femmes* – ***Quel** est le chemin ?* – ***Quel** humour !* – *Il a **deux** chats.*
L'adjectif qualificatif ► Leçon 3, p. 284 • caractérise le nom • précise une catégorie		 – *une jupe **blanche*** – *un bulletin **scolaire**, de l'eau **gazeuse***
Le pronom ► Leçon 4, p. 286 • Le pronom personnel • Le pronom démonstratif • Le pronom possessif • Le pronom indéfini • Le pronom relatif • Le pronom interrogatif	 – *je, me, moi, tu, te, toi, il, elle, on, se, soi, le, la, lui, nous, vous, ils, elles, les, leur, eux, en, y* – *ce, ceci, cela, celui-ci, celle(s)-ci, ceux-ci, celui-là, ceux-là…* – *le mien, le tien, le sien, la mienne, la tienne, la sienne, les nôtres, les vôtres, les leurs…* – *on, tout, tous, chacun, personne, rien, aucun, quelque chose…* – *qui, que, quoi, dont, où, lequel, lesquel(le)s…* – *qui ? que ? lequel ? laquelle ? lesquel(le)s ?…*	 – ***Nous** travaillons pendant qu'**ils** s'amusent.* – *Je préfère **celui-ci** à **celui-là**. **Ce** fut un beau jour.* – *Ton sweat est bleu. **Le mien** est noir.* – ***On** ne voit **personne** ici.* – *Le film **que** j'ai vu hier m'a plu.* – ***Qui** chante ces chansons ? **Laquelle** préfères-tu des deux ?*
Le verbe exprime une **action** ou un **état** ► Leçon 7, p. 294 **Le verbe d'action** peut être : • transitif direct (suivi d'un COD) • transitif indirect (suivi d'un COI) • intransitif (sans COD ni COI)	**verbes d'état :** *être, paraître, sembler, devenir, demeurer, rester, avoir l'air…*	– *Elle **semble** gaie malgré ses soucis.* – *J'**écris** une lettre.* – *Elle **parle** à sa sœur.* – *Il **court** dans la rue.*

Les mots invariables	Formes	Exemples
L'adverbe	*vite, ici, demain, très, peu…*	*Il est arrivé* ***trop*** *tard.*
La préposition	*à, de, dans, par, pour, sur, sous, avec, chez…*	*Tom entre* ***dans*** *la classe.*
La conjonction de subordination ▶ Leçon 5, p. 290	*quand, parce que, pour que, si bien que, bien que, comme…*	*Léa sort* ***parce qu'****elle a fini son travail.*
La conjonction de coordination ▶ Leçon 5, p. 290	*et, ou, ni, mais, or, car, donc*	*Elle courut vite* ***mais*** *rata son bus.*
L'interjection	*hélas ! hein ! bon ! oh !…*	*Je ne pouvais rien pour lui,* ***hélas !***

2 Les fonctions

Les fonctions	Exemples
Les fonctions par rapport au verbe	
• Le sujet ▶ Leçon 9, p. 300	– ***L'enfant*** *dort. Dans le ciel chante* ***un oiseau.***
• L'attribut du sujet ou du COD ▶ Leçon 9, p. 300	– *Samia semble* ***rêveuse.*** – *J'ai trouvé ce musée* ***très intéressant.***
• Les compléments essentiels d'objet ▶ Leçon 10, p. 302 :	
– le complément d'objet direct	– *Lisa ouvre* ***son livre.***
– le complément d'objet indirect	– *Te souviens-tu* ***de notre voyage*** *?*
– le complément d'objet second	– *J'ai envoyé un message* ***à Pierre.***
• Les compléments essentiels de lieu ou temps ▶ Leçon 10, p. 302	– *Mon amie habite* ***à Lyon.*** *L'examen dura* ***trois heures.***
• Le complément d'agent ▶ Leçon 23, p. 332	– *Le motard fut surpris* ***par la tempête de neige.***
Les fonctions par rapport au nom et à l'adjectif	
• Les expansions du nom ▶ Leçon 8, p. 298 :	
– l'adjectif épithète	– *Mon voisin a une* ***petite*** *voiture* ***rouge.***
– l'adjectif, le nom ou le groupe nominal mis en apposition	– *Sa voiture,* ***une décapotable blanche,*** *est garée dans cette rue.*
– le nom ou le groupe nominal complément du nom	– *As-tu fermé la porte* ***du garage*** *?*
– la proposition subordonnée relative	– *J'ai entendu une voiture* ***qui roulait dans le parc.***
• Le complément de l'adjectif (nom, pronom ou infinitif)	– *Ma voiture est prête* ***à démarrer.***
Les fonctions par rapport à la phrase	
• Les compléments circonstanciels de temps, de lieu, de manière, de cause, de but, de condition, d'opposition, de concession ▶ Leçons 11 et 12, p. 304 à 307	– ***Dans le ciel étoilé,*** *on voyait* ***de temps en temps*** *passer un avion.*

2 Les déterminants

RÉVISIONS

Rappels

• Le déterminant est **placé devant le nom** dont il indique le **genre** et le **nombre**. Il donne des **précisions** sur le nom (genre, nombre, possesseur ; identifiable, indéfini...).

Déterminants	Caractéristiques	Exemples
Article défini : *le, la, les, l'*	– renvoie à un élément déjà identifié – a une valeur généralisante	– ***La*** *mer est calme ce matin.* – ***La*** *mer est en perpétuel mouvement.*
Article défini contracté : *du* (= *de le*), *des* (= *de les*), *au* (= *à le*), *aux* (= *à les*)	– se combine avec les prépositions *à* ou *de*.	– *Je regarde le coucher* ***du*** *soleil et le vol* ***des*** *mouettes.*
Article indéfini : *un, une, des* (*de* ou *d'* dans les tournures négatives ou devant un adjectif)	renvoie à un élément qui n'a pas encore été identifié	***Des*** *mouettes cherchent de la nourriture. Je vois* ***de*** *beaux bateaux.*
Article partitif : *du, de la, de l', des* (*de* ou *d'* dans les tournures négatives)	désigne une certaine quantité d'un ensemble ou d'une matière	*Ce matin, il y a* ***du*** *vent et* ***de la*** *houle mais pas* ***de*** *soleil.*
Déterminant démonstratif : *ce, cet, cette, ces ; ce ...-là, cet ...-ci*, etc.	rappelle un élément déjà mentionné ou désigne l'être ou la chose dont on parle	– *Je contemple* ***cette*** *immense étendue d'eau.* – ***Ce*** *jour-****là****, la mer était calme.*
Déterminant possessif : *mon, ton, son ; ma, ta, sa ; mes, tes, ses ; notre, votre, leur ; nos, vos, leurs*	– indique un rapport de possession – peut avoir une valeur affective	– ***Ma*** *maison est face à la mer.* – *Je vais pêcher sur* ***mon*** *rocher.*
Déterminant indéfini : *aucun, chaque, peu de, nul, plusieurs, beaucoup de, tel, même, tout...*	– indique une quantité (nulle, faible, importante), une ressemblance, une totalité... – peut se combiner avec un article défini	– ***Nul*** *bruit de* ***toute*** *la nuit, sauf* ***quelques*** *cris de mouettes.* – ***Tous les*** *oiseaux se sont envolés.*
Déterminant interrogatif ou exclamatif : *quel(s), quelle(s)*	s'utilise quand la question ou l'exclamation porte sur un nom	– ***Quels*** *poissons as-tu pris ?* – ***Quel*** *beau bateau !*
Déterminant numéral cardinal : *un, deux, cent...*	– précise le nombre – peut se combiner avec un article défini	– ***Deux*** *bateaux quittent le port.* – *Vois-tu* ***les deux*** *bateaux là-bas ?*

• **Attention !** Ne pas confondre le **déterminant indéfini** et l'**adjectif qualificatif** ► Leçon 3, p. 284.
Ex : *J'ai vu dans la mer* ***différents*** *poissons.* → déterminant.
J'ai vu des poissons ***différents****.* → adjectif.

• **Attention !** Ne pas confondre l'**article défini** (*le, la, les, l'*) ou le **déterminant possessif** (*leur*) avec le **pronom personnel** (*le, la, les, l', leur*) ► Leçon 4, p. 286.
Ex : *Tu vois* ***le*** *bateau, là-bas ?* → article défini (devant un nom).
Oui, je ***le*** *vois.* → pronom personnel (devant un verbe).

• Le déterminant est parfois absent dans les **énumérations** (***mouettes****,* ***martins-pêcheurs****,* ***pélicans*** *volaient autour du bateau*) les **proverbes** (***pierre*** *qui roule n'amasse pas mousse*), les **titres de presse** (*Tempête en mer*).

Je m'évalue

1 **1.** **Identifiez les déterminants en rose.**
2. **Justifiez l'absence de déterminant au début de la phrase c.**

a. Sauf quelques exceptions, les oiseaux marins ont un plumage blanc, gris ou noir. **b.** L'imperméabilité des plumes de ces oiseaux est exceptionnelle. **c.** Goélands, mouettes, sternes construisent leurs nids dans de petits creux parmi les rochers. **d.** Chaque nid reçoit en général trois œufs. **e.** Les poussins sont nourris avec du poisson et des crevettes. **f.** Quel est donc ce bel oiseau ? Quel beau plumage !

2 **Distinguez les classes du mot *du* et du mot *des* : article partitif, indéfini ou défini contracté.**

a. Veux-tu du beurre sur ton pain ? **b.** Goûte les fraises du jardin. **c.** Des oiseaux ont mangé presque toutes les cerises. **d.** Je vais faire des crêpes pour le goûter des enfants. **e.** Il me faut du temps pour tout préparer.

3 **1.** **Complétez avec le déterminant indéfini qui convient, donné au masculin : *quelque*, *même*, *plusieurs*, *tout*, *aucun*, *beaucoup de*, *autre*, *chaque*, *un*. Faites les accords nécessaires.**
2. **Lesquels parmi ces déterminants indéfinis se combinent avec un autre déterminant ?**

a. Tom n'a pêché ...... poisson ce matin. **b.** Voulez-vous un ...... modèle de chaussures ? **c.** Il faisait ...... les nuits les ...... rêves. **d.** Il faudra attendre ...... minutes. **e.** ...... après-midi, nous pratiquons un sport différent. **f.** Ce n'est pas ......, mais ...... chiens qui aboient ! **g.** Elle a perdu ...... temps.

4 **Montrez que les expressions suivantes changent de sens selon qu'elles comportent ou non un déterminant.**

a. Tenir la tête. / Tenir tête. **b.** Prendre une part. / Prendre part. **c.** Prendre place. / Prendre la place. **d.** Donner raison. / Donner la raison.

5 DICO **Faites précéder chaque nom du déterminant démonstratif qui convient (*ce*, *cet*, *cette*).**

a. incendie. **b.** héros. **c.** ananas. **d.** hémisphère. **e.** ustensile. **f.** obélisque. **g.** hôtel. **h.** épidémie. **i.** oasis.

6 **Trouvez des questions correspondant à ces réponses en utilisant le déterminant interrogatif *quel(le)(s)*.**

Ex : *Il a quatorze ans.* → ***Quel** âge a-t-il ?*

a. Ces enfants sont guinéens. **b.** Leurs vêtements sont blancs. **c.** La fête aura lieu ce soir. **d.** Nous habitons à Londres. **e.** Mes sports préférés sont le basket et le skate.

7 **Distinguez les adjectifs qualificatifs et les déterminants indéfinis.**

a. Ce coureur rencontre certaines difficultés. Il a pourtant des qualités certaines. **b.** Ses chances de gagner sont nulles : en effet, nul athlète de son âge n'a jamais gagné. **c.** On nous propose des activités sportives diverses. Nous l'avons appris par diverses personnes.

Grammaire pour lire

8 **1.** **Relevez les déterminants de l'extrait.**
2. **Identifiez-les et indiquez le nom qu'ils déterminent.**

> Dans la chambre très claire, bleue et blanche, de ma tante, il y a sur la coiffeuse toutes sortes de flacons. Ils contiennent des parfums, de l'eau de Cologne. En voici un vide, qu'elle va jeter dans la corbeille, mais je la retiens... « S'il te plaît, ne le jette pas, donne-le-moi.... »
>
> Nous voici, le flacon et moi, seuls dans ma chambre. Je le tourne avec précaution en tous sens pour mieux voir ses lignes arrondies, ses surfaces lisses, son bouchon ovale taillé à facettes...
>
> **Nathalie Sarraute**, *Enfance* (1983), © Gallimard.

Grammaire pour écrire

SOCLE **Compétence 1** – Rédiger un texte bref à partir de consignes données.

9 **Décrivez votre chambre en quelques phrases. Utilisez au moins un article défini, un article défini contracté, un article indéfini, un déterminant possessif, un déterminant indéfini, un déterminant exclamatif, un déterminant numéral. Vous les écrirez en couleur.**

3 L'adjectif qualificatif

RÉVISIONS

Rappels

1 Définition

- L'adjectif qualificatif **caractérise** un élément (être ou chose). Il **s'accorde en genre** et **en nombre** avec le nom ou le pronom qu'il qualifie (*de **beaux** décors, de **jolies** robes*).
- Le **participe**, **présent** ou **passé**, peut s'employer comme adjectif (*le soleil **couchant**, un enfant **choyé***).
- Le **groupe adjectival** est formé de l'**adjectif qualificatif** (parfois précédé d'**adverbes** comme *très, peu...*) et de ses **compléments** (groupe nominal, groupe pronominal, infinitif introduits par une préposition, proposition subordonnée conjonctive).

Ex : *Je suis très **fière** de toi. Lisa est **jolie** à croquer. Je suis **contente** qu'il vienne.*

2 Les fonctions de l'adjectif ou du participe adjectif

Fonctions	Définitions	Exemples
Épithète du nom	– Adjectif directement lié au nom qu'il qualifie – Certains changent de sens selon leur place	– *Une **vieille** femme attendait.* – *C'est un **grand** homme* (= célèbre) / *C'est un homme **grand*** (= de grande taille).
Apposition (ou épithète détachée)	Adjectif détaché du nom ou du pronom qu'il qualifie par une virgule	***Radieuse**, Emma sourit. Elle sourit, **radieuse**.*
Attribut du sujet ► Leçon 9, p. 300	Adjectif séparé du sujet qu'il qualifie par l'intermédiaire d'un verbe attributif	*La route nous semble **longue**.*
Attribut du COD ► Leçon 9, p. 300	Adjectif qualifiant le COD par l'intermédiaire d'un verbe	*Je trouve ce voyage **merveilleux**.* (*voyage* : COD ; *merveilleux* : attribut du COD)

3 Les degrés d'intensité

- À l'aide d'un **adverbe**, on peut attribuer à l'adjectif **trois degrés d'intensité** :
  - un degré d'**intensité faible** (*un gâteau peu, légèrement **sucré***) ;
  - un degré d'**intensité moyenne** (*un gâteau assez, plutôt **sucré***) ;
  - un degré d'**intensité forte** (*un gâteau très, trop, extrêmement **sucré***).
- Le suffixe *-issime* ajouté à un adjectif marque un degré d'intensité forte (*rar**issime***).

4 Les degrés de comparaison

- Le **comparatif** permet de comparer des éléments entre eux. Le complément de l'adjectif au comparatif est introduit par la conjonction *que*. On distingue :
  - le **comparatif d'infériorité** (*Paul est **moins timide** que Thomas*) ;
  - le **comparatif d'égalité** (*Jennifer est **aussi grande** que Kahina*) ;
  - le **comparatif de supériorité** (*Kevin est **plus âgé** que Sofiane*).
- Le **superlatif relatif de supériorité** et le **superlatif relatif d'infériorité** expriment le plus haut et le plus bas degré d'une qualité dans un ensemble. Le complément de l'adjectif au superlatif est introduit par la préposition *de*.

Ex : *La **plus belle** ville de la côte. Le sommet **le moins élevé** de tous.*

- **Remarque :** les comparatifs de *bon* et *mauvais* sont *meilleur* et *pire* ; les superlatifs sont *le meilleur* et *le pire*.

Je m'évalue

1 **1.** Distinguez les adjectifs et les participes adjectifs.
2. Indiquez leur fonction en précisant le nom ou le pronom qu'ils qualifient.
3. Relevez un complément de l'adjectif.

a. Nous marchions, épuisés, brisés de fatigue. **b.** Un chaud soleil d'été commençait à taper. **c.** Nous trouvions ce trajet bien pénible. **d.** Le matin était encore frais et lumineux.

2 **1.** Identifiez les adjectifs.
2. Relevez leurs compléments et indiquez leur classe grammaticale.

a. Célia n'est pas prête à partir. **b.** Serais-tu amoureux d'elle ? **c.** Je suis heureuse que tu aies fait ce voyage. **d.** Nous sommes stupéfaits de ta présence d'esprit.

3 **1.** Identifiez les adjectifs.
2. Précisez leur degré d'intensité (faible, moyenne, forte) et leur fonction.

a. Laura semble fort malade ce matin. **b.** J'ai un voisin plutôt sympathique. **c.** J'ai arrêté de lire ce livre très peu intéressant. **d.** Le plafond de la salle est très haut mais celui de la cuisine a l'air assez bas. **e.** Louna nous regarda avec surprise, vivement émue.

4 **1.** Identifiez les adjectifs.
2. Précisez leur degré d'intensité (faible, moyenne, forte) et leur fonction.

a. La mer est totalement démontée ce soir ! **b.** La route me paraît assez simple à trouver. **c.** J'ai bu un jus de fruit peu sucré. **d.** L'homme avait l'air très nerveux : il avait des mouvements trop brusques et un regard un peu fuyant. **e.** Légèrement penché en avant, il nous fixait.

5 Complétez à l'aide d'un comparatif ou d'un superlatif d'infériorité ou de supériorité.

a. C'était l'orage ...... violent de cet été. **b.** François est ...... discret que son ami. **c.** J'ai acheté ...... jolie jupe du rayon. **d.** J'ai trouvé le roman ...... émouvant que le film.

6 **1.** Complétez avec les adjectifs suivants, indiqués au masculin, et accordez-les si nécessaire : *résistant, indépendant, attentif, cher, rapide, gai.*
2. Précisez s'ils sont employés au comparatif ou au superlatif et leur degré de comparaison.
3. Indiquez les compléments des adjectifs au comparatif et au superlatif s'il y en a.

a. Cet ordinateur est le moins ...... de la boutique, mais il est aussi ...... que les autres. **b.** Je considère Léa comme la plus ...... de mes amies. **c.** Les chats sont plus ...... que les chiens. **d.** La spectatrice la plus ...... était Julie. **e.** C'est le coureur le plus ...... qui a gagné la course.

Grammaire pour lire

7 **1.** Distinguez les adjectifs et les participes adjectifs du texte (notés en rose).
2. Précisez leur degré d'intensité quand c'est nécessaire.
3. Indiquez leur fonction.
4. Relevez les compléments des adjectifs *construite* (l. 2) et *plein* (l. 3).

La maison de mes parents, une modeste villa construite en pierre du pays, se dressait dans un petit jardin plein de pommiers et de cerisiers et était située dans un quartier connu dans le voisinage comme *die Höhenlage*[1] de Stuttgart. C'est là qu'habitaient les gens aisés et la riche bourgeoisie de la ville, l'une des plus belles et des plus prospères d'Allemagne.

1. quartier chic.

Fred Uhlman, *L'Ami retrouvé* (1971), traduit de l'anglais par L. Lack, © Gallimard.

Grammaire pour écrire

SOCLE **Compétence 1** – Rédiger un texte bref à partir de consignes données.

8 Décrivez le paysage du tableau. Utilisez au moins cinq adjectifs dont deux présenteront un degré d'intensité.

Pierre Auguste Renoir (1841-1919), détail de *Chalands sur la Seine* (vers 1869), huile sur toile (musée d'Orsay, Paris).

4 Les pronoms

RÉVISIONS

Rappels

1 Les classes grammaticales

Pronoms personnels	Formes	Exemples
– désignent les interlocuteurs du dialogue (1re et 2e pers.) – reprennent un mot ou une phrase déjà évoqué (3e pers.) – remplacent des éléments non animés ou des lieux – renvoient au sujet lui-même → Exercices 1, 2, 3 et 9	– *je, me, moi, nous, tu, te, toi, vous* – *il(s), elle(s), on, le, la, les, lui, leur, eux* – *en, y* (pronoms adverbiaux) – *se, soi* (pronoms réfléchis)	– ***Tu*** *peux venir avec* ***moi****.* – *J'ai rencontré Tom :* ***il*** *sortait.* – *Je ne* ***le*** *savais pas.* – *La piscine, j'****y*** *vais tous les soirs.* – *Ils* ***se*** *sont souri.*
Pronoms possessifs	**Formes**	**Exemple**
reprennent un nom ou un GN déjà cité et marquent une relation de possession → Exercices 1, 4 et 9	*le(s) mien(s), le(s) tien(s), le(s) sien(s), le(s) nôtre(s), le(s) vôtre(s), le(s) leur(s), la nôtre, la vôtre, la leur ; la mienne, la tienne, la sienne, les miennes, les tiennes, les siennes*	*Prête-moi ton stylo : j'ai oublié* ***le mien****.*
Pronoms démonstratifs	**Formes**	**Exemple**
reprennent un nom ou un GN déjà cité → Exercices 1, 4 et 9	*ce, ceci, cela, ça ; celui, celle(s), ceux ; celui-ci, celle(s)-ci, ceux-ci ; celui-là, celle(s)-là, ceux-là*	*J'ai perdu mon stylo, j'ai pris* ***celui*** *de mon frère.*
Pronoms indéfinis	**Formes**	**Exemples**
– indiquent une quantité nulle – indiquent une quantité plurielle – indiquent une quantité égale à un – indiquent une totalité – indiquent une indétermination – indiquent une ressemblance – indique une différence → Exercices 1, 5 et 9	– *nul(le), personne, aucun(e), rien* – *peu, plusieurs, certains, beaucoup* – *l'un(e)* – *tout, tous, chacun* – *quelqu'un(e), quelque chose, on, n'importe qui (quoi), quiconque* – *le (la) même, les mêmes, tel* – *l'autre*	– ***Rien*** *n'est joué.* – ***Certains*** *sont mécontents.* – ***L'un*** *de vous ment.* – ***Chacun*** *porte son sac.* – ***On*** *a frappé.* – *Il a un beau vélo. Je veux* ***le même****.* – *Ce melon était sucré.* ***L'autre*** *l'était moins.*
Pronoms relatifs	**Formes**	**Exemples**
– remplacent un nom ou un pronom antécédent – introduisent une proposition relative → Exercices 1, 6, 7, 8 et 9	– Formes simples : *qui, que, quoi, dont, où ; à (de) qui, à (de) quoi* – Formes composées : *lequel, laquelle, lesquel(le)s ; auquel, à laquelle, auxquel(le)s ; duquel, de laquelle, desquel(le)s*	– *Le roman* ***que*** *j'ai lu te plaira.* – *Voici un objet rare* ***auquel*** *je tiens.*

Pronoms interrogatifs	Formes	Exemples
permettent de poser une question (interrogation directe ou proposition interrogative indirecte) ➜ Exercices 1, 6, 7 et 9	– Formes simples : *qui ?, que ?, quoi ?* – Formes renforcées : *qui est-ce qui (que) ?, qu'est-ce qui (que) ?* – Formes composées : *lequel ? laquelle ? lesquel(le)s ? auquel ? à laquelle ?, auxquel(le)s ? duquel, de laquelle ? desquel(le)s) ?* – Dans la subordonnée interrogative indirecte : *ce qui* et *ce que*	– ***Que*** *voulez-vous ?* – ***Qu'est-ce qui*** *vous arrive ?* – ***Lequel*** *de ces romans préfères-tu ?* – *Je me demande* ***ce qui*** *vous arrive.*

2 Les fonctions des pronoms relatifs et interrogatifs

➜ **Exercices 1, 7 et 8**

● Les pronoms relatifs et interrogatifs ont la plupart des **fonctions du nom** :

– **sujet** ;
Ex : *J'ai vu ta voiture* ***qui*** *passait.*
Qui *parle ?*

– **attribut du sujet** ;
Ex : *J'admire la femme* ***que*** *vous êtes.*
Qui *êtes-vous ?*

– **COD** ;
Ex : *Le film* ***que*** *j'ai vu te plaira.*
Que *faites-vous ?*

– **COI** ;
Ex : *Le film* ***dont*** *je te parlais est sorti.*
À ***qui*** *parlez-vous ? De* ***quoi*** *parlez-vous ?*

– **COS** ;
Ex : *L'oiseau* ***auquel*** *tu as donné du pain est un cygne.*
À ***qui*** *écris-tu ce SMS ?*

– **complément du nom** ;
Ex : *Voici des fleurs* ***dont*** *vous ferez un bouquet.*
De ***qui*** *Charles X est-il le frère ?*

– **complément de l'adjectif** ;
Ex : *C'est un travail* ***dont*** *il est fier.*
De ***quoi*** *êtes-vous mécontent ?*

– **complément d'agent** ;
Ex : *Les amis* ***dont*** *j'étais entourée m'ont aidée.*
Par ***qui*** *avez-vous été interrogée ?*

– **complément circonstanciel**.
Ex : *J'ai retrouvé la personne avec* ***laquelle*** *j'ai voyagé l'autre jour.*
Il y a beaucoup de villas par là. Dans ***laquelle*** *habites-tu ?*

● **Remarque :** pour trouver la fonction d'un pronom relatif, on le remplace par son antécédent.
Ex : *Le film* ***que*** *j'ai vu te plaira* = *j'ai vu* ***le film*** ➜ *que* remplace *le film*, donc *que* est COD de *j'ai vu*.
J'ai vu le film ***qui*** *a remporté la Palme d'or au festival de Cannes* = ***le film*** *a remporté la Palme*
➜ *qui* remplace *le film*, donc *qui* est sujet de *a remporté*.

Je m'évalue

1 **1.** **Classez les pronoms en rose selon leur classe grammaticale.**
2. **Indiquez leur fonction.**

a. Il s'est adressé à tous. **b.** On est rentré tard hier. **c.** Il ne souhaite rien, tout lui convient. **d.** Je ne connais personne. **e.** Qui est Jacques Prévert ? **f.** Me prêterais-tu ta veste pour sortir ? La mienne est usée. **g.** As-tu des tickets ? J'en avais mais je les ai égarés. **h.** Je ne sais pas ce que vous ressentez pour moi. **i.** Dans les romans que j'ai lus, Meaulnes est le personnage qui m'intéresse le plus. **j.** J'hésite entre ces deux pulls. Lequel préfères-tu ? Celui-ci ou celui-là ?

2 **Indiquez à quoi renvoie le pronom personnel *le* (groupe nominal ou phrase).**

a. La station de métro est fermée. Le savais-tu ? **b.** J'ai acheté un ordinateur. Veux-tu le voir ? **c.** Ivan est mon meilleur ami. Je crois que tu le sais. J'espère que tu l'aimeras. **d.** Manon m'a prêté un CD de son groupe préféré. Le veux-tu ?

3 **Remplacez les groupes de mots en rose par un pronom personnel ou par un pronom adverbial (*en*, *y*) qui convient.**

a. Je me souviens de ces vacances. **b.** Il raconta ses vacances à ses parents. **c.** Il a longtemps vécu à Bourges. **d.** Je me charge de prendre les billets. **e.** Claire aime recevoir des lettres de son ami. **f.** Es-tu dans la même classe que Théo et Alice ? **g.** Le professeur a expliqué le problème à ses élèves. **h.** Avez-vous repris du gâteau ? **i.** Nous attendons Louise pour entrer au musée.

4 **Réécrivez les phrases en remplaçant chaque pronom personnel en rose par un groupe nominal de votre choix. Attention aux accords.**

a. Il les a regardées longuement. **b.** Je l'ai entendu à la radio. **c.** J'en ai acheté ce matin. **d.** Nous les avons vus sortir du parking. **e.** Nous en avons beaucoup parlé.

5 **Complétez en employant un pronom possessif ou démonstratif qui convient.**

a. Viens chez moi ce soir : ...... me fera plaisir. **b.** Je préfère l'hôtel du bord de mer à ...... du centre-ville. **c.** Ton passeport est-il encore valable ? Parce que ...... est périmé. **d.** J'ai reconnu trois chansons parmi ...... qu'elle a jouées. **e.** Nous avons apporté nos CD. Tom a oublié .... **f.** Que ...... qui ont le vertige ne regardent pas en bas !

6 **Remplacez les pronoms démonstratifs ou possessifs par un groupe nominal qui convient. Attention aux accords.**

Ex : *Je n'ai pas vu **le tien**.* → *Je n'ai pas vu **ton vélo**.*

a. Celles du tigre sont encore plus puissantes. **b.** Avez-vous pris les vôtres ? **c.** Je préfère celui-ci. **d.** Les miennes sont trop petites. **e.** Ça m'a fait vraiment plaisir. **f.** Je ne trouve plus le mien.

7 **Complétez avec le pronom indéfini qui convient et précisez sa fonction : *certains, beaucoup, nul, on* (deux fois), *quiconque, quelque chose, rien, chacun, d'autres, peu*.**

a. Je crois qu'...... a sonné. **b.** Parmi nous, ... aiment la cuisine chinoise, ... pas. **c.** ...... n'est censé ignorer la loi. **d.** ...... a ses opinions. **e.** Je n'ai ...... trouvé dans cette pièce. **f.** Je défie ...... de résoudre cette énigme. **g.** Si tu as besoin de ...... pendant l'épreuve, n'hésite pas à le demander. **h.** À cet âge, ... croit encore aux contes de fées ! **i.** La participation a été forte : ...... de personnes ont voté. ...... se sont abstenues.

8 **Distinguez les pronoms interrogatifs et les pronoms relatifs. Justifiez vos réponses.**

a. Le guichet auquel vous devez vous adresser est le n° 4. **b.** Je me demande auquel de ces guichets m'adresser. **c.** Sur lequel d'entre eux peux-tu compter ? **d.** C'est le seul être sur lequel je peux compter. **e.** Connais-tu l'artiste qui a peint cette toile ? **f.** Qui a peint cette toile ? **g.** Comment vous remercier de ce que vous avez fait pour moi ? **h.** Je me demande ce qu'il fait comme études. **i.** Parmi les sports que tu pratiques, quels sont ceux que tu préfères ?

9 **Complétez avec le pronom relatif ou interrogatif qui convient, puis indiquez sa classe et sa fonction.**

a. ...... veut un dessert ? **b.** J'ai rencontré Quentin et Claire ...... revenaient de Chine. **c.** J'ignore ...... vous voulez comme cadeau. **d.** ...... penses-tu de la BD ...... Elsa m'a offerte ? **e.** J'aime ce peintre contemporain ...... j'ai vu les œuvres. **f.** De ces deux chemises, je me demande ...... choisir. **g.** Je ne connais pas le groupe avec ...... je pars en vacances. **h.** Je me demande ...... de mes élèves je vais confier cette tâche délicate.

10 **Identifiez les fonctions du pronom relatif *dont* : complément de l'adjectif, COI, complément d'agent, complément du nom.**

a. Je veux te présenter le projet dont nous avons discuté. **b.** Vous m'avez prêté un livre dont la couverture est abîmée. **c.** Ce trimestre, j'ai obtenu des résultats dont je suis fier. **d.** Il est venu à bout des soucis dont il était accablé. **e.** Le courage dont tu as fait preuve est extraordinaire !

11 **Complétez avec des pronoms variés dont vous préciserez la classe.**

a. Que ...... d'entre vous ...... veulent prendre la parole ...... lèvent ! **b.** Comme je connais l'anglais, je peux ...... traduire ses questions. **c.** Ce ...... vous avez fait,

...... ne l'aurait fait. **d.** Sachons distinguer l'essentiel de ce ...... ne l'est pas. **e.** ...... de ces acteurs donnez-vous votre préférence ? **f.** Ne confondons pas nos manteaux. Le mien est court, ... est long. **g.** ...... prétendent avoir vu des extraterrestres, mais nous n'en avons rencontré .... **h.** Dans une heure, ... doit être terminé. **i.** Si tu pars, je n'aurai plus ...... avec ...... parler. **j.** Je m'entendrai bien avec Elsa : elle a les mêmes goûts que ....

Grammaire pour lire

SOCLE **Compétence 1** – Utiliser ses compétences sur la langue pour lire.

12 Indiquez la fonction des pronoms personnels et relatifs en rose.

Antoinette, adolescente élevée sévèrement dans une famille aisée, doit aider sa mère à écrire des invitations pour un bal.

Ce soir-là, Antoinette, que l'Anglaise[1] emmenait se coucher d'ordinaire sur le coup de neuf heures, resta au salon avec ses parents. Elle y pénétrait si rarement qu'elle regarda avec attention les boiseries blanches et les meubles dorés [...]. Sa mère lui montra un petit guéridon[2] où il y avait de l'encre, des plumes et un paquet de cartes et d'enveloppes.

– Assieds-toi là. Je vais te dicter les adresses.

Irène Némirovsky, *Le Bal* (1930), © Grasset & Fasquelle.

1. **l'Anglaise :** la gouvernante anglaise. 2. **guéridon :** petite table.

13 1. Identifiez la classe des pronoms en rose.
2. Précisez à qui renvoient les pronoms personnels.
3. En quoi l'usage des pronoms exprime-t-il les relations du couple des parents ?

La narratrice raconte la vie de son père et de sa mère qui tiennent un café.

Lui et ma mère s'adressaient continuellement la parole sur un ton de reproche, jusque dans le souci qu'ils avaient l'un de l'autre. « Mets ton cache-nez pour dehors ! » ou « Reste donc assise un peu ! », on aurait dit des injures. Ils chicanaient sans cesse pour savoir qui avait perdu la facture du limonadier[1], oublié d'éteindre dans la cave.

Annie Ernaux, *La Place* (1983), © Gallimard.

1. **limonadier :** fabricant de limonade.

14 1. Indiquez la classe grammaticale des pronoms en rose.
2. Dites qui ils désignent ou à qui ou quoi ils renvoient.
Ex : *Cela renvoie au fait que...*

La narratrice vient d'être embauchée par Yumimoto, une puissante firme japonaise. On lui confie des tâches sans grand intérêt.

Les jours s'écoulaient et je ne servais toujours à rien. Cela ne me dérangeait pas outre mesure. J'avais l'impression que l'on m'avait oubliée, ce qui n'était pas désagréable. Assise à mon bureau, je lisais et relisais les documents que Fubuki[1] avait mis à ma disposition. Ils étaient prodigieusement inintéressants, à l'exception de l'un d'entre eux, qui répertoriait les membres de la compagnie Yumimoto : y étaient inscrits leurs nom, prénom, date et lieu de naissance, le nom du conjoint éventuel et des enfants avec, pour chacun, la date de naissance.

Amélie Nothomb, *Stupeur et tremblements* (1999), © Albin Michel.

1. **Fubuki :** la supérieure de la narratrice.

Grammaire pour écrire

SOCLE **Compétence 1** – Rédiger un texte bref à partir de consignes données.

15 Vous allez au CDI ou à la bibliothèque de votre quartier. Imaginez un court dialogue entre la documentaliste et vous-même (choix d'un livre, prêt...). Vous emploierez au moins deux pronoms personnels, deux pronoms interrogatifs, deux pronoms relatifs, un pronom possessif, un pronom démonstratif et deux pronoms indéfinis.

Stupeur et tremblements, film d'**Alain Corneau** (2002), avec Sylvie Testud.

5 Les conjonctions de coordination et de subordination

RÉVISIONS

Rappels

• Les conjonctions de subordination et de coordination sont des outils de liaison (ou connecteurs) qui **relient des mots** ou **des propositions**.

1 Les conjonctions de coordination

• Les sept **conjonctions de coordination** (*et, ou, ni, mais, car, or, donc*) relient des mots ou groupes de mots de même classe ou de même fonction, des propositions ou des phrases.

• Les **liens** entre les éléments qu'elles relient peuvent être :
- **chronologiques** : *et* (temps) ;
- **logiques** : *car* (cause), *et* (addition), *ou, ni* (alternative), *donc* (conséquence), *mais, or* (opposition).

Ex : *Laure* ***et*** (addition) *Nina sont venues* ***et*** (chronologie) *reparties* ***car*** (cause) *il était tard.*

2 Les conjonctions de subordination

• Les **conjonctions de subordination** introduisent des propositions subordonnées et les relient à une proposition principale dont elles dépendent.

• On distingue :
- la conjonction ***que*** qui introduit une proposition **subordonnée conjonctive complétive** ayant la fonction de complément d'objet, de sujet ou d'attribut du sujet ;

Ex : *J'ai appris* ***que*** *Jeanne était rentrée de vacances.* → COD.
Qu'*il réussisse me tient à cœur.* → sujet.
Mon unique désir est ***que*** *tu réussisses.* → attribut du sujet.

- les conjonctions ou locutions conjonctives ***dès que, parce que, pour que…*** qui introduisent des propositions **subordonnées conjonctives circonstancielles** ayant la fonction de compléments circonstanciels de temps, cause, conséquence, comparaison, but, condition, opposition (ou concession). ► Leçons 16 et 17, p. 314 à 317

Ex : *Je partirai* ***dès que*** *la pluie s'arrêtera.* → CC de temps.

Fonctions des subordonnées	Conjonctions de subordination	Exemples
CC de temps	*quand, lorsque, avant que* (+ subjonctif), *après que* (+ indicatif), *pendant que, dès que, alors que, comme…*	***Dès que*** *le soleil se leva, il partit dans les champs.*
CC de cause	*comme, puisque, parce que, étant donné que, vu que…*	***Puisque*** *tu sais tout, dis-nous le temps qu'il fera demain.*
CC de conséquence	*si bien que, de sorte que, si… que, tant… que, tellement… que…*	*Elle chantait* ***tellement*** *bien* ***qu'****elle nous éblouit.*
CC de but	*pour que, afin que, de peur que…*	*Je te téléphonerai* ***pour que*** *tu ne sois pas inquiète.*
CC de comparaison	*comme, de même que, ainsi que, plus… que, moins… que, aussi… que…*	*Il skiait* ***comme*** *on le lui avait appris.*
CC de condition	*si, au cas où, à condition que, à moins que…*	***Si*** *tu venais, on ferait la fête.*
CC d'opposition (ou de concession)	*alors que, tandis que, bien que, quoique, quelque… que, même si…*	***Bien qu'****il soit fatigué, Léo reste souriant.*

Je m'évalue

1 Distinguez les conjonctions de coordination et les conjonctions de subordination.

a. Il se peut que tu aies raison. **b.** Quand on nous interdisait de parler, nous étions mécontents. **c.** Nous étions mécontents car on nous interdisait de parler. **d.** Ils étaient tellement en retard qu'ils ont manqué le début du match. **e.** La batterie de mon téléphone était en panne, je n'ai donc pu te prévenir. **f.** Comme tu n'étais pas là, nous sommes repartis.

2 1. Relevez les conjonctions de coordination.
2. Précisez leur sens et ce qu'elles relient : mots, groupes de mots, propositions.

a. Il ne veut ni jouer ni travailler. **b.** Nous courions vite car il pleuvait. **c.** Les élèves et les professeurs sont rentrés. **d.** Nous sommes fatigués mais heureux de cette randonnée. **e.** Tu as couru, donc tu es essoufflé. **f.** Le matin, je me reposais ou je me promenais dans les bois.

3 Complétez avec la conjonction de coordination qui convient.

a. C'est bien mon appartement ...... je n'ai pas les clés. **b.** Révisez bien cette leçon ...... il y aura un contrôle demain ! **c.** Viens-tu déjeuner avec nous ...... préfères-tu rentrer chez toi ? **d.** Notre fils avait de la fièvre. ...... c'était dimanche. On a ...... appelé SOS Médecins.

4 Complétez avec la conjonction de subordination qui convient.

a. ...... le soleil se lèvera, il fera très chaud. **b.** Le principal a réuni les délégués des classes ...... ils élisent les délégués du collège. **c.** ...... la pluie est tombée, l'atmosphère s'est rafraîchie. **d.** L'avion décollera ...... le brouillard soit encore épais. **e.** ...... tu accroches bien ton collier, il ne tombera pas. **f.** Elle a réparé son ordinateur ...... on le lui avait expliqué. **g.** Il était ...... agacé par ce discours ...... il est sorti.

5 Transformez les deux phrases simples en une phrase complexe en les reliant par une conjonction de coordination, puis par une conjonction de subordination de même sens.

Ex : *Il a été récompensé. Il avait bien travaillé.*
→ *Il a été récompensé **car** il avait bien travaillé.*
→ *Il a été récompensé **parce qu'**il avait bien travaillé.*

a. Il préfère vivre à la campagne. Il s'y sent plus heureux. **b.** L'émission sur les animaux est très bonne. Je ne m'ennuie plus le week-end. **c.** Je me sentais inutile. Je me décidai à partir. **d.** Les arbres sont encore verts. L'automne est déjà avancé.

6 1. Distinguez les différents sens de *comme* : introduisant une proposition circonstancielle de cause, de temps ou de comparaison.
2. Distinguez les différents sens de *alors que* : introduisant une proposition circonstancielle de temps ou d'opposition.

a. J'arrivais à la gare comme le train partait. **b.** Comme je suis arrivé en retard, j'ai raté le train. **c.** Le train démarra, rapide comme l'éclair. **d.** Comme les vitres sont fermées, il fait très chaud dans le wagon. **e.** Il arriva alors que nous avions entamé les hors-d'œuvre. **f.** Pourquoi ne sors-tu pas alors qu'il fait si beau ? **g.** Ce jour-là, alors que je rentrais chez moi et que je cherchais ma clé dans mon sac, il me sembla entendre un faible miaulement. **h.** La pluie se mit à tomber alors que je venais de sortir. **i.** La pluie se mit à tomber alors que je n'avais pas de parapluie.

Grammaire pour lire

SOCLE **Compétence 1** – Utiliser ses compétences sur la langue pour lire.

7 1. Classez les conjonctions en rose et indiquez leur sens quand c'est possible.
2. Identifiez les éléments reliés par *et* (mots, groupes de mots, propositions).
3. Que traduit l'accumulation des *et* dans ce récit ?

En 1932, Hans, le narrateur, issu d'une famille juive, souhaite devenir l'ami d'un nouvel élève, Conrad von Hohenfels, qui le fascine.

J'aperçus Hohenfels devant moi. Il semblait hésiter et attendre quelqu'un. Je ralentis le pas – j'avais peur de le dépasser – mais il me fallait continuer mon chemin, car ne pas le faire eût été ridicule et il eût pu se méprendre sur mon hésitation. Quand je l'eus presque rattrapé, il se retourna et me sourit. Puis, d'un geste étrangement gauche et encore indécis, il serra ma main tremblante. « C'est toi, Hans ! » dit-il, et, tout à coup, je me rendis compte, à ma joie, à mon soulagement et à ma stupéfaction, qu'il était aussi timide que moi et, autant que moi, avait besoin d'un ami.

Fred Uhlman, *L'Ami retrouvé* (1971), traduit de l'anglais par L. Lack, © Gallimard.

Grammaire pour écrire

SOCLE **Compétence 1** – Rédiger un texte bref à partir de consignes données.

8 Racontez une rencontre entre deux personnes timides. Employez deux conjonctions de coordination, deux conjonctions de subordination *que* et deux conjonctions de subordination introduisant des propositions conjonctives circonstancielles (*lorsque, parce que, bien que...*).

6 Les différentes classes grammaticales de *que*

RÉVISIONS

Rappels

Classes de *que*	Exemples
Pronom	
– pronom **relatif** complétant un nom ou un pronom	– *Le livre* ***que*** *tu m'as prêté est passionnant.* – *Fais ce* ***que*** *tu veux.*
– pronom **interrogatif :** • dans une **interrogation directe** • introduisant une **subordonnée interrogative indirecte** (prend aussi la forme *ce que*)	– ***Que*** *fais-tu ?* – *Je ne sais* ***que*** *te répondre.* – *Dis-moi* ***ce que*** *tu en penses.*
Conjonction de subordination	
– introduisant une proposition **subordonnée conjonctive complétive** après les verbes de déclaration (*dire*), d'opinion (*penser*) et de perception (*sentir*) ; *que* peut prendre aussi la forme *ce que* après un verbe construit avec *à* ou *de*	– *J'espère* ***qu'****il viendra.* – *Il s'attend à* ***ce que*** *tu viennes.* – *Je me réjouis de* ***ce que*** *tu me dis.*
– remplaçant une autre **conjonction** (*quand, comme, puisque*…) pour éviter une répétition, après *et*	– *Lorsque nous sommes en vacances et* ***que*** *le temps s'y prête, nous déjeunons dans le jardin.*
– introduisant un **complément du comparatif**	– *Il est plus grand* ***que*** *moi.*
– ayant le sens de *pour que* (**subordonnée conjonctive**, complément circonstanciel de but)	– *Viens,* ***que*** *(pour que) je te parle.*
Adverbe	
adverbe **exclamatif**	***Que*** *tu as grandi !*
Élément d'une locution	
– locution **adverbiale de négation** *ne… que* (= *seulement*)	– *Il* ***ne*** *lit* ***que*** *des bandes dessinées.*
– locution **conjonctive** (*avant que, pour que…*) introduisant des compléments circonstanciels de temps, but, cause…	– *Rentrons vite* ***avant qu'****il ne pleuve.*
– locution **interrogative** *est-ce que*	– ***Est-ce que*** *tu viens ?*
– **présentatif** (*c'est… que, voilà… que, il y a… que*) servant à mettre en relief un élément de la phrase	– ***C'est*** *la ville de Rome* ***que*** *j'ai préférée.* – ***Il y avait*** *longtemps* ***que*** *je voulais aller en Italie.*

• **Cas particulier :** pour exprimer l'ordre, le souhait et l'indignation, on utilise *que* ; *que* est alors nommé « béquille » du subjonctif.
Ex : ***Qu'****il sorte immédiatement !*
Moi, ***que*** *je te trahisse ? Jamais.*

Je m'évalue

1 **Distinguez *que* conjonction de subordination et *que* pronom relatif.**

a. Crois-tu qu'il fera beau demain ? **b.** Ce qu'il gagne suffit à peine à le faire vivre. **c.** Je ne peux pas dire que ce roman me plaise. **d.** L'impression qu'il m'a faite était excellente. **e.** Je respecte les idées que tu défends. **f.** Il est clair qu'il a menti. **g.** Ta sœur a travaillé plus que toi.

2 **Précisez la classe grammaticale du mot *que* dans les phrases suivantes : adverbe exclamatif, élément d'une locution adverbiale de négation, pronom relatif, pronom interrogatif, conjonction de subordination, locution conjonctive.**

a. Que c'est gentil d'être venu ! **b.** Mais que lui diras-tu de ton voyage ? **c.** Je vous lirai un texte que vous devrez expliquer. **d.** Le garçon s'aperçut qu'il était perdu. **e.** Il n'était que six heures quand il s'éveilla. **f.** Elle sortit de son sac les cadeaux qu'elle avait apportés. **g.** Dès que la nuit tombe, il fait froid.

3 **Distinguez *que* pronom relatif complétant le pronom *ce*, *ce que* pronom interrogatif et *ce que* conjonction de subordination.**

a. Ce que tu me dis m'étonne. **b.** Demande-lui ce qu'il préfère. **c.** Le médecin a prescrit ce que vous devez prendre. **d.** Je tiens à ce que tu sois présent demain. **e.** J'ignore ce que je ferai demain. **f.** Attendons-nous à ce qu' elle revienne.

4 **Remplacez le groupe nominal par une proposition subordonnée introduite par *que* ou *ce que*.**

Ex : *J'attends ton retour. → J'attends **que** tu reviennes.*

a. J'attends l'arrivée du train. **b.** Il veille à la ponctualité de ses élèves. **c.** Tes parents souhaitent ton bonheur. **d.** Je ne comprends pas votre demande. **e.** Ils craignent la disqualification du coureur.

5 **Indiquez ce qu'exprime la conjonction *que* : cause, but, temps, condition.**

a. Comme je vous attendais et que vous n'êtes pas venu, je suis rentrée chez moi. **b.** Venez vite, que je vous félicite ! **c.** Si le facteur passe et que je suis absent, peux-tu prendre le colis ? **d.** J'aime les longues soirées, quand l'hiver arrive et qu'il commence à faire froid.

6 **Construisez une subordonnée conjonctive complétive, relative ou interrogative indirecte utilisant le mot subordonnant *que* à partir des phrases données.**

Ex : *Il fait froid. Je le sens. → Je sens **qu'**il fait froid.*

a. Que dire ? Je ne sais. **b.** Sam a rencontré Anna. Il voulait justement la voir. **c.** On sonne à la porte. Je l'entends. **d.** L'acteur a fait une proposition. Le metteur en scène y réfléchit.

Grammaire pour lire

7 **Relevez les *que* du texte et indiquez leur classe grammaticale : pronom relatif, conjonction de subordination, locution adverbiale de négation.**

Meaulnes, un adolescent, s'est perdu la nuit en allant chercher quelqu'un à la gare avec sa carriole.

Le volet de la porte était ouvert, et la lueur que Meaulnes avait aperçue était celle d'un feu de fagots allumé dans la cheminée. Il n'y avait pas d'autre lumière que celle du feu. Une bonne femme, dans la maison, se leva et s'approcha de la porte, sans paraître autrement effrayée. […] « Excusez-moi, ma pauvre dame, dit le grand garçon, je crois bien que j'ai mis le pied dans vos chrysanthèmes. »

Arrêtée, un bol dans la main, elle le regardait. « Il est vrai, dit-elle, qu'il fait noir dans la cour […]. »

Alain-Fournier, *Le Grand Meaulnes* (1913).

Grammaire pour écrire

SOCLE **Compétence 1** – Rédiger un texte bref à partir de consignes données.

8 **Imaginez la suite du dialogue de Meaulnes avec la femme en quelques phrases, en utilisant au moins trois *que* (ou *ce que*) de classes différentes.**

Berthold Mahn, illustration pour *Le Grand Meaulnes*, (1938), © Émile-Paul frères.

7 Grammaire du verbe : formes, groupes et constructions

RÉVISIONS

Rappels

1 Définition et formation

- Le verbe joue un rôle central dans la phrase. Il exprime :
– un **état** (*Il **est** grand*) ;
– ou une **action** (*Elle **marche***).

- Le verbe est composé :
– d'un **radical** (que l'on obtient en enlevant la terminaison *-er, -ir, -oir, -re* de l'infinitif) ;
– d'une **terminaison** indiquant le **mode**, le **temps**, la **personne** et le **nombre** (*parl-**ons***).
Certains verbes ont plusieurs formes de radical (***ven**ir, tu **vien**s, il **vin**t*).

2 Les groupes

- Les verbes se classent en trois groupes :
– **1er groupe :** verbes en ***-er*** (*laiss**er***) sauf *aller* (3e groupe) ;
– **2e groupe :** verbes en ***-ir***, se terminant par ***-issant*** au participe présent (*fin**ir** → fin**issant***) ;
– **3e groupe :** tous les autres verbes (*pouv**oir** → pouv**ant*** ; *ven**ir** → ven**ant***).

→ Exercice 1

3 Les modes et les temps

- Les **modes personnels** :
– l'indicatif (*je dors*) ;
– le subjonctif (*que je dorme*) ► Leçon 22, p. 330 ;
– l'impératif (trois personnes : *dors, dormons, dormez*) ► Leçon 22, p. 330.

- Les **modes impersonnels** (sans marque de personne) :
– l'infinitif (*dormir*) ;
– le participe présent (*dormant*) ;
– le participe passé (*dormi*) ;
– le gérondif (*en dormant*).

- Les **temps** :
– les temps simples (verbe seul) ;
– les temps composés (auxiliaire *être* ou *avoir*, suivi du participe passé du verbe).

→ Exercices 2, 6 et 14

4 La voix active, la voix passive, la forme pronominale

- À la **voix active**, le sujet accomplit l'action exprimée par le verbe (***Le vent** arrache l'arbre*).

- À la **voix passive**, le sujet subit l'action. L'auxiliaire utilisé est toujours *être* (*L'arbre est arraché par **le vent***). Le temps de l'auxiliaire *être* indique le temps du verbe au passif ► Leçon 23, p. 332.

- À la **forme pronominale**, le verbe s'emploie avec un **pronom personnel réfléchi** de la même personne que son sujet (*Je **me** souviens de vous*). On distingue les verbes :
– **essentiellement pronominaux**, qui n'existent qu'à la forme pronominale (*Il **s'enfuit***) ;
– **pronominaux** à sens **réfléchi**, où le pronom réfléchi renvoie au sujet (*Elle **se** déguise*) ;
– **pronominaux** à sens **réciproque**, où le pronom *se* a le sens de *l'un l'autre* (*Ils **se sourient***) ;
– **pronominaux** à sens **passif**, où le sujet subit l'action (*Le blé **se récolte** en été*).

→ Exercices 2, 3, 4, 14 et 15

5 Les verbes *être* et *avoir*, les périphrases verbales

● Les verbes ***être*** et ***avoir*** n'appartiennent à aucun groupe et peuvent être employés :
– avec leur **sens plein** : *être* exprime l'état et *avoir* la possession (*Il **est** content. **As**-tu un stylo bleu ?*) ;
– comme **auxiliaires** : ils permettent de conjuguer les verbes aux temps composés (*Elle **est descendue** ; elle **a pris** son sac*).

● Les verbes *aller, venir, devoir, pouvoir* s'emploient comme **semi-auxiliaires**. Suivis d'un verbe à l'infinitif, ils forment des **périphrases verbales** exprimant :
– un **futur proche** (*Elle **va** vous répondre*) ;
– un **passé récent** (*Il **vient** de sortir*) ;
– une **supposition** (*Il **doit** avoir froid*) ;
– une **possibilité** (*Il **peut** encore arriver*).

→ Exercice 5

6 Les verbes transitifs et intransitifs

● Un verbe **intransitif** se construit seul (**sans complément d'objet**).
Ex : *Le soleil **brille**. Sara **riait**.*
Remarque : les verbes intransitifs peuvent être suivis de compléments circonstanciels (déplaçables et supprimables) ► Leçons 11 et 12, p. 304 à 307.
Ex : *Le soleil **brille** sur Paris.* → verbe intransitif + CC de lieu.

● Un verbe **transitif** se construit :
– avec un **complément d'objet direct** (transitif direct) ;
– ou avec un **complément d'objet indirect** (transitif indirect, introduit par une préposition, souvent *à* ou *de*) ► Leçon 10, p. 302.
Ex : *Il **voit** une guêpe.* → verbe transitif direct.
*Elle **pense** à ses vacances.* → verbe transitif indirect.

● Un verbe **transitif** peut se construire avec **deux compléments d'objet** :
– l'un (souvent) direct ;
– l'autre, indirect, appelé complément d'objet second (COS) ► Leçon 10, p. 302.
Ex : *Samia **offre** une orange à Julie.* → COD + COS.
Remarque : certains verbes ont un double emploi, **transitif et intransitif**, parfois avec changement de sens.
Ex : *Aide-moi à **pousser** le piano* (transitif). *Tes cheveux **ont** bien **poussé*** (intransitif).

→ Exercices 6, 7, 8, 9, 10, 11, 12, 13 et 14

7 Les verbes attributifs

● Ils relient le sujet à l'attribut et permettent d'attribuer une caractéristique au sujet ► Leçon 9, p. 300. Ce sont :
– les **verbes d'état** (*être, paraître, sembler, devenir, demeurer, rester*) ;
– certaines **locutions verbales** (*passer pour, avoir l'air*) ;
– certains **verbes intransitifs** (*vivre, tomber, partir*) ;
– certains **verbes passifs** ou **pronominaux** (*être considéré comme, s'appeler*).
Ex : *Ces fourmis **sont** rouges ; elles **ont l'air** très actives. Léa **est tombée** malade. Elle **s'appelle** Claire. Elle **a été élue** maire.*

→ Exercices 7, 8, 9, 13 et 14

Je m'évalue

1 **Identifiez et classez les verbes selon leur groupe. Puis, indiquez leur infinitif.**

a. Nous avons entendu des gens qui faisaient du bruit dehors. **b.** Ce bruit enflait et grossissait. **c.** Des enfants riaient et criaient. **d.** Les convives sont entrés et se sont mis à table. **e.** Ils mangeaient et buvaient beaucoup. **f.** Ils ont fini de dîner vers minuit.

2 **1. Classez les verbes : voix active, voix passive ou forme pronominale.**
2. Précisez leur mode et leur temps.

a. Ils ont été troublés par ton mensonge. **b.** Retournez-vous ! **c.** Vous avez été désigné comme délégué. **d.** Ce colis vous sera renvoyé. **e.** Je vous appellerai de New York. **f.** Anna s'est aperçue de son erreur. **g.** Nous nous connaissions depuis toujours.

3 **Classez les verbes à la forme pronominale : essentiellement pronominaux, pronominaux à sens réfléchi, à sens réciproque ou à sens passif.**

a. Le port s'est construit très vite. **b.** Ils se sont reconnus et se sont souri. **c.** Marie se déguisera en princesse. **d.** À ces mots, elle s'évanouit soudain. **e.** Le rouge se porte bien cet hiver. **f.** Je me suis loué un vélo pour les vacances. **g.** Ils se sont enfuis discrètement.

4 **Employez le verbe actif et le verbe pronominal dans deux phrases qui illustreront leur différence de sens.**

a. tenir, se tenir. **b.** conduire, se conduire. **c.** affirmer, s'affirmer. **d.** occuper, s'occuper. **e.** jouer, se jouer. **f.** attendre, s'attendre. **g.** sentir, se sentir. **h.** confier, se confier.

5 **Distinguez dans chaque paire de phrases le verbe employé au sens plein et celui employé comme auxiliaire ou semi-auxiliaire. Justifiez votre réponse.**

a. La nuit était tombée. / La nuit était noire. **b.** Paul va à la plage. / Il va se baigner. **c.** Tu me dois de l'argent. / Je dois rentrer avant minuit. **d.** Tu peux réussir ton contrôle. / Il peut s'être trompé. **e.** Lise a de nouvelles chaussures. / Elle a abîmé les anciennes. **f.** Mon frère vient de rentrer. / Viens-tu le voir demain ?

6 **Précisez si le verbe *être* est un auxiliaire, un verbe attributif ou s'il a un sens plein.**

a. Louis était en vacances en Bretagne. **b.** Laure est rentrée hier soir. **c.** Le trimaran est un voilier plus sûr que le catamaran. **d.** Emma, qui était avec sa mère, est repartie à Paris avec son père. **e.** La barque s'est retournée alors qu'elle était à 100 mètres de la côte. **f.** Pierre, qui est bon nageur, est allé secourir ses amis.

7 **1. Classez les formes du verbe *tourner* en modes personnels et impersonnels, puis indiquez leur mode et leur temps.**
2. Précisez la construction du verbe (transitive directe ou transitive indirecte, intransitive).

a. En tournant à gauche, j'ai aperçu la maison. **b.** Manon a tourné son premier film. **c.** Je veux que tu tournes la tête vers moi. **d.** Tournez, petits manèges ! **e.** C'est à moi de tourner la page. **f.** Son rêve a tourné au cauchemar. **g.** Le lait a tourné.

8 **1. Identifiez un verbe attributif, un transitif direct, un transitif indirect, un intransitif.**
2. Relevez un verbe pronominal.

a. Le coureur songeait à la victoire. **b.** Sa foulée semblait régulière. **c.** Il respirait à un rythme continu. **d.** Ses muscles se crispaient. **e.** Il entama son dernier kilomètre.

9 **Indiquez si ces verbes sont transitifs, intransitifs ou attributifs.**

a. Ma sœur s'appelle Zoé. **b.** Veux-tu appeler Yann ? **c.** Ils vécurent longtemps heureux. **d.** Elle a vécu un grand amour. **e.** Que devient votre projet ? **f.** Mehdi a passé la nuit chez nous. **g.** Il passe pour un bon professeur. **h.** Je reste ébahie devant son audace. **i.** Nous sommes restés ce soir à Rennes. **j.** Théo est parti ce matin. **k.** Ils sont partis satisfaits.

10 **Distinguez les COD et les attributs du sujet.**

a. Pierre est devenu un ami. **b.** J'ai rencontré un ami. **c.** Il restera mon ami. **d.** Il demeure inquiet. **e.** Ces oiseaux sont des mésanges. **f.** J'observe les mésanges qui viennent dans mon jardin.

11 **Identifiez la nature des verbes attributifs (verbe d'état, locution verbale, verbe intransitif, passif ou pronominal).**

a. Cette plante s'appelle un hibiscus. **b.** Devant tant de mauvaise foi, il demeura muet. **c.** En t'entraînant régulièrement, tu deviendras un véritable champion. **d.** Elle est sortie souriante de la salle d'examen. **e.** Le chamois a été choisi comme emblème par notre club de sport. **f.** L'important est de participer. **g.** Vous avez l'air fatigué aujourd'hui. **h.** Leïla a été élue déléguée de classe.

12 DICO **Employez ces verbes dans deux phrases, l'une avec une construction transitive, puis l'autre avec une construction intransitive.**

a. lire. **b.** changer. **c.** descendre. **d.** jouer. **e.** crier. **f.** gagner. **g.** courir. **h.** souffler.

13 Classez les verbes selon qu'ils ont un seul complément d'objet (précisez : COD ou COI) ou deux (précisez : COD et COS ou COI et COS).

a. Prenez un livre sur l'étagère. **b.** Le professeur a permis aux élèves de sortir. **c.** Tu nous as beaucoup surpris. **d.** Rania a reçu un cadeau de ses amis. **e** Votre mère nous racontait souvent des histoires. **f.** Ils ont joué longtemps au foot. **g.** Nos joueurs ont manqué de chance dans cette finale.

14 Employez ces verbes dans deux phrases, l'une avec un COD, puis l'autre avec un COI.

a. tenir. **b.** changer. **c.** apprendre. **d.** croire. **e.** chercher. **f.** essayer. **g.** oublier.

Grammaire pour lire

SOCLE **Compétence 1** – Utiliser ses compétences sur la langue pour lire.

15 1. Classez les verbes en rose : verbes attributifs, verbes intransitifs, verbe transitif direct, verbes à double construction (COD + COS). Relevez aussi trois verbes impersonnels (▶ Leçon 13 , p. 308).

2. Quel est le rôle des verbes dans ce texte ?

La narratrice vient d'être embauchée dans une grande entreprise japonaise.

L'homme me dit qu'il s'appelait monsieur Saito. Il me conduisit à travers d'innombrables et immenses salles, dans lesquelles il me présenta à des hordes[1] de gens, dont j'oubliais les noms au fur et à mesure qu'il les énonçait.

Il m'introduisit ensuite dans le bureau où siégeait son supérieur, monsieur Omochi, qui était énorme et effrayant, ce qui prouvait qu'il était le vice-président.

Puis il me montra une porte et m'annonça d'un air solennel que, derrière elle, il y avait monsieur Haneda, le président. Il allait de soi qu'il ne fallait pas songer à le rencontrer.

Amélie Nothomb,
Stupeur et tremblements (1999), © Albin Michel.

1. des hordes : une multitude.

16 1. Classez les verbes en rose en modes personnels et impersonnels en précisant leur mode et leur temps.

2. Relevez les verbes à la forme pronominale.

3. Classez les verbes selon qu'ils sont employés de manière intransitive, transitive directe ou indirecte. Relevez un verbe attributif.

Le narrateur raconte sa passion à l'âge de neuf ans pour Valentine qui en avait huit.

Ma liaison avec Valentine dura près d'un an. Elle me transforma complètement. Je dus lutter constamment contre mes rivaux, affirmer et illustrer ma supériorité, marcher sur les mains, voler dans les boutiques, me battre, me défendre sur tous les terrains. Mon plus grand tourment était un certain garçon dont le nom m'échappe, mais qui savait jongler avec cinq pommes […].

Romain Gary,
La Promesse de l'aube (1960), © Gallimard.

Grammaire pour écrire

SOCLE **Compétence 1** – Rédiger un texte bref à partir de consignes données.

17 En vous inspirant de l'extrait de l'exercice 16, racontez une scène où le narrateur rivalise avec le garçon qui sait jongler avec cinq pommes. Choisissez des verbes pronominaux divers parmi les suivants : *se lever, s'élancer, s'approcher, se retourner, se renverser, se regarder, se dresser, s'affronter, se défier, se dire.*

Jean Dufy (1888-1964), *Le Jongleur* (1928), ▲
huile sur toile, 55 x 45,9 cm (collection privée).

8 Les expansions du nom

RÉVISIONS

Rappels

1 Définition, classes grammaticales et fonctions

- Les expansions du nom sont l'ensemble des éléments qui **complètent** et **caractérisent un nom**.
- Elles appartiennent à différentes **classes grammaticales** et peuvent avoir différentes **fonctions**.

Classes grammaticales	Fonctions	Exemples
adjectif qualificatif (ou participe adjectif)	– **épithète** – **apposition** (détachée du nom ou du pronom par une virgule)	– *Un **bel** oiseau **vert** s'envola.* – *L'oiseau attendait, **immobile**.*
nom ou **groupe nominal**	– **apposition** (détachée du nom ou du pronom par une virgule) – **complément du nom** (introduit par les prépositions *de, à, sans, en, pour, avec*)	– *Son chien, **un labrador**, courut vers lui.* – *Ils ont un labrador **de couleur noire**. Je lui ai acheté un chien **en peluche**.*
infinitif	– **complément du nom** – **apposition** (détachée du nom ou du pronom par une virgule)	– *As-tu pris le temps **de promener ton chien** ?* – *Il n'avait qu'un désir, **revoir** son maître.*
proposition subordonnée relative	**complément de l'antécédent**	*Ils ont un labrador **qui est âgé de cinq ans**.*

- **Remarques**

– **Plusieurs expansions**, de classes différentes, peuvent s'ajouter les unes aux autres.

Ex : *Il arriva devant un **grand** mur **de pierres qui entourait le parc**.*

→ expansions du nom *mur* : adjectif + GN prépositionnel + prop. sub. relative.

– Une expansion peut être enrichie par d'**autres expansions**.

Ex : *Il découvrait les **majestueuses*** (adjectif, expansion de *ruines*) *ruines **de la ville*** (GN prépositionnel, expansion de *ruines*) ***antique*** (adjectif, expansion de *ville*).

2 Le rôle des expansions

- Les expansions apportent des **informations** supplémentaires sur un nom.

Ex : *J'ai visité de **beaux** châteaux.*

- Les informations apportées peuvent être **essentielles** au sens.

Ex : *J'ai visité les châteaux **de la Loire**.* → Ces châteaux-là et non d'autres.

Je m'évalue

1 1. **Relevez les expansions des noms en rose et indiquez leur classe grammaticale (adjectif, nom ou groupe nominal, proposition subordonnée relative).**
2. **Quels mots constituent une expansion à l'intérieur de ces expansions ?**

Ex : *Une femme **aux yeux bleus**.* → *aux yeux bleus* : expansion de *femme* ; *bleus* : expansion de *yeux*.

a. Elle porte un bracelet en or massif. **b.** Je suis allé à Rouen, belle cité normande, je me suis promené dans les rues étroites de la vieille ville. **c.** Allez voir au Louvre les superbes statues égyptiennes de l'époque des Pharaons. **d.** J'ai mis dans un vase les fleurs que j'ai cueillies. **e.** J'ai acheté le livre dont m'a parlé mon professeur de français.

2 DICO **Remplacez les subordonnées relatives par des adjectifs épithètes de même sens et les adjectifs épithètes par des subordonnées relatives de même sens.**

Ex : *Un papillon **qui vit la nuit**.* → *Un papillon **nocturne**.*

a. une voix inaudible. b. une revue qui paraît deux fois par an. c. un acteur aphone. d. un plat qui n'a aucune saveur. e. une décision préfectorale. f. un discours qu'on ne peut comprendre. g. un matériau imputrescible. h. une personne loquace. i. un homme qui n'a aucune culture.

3 **Remplacez les adjectifs par des compléments du nom et les compléments du nom par des adjectifs.**

Ex : *un temps* ***estival*** → *un temps* ***d'été****.*
un car ***de touristes*** → *un car* ***touristique****.*

a. un contrat annuel. b. une sortie équestre. c. un film animalier. d. un papillon diurne. e. les eaux pluviales. f. la vie rurale. g. des talents culinaires. h. un château du Moyen Âge. i. un bruit d'enfer. j. l'activité du port.

4 **Distinguez dans chaque phrase le complément du nom et le complément circonstanciel. Justifiez votre réponse.**

a. Je vais à l'école en patins à roulettes. b. Louna voit des enfants de sa fenêtre : ils jouent à des jeux de ballon. c. Il claqua la porte en partant et cassa le vase en cristal. d. Elle a pris l'avion pour Toulouse pour arriver plus tôt.

5 **Identifiez les groupes de mots en apposition et indiquez leur classe (groupe nominal, groupe adjectival, infinitif, proposition subordonnée relative).**

a. Une jeune fille, qui se nommait Rachel, nous offrit à boire. b. Épuisés et frigorifiés, les alpinistes arrivèrent au refuge. c. Elle enfila sa tenue de sport, un beau jogging rouge. d. Sarah n'avait qu'un désir, réussir.

6 **Complétez les noms en rose par des expansions de la classe grammaticale indiquée.**

a. Augustin, ... (*GN apposé*), ouvrit la barrière ...... (*GN complément de nom*) ...... (qui + *prop. relative*). b. La demeure ...... (où + *prop. relative*) possédait des pièces ...... (*adj. épithète*) et une vaste salle ...... (de / à / aux + *GN complément du nom*). c. ...... (*adj. apposé*), David resta immobile. d. Les convives ...... (que + *prop. relative*) étaient vêtus de costumes ...... (*adj. épithète*).

Grammaire pour lire

SOCLE **Compétence 1** – Utiliser ses compétences sur la langue pour lire.

7 **1.** **Identifiez les différentes expansions des noms en rose en précisant leur classe et leur fonction.**
2. **Relevez les expansions d'expansions.**
3. **Quelle image du narrateur et des deux personnages les expansions du nom donnent-elles ?**

Le narrateur, fils unique d'une famille juive, évoque son enfance d'élève modèle.

Chaque début d'année je me fixais le même objectif : attirer l'attention de mes maîtres, devenir leur préféré, monter sur l'une des trois marches du podium[1]. [....]

Le dimanche soir la table était mise chez Georges et Esther. Réfugié dans le silence, mon oncle pensait que tout était vain en dehors de la sagesse contemplative[2]. Ma tante, petite femme rousse à la bouche large et aux yeux verts, avait gardé l'habitude de souligner son regard de tragédienne d'un épais coup de crayon. Elle animait ces dîners de son bavardage incessant.

Philippe Grimbert, *Un secret* (2004),
© Grasset & Fasquelle.

1. monter les marches du podium : ici, atteindre les meilleurs résultats de l'école. 2. la sagesse contemplative : la méditation.

Grammaire pour écrire

SOCLE **Compétence 1** – Rédiger un texte bref à partir de consignes données.

8 **Faites le portrait de la comédienne Cécile de France (photographie ci-dessous) en utilisant des expansions de classes et de fonctions différentes.**

9 Le sujet, l'attribut du sujet, l'attribut du COD

J'observe

Phrases

a. La mer est changeante.
b. Je trouve la mer changeante.

Quel attribut en orange caractérise le sujet (attribut du sujet) ? Lequel caractérise le COD (attribut du COD) ?

Leçon

1 Le sujet RÉVISIONS

• **Définition.** Le sujet, élément essentiel de la phrase, donne au verbe ses marques de personne et de nombre (*Les coqs* ***chantent***). Pour **identifier le sujet**, on pose la question *qui ?*, *qui est-ce qui ?* ou *qu'est-ce qui ?* ou on l'encadre par le présentatif *c'est... qui* (*que*).

Ex : ***Tom*** *rêve.* → **qui** *rêve ? C'est* ***Tom*** *qui rêve.*

• **Classe grammaticale.** Le sujet peut être :
- un **nom propre** ou un **groupe nominal** (***Zoé*** *rit.* ***L'enfant*** *rit.*) ;
- un **pronom** (***Nous*** *déjeunons*) ;
- un **adverbe** (***Beaucoup*** *partent*) ;
- une **proposition subordonnée relative** ou **subordonnée conjonctive** avec *que* (***Qui dort*** *dîne.* ***Qu'il parle*** *est important.*) ;
- un **infinitif** (***Danser*** *est ma passion*).

• **Place du sujet.** Le sujet est placé **avant le verbe**. Il est placé **après le verbe** (sujet inversé) :
- de façon **obligatoire** dans les phrases interrogatives et les propositions incises (*« Veux-****tu*** *sortir ? » demande* ***Emma***) ;
- de façon **facultative** après un complément circonstanciel en tête de phrase ou des adverbes comme *ainsi, sans doute, peut-être...* (*Dans le ciel passe* ***un nuage.*** *Ainsi va* ***la vie***).

2 L'attribut du sujet RÉVISIONS

• **Définition.** L'attribut du sujet permet de **caractériser** le sujet par l'intermédiaire d'un **verbe attributif** ► Leçon 7, p. 295. Il ne peut pas être supprimé.

• **Classe grammaticale.** L'attribut du sujet peut être :
- un **adjectif** ou un **participe** (*La mer est* ***haute*** *et* ***agitée***) ;
- un **nom** ou un **groupe nominal** parfois précédé d'une préposition (*Il est* ***danseur****. Il est* ***de bonne humeur***) ;
- un **pronom** (*Ce stylo est* ***le mien***) ;
- un **infinitif** (*Crier n'est pas* ***hurler***) ;
- une **proposition subordonnée complétive** (*Le mieux est* ***que tu répondes***).

3 L'attribut du COD

• **Définition.** L'attribut du COD permet de **caractériser** le COD par l'intermédiaire d'un verbe exprimant une **transformation** (*rendre, faire, nommer, appeler*) ou un **jugement** (*croire, estimer, trouver, considérer comme, proclamer*).

Ex : *Les élèves ont élu Léa* ***déléguée****. Ils la jugent* ***sérieuse****.*

• **Classe grammaticale.** L'attribut du COD peut être :
- un **adjectif qualificatif** (*Je te crois* ***heureux***) ;
- un **nom** ou un **groupe nominal** (*Ils ont nommé leur fille* ***Zoé***) ;
- un **infinitif** (*On appelle ce processus* ***digérer***).

Je m'exerce

1 **Identifiez les sujets et indiquez leur classe grammaticale (noms propres, groupe nominal, pronom, infinitif, adverbe, proposition subordonnée).**

a. Sarah et Laeticia ont aimé ce roman. **b.** Rire est le propre de l'homme. **c.** Que deviennent-ils ? **d.** Elle entendit une voiture qui s'arrêtait. **e.** Qui va à la chasse perd sa place. **f.** Au-dessus d'eux planaient des vautours. **g.** Beaucoup ont assisté au concert.

2 **Inversez le sujet en mettant le complément en rose en tête de phrase.**

a. Le Mississippi apparut soudain. **b.** De la lave jaillissait du volcan réveillé. **c.** Des orages éclatèrent le lendemain. **d.** Nous devrions sans doute réparer ce pont.

3 **1. Relevez les attributs du sujet et précisez leur classe grammaticale (nom, groupe nominal, adjectif, pronom, groupe infinitif, proposition).**
2. Relevez et classez les verbes attributifs (verbes d'état, intransitifs, passifs ou pronominaux).

a. Ces outils ne sont pas les miens. **b.** Ces verres semblent en cristal. **c.** Les alpinistes ont été retrouvés sains et saufs. **d.** Henri passe pour bricoleur. **e.** Mon poète préféré s'appelle Eluard. **f.** Mon rêve est de devenir actrice. **g.** Le plus drôle serait que Clara vienne !

4 **Indiquez la fonction des groupes de mots en rose : attribut du sujet ou attribut du COD.**

a. Ils ont élu Youri président du club. **b.** Jason a été élu président du club. **c.** Cet événement fut un coup de tonnerre. **d.** On considéra l'événement comme un coup de tonnerre. **e.** Tu es capable de gagner ce match. **f.** Je te sais capable de gagner ce match.

5 **Classez les adjectifs en rose en attributs du COD et épithètes.**

a. Le capitaine trouve la mer agitée. **b.** Nous avons voyagé sur une mer agitée. **c.** Elle juge ce cours passionnant. **d.** Tu as assisté à un cours passionnant. **e.** J'ai acheté un fauteuil confortable. **f.** Je trouve ton fauteuil confortable.

6 **Identifiez le COD et l'attribut du COD. Puis mettez les phrases à la voix passive. Quelle est la nouvelle fonction de ces attributs du COD dans les phrases transformées ?**

Ex : *On a injustement traité* ***Erwan*** *d'égoïste*
→ ***Erwan*** *a été injustement traité d'égoïste.*

a. On le jugea responsable de cet incident. → Il fut .... **b.** Le jury a considéré ce roman comme le meilleur de l'année. → Ce roman .... **c.** On le connaît comme un fin gourmet. → Il est .... **d.** On a nommé Lisa membre du conseil d'administration. → Lisa ....

7 **Construisez des phrases comportant un attribut du COD à partir des phrases suivantes. Employez les verbes *trouver, juger, considérer comme, déclarer.***

Ex : *Le soleil est trop chaud.*
→ *Je trouve le soleil* ***trop chaud.***

a. Le dossier est clos. **b.** Votre remarque est judicieuse. **c.** Mes chaussures sont trop petites. **d.** Ce parc est le plus beau de la ville.

Grammaire pour lire

SOCLE **Compétence 1** – Utiliser ses compétences sur la langue pour lire.

8 **1. Relevez les sujets des verbes et indiquez leur classe grammaticale (groupe nominal, pronom, groupe pronominal, infinitif).**
2. Relevez les attributs du sujet et du COD qui caractérisent le thé. Quelle image le narrateur en donne-t il ?

Le narrateur fait la connaissance de Marine. Après une promenade à bicyclette sous la pluie, elle l'invite à prendre un thé.

– [...] Le thé n'est pas fort. Bois pendant que c'est chaud !

Je ne buvais jamais de thé. Celui de Marine était d'un bel orange pâle, et je le trouvai délicieux. Dehors, la pluie oblique frappait les carreaux. Je me sentais bien dans ce décor nouveau. Assis sur la moquette pelucheuse où les mains s'enfonçaient, nous bavardions comme deux vieux amis ; même se taire n'était pas gênant.

Philippe Delerm, *Elle s'appelait Marine* (1998),
© Gallimard Jeunesse.

Grammaire pour écrire

SOCLE **Compétence 1** – Rédiger un texte bref à partir de consignes données.

9 **Poursuivez l'extrait de l'exercice 8 : le narrateur fait le portrait de Marine. Utilisez au moins trois attributs du sujet (variez les verbes attributifs) et deux attributs du COD (*Je la trouvai...*).**

10 Les compléments essentiels : objet, temps, lieu

RÉVISIONS

Rappels

1 Les compléments d'objet

• Le **complément d'objet** est un **complément essentiel du verbe**. Il désigne en général ce sur quoi ou celui sur qui porte l'action exprimée par le verbe. On ne peut ni le déplacer ni le supprimer sans changer le sens de la phrase.

• On distingue :
– le **complément d'objet direct (COD)**, relié au verbe sans préposition, qui complète un verbe transitif direct ► Leçon 7, p. 295 ;
– le **complément d'objet indirect (COI)**, introduit par une préposition (*à, de*), qui complète un verbe transitif indirect ► Leçon 7, p. 295 ;
– le **complément d'objet second (COS)**, introduit par une préposition, qui complète un verbe (comme *dire, donner, vendre*...) recevant deux compléments d'objet.
Ex : *Paul offre* ***des fleurs*** (COD) ***à Lisa*** (COS). *Il parle* ***de son voyage*** (COI) ***à sa sœur*** (COS).

Classes grammaticales des compléments d'objet	Exemples
Nom ou **groupe nominal**	– *Marie lit* ***un gros roman***. → COD – *Elle parle* ***de ce roman***. → COI
Pronom (personnel, relatif, interrogatif)	– *Léo* ***lui*** *a écrit*. → COI – ***Que*** ***<u>lui</u>*** *a-t-il écrit ?* → COD et <u>COS</u>
Infinitif ou **groupe infinitif**	– *Je veux* ***regarder ce film***. → COD – *Je m'apprête* ***à regarder un film***. → COI
Proposition subordonnée conjonctive ou **interrogative indirecte**	– *Je vois* ***que tu as grandi***. → COD – *Je me demande* ***si tu as grandi***. → COD

• On peut **reconnaître le COD** :
– en le remplaçant par un pronom ;
Ex : *Les enfants aiment* ***les clowns***. → *Les enfants* ***les*** *aiment.*
Les clowns parlent ***aux enfants***. → *Les clowns* ***leur*** *parlent.*
– en mettant la phrase à la voix passive : le COD devient alors le sujet.
Ex : *Les enfants aiment* ***les clowns***. → ***Les clowns*** *sont aimés des enfants.*

• Un **verbe à l'infinitif** complément essentiel peut lui-même être suivi d'un complément essentiel.
Ex : *Je veux* ***voir*** ***<u>ce film</u>***. → *voir* : COD du verbe *veux* ; *ce film* : COD du verbe *voir*.

2 Les autres compléments essentiels

• Les compléments essentiels de **lieu** et de **temps**, ni déplaçables ni supprimables, se trouvent après des verbes de localisation (*habiter, vivre, se trouver*...) ou de mouvement (*aller, se rendre*...), des verbes exprimant une durée (*durer*) ou une date (*avoir lieu*).
Ex : *J'habite* ***à Tours*** *et je vais* ***à Paris***. → compléments essentiels de lieu.
La traversée a duré ***deux heures***. → complément essentiel de temps.

• Certains compléments essentiels précisent le **prix**, la **mesure** ou le **poids**. Ils ne sont ni déplaçables ni supprimables.
Ex : *La baguette coûte* ***un euro***. → complément essentiel de prix.

Je m'évalue

1 **Indiquez la fonction des groupes nominaux en rose : COD, COI, COS, attribut du sujet, attribut du COD, sujet inversé, complément du nom.**

a. Vous vous souviendrez de ce pâtissier. **b.** Paul est un pâtissier renommé. **c.** Antoine m'a donné l'adresse du pâtissier. **d.** Demain arrive le nouveau pâtissier. **e.** On le considère comme un grand pâtissier. **f.** Connais-tu un bon pâtissier ? **g.** Il faut acheter des macarons à mon pâtissier.

2 **Identifiez les compléments essentiels et remplacez-les par des pronoms personnels.**

a. Ce roman a plu à mes élèves. **b.** Les journaux ont beaucoup parlé de ce fait divers. **c.** Je vais à Rennes demain. **d.** Je vais dire à mes amis que j'arrive demain. **e.** Nous mangerons des pâtes ce soir. **f.** Rappelle à Léo que je l'ai invité.

3 **Distinguez les compléments : COD, COI, COS, complément circonstanciel, complément du nom, complément d'agent.**

a. Cet événement était ignoré de tous. **b.** Augustin Meaulnes pensait toujours à Yvonne de Galais. **c.** Véra est la belle-mère de Natacha. **d.** De ma lucarne, j'aperçois les toits de Paris. **e.** La maison est envahie de toiles d'araignées. **f.** Nina rougit de colère. **g.** L'incendie a causé d'importants dégâts. **h.** Nous avons présenté un exposé à notre classe. **i.** Le professeur a dit que nous avions progressé.

4 **Remplacez le complément d'objet par un groupe de mots de la classe grammaticale indiquée.**

Ex : *Il attend **que tu répondes*** (groupe nominal).
→ *Il attend **ta réponse**.*

a. Ivan annonce à Tom qu'il va se marier (*groupe nominal*). **b.** Ils ont demandé que leurs salaires soient augmentés (*groupe nominal*). **c.** On s'attend à ce que le trafic redevienne normal (*groupe nominal*). **d.** La météo a annoncé la pluie (*proposition complétive*).

5 **Identifiez les compléments essentiels de temps, de lieu, de prix, de poids et de mesure.**

a. Nous irons au Brésil. **b.** Ce gâteau coûte deux euros. **c.** La nappe mesure un mètre de large. **d.** Ma valise pèse vingt kilos. **e.** La projection durera une heure.

Grammaire pour lire

SOCLE **Compétence 1** – Utiliser ses compétences sur la langue pour lire.

6 **1. Relevez les compléments d'objet (COD, COI, COS) des verbes en rose. Précisez leur classe grammaticale.**
2. Quelle image le narrateur donne-t-il de la mer à travers ces compléments ?

Mon premier contact avec la mer eut sur moi un effet bouleversant. Je dormais paisiblement sur ma couchette lorsque je sentis sur le visage une bouffée de fraîcheur parfumée. [...] Je jetai un coup d'œil dehors et je sus brusquement, clairement, que *j'étais arrivé*. Je voyais la mer bleue, une plage de galets et des canots de pêcheurs, couchés sur le côté. Je regardai la mer. Quelque chose se passa en moi. Je ne sais quoi : une paix illimitée, l'impression d'être rendu. [...] Je ne sais pas parler de la mer. Tout ce que je sais, c'est qu'elle me débarrasse soudain de toutes mes obligations.

Romain Gary,
La Promesse de l'aube (1960), © Gallimard.

Grammaire pour écrire

SOCLE **Compétence 1** – Rédiger un texte bref à partir de consignes données.

7 **Décrivez votre émerveillement devant un site naturel. Utilisez au moins trois COD, un COI, un COD + COS. Exemples de verbes :** ***voir, apercevoir, admirer, sentir, entendre, contempler, jouir de, ressembler à, apporter.***

Cascade du Ray-Pic, Monts d'Ardèche, parc régional.

11 Les compléments circonstanciels (1)

RÉVISIONS

Rappels

1 Définition

- Les compléments circonstanciels (**CC**) sont des compléments qui précisent les **circonstances** de l'**action** ou de l'**état** exprimé par le **verbe**.
- Ils peuvent être **déplacés** ou **supprimés** sans que la phrase perde son sens.

Ex : ***Hier***, *il est allé au cinéma. Il est allé au cinéma* ***hier.*** *Il est allé au cinéma.*

2 Les fonctions des CC

- Les compléments circonstanciels peuvent avoir les fonctions suivantes :

– CC de **temps** (durée, date, fréquence) ; **Ex :** ***Cette nuit***, *il a neigé* ***longtemps***.
– CC de **lieu** (position, déplacement) ; **Ex :** *Lucie aime patiner* ***sur la glace***.
– CC de **manière** (façon dont se fait l'action) ; **Ex :** *Elle lui parle* ***fermement***, *mais* ***avec douceur***.
– CC de **moyen** (instrument ou moyen utilisé pour l'action) ; **Ex :** *Il coupe la branche* ***avec une scie***.
– CC de **cause** (raison, explication d'un fait) ; **Ex :** *Il fut sauvé* ***grâce à sa ruse***.
– CC de **conséquence** (résultat de l'action) ; **Ex :** *Il a* ***tellement*** *plu* ***que la cour est trempée***. *Il a beaucoup plu,* ***si bien que la cour est trempée***.
– CC de **but** (ce que l'on souhaite atteindre) ; **Ex :** *Elle travaille* ***pour gagner sa vie***.
– CC de **comparaison** (ressemblance ou différence entre éléments) ;
Ex : *Il est rusé* ***comme un renard***.
– CC d'**accompagnement** (compagnie ou absence de quelqu'un).
Ex : *J'arrive* ***avec Léa***, *mais* ***sans Hugo***.

3 Les classes grammaticales des CC

- Les compléments circonstanciels peuvent appartenir aux classes grammaticales suivantes :

– un **nom** ou un **groupe nominal** (avec ou sans préposition) ;
Ex : ***Cet été***, *nous voyagerons* ***en Grèce en voiture***.
– un **pronom** (avec préposition) ; **Ex :** ***Grâce à toi***, *nous arriverons* ***avant eux***.
– un **groupe infinitif prépositionnel** ; **Ex :** *Je suis venu ici* ***pour vous voir***.
– un **adverbe** ; **Ex :** ***Demain***, *tu conduiras* ***prudemment***.
– un **gérondif** (*en* + participe présent) ; **Ex :** *Robin est arrivé* ***en courant***.
– une **proposition subordonnée**. **Ex :** *Sonia chante* ***parce qu'elle est heureuse***.

- **Remarque :** certains compléments de temps et de lieu sont considérés comme **essentiels** car on ne peut ni les supprimer ni les déplacer ► Leçon 10, p. 302.

Ex : *Je viens* ***du Jura***. *Il est* ***au marché***. *Ce cours a duré* ***deux heures***.

Je m'évalue

1 Identifiez les compléments circonstanciels en rose : accompagnement, moyen, but, conséquence, manière, cause, comparaison.

a. Les élèves sont partis pour Toulouse en autocar. **b.** J'ai appris cette nouvelle avec joie. **c.** J'ai fixé mes étagères avec une perceuse. **d.** Nous faisons de la grammaire pour réfléchir sur la langue. **e.** J'ai oublié ma carte d'identité, de sorte que j'ai raté mon avion. **f.** En apprenant mon succès, mes parents se sont réjouis. **g.** Avec mes amis, nous avons dansé tard dans la nuit. **h.** Elle est connue pour sa gentillesse. **i.** Viens-tu pour l'organisation de la fête ? **j.** Les flocons de neige volent comme des papillons blancs.

2 Indiquez la fonction des compléments circonstanciels en rose : cause, conséquence, temps, lieu, manière.

a. À vingt heures, le concert a commencé. **b.** Il pleut à Rennes. **c.** Nina parle à voix basse. **d.** Il court à perdre le souffle. **e.** Manon chante en prenant sa douche. **f.** Hugo s'est cassé le bras en tombant de vélo. **g.** Elle regarde par la fenêtre au lieu de travailler. **h.** Par sa faute, nous ne sortirons pas. **i.** Colin est très distrait par moments. **j.** Des rires fusaient de la salle. **k.** Trop d'enfants souffrent de la faim. **l.** Il travaille de nuit.

3 **Remplacez les CC en rose par des groupes nominaux de même fonction (but, cause).**

Ex : *Une loi vient d'être votée pour **protéger l'environnement**. → Une loi vient d'être votée pour **la protection de l'environnement**.*

a. Un plombier est venu pour réparer la fuite. **b.** En pleurant, elle l'a attendri. **c.** Véra a une nouvelle idée pour décorer sa chambre. **d.** En racontant cette scène, vous m'avez ému. **e.** J'ai une bonne recette pour faire cuire le riz. **f.** Afin de bien comprendre le fonctionnement de l'appareil, lisez le mode d'emploi. **g.** Nos joueurs ont conquis un titre national en battant cette équipe **h.** Une somme a été allouée par la mairie pour refaire le petit pont.

4 **Complétez les phrases avec les complément(s) circonstanciel(s) indiqués. Variez les classes grammaticales.**

Ex : *Elle regarde la télévision* (CC de temps, CC de but).
→ ***Le soir**, elle regarde la télévision **pour se détendre**.*

a. Il fait très chaud (*CC de temps, CC de comparaison*). **b.** Mes parents déménagent bientôt (*CC de lieu, CC de cause*). **c.** Le principal convoqua l'élève (*CC de temps, CC de lieu, CC de but*). **d.** Nassim a pris le train (*CC de temps, CC de lieu – destination, CC d'accompagnement*). **e.** Claudia est contrariée (*CC de cause*). **f.** Les pompiers ont combattu le feu (*CC de temps, CC de manière*). **g.** Les jours rallongent (*CC de temps*).

5 **Distinguez les COD, les compléments essentiels de lieu et les compléments circonstanciels.**

a. Si vous êtes à Marseille, attardez-vous sur la Canebière. **b.** Allez à l'hôtel de Noailles d'où vous apercevrez la gare Saint Charles. **c.** Dans le vieux port, arrêtez-vous devant les bateaux. **d.** Du quai, vous pourrez admirer de beaux thoniers.

6 **Indiquez la fonction et la classe grammaticale des compléments circonstanciels en rose (groupe nominal ou pronom précédé d'une préposition, groupe infinitif prépositionnel, proposition subordonnée).**

a. Il a reçu une coupe pour avoir gagné la course. **b.** Ferme les volets pour retenir la chaleur. **c.** Grâce à son enthousiasme, elle a réussi à nous convaincre. **d.** La neige est si épaisse qu'on ne voit plus rien. **e.** Je ne peux pas sortir sans toi. **f.** Il est sorti pour prendre l'air. **g.** Les cigognes sont reparties pour l'Afrique.

7 DICO **Transformez les groupes prépositionnels compléments circonstanciels de manière en adverbes.**

Ex : *avec politesse → poliment.*

a. Nous t'avons répondu avec gentillesse. **b.** Théo a sauté la barrière avec imprudence. **c.** Cela se fait de façon courante. **d.** Lou a dévoilé un secret sans le vouloir. **e.** Les pompiers sont intervenus avec rapidité. **f.** Il a répondu avec adresse à ses questions. **g.** Tu dois suivre les cours avec plus d'assiduité. **h.** Il lui a parlé avec sévérité. **i.** Écoute avec attention.

8 **Remplacez les pointillés par la préposition qui convient : *de, en, vers, à* (deux fois), *grâce à, pour, de peur de, chez, par.* Identifiez les compléments circonstanciels et indiquez leur fonction.**

a. Émile a éteint son portable …… ne pas être dérangé. **b.** Ma sœur a pleuré …… joie en apprenant la nouvelle. **c.** Je suis allée …… Rome …… le train. **d.** Il est entré …… riant. **e.** Téléphonez-moi …… midi. **f.** Il a oublié son sac …… son frère. **g.** Les alpinistes ont été sauvés …… la rapidité des sauveteurs. **h.** Il fait un temps …… ne pas mettre un chien dehors. **i.** Marie ne disait rien …… se faire remarquer.

Grammaire pour lire

SOCLE **Compétence 1** – Utiliser ses compétences sur la langue pour lire.

9 **1.** **Indiquez la classe grammaticale (groupe nominal ou groupe infinitif prépositionnel, gérondif, adverbe) et la fonction des compléments circonstanciels en rose.**

2. **Quels aspects de la dictée sont mis en valeur par ces compléments ?**

La narratrice évoque le souvenir du moment de la dictée à l'école, dans son enfance.

La maîtresse se promène dans les travées entre les pupitres, sa voix sonne clair, elle articule chaque mot très distinctement, parfois même elle triche un peu en accentuant exprès une liaison, pour nous aider, pour nous faire entendre par quelle lettre tel mot se termine. Les mots de la dictée semblent être des mots choisis pour leur beauté, leur pureté parfaite.

Nathalie Sarraute, *Enfance* (1983), © Gallimard.

Grammaire pour écrire

SOCLE **Compétence 1** – Rédiger un texte bref à partir de consignes données.

10 **Comme dans l'extrait de l'exercice 9, évoquez à votre tour une séance de dictée en utilisant cinq compléments circonstanciels différents.**

12 Les compléments circonstanciels (2)

J'observe

Phrases

a. Je serai là en cas de besoin. **b.** Si tu as besoin de moi, je serai là.
c. Julia est sortie malgré la neige. **d.** Bien qu'il neige, Julia est sortie. **e.** Il pleut à Nice, alors qu'il fait beau à Paris.

Observez les compléments circonstanciels de condition (phrases **a** et **b**) et d'opposition (phrases **c**, **d** et **e**) en orange.

1. Classez ces compléments en groupes prépositionnels et propositions subordonnées.
2. Quels faits s'opposent dans la phrase **e** ?
3. Dans les phrases **c** et **d**, quel fait s'oppose à la réalisation de l'autre sans toutefois l'empêcher ?

Leçon

1 Le complément circonstanciel de condition

- Il exprime un **fait** possible **soumis à une condition**.
- Classes grammaticales des CC de condition :
  – **groupe nominal, pronom** précédé d'une préposition (*avec, sans, en cas de*) ;
  Ex : ***En cas de beau temps****, nous irons au parc.* ***Sans lui****, je n'aurais rien compris.*
  – **groupe infinitif** (précédé de *à condition de, à moins de*) ;
  Ex : ***À condition de te reposer****, tu pourras guérir.*
  – **gérondif** ;
  Ex : ***En m'écoutant bien****, vous comprendrez.*
  – **proposition subordonnée de condition** (introduite par les conjonctions ou locutions *si* + indicatif, *à supposer que* + subjonctif, *à condition que* + subjonctif) ► Leçons 17, p. 316 ; 26, p. 340.
  Ex : ***Si tu venais****, je serais contente. J'irai* ***à condition que tu y ailles****.*

2 Le complément circonstanciel d'opposition

- Il exprime une **opposition** lorsque deux faits opposés coexistent sans que l'un fasse obstacle à l'autre.
  Ex : *Pierre est blond* ***tandis que sa sœur est brune****.*
- Il exprime une **concession** lorsque l'un des deux faits s'oppose à la réalisation de l'autre sans toutefois l'empêcher.
  Ex : *Je ferai mon exposé* ***bien que je sois grippée****.*
- **Remarque :** le terme d'*opposition* recouvre les nuances d'*opposition* et de *concession*.
- Classes grammaticales des CC d'opposition :
  – **groupe nominal** ou **pronom** précédé d'une préposition (*malgré, en dépit de, contrairement à, à part, au lieu de*) ;
  Ex : ***Au lieu de thé****, je prendrai de l'eau.*
  – **groupe infinitif** précédé d'une préposition (*au lieu de, plutôt que*) ;
  Ex : *Ils prirent un sentier* ***au lieu de suivre la route****.*
  – **gérondif** précédé de *tout* ;
  Ex : ***Tout en paraissant écouter****, il pensait à autre chose.*
  – **proposition subordonnée conjonctive d'opposition** introduite par les locutions conjonctives *tandis que, alors que, même si* (+ indicatif) ; *bien que, quoique, si… que* (+ subjonctif) ;
  Ex : *Maëlle est blonde* ***tandis que Romane est brune****.*
  Bien qu'elle sache nager*, elle a peur de l'eau.*
  – **proposition subordonnée relative d'opposition** introduite par *qui que, quoi que, où que, quelque… que, quel(le) que* (+ subjonctif).
  Ex : ***Quoi qu'elle fasse****, on l'aime bien.* ***Quelle que soit ma patience****, elle a des limites.*

Je m'exerce

1 1. Identifiez les compléments circonstanciels en rose (condition, opposition).
2. Indiquez leur classe grammaticale : groupe nominal ou pronom précédé d'une préposition, gérondif, proposition subordonnée.
a. Malgré ses efforts, Adèle n'a pas réussi à nous convaincre. **b.** En grimpant sur l'arbre, je peux attraper le chat. **c.** Contrairement à vous, ils ont refusé d'obéir. **d.** Sans cette faute, ils auraient gagné le match. **e.** J'ai commis cette erreur malgré moi. **f.** En dépit de son sourire aimable, elle semblait fâchée. **g.** Il fait chaud chez toi, alors qu'il gèle dehors.

2 Complétez les phrases avec des compléments et précisez les fonctions de ces groupes (condition ou opposition).
a. Ce garçon, en dépit de ......, n'a pas réagi assez vite. **b.** Ce film nous plairait, sans ...... ! **c.** Léa aurait pu réussir son contrôle, en .... **d.** Au lieu de ......, lis un bon roman ! **e.** Il s'est engagé dans la rue malgré .... **f.** En cas de ......, prends un parapluie. **g.** Tout en ......, il se met parfois en colère. **h.** Malgré ......, elle reste optimiste ! **i.** Sans ......, il se serait découragé.

3 1. Complétez avec la préposition ou le mot de subordination qui convient.
2. Précisez la fonction du complément circonstanciel (condition, opposition).
a. ...... cet acteur soit célèbre, il mène une vie retirée. **b.** ...... prendre le car, ils ont préféré rentrer à pied. **c.** On peut traverser ce lac, ... savoir nager. **d.** ...... vous voyez Marie, dites-lui de me rejoindre. **e.** ...... prenant la route du lac, tu aurais gagné du temps. **f.** Il a plu cet été à Paris, ... en Corse le soleil brillait tous les jours. **g.** ...... beaucoup de patience, tu termineras ce puzzle. **h.** .... la pluie, nous nous sommes promenés.

4 Reliez les phrases des listes 1 et 2 en formant une proposition subordonnée de concession ou d'opposition. Le mode du verbe peut changer.
Liste 1. a. Paul est bavard. **b.** J'ai terminé mon roman. **c.** L'avion a décollé.
Liste 2. 1. Tu commences le tien. **2.** La météo est mauvaise. **3.** Sa sœur est très réservée.

Grammaire pour lire

SOCLE **Compétence 1** – Utiliser ses compétences sur la langue pour lire.

5 1. Indiquez la classe grammaticale et la fonction des compléments circonstanciels en rose.
2. Quelle représentation des fantômes ces compléments circonstanciels mettent-ils en valeur ?

La narratrice évoque les lectures de sa mère qui ont influencé les siennes. C'est la mère qui parle.

– Tu as lu cette histoire de fantôme, Minet-Chéri[1] ? Comme c'est joli, n'est-ce pas ? Y a-t-il quelque chose de plus joli que cette page où le fantôme se promène à minuit, sous la lune, dans le cimetière ? [...] Ce doit être ravissant, un fantôme. Je voudrais bien en voir un, je t'appellerais. Malheureusement ils n'existent pas. Si je pouvais me faire fantôme après ma vie, je n'y manquerais pas, pour ton plaisir et pour le mien.

Colette, *La Maison de Claudine* (1922), © LGF.

1. **Minet-Chéri :** nom que la mère de la narratrice donne à sa fille Colette.

Grammaire pour écrire

SOCLE **Compétence 1** – Rédiger un texte bref à partir de consignes données.

6 À partir des expressions suivantes, construisez des phrases comportant un complément circonstanciel de condition. Respectez les classes grammaticales indiquées et écrivez les verbes au mode, au temps et à la personne qui conviennent.
Ex : *grève des transports/ annuler son voyage* **(groupe nominal)**. → *En cas de grève des transports, nous annulerions notre voyage.*
a. Commettre un excès de vitesse / retrait de points du permis de conduire (*proposition subordonnée*). **b.** L'avion n'atterrit pas / vent trop violent (*groupe nominal*). **c.** Progresser / travailler (*gérondif*).

7 À partir des expressions suivantes, construisez des phrases comportant un complément circonstanciel d'opposition de la classe indiquée.
a. Être de caractère calme / se mettre parfois en colère (*gérondif précédé de* tout). **b.** Travailler / bruit (*groupe nominal*). **c.** Film médiocre / obtenir un succès commercial (*proposition subordonnée*).

13 Les types et les formes de phrases ; la forme emphatique

J'observe

Phrases

a. Léa joue dehors. **b.** Elle joue dehors, Léa. **c.** C'est Léa qui joue dehors. **d.** Dans le parc jouent Léa et Paul.

Par quels procédés le sujet (en orange) est-il mis en valeur dans les phrases b, c et d ?

Leçon

1 Les types de phrases

- La **phrase déclarative affirme** ou **nie** un fait. Elle se termine par un point.
Ex : *Il fait froid. Il ne fait pas froid.*

- La **phrase interrogative** pose une **question**. Elle est introduite par un mot interrogatif (*qui, que, quoi, quel(le), où, quand, comment*) et se termine par un point d'interrogation.
Ex : ***Quel*** *est ton nom ?* ***Où*** *vas-tu ?*
On distingue l'**interrogation totale** (réponse par *oui* ou *non*) et l'**interrogation partielle** (portant sur un élément précis). **Ex :** *Viens-tu en train ? Quelle heure est-il ?*

- La **phrase injonctive** donne un **ordre**, un **conseil** ou une **interdiction**. Le verbe est au mode impératif, subjonctif ou infinitif.
Ex : *Répondez-moi vite. Qu'il entre. Ne pas courir dans les couloirs.*
Un ordre peut s'exprimer aussi au moyen d'une phrase déclarative ou interrogative.
Ex : *Tu fermeras les volets. Vas-tu te taire ?*

- La **phrase exclamative** marque un **sentiment**. Elle peut être introduite par un mot exclamatif (*comme, quel, que…*) et se termine par un point d'exclamation.
Ex : *Comme c'est gai ! Quelle belle journée !*
Elle peut se combiner avec une phrase injonctive ou déclarative pour exprimer une émotion.
Ex : *Sortez ! C'est horrible !*

2 Les formes de phrases

- La **forme affirmative affirme** un fait, la **forme négative** le **nie** à l'aide des locutions négatives *ne… pas / plus / jamais / personne / que ; personne / rien… ne ; ni… ni…*
Ex : *J'ai vu* ***quelqu'un***. → *Je* ***n'****ai vu* ***personne***.

- À la forme (ou voix) **active**, l'**agent** de l'action est mis en valeur ; à la forme (ou voix) **passive**, c'est le **patient** (qui subit l'action) qui est mis en valeur. ► Leçon 23, p. 332
Ex : ***Le vent*** *a arraché l'arbre.* → ***L'arbre*** *a été arraché par le vent.*

- Les verbes à la **forme impersonnelle** se conjuguent seulement à la **3e personne du singulier** : *il y a, il faut, il neige, il a été dit, il reste, il manque…* Certains de ces verbes ont un sujet apparent ou grammatical (*il*), suivi d'un sujet réel. **Ex :** ***Il*** *reste* ***deux gâteaux***. (= ***Deux gâteaux*** *restent*).

- La **forme emphatique** consiste à **mettre en relief** un élément de la phrase :
– par modification de l'ordre habituel des mots ; **Ex :** ***De l'arbre*** *s'envola* ***un oiseau étrange***.
– par détachement d'un mot (ou groupe de mots) en début ou en fin de phrase, repris par un pronom ; **Ex :** ***Elle*** *est magnifique,* ***cette tour*** *!* ***Cette tour, elle*** *est magnifique !*
– par l'emploi d'un présentatif associé à un pronom relatif : *c'est / c'était, il y a / avait, voilà / voici… qui, que, dont, où, à quoi…*
Ex : ***C'est*** *moi* ***qui*** *l'ai invité.* ***Voilà*** *un livre* ***qui*** *me plaît.*

Remarque : les **types** peuvent **se combiner** avec une ou plusieurs **formes** de phrases.
Ex : *N'est-ce pas ce concert qui a été annulé ?* → type interrogatif ; forme négative, passive et emphatique.

Je m'exerce

1 **Identifiez les types et les formes des phrases suivantes.**

a. Ne vous faites pas de souci pour moi. **b.** Comme tu as l'air fatigué, toi ! **c.** C'est dans le Jura qu'il pleut le plus en France. **d.** Ton portable est-il réparé ?

2 **Distinguez les interrogations totales et partielles. Dans ces dernières, sur quel élément la question porte-t-elle (sujet, COD, CC) ?**

a. N'aurais-tu pas oublié ta montre ? **b.** Dans quelle région sont-ils en vacances ? **c.** Est-il tombé beaucoup de neige ? **d.** Qui Julie a-t-elle rencontré ? **e.** Qui a osé crier ainsi ?

3 **Réécrivez ces phrases en utilisant pour chacune un autre moyen de donner l'ordre.**

Ex : *Tu ne cours pas s'il te plaît.*
→ *Ne cours pas s'il te plaît.*

a. Qu'on me laisse sortir ! **b.** Tu mélanges la moutarde, le sel et l'huile. **c.** Halte-là ! **d.** Tu n'oublieras pas nos clés. **e.** Ne pas marcher sur la pelouse. **f.** Mange ton dessert.

4 **Transformez ces phrases de la forme affirmative à la forme négative et inversement.**

a. Théo n'est jamais fatigué. **b.** Cet enfant lit beaucoup. **c.** J'ai vu quelque chose bouger. **d.** Sarah s'occupe de tout ! **e.** Quelqu'un a frappé. **f.** Tu ne me fais plus confiance.

5 **Mettez les phrases actives à la forme passive et inversement.**

a. L'incendie a détruit des hectares de forêt. **b.** Les skieurs ont été piégés par l'avalanche. **c.** La panne d'électricité n'a pas été réparée. **d.** Robin a pris la direction du groupe.

6 **Parmi ces phrases, indiquez celles qui sont à la forme impersonnelle.**

a. Il est arrivé à Lille. **b.** Il est arrivé un accident. **c.** Il court un bruit inquiétant. **d.** Il court le Marathon de Paris. **e.** Il a fait une tarte aux pommes. **f.** Il a fait un temps magnifique.

7 **Réécrivez ces phrases à la forme impersonnelle.**

a. Un murmure s'éleva dans la salle. **b.** Un incident s'est produit dans ce bus. **c.** Une pluie violente est tombée cette nuit. **d.** Une montre a été trouvée dans la classe.

8 **1. Relevez les termes mis en valeur et indiquez les procédés de l'emphase.**

2. Rétablissez l'ordre normal des mots.

a. Ce chat, il est magnifique ! **b.** C'est au cinéma que je l'ai rencontré. **c.** À vous, je peux confier ce secret ! **d.** C'est en forgeant qu'on devient forgeron. **e.** Voilà une histoire qui est étonnante !

9 **Mettez les phrases à la forme emphatique en mettant en valeur le groupe en rose par un procédé de votre choix.**

a. Je vous ai téléphoné la semaine dernière. **b.** Cette affaire a fait grand bruit. **c.** Je préfère le thé vert. **d.** Elle est tombée en faisant du ski. **e.** Il n'a pas perdu son temps.

10 **Complétez par le pronom qui convient (*qui, que, dont, où*).**

a. Des fruits frais, c'est ce ...... je manque. **b.** Jouer au ballon, voilà ce ...... leur plaît. **c.** C'était le pays ...... tu rêvais aller. **d.** C'est le Sacré-Cœur ...... l'on voit de ma fenêtre.

Grammaire pour lire

SOCLE **Compétence 1** – Utiliser ses connaissances sur la langue pour lire.

11 **Lisez cet extrait fictif du journal intime d'Adèle, écrit pendant la guerre de 1914-1918.**

1. Identifiez les types et formes des phrases en rose.

2. Quels éléments sont mis en valeur dans les propositions en vert et par quel procédé ?

3. Quelles sont les émotions exprimées par ces types et formes de phrases ?

4 janvier 1917

Étienne Morelot est parti hier pour le front. Ça faisait mal à voir, il est marié depuis un mois, son Alette s'accrochait à lui en pleurant. Pourtant, elle savait depuis longtemps qu'il devait partir, Étienne, mais c'est comme si elle n'y croyait pas. Et lui, il détachait doucement ses mains en disant : « Lâche-moi, Alette, sois raisonnable. Veux-tu donc qu'ils me fusillent comme déserteur ? » Et elle criait : « Non, ne pars pas, je t'en supplie, ne pars pas, je ne pourrai pas vivre ! Ne pars pas ! » Finalement, Étienne est parti. Et Alette sanglote depuis hier, la tête dans son tablier, chez sa mère.

Paule du Bouchet, *Le Journal d'Adèle. 1914-1918* (1995),
© Gallimard Jeunesse.

Grammaire pour écrire

SOCLE **Compétence 1** – Rédiger un texte bref à partir de consignes données.

12 **Inventez un court dialogue entre deux personnes qui se retrouvent après quelques mois de séparation. Utilisez les quatre types de phrases et des formes de phrases variées, dont deux formes emphatiques.**

14 Phrase et proposition ; juxtaposition, coordination, subordination

RÉVISIONS

Rappels

1 Phrase et proposition

- La **phrase** est formée d'un mot ou d'un ensemble de mots qui font sens. Elle commence par une majuscule et se termine par un point, un point d'exclamation ou un point d'interrogation.
- La **phrase verbale** s'organise autour d'un verbe conjugué.
Ex : *Ton idée **est** géniale !*
- La **phrase non verbale** ne comporte pas de verbe.
Ex : *Sortie du film demain.*
- La **proposition** est un groupe de mots organisés autour d'un verbe conjugué. La phrase contient autant de propositions que de verbes conjugués.
Ex : *[Les feuilles **tombent**] [quand **vient** l'automne].* → deux verbes, deux propositions.
- La **phrase simple** ne comporte qu'un verbe conjugué : elle est constituée d'une seule proposition, dite **indépendante**.
Ex : *Victor **chante** au travail.*
- La **phrase complexe** contient plusieurs verbes conjugués : ses propositions sont reliées entre elles par **juxtaposition**, **coordination** ou **subordination**.

2 La juxtaposition

- Les propositions **juxtaposées** sont séparées par une virgule, un point-virgule ou deux-points.
- Elles sont liées par un rapport de sens : **chronologique** (succession dans le temps) ou **logique** (cause, conséquence, opposition).
Ex : *[Il **entra**], [**posa** son sac].* → succession.
*[Il **se tut**], [il **était épuisé**].* → conséquence, puis cause.

3 La coordination

- Les propositions **coordonnées** sont reliées par un outil de liaison ou **connecteur** ► Leçon 19, p 320 : **conjonction de coordination** (*et, ou, ni, mais, or, car, donc*) ou **adverbe de liaison** (*en effet, cependant, enfin*...). **Ex :** *[Il **travaille**,] [donc il **réussit**].*
- La coordination permet d'exprimer des liens **chronologiques** (*puis, ensuite* : succession) ou **logiques** (*car, en effet* : cause ; *donc* : conséquence ; *mais, pourtant, or* : opposition ; *et, en outre* : addition ; *ou* : alternative).

4 La subordination ► Leçons 15 à 17, p. 312 à 317

- Une proposition **subordonnée** dépend d'une proposition **principale**. Elle est introduite par un mot subordonnant :
– une **conjonction de subordination** (*que, lorsque, parce que, si... que, tellement... que, pour... que*) ;
Ex : *[Je **sais**] [que la guerre **est finie**].*
– un **pronom relatif** (*qui, que, quoi, dont, où*...) ;
Ex : *[J'**ai vu** un film] [qui m'**a plu**].*
– un **mot interrogatif** (*si, où, pourquoi*...).
Ex : *[Je me **demande**] [où **est** Léa].*
- **Remarque :** le même rapport logique peut s'exprimer par juxtaposition, coordination ou subordination.
Ex : *Je n'ai plus peur **:** l'orage s'éloigne.* → lien implicite de cause, juxtaposition.
*Je n'ai plus peur **car** l'orage s'éloigne.* → lien explicite de cause, coordination.
*Je n'ai plus peur **puisque** l'orage s'éloigne.* → lien explicite de cause, subordination.

Je m'évalue

1 Transformez les phrases verbales en phrases non verbales et inversement.

a. Les travaux se terminent dans un mois. **b.** Attention aux piétons ! **c.** Ce terrain est à vendre. **d.** Le train part dans deux minutes. **e.** Retour de l'Opéra de Pékin à Paris. **f.** Un jardin. Clair de lune ; un pavillon dans le fond. (*didascalie de théâtre*). **g.** Délicieuse, ta tarte !

2 Distinguez les phrases simples et les phrases complexes. Délimitez les propositions.

a. Le ballon rouge monte, s'arrête et redescend. **b.** La porte du buffet grince toujours. **c.** La voiture qui démarre est la plus rapide. **d.** Pourquoi as-tu ri en me voyant ? **e.** Je crois que je l'admire car elle a du talent. **f.** Qui l'a vue quand elle est descendue du bus ?

3 Rétablissez le lien implicite entre les propositions juxtaposées en introduisant un connecteur Indiquez son sens.

a. Je suis trempée : l'averse nous a surpris. **b.** Nora se sent triste : je vais lui tenir compagnie. **c.** Il voulait faire de l'escalade ; son père n'est pas d'accord : il est déçu.

4 Complétez avec la conjonction de coordination qui convient et précisez son sens.

a. Je ne peux rentrer chez moi ...... j'ai perdu ma clé. **b.** Il est rentré ...... s'est précipité à table. **c.** Viens-tu dîner avec nous ...... rentres-tu chez toi ? **d.** Pyrrhus aime Andromaque, ... elle, elle ne l'aime pas. **e.** Tu ne m'as pas écouté ; ...... je t'avais prévenu. Te voilà ...... puni.

5 Remplacez la conjonction de coordination par un mot subordonnant de sens équivalent : *si... que, parce que, bien que.* Un changement de mode est parfois nécessaire.

a. J'ai compris cet exercice car tu nous l'as bien expliqué. **b.** Elle a couru vite mais elle a raté son train. **c.** Ma valise était pleine : je n'ai donc pas pu prendre tes livres.

6 Remplacez chaque groupe en rose par une proposition subordonnée de même sens.

a. Dès le lever du jour, ils partent aux champs. **b.** La nuit, tous les chats sont gris. **c.** En dépit de son âge, Angèle est toujours très active. **d.** Il prévient ses parents de son retard. **e.** Il part seul en mer par goût de la solitude.

7 Complétez les phrases par une proposition principale ou par une subordonnée.

a. Il est dommage que .... **b.** ...... tandis qu'elle dormait. **c.** ...... que tu as raconté ce matin. **d.** Si j'avais un vélo, ...

Henri Rousseau dit **Le Douanier Rousseau** ▶ (1844-1910), *Le Parc Montsouris* (1910), huile sur toile , 46 x 38 cm (musée Pouchkine, Moscou, Russie).

Grammaire pour lire

8 1. Délimitez les propositions en vous aidant des outils de subordination et de coordination en rose ainsi que des virgules. Dites si elles sont juxtaposées, coordonnées ou subordonnées.

2. Remplacez les deux virgules en rose (l. 3 et 9) par des liens logiques explicites.

La narratrice raconte son enfance chez son père, à Paris.

Quand Monsieur Laran vient chez mon père, il amène avec lui son fils Pierre qui a mon âge. Mon père estime beaucoup Monsieur Laran, c'est un savant, il enseigne dans une grande école, je crois que c'est à l'« École des Mines ». Mon père dit que Pierre est très intelligent, très fort en sciences, toujours le premier de sa classe. Je dois passer avec lui une grande partie de l'après-midi, et nous devons prendre l'air, il faut que nous allions jouer au parc Montsouris.

Nathalie Sarraute, *Enfance* (1983), © Gallimard.

Grammaire pour écrire

SOCLE **Compétence 1** – Rédiger un texte bref à partir de consignes données.

9 La narratrice (extrait de l'exercice 8) rentre du jardin public et raconte son après-midi à son père. Écrivez brièvement son récit en utilisant deux phrases simples et deux phrases complexes, constituées de propositions juxtaposées, coordonnées et subordonnées.

15 Les propositions subordonnées relatives, complétives et interrogatives indirectes

RÉVISIONS

Rappels

• Une **proposition subordonnée** dépend d'une autre proposition dite **principale**.

Ex : *[J'espère]* (prop. principale) *[que tu viendras.]* (prop. subordonnée)

1 La subordonnée relative

Fonction	Outils de subordination	Exemples
– **Complément de l'antécédent** (nom, GN ou pronom). C'est une expansion du nom ou du pronom ► Leçon 8, p. 298 – **Sans antécédent :** mêmes fonctions qu'un GN (*celui* est sous-entendu)	**Pronoms relatifs :** – formes simples : *qui, que* (ou *qu'*), *quoi, dont, où* – formes composées : *auquel, lequel*… ► Leçon 4, p. 286	– *J'ai visité la ville* ***où Racine est né.*** – ***Qui aime bien*** *châtie bien.* – *Je n'ai pas vu le film* ***auquel*** *vous faites allusion.*

2 La subordonnée complétive

Fonctions	Outil de subordination	Exemples
– **Complément d'objet direct** ou **indirect** d'un verbe : • d'opinion ou de déclaration : *dire, croire, penser* (+ indicatif) • de volonté : *vouloir, souhaiter, s'attendre à* (+ subjonctif) • de sentiment : *craindre, regretter* (+ subjonctif) – **Sujet** (+ subjonctif) – **Attribut du sujet** – **Complément de l'adjectif**	**Conjonction de subordination :** *que* (ou préposition + *que*)	– *Je pense* ***qu'il est content.*** – *Je m'attends* ***à ce qu'elle arrive tard.*** – *Je regrette* ***qu'elle parte.*** – ***Qu'il mente*** *m'étonne.* – *La vérité est* ***qu'il ment.*** – *Je suis sûr* ***qu'il ne ment pas.***

3 La subordonnée interrogative indirecte

Fonction	Outils de subordination	Exemples
Complément d'objet direct d'un verbe de demande, d'ignorance (*demander, ignorer*) ou des verbes *apprendre, savoir, expliquer, étudier, décider*… (+ indicatif)	**Mots interrogatifs :** – **pronoms :** *qui, que, lequel, ce qui, ce que* – **adverbes :** *où, comment, pourquoi, si* – **adjectifs :** *quel(le)(s), à quel(le)(s)*	– *J'ignore* ***qui a appelé.*** – *Explique-moi* ***comment tu fais.*** – *Dis-moi* ***quel est ton âge.***

• **Remarque :** la proposition **subordonnée interrogative indirecte** est particulièrement utilisée dans la transposition du discours direct au discours indirect ► Leçon 21, p. 326.
Ex : *«* ***Viens-tu*** *avec moi ? » demanda-t-elle à Théo.* → *Elle demanda à Théo* ***s'il venait avec elle.***

• **Remarque :** on peut remplacer une **subordonnée complétive** ou **interrogative indirecte** par un **groupe nominal** complément d'objet.
Ex : *J'espère* ***qu'il viendra.*** → *J'espère* ***sa venue.***
Je ne comprends pas ***pourquoi tu es inquiet.*** → *Je ne comprends pas* ***la raison de ton inquiétude.***

Je m'évalue

1 Identifiez les propositions subordonnées introduites par *que* : complétive ou relative.

a. Il faut attendre qu'elle revienne. **b.** Regarde le bouquet qu'il t'a apporté. **c.** As-tu les réponses que tu attendais ? **d.** On annonce que le préfet a démissionné. **e.** Je suis sûre qu'elle l'a fait exprès.

2 Distinguez les propositions subordonnées relatives et les propositions subordonnées interrogatives indirectes.

a. Le village où elle habite est tout petit. **b.** Je ne sais pas où elle habite. **c.** Je me demande ce que Lou a pu te dire. **d.** Dis-moi le secret que Lou t'a confié. **e.** Dis-moi qui a téléphoné. **f.** C'est Paul qui a téléphoné. **g.** On ignore les motifs qui l'ont poussé à se comporter ainsi. **h.** Je ne sais pas qui l'a influencé.

3 Transformez les groupes nominaux en rose en propositions subordonnées complétives ou interrogatives indirectes en faisant les modifications qui conviennent.

Ex : *Un haut-parleur annonce **le retard du train**.*
→ *Un haut-parleur annonce **que le train est en retard**.*

a. Je regrette ton prochain départ. **b.** Avez-vous appris la démolition de l'immeuble ? **c.** Demandez les horaires d'ouverture du magasin. **d.** On annonce de l'orage pour ce soir. **e.** Nous souhaitons le renouvellement de l'équipe. **f.** Je ne souhaite évidemment pas votre démission.

4 Remplacez la proposition subordonnée conjonctive en rose par le groupe nominal correspondant.

a. Je souhaite qu'elle soit élue au titre de déléguée du collège. **b.** Nous sommes heureux que vous nous souteniez. **c.** On craint que les négociations ne se rompent. **d.** Nous regrettons que la réunion soit reportée. **e.** On prévoit que le froid s'aggravera demain.

5 Complétez les propositions principales de la liste 1 par les subordonnées de la liste 2 qui conviennent. Indiquez leur classe.

Liste 1 : a. Voilà la maison… **b.** Il faut… **c.** Les élèves ignorent… **d.** Les passagers craignent… **e.** Elsa a vu ce film… **f.** Les spectateurs se demandent…

Liste 2 : g. …s'ils auront un contrôle. **h.** …quand le spectacle commencera. **i.** …que le train n'ait du retard. **j.** …dont vous avez parlé. **k.** …où Balzac est né. **l.** …que tu prennes ton billet.

6 Complétez les phrases en mettant les verbes au mode et au temps qui conviennent.

a. Elle veut que je (voir) sa maison. **b.** J'espère que vous ne (partir) pas demain. **c.** Je crains qu'elle ne (vouloir) pas danser. **d.** Je suis content que tu (aller) mieux.

7 Remplacez les interrogations directes par des subordonnées interrogatives indirectes en commençant par *Dis-nous...*

Ex : *Où vas-tu ?* → ***Dis-nous** où tu vas.*

a. De quelle couleur est sa robe ? **b.** Qui préfères-tu dans ta classe ? **c.** Viendras-tu nous voir ? **d.** Pourquoi est-elle triste ? **e.** Qu'est-ce que tu as vu là-bas ?

8 Indiquez la fonction des propositions complétives en rose : COD, COI, sujet, attribut du sujet, complément de l'adjectif.

a. Je ne sais pas si Pedro aime danser. **b.** Le plus surprenant est qu'il ne t'ait rien dit ! **c.** Nous veillons à ce que tu te sentes bien. **d.** Je n'étais pas certaine qu'il viendrait. **e.** Qu'il pleuve demain est bien probable.

Grammaire pour lire

SOCLE **Compétence 1** – Utiliser ses compétences sur la langue pour lire.

9 **1.** Identifiez les propositions subordonnées introduites par les mots subordonnants en rose.
2. Quelle image de Charlotte le narrateur donne-t-il en utilisant ces subordonnées ?

Le narrateur évoque sa grand-mère française, qui vit dans la steppe russe depuis 1921.

Et pourtant, Charlotte, qui devait avoir à l'époque soixante-quatre ou soixante-cinq ans, était belle. S'installant en bas de la rive escarpée et sablonneuse de la Soumra, elle lisait sous les branches des saules qui recouvraient sa robe d'une résille[1] d'ombre et de soleil. Ses cheveux argentés étaient rassemblés sur la nuque. Ses yeux me regardaient, de temps à autre, avec un léger sourire. J'essayais de comprendre ce qui, dans ce visage, dans cette robe très simple, irradiait[2] la beauté dont j'étais presque confus de reconnaître l'existence. […]

Et avec une joie insolite[3], je constatai qu'il n'y avait pas de frontière stricte entre le tissu fleuri de sa robe et l'ombre tachetée de soleil.

Andreï Makine, *Le Testament français* (1995),
© Mercure de France, 2010.

1. **résille** : sorte de filet. 2. **irradiait** : faisait rayonner. 3. **insolite** : inhabituelle.

Grammaire pour écrire

SOCLE **Compétence 1** – Rédiger un texte bref à partir de consignes données.

10 En vous inspirant de l'extrait précédent, décrivez une personne que vous trouvez belle. Utilisez au moins une proposition subordonnée relative, une conjonctive, une interrogative indirecte.

16 Les propositions subordonnées circonstancielles (1)

RÉVISIONS

Rappels

1 Les propositions subordonnées circonstancielles de temps, cause, conséquence, but, comparaison

• Les propositions subordonnées circonstancielles expriment les **circonstances** de l'action et sont introduites par une **conjonction** ou une **locution conjonctive de subordination** (une locution comporte plusieurs mots).

• La **proposition subordonnée circonstancielle de temps** permet de situer les faits les uns par rapport aux autres (antériorité, postériorité, simultanéité) ou d'exprimer la fréquence.

Ordre des actions	Conjonctions et locutions conjonctives de subordination / mode	Exemples
Antériorité : le fait exprimé dans la principale se passe **avant** le fait exprimé dans la subordonnée	*avant que, jusqu'à ce que* (+ subjonctif)	*Relis ta leçon* (fait 1) ***avant que le cours ne commence*** (fait 2).
Simultanéité : les deux faits se passent **en même temps**	*pendant que, tandis que, alors que, au moment où* (+ indicatif)	***Alors que nous sortions,*** *il rentra.*
Postériorité : le fait exprimé dans la principale se passe **après** le fait exprimé dans la subordonnée	*quand, après que, aussitôt que, dès que, depuis que* (+ indicatif)	*Le silence se fit* (fait 2) ***après qu'il eut parlé*** (fait 1).
Fréquence : les faits se répètent	*chaque fois que* (+ indicatif)	***Chaque fois qu'il la voit,*** *il est heureux.*

• La **proposition subordonnée circonstancielle de cause** donne une explication.
– Elle est introduite par les conjonctions (ou locutions conjonctives) *parce que, puisque, comme, étant donné que, sous prétexte que...*
– Son verbe est à l'indicatif.
Ex : *Il tremble* ***parce qu'il a froid.***

• La **proposition subordonnée circonstancielle de conséquence** exprime le résultat d'un fait.
– Elle est introduite par les locutions conjonctives *si bien que, de sorte que, au point que* ou par la conjonction *que* précédée de *tellement, si, tant.*
– Son verbe est à l'indicatif.
Ex : *Il a* ***tellement*** *neigé* ***qu'on ne voit plus la route.***

• **La proposition subordonnée circonstancielle de but** exprime le résultat que l'on vise.
– Elle est introduite par les locutions conjonctives *pour que, afin que, de peur que, de crainte que.*
– Son verbe est au subjonctif.
Ex : *Il a pris le micro* ***pour qu'on l'entende.***

• La **proposition subordonnée circonstancielle de comparaison** exprime la ressemblance ou la différence entre deux éléments.
– Elle est introduite par les conjonctions ou locutions conjonctives *comme, ainsi que, de même que, plus... que, moins... que, aussi... que.*
– Son verbe est à l'indicatif.
Ex : *Ce film est* ***plus*** *long* ***qu'on ne le croyait.***
– Lorsque le verbe n'est pas exprimé, il est sous-entendu (la proposition contient une ellipse du verbe).
Ex : *Elle est belle* ***comme le jour.*** → = *comme le jour* ***est*** *beau.*

• **Attention :** ne confondez pas *comme* exprimant la comparaison avec *comme* exprimant la cause ou le temps.
Ex : ***Comme il est fatigué,*** *il dort.* → cause. ***Comme elle arrivait,*** *il se mit à neiger.* → temps.

Je m'évalue

1 **Identifiez les propositions subordonnées circonstancielles : cause, conséquence (deux fois), comparaison ou but.**

a. J'ai pris cette route parce qu'elle était verdoyante. **b.** Donne-lui ta torche pour qu'elle ne se perde pas dans la nuit. **c.** Tom a tellement couru qu'il a des courbatures. **d.** Il n'est pas aussi patient que je le pensais. **e.** L'exposition sur Monet a eu un tel succès qu'elle a été prolongée.

2 **Conjuguez les verbes aux modes et aux temps qui conviennent.**

a. Veuillez vous asseoir en attendant que monsieur le Principal vous (recevoir). **b.** Réfléchis jusqu'à ce que je (revenir). **c.** Après que le principal (parler), les élèves s'assirent. **d.** Quand j'(finir) de tailler la haie, je pourrai tondre la pelouse. **e.** Chaque fois que nous (aborder) ce sujet, nous nous disputions.

3 **1. Complétez avec une proposition principale ou subordonnée, aux temps et modes qui conviennent.**
2. Dans quelle phrase l'action de la principale se passe avant celle de la subordonnée, dans quelle phrase après, dans quelle phrase en même temps qu'elle ? Quelle phrase exprime la fréquence ?

a. Quand vous aurez entendu le signal, ... **b.** Nous avons discuté pendant que ...... **c.** Tu dois être rentré avant que ...... **d.** Chaque fois qu'il neige, ...

4 **Transformez les groupes en rose en subordonnées circonstancielles et indiquez leur fonction (temps ou cause).**

a. Ayant perdu son livre, il n'a pas appris sa leçon. **b.** Après le départ du cirque, les habitants du village s'ennuyèrent. **c.** À chacun de ses discours, il plaisante. **d.** En partant en retard, nous avons raté notre train. **e.** Le soleil s'étant couché, la mer devint noire. **f.** Avant le début du cours, je prépare mes affaires.

5 **Complétez les subordonnées circonstancielles et indiquez leur fonction (cause ou conséquence).**

a. Le chien a aboyé parce que ...... **b.** Nous avons marché si longtemps que ...... **c.** Il a apprivoisé les mésanges au point qu'elles ...... **d.** Vous plaisantez toujours, de sorte que ...... **e.** Comme ......, j'ai sorti mes plantes sur le balcon.

6 **Complétez avec des conjonctions de subordination qui conviennent (conséquence ou but).**

a. L'hiver a été rude, ... la végétation est retardée. **b.** Rentrez les géraniums ...... ils ne soient pas gelés. **c.** Pouvez-vous reculer votre voiture ...... nous puissions sortir ? **d.** La mer est ...... belle ...... j'ai envie de me baigner. **e.** Tu me donneras ton adresse, ... je puisse te rendre visite.

7 **Identifiez les subordonnées introduites par *comme* : comparaison, cause ou temps.**

a. Nous arrivâmes chez lui comme il préparait le dîner. **b.** Lou était immobile comme une statue. **c.** Comme ton explication était claire, nous avons tout compris.

Grammaire pour lire

SOCLE **Compétence 1** – Utiliser ses compétences sur la langue pour lire.

8 **1. Identifiez les subordonnées circonstancielles en rose (temps, conséquence ou cause) et les temps utilisés dans ces subordonnées.**
2. Indiquez si l'action de la principale se passe avant celle de la subordonnée circonstancielle de temps, après ou en même temps qu'elle.
3. Montrez que les propositions subordonnées circonstancielles assurent ici la progression et la cohérence du récit.

Augustin Meaulnes, un jeune garçon à la personnalité mystérieuse, est accueilli comme pensionnaire dans la famille du narrateur dont les parents sont instituteurs.

À huit heures, Millie[1] qui avait ouvert la porte pour jeter dehors les miettes du repas fit :
« Ah ! » d'une voix si claire que nous nous approchâmes pour regarder. Il y avait sur le seuil une couche de neige... Comme il faisait très sombre, je m'avançai de quelques pas dans la cour pour voir si la couche était profonde. Je sentis des flocons légers qui me glissaient sur la figure et fondaient aussitôt. On me fit rentrer très vite et Millie ferma la porte frileusement.

À neuf heures nous nous disposions à monter nous coucher ; ma mère avait déjà la lampe à la main, lorsque nous entendîmes très nettement deux grands coups lancés à toute volée dans le portail, à l'autre bout de la cour. Elle replaça la lampe sur la table et nous restâmes tous debout, aux aguets, l'oreille tendue.

Alain-Fournier, *Le Grand Meaulnes* (1913).

1. **Millie :** mère du narrateur.

Grammaire pour écrire

SOCLE **Compétence 1** – Rédiger un texte bref à partir de consignes données.

9 **Écrivez la suite du texte en imaginant l'événement qui survient. Utilisez trois propositions subordonnées circonstancielles de fonctions différentes.**

17 Les propositions subordonnées circonstancielles (2)

J'observe

Phrases 1

a. Si je passe dans la région, je viendrai vous voir. **b.** Si par hasard je passais dans la région, je viendrais vous voir.

Identifiez dans chaque phrase :
– le mode et le temps de la subordonnée de condition en orange ;
– le mode et le temps de la proposition principale.

Phrases 2

a. Tous les soirs, je regardais la télévision **alors que** ma sœur préférait lire. **b.** **Bien qu'**il soit très occupé, il n'a pas hésité à m'accompagner.

1. Quels faits s'opposent (**a**) ?
2. Quel fait fait obstacle à la réalisation de l'autre sans toutefois l'empêcher (**b**) ?

Leçon

1 La proposition subordonnée circonstancielle de condition (ou d'hypothèse)

- Elle exprime un **fait soumis à condition**. Elle est généralement introduite par la conjonction *si*, suivie de l'indicatif.

Type de condition	Exemples	Mode et temps de la subordonnée	Mode et temps de la principale
L'**éventuel** (condition dont la réalisation est envisagée comme certaine)	***Si tu travailles***, *tu réussiras.*	*Si* + indicatif présent	Indicatif futur
Le **potentiel** (condition envisagée comme possible)	***Si un jour tu te décidais à travailler***, *tu réussirais.*	*Si* + indicatif imparfait	Indicatif conditionnel présent
L'**irréel du présent** (condition non réalisée dans le présent)	***Si tu travaillais***, *mais ce n'est pas encore le cas, tu réussirais.*	*Si* + indicatif imparfait	Indicatif conditionnel présent
L'**irréel du passé** (condition non réalisée dans le passé)	***Si tu avais travaillé***, *tu aurais réussi.*	*Si* + indicatif plus-que-parfait	Indicatif conditionnel passé

- Autres **conjonctions** ou **locutions conjonctives de condition** : *au cas où, à condition que, pourvu que, en supposant que, à moins que, pour peu que* (+ subjonctif).
Ex : ***Au cas où vous seriez en retard***, *avertissez-nous.*

2 La proposition subordonnée circonstancielle d'opposition

- Elle met en relation **deux faits opposés**.
- Elle est introduite :
– par les **locutions conjonctives** *tandis que, alors que, même si* (+ indicatif) ; *bien que, quoique, sans que* (+ subjonctif), *même si, alors que* (+ indicatif) ;
Ex : *Sacha est très bavard* ***alors que sa sœur est très réservée.*** → Deux faits opposés coexistent sans que l'un fasse obstacle à la réalisation de l'autre (opposition pure et simple).
Les voiliers sortent, ***bien que la mer soit houleuse.*** → L'un des deux faits fait obstacle à la réalisation de l'autre mais ne l'empêche pas (nuance de concession).
– par les **tournures** *qui que, quoi que, où que* (+ subjonctif), *quelque… que, si… que* (+ subjonctif), *quel(le) que* (+ subjonctif).
Ex : ***Quoi que je dise***, *il n'en fait qu'à sa tête.*
- Le terme d'**opposition** est utilisé pour regrouper les nuances d'**opposition** et de **concession**.

Je m'exerce

1 **1. Écrivez les verbes au temps qui convient.**
2. Indiquez le type de condition qui apparaît dans chaque phrase (éventuel, potentiel, irréel du présent, irréel du passé).

a. Si ce pommier (être) un jour taillé, il donnerait plus de fruits. **b.** Si la maison (être) mieux isolée, mais elle ne l'est toujours pas, on aurait moins froid. **c.** Si tu (prendre) une lampe de poche pour sortir, tu ne serais pas tombé. **d.** Si tu ne te (présenter) pas à l'examen, tu perdras ton année.

2 **Identifiez les propositions subordonnées en rose : interrogative indirecte, circonstancielle de conséquence, de condition ou d'opposition.**

a. Tom s'est balancé sur sa chaise, si bien qu'il est tombé. **b.** S'il neigeait, je serais déjà sur les pistes. **c.** Je ne sais pas si Linda est arrivée. **d.** Si quelqu'un appelle, prends le message. **e.** Si impatient que vous soyez, vous attendrez.

3 **Remplacez le groupe infinitif complément de condition par une subordonnée de même fonction en utilisant la locution conjonctive indiquée.**

a. À moins d'être fatiguée, j'irai au cinéma ce soir. → À moins que ...... **b.** Vous passerez en Seconde à condition d'améliorer vos résultats. → À condition que ...... **c.** Sans savoir ton nom, il a réussi à t'identifier comme mon frère. → Sans qu'......

4 **Complétez les phrases avec des subordonnées circonstancielles d'opposition.**

a. Bien que ......, il a accepté de se présenter à l'élection des délégués. **b.** Il prend toujours l'ascenseur alors que ...... **c.** Une partie de la classe rédige un scénario pour la pièce tandis que l'autre ...... **d.** Je n'ai pas compris tout son exposé, même si ......

5 **Conjuguez les verbes des propositions subordonnées d'opposition au mode et au temps qui conviennent.**

a. Où que tu (aller), je te suivrai. **b.** J'irai à mon entraînement même s'il (pleuvoir). **c.** Quels que (être) les avantages de ce poste, il ne m'intéresse pas. **d.** Quoi que vous (dire), il vous contredira toujours. **e.** Bien qu'elle (comprendre) l'anglais, elle le parlait difficilement. **f.** Si fort qu'il (paraître), il se laisse facilement intimider.

6 **Transformez ces phrases juxtaposées ou coordonnées en une phrase complexe avec une subordonnée d'opposition qui convient. Variez les termes introducteurs.**

a. Nous nous sommes baignés ; nos parents restaient sur la plage. **b.** Les sentiers sont boueux ; mais mes chaussures ne sont pas sales. **c.** Lucas se passionne pour l'informatique. Il n'est pourtant pas fort en mathématiques. **d.** L'un de mes deux frères était très actif. L'autre rêvait toujours.

Grammaire pour lire

SOCLE **Compétence 1** – Utiliser ses compétences sur la langue pour lire.

7 **1. Identifiez les propositions subordonnées de condition.**
2. Indiquez le mode et les temps des verbes de ces subordonnées.
3. Quelle hypothèse la narratrice évoque-t-elle ? Quelle image donne-t-elle de son pays par l'utilisation de la condition ?

> Et si tu arrivais, un jour d'été, dans mon pays, au fond d'un jardin que je connais, un jardin noir de verdure et sans fleurs, si tu regardais bleuir, au lointain, une montagne ronde où les cailloux, les papillons et les chardons se teignent du même azur mauve et poussiéreux, tu m'oublierais, et tu t'assoirais là, pour n'en plus bouger jusqu'au terme de ta vie.
>
> **Colette**, *Les Vrilles de la vigne* (1908),
> © Librairie Arthème Fayard.

4. Relevez la proposition subordonnée circonstancielle d'opposition. Identifiez le temps et le mode du verbe.
5. Quelle est la contradiction mise en avant par cette proposition ? Comment expliquer le fait que les enfants n'ont jamais vu la mer ?

> Nous étions descendus en Armagnac par les terres. M. Rezeau se laissa convaincre de remonter par la côte. Nous n'avions, en effet, jamais vu la mer, bien que La Baule ne se trouve qu'à cent kilomètres de *La Belle Angerie*[1]. La famille estimait inutiles et même immorales les trempettes mondaines en eau salée, toute viande dehors[2].
>
> **Hervé Bazin**, *Vipère au poing* (1948),
> © Grasset & Fasquelle.
>
> 1. ***La Belle Angerie*** : nom de la propriété familiale. 2. **toute viande dehors** : image des corps étalés sur la plage.

Grammaire pour écrire

SOCLE **Compétence 1** – Rédiger un texte bref à partir de consignes données.

8 **Écrivez un texte de quelques phrases commençant par *Si tu arrivais un jour d'été (d'automne, d'hiver) dans mon pays...***

18 Les reprises nominales et pronominales ; thème et propos

J'observe

Phrases

a. Un chêne se dressait dans la forêt. **b.** Dans la forêt, se dressait un chêne.

Dans chaque phrase, relevez le thème (ce dont on parle, en tête de phrase) et le propos (ce qui est dit du thème).

Leçon

1 Les reprises (définition) ; les reprises nominales

RÉVISIONS

• Les reprises sont les termes qui **remplacent** ou **rappellent** un élément déjà nommé dans le texte. Elles évitent les répétitions, apportent des informations sur cet élément, résument une idée ou font progresser un texte.

• Les **reprises nominales** reprennent un **nom** (ou GN) par un **autre nom** (ou GN) qui peut être :
– le **même nom**, précédé d'un déterminant défini ou démonstratif plus précis ;
Ex : *J'ai vu hier soir **une pièce de théâtre**. La pièce était très bien jouée.*
– un **terme générique** désignant une catégorie d'êtres ou de choses ;
Ex : ***Le levraut** était blessé. Je m'approchai de l'animal.*
– un **synonyme** apportant une information ou une nuance positive ou négative ;
Ex : *Trois **chatons** sont nés ; la mère s'occupe de ses petits.*
– une **périphrase** fournissant une caractéristique ;
Ex : *J'ai visité **Venise**. La Cité des Doges m'a séduite.*
– une **nominalisation** ou reprise d'un verbe par un nom de la même famille ;
Ex : *Il **est parti**. Son départ m'a surpris.*
– le résumé d'**une phrase**.
Ex : ***Elle a quinze ans demain**. Pour son anniversaire, je lui offrirai une montre.*

2 Les reprises pronominales

RÉVISIONS

• Elles reprennent un **nom** (ou GN) par un **pronom** :
– **personnel** (3e personne) : *il(s), elle(s), le, la, les, lui, leur, en, y…* ;
Ex : *J'ai préparé un gâteau pour **les enfants**. Ils étaient contents.*
– **démonstratif** : *celui-ci / là, celle-ci / là, ceux-ci / là…* ;
Ex : *J'ai perdu **mes gants chauds**. Ceux-ci sont trop fins.*
– **indéfini** : *certains, d'autres, l'un / l'autre…* ;
Ex : ***Les invités** arrivent ; certains viennent de loin.*
– **possessif** : *le mien, le tien, le nôtre, le leur…* ;
Ex : ***Ton chien** est jeune. Le mien est déjà vieux.*
– **relatif** : *qui, que, quoi, dont, où, lequel* et ses composés.
Ex : *Il a soigné **le levraut** qui était blessé.*

• La reprise peut être **totale** ou **partielle**.
Ex : *J'ai **deux frères** qui sont différents : l'un est réservé, l'autre bavard.* → Le pronom *qui* reprend le GN *deux frères*. Les pronoms *l'un, l'autre* reprennent chacun une partie du même GN.

3 Thème et propos

• Dans une phrase, le **thème** (placé en début de phrase) est ce dont on parle, le **propos** (en fin de phrase) est l'information donnée sur le thème.
Ex : ***Mon vélo*** (thème) *est tout neuf* (propos).

• Le **thème** n'a pas toujours la fonction de sujet.
Ex : ***L'orage*** (thème (sujet)) *tonne au loin.* (propos) ***Au loin*** (thème) *tonne l'orage.* (propos (sujet))

Je m'exerce

1 **Complétez avec un terme générique ou un synonyme du terme en rose.**

a. L'hiver est arrivé. Je n'aime pas cette .... **b.** Les baleines sont en voie de disparition. Il est interdit de chasser ces .... **c.** Un nouveau collège a été construit dans le centre-ville. Le (L') ...... ouvrira ses portes à la rentrée. **d.** Avez-vous lu *Le Grand Meaulnes* d'Alain-Fournier ? Ce ...... m'a beaucoup plu. **e.** Ce coureur a gagné la course. Le ...... a reçu la médaille d'or. **f.** J'ai rencontré ton professeur de français. Cet ...... est très content de ton travail.

2 **Complétez avec un nom qui reprend l'idée de la phrase précédente.**

a. Danaé a eu un téléphone portable pour son anniversaire. Ce ...... lui plaît beaucoup. **b.** Une voiture a percuté la vitrine du café. Ce (Cet) ...... a fait de gros dégâts. **c.** Il a plu tout l'été. Ce ...... nous a empêchés de nous baigner. **d.** Nous avons fait le tour de la ville. Cette ...... était agréable.

3 **1. Identifiez les reprises nominales et pronominales des termes en rose.**

2. Précisez le procédé utilisé pour les reprises nominales : périphrase, terme générique, synonyme, reprise d'une phrase.

3. Identifiez des reprises pronominales partielles.

a. À l'aube, un incendie a éclaté. Les pompiers ont maîtrisé rapidement le sinistre. **b.** L'eau du fleuve a débordé. L'inondation a recouvert les berges. **c.** Voulez-vous des avocats ? Certains sont mûrs ; d'autres encore fermes. **d.** Il a fait son discours en anglais. Il parle bien cette langue. **e.** J'ai acheté un perroquet. Cet oiseau bavard me fascine. **f.** Nous invitons votre fils à dîner. Le nôtre est ravi !

4 **Complétez les phrases avec un pronom de reprise qui convient et indiquez sa classe grammaticale.**

a. J'ai trouvé de vieilles photos. Je ...... ai emportées chez moi. **b.** Il pêche des truites, il ...... a déjà attrapé deux. **c.** Passez par cette porte-ci. ...... est fermée. **d.** Ouvre ton cadeau. J'ouvrirai ...... ensuite. **e.** Il passait ses vacances en Sibérie car sa grand-mère ...... vivait.

5 **Complétez avec une reprise nominale formée à partir d'une nominalisation.**

Ex : *Nadia m'a invitée pour son anniversaire. J'ai accepté* ***son invitation*** *avec plaisir.*

a. Il faut prévenir les jeunes des dangers du tabac. La ...... doit se faire à l'école. **b.** L'expert a estimé le montant des dégâts. L'...... me paraît juste. **c.** Adhères-tu à ses propos ? Moi, mon ...... est totale. **d.** Les relations sont tendues, je ne supporte pas cette .... **e.** Je tente encore une fois ce concours, c'est ma dernière ....

6 **1. Distinguez le thème et le propos dans chaque phrase.**

2. Précisez la fonction grammaticale du thème dans chaque phrase.

3. Identifiez la reprise de chaque groupe en rose et sa classe grammaticale (pronom, groupe nominal).

Au zoo est né un petit tigre de Sibérie. Le bébé tigre est nourri au biberon par les soigneurs. Ces derniers l'ont appelé Boris. Ce nom, nous l'avons trouvé joli.

Grammaire pour lire

SOCLE **Compétence 1** – Utiliser ses compétences sur la langue pour lire.

7 **1. Relevez les reprises nominales et pronominales qui renvoient aux groupes nominaux en rose.**

2. Classez-les en groupes nominaux et pronoms que vous identifierez.

3. Quel groupe nominal constitue une périphrase ?

4. Quelle image les reprises donnent-elles de la voiture ?

Un beau matin, en revenant de ma promenade avec mon instructeur[1], je trouvai une petite foule réunie à l'entrée de notre immeuble, bavant d'admiration devant une immense automobile jaune décapotée, arrêtée devant la porte cochère. Un chauffeur en livrée[2] se tenait au volant. Ma bouche s'ouvrit démesurément, mes yeux s'agrandirent, je demeurai figé sur place devant cette merveille. Les autos étaient encore assez rares dans les rues de Wilno, et celles qui y circulaient n'avaient qu'un très lointain rapport avec la création prodigieuse du génie humain que je voyais. [...]

L'automobile appartient à un acteur célèbre venu rendre visite à la mère du narrateur.

Le visiteur nous quitta le soir même, mais il eut à notre égard un geste généreux. Pendant huit jours, la Packard[3] jaune canari et le chauffeur en livrée furent laissés à notre disposition.

Romain Gary, *La Promesse de l'aube* (1960), © Gallimard.

1. Le narateur apprend à faire du vélo avec un professeur particulier. 2. **en livrée** : en uniforme. 3. **Packard** : marque (américaine) de la voiture.

Grammaire pour écrire

SOCLE **Compétence 1** – Rédiger un texte bref à partir de consignes données.

8 **Décrivez en quelques phrases un cadeau que vous avez reçu. Utilisez au moins une reprise nominale et une reprise pronominale pour le présenter.**

19 Les connecteurs

RÉVISIONS

Rappels

1 Définition

● Les **connecteurs** sont des termes qui structurent un texte en **reliant** des propositions, des phrases ou des paragraphes. Ils sont généralement placés en début de phrase ou de paragraphe.

2 Les différents connecteurs

● Les **connecteurs spatiaux** permettent :
– d'organiser l'espace dans une description (*en haut, en bas, à gauche*) ;
– de localiser l'action (*à Rouen, sur la place*).

● Les **connecteurs temporels** (ou **chronologiques**) permettent :
– d'enchaîner les faits chronologiquement dans un récit (*d'abord, puis, alors*) ou de les situer dans le temps (*hier, la veille, le 5 août*) ;
– de marquer la durée ou la fréquence (*souvent, tous les jours*).

● Les **connecteurs logiques** marquent l'enchaînement logique des faits dans un récit ou les étapes d'un raisonnement. Ils expriment :
– la cause (*car, en effet, parce que, d'autant que*) ;
– la conséquence (*donc, c'est pourquoi, par conséquent, si bien que*) ;
– le but (*afin que, pour que, de peur de*) ;
– la condition (*si, à condition que*) ;
– l'opposition (*or, mais, néanmoins, pourtant*) ; la concession (*certes, bien que, quand même*) ;
– l'addition (*et, d'ailleurs, de plus, en outre, non seulement… mais encore*) ;
– l'alternative (*ou, soit… soit…*).

Connecteurs	Classes grammaticales	Exemples
Connecteurs spatiaux	– Groupe nominal prépositionnel : *dans la forêt, derrière la maison* – Adverbe ou locution adverbiale : *devant, derrière, au loin, à gauche, à droite, en haut*	***Sur le débarcadère****, les passagers durent attendre un instant.*
Connecteurs temporels (ou **chronologiques**)	– Groupe nominal (prépositionnel ou non) : *le lendemain, ce jour-là, à minuit* – Adverbe de temps : *hier, aujourd'hui, soudain, enfin* – Conjonction de coordination ou adverbe de liaison : *et, alors, puis, ensuite* – Conjonction de subordination : *quand, comme, dès que*	– ***Ce soir-là****, Lou se coucha tôt.* – ***Hier****, nous regardions l'éclipse de la Lune.* – *Il riait* ***et*** *pleurait.* – ***Dès qu'****il se leva, le silence se fit.*
Connecteurs logiques	– Conjonction de coordination ou adverbe de liaison : *car, en effet* (cause) ; *donc, c'est pourquoi* (conséquence) ; *or, mais, pourtant* (opposition) ; *en outre, de plus* (addition) ; *ou, soit… soit…* (alternative) – Conjonction de subordination : *comme* (cause), *bien que* (opposition), *si* (condition), *si bien que* (conséquence), *pour que* (but), *dès que* (temps) – Groupe nominal ou infinitif prépositionnel : *pour* (but), *malgré* (opposition), *à cause de* (cause)	– *Il voulut lui parler,* ***mais*** *elle s'éloigna.* – ***Dès qu'****il la vit, il fut troublé.* – ***Pour conclure****, je dirai que le bilan est positif.*

Je m'évalue

1 **Classez les connecteurs en rose (temporels, logiques ou spatiaux), puis précisez leur classe grammaticale.**

a. En France, la quantité des déchets ménagers a doublé durant ces quarante dernières années. **b.** Le tri sélectif progresse, mais beaucoup reste à faire. **c.** Il est impératif de continuer à pratiquer le tri sélectif parce que le traitement des déchets permet de préserver les ressources naturelles. **d.** Une fois par semaine, les conteneurs pour le verre, les journaux et emballages sont ramassés. Les déchets sont ensuite transportés vers des centres de tri. **e.** Deux solutions se présentent alors : soit on recycle le produit (avec du papier, on fabrique du papier recyclé), soit on crée un nouveau produit. Ainsi, avec des bouteilles en plastique, on peut fabriquer de la laine polaire.

2 **1. Complétez les phrases avec les connecteurs suivants : *en outre, alors que, en effet, puis, donc, néanmoins*.**

2. Précisez le rapport exprimé : cause, conséquence, opposition, temps, addition.

a. Nous n'avons pas beaucoup skié, ... nous avons pu nous promener au soleil. **b.** Je ne viendrai pas au collège ; ......, je suis malade. **c.** La voiture est en panne ; ...... le garage est fermé. ...... nous ne partirons pas aujourd'hui. **d.** Tu gaspilles de la nourriture ...... tant de gens meurent de faim. **e.** Il mit son chapeau, ... il sortit.

3 **Placez correctement les connecteurs du texte : *non seulement, mais aussi, puisque, ensuite, d'abord.***

La narratrice est embauchée dans la firme japonaise Yumimoto ► p. 118. *Après avoir appris par cœur la liste des employés, elle se met à distribuer le courrier au sein de l'entreprise.*

Ce travail me convenait à merveille. ......, il utilisait ma compétence linguistique, ... la plupart des adresses étaient libellées en idéogrammes [...]. ...... je découvrais que je n'avais pas étudié par cœur la liste Yumimoto pour rien : je pouvais ...... identifier les moindres des employés, ... profiter de ma tâche pour, le cas échéant, leur souhaiter un excellent anniversaire, à eux ou à leur épouse ou progéniture.

D'après **Amélie Nothomb**, *Stupeur et tremblements* (1999), © Albin Michel.

Grammaire pour lire

SOCLE **Compétence 1** – Utiliser ses compétences sur la langue pour lire.

4 **1. Identifiez la classe grammaticale des connecteurs en rose et leur sens : connecteurs spatiaux, chronologiques, logiques.**

2. Quel rôle ont-ils dans ce passage de récit ?

Augustin Meaulnes a fait l'école buissonnière : il a emprunté la jument à la ferme voisine de La Belle-Étoile pour aller chercher à la gare les Charpentier, grands-parents de son ami, narrateur de l'histoire. Mais il va se perdre en cours de route.

À une heure et demie de l'après-midi, sur la route de Vierzon, par ce temps glacial, Meaulnes fit marcher sa bête bon train, car il savait n'être pas en avance. Il ne songea d'abord, pour s'en amuser, qu'à notre surprise à tous, lorsqu'il ramènerait dans la carriole, à quatre heures, le grand-père et la grand-mère Charpentier. Car, à ce moment-là, certes, il n'avait pas d'autre intention.

Peu à peu, le froid le pénétrant, il s'enveloppa les jambes dans une couverture qu'il avait d'abord refusée et que les gens de La Belle-Étoile avaient mise de force dans la voiture.

À deux heures, il traversa le bourg de La Motte. Il n'était jamais passé dans un petit pays aux heures de classe et s'amusa de voir celui-là aussi désert, aussi endormi. C'est à peine si, de loin en loin, un rideau se leva, montrant une tête curieuse de bonne femme.

À la sortie de La Motte, aussitôt après la maison d'école, il hésita entre deux routes et crut se rappeler qu'il fallait tourner à gauche pour aller à Vierzon. Personne n'était là pour le renseigner.

Alain-Fournier, *Le Grand Meaulnes* (1913).

Grammaire pour écrire

SOCLE **Compétence 1** – Rédiger un texte bref à partir de consignes données.

5 **Préférez-vous la mer ou la montagne en été ? Vous donnerez vos arguments pour l'un ou l'autre choix en suivant par exemple le schéma suivant :** *Je préfère en général… à… car…, … En outre, … Cependant, la… présente d'autres avantages. En effet, … Donc…*

◄ Clair de lune (Namibie).

20 La situation d'énonciation ; le niveau de langage

J'observe

Phrases 1

Aujourd'hui, je reste ici. J'ai ce livre à finir. Demain j'irai avec toi à la plage.

1. Indiquez la classe grammaticale des indices d'énonciation en orange (mots qui renvoient à la situation d'énonciation).
2. Montrez que ces mots n'ont de sens que si l'on connaît la situation d'énonciation.
3. Quel est le temps de référence (qui renvoie au moment de l'énonciation) ?

Phrases 2

a. Il s'est probablement encore trompé. **b.** Il va certainement pleuvoir demain. **c.** Ce chauffard a brûlé un feu rouge. **d.** C'est trop difficile ! **e.** Il prétend qu'un ordinateur aurait disparu.

1. Classez les mots en orange : adverbes, verbes, nom.
2. Lesquels expriment une certitude, une probabilité, un jugement dévalorisant, une information incertaine, un degré d'intensité ?
3. Quel type de phrase marque une émotion ?
4. Quelle est la nuance de sens exprimée par le verbe *prétend* ? Qu'exprime le conditionnel *aurait disparu* ?

Leçon

1 Définitions

- Un **énoncé** est un message oral ou écrit adressé par un **énonciateur** ou émetteur (qui parle ou écrit) à un **destinataire** (à qui l'on parle ou écrit).
- L'**énonciation** est l'acte qui consiste à **produire un énoncé** dans une situation précise, appelée situation d'énonciation.
- Pour comprendre un énoncé, il faut connaître la situation d'énonciation et repérer :
  - l'**énonciateur** ou émetteur (qui parle ou écrit ?) ;
  - le **destinataire** (à qui l'énoncé est-il destiné ?) ;
  - les **relations** qui existent entre l'énonciateur et le destinataire (lien familial ou amical, relations professionnelles ou d'autorité...) ;
  - le **lieu**, le **moment** et les **circonstances** de la production de l'énoncé.

2 Les indices de l'énonciation

- Ce sont les mots qui renvoient à la situation d'énonciation et ne se comprennent que par rapport à cette situation précise :
  - les **indices de personne** désignant l'énonciateur et le destinataire (pronoms personnels et déterminants possessifs de la 1re et de la 2e personne : *je, tu, nous, vous, mon, ton, notre, votre...*) ;
  - les **indices de temps** (*aujourd'hui, maintenant, hier, demain, ce soir, l'an dernier...*) ;
  - les **indices de lieu** (*ici, là-bas, chez moi, dans ton pays, à ta droite...*) ;
  - les **pronoms** et **déterminants démonstratifs** désignant des personnages ou objets présents dans la situation d'énonciation (*ce, cet, ces, celui-ci, celle-ci...*).

Ex : *Prends **ce** fauteuil, **celui-ci**.*

- Les temps utilisés sont :
  - l'**indicatif présent**, qui est le **temps de référence** (présent d'énonciation ou d'actualité) : il renvoie au moment où les paroles sont dites ou écrites ;
  - d'autres temps de l'indicatif qui situent l'énoncé par rapport au présent : le **passé composé**, l'**imparfait**, le **plus-que-parfait**, le **futur**, le **futur antérieur**, le **conditionnel présent** et le **conditionnel passé**.

Ex : *Hier, j'**ai déjeuné** dans ce restaurant ; le repas **était** délicieux. Je t'y **emmènerai** demain.*

→ Exercices 1 et 2

3 Les indices de jugements et de sentiments

• Ce sont les mots qui précisent les **jugements** ou les **sentiments** de l'énonciateur par rapport à son énoncé (on les appelle aussi les « modalisateurs »). On distingue :
– des **adverbes** exprimant la probabilité (*peut-être, sans doute*), la certitude (*vraiment, certainement*), un jugement positif ou négatif (*hélas !, heureusement !*), l'intensité (*très*) ;
Ex : *Il ne t'a* ***sans doute*** *pas vu.* ***Malheureusement****, l'orage a causé des dégâts.*
– des **verbes** exprimant la certitude (*affirmer, savoir, assurer*), la probabilité, le doute (*paraître, sembler, croire* ; semi-auxiliaires *devoir, pouvoir*), la mise à distance d'un propos (*prétendre, soutenir*), un sentiment positif ou négatif (*fasciner, dégoûter*) ;
Ex : *Je* ***sais*** *que Lucie est partie ; elle* ***doit*** *avoir pris l'avion. Il* ***semble*** *que l'orage ait cessé : on* ***prétend*** *qu'il a causé des dégâts. Ce spectacle m'****a séduit****.*
– des **temps** : l'indicatif conditionnel à valeur d'information incertaine ; l'indicatif futur antérieur à valeur de supposition ;
Ex : *L'orage* ***aurait causé*** *des dégâts. Nina n'est pas là : elle* ***aura raté*** *son bus.*
– les **groupes nominaux** introduits par les prépositions *d'après, selon* et les **guillemets** traduisant la mise à distance d'un propos ;
Ex : ***Selon*** *le journaliste, les propos sont* ***« regrettables »****.*
– des **adjectifs valorisants** ou **dévalorisants** (*beau / laid*...) ;
Ex : *Les acteurs du film sont* ***remarquables****.*
– des termes **affectifs** (noms, adjectifs...) ;
Ex : *Mon* ***petit*** *! Le* ***pauvre*** *homme !*
– des **types de phrases** exclamatifs et interrogatifs.
Ex : *Plus de guerre* ***!*** *Tu es sérieux* ***?***

→ Exercices 6, 7 et 8

4 Le niveau de langage

• Le niveau de langage dépend des relations qui existent entre l'énonciateur et le destinataire et des circonstances dans lesquelles l'énoncé est produit. On distingue trois niveaux de langage :
– **familier** (vocabulaire familier et syntaxe relâchée, argot, verlan) ;
– **courant** (vocabulaire compréhensible par tous et syntaxe correcte) ;
– **soutenu** (vocabulaire et syntaxe recherchés).
Ex : *Il est parti* (courant). *Il s'est retiré* (soutenu). *Il s'est cassé* (familier).

• Le **langage SMS** (*short message service*) ou **texto** utilise l'écriture phonétique et abrège les mots.
Ex : *Cc c moi = Coucou c'est moi.*

→ Exercices 3, 4 et 5

Je m'exerce

1 **Classez les indices d'énonciation en rose : indices de personne, indices de temps, indices de lieu et déterminants démonstratifs.**

a. Tu prendras la première rue sur ta gauche. **b.** Demain, nous ferons une promenade. **c.** Qui d'entre vous peut être là-bas dans une heure ? **d.** Ton frère est venu me parler de ce problème hier soir. **e.** On vous enverra un courrier à midi. **f.** Pour arriver plus vite, prenez cet escalier-là. **g.** Dans deux jours, je serai de nouveau ici ! **h.** Cette chambre doit être rangée quand je reviendrai.

2 **Parmi les phrases suivantes, quelles sont celles qui renvoient à une situation d'énonciation précise ? Relevez les indices d'énonciation qui vous permettent de répondre.**

a. Nous partons ce matin. **b.** Ils partirent le matin. **c.** Avant-hier, j'ai pu discuter de mon projet avec mes parents. **d.** Il avait pu l'avant-veille discuter de son projet avec ses parents. **e.** Je l'ai revu dimanche dernier et depuis ce jour je ne pense plus qu'à lui. **f.** Elle l'avait revu le dimanche précédent et depuis ce jour-là elle ne pensait plus qu'à lui. **g.** Nous nous retrouverons ici samedi prochain dès neuf heures. **h.** Ils s'étaient dit qu'ils se retrouveraient là le samedi suivant dès neuf heures.

3 **Indiquez pour chaque phrase ou expression son niveau de langage : familier, courant, soutenu.**

a. Il pique un fard. Il rougit. Il devient écarlate. **b.** Il a cassé son vélo. Il a bousillé son vélo. Il a endommagé son vélo. **c.** Elle est extrêmement élégante. Elle est très bien habillée. Elle est bien fringuée. **d.** On a mangé. Nous nous sommes restaurés. Nous avons déjeuné.

4 **Réécrivez ces phrases familières en langage courant, puis en langage soutenu.**

a. Elle a la pêche. **b.** Il s'est planté dans son exo : ça va pas l'faire. **c.** Je m'suis fait griller. **d.** Il est toujours super clean. **e.** On fait la teuf. **f.** J'suis encore à la bourre. **g.** I sont plus là à c't'heure. **h.** Julien, je le kiffe.

5 **Réécrivez ces messages écrits en texto en langage familier (sans écriture phonétique, ni abréviations, ni mots supprimés) puis en langage courant quand c'est possible. N'oubliez pas la ponctuation.**

a. Te la 2min **b.** C kom tu ve. **c.** Kestufé ? **d.** T ou **e.** Tkt pa **f.** Di lui kele e tro bel. **g.** Jpe pa vnir ct aprM dsl @+ **h.** sui NRV **i.** pk ?

6 **1. Identifiez les indices de jugements et de sentiments (modalisateurs) et classez-les (chaque phrase en contient plusieurs) : adverbe, adjectif, verbe, temps, groupe prépositionnel, type de phrase, guillemets.**
2. Parmi les adjectifs, distinguez les adjectifs valorisants, dévalorisants et à valeur affective.

a. Naturellement, tu es encore en retard ! **b.** J'ai trouvé ta soirée très réussie. **c.** Ce documentaire était vraiment magnifique, mais il m'a semblé ennuyeux. **d.** Le général aurait annoncé le retrait des troupes. **e.** Son dessert nous a paru très fade. **f.** Sérieusement, mon pauvre ami, vous n'avez rien vu ? **g.** Selon les scientifiques, la planète se réchaufferait. **h.** J'ai accompli un véritable « exploit » : j'ai rangé ma chambre !

7 **Réécrivez ces phrases en introduisant un indice de jugement (modalisateur) exprimant la nuance indiquée entre parenthèses.**

Ex : *Il est en retard* (doute). → *Il **aura été** retardé.* ou *Il est **probablement** en retard.*

a. Tu as tort (*doute*). **b.** Il a raison (*certitude*). **c.** Une grève des transports aura lieu demain (*probabilité*). **d.** Une tempête a dévasté les récoltes (*information incertaine*). **e.** La loi anti-tabac fait baisser le nombre de fumeurs (*probabilité*). **f.** Le premier homme s'appelait Adam (*mise à distance*).

8 **Complétez les phrases avec un indice de jugement ou de sentiment qui convient : *regrettable, effrayant, magnifique, a dû, croyez, délicieux, probablement, paraît, sûre, seraient, selon*.**

a. Les impôts vont …… augmenter. **b.** J'ai trouvé ton couscous …… . **c.** L'état de cet enfant affamé était …… . **d.** Voici un article qui me …… intéressant. **e.** …… les dernières nouvelles, ils …… mariés. **f.** Votre succès est …… ! **g.** On ne l'a pas trouvé à la gare. Il …… rater son train. **h.** Pourquoi ……-vous que nous sommes fâchés ? **i.** Hugo n'a pas eu son brevet. C'est …… : je suis …… qu'il n'a pas assez travaillé.

Grammaire pour lire

9 **1. Indiquez la classe grammaticale des indices d'énonciation en rose : pronoms, déterminants, adverbe. À quels personnages, à quels moments et à quel objet renvoient-ils ? Attention, les pronoms *je* (et *tu*) ne renvoient pas aux mêmes personnages selon que c'est Antigone ou Hémon qui parle.**
2. Quels sont les différents temps utilisés (en vert) ? À quels moments renvoient-ils par rapport à l'énonciation ?

Antigone a désobéi aux ordres du roi Créon en allant enterrer son frère. Elle sait qu'elle va mourir. Elle s'adresse à son fiancé Hémon.

ANTIGONE, *court à Hémon.* – Pardon, Hémon, pour notre dispute d'hier soir et pour tout. C'est moi qui avais tort. Je te prie de me pardonner.
HÉMON. – Tu sais bien que je t'avais pardonné, à peine avais-tu claqué la porte. Ton parfum était encore là et je t'avais déjà pardonné.

(Il la tient dans ses bras, il sourit, il la regarde.) À qui l'avais-tu volé, ce parfum ?

ANTIGONE. – À Ismène[1].

HÉMON. – Et le rouge à lèvres, la poudre, la belle robe ?

ANTIGONE. – Aussi.

HÉMON. – En quel honneur t'étais-tu faite si belle ?

ANTIGONE. – Je te le dirai. *(Elle se serre contre lui un peu plus fort.)* Oh ! mon chéri, comme j'ai été bête ! Tout un soir gaspillé. Un beau soir.

HÉMON. – Nous aurons d'autres soirs, Antigone.

ANTIGONE. – Peut-être pas.

HÉMON. – Et d'autres disputes aussi. C'est plein de disputes, un bonheur.

ANTIGONE. – Un bonheur, oui... Écoute, Hémon.

HÉMON. – Oui.

ANTIGONE. – Ne ris pas ce matin. Sois grave.

Jean Anouilh, *Antigone* (1946), © La Table Ronde.

1. **Ismène** : sœur d'Antigone, très féminine et très coquette contrairement à Antigone.

SOCLE **Compétence 1** – Utiliser ses compétences sur la langue pour lire.

10 1. Quel souvenir est évoqué par la narratrice ?

2. Observez les verbes en rose : lesquels renvoient au moment de l'écriture ? lesquels au moment du souvenir ?

3. a. Identifiez les indices de jugements et de sentiments (adverbe, verbes, adjectifs). Les adjectifs sont-ils valorisants ou dévalorisants ?

b. Quelle atmosphère est ainsi créée ?

La narratrice se souvient du jour où sa mère l'a amenée de Russie à Berlin : elles y ont retrouvé un oncle qui va emmener l'enfant vivre chez son père à Paris. Puis, sa mère repart.

Du lendemain il ne me reste que le quai gris sombre, les atroces sifflets, maman penchée à une fenêtre du train qui s'éloigne lentement et moi courant le long du quai, hurlant, sanglotant, et l'oncle courant derrière moi pour me rattraper, me prenant par la main, me ramenant, où, je ne sais plus, probablement dans un autre train partant en sens inverse. Il me semble que je n'ai fait que pleurer jusqu'à notre arrivée à Paris à la gare du Nord dont la grisaille jaunâtre, l'immense voûte vitrée, ont pour la première fois un air sinistre.

Nathalie Sarraute, *Enfance* (1983), © Gallimard.

11 1. Indiquez la classe grammaticale des indices d'énonciation (en rose) : pronoms, déterminants... À quels personnages renvoient-ils ?

2. Observez les verbes en vert : identifiez le temps qui renvoie au moment de l'énonciation et le temps qui renvoie à un moment passé.

3. Relevez les termes qui expriment un jugement dévalorisant (deux verbes, trois adjectifs et un nom) et deux adjectifs à valeur affective. Quels sentiments traduisent-ils ?

Antoinette a jeté à la Seine les invitations de sa mère à un bal, pour se venger de ne pas avoir eu le droit d'y assister. Comme presque personne n'est venu, sa mère se désole.

– Ah ! ma pauvre fille, ma pauvre petite Antoinette ; tu es bien heureuse, toi ; tu ne sais pas encore comme le monde est injuste, méchant, sournois... Ces gens qui me faisaient des sourires, qui m'invitaient, ils riaient de moi derrière mon dos, ils me méprisaient, parce que je n'étais pas de leur monde, des tas de chameaux, de... mais tu ne peux pas comprendre, ma pauvre fille !

Irène Némirovsky, *Le Bal* (1930), © Grasset & Fasquelle.

Grammaire pour écrire

SOCLE **Compétence 1** – Rédiger un texte bref à partir de consignes données.

12 Écrivez une courte lettre à un(e) ami(e), dans laquelle vous racontez une petite fête (anniversaire...) à laquelle vous avez participé. Employez des indices d'énonciation (pronoms, adverbes de temps : *hier, samedi dernier*... et de lieu : *en face, à côté, dans la rue voisine*...) et des indices de jugements et de sentiments divers pour exprimer vos impressions (*absolument délicieux, magnifique, sembler triste, vraiment réussi, trop bien*...).

21 Le discours rapporté : discours direct, indirect et indirect libre

J'observe

Phrases

a. Discours direct. Elle téléphona à son bureau : « L'avion a du retard, je ne rentrerai que demain. »

b. Discours indirect. Elle téléphona à son bureau et dit que l'avion avait du retard, qu'elle ne rentrerait que le lendemain.

c. Discours indirect libre. Elle téléphona à son bureau. L'avion avait du retard, elle ne rentrerait que le lendemain.

1. Quelles modifications ont été effectuées pour passer du discours direct au discours indirect (ponctuation, pronoms personnels, mots introducteurs, temps des verbes, adverbes de temps) ?
2. Montrez que le discours indirect libre mêle les formes du discours direct et du discours indirect.

Leçon

1 Le discours rapporté ; le discours direct RÉVISIONS

- Le narrateur peut rapporter les **paroles** ou **pensées** des personnages :
  - **directement**, telles qu'elles ont été prononcées ;
  - ou **indirectement**, en les transformant et en les intégrant à la narration.
- Le **discours direct** se caractérise par :
  - des **guillemets** et des **tirets** marquant la rupture avec la narration ;
  - des **verbes de parole** ou de **pensée** (*dire, penser*) précisant qui parle ou pense, la manière dont une parole est prononcée (*murmurer, crier, s'exclamer*) ou l'intention du locuteur (*demander, répondre, affirmer, protester*). Ces verbes précèdent les paroles ou sont placés en incise (au milieu ou à la fin, avec inversion du sujet) ;

  Ex : *Elsa* ***appela*** *: « Où es-tu ?*
  *– Au collège », **répondit** Hugo, j'arrive.*
  - des **marques d'oralité** (*Euh ! Quoi !*) ;
  - des marques grammaticales de l'énonciation : **pronoms** et **déterminants possessifs** de la **1re** et de la **2e personne** (*je, tu, nous, vous, mon, ton, nos, vos…*) ; **adverbes** de lieu et de temps (*ici, hier, aujourd'hui, demain*) liés au moment et au lieu de l'énonciation ; **temps spécifiques** : indicatif présent (moment de l'énonciation), passé composé, imparfait, plus-que-parfait (faits passés), futur et futur antérieur (faits futurs) ► Leçon 20, p. 322.

  Ex : *Théo dit : « **Hier**, il faisait jour quand **j'**ai quitté **mon** collège. **Demain,** la nuit sera tombée quand **je** sortirai. »*
- **Effets** produits : le discours direct donne **vie** au récit en restituant les **niveaux de langage** et les **émotions**. Il permet au narrateur de **s'attarder sur une scène**.

→ Exercices 1, 2, 3, 7, 13 et 15

2 Le discours indirect RÉVISIONS

- Il se caractérise par :
  - l'absence des **guillemets**, **tirets** et **marques d'oralité** (impossibles à retranscrire) ;

  Ex : *« **Bien sûr !** » dit-il.* (discours direct) → *Il dit **qu'il approuvait**.* (discours indirect)
  - la **présence** de **verbes de parole** et de **pensée** (*dire, demander, penser, apprendre…*) ;
  - la **présence** d'**outils de subordination** :
    - *si, ce que, ce qui, où, quand…* quand la parole rapportée correspond à une phrase de type interrogatif : elle devient subordonnée interrogative indirecte ► Leçon 15, p. 312 ;
    - *que* dans les autres cas : elle devient subordonnée complétive ► Leçon 15, p. 312 ;

  Ex : *Il **demanda si** Lola était arrivée. Il **pensait que** Lola était arrivée.*
  - la **suppression** des **phrases interrogatives** et **exclamatives** qui deviennent des **propositions subordonnées** ; **Ex :** *« Quelle heure peut-il être ? » se demanda-t-il.* (discours direct) → *Il se demanda **quelle heure il pouvait être**.* (discours indirect)

– la **présence** d'un **infinitif** précédé de *de* si la parole rapportée correspond à une phrase injonctive.
Ex : *Elle dit à son fils : « **Ne cours pas** ! »* (direct) → *Elle dit à son fils **de ne pas courir**.* (indirect)

• Dans un **récit au passé**, le passage du discours direct au discours indirect entraîne des modifications (**personnes**, **adverbes**, **temps** : voir tableau ci-dessous).

• **Effets** produits : le discours indirect permet au narrateur d'**accélérer** le rythme du récit ; il **résume** les paroles en effaçant les marques d'oralité et les niveaux de langage.

→ Exercices 1, 2, 3, 4, 5, 6, 8, 9, 13 et 16

3 Le discours indirect libre

• Intermédiaire entre le discours direct et le discours indirect, le discours indirect libre permet au narrateur d'**intégrer** des paroles ou des pensées dans le récit, sans rupture. Il se caractérise par :
– l'**absence d'outil de subordination** ;
– la **présence** facultative de **verbes de parole** introducteurs ;
– la présence éventuelle de **phrases exclamatives** ou **interrogatives** ;
– la présence de **pronoms**, **adverbes** et **temps** identiques à ceux du **discours indirect**.
Ex : *Théo songeait : oserait-il lui dire qu'il l'aimait ?* (discours indirect libre)
→ *Théo songeait : « Oserai-je lui dire que je l'aime ? »* (discours direct)
→ *Théo se demandait s'il oserait lui dire qu'il l'aimait.* (discours indirect)

• **Effets** produits : le discours indirect libre permet de faire **entendre la voix** d'un personnage sans créer de rupture dans la narration.

→ Exercices 10, 11, 12, 13, 14

Discours direct	Discours indirect	Discours indirect libre
	Marques de personnes	
– *je, tu* – *nous, vous* – *mon, ton, nos, vos*	– *il / elle* – *ils / elles* – *son, sa, ses, leurs*	– *il / elle* – *ils / elles* – *son, sa, ses, leurs*
	Adverbes de lieu	
ici, là-bas	*là, à cet endroit-là*	*là, à cet endroit-là*
	Adverbes de temps	
– *hier* – *aujourd'hui* – *demain* – *l'année dernière*	– *la veille* – *ce jour-là* – *le lendemain* – *l'année précédente*	– *la veille* – *ce jour-là* – *le lendemain* – *l'année précédente*
	Temps des verbes (à l'indicatif)	
– présent – futur simple – imparfait – passé composé – futur antérieur	– imparfait – conditionnel présent – imparfait ou plus-que-parfait – plus-que-parfait – conditionnel passé	– imparfait – conditionnel présent – imparfait ou plus-que-parfait – plus-que-parfait – conditionnel passé
	Ponctuation et outil de subordination	
guillemets, tirets	– pas de guillemets ni de tirets – outil de subordination (*que* ou mot interrogatif)	– pas de guillemets ni de tirets – pas d'outil de subordination
	Phrases exclamatives et interrogatives	
présentes	absentes	présentes
Ex : *« M'aime-t-elle ? » se demanda-t-il.*	**Ex :** *Il se demanda si elle l'aimait.*	**Ex :** *L'aimait-elle ? Il se le demandait.*

Je m'exerce

1 **1. Complétez en ajoutant le verbe de parole qui convient : *répondit, demanda, se réjouit, interrogea, déclara, ajouta*.**

2. Distinguez les paroles rapportées au discours direct et au discours indirect.

a. « Quand viendrez-vous à Toulouse ? » ...... Martin. **b.** « J'ai justement l'intention, ... Ève, d'y aller bientôt. » **c.** Elle ...... qu'elle devait y faire un reportage. **d.** Il lui ...... si elle voulait aussi visiter Albi. **e.** Il ...... qu'il la guiderait volontiers. **f.** « Bien volontiers, je serais ravie de voir cette ville magnifique » ......-elle.

2 **Transposez ces phrases du discours direct au discours indirect en faisant les modifications nécessaires.**

a. « Assieds-toi ! », dit Noah à Lisa. **b.** « Non, je dois partir vite », répondit Lisa. **c.** « Que comptes-tu faire cet après-midi ? », demanda Antoine à Sofia. **d.** « Est-ce que les enfants sont rentrés ? », demanda Manuel. **e.** « Quand ferez-vous vos devoirs, les enfants ? », demandèrent les parents. **f.** Sacha supplia Karima : « Ne pars pas ! Tu vas me manquer ! ». **g.** « Va ranger ta chambre ! », ordonna ma mère.

3 **Transposez ces phrases du discours indirect au discours direct.**

a. Le passager demanda à l'hôtesse quand on atterrirait à Milan. **b.** Miriam affirma au douanier qu'elle n'avait rien à déclarer. **c.** Ils m'ont dit qu'ils étaient retardés par un embouteillage. **d.** Le médecin avait promis qu'il reviendrait trois jours plus tard. **e.** Louna se demandait pourquoi on lui avait caché la vérité. **f.** Le principal a rappelé aux élèves de ne pas être en retard.

4 **Distinguez, parmi les subordonnées en rose au discours indirect, les subordonnées complétives et les subordonnées interrogatives indirectes.**

a. Elle se demandait pourquoi il n'était pas venu à son anniversaire. **b.** Ils ont annoncé qu'ils déménageaient. **c.** Elle m'a confirmé qu'elle ne viendrait pas demain. **d.** Elle lui demanda ce qu'il pensait de sa nouvelle coiffure. **e.** Sa mère lui demanda s'il n'avait pas oublié le pain. **f.** Je ne savais pas encore ce que je ferais. **g.** Paul a promis qu'il rangerait la cave.

5 **1. Réécrivez les phrases au discours indirect en commençant par *Il leur dit*... Faites les modifications nécessaires pour respecter le sens en employant un niveau de langage courant.**

2. Quels mots ou expressions n'avez-vous pas pu retranscrire ?

a. « Ouf ! La tempête est passée ! » **b.** « Rentrez, vite ! » **c.** « Euh... c'est moi qui ai parlé. » **d.** « Ouille ! Je me suis coupé ! » **e.** « Je suis OK. » **f.** « C'est pas de ma faute ! »

6 **Transposez les phrases au discours indirect en commençant par *Il demanda à Marie*.**

a. « Où as-tu rangé les fourchettes ? » **b.** « Qu'est-ce qui t'empêche de parler ? » **c.** « Que t'est-il arrivé ? » **d.** « Que deviens-tu ? » **e.** « As-tu vu Paul la semaine dernière ? »

7 **Transposez cette phrase ambiguë de deux façons possibles au discours direct.**

Jeanne a dit à Julie qu'elle aimait beaucoup sa maison.

8 **Transposez cette phrase au discours indirect.**

Jeanne demanda à Julie : « Peux-tu nous retrouver ici demain ? »

9 **Complétez ces phrases inachevées.**

a. Il admit que .... **b.** Elle m'a confié que .... **c.** T'a-t-on appris que ...... ? **d.** Je vous ai demandé si .... **e.** Elles ne répétèrent pas ce que .... **f.** On se demande vraiment comment ....

10 **1. Conjuguez les verbes entre parenthèses au mode et au temps qui conviennent.**

2. Quelles phrases sont au discours indirect libre ?

a. Antoinette demanda à ses parents si elle (pouvoir) venir au bal. **b.** Sa mère lui répondit qu'elle n'(être) qu'une gamine. **c.** Antoinette promit qu'elle ne (rester) qu'un quart d'heure et argumenta : elle (avoir) quatorze ans et elle en (avoir) bientôt quinze. **d.** Mais sa mère refusa catégoriquement qu'elle (assister) au bal. **e.** Révoltée, la jeune fille prit sa décision : elle se (venger).

11 **Transposez ces phrases du discours indirect libre au discours direct. Ajoutez le verbe de parole : *dit-il, dit-elle* ou *a-t-il dit*.**

a. Sacha prit congé d'Alice : il reviendrait la voir le lendemain, il ne fallait pas qu'elle soit triste. **b.** Grand-Mère nous racontait sa vie. Pendant la guerre, elle avait travaillé dur et avait élevé seule ses enfants. **c.** Pierre vient de m'appeler. Nous devons l'attendre avant de partir.

12 **Transposez ces phrases :**

– du discours indirect au discours indirect libre ;

– puis au discours direct.

Dans les deux cas, vous commencerez par *Charlotte raconta son histoire*.

Charlotte raconta qu'elle avait fui les bombardements avec ses enfants, qu'ils étaient allés jusqu'à la gare et qu'ils avaient pu grimper de justesse dans un train de marchandises. Elle se demandait comment ils étaient parvenus sains et saufs à la campagne.

Grammaire pour lire

13 1. Délimitez les lignes qui rapportent les paroles, puis les pensées d'Antoinette. Distinguez le discours direct et le discours indirect libre.

2. a. De quels personnages Antoinette imagine-t-elle les paroles (en rose) ? À quels types de discours les rapporte-t-elle ?

b. Réécrivez les premières au discours direct, les secondes au discours indirect.

La mère d'Antoinette lui a dit qu'elle irait dormir pendant le bal que donneront ses parents.

Antoinette tressaillit violemment. Elle était devenue toute pâle ; elle murmura d'une voix basse, étranglée :

– Est-ce que je ne pourrai pas rester seulement un petit quart d'heure ?

Un bal… Mon Dieu, mon Dieu, ce serait possible qu'il y eût là, à deux pas d'elle, cette chose splendide qu'elle se représentait vaguement comme un mélange confus de folle musique, de parfums enivrants, de toilettes éclatantes… […] et qu'elle fût couchée ce soir-là, comme tous les soirs, à neuf heures comme un bébé… Peut-être des hommes qui savaient que les Kampf avaient une fille demanderaient-ils où elle était ; et sa mère répondrait avec son petit rire détestable : « Oh, mais elle dort depuis longtemps, voyons… »

Irène Némirovsky, *Le Bal* (1930), © Grasset & Fasquelle.

Grammaire pour écrire

SOCLE **Compétence 1** – Rédiger un texte bref à partir de consignes données.

14 Réécrivez ce passage au discours indirect libre.

L'action se déroule en 2052. Une gigantesque panne d'électricité a ravagé Paris. Survivre devient impossible. Le jeune François Deschamps décide de fuir la capitale et d'aller construire ailleurs un monde meilleur.

François exposa la situation à ses compagnons.

– Nous partirons demain dit-il, par d'anciennes routes dont j'ai retrouvé la trace sur des cartes du siècle dernier. Nous avons des vivres en abondance. […] Nous irons jusqu'en Provence. C'est le seul endroit où nous pouvons espérer recevoir de l'aide pour recommencer notre vie. Le voyage sera long, les obstacles nombreux. Nous arriverons. Il suffit de vouloir.

René Barjavel, *Ravage* (1943), © Denoël.

aide – Procédez comme si vous deviez transcrire le passage au discours indirect en supprimant le verbe introducteur et les outils de subordination.

– Modifiez les temps des verbes, les pronoms personnels, les déterminants possessifs.

– Que deviennent l'adverbe *demain* et l'expression *du siècle dernier* ?

15 Inventez un dialogue cohérent d'au moins quatre répliques entre une mère et son fils (ou sa fille) qui lui demande la permission d'aller en soirée. Vous utiliserez les verbes de parole suivants (donnés dans le désordre) : *dit-il (elle), demanda-t-il (elle), répondit-il (elle), ajouta-t-il (elle), bredouilla-t-il (elle), riposta-t-il (elle).*

16 Vous racontez à vos parents, au discours indirect, les propos qui ont été tenus par un professeur à vous-même ou à l'ensemble de la classe : *Le professeur a dit que…*

Serge Ivanoff (1893-1983), *Le Tango* (1935), gravure (Bibliothèque des Arts décoratifs, Paris).

22 L'impératif présent et le subjonctif

J'observe

Verbes

a. j'eus, il eut. **b.** que j'eusse, qu'il eût.
c. que j'aie, qu'il ait. **d.** que j'aie eu, qu'il ait eu.
e. que j'eusse, qu'il eût. **f.** que j'eusse eu, qu'il eût eu.

Comparez les formes du verbe *avoir* :
– à l'indicatif passé simple (**a**) et au subjonctif imparfait (**b**) ;
– au subjonctif présent (**c**) et passé (**d**) ;
– au subjonctif imparfait (**e**) et plus-que-parfait (**f**).

Leçon

1 L'impératif présent

RÉVISIONS

- L'impératif présent n'a **pas de sujet exprimé** et ne comporte que trois personnes : **2e du singulier**, **1re** et **2e du pluriel**.

Terminaisons	Verbes	Exemples
Impératif présent • *-e, -ons, -ez*	– verbes du 1er groupe et certains verbes du 3e groupe (*cueillir, offrir, ouvrir, souffrir, savoir, vouloir...*) – auxiliaire *avoir*	– *parle, parlons, parlez* – *offre, offrons, offrez / sache, sachons, sachez* – *aie, ayons, ayez*
• *-s, -ons, -ez*	– tous les autres verbes – auxiliaire *être*	– *agis, agissons, agissez / prends, prenons, prenez* – *sois, soyons, soyez*

- La 2e personne du singulier prend un *-s* devant *en* et *y*.

Ex : *Ils vendent des fraises au marché : vas-y et rapportes-en.*

2 Le subjonctif

Terminaisons	Verbes	Exemples
Subjonctif présent : *-e, -es, -e, -ions, -iez, -ent*	– tous les verbes – voir remarque après le tableau	*que je parle, que tu parles, qu'il parle, que nous parlions, que vous parliez, qu'ils parlent*
Subjonctif imparfait : radical du passé simple à la 2e pers. du sing. + terminaisons *-sse, -sses, -^t, -ssions, -ssiez, -ssent*	tous les verbes	(*tu fus*) → *que je fusse, que tu fusses, qu'il fût, que nous fussions, que vous fussiez, qu'ils fussent*
Subjonctif passé : auxiliaire *être* ou *avoir* conjugué au présent du subjonctif, suivi du participe passé	tous les verbes	*que j'**aie ri** / que tu **sois parti***
Subjonctif plus-que-parfait : auxiliaire *être* ou *avoir* conjugué à l'imparfait du subjonctif, suivi du participe passé	tous les verbes	*que j'**eusse ri** / que tu **fusses parti***

- Sept verbes du **3e groupe** (*aller, faire, pouvoir, savoir, vouloir, valoir* et *falloir*) ainsi que **être** et ***avoir*** sont irréguliers. **Ex :** *aller* → *qu'il **aille*** / *faire* → *qu'il **fasse*** / *pouvoir* → *qu'il **puisse*** / *savoir* → *qu'il **sache*** / *valoir* → *qu'il **vaille*** / *vouloir* → *qu'il **veuille**.*

avoir → *que j'aie, que tu aies, qu'il ait, que nous ayons, que vous ayez, qu'ils aient.*
être → *que je sois, que tu sois, qu'il soit, que nous soyons, que vous soyez, qu'ils soient.*

Je m'exerce

1 **Conjuguez les verbes à toutes les personnes de l'impératif présent.**

a. Ne pas jeter les papiers à terre. **b.** Lire la notice. **c.** Finir son dessert. **d.** Avoir du courage. **e.** Prendre soin de soi. **f.** Mettre le couvert. **g.** Savoir écrire. **h.** Choisir des fruits. **i.** Faire une pause. **j.** Trouver la solution. **k.** Être confiant. **l.** Trier les déchets.

2 **Conjuguez les verbes au subjonctif présent.**

a. Il faut que je (finir) ce roman, que j'(aller) au collège et que j'(apprendre) mes leçons avant qu'il n'(arriver). **b.** Qu'ils (savoir) bien ce qui les attend ! **c.** Je souhaite que vous (être) heureux. **d.** Je regrette que vous ne (pouvoir) pas dîner avec nous. **e.** Je crains qu'il n'(avoir) pas le temps de se reposer. **f.** Pourvu qu'il (faire) beau ! **g.** Je souhaite que tu (voir) ce film.

3 **Conjuguez ces verbes aux trois personnes du singulier :**

– de l'indicatif passé simple ;

– puis du subjonctif imparfait.

a. rendre. **b.** croire. **c.** expliquer. **d.** venir. **e.** manger. **f.** faire. **g.** avoir. **h.** courir. **i.** être.

4 **Identifiez les verbes au subjonctif présent et au subjonctif passé.**

a. Zoé m'a appelé pour que je lui rende visite. **b.** Je pense que j'ai raison et je souhaite que tu t'en rendes compte. **c.** Bien qu'il ait beaucoup voyagé, Jean ne connaît pas Venise. **d.** Il est dommage que vous soyez si bavarde.

5 **Conjuguez les verbes au subjonctif passé.**

a. Je regrette que vous (arriver) si tard. **b.** Il faut que vous (lire) ce livre pour demain. **c.** Bien que tu (avoir) des difficultés, tu as fait un bon travail. **d.** Je crains qu'il n'(rater) son train. **e.** Pourvu qu'il (ne pas oublier) son rendez-vous chez le dentiste !

6 **Les verbes suivants sont à la 2e personne du singulier du passé simple. Conjuguez-les aux trois premières personnes du subjonctif imparfait.**

Ex : *tu fis → que je fisse, que tu fisses, qu'il fît.*

a. tu trouvas. **b.** tu crias. **c.** tu voulus. **d.** tu finis. **e.** tu descendis. **f.** tu vins.

7 **Distinguez les verbes au subjonctif imparfait et les verbes au subjonctif plus-que-parfait.**

a. Jean partit dans le Sud cet été-là, bien qu'il préférât les pays nordiques. **b.** Je voudrais tant que les habitants de cette région fussent accueillants. **c.** Il serait dommage qu'Amélie n'écrivît pas un nouveau roman. **d.** Avant que les campeurs ne fussent partis, une patrouille les avait prévenus de l'incendie.

8 **Conjuguez les verbes entre parenthèses au temps du subjonctif indiqué.**

a. Pourvu que la mer ne (être, *subj. présent*) pas trop forte ! **b.** Je ne puis croire qu'il (commettre, *subj. passé*) une telle maladresse. **c.** Antoinette regrettait que sa mère lui (interdire, *subj. passé*) d'aller au bal. **d.** Qu'il (faire, *subj. présent*) beau ou non, nous ferons notre excursion ! **e.** Cette vie aventureuse, qui (terrifier, *subj. plus-que-parfait*) tout autre que lui, le remplit d'enthousiasme. **f.** Que tant d'élèves (jeter, *subj. présent*) de la nourriture à la cantine est très choquant.

Grammaire pour lire

9 **1. Identifiez le mode et le temps des verbes en rose.**

2. Indiquez leur personne, leur infinitif et leur groupe.

En 1767, un jeune noble révolté, Côme Laverse du Rondeau, a décidé de vivre dans les arbres du domaine de son père et ne les quitte plus. Le narrateur, son frère, le voit qui assiste de loin aux fiançailles de sa sœur.

Je sus plus tard qu'il était là, lui aussi, sans qu'on le vît, blotti dans l'ombre, au sommet d'un platane, dans le froid : il voyait les fenêtres brillantes de lumière, les pièces joyeusement ornées, des gens en perruque qui dansaient. […] Court était le pas qui le séparait de notre monde, et le retour eût été facile : y songeait-il ? J'ignore ce qu'il pensait, ce qu'il attendait. Je sais seulement qu'il demeura là tout le temps de la fête, et même après, jusqu'à ce que, l'un après l'autre, tous les candélabres se fussent éteints et qu'il ne restât plus aucune fenêtre éclairée.

Italo Calvino, *Le Baron perché* (1957), traduit de l'italien par J. Bertrand, © Le Seuil.

Grammaire pour écrire

SOCLE **Compétence 1** – Rédiger un texte bref à partir de consignes données.

10 **1. Rédigez cinq conseils permettant de préserver la planète. Vous utiliserez le subjonctif présent (*Il faut que tu... / que vous...*) et l'impératif présent aux mêmes personnes.**

2. Notez au subjonctif passé cinq tâches que vous avez à faire cette semaine.

Ex : *Il faut que j'aie fait…*

23 La voix passive et le complément d'agent ; la conjugaison passive

RÉVISIONS

Rappels

1 La voix active, la voix passive

• On peut utiliser la voix **active** ou la voix **passive** selon l'élément que l'on a l'intention de mettre en valeur au début de la phrase (le **thème** de la phrase ► Leçon 18, p. 318).

• La voix **active** met en valeur celui qui **accomplit l'action** (l'**agent**) et la voix **passive** met en valeur celui qui **subit l'action** (le **patient**).
Ex : ***La tempête*** (agent) *a déraciné les arbres.* → voix active.
Les arbres (patient) *ont été déracinés par la tempête.* → voix passive.

• Quand on effectue une transformation de la voix **active** à la voix **passive** :
– le **COD** de la phrase active (*les arbres*) devient le **sujet** de la phrase passive ;
– le **sujet** de la phrase active (*la tempête*) devient le **complément d'agent** de la phrase passive.

2 Le complément d'agent

• À la voix passive, le complément d'agent désigne l'être ou la chose qui **accomplit l'action**. Il est introduit par les prépositions *par* ou *de*.
Ex : *Les feuilles sont emportées par* ***le vent****. Le sol est jonché de* ***feuilles****.*

• Il peut être un **nom** (ou un **groupe nominal**) ou un **pronom**.
Ex : *Le Grand Meaulnes a été écrit par* ***Alain-Fournier****. Ce roman est connu de* ***tous****.*

• L'agent de l'action peut ne pas être exprimé (s'il est évident ou indéfini) : dans ce cas, on utilise une phrase passive **sans complément d'agent** ou une phrase active avec le sujet ***on***.
Ex : *Un nouveau vaccin a été découvert.* → voix passive. ***On*** *a découvert un nouveau vaccin.* → voix active.

3 La conjugaison du passif

• Le verbe à la voix passive se conjugue avec l'**auxiliaire *être***, suivi du **participe passé** du verbe. C'est le **temps** de l'auxiliaire ***être*** qui indique le **temps** du verbe **passif**.
Ex : *La facture* ***a été payée****.* → passé composé passif du verbe *payer*.

• **Attention !** Il ne faut pas confondre un verbe au **présent passif** avec un verbe au **passé composé actif** ou **pronominal** conjugué avec l'auxiliaire *être*.
Ex : *Il* ***est tombé****.* → passé composé actif. *La route* ***est bordée*** *de peupliers.* → présent passif.

Temps	Voix active	Voix passive
Indicatif présent	*J'aime*	*Je suis aimé(e)*
Indicatif imparfait	*J'aimais*	*J'étais aimé(e)*
Indicatif passé simple	*J'aimai*	*Je fus aimé(e)*
Indicatif futur simple	*J'aimerai*	*Je serai aimé(e)*
Indicatif conditionnel présent	*J'aimerais*	*Je serais aimé(e)*
Indicatif passé composé	*J'ai aimé*	*J'ai été aimé(e)*
Indicatif plus-que-parfait	*J'avais aimé*	*J'avais été aimé(e)*
Indicatif passé antérieur	*J'eus aimé*	*J'eus été aimé(e)*
Indicatif futur antérieur	*J'aurai aimé*	*J'aurai été aimé(e)*
Indicatif conditionnel passé	*J'aurais aimé*	*J'aurais été aimé(e)*
Subjonctif présent	*Que j'aime*	*Que je sois aimé(e)*
Infinitif présent	*Aimer*	*Être aimé(e)*
Participe présent	*Aimant*	*Étant aimé(e)*

Je m'évalue

1 Analysez les verbes en rose (voix, mode et temps).

a. Dès que le champion arriva, il fut accueilli par des applaudissements. **b.** Il souhaite qu'un délai lui soit accordé. **c.** L'électricité est produite par des centrales thermiques. **d.** Les enfants sont partis tôt ce matin. **e.** Ces ordinateurs seront bientôt remplacés.

2 Conjuguez les verbes à la voix passive au temps indiqué.

a. Ce fait (confirmer, *passé composé*) par les témoins. **b.** L'épave (ballotter, *imparfait*) par les vagues. **c.** Cet homme (sauver, *passé simple*) par son chien. **d.** Les délégués de classe (élire, *futur simple*) ce soir. **e.** Les invités (prévenir, *plus-que-parfait*) de votre arrivée.

3 Mettez les phrases actives à la voix passive et les phrases passives à la voix active.

a. Un chemin de terre traversait le bois. **b.** Le boxeur fut jeté à terre par un direct du gauche. **c.** Le général sera enchanté de cette victoire. **d.** La crue du Rhône avait inondé les champs. **e.** Les campeurs ont été surpris par la tempête. **f.** Un moustique m'a piquée.

4 Indiquez la fonction des compléments en rose : compléments d'agent ou compléments circonstanciels (lieu, cause, temps, manière).

a. Nous sommes repassés par Nice. **b.** La chemise a été repassée par mon frère. **c.** Des cris de joie s'élevèrent de tous côtés. **d.** Cette histoire est arrivée par ma faute. **e.** Il est admiré de ses camarades.

5 Transformez ces phrases non verbales en phrases verbales à la voix passive.

Ex : ***Prise*** *de la Bastille en 1789.*
→ *La Bastille* ***a été prise*** *en 1789.*

a. Inauguration d'un musée d'art moderne au centre-ville. **b.** Découverte des ruines d'un village médiéval par des archéologues. **c.** Vol de quatre singes rares dans un parc. **d.** Interruption du trafic ferroviaire demain.

6 Transformez ces phrases passives en phrases actives en employant le sujet *on*.

a. L'incendie a pu être maîtrisé. **b.** Mon père fut embauché sur un chantier de construction. **c.** Cette loi fut adoptée à l'Assemblée nationale. **d.** L'exposition sera bientôt inaugurée.

Grammaire pour lire

SOCLE **Compétence 1** – Utiliser ses compétences sur la langue pour lire.

7 1. Analysez les verbes en rose (voix, mode et temps).

2. Précisez le complément d'agent (s'il y en a) des verbes à la voix passive.

3. Réécrivez les phrases passives à la voix active.

4. Quels aspects de la vie des civils la narratrice met-elle en valeur par l'emploi du passif ?

*La narratrice raconte la vie de ses parents (*il *et* elle*).*

En 1939 il n'a pas été appelé[1], trop vieux déjà. Les raffineries ont été incendiées par les Allemands et il est parti à bicyclette sur les routes tandis qu'elle profitait d'une place dans une voiture, elle était enceinte de six mois. [...] Quand les Allemands les ont rejoints, il est rentré à L[2]... L'épicerie avait été pillée de fond en comble par ceux qui n'avaient pas pu partir. À son tour ma mère est revenue et je suis née dans le mois qui a suivi.

Annie Ernaux, *La Place* (1983), © Gallimard.

1. appelé au front.
2. Lillebonne, en Normandie.

Grammaire pour écrire

SOCLE **Compétence 1** – Rédiger un texte bref à partir de consignes données.

8 En vous inspirant de l'extrait de *La Place*, de votre livre d'Histoire et de la photographie ci-dessous, rédigez un texte de quelques lignes rapportant certains événements de 1940. Vous varierez les voix des verbes (au moins trois verbes à la voix passive).

Une rue en Belgique après un bombardement allemand en mai 1940. ▶

24 Les valeurs des temps de l'indicatif (1)

RÉVISIONS

Rappels

1 Qu'appelle-t-on valeur d'un temps ?

• Identifier la **valeur d'un temps**, c'est dire ce qu'il exprime. Les temps verbaux permettent :
– de situer l'action dans le temps (présent, passé, futur), c'est la **valeur temporelle** ;
Ex : *Aujourd'hui il **fait** beau. Hier il **a fait** beau. Demain il **pleuvra**.*
– d'envisager l'action sous son **aspect** : est-elle accomplie (terminée) ou en cours d'accomplissement (inaccomplie) ? A-t-elle une certaine durée, est-elle ponctuelle (a lieu une fois) ou se répète-t-elle ?
Ex : *Elle **marchait** lentement sous la neige.* → durée, en cours d'accomplissement. *Elle **marcha** longtemps ce jour-là.* → ponctualité. *Elle **marchait** tous les matins.* → habitude.
– de préciser l'**intention** de celui qui parle (ordre, promesse, hypothèse) ; le temps est alors l'équivalent d'un autre mode (impératif, subjonctif ▸ Leçon 22, p. 330), c'est la **valeur modale**.
Ex : *Tu **fermes** la porte !* → Le présent exprime ici un ordre.

2 Les valeurs du présent

• Le **présent d'énonciation** (valeur première) exprime un fait qui se déroule au moment de l'énonciation (moment où l'on parle ou écrit), de durée brève (*On **sonne** !*) ou longue (*Je **travaille** depuis ce matin*).

• Le **présent d'habitude** marque une action qui se répète.
Ex : *Le coq **chante** tous les matins.*

• Le **présent à valeur de passé récent** ou de **futur proche** exprime des faits qui viennent de se réaliser (*Il **sort** à l'instant*) ou qui vont avoir lieu dans un futur proche (*Je **reviens** tout de suite*).

• Le **présent de vérité générale** exprime un fait ou un état valable de tout temps (texte scientifique, morale, proverbe).
Ex : *L'eau **bout** à cent degrés. Rien ne **sert** de courir ; il **faut** partir à point* (La Fontaine).

• Le **présent de description** est utilisé pour présenter un personnage, un paysage…
Ex : *Carmen **a** les yeux noirs.*

• Le **présent de narration**, inséré dans un récit d'événements au passé, rend l'action plus présente aux yeux du lecteur.
Ex : *Un agneau se désaltérait / Dans le courant d'une onde pure / Un loup **survient** à jeun qui cherchait aventure* (La Fontaine).
Ce type de présent s'utilise souvent dans les textes historiques ou les biographies (**présent historique**). **Ex :** *La Guerre de 1914-1918 **débute** par l'attentat de Sarajevo.*

• Le **présent** peut exprimer l'**ordre**. **Ex :** *Tu **sors** immédiatement !*

3 Les valeurs du passé composé

• Il exprime :
– une **action passée ou une antériorité** par rapport au **moment où l'on parle ou écrit**. Cette action est unique et achevée ;
Ex : *Je lui **ai téléphoné** hier.* → action passée. *Je te lis la lettre que j'**ai reçue**.* → antériorité.
– un fait passé dont **les effets se prolongent** dans le présent ;
Ex : *Il **a perdu** ses gants.* → sous-entendu : *il ne les a plus.*
– une **vérité générale** ou une **action qui se répète**.
Ex : *Le chien **a** toujours **été** le meilleur ami de l'homme. Je me **suis** souvent **rappelé** ces moments.*

• Le passé composé remplace le passé simple dans le langage courant. Il est alors le temps des **faits de premier plan** (principaux) du récit et s'oppose à l'**imparfait** (faits secondaires ou décor d'**arrière-plan**).
Ex : *Hier, il **a pris** son bus. Il faisait beau. Il **a rencontré** Marie qui revenait de Bretagne.*

4 Les valeurs du passé simple

- Le passé simple est le **temps de référence du récit au passé** dans le langage écrit et soutenu.
- Il peut évoquer :

– des **actions achevées, ponctuelles**, dont la durée, longue ou brève, est limitée dans le temps ;
Ex : *Il **déchira** la lettre.* → action brève. *Ils **voyagèrent** pendant un mois.* → action longue.
– des **actions répétées** ; **Ex :** *Tous les jours il **fit** le même trajet.*
– des **actions successives**. **Ex :** *Sacha **prit** son casque, **enfourcha** sa bicyclette et **s'éloigna**.*

5 Les valeurs de l'imparfait

- On l'utilise pour exprimer :

– la **durée indéterminée** (action passée en cours d'accomplissement, c'est-à-dire non achevée) ;
Ex : *Il **pleuvait** depuis huit jours.*
– la **description** (décor ou cadre de l'action, portraits) ;
Ex : *Il **neigeait**, un pâle soleil **perçait** les nuages.*
– l'**habitude** ou la **répétition** d'actions passées ;
Ex : *Chaque matin je **prenais** le tramway.*
la **condition**, dans une proposition subordonnée de condition quand la principale est au conditionnel présent ; **Ex** : *Si la pluie **cessait**, nous pourrions sortir.*
– le **souhait** ; **Ex** : *Si seulement la pluie **cessait** !*
– l'**atténuation polie**, la **demande polie**. **Ex** : *Je **voulais** vous demander un renseignement.*

- **Remarque :** dans un récit au passé, le passé simple évoque les **actions de premier plan** (principales) qui font progresser le récit. Il s'emploie avec l'imparfait pour l'**arrière-plan du récit** (actions secondaires, descriptions).

Ex : *Nous étions en cours de français, la pluie tombait. Soudain la porte s'ouvrit.*
Imparfait — Imparfait — Passé simple
Le principal entra dans la classe et nous présenta un nouvel élève.
Passé simple — Passé simple

6 Les valeurs du futur simple

- Il exprime :

– un **fait situé dans l'avenir**, non accompli au moment où l'on parle, et dont la réalisation est considérée comme **certaine** ;
Ex : *Je **partirai** dès demain soir.*
– un **fait soumis à une condition**, avec une subordonnée de condition au présent ;
Ex : *Si tu m'aimes vraiment, tu me **suivras** !*
– l'**ordre** ou un **conseil** ;
Ex : *Tu n'**oublieras** pas de me téléphoner !*
– la **promesse** (ou un **projet**), la **prédiction** ou la **supposition**.
Ex : *Je **reviendrai** demain.* → promesse. *Elle **sera** un grand écrivain.* → prédiction. *Il **aimera** sûrement ce film.* → supposition.

- **Remarque :** le **passé récent** et le **futur proche** sont traduits par les semi-auxiliaires *aller* et *venir de* au présent de l'indicatif, suivis d'un verbe à l'infinitif.

Ex : *Le débat **vient de finir**.* → passé récent. *Il **va** bientôt **s'endormir**.* → futur proche.

7 Les valeurs du futur antérieur

- Il exprime :

– une action future **antérieure** à une autre action **future** ;
Ex. *Dès que je **serai revenue*** (action 1), *je te raconterai mon voyage* (action 2).
– une **supposition**.
Ex : *Leïla n'est pas là : elle **aura oublié** son rendez-vous.*

8 Les valeurs du plus-que-parfait et du passé antérieur

- Le **plus-que-parfait** et le **passé antérieur** expriment une **antériorité** dans le passé (action passée ayant eu lieu **avant** une autre action passée).
- Le **plus-que-parfait** exprime un fait passé d'arrière-plan, **antérieur** à un autre fait passé.
Ex : *Elle recueillit le chien* (action 2) *qu'elle **avait trouvé** sur la route* (action 1).
- Le **passé antérieur** exprime :
– un fait passé de premier plan **antérieur** à un autre fait passé exprimé au **passé simple**.
Ex : *Quand il **eut terminé** son explication* (action 1), *il se leva et sortit* (action 2).
– une action **rapide et accomplie**.
Ex : *En un instant elle **eut enfilé** son manteau.*

Je m'évalue

1 **1.** Distinguez les verbes qui expriment une action considérée comme accomplie (achevée) et ceux qui expriment une action en cours d'accomplissement ou non accomplie.
2. À quel temps de l'indicatif sont-ils conjugués ?
a. Que fais-tu ? Je fais un gâteau au chocolat. **b.** Hier, mon frère a fait un excellent gâteau au chocolat. **c.** Au moment où tu m'as téléphoné, je faisais un gâteau au chocolat. **d.** Tu avais fait un excellent gâteau au chocolat pour mon anniversaire. **e.** Tu viendras me voir tout à l'heure, quand j'aurai fini mon gâteau.

2 Relevez les verbes au présent de l'indicatif et indiquez leur valeur.
a. Sam dort toujours tard le dimanche. **b.** J'étais en train de m'assoupir quand j'entends frapper à la porte. **c.** Les chats ont des griffes rétractiles. **d.** Le conseil de classe se réunit tout à l'heure. **e.** Je propose que l'on fasse un foot. **f.** Tout arrive à qui sait attendre ! **g.** Une faible lumière éclaire la pièce. **h.** Noémi finit juste de dîner. **i.** Tu termines vite ce travail !

3 **1.** Écrivez les verbes en rose à l'indicatif présent.
2. Indiquez les valeurs du présent.
a. Chaque fois qu'il m'(apercevoir), il (tourner) les talons. **b.** Nous ne (savoir) pas pourquoi tu (sembler) fâché. **c.** Tous les dimanches, ils (aller) se promener à la campagne. **d.** La Terre (faire) partie du système solaire. **e.** La pièce (être) vaste, une grande bibliothèque (occuper) tout un mur, le bureau (être surchargé) de papiers. **f.** Je me promenais tranquillement. Soudain un chevreuil (sortir) du bois. **g.** L'été prochain, nous (visiter) Athènes. **h.** Il (quitter) à l'instant son bureau. **i.** La guerre (prendre) fin le 11 novembre 1918 par la signature de l'armistice.

4 **1.** Relevez les verbes au passé composé et précisez leur valeur : antériorité, vérité générale, action répétée.
2. Lesquels expriment des faits passés achevés?
a. Ils ont toujours passé leurs vacances en Bretagne. **b.** Maintenant que vous avez fait votre travail, vous pouvez regarder la télévision. **c.** Les fruits ont toujours été très bons pour la santé. **d.** Hier j'ai rencontré une amie d'enfance, je l'ai tout de suite reconnue.

5 Distinguez, parmi les verbes en rose, ceux qui évoquent les actions de premier plan et ceux qui évoquent l'arrière-plan du récit.

Je passais de longues heures un pinceau à la main et m'enivrais de rouge, de jaune, de vert et de bleu. Un jour – j'avais alors dix ans – mon professeur de dessin vint trouver ma mère et lui fit part de son opinion : « Votre fils, madame, a un talent pour la peinture qu'il ne faut pas négliger. »
Cette révélation eut sur ma mère un effet tout à fait inattendu.

Romain Gary, *La Promesse de l'aube* (1960),
© Gallimard.

6 Indiquez les valeurs du passé simple : actions ponctuelles, répétées ou successives.
a. Enfin, le jour de mon anniversaire arriva. **b.** Comme toujours, il arriva en retard. **c.** C'est ce jour-là que je fis la connaissance de Tania. **d.** Paul sortit, sauta sur son cheval et partit au galop. **e.** Anna lui demanda plusieurs fois ce qu'il avait fait.

7 **Indiquez les valeurs de l'imparfait : durée, description, habitude, condition, souhait.**

a. Tous les dimanches, en été, nous partions pique-niquer. **b.** Lise et Léna couraient depuis deux heures sur la plage. **c.** Si j'avais le temps, je t'accompagnerais volontiers. **d.** Ce matin-là, le ciel était d'un blanc laiteux. **e.** Si seulement il pouvait faire beau dimanche !

8 **Indiquez les valeurs de l'imparfait.**

Annie Ernaux retrace dans son roman la vie de son père, petit commerçant modeste.

a. Quand je faisais mes devoirs sur la table de la cuisine, le soir, il feuilletait mes livres, surtout l'histoire, la géographie, les sciences. Il aimait que je lui pose des colles.

Annie Ernaux, *La Place* (1983), © Gallimard.

Le narrateur raconte l'arrivée en classe d'un nouvel élève, Conrad.

b. Il portait un pantalon de bonne coupe et au pli impeccable qui, de toute évidence, n'était pas, comme les nôtres, un vêtement de confection. Son luxueux costume gris clair était fait de tissu à chevrons et, presque certainement « garanti anglais ».

Fred Uhlman, *L'Ami retrouvé* (1971), traduit de l'anglais par L. Lack, © Gallimard (1978).

9 **Écrivez les verbes au temps qui convient (imparfait ou passé simple).**

Voici le début du roman Le Baron perché.

C'est le 15 juin 1767 que Côme Laverse du Rondeau, mon frère, (s'asseoir) au milieu de nous pour la dernière fois. Je m'en souviens comme si c'(être) hier. Nous (être) dans la salle à manger de notre villa d'Ombreuse ; les fenêtres (encadrer) les branches touffues de la grande yeuse[1] du parc. Il (être) midi.

D'après **Italo Calvino**, *Le Baron perché* (1959), traduit de l'italien par J. Bertrand, © Le Seuil (1959).

1. yeuse : chêne.

10 **Relevez les verbes au futur simple et au futur antérieur. Indiquez leur valeur.**

a. Vous mettrez votre casque pour faire du ski. **b.** Si le vent se déchaîne, les vagues atteindront la digue. **c.** Dimanche prochain, nous irons en Normandie. **d.** Paul aura encore raté son bus ! **e.** Ce roman obtiendra sans doute un prix. **f.** Quand l'avion aura atterri, vous serez averti.

11 **1. Indiquez le temps des verbes.**

2. Dans chaque phrase, précisez l'ordre des actions.

a. Quand il eut repassé dans son esprit tout ce qu'il avait vu, Pierre s'endormit. **b.** Je pensais que vous étiez rentrés à pied. **c.** Ils ont découvert les cadeaux que vous aviez cachés sous le sapin. **d.** Quand la neige aura cessé de tomber, nous sortirons. **e.** Quand elle rentra dans la chambre, elle vit que l'enfant s'était endormi.

12 **1. Identifiez les temps des verbes en vert.**

2. Mettez les verbes en rose au temps qui convient.

a. Après que Meaulnes eut quitté le château, ses souvenirs le (poursuivre). **b.** Quand il (explorer) la cavité, le spéléologue remonta. **c.** Paul (lire) la lettre que Lisa lui avait écrite. **d.** Les passagers (s'endormir) dès qu'ils seront montés en voiture. **e.** Tu auras froid quand le feu (s'éteindre). **f.** Maintenant que leur brouillon est fini, les élèves (rédiger) la rédaction.

Grammaire pour lire

SOCLE **Compétence 1** – Utiliser ses connaissances sur la langue pour lire.

13 **1. Classez les verbes en rose selon qu'ils évoquent le premier plan ou l'arrière-plan du récit.**

2. Précisez la valeur des temps utilisés pour le récit de cette rencontre.

Augustin Meaulnes a assisté à une fête étrange dans un château où il a rencontré Yvonne de Galais. Pendant une traversée en bateau, ils se sont regardés longuement.

À terre, tout s'arrangea comme dans un rêve. Tandis que les enfants couraient avec des cris de joie, que des groupes se formaient et s'éparpillaient à travers bois, Meaulnes s'avança dans une allée, où, dix pas devant lui, marchait la jeune fille. Il se trouva près d'elle sans avoir eu le temps de réfléchir :

« Vous êtes belle », dit-il simplement.

Alain-Fournier, *Le Grand Meaulnes* (1913).

Grammaire pour écrire

SOCLE **Compétence 1** – Rédiger un texte bref à partir de consignes données.

14 **Faites en quelques phrases le récit d'une rencontre. Vous utiliserez :**

– l'imparfait pour le cadre, les circonstances et le portrait du personnage ;

– le passé simple pour les actions de premier plan ;

– le présent, le passé composé et le futur pour le dialogue.

25 Les valeurs des temps de l'indicatif (2) : le conditionnel

J'observe

Phrases

a. Je crois que ce film te plaira. **b.** Je croyais que ce film te plairait. **c.** Si tu voyais ce film, il te plairait, j'en suis sûr. **d.** Si ce film m'avait plu, je l'aurais revu avec toi.

1. Identifiez le verbe au futur simple et les verbes au conditionnel présent et passé.
2. Dans quelle phrase le conditionnel exprime-t-il le futur par rapport au passé ?
3. Dans lesquelles exprime-t-il un fait soumis à condition ?

Leçon

1 Le conditionnel peut avoir la valeur d'un temps

Dans ce cas :

- Le **conditionnel présent** exprime une action passée qui se déroule **après** une autre action passée (valeur de **futur dans le passé**).

Ex : *Il savait qu'elle **reviendrait**.* → *reviendrait* : action future par rapport au fait de savoir.

- Le **conditionnel passé** marque l'**antériorité** par rapport au conditionnel présent.

Ex : *Il m'a dit qu'il regarderait un DVD quand il **aurait terminé** son devoir.*
→ L'action de terminer le devoir a eu lieu avant elle de regarder un DVD.

2 Le conditionnel peut avoir la valeur d'un mode

- Dans ce cas, il exprime un **fait (ou une action) soumis(e) à une condition**. Il est d'ordinaire suivi ou précédé d'une proposition subordonnée circonstancielle introduite par *si* :

– il a valeur de **potentiel** si la condition est envisagée comme **possible** ;
Ex : *Si un jour je le pouvais, je **ferais** le tour du monde.*
– il a valeur d'**irréel du présent** lorsque la condition n'est pas réalisée dans le présent, ou d'**irréel du passé** lorsque la condition ne s'est pas réalisée dans le passé.
Ex : *Si j'avais dix-huit ans, je **voterais**, mais j'en ai quinze.* → irréel du présent. *Si j'avais pu, je t'**aurais accompagné**.* → irréel du passé.

- Il peut aussi exprimer :

– une **éventualité** ou une **hypothèse** dans le **présent** ou le **passé** : un fait qui pourrait ou aurait pu avoir lieu ;
Ex : *Cette tragédie **pourrait** être de Racine. Vous **seriez**-vous trompé ?*
– une **demande** ou un **conseil** atténués ;
Ex : *Je vous **demanderais** bien un stylo. **Pourrais**-tu me passer le sel ?*
– une **information** considérée comme **incertaine** (emploi fréquent dans la presse) ;
Ex : *Selon notre correspondant, une tempête **soufflerait** sur Fécamp et la mer **aurait recouvert** la digue.*
– un **souhait** ou un **regret** ;
Ex : *J'**aimerais** visiter Venise. J'**aurais voulu** te connaître avant.*
– un **fait imaginaire** souvent dans le cadre d'un **jeu** ;
Ex : *On **vivrait** au Moyen Âge. Je **serais** la reine et tu **serais** mon chevalier.*
– l'**étonnement** ou l'**indignation**, dans une phrase interrogative ou exclamative.
Ex : *Moi ! Je **serais** un menteur !*

Singapour, quartier de maisons individuelles et de gratte-ciel. ▶

Je m'exerce

1 **1. Identifiez les temps des verbes au conditionnel.**
2. Précisez leur valeur : futur dans le passé, potentiel, irréel, antériorité.

a. Si un jour je partais, il faudrait que quelqu'un arrose les fleurs. **b.** Si ce film n'était pas si long, il aurait eu plus de succès. **c.** Le reporter expliqua qu'il partirait quand il aurait fini son enquête. **d.** Si tu n'habitais pas si loin, je viendrais te voir plus souvent.

2 **Écrivez les verbes en rose au conditionnel présent ou passé. Précisez leur valeur : irréel, antériorité, futur dans le passé.**

a. Paul nous informa qu'il (partir, *cond. présent*) à l'étranger lorsqu'il (effectuer, *cond. passé*) son stage. **b.** Si je n'avais pas été retardé, je (venir, *cond. passé*) te chercher à la gare. **c.** Elsa se décida ; jamais plus elle n'(avoir, *cond. présent*) une telle occasion de parler.

3 **Complétez chaque phrase avec une proposition au conditionnel présent ou passé.**

a. Si tu prenais l'air plus souvent, ... **b.** Si tu étais venu chez moi hier soir, ... **c.** Si nous avions besoin de vous, ... **d.** Si l'été avait été plus beau, ... **e.** Si tu étais là, ...

4 **1. Identifiez les temps des verbes : conditionnel présent ou passé.**
2. Précisez leur valeur : souhait, regret, information incertaine, demande atténuée, étonnement, fait imaginaire, éventualité / hypothèse.

a. Selon une enquête, les Français ne feraient pas assez de sport. **b.** Moi je serais clown et toi tu serais écuyère. **c.** En passant dans votre rue, j'aurais pu vous rencontrer. **d.** Lui, il aurait raconté une telle histoire ! **e.** Nous aurions dû t'écouter. **f.** On croirait qu'il est déguisé. **g.** Pourriez-vous m'indiquer l'heure du train ?

5 **Complétez en mettant les verbes en rose au conditionnel présent ou passé. Dites s'il s'agit d'un conditionnel à valeur de temps ou d'un conditionnel à valeur de mode.**

a. Ces élèves (réussir, *cond. passé*) s'ils avaient travaillé plus. **b.** La météo prévoyait qu'il (faire, *cond. présent*) beau quand le soleil (se dégager, *cond. présent*). **c.** Ce film (connaître, *cond. passé*) un beau succès à Cannes. **d.** Lui, il (raconter, *cond. passé*) pareil mensonge ! **e.** On (se croire, *cond. passé*) dans un palace ! **f.** Nous (préférer, *cond. présent*) aller en Bretagne.

Grammaire pour lire

6 **Identifiez la valeur de chacun des verbes au conditionnel dans ces deux extraits : potentiel, hypothèse, futur dans le passé, indignation, irréel du passé.**

a. *Le narrateur est invité chez les parents de son ami David Silbermann.*

Nos projets d'avenir étant en question, il déclara que, pour sa part, il suivrait la carrière des lettres. Tandis que sa mère approuvait ce dessein dont elle était flattée, me semble-t-il, son père, secouant la tête, dit avec bonhomie :
– Non, non, David, ce n'est pas sérieux. [...] Moi, si j'avais vingt ans, je partirais pour l'Amérique avec un stock de perles.

Jacques de Lacretelle, *Silbermann* (1922), © Gallimard.

b. *En 1932, le narrateur, de famille juive, est devenu l'ami de Conrad, dont la famille est antisémite. Il comprend un jour que Conrad ne veut pas le présenter à ses parents.*

« Je ne veux pas te perdre, tu le sais... J'étais seul avant ta venue et je serais encore plus seul si tu me rejetais, mais je ne puis supporter l'idée que tu as trop honte de moi pour me présenter à tes parents. [...] »
Conrad l'interrompt :
« Mais je n'ai aucune envie de t'humilier. Comment le pourrais-je ? [...] Tu sais que j'étais seul, moi aussi, et que si je te perdais, je perdrais l'unique ami en qui je puisse avoir confiance. Comment aurais-je pu avoir honte de toi ? »

Fred Uhlman, *L'Ami retrouvé* (1971), traduit de l'anglais par L. Lack, © Gallimard (1978).

Grammaire pour écrire

SOCLE **Compétence 1** – Rédiger un texte bref à partir de consignes données.

7 **Préféreriez-vous habiter dans un gratte-ciel ou dans une maison individuelle ? Construisez votre réponse en utilisant au moins quatre verbes au conditionnel.**

aide **Dites ce qui vous plairait dans un cas et ce qui vous déplairait dans l'autre :** ***J'aimerais parce que... En revanche, il me déplairait de... parce que...***

26 Les valeurs des modes indicatif, subjonctif, impératif

RÉVISIONS

Rappels

1 Les valeurs du mode indicatif

• L'**indicatif** est employé pour des actions envisagées comme **certaines**, situées dans le temps : passé **(action qui a eu lieu)**, présent **(action en cours d'accomplissement)**, avenir **(action qui aura lieu)**.

Ex : *Hier je **suis rentré** de vacances. Aujourd'hui je **range** ma chambre. Demain je **travaillerai**.*

• L'**indicatif** peut aussi présenter une action **envisagée comme possible** ou comme **non réalisée** :

– la **condition**, après *si* : au présent, à l'imparfait, au plus-que-parfait.

Ex : *Si tu **viens** avec moi, je serai contente. Si tu **venais** avec moi, je serais contente. Si tu **étais venu** avec moi, j'aurais été contente.*

– l'**ordre** : au présent et au futur ; **Ex :** *Tu **finis** / Tu **finiras** ce travail pour demain.*

– l'**incertitude** ou de la **probabilité** : au futur antérieur ou au conditionnel.

Ex : *Elle **se sera** sans doute **perdue**. Le temps **pourrait** s'améliorer.*

2 Les valeurs du mode subjonctif

• Le subjonctif exprime des **actions possibles, incertaines**, liées à des volontés ou des sentiments.

• Il s'emploie dans les **propositions indépendantes** ou **principales**, avec ou sans *que* pour exprimer :

– l'**ordre**, l'**interdiction** ; **Ex :** *Qu'il **sorte** ! Qu'elle ne **fasse** rien sans moi !*

– le **souhait** ; **Ex :** *Pourvu que je **réussisse** ! Que cette année vous **apporte** beaucoup de bonheur.*

– l'**étonnement** ou l'**indignation** ; **Ex :** *Moi, que je **prenne** la fuite !*

– la **condition** ; **Ex :** ***Soit** un triangle isocèle. Qui l'**eût cru** que nous nous reverrions ?*

– la **concession**. **Ex :** ***Soit** ! **Dussé**-je y passer la nuit, je ne renoncerai pas.*

• Il s'emploie dans les **propositions subordonnées** :

– **conjonctives complétives**, après les verbes exprimant une **volonté**, un **sentiment**, un **jugement**... ou des verbes d'**opinion** à la forme négative ou interrogative.

Ex : *Je veux que tu **apprennes** l'allemand.* → volonté. *Je suis heureux qu'il **soit resté**.* → sentiment. *C'est bizarre qu'elle n'**ait** pas **téléphoné**.* → jugement. *Crois-tu qu'elle **puisse** accepter cela ?* → opinion.

– **relatives** lorsqu'elles complètent une **expression au superlatif**, lorsqu'elles expriment une **restriction** (après *le seul*...) ou un **fait envisagé** (**résultat visé**).

Ex : *C'est le plus bel endroit que je **connaisse**.* → superlatif. *C'est le seul ami qui leur **soit** resté.* → restriction. *Ce chat cherche un arbre où il **puisse** grimper.* → résultat visé.

– **conjonctives circonstancielles** : temps (après *avant que, en attendant que, jusqu'à ce que*), but (*pour que, de peur que*), concession / opposition (*bien que, quoique*), condition (après *à condition que*). ► Leçon 15, p. 312

Ex : *Venez vite avant que nous ne **partions**.* → temps. *Bien qu'il **ait perdu** le match, nous avons admiré son jeu.* → concession.

3 Les valeurs du mode impératif

• L'impératif exprime :

– l'**ordre** ou la **défense**, le **conseil**, la **prière** ;

Ex : ***Fais** ce travail pour demain.* → ordre. *Ne **jetez** pas vos papiers par terre.* → défense. ***Mets**-toi là, tu verras mieux.* → conseil. ***Raconte**-moi tes vacances, cela me fera plaisir.* → prière.

– parfois la **condition** ou la **concession**.

Ex : ***Cherchez**, et vous trouverez (Si vous cherchez...).* → condition. ***Crie** toujours, tu ne m'impressionnes pas ! (Bien que tu cries...)* → concession.

Je m'évalue

1 Identifiez le mode et le temps du verbe de la proposition subordonnée. Justifiez l'emploi du mode.

a. Je regrette que la piscine soit fermée. **b.** Je crois qu'elle ouvrira demain. **c.** Je souhaite que vous lisiez *Le Baron perché* de Calvino. **d.** J'espère que vous lirez *Le Baron perché*. **e.** Le Baron veut que son fils Côme descende de son arbre. **f.** Il craint qu'il ne veuille pas descendre. **g.** Je te promets que le repas sera prêt pour midi.

2 Précisez le mode du verbe en rose dans la subordonnée circonstancielle. Justifiez-le.

a. Bien qu'il souhaite aller au restaurant, il n'a pas assez d'argent. **b.** Bien que je n'aie plus très faim, je goûterais volontiers ton gâteau. **c.** Nous jouerons aux échecs quand tu voudras. **d.** Il fait si froid que nous devrons allumer le chauffage.

3 Identifiez les valeurs du mode indicatif : actions certaines, possibles, non réalisées ou incertaines, ordre.

a. Cette année-là commença la Seconde Guerre mondiale. **b.** Vous apprendrez votre leçon pour mardi. **c.** Elle se sera sûrement trompée de date. **d.** Nous vivons toujours sous la Ve République. **e.** Personne ne pourrait vivre dans les arbres.

4 Indiquez si les relatives complètent un superlatif, expriment une restriction ou un fait envisagé.

a. Je voudrais une maison qui soit toute en bois. **b.** C'est la seule région de France où il fasse beau. **c.** C'est l'ami le plus généreux qui soit.

5 Identifiez dans chaque phrase le mode qui exprime l'ordre ou la défense.

a. Prête-moi donc ton DVD. **b.** Qu'il nous dise ce qui le tourmente ! **c.** Vous n'irez pas au cinéma ce soir. **d.** Vous rendez votre copie tout de suite !

6 Indiquez le mode et le temps des verbes et justifiez l'emploi du mode.

a. Pourvu qu'il vienne à mon anniversaire. **b.** Jean est heureux que vous veniez ce soir. **c.** Tous les ans vous veniez à son anniversaire. **d.** Jeanne m'a dit qu'elle viendrait ce soir. **e.** Je ne crois pas qu'Elsa vienne. **f.** C'est le plus beau cadeau d'anniversaire que l'on m'ait fait.

7 Précisez les valeurs de l'impératif : ordre ou défense, conseil, prière, condition, concession.

a. Prends-moi une écharpe, s'il te plaît. **b.** Ne déforme pas ton pull tout neuf ! **c.** Finissons notre partie d'échecs et nous pourrons discuter. **d.** Viens vite ! **e.** Ne viens pas trop tard ce soir. **f.** Pleure, je ne cèderai pas.

8 Conjuguez les verbes en rose au mode et au temps qui conviennent.

a. Rentre les outils avant qu'il ne (pleuvoir). **b.** Je regrette que vous ne (vouloir) pas lire ce roman. **c.** Où veux-tu que nous (s'arrêter) pour déjeuner ? **d.** Léa m'a prévenue qu'elle (revenir) bientôt. **e.** Versailles est le plus beau château que j'(visiter). **f.** Bien que ta veste (être) rapée, elle est élégante. **g.** Pourvu que tu (pouvoir) lui parler ! **h.** Il se peut qu'il (prendre) l'avion. **i.** Il est sûr qu'il (prendre) l'avion.

Grammaire pour lire

SOCLE **Compétence 1** – Utiliser ses connaissances sur la langue pour lire.

9 **1.** **Classez les verbes en rose selon leur mode et justifiez leur emploi.**
2. **En quoi l'alternance des modes montre-t-elle la portée de la décision du père ?**

Le jeune narrateur de famille juive subit les effets de la montée du nazisme en Allemagne. Son meilleur ami s'est détourné de lui. Son père lui annonce ici sa décision.

Ta mère et moi avons décidé de t'envoyer en Amérique, pour l'instant en tout cas, jusqu'à ce que la tempête se soit calmée. Nos parents à NewYork s'occuperont de toi et feront en sorte que tu ailles à l'université. Nous croyons que c'est ce qui vaudra le mieux pour toi. Tu ne m'as pas parlé de ce qui se passe au lycée, mais nous pouvons imaginer que cela n'a pas été facile pour toi. À l'université, ce serait encore pis.

Fred Uhlman, *L'Ami retrouvé* (1971), traduit de l'anglais par L. Lack, © Gallimard (1978).

Grammaire pour écrire

SOCLE **Compétence 1** – Rédiger un texte bref à partir de consignes données.

10 Écrivez une courte lettre du narrateur à son ami lui faisant part de son départ pour une vie meilleure en Amérique. Vous suivrez ce schéma :

Avant que je ne ...... et que je ......, il faut que je ...... et que je .... Mais pour que je ne ...... pas, il vaut mieux que je .... Je ne crois pas que tu ...... car tu ne ...... pas. J'espère que tu ...... et je souhaite que tu ....

27 L'accord sujet-verbe et sujet-attribut
L'accord de l'attribut du COD

J'observe

Phrases

a. Emma est sérieuse. **b.** Je trouve Emma sérieuse.

1. Avec quel mot l'adjectif *sérieuse* s'accorde-t-il ?

2. Quelle est la fonction de ce mot dans la phrase **a** et dans la phrase **b** ?

3. Dans quelle phrase *sérieuse* est-il attribut du sujet ? Dans laquelle est-il attribut du COD ?

Leçon

1 Les accords du verbe avec le sujet RÉVISIONS

- Le verbe s'accorde **en personne** et **en nombre** avec le sujet.
Ex : *Les enfants* ***courent****.*
- Quand un verbe a **plusieurs sujets**, le verbe est au pluriel.
Ex : *Des fruits et des fleurs* ***ornaient*** *la table.*
- **Attention :**
– le sujet peut être **inversé** ; **Ex :** *En décembre* ***arrivent*** *les grands froids.*
– le sujet peut être **séparé** du verbe par un ou plusieurs compléments.
Ex : *La maison aux volets verts à l'entrée du village* ***est*** *à vendre.*
- Si les sujets sont de **personnes différentes**, la 2e l'emporte sur la 3e et la 1re sur les deux autres.
Ex : *Toi et Léa* ***prenez*** *le train. Paul, toi et moi* ***prenons*** *l'avion.*
- Si le sujet est le **pronom relatif *qui***, le verbe s'accorde avec son antécédent.
Ex : *Vous qui* ***aimez*** *la nature, vous adorerez ces paysages !*
- Si le sujet est un **pronom indéfini** :
– *on, tout, rien, nul, aucun, chacun* : le verbe s'accorde au singulier ; **Ex :** *On* ***veut*** *partir.*
– *beaucoup, la plupart, peu, certains* : le verbe s'accorde au pluriel. **Ex :** *Beaucoup* ***sont venus****.*
- Si le sujet est un **déterminant indéfini** de quantité suivi d'un nom (*beaucoup de, peu de...*), le verbe s'accorde au pluriel.
Ex : *Beaucoup de ballons* ***s'envolent****.*
- Si le sujet est un **nom collectif** (*l'ensemble, une foule, la majorité, une partie*), le verbe est soit au singulier, soit au pluriel selon le mot que l'on met en valeur.
Ex : *Un groupe d'enfants* ***arriva / arrivèrent****.* → accent sur le groupe ou sur les enfants.
- Dans les expressions ***il y a***, ***il fait*** et les verbes construits **impersonnellement**, le verbe s'accorde avec le sujet grammatical *il* au singulier.
Ex : ***Il y avait*** *de nombreux enfants.* ***Il pleut*** *des trombes.*

2 L'accord de l'adjectif attribut avec le sujet RÉVISIONS

- L'adjectif attribut du sujet s'accorde **en genre** et **en nombre** avec le sujet des verbes attributifs ► Leçon 9, p. 300.
- Il suit les règles d'accord de l'adjectif épithète ► Leçon 28, p. 344.
Ex : *Les prairies sont* ***vertes****.*

3 L'accord de l'adjectif attribut du COD

- L'adjectif attribut du COD s'accorde en **genre** et en **nombre** avec le complément d'objet direct auquel il se rapporte. Il suit aussi les règles d'accord de l'adjectif épithète.
Ex : *Je trouve cette maison* ***belle****. Je la considère comme* ***intelligente****.*

Je m'exerce

1 **Écrivez les verbes au présent de l'indicatif.**

a. Ses frères, Laura les (appeler) tous les soirs. **b.** Sous la pierre (surgir) une vipère. **c.** La plupart des élèves (assister) au spectacle. **d.** Ben et moi (aller) jouer au foot. **e.** C'est toi qui (parler) le premier. **f.** Personne ne (venir) nous rendre visite. **g.** C'est vous qui (prendre) l'avion de 10 heures ? **h.** Sonia et toi (faire) partie du même groupe. **i.** La classe de 3e (sortir) au théâtre. **j.** Peu (savoir) résoudre ce problème. **k.** Dans cette maison (vivre) mes parents. **l.** Il (arriver) des trains pleins de voyageurs. **m.** Il y a des passants qui (s'attrouper) dehors.

2 **Conjuguez les verbes au temps de l'indicatif indiqué et accordez-les avec le sujet. Attention à l'accord du participe passé !**

a. Cette année, il y (avoir, *passé composé*) peu de framboises. **b.** Chacun de vous (faire, *futur simple*) un gâteau. **c.** Chloé, je l'(voir, *passé composé*) ce matin. **d.** Toi qui (connaître, *présent*) cette route, (pouvoir, *conditionnel présent*)-tu nous guider ? **e.** Les passagers de l'avion (lire, *imparfait*) les journaux qu'(apporter, *plus-que-parfait*) l'hôtesse. **f.** Un train de marchandises (passer, *passé simple*) à grande vitesse.

3 **Complétez les phrases avec un sujet qui convient :** ***c'est vous qui, Nora et moi, personne, certains d'entre nous, chacun de vous*****.**

a. ...... n'est jamais allé sur Mars. **b.** ...... avez perdu vos clés ? **c.** ...... rangera sa chambre. **d.** ...... avons fait les courses. **e.** ...... partent en vacances en Bretagne.

4 **Accordez les adjectifs attributs en rose avec le sujet ou avec le COD.**

a. Je trouve cette affaire bien (mystérieux). **b.** Les yeux de ces enfants semblent (pétillant) de malice. **c.** La route leur paraissait (long) et (désert). **d.** Mon frère et moi devenions (grand). **e.** Il considère cette entreprise comme trop (dangereux).

5 **1. Complétez avec un verbe attributif ou un verbe introduisant un attribut du COD pris dans la liste (à l'indicatif présent) :** ***rester, vivre, rentrer, rendre, avoir l'air, considérer, sembler, trouver.***

2. Précisez la fonction de l'adjectif attribut.

a. Les enfants ...... contents de leur voyage. **b.** Cet enseignant ...... toujours calme. **c.** Je la ...... comme ma meilleure amie. **d.** Les feuilles des arbres ...... dorées en automne. **e.** On le ...... plus grand que son âge. **f.** Il ...... plus grand que son âge. **g.** Nous ...... heureux dans cette belle région. **h.** Cette épreuve te ...... plus raisonnable.

6 **Accordez les attributs du COD en rose.**

a. Le directeur nous considère comme (responsable) de l'affaire. **b.** Elle croit cette maison (hanté). **c.** Je trouve sa voix très (doux). **d.** Tes filles, je les trouve (charmant). **e.** Nous ne pensions pas ces bancs aussi (ancien). **f.** Il rend sa mère (fou) d'inquiétude. **g.** On la croit plus (âgé) que toi. **h.** Ils se disaient (capable) d'affronter la tempête.

Grammaire pour lire

7 **1. Accordez comme il convient les verbes ainsi que les attributs du sujet et du COD.**

2. Relevez l'attribut du sujet et l'attribut du COD.

Augustin Meaulnes se retrouve par hasard dans un domaine étrange ; on doit célébrer le mariage de Frantz de Galais mais les fiancés ne sont toujours pas arrivés.

La « maison de Frantz » étai... alors inhabit.... Mais Meaulnes la trouva envahi... jusqu'aux greniers par la foule des invités. Il n'eu... guère le loisir d'ailleurs d'examiner le lieu où il se trouvai... : on déjeuna en hâte d'un repas froid emporté dans les bateaux, ce qui étai... fort peu de saison, mais les enfants en avai... décidé ainsi sans doute ; et l'on reparti....

D'après **Alain-Fournier**, *Le Grand Meaulnes* (1913).

Grammaire pour écrire

SOCLE **Compétence 1** – Rédiger un texte bref à partir de consignes données.

8 **Réécrivez le passage en remplaçant le GN en rose par** ***une toute petite fille*****. Faites les modifications nécessaires.**

Sur la banquette, dans un coin de la voiture, deux tout petits enfants, un garçon et une fille, dormaient. Ils s'éveillèrent au bruit et au froid, se détendirent, regardèrent vaguement, puis en frissonnant se renfoncèrent dans leur coin et se rendormirent.

Alain-Fournier, *Le Grand Meaulnes* (1913).

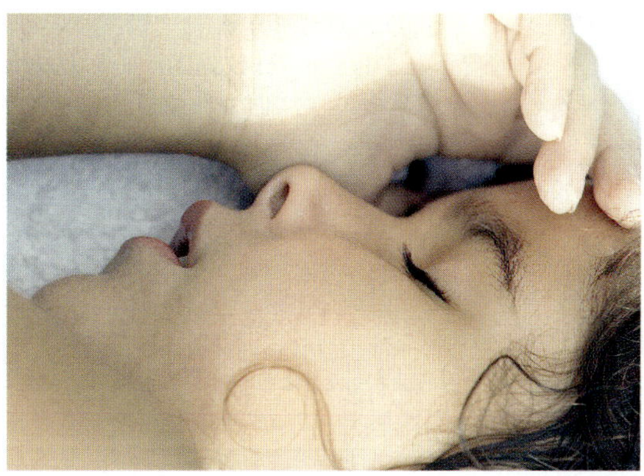

28 L'accord dans le groupe nominal

RÉVISIONS

Rappels

1 L'accord du déterminant avec le nom

- Le déterminant **s'accorde en genre et en nombre** avec le **nom** qu'il détermine.
Ex : *les (des, ces, mes) violons ; la (une, cette, ma) flûte ; tout piano / tous les pianos.*
- Cas particuliers :
- ***Aucun, aucune*** et ***chaque*** ne s'emploient qu'au singulier (***Chaque*** *oiseau chante.* ***Aucun*** *oiseau ne chante.*).
- ***Quelque*** s'emploie au singulier lorsqu'il signifie « n'importe lequel » et au pluriel lorsqu'il signifie « plusieurs » (***Quelque*** *merle sifflait.* ***Quelques*** *enfants couraient.*).

2 L'accord de l'adjectif avec le nom

- L'adjectif qualificatif **s'accorde en genre et en nombre** avec le **nom** qu'il qualifie (*une* ***grande*** *table et de* ***longs*** *bancs*).
- S'il se réfère à **plusieurs noms de même genre**, il prend le genre des noms et la marque du pluriel (*une chaise et une table* ***basses***).
- S'il se réfère à **plusieurs noms de genres différents**, il prend le genre masculin et la marque du pluriel (*une table et un fauteuil* ***anciens***).

3 Le féminin et le pluriel des adjectifs

- Le **féminin** des adjectifs se forme en général en ajoutant un ***e*** au masculin (*petit, petit**e***).
- Certains adjectifs (en ***-en, -el, -et***) doublent la **consonne finale** (*ancien / ancie**nne** ; cruel / crue**lle** ; sot / so**tte***) ; d'autres modifient leur **suffixe** (*heureux / heureu**se** ; vif / vi**ve***).
- Le **pluriel** des adjectifs se forme en général en ajoutant un ***s*** au singulier.
- Les adjectifs en ***-eau*** et la plupart de ceux en ***-al*** font leur pluriel en ***-eaux*** et ***-aux*** (*beau / beau**x** ; génial / génia**ux***).
Exceptions : *fatals, glacials, banals, bancals…*

4 Les adjectifs de couleur

- Les adjectifs de couleur **s'accordent en genre et en nombre** avec le **nom** qu'ils qualifient (*des yeux* ***verts***).
- Ils sont **invariables** s'ils sont composés de deux mots (*des yeux* ***vert foncé***) ou s'ils proviennent d'un nom (*des yeux* ***pervenche****, des chaussettes* ***orange***).
Exceptions : *mauve, rose, pourpre, écarlate, fauve* (*des rubans* ***mauves***).

5 Les adjectifs composés

- S'ils sont formés de **deux adjectifs**, les deux adjectifs s'accordent avec le nom (*une femme sour**de**-muet**te***).
- S'ils sont formés d'un **mot invariable** ou d'un **mot en *-o*** ou ***-a* + adjectif**, seul l'adjectif prend l'accord (*des gens haut placé**s**, des accords franco-belge**s**, des rayons infra-rouge**s***).

6 Cas particuliers

- ***vingt***, ***cent*** s'accordent s'ils sont multipliés et ne sont pas suivis d'un autre nombre (*quatre-vingt**s**, quatre-vingt-deux ; trois cent**s**, trois cent vingt*).
- ***mille*** est invariable (*mille habitants*).
- ***demi***, ***nu*** sont invariables s'ils sont **placés avant** le nom et en sont séparés par un tiret (*une demi-heure, nu-pieds*). *Demi* s'accorde seulement en genre et *nu* en genre et en nombre s'ils **suivent** le nom (*une heure et demi**e**, pieds nu**s***).

Je m'évalue

1 Choisissez le déterminant qui convient.

a. C'est (leur / leurs) film qui a été primé à Cannes. **b.** (Quelle / Quels / Quelles) saisons préfères-tu ? **c.** N'oubliez pas (votre / vos) chapeau. **d.** Où as-tu acheté (cet / cette) écharpe ? **e.** Avez-vous (quelque / quelques) conseil à me donner ?

2 Complétez les phrases avec les déterminants *chaque, aucun, quelque, tout*, en les accordant si nécessaire.

a. ...... la classe est allée au théâtre. **b.** J'ai mangé ...... fruits en salade. **c.** Je crois que ...... le monde est arrivé. **d.** Avec ce costume, on dirait ...... personnage de théâtre. **e.** Je n'ai vu ...... film depuis un mois. **f.** Léo passe ...... jour devant le cinéma. **g.** On a mis ...... les plats sur la table. **h.** ...... idée sera la bienvenue.

3 Accordez les adjectifs entre parenthèses.

a. une (doux) lumière (vert). **b.** des portes d'entrée (ouverte). **c.** une salle de bal (somptueux). **d.** des biches (inquiet). **e.** des robes en soie (neuf). **f.** un foulard en soie (naturel). **g.** des maisons (villageois) (ancien). **h.** un mur de briques (rouge). **i.** de (nombreux) effets (spécial). **j.** une chaleur (exceptionnel). **k.** des fillettes (sérieux) et (chétif).

4 Mettez au pluriel les groupes nominaux.

a. un joyeux réveillon. **b.** un régime féodal. **c.** un vent hivernal glacial. **d.** un ciel bleu-gris. **e.** un parc régional. **f.** un beau flamant rose. **g.** un rideau jaune clair. **h.** une écharpe gris perle. **i.** une robe rose. **j.** un visage écarlate. **k.** un trait vertical.

5 Accordez si nécessaire *demi* et *nu*.

a. Donnez-moi deux (demi)-portions de gruyère et une part et (demi) de pizza. **b.** J'ai treize ans et (demi). **c.** Les voyageurs semblent à (demi) endormis. **d.** L'été, Je porte des (nu)-pieds ou bien je marche pieds (nu).

◀ Modica (Sicile, Italie, 2005).

6 Accordez si nécessaire les adjectifs composés en rose.

a. Des jeunes filles (court-vêtu) se promènent. **b.** J'ai pris de la sauce (aigre-doux). **c.** Ces coureurs sont (avant-dernier). **d.** Des familles (franco-suisse) vivent ici. **e.** Je vais te montrer deux chatons (nouveau-né). **f.** Les rayons (ultra-violet) sont dangereux pour la santé.

7 Accordez si nécessaire les adjectifs en rose.

Bulletin météo. Prévisions (météorologique) pour demain : atténuation de l'instabilité (orageux). (Nombreux) formations (brumeux) le matin. (Beau) éclaircies l'après-midi. Ciel (nuageux) en soirée avec vents de nord (faible) à (modéré). Température sans changement (important).

Grammaire pour lire

SOCLE **Compétence 1** – Utiliser ses compétences sur la langue pour lire.

8 1. Accordez si nécessaire en genre et en nombre les adjectifs en rose avec le nom qu'ils caractérisent. Justifiez votre réponse.

2. Quelles sont les précisions données par les adjectifs ?

Marcovaldo et sa famille ► p. 120*, du haut d'un grand magasin, regardent la ville qui s'étend devant eux.*

La ville s'ouvrait sous eux dans un étincellement de fenêtres éclairé..., d'enseignes lumineu... et d'éclairs électrique... des trams. Plus haut, un ciel scintillant d'étoiles et les petit... lumières rouge... des antennes des stations de radio.

D'après **Italo Calvino**, *Marcovaldo* (1958), traduit de l'italien par R. Stragliati, © Julliard (1979).

Grammaire pour écrire

SOCLE **Compétence 1** – Rédiger un texte bref à partir de consignes données.

9 1. Complétez cette petite annonce avec des adjectifs de votre choix. Veillez aux accords.

2. Rédigez-la entièrement en ajoutant des verbes et des déterminants, comme un article publicitaire. Commencez par : *Près des Sables-d'Olonne, se trouve une charmante maison...*

À louer près Sables-d'Olonne, maison .... Proche ...... rivière ...... ; bourgade ...... ; six ...... pièces dont deux chambres ......, et séjour .... Parc ...... 3000 m^2. ...... garages .... Chauffage à gaz tout .... Convient résidence .... Autres affaires ......

29 Participe présent, adjectif verbal, gérondif

J'observe

Phrases 1

a. Il parlait bien, convainquant son entourage.
b. Ton discours est très convaincant.

Identifiez la forme en orange qui qualifie un nom (adjectif verbal) et celle qui a un complément (participe présent).

Phrases 2

a. Négligeant son travail, Marie a raté son examen.
b. C'est un ami trop négligent.

1. Quelle forme en orange est un verbe (a un complément) ? Laquelle est un adjectif ?
2. Faites une remarque sur l'orthographe.

Leçon

- Le **participe présent** est une forme verbale en ***-ant*** qui peut s'employer :
– comme **verbe** : il est **invariable** et peut avoir des compléments ;
Ex : *Les enfants, **courant** dans la rue, semblaient pressés.*
– comme **adjectif** : il est **variable**, s'accorde en genre et en nombre avec le nom qu'il qualifie et a les mêmes fonctions que l'adjectif. On l'appelle « **adjectif verbal** ».
Ex : *Il portait une valise **pesante** et des paquets **encombrants**.*
Son suffixe peut être en *-ant* ou *-ent* : *amus**ant**, différ**ent**.*
Pour les distinguer, on essaie de mettre la forme au féminin ; si c'est possible, il s'agit d'un adjectif verbal.
- Le **gérondif (participe présent précédé de *en*)** est **invariable** et peut avoir des compléments.
Ex : *Il marche **en parlant** à Célia.*
- **Attention :** certains adjectifs verbaux ont une orthographe différente de celle du participe présent ou du gérondif correspondant.
Ils se différencient par l'opposition *-ant/-ent* (*différ**ant** / différ**ent***), *qu/c* (*convain**quant** / convain**cant***), *gu/g* (*intri**guant** / intri**gant***).
Ex : *C'est une escalade **fatigante*** (adjectif verbal). *L'escalade, **fatiguant*** (participe présent) *les randonneurs, a été interrompue.*

Participe présent	Adjectif verbal
adhérant	adhérent
communiquant	communicant
convainquant	convaincant
convergeant	convergent
différant	différent
divergeant	divergent
équivalant	équivalent
excellant	excellent
fatiguant	fatigant
influant	influent
intriguant	intrigant
naviguant	navigant
négligeant	négligent
précédant	précédent
provoquant	provocant
somnolant	somnolent
suffoquant	suffocant
vaquant	vacant
zigzaguant	zigzagant

Je m'exerce

1 **Identifiez les participes présents, les gérondifs et les adjectifs verbaux.**

a. En insistant, tu obtiendras peut-être un rendez-vous. **b.** Léa riait, levant les yeux au ciel. **c.** Chaque soir, nous contemplions le soleil couchant. **d.** Vivant dans une famille nombreuse, Émile ne s'ennuyait jamais. **e.** En cherchant mon écharpe, j'ai retrouvé ton porte-monnaie. **f.** La peur la rendait tremblante. **g.** Tremblant de peur, les enfants sortirent en courant. **h.** Cachant son émotion, il restait souriant.

2 **Complétez avec un adjectif verbal, un gérondif ou un participe présent formé sur le verbe à l'infinitif en rose. Précisez la classe de chacun.**

a. Il voyait des chevaux (bondir) par-dessus les obstacles. **b.** J'aime la mer (mugir) et houleuse. **c.** J'aime entendre la mer (mugir) dans les rochers. **d.** Fais attention en (porter) ces valises (peser). **e.** Les arbres (ombrager) la rue sont des marronniers. **f.** Il a annoncé les numéros (gagner). **g.** En (gagner) ce match, il a conquis un titre de joueur national.

3 **Complétez avec un des mots (adjectif verbal, gérondif ou participe présent) donnés entre parenthèses.**

a. (glissant / glissants) Nous regardions les patineurs ...... sur la glace. Les chemins enneigés sont très .... **b.** (communiquant / communicants). Énoncez le principe des vases .... En me ...... cette information, vous m'avez rendu un grand service. **c.** (somnolant / somnolent). La chaleur le rendait .... Tout en ...... dans son hamac, elle surveillait les alentours.

4 **Accordez les mots en rose, si nécessaire. Indiquez leur classe (participe présent, gérondif, adjectif verbal).**

a. Je fréquente des gens très (intéressant). **b.** J'aperçus deux libellules (volant) sur le plan d'eau. **c.** Les libellules sont des insectes (volant). **d.** L'hiver, j'aime la soupe (brûlant). **e.** Notre maison donnait sur une colline (surplombant) une vallée (riant). **f.** Alice était (éblouissant) dans sa robe blanche. **g.** En vous (encourageant), ils vous aident à réussir.

5 **Complétez avec un adjectif verbal, un gérondif ou un participe présent formé sur le verbe à l'infinitif en rose. Précisez la classe de chacun.**

a. En (différer) ce rendez-vous, je pourrai finir mon dossier. **b.** Ils ont des caractères (différer). **c.** Louise termina la journée en (vaquer) à ses occupations. **d.** Renseigne-toi pour savoir s'il y a un poste (vaquer). **e.** L'atmosphère de la pièce devenait (suffoquer). **f.** (suffoquer) de surprise, ma sœur s'arrêta de parler. **g.** Nous avons croisé des skaters (zigzaguer). **h.** La charrette avançait, (zigzaguer) sur le chemin.

Grammaire pour lire

6 **1. Accordez si nécessaire les mots en rose et justifiez votre choix.**
2. Précisez la classe des mots.

Au début des années 1930, le narrateur adolescent emmène sa mère à Nice écouter un orchestre tzigane.

Après le spectacle, j'offrais mon bras à ma mère et nous allions nous asseoir sur la Promenade des Anglais[1]. Les fauteuils étaient (payant), là aussi, mais c'était un luxe que nous pouvions à présent nous offrir.

En (choisissant) bien son fauteuil, on pouvait se placer d'une telle façon que soit l'orchestre du Lido, soit celui du Casino, vous était accessible sans bourse délier. Généralement, ma mère emportait avec elle, discrètement dissimulés au fond de son sac, du pain noir et des concombres salés, notre gourmandise préférée. On pouvait donc voir, à cette époque, vers neuf heures du soir, (contemplant) la foule de flâneurs, sur la Promenade des Anglais, une dame distinguée aux cheveux blancs et un adolescent en blazer bleu, assis discrètement le dos contre la balustrade, en train de savourer des concombres salés à la russe avec du pain noir, sur une feuille de papier journal posée sur leurs genoux.

D'après **Romain Gary**, *La Promesse de l'aube* (1960), chapitre XX, © Gallimard.

1. Promenade des Anglais : avenue célèbre longeant le bord de la mer à Nice.

Grammaire pour écrire

7 **Faites avec chacun des verbes suivants deux phrases : dans l'une, il sera employé comme participe présent, dans l'autre comme adjectif verbal.**

a. flotter. **b.** frapper. **c.** exiger. **d.** intéresser. **e.** frissonner. **f.** briller.

La Promenade des Anglais à Nice en 1920, carte postale.

30 L'accord du participe passé

J'observe

Phrases 1

a. Éva s'est évanouie. **b.** La glace s'est cassée. **c.** Lisa s'est regardée dans l'eau. **d.** Les guerres se sont succédé.

1. Identifiez le verbe essentiellement pronominal, de sens réfléchi, de sens réciproque, de sens passif.
2. Phrases **c** et **d** : dans quelle phrase *se* est-il COD ? Dans quelle phrase est-il COI ? Justifiez l'accord en c.

Phrases 2

a. J'ai vu construire cette maison. **b.** Cette maison, je l'ai vu construire. **c.** J'ai entendu la pluie tomber. **d.** La pluie, je l'ai entendue tomber.

1. Relevez, dans les phrases **a** et **b**, les COD de l'infinitif *construire*.
2. Relevez, dans les phrases **c** et **d**, les sujets de l'infinitif tomber (*qu'est-ce qui tombe ? la pluie*). Où le pronom *l'* est-il placé par rapport au verbe (**d**) ?
3. Dans quel cas le participe reste-t-il invariable ? Dans quel cas s'accorde-t-il et avec quoi ?

Leçon

1 Le participe passé employé avec l'auxiliaire *être*

- Il **s'accorde** en genre et en nombre avec le **sujet** du verbe, comme un adjectif attribut.

Ex : *La loi a été* ***votée****.*

2 Le participe passé employé avec l'auxiliaire *avoir*

- Il reste **invariable** quand le verbe n'a **pas de COD** ou quand le **COD** est placé **après le verbe**.

Ex : *Les députés ont* ***voté****.* → pas de COD. *Les députés ont* ***voté*** *la loi.* → COD après le verbe.

- Il **s'accorde** en genre et en nombre avec le **COD** placé **avant le verbe**. Ce COD peut être :

– un pronom personnel ; **Ex :** *Ces régions, je les ai* ***visitées****.*
– un pronom relatif ; **Ex :** *J'aime les villes que nous avons* ***traversées****.*
– un groupe nominal en tête d'une phrase interrogative ou exclamative. **Ex :** *Quels pays as-tu* ***visités*** *?*

- Le **participe passé** conjugué avec ***avoir*** reste **invariable** :

– quand le COD placé avant lui est le pronom *en* ; **Ex :** *Des paons, nous en avons* ***vu*** *!*
– quand le pronom COD *le* placé avant lui remplace une phrase ou une proposition.
Ex : *Il pleut. Tu l'as bien* ***vu****.* → *le* remplace *Il pleut*.

3 Cas particuliers

- Les participes passés ***vu*** et ***entendu*** **suivis d'un infinitif** s'accordent avec le sujet de l'infinitif s'il est placé avant l'auxiliaire *avoir*.

Ex : *L'actrice que j'ai* ***vue*** *jouer était excellente.* → *que* mis pour *actrice*, sujet de *jouer* (l'actrice fait l'action). *La pièce que j'ai* ***vu*** *jouer était excellente.* → *que* mis pour *pièce*, COD de *jouer* (la pièce ne fait pas l'action !).

- **Attention :** les participes passés ***fait*** et ***laissé*** **suivis d'un infinitif** sont toujours invariables.

Ex : *Je les ai* ***fait*** *venir.*

4 Le participe passé des verbes pronominaux ► Leçon 7, p. 294

- Le participe passé des verbes **essentiellement pronominaux** (n'existant qu'à la forme pronominale) et des verbes pronominaux de **sens passif s'accorde** avec le sujet du verbe.

Ex : ***Nina*** *s'est enfuie.* ***La maison*** *s'est bien vendue.*

- Le participe passé des verbes pronominaux à **sens réfléchi** ou **réciproque** s'accorde avec le COD placé avant le verbe. Il faut alors analyser le pronom ***se*** :

– s'il est **COD**, le participe **s'accorde** avec le COD ; **Ex :** *Lou* ***s'****est cachée.*
– s'il est **COI**, le participe **ne s'accorde pas**. **Ex :** *Ils* ***se*** *sont souri.*

5 Le participe passé des verbes impersonnels

Le participe passé des verbes impersonnels est toujours **invariable**.
Ex : *Quelle force il lui a fallu !*

Je m'exerce

1 Indiquez si le pronom en rose placé avant le verbe est COD ou COI et accordez si nécessaire le participe passé.

a. Célia lui a coupé… la parole. **b.** Ces lettres, où les as-tu trouvé… ? **c.** L'émission que tu m'as conseillé… m'a beaucoup plu… **d.** Tu nous as conseillé… un bon film. **e.** Marie nous a parlé… hier de ce pianiste qui l'a charmé….

2 Écrivez correctement au participe passé les verbes entre parenthèses. Justifiez vos choix.

a. La toiture a été (emporter) par l'ouragan. **b.** En été, les capitales sont (envahir) de touristes. **c.** Mes amis, je les ai toujours (garder). **d.** « J'ai (perdre) mon écharpe. – En effet, je l'ai (apprendre), Julie m'en a (parler) mais je ne l'ai pas (voir). » **e.** Quels problèmes as-tu (rencontrer) ? **f.** Elle a (apprécier) les plats qu'elle a (déguster) au restaurant chinois. **g.** Des bonbons, tu en as assez (manger). **h.** J'ai (lire) les livres que m'a (prêter) ta sœur. **i.** J'ai (remercier) Lucie de m'avoir (prêter) ses CD. **j.** Rome est la ville que j'ai (préférer).

3 Accordez si nécessaire les participes passés des verbes pronominaux et justifiez vos choix.

a. Ils se sont précipité… dans la classe. **b.** Elle s'est évanoui… de peur. **c.** Elle s'est lavé… les cheveux. **d.** Ils se sont retrouvé… après leur séparation. **e.** Ils se sont parlé… mais j'ignore les mots qu'ils se sont dit…. **f.** La représentation s'est donné… à guichets fermés. **g.** Ils se sont donné… la main.

4 Accordez si nécessaire les participes passés suivis d'un infinitif ou d'un verbe impersonnel.

a. Les tableaux que j'ai vu… vendre étaient très chers. **b.** Les artistes que nous avons regardé… jongler étaient fascinants. **c.** Les élèves, nous ne les avons pas laiss… sortir. **d.** Cette musique, je l'ai entendu… jouer cette nuit. **e.** Les inondations qu'il y a eu… ont saccagé les récoltes. **f.** As-tu trouvé la montre que j'ai fait… tomber ? **g.** Les avions que vous avez vu… décoller vont à Berlin. **h.** Je les ai laissé… faire leur valise. **i.** Il est tombé… de la pluie hier.

Grammaire pour lire

5 Mettez les verbes entre parenthèses au participe passé et justifiez vos choix.

Des soldats français ont été entendus par l'ennemi qui a envoyé une fusée éclairante.

Alors une mitrailleuse (placer) de l'autre côté du ravin a (balayer) la zone où nous étions. Le caporal Bertrand et moi avons (avoir) la chance de trouver devant nous, au moment où la fusée montait, rouge, avant d'éclater en lumière, un trou d'obus où un chevalet[1] cassé trempait dans la boue ; on s'est (aplatir) tous les deux contre le rebord de ce trou, on s'est (enfoncer) dans la boue autant qu'on a (pouvoir) et le pauvre squelette de bois pourri nous a (cacher). Le jet de la mitrailleuse a (repasser) plusieurs fois […].

Enfin, la mitrailleuse s'est (taire), dans un énorme silence. Un quart d'heure après, tous les deux, nous nous sommes (glisser) hors du trou d'obus en rampant sur les coudes et nous sommes enfin (tomber), comme des paquets, dans notre poste d'écoute.

D'après **Henri Barbusse**, *Le Feu* (1916).

1. **chevalet :** support d'un tableau.

Grammaire pour écrire

SOCLE **Compétence 1** – Rédiger un texte bref à partir de consignes données.

6 Racontez en quelques lignes une promenade au bord de la mer. Vous introduirez les formes suivantes de participes passés, dans l'ordre de votre choix : *allées, suivi, rencontré, vus, effrayées, amusées, baignées, couru, poursuivies.*

31 Quelques homonymes

J'observe

Phrases

a. Dans quelle région vis-tu ? **b.** Je pense qu'elle est arrivée.
c. Quoi qu'elle dise, nous la croyons. **d.** Quoiqu'il soit triste, il sourit.
e. Quelques passants s'arrêtent. **f.** Quelque malin qu'il soit, il n'a pas compris.

1. Quelles formes en orange ont la même prononciation ?
2. a. Quelles est la classe grammaticale de *quelle* (phrase **a**) et de *qu'* (**b**) ?
b. Remplacez chacune des autres formes par une forme équivalente choisie dans la liste : *bien que, certains, si... que, quelle que soit la chose que.*

Leçon

1 Définition

- Les **homonymes** sont des mots qui ont la **même prononciation** mais des **sens différents** (*le père, la paire ; ces, c'est*).
- Ils peuvent avoir la **même orthographe** (*le mousse, la mousse*).

2 *cru / crû*

- ***cru :***
– Participe passé de *croire*. **Ex :** *Elle a **cru** que tu venais.*
– Nom (= *vignoble*). **Ex :** *C'est un grand **cru** de bordeaux.*
– Adjectif (= *qui n'est pas cuit*). **Ex :** *Un oignon se mange **cru** ou cuit.*
- ***crû :*** participe passé de *croître* (= *grandir*). **Ex :** *Il a **crû** en sagesse.*

→ Exercices 1, 7

3 *du / dû / due*

- ***du :*** article partitif (= *une partie de*) ou défini contracté (= *de... le*).
Ex : *Va chercher **du** pain. Voici la place **du** village.*
- ***dû / due :***
– Participe passé de *devoir* au masculin et au féminin singulier. **Ex :** *Ce succès lui est **dû**. Cette somme m'est **due**.*
– Nom (= *ce qui est dû*). **Ex :** *As-tu réclamé ton **dû** ?*

→ Exercices 2, 7

4 *quoique / quoi que*

- ***quoique :*** conjonction de subordination (= *bien que*).
Ex : ***Quoique** la nuit soit tombée, on voit encore clair.*
- ***quoi que :*** pronom relatif suivi de la conjonction *que*, introduit une proposition subordonnée de concession (= *quelle que soit la chose que*).
Ex : ***Quoi qu'**il fasse, il a ses raisons.*

→ Exercices 3, 6, 7

5 *quel(s), quelle(s) / qu'elle*

- ***quel(s), quelle(s) :*** déterminant interrogatif ou exclamatif. Il s'accorde avec le nom.
Ex : ***Quel** courage ! **Quelle** heure est-il ?*
- ***qu'elle(s) :*** contraction de *que* (conjonction de subordination ou pronom relatif) et du pronom personnel *elle*. (Pour le reconnaître, remplacer *elle* par *il*.)
Ex : *Nina cherche la clé **qu'elle** a perdue.* → *qu'il a perdue.*

→ Exercices 4, 6, 7

6 quelque(s) / quel(s) que, quelle(s) que

- ***quelque(s) :*** déterminant indéfini, s'accorde en nombre avec le nom (= *un peu de* ou *plusieurs*).
Ex : *J'ai eu* ***quelque*** *peine à la calmer.* ***Quelques*** *élèves ont terminé.*
- ***quelque :*** adverbe invariable (= *environ*). **Ex :** *C'était il y a* ***quelque*** *cent ans.*
- ***quelque… que :*** adverbe invariable (devant un adjectif), suivi de la conjonction *que*. Il introduit une proposition subordonnée de concession (= *aussi… que*).
Ex : ***Quelque*** *élégantes* ***qu'****elles soient, elles ne pourront pas rivaliser avec elle.*
- ***quel(s) que, quelle(s) que :*** déterminant indéfini suivi de la conjonction *que*. Il introduit une proposition subordonnée de concession. Il s'accorde avec le sujet du verbe *être*.
Ex : ***Quelle que*** *soit mon humeur, je sortirai.*

→ Exercices 5, 6, 7

Je m'exerce

1 Complétez les phrases avec *cru, crue, crus* ou *crû*.
a. Je n'aurais jamais …… que tu viendrais si vite ! **b.** Je préfère toujours un fruit quand il est ……. **c.** Les sapins ont …… de vingt centimètres en deux ans. **d.** Mes frères, tu ne les as jamais ……. **e.** Comme il avait plu, l'herbe avait beaucoup ……. **f.** C'est une vieille histoire que j'ai longtemps …….

2 Complétez les phrases avec *du, due* ou *dû*. Précisez la catégorie grammaticale du mot.
a. Je voudrais …… papier blanc. **b.** Cette récompense est …… à son talent d'écrivain. **c.** La cheminée …… salon tire bien. **d.** Il y a …… givre sur les carreaux. **e.** Il pense que ce poste lui est ……. **f.** Nous aurons …… beau temps à la fin …… mois. **g.** Chose promise, chose ……. **h.** Son succès n'est pas …… au hasard. **i.** Cet artiste a eu …… succès pendant longtemps. **j.** J'aurais …… y penser. **k.** Je ne demande que mon …….

3 Complétez ces phrases avec *quoique* ou *quoi que*.
a. …… nous disions, il nous contredisait. **b.** …… tu puisses en penser, cet événement est grave. **c.** …… très aimable, Vincent nous impressionnait. **d.** …… il en soit, cette journée a été bien remplie ! **e.** …… elle fasse, Lise a toujours du talent ! **f.** …… pleine de projets, elle ne savait par où commencer.

4 Complétez les phrases avec *quelle(s)* ou *qu'elle(s)*.
a. …… bonne odeur ! J'ai fait cuire une tarte. Je pense …… sera délicieuse. **b.** …… sont tes dates de vacances ? **c.** La maison est restée telle …… a été construite en 1890. **d.** J'ai cloué des tuiles pour éviter …… ne s'envolent. **e.** …… est jolie, ton amoureuse ! **f.** …… jeunes filles jouent dans cette pièce ? **g.** Il est nécessaire …… apprennent bien leur texte.

5 Complétez avec *quelque(s), quel(s), que* ou *quelle(s) que*.
a. …… en soit la raison, je n'excuse pas ce geste. **b.** …… raisons que tu donnes, elle ne les écoutera pas. **c.** …… coûteux que soient ces efforts, je les ferai. **d.** J'ai …… minutes de retard, excusez-moi. **e.** …… soit la météo, il faudra bien passer ce col. **f.** Elle aura rencontré …… problème de transport. **g.** …… soit l'étendue des dégâts, l'assurance nous remboursera.

6 Choisissez la forme qui convient : *quoi que* (2 fois), *quoique* (2 fois), *quels que, quelles, qu'elles, quelque(s), quelque… que*.
a. …… vous ayez beaucoup de vêtements, il faut alléger votre valise. **b.** Sur …… étagères se trouvent tes BD ? **c.** …… difficiles à escalader, ces falaises sont accessibles. **d.** Ces falaises, il est sûr …… sont difficiles à escalader. **e.** …… articles sont encore à vendre : profitez-en vite ! **f.** …… ils me confient, je le garderai pour moi. **g.** …… rapides …… soient, ils ne battront pas le record du monde. **h.** …… soient les programmes, tu ne regarderas pas la télévision ! **i.** …… tu décides de faire ce soir, moi je sortirai.

Grammaire pour écrire

7 Deux randonneurs se rencontrent en montagne. Complétez leur dialogue : *du, dû, cru, crû, quelle, quelque(s), quel que, quoi que*.
– …… est ta destination ? J'ai …… comprendre que tu grimpes vers le sommet …… col ?
– Oui, et toi ? As-tu emporté …… provisions ?
– Non, j'aurais …… le faire. Mais …… soit le temps, je m'arrêterai au refuge pour dîner.
– Les prévisions sont bonnes, mais …… il en soit, nous pouvons faire route ensemble …… temps.
– La végétation a beaucoup …… par ici depuis l'été dernier.

32 Orthographe et accord : *demi, leur, même, tout*

J'observe

Phrases 1

a. une demi-heure. **b.** deux heures et demie.

Dans quelle phrase le mot *demi* s'accorde-t-il en genre avec le nom ?

Phrases 2

a. J'ai les mêmes chaussures que toi. **b.** Même nous, nous pleurons ! **c.** Toutes les vitres et tous les volets sont tout neufs.

Distinguez les déterminants qui s'accordent en genre et en nombre et les adverbes invariables.

Leçon

1 *Demi- / mi- / semi-*

- **Adjectif :** dans un mot composé, placés devant le nom, *demi-*, *mi-* et *semi-* sont **invariables**. Après un nom et précédé de *et*, *demi* s'accorde **en genre** avec le nom.
Ex : *une **demi**-baguette, deux heures et **demie**.*
- **Adverbe :** *à demi* est **invariable**. **Ex :** *La maison est **à demi** cachée.*
- **Nom :** *un demi* et *la demie* peuvent se mettre au **pluriel**.
Ex : *L'horloge sonne les **demies**. On leur a servi deux **demis*** (verres de bière).

2 *Leur*

- **Déterminant possessif** : placé devant un nom, il s'accorde **en nombre** avec le nom.
(**Aide :** *leur* peut être remplacé par *sa* ou *son* ; *leurs* peut être remplacé par *ses*.)
Ex : *Ils ont rangé **leur** chambre et **leurs** livres. → Il a rangé **sa** chambre et **ses** livres.*
- **Pronom personnel** (3e pers. du pluriel) : placé devant un verbe, il est **invariable**.
(**Aide :** *leur* peut être remplacé par *lui*.)
Ex : *Voyant ses parents, il **leur** tendit les bras. → Voyant sa mère, il **lui** tendit les bras.*
- **Pronom possessif**, il remplace un nom : il prend le **nombre** de l'article (*le / la leur, les leurs*).
Ex : *Où sont nos places ? Ils ont trouvé **les leurs**.*

3 *Même*

- **Déterminant indéfini :**
– devant le nom (*le même, la même...*) ou après le nom : il s'accorde **en nombre** avec lui ;
Ex : *J'ai les **mêmes** sandales que toi. Ce sont ses paroles **mêmes*** (= ses propres paroles).
– après un pronom personnel, précédé d'un trait d'union (*lui-même, eux-mêmes...*) : il s'accorde **en nombre** avec ce pronom. **Ex :** *Nous le ferons nous-**mêmes**.*
- **Pronom indéfini**, après *le, la, les* : il prend le **nombre** de l'article.
Ex : *J'ai les **mêmes** gants que toi.*
- **Adverbe** (= *aussi, de plus*) : il est **invariable**. **Ex :** ***Même** ses amis le désapprouvent.*

4 *Tout, tous, toutes*

- **Déterminant indéfini** (= *chaque* ou *tout entier*) : il **s'accorde** avec le nom ou le pronom auquel il se rapporte. **Ex :** ***Tout** homme est mortel. Je salue **tous** ceux qui sont venus.*
– Expressions au singulier : *à tout hasard, à tout propos, en tout cas, tout le monde, de toute part...*
– Expressions au pluriel : *à tous égards, à toutes jambes, de tous côtés, en tous points, en toutes lettres, de toutes sortes...*

● **Pronom indéfini** :
– le pronom singulier *tout* est **invariable** ; **Ex :** ***Tout*** *est calme. Gardez* ***tout****.*
– le pronom pluriel **varie en genre** (*tous* ou *toutes*). **Ex :** ***Tous*** *ont répondu. Elles rient* ***toutes****.*
● **Adverbe** (= *tout à fait* ou *quoique*) : il est **invariable**, sauf devant un adjectif féminin commençant par une consonne ou un *h* aspiré.
Ex : *La maison était* ***tout*** *illuminée, avec ses murs* ***tout*** *blancs et ses portes* ***toutes*** *rouges.*
Tout *content qu'il soit, il ne manifeste pas sa joie.*
● **Nom** (précédé d'un article). **Ex :** *J'achète le* ***tout****.*
● **Attention :** ne pas confondre le pronom *tous* et l'adverbe *tout*.
Ex : *Les vélos sont* ***tous*** *(= tous les vélos)* ***tout*** *neufs (= tout à fait neufs).*

Je m'exerce

1 Complétez avec *demi* ou *demie*.

a. La distance entre les deux villes est de deux kilomètres et ...... **b.** Il restait une ......-heure avant la fin des cours. **c.** J'ai ramassé des châtaignes à ...... sorties de leurs cosses. **d.** Je t'ai aperçue dans la ......-obscurité. **e.** Deux heures et ...... après, il prit l'avion. **f.** La pendule sonna la ...... **g.** Ces échecs sont des ......-succès. **h.** La végétation est à ...... endormie. **i.** J'ai mangé deux ......-portions de fromage.

2 Complétez avec *leur* ou *leurs*. Puis indiquez la classe grammaticale du mot choisi.

a. ...... visages sont bronzés. **b.** ...... train va arriver bientôt. **c.** Vous ...... direz de rentrer par le bus. **d.** Posez-...... la question à eux. **e.** Les enfants sont contents : on ...... a fait un beau cadeau. **f.** Mes parents ont oublié ...... clé. **g.** Je ...... ai renvoyé ...... photos. **h.** Mes élèves ont rempli ...... fiches de renseignements. Les vôtres ont-ils rempli les ...... ?

3 Transformez les phrases selon l'exemple.

Ex : *Elle donne sa clé aux enfants.* → *Elle* ***la leur*** *donne.*
a. L'immeuble est accessible aux handicapés. **b.** Ce film n'a pas plu aux spectateurs. **c.** Il lit une histoire à ses enfants. **d.** Vous présenterez votre métier aux élèves.

4 Complétez avec *même* ou *mêmes*. Puis indiquez la classe grammaticale du mot choisi.

a. ...... guéries, ses blessures sont douloureuses. **b.** J'achèterai ces deux jeans, ... s'ils sont chers. **c.** Les parents eux-...... ont participé aux jeux. **d.** Nous avons les ...... professeurs que vous. **e.** Pour son anniversaire, des musiciens avaient ...... été conviés. **f.** Il s'était endormi à ...... le sol. **g.** Nous avons changé nous-...... le pneu.

5 Complétez avec *tout*, *tous* ou *toute(s)*. Indiquez la classe grammaticale du mot choisi.

a. À ...... instant, il peut se produire une avalanche. **b.** Les fenêtres sont presque ...... ouvertes. **c.** Leurs T-shirts étaient ...... tachés. **d.** ...... est prêt : prenez ...... **e.** Elles étaient ...... joyeuses et ...... énervées. **f.** ...... nos amis sont rentrés de vacances. **g.** Mes amies font ...... du ski. **h.** ...... en marchant, il lui prit la main. **i.** ...... la salle applaudissait ...... les quarts d'heure. **j.** ...... est bien qui finit bien. **k.** Soyez ...... bien à l'heure demain matin. **l.** Parlez-lui ...... doucement. **m.** ...... petits qu'ils soient, ils se défendent très bien.

Grammaire pour lire

SOCLE **Compétence 1** – Utiliser ses compétences sur la langue pour lire.

6 **1.** Complétez avec *tout*, *toutes* ou *tous*.
2. Classez ces mots selon leur classe grammaticale.
3. Quel effet la répétition de cette forme produit-elle ?

Le narrateur était un enfant rêveur.

J'étais toqué un peu. J'étais persuadé que ...... ce que je voyais se trouvait vraiment et réellement, en ...... vrai mais en ...... petit, dans ma tête. Si j'étais au bord de la mer, j'étais sûr que cette Méditerranée que je voyais se trouvait aussi dans ma tête, [...] avec ...... ses poissons, mais ...... petits, avec ...... ses vagues et un petit soleil brûlant, une vraie mer avec ...... ses rochers et ...... ses bateaux absolument complets dans ma tête [...].

D'après **Albert Cohen**, *Le Livre de ma mère* (1954),
© Gallimard.

Grammaire pour écrire

SOCLE **Compétence 1** – Rédiger un texte bref à partir de consignes données.

7 Évoquez en quelques lignes un spectacle, un lieu qui vous a fasciné avec toutes ses merveilles. Utilisez au moins une fois *tout, toutes, tous, leur, leurs, (les) mêmes*.

33 Le doublement des consonnes

Leçon

1 Règles générales

- Une **consonne** peut être **doublée** entre **deux voyelles** ou entre **une voyelle** et la **consonne** *l* ou *r* (*colle, applaudir, gouffre*).
- Quand une consonne est doublée, il n'y a **pas d'accent** sur la voyelle qui la précède (*coquette, ficelle,* mais *inquiète, modèle*).
- Au début d'un mot, une **consonne** est souvent **doublée** lorsqu'elle est issue d'un **préfixe latin**.
Ex : *ad* = « vers » et *fluere* = « couler » ont donné *affluent* (*d* + *f* = *ff*).

2 Doublement de la consonne au début d'un mot

- On double la consonne finale du préfixe dans les **mots commençant** par :
– *ac-* (*accéder, accrocher*). Exceptions : *académie, acariâtre, acompte, acoustique, âcre, acrimonie, acrobate...*;
– *af-* (*affaiblir, affoler, affronter...*). Exceptions : *afin, Afrique, Africain...* ;
– *al-* (*alléger, allaiter, allonger...*). Exceptions : *alizé, alors, alouette, aluminium, aligner, alourdir, alerter, alimenter, aliter...* ;
– *ap-* (*apparaître, appeler, appesantir*). Exceptions : *apaiser, apercevoir, apitoyer, aplanir, aplatir, apostropher...* ;
– *ar-* (*arracher, arriver...*). Exception : *aromatiser...* ;
– *as-* (*assagir, assaisonner, associer*). Exceptions : *asymétrique, asocial...* ;
– *at-* (*attirer, attraper, atterrir*). Exceptions : *atermoyer, atrophier...* ;
– *col-* / *com-* / *cor-*, du latin *cum* : « avec » (*collaborer, collection, commencer, commander, correspondre, corrompre*). Exception : *colocataire* ;
– *dif-* / *dis-* / *des-* (*différent, diffusion, dissoudre, desserrer...*) ;
– *ef-* (*effacer, effondrer, effrayer...*) ;
– *em-*, du préfixe latin *in-* (« dans ») (*emmener, emmêler, emmitoufler*). Exceptions (s'il s'agit du préfixe latin *e-* qui signifie « hors de ») : *émigrer, émettre, émanation, émouvoir...* ;
– *il-* / *in-* / *im-* / *ir-*, du préfixe négatif *in-* ou du préfixe *in-* (« dans ») doublent la lettre finale du préfixe devant un radical commençant par *l, m, n, r* (*illégal, immoral, irrésistible, innombrable, immigrer, innover...*). Exceptions : *îlot, image, imaginaire, imiter, ironie, iris* ;
– *oc-* / *of-* / *op-* (*occuper, occasion, officiel, offense, offusquer, opposer, opportun, opprimer...*). Exceptions : *ocre, opaque, opinion, opéra, opulent...* ;
– *res-* (*ressembler...*) ;
– *suc-* / *suf-* / *souf-* / *sug-* (*succéder, suffixe, souffler, suggérer...*). Exception : *soufre.*
- **Attention !** Les mots commençant par *ab-*, *ad-*, *ag-*, *am-*, *an-* ne doublent en général pas leur consonne : ***ab**aisser, **ab**order, **ab**attre* (exception : *abbaye*) ; ***ad**resser, **ad**oucir* (exception : *addition*) ; ***ag**randir, **ag**resser, **ag**ripper* (exceptions : *aggraver, agglomérer*) ; ***am**ener* (exception : *ammoniaque*) ; ***an**imer* (exceptions : *anneau, annuaire, annexe, annuler, annoter...*).

2 Doublement de la consonne finale

- Certains **noms** et / ou **adjectifs féminins**, certains **verbes** doublent la consonne :
– en *-ienne* (*gardien / gardienne, ancien / ancienne*) ;
– en *-elle* (*nouvelle, gazelle*) ;
– en *-otte* (*bouillotte, roulotte*) ;
– en *-ette* (*muet / muette* ; mais : *complet / complète*) ;
– en *-otte* (*sot / sotte* ; mais : *idiot / idiote*) ;
– en *-onner* (*chantonner, sonner, claironner* ; mais : *détoner, dissoner, s'époumoner, ramoner*) ;
– en *-otter* (*ballotter, flotter, frotter, grelotter, trotter* ; mais : *toussoter, clignoter, vivoter, trembloter*).
- Les **adverbes de manière en** *-ment* doublent le *m* quand ils sont formés sur un adjectif en *-ant* ou *-ent* (*constant* → *constamment* ; *prudent* → *prudemment*).

21 février 1916 : premier jour de la bataille de Verdun, dans Le Livre des heures héroïques et douloureuses des années 1914-1918 (1919), d'André Hellé.

Je m'exerce

1 **Complétez avec une consonne simple ou double parmi celles qui sont indiquées.**

(l ou ll) : **a.** une ce...u...e. **b.** po...uer. **c.** la co...ine. **d.** para...è...e.
(t ou tt) : **e.** le plâ...re. **f.** une allume...e. **g.** grelo...er. **h.** coque...e.
(r ou rr) : **i.** nou...ir. **j.** le to...ent. **k.** mou...ir.
(n ou nn) : **l.** l'oxygè...e. **m.** espio...er. **n.** la colo...e. **o.** un fonctio...aire.
(m ou mm) : **p.** un ma...ifère. **q.** une co...ète. **r.** une co...une.

2 **Complétez avec une consonne simple ou une consonne double.**

a. Je voudrais une esca...ope de veau pa...ée. **b.** Mettez ce cou...ier dans une enve...o...e. **c.** La co...édie...e porte une pe...uque dans cette saynè...e. **d.** Tu as un modè...e de jupe di...érent du mien. **e.** Le li...oral de cette cô...e est dé...iguré par des i...eubles. **f.** Il ne su...ortait pas les coups de to...erre et crut mou...ir de peur. **g.** Le pro...e...eur a-t-il rempli les bu...etins ? **h.** Veux-tu un de...ert su...lémentaire ? **i.** Les ho...es ont a...ravé la po...ution de la planè...e. **j.** Il était aba...u par la cha...eur.

3 **Remplacez la définition en rose par un adjectif ou un nom commençant par *il-, ir-, im-, in-, ef-* ou *em-* en doublant la consonne si nécessaire.**

a. Une aventure qu'on ne peut oublier. **b.** Des odeurs sortant de la cuisine. **c.** Un acte qui n'est pas légal. **d.** L'installation dans un nouveau logement. **e.** Un vol avec bris de porte. **f.** Une soupe qu'on ne peut manger. **g.** Une suite qu'on peut imaginer. **h.** Des résultats qui ne sont pas réguliers. **i.** Un accusé qui n'est pas coupable. **j.** Un enfant enveloppé dans un vêtement chaud. **k.** L'écroulement d'une fortune.

4 **Remplacez les expressions en rose par des verbes commençant par *ac-, af-, ag-, al-, an-, ap-, at-* ou *ar-* en utilisant le mot souligné et en doublant ou non la consonne.**

a. L'avion se pose à <u>terre</u> à 20 heures. **b.** On réduit à la <u>faim</u> les prisonniers. **c.** Il faut s'habituer au <u>climat</u>. **d.** Il veut faire <u>croître</u> ses bénéfices. **e.** Il est resté tard à table. **f.** Ils ont rendu plus <u>grand</u> leur hangar. **g.** Elle se laisse aller à la <u>pitié</u> devant ses larmes. **h.** Il a rendu plus <u>lourd</u> son sac en y ajoutant des livres, puis il l'a rendu plus <u>léger</u> en retirant ses baskets. **i.** Elle a écrit des <u>notes</u> sur son livre. **j.** Elle a donné une forme <u>ronde</u> à sa pâte à modeler.

5 **Complétez avec une consonne simple ou double.**

a. Le télépho...e so...e mais le répondeur ne cligno...e pas. **b.** La musicie...e chanto...ait avant le concert. **c.** Elle grelo...e consta...ent et ses lèvres sont viole...es de froid. **d.** La pharmacie...e resta mue...e de surprise en a...renant cette nouve...e. **e.** Le voilier qui flo...e au loin a pris une ne...e avance. **f.** Ma sœur cade...e a fait prude...ent une allusion discrè...e à son mariage.

Grammaire pour lire

6 **1. Complétez les mots en rose avec une consonne simple ou double (*rr, ss, ll, ff, tt, mm*).**
2. Trouvez trois mots de la même famille que les mots soulignés.

Les soldats blessés s'enfoncent dans le poste de secours des tranchées.

Quand on est entré là-dedans, on est comme pris, et on a d'abord l'<u>impre...ion</u> qu'on n'aura pas la place, ni de descendre, ni de <u>re...onter</u>. En s'enfonçant dans ce gou...re, on continue ce cauchemar d'<u>étou...ement</u> qu'on a subi gradue...ement à mesure qu'on avançait dans les entrailles des tranchées avant de sombrer jusqu'ici. De tous côtés, on se cogne, on fro...e, on est empoigné par l'<u>étroite...e</u> du pa...age, on est a...êté, coincé.

D'après **Henri Barbusse**, *Le Feu* (1916).

Grammaire pour écrire

SOCLE **Compétence 1** – Rédiger un texte bref à partir de consignes données.

7 **Écrivez un court texte évoquant l'arrivée d'un personnage dans un lieu nouveau. Vous utiliserez au moins cinq mots de la liste, que vous soulignerez.**

Happer, émerveiller, éprouver, apparaître, étonner, irréel(le), atteindre, immobile, flotter, glisser, passage, grotte, impression, sensation, ressentir, innombrable, terre, assourdir, immense, ancien(ne), apparition...

34 Les familles de mots irrégulières

J'observe

Phrases

a. Il lui a donné sa maison par donation. **b.** Cette sonnerie a une sonorité stridente. **c.** Le coup de tonnerre ressemble à une détonation.

Classez les mots en orange :
– par famille (des mots *ton*, *don* et *son*) ;
– selon que leur radical présente une consonne simple ou double.

Leçon

1 Radical et famille de mots

• De nombreux mots sont construits à partir d'un **radical** auquel s'ajoutent un **préfixe** (à gauche) et / ou un **suffixe** (à droite). On forme ainsi des mots **dérivés**.
Ex : ***impensable*** → *in / im-* : préfixe ; *pens-* : radical de *penser* ; *-able* : suffixe.

• Une **famille de mots** est constituée des mots dérivés formés sur le **même radical**.
Ex : ***charg**e, re**charg**eable, dé**charg**er, **charg**ement* → radical *charg-*.

2 Familles irrégulières

• Une famille **irrégulière** peut englober des mots dont le **radical** prend des **formes différentes**.
Ex : *cœur* → ***cour**ageux, **cord**ial, **card**iaque.*

• Une famille **irrégulière** peut englober des mots dont certains présentent une **consonne double** et d'autres une **consonne simple** (*courir, courrier*). Quelques exemples :
– ***batt**(re) : aba**tt**re, ba**tt**erie, comba**tt**re, déba**tt**re / bataille, combatif, courbature* ;
– ***homm**(e) : hommage, bonho**mm**e, surho**mm**e / bonhomie* (= gentillesse et simplicité), *homicide* ;
– ***honneur** : désho**nn**eur, ho**nn**ête, malho**nn**ête / honorer, honorable, déshonorer, honoraire, honorifique* ;
– ***mer** / **mar-** : ame**rr**ir, ame**rr**issage / marée, marin, maritime.*

Je m'exerce

1 Complétez avec des mots de la famille du mot indiqué.
a. (Honneur) Il fut très h......é de recevoir la récompense de son h......é. **b.** (Homme) On a rendu un vibrant h......e à cet artiste qui a reçu ces honneurs avec b......e. **c.** (Son) Grâce à son excellente s......é, ce piano r......e dans toute la maison. **d.** (Battre) Son grand-père avait c......u à la b......e de Verdun. **e.** (Mer) L'hydravion a pu a......r à m......e basse. **f.** (Nom) Sa n......n à la tête de ce club lui a fait une r....e internationale.

2 Trouvez un verbe de la même famille que chacun des noms suivants. Attention au doublement éventuel des consonnes.
a. papillon. **b.** tonnerre. **c.** ramonage. **d.** flot. **e.** sanglot. **f.** ordre. **g.** chuchotement. **h.** trot. **i.** complot. **j.** poumon. **k.** chiffon. **l.** savon. **m.** faim. **n.** déshonneur. **o.** folie. **p.** course. **q.** mort. **r.** nourriture. **s.** char.

3 Complétez avec une consonne simple ou double.
a. Elle entendit une déto...ation et vit accou...ir un chien de chasse sans co...ier. **b.** Le gagnant de la course dut se déba...re car chacun voulait lui donner l'a...olade. **c.** On leur a ordo...é de travailler sur ordi...ateur. **d.** Le patro...at et les syndicats ont signé un accord. **e.** Les coups de si...let ont a...olé les chevaux. **f.** Elle est rentrée tout essou...lée de sa course, avec des courba...ures dans les jambes. **g.** Les ho...oraires du médecin ont augmenté. **h.** L'union économique et mo...étaire est un groupe de pays qui ont adopté une mo...aie unique.

Grammaire pour écrire

SOCLE **Compétence 1** – Rédiger un texte bref à partir de consignes données.

4 Rédigez un article très court rapportant un fait d'actualité (que vous pouvez imaginer). Vous utiliserez au moins deux noms de la leçon (ou des exercices) avec des consonnes différentes.

35 Les noms en *-ion*

J'observe

Phrases

a. Une haute qualific**ation** est nécessaire dans de nombreuses prof**essions**.
b. Ce chauffard a eu une suspen**sion** de son permis de conduire.

1. Comparez l'orthographe des trois suffixes des noms en orange.
2. Après quelles lettres ou groupes de lettres les trouve-t-on ?
3. De quels verbes proviennent ces noms ?

Leçon

- Certains **noms féminins** sont terminés par le suffixe *-ion*. Ces suffixes s'écrivent ***-tion***, ***-ssion***, ***-sion***, ***-xion*** ou ***-cion*** selon les lettres qui les précèdent.
- Le suffixe s'écrit toujours ***-tion*** après les lettres *p*, *c*, *o* et *au* (*op**tion***, *excep**tion***, *ac**tion***, *élec**tion***, *émo**tion***, *promo**tion***, *précau**tion***).
- Le suffixe s'écrit souvent ***-tion*** après les lettres *a*, *u*, *i*, *é*, *en* et *r* (*sépara**tion***, *situa**tion***, *solu**tion***, *exécu**tion***, *défini**tion***, *appari**tion***, *discré**tion***, *atten**tion***, *men**tion***, *inser**tion***, *por**tion***).
- Le suffixe peut s'écrire ***-ssion*** après *a*, *e*, *i* et *u* (*pa**ssion***, *impre**ssion***, *profe**ssion***, *mi**ssion***, *discu**ssion***).
- Le suffixe peut s'écrire ***-sion*** après *r*, *l*, *en* et *an* (*conver**sion***, *inver**sion***, *contor**sion***, *pul**sion***, *expul**sion***, *pen**sion***, *expan**sion***, *scan**sion***).
- Le suffixe peut s'écrire ***-xion*** ou ***-cion*** dans quelques cas (*conne**xion***, *réfle**xion***, *suspi**cion***).

Je m'exerce

1 Complétez avec la consonne (ou la double consonne) qui convient : *ss*, *t* ou *s*.

a. déposse...ion. **b.** compréhen...ion. **c.** obse...ion. **d.** puni...ion. **e.** conven...ion. **f.** conver...ion. **g.** exten...ion. **h.** oppre...ion. **i.** déser...ion. **j.** convul...ion. **k.** solu...ion.

2 Complétez avec *-ention*, *-ension* ou *-ansion*.

a. Il a l'int...... de faire l'asc...... du mont Ventoux à vélo. **b.** Fais att......, ne te trompe pas ! **c.** Il y a eu au collège une campagne de prév...... contre le tabac. **d.** Nous sollicitons votre compréh...... afin d'obtenir une subv...... pour l'achat d'ordinateurs. **e.** J'ai une certaine appréh...... devant les t...... familiales qui peuvent provoquer des diss....... **f.** Mon quartier est en pleine exp.......

3 Complétez avec *-tion*, *-ssion*, *-sion* ou *-xion*.

a. Pierre lui a donné l'impul... qu'il lui fallait pour persévérer. **b.** Dans ce club, Léo appréciait la compéti..., l'admira... de ses amis et les discu... sur leur pa... commune, l'équita.... **c.** Je veille à avoir une alimenta... équilibrée. **d.** Son discours a fait sensa.... **e.** Les condi... d'admi... dans ce club sont très strictes. **f.** Accordez-moi une minute de réfle.... **g.** Regardez comme la Vénus de Milo a des propor... harmonieuses. **h.** Elle a subi une pre... importante avant de faire cette révéla....

4 DICO Trouvez le nom en *-ion* correspondant aux verbes en rose.

a. Le professeur a donné cette (définir) en cours. **b.** Il s'occupa du malade avec beaucoup de (compatir). **c.** Je me réjouis de la (qualifier) de votre équipe. **d.** As-tu regardé l'(émettre) sur Einstein hier soir ? **e.** Dans ce cours, il y a une forte (participer) des élèves. **f.** Avec la (créer) de leur boutique, elles ont opéré une (reconvertir) totale. **g.** Nous voulons une meilleure (répartir) des charges de travail. **h.** On a ordonné la (démolir) de cet immeuble insalubre. **i.** Laurène avait une (exprimer) très aisée et des (réagir) assez vives. **j.** Il a été victime d'une terrible (machiner). **k.** Avant de prendre ma (décider), je veux avoir avec lui une (discuter) très sérieuse. **l.** La (déléguer) des salariés a rencontré la (diriger).

Grammaire pour écrire

5 Formez un nom féminin en *-ion* pour chacun des verbes suivants. Puis, expliquez votre intérêt pour un livre dans un court texte où vous les emploierez tous ou en partie.

a. persuader. **b.** émouvoir. **c.** éditer. **d.** illustrer. **e.** diffuser. **f.** collecter. **g.** éduquer. **h.** exprimer. **i.** comprendre. **j.** situer. **k.** agir. **l.** imaginer.

36 Polysémie ; sens propre et figuré ; champ lexical ; dénotation et connotation

Leçon

1 La polysémie RÉVISIONS

● Les mots qui n'ont qu'**un seul sens** sont surtout des mots scientifiques ou techniques. La plupart des mots ont en effet **plusieurs sens** (ils sont **polysémiques**, du grec *poly* : « nombreux », et *sémie* : « signification »).

● Le sens d'un mot peut changer selon le **contexte** (*la **station** de métro Châtelet / la **station** debout*) ou selon la **construction du verbe** (*l'avion **décolle** / elle **décolle** une étiquette*).

2 Sens propre et sens figuré RÉVISIONS

● On distingue le **sens propre** d'un mot, qui est son sens premier (souvent un sens concret), et le **sens figuré**, qui est un sens dérivé (souvent imagé).
Ex : *Le **cœur** est un organe vital.* → sens propre. *Elle vit au **cœur** de Lille.* → sens figuré.

● Le sens figuré permet de construire des **métaphores** et des **personnifications** ► Leçon 39, p. 364.
Ex : *L'**hiver** arrive.* → sens propre (saison). *Il atteint l'**hiver** de sa vie.* → sens figuré métaphorique (vieillesse). *Le soleil **s'endort**.* → personnification.

3 Les synonymes, antonymes, paronymes RÉVISIONS

● Les **synonymes** sont des mots qui ont le **même sens** ou un **sens proche** et qui appartiennent à une même classe grammaticale (*fragile, frêle* → adjectifs ; *douleur, chagrin* → noms). Ils peuvent varier selon l'intensité (*courageux, hardi, téméraire*) ou le niveau de langage (*un livre / un bouquin*) ► Leçon 20, p. 322.

● Les **antonymes** sont des mots de **sens contraire** et de même classe grammaticale (*guerre / paix* → noms ; *sortir / entrer* → verbes). Ils sont formés sur des radicaux différents (*mâle / femelle*) ou à l'aide d'un **préfixe négatif** (*juste / injuste*).

● Des **paronymes** sont des mots **différents** mais de **forme** et de **prononciation proches** (*consumer / consommer ; incident / accident*).

4 Terme générique ; champ lexical RÉVISIONS

● Un terme **générique** désigne un ensemble, une catégorie de personnes ou de choses.
Ex : *panthère, chat, léopard, tigre, lion* → félins.

● Un **champ lexical** regroupe des termes qui renvoient à un **même thème** ou à une **même notion**. Ils appartiennent à des classes grammaticales différentes.
Ex : *grenade, obus, tranchée, carnage, sanglant, exploser* → champ lexical de la guerre.
L'analyse des champs lexicaux permet de construire le **sens d'un texte**.

5 Dénotation et connotation

● Le **sens dénoté** d'un mot est une définition admise par tous (sens objectif).
Ex : Le mot *neige* désigne de l'eau congelée qui tombe en flocons.

● Le **sens connoté** renvoie à un ensemble d'images qui peuvent être associées à un mot. Certaines connotations peuvent être **positives** ou **négatives** selon le contexte.
Ex : Le mot *neige* connote la beauté, les fêtes, les sports d'hiver (connotations positives) ou bien le froid, les chutes, la mort (connotations négatives).

Je m'exerce

1 **Regroupez les mots suivants en sept séries de deux synonymes.**

a. doux. **b.** gratitude. **c.** persévérant. **d.** pointu. **e.** suave. **f.** colère. **g.** reconnaissance. **h.** tenace. **i.** dédaigneux. **j.** combat. **k.** irritation. **l.** aigu. **m.** bataille. **n.** méprisant.

2 **Complétez avec le synonyme de *rester* qui convient : *demeurer, stationner, stagner, séjourner, subsister, persister*.**

a. Ta voiture ...... devant l'hôtel. **b.** Picasso a ...... à Paris. **c.** Elle ...... dans son erreur. **d.** Les paroles s'envolent mais les écrits .... **e.** L'eau d'un étang .... **f.** Il ...... grâce au RSA.

3 **Donnez un synonyme à chaque verbe selon sa construction.**

a. Comme elle a changé ! **b.** Il a changé la serrure. **c.** Ils logent dans une caravane. **d.** J'ai logé ma tante à Noël. **e.** Ils ont reculé devant l'ennemi. **f.** Il recula sa chaise pour se lever.

4 **Indiquez le sens des mots en rose employés au sens figuré. Utilisez-les dans une phrase où ils auront leur sens propre.**

a. J'ai dévoré ce roman. **b.** Peut-on enrayer la flambée des prix ? **c.** Il a dit un tissu de mensonges. **d.** On assiste à une chute de l'euro. **e.** Cet homme est un puits de sciences.

5 **Formez des antonymes à l'aide des préfixes *mal- / mé-, dé- / dés- / dis-, in- / im- / il-*.**

a. licite. **b.** loyal. **c.** discret. **d.** agréable. **e.** gracieux. **f.** heureux. **g.** possible. **h.** content.

6 **Choisissez le bon terme dans les couples de paronymes et donnez-lui un synonyme.**

a. Son discours était très (compréhensif / compréhensible). **b.** Le chien a fait (éruption / irruption) dans ma chambre. **c.** Les bijoux sont (proscrits / prescrits) au collège. **d.** On lui a (inculpé / inculqué) le respect des autres. **e.** Il faut soigner cette plaie (infectée / infestée). **f.** Tu nous as (induits / enduits) en erreur.

7 **Que connotent les mots suivants ?**

Rouge, noir, blanc, or, printemps, hiver, pierre, aigle, nid, mer.

Vocabulaire pour lire

SOCLE **Compétence 1** – Utiliser ses compétences sur la langue pour lire.

8 **1. Identifiez le champ lexical dominant dans ce texte. Faites un relevé des termes.**
2. Quelle image est donnée de la pluie ?

Les pluies de noroît[1] sont glaciales et fouettent le sang. Poussées par le terrible vent qui déferle de l'Atlantique, elles giflent à l'oblique. C'est de la limaille[2] qui cingle le visage, des flèches d'eau qui vous percent et vous assomment.

Jean Rouaud, *Les Champs d'honneur* (1990), © Minuit.

1. **noroît :** vent de nord-ouest. 2. **limaille :** parcelles de métal.

9 **1. Relevez le champ lexical des fêtes du nouvel An.**
2. Quelles connotations opposées sont associées à ces fêtes ?
3. L'adjectif *sournois* est-il employé au sens propre ou au sens figuré ?
4. Donnez un synonyme et un antonyme de l'adjectif *impalpable*. Quel est, dans le texte, l'antonyme du nom *inquiétude* ?

Le narrateur se souvient des soirs du nouvel An où sa famille racontait l'arrestation de son grand-père Fiodor, lors d'un réveillon de Noël, après la Révolution russe.

Les adultes parlaient. [...] Je devinais à présent pourquoi les fêtes du nouvel An avaient toujours dans notre famille un reflet d'inquiétude, semblable à un courant d'air sournois qui fait claquer les portes dans une demeure vide, à l'heure du crépuscule. Malgré la gaieté de mon père, malgré les cadeaux, le bruit des pétards et le scintillement du sapin, cet impalpable malaise était là. Comme si au milieu des toasts, des claquements des bouchons et des rires, on attendait l'arrivée de quelqu'un. Je crois même que, sans se l'avouer, nos parents accueillaient le calme neigeux et quotidien des premiers jours de janvier avec un certain soulagement.

Andreï Makine, *Le Testament français* (1995), © Mercure de France.

Vocabulaire pour écrire

SOCLE **Compétence 1** – Rédiger un texte bref à partir de consignes données.

10 **À la manière de Marcel Proust, choisissez un nom ou deux noms géographiques qui vous font rêver. Exprimez ce qu'il(s) évoque(nt) pour vous.**

Le nom de Florence ou de Venise me donnait le désir du soleil, des lys, du palais des Doges[1] et des Sainte-Marie-des-Fleurs[2].

Marcel Proust, *Du côté de chez Swann* (1913).

1. **palais des Doges :** siège du pouvoir à Venise. 2. **Sainte-Marie-des-Fleurs :** cathédrale de Florence.

37 Les familles de mots ; les préfixes et les suffixes

RÉVISIONS

Rappels

1 Radical, préfixe, suffixe, famille de mots

- De nombreux mots sont construits par **dérivation** en ajoutant au **radical** (élément de base) un **préfixe** (avant le radical) et un **suffixe** (après le radical). **Ex :** *in- / vis- / -ible*.
- Le **préfixe** modifie le sens du mot et non sa classe grammaticale (*chance / malchance*).
- Le **suffixe** aide à former des **noms**, **adjectifs**, **verbes** et **adverbes** (*facteur, joyeux, courir, facilement*).
- Une **famille de mots** comprend les mots dérivés du même radical (*terre, terrestre, territoire, enterrer → terr-*). Certains **radicaux** prennent des **formes différentes** (*cardiologue, courageux, cordial → cœur*).

2 Les préfixes

- De nombreux préfixes viennent du **latin** et ont un sens précis.
- La dernière consonne se transforme souvent en s'assimilant à la consonne qui suit (b, c, d, f, g, n, p, r, s, t…). **Ex :** *in- + lisible → illisible ; in + battable → imbattable* ► Leçon 33, p. 354.

– *ad-, a-* : « vers » (*aborder, admettre, affaiblir, aggraver, apporter, attirer*) ;
– *a-, in- / il- / im-* : négation (*apesanteur, injuste, illégal, impossible*) ;
– *re-* : « à nouveau » (*redire*) ;
– *in- / en-* : « dans », *ex-* : « hors de » (*inclure, implanter, emmurer, exporter*) ;
– *pré-, pro-* : « avant, devant » (*prédire, projeter*) ;
– *sur-, archi-, extra-, hyper-, ultra-, super-* : intensité (*hypermarché, ultrarapide*) ;
– *bi-, bis-, di-, dis* : « deux » (*bicyclette, bimensuel, dissyllabique*) ;
– *dé-, des-, dis-* : négation, séparation (*dévisser, désespoir, disjoindre*) ;
– *sou-, sous-, sub- / suc- / sug- / sup-* : « sous » (*souligner, sous-sol, sous-jacent, subversion, supporter*) ;
– *trans-* : « à travers » (*transfert, translucide*) ;
– *con-, co-, com-, col-, cor-* : « avec, ensemble » (*correspondre, compagnon, collégial, conciliant*).

3 Les suffixes

- **Noms :**

– *-er, -ier, -eur, -ien, -iste* : métier, arbre (*boucher, poirier, coiffeur, chirurgien, artiste*) ;
– *-age, -ade, -ement, -tion, -ure* : action (*mariage, parade, déménagement, action, lecture*) ;
– *-(e)rie* : lieu (*charcuterie*) ;
– *-té* : qualité (*beauté*) ;
– *-eau, -on* : diminutifs (*lionceau, chaton*) ;
– *-oir* (*arrosoir, miroir*) ; *-oire* (*histoire, territoire, notoire*).

- **Adjectifs :**

– *-able, -ible* : possibilité (*capable, lisible*) ;
– *-eux, -ique* : caractère (*peureux, cubique*).

- **Noms et adjectifs :**

– *-et / -ète* (*préfet / préfète, discret / discrète, inquiet / inquiète*) ;
– *-et / -ette* : souvent diminutifs (*violet / violette, gentillet / gentillette, fillette*) ;
– *-ot / -ote / -otte* : souvent diminutifs (*frérot, îlot, cocotte, roulotte, idiot / idiote, sot / sotte*).

- **Adverbes de manière :**

– *-ment* ajouté au féminin de l'adjectif (*pleinement*) ou parfois au masculin (*vraiment*).
Exceptions : *énorme → énormément ; gentil → gentiment*.
– *-amment* (*savant → savamment*) et *-emment* (*récent → récemment*) pour les adjectifs en *-ant* et *-ent*.

4 Les mots savants composés à partir de mots latins et grecs

- **Mots grecs :** *graph-* (« écrire »), *biblio-* (« livre »), *bio-* (« vie »), *démo-* (« peuple »), *psych-* (« esprit »), *poly-* (« plusieurs »), *chromo-* (« couleur » ; **Ex :** *polychrome*, « de toutes les couleurs »).
- **Mots latins :** *-vore* (« qui mange »), *omni-* (« tout » ; **Ex :** *omnivore*, « qui mange de tout »).

Je m'évalue

1 Identifiez la classe grammaticale et le préfixe de ces mots.

a. bipède. **b.** conjoint. **c.** prénom. **d.** prédiction. **e.** imprudent. **f.** transférer. **g.** malfaisant. **h.** surélever. **i.** cohabitation. **j.** international. **k.** hypermarché.

2 À l'aide des préfixes *dé-* ou *dés-*, *in-*, *a-*, *mal-*, formez des adjectifs de sens contraire.

a. une coiffure ...symétrique. **b.** un pacte ...loyal. **c.** un chien ...obéissant. **d.** une réponse ...honnête. **e.** un rapport ...exact. **f.** une interprétation ...rationnelle.

3 Formez des noms en ajoutant un préfixe *co-*, *com-* ou *con-* à ces mots et indiquez leur sens.

a. locataire. **b.** passion. **c.** citoyen. **d.** joint. **e.** patriote. **f.** frère. **g.** position.

4 Classez les mots par familles, puis indiquez les classes grammaticales.

a. corps. **b.** charger. **c.** inscription. **d.** recharge. **e.** incorporer. **f.** décharge. **g.** corporation. **h.** souscrire. **i.** transcrire. **j.** chargement. **k.** décrire. **l.** corporel.

5 À l'aide des suffixes *-esse*, *-té*, *-ement*, *-age*, *-tion*, *-eur*, *-ure*, formez des noms à partir des verbes et adjectifs suivants.

a. blesser. **b.** entraîner. **c.** fier. **d.** paraître. **e.** sage. **f.** afficher. **g.** absorber. **h.** pesant. **i.** doser. **j.** faible.

6 Donnez les diminutifs de ces mots à l'aide des suffixes *-eau*, *-et(-te)*, *-ule*, *-ole*, *-ille*, *-elle*, *-on*. Attention, le radical peut changer.

a. âne. **b.** loup. **c.** mur. **d.** rue. **e.** bête. **f.** globe. **g.** coque. **h.** tarte. **i.** éléphant. **j.** livre.

7 Trouvez quelques mots de chaque famille (nom, adjectif ou verbe) en vous aidant de l'origine latine.

a. chien (*canis*). **b.** terreur (*terror*). **c.** cercle (*circulum*). **d.** mère (*mater*). **e.** fleur (*flor*).

8 À l'aide des suffixes *-oir* et *-oire*, formez des noms à partir de ces verbes.

a. nager. **b.** baigner. **c.** dormir. **d.** mâcher. **e.** interroger. **f.** manger. **g.** sécher. **h.** moucher.

9 Complétez par *-ot*, *-otte*, *-ète* ou *-ette*.

a. Cette chanson est vieill.... **b.** Le navire a accosté sur un îl.... **c.** Elle resta mu... de surprise. **d.** Il fait cuire du veau dans la coc.... **e.** J'ai acheté un cage... de pêches. **f.** Cette liste est incompl....

10 Remplacez les propositions relatives en rose par un de ces adjectifs : *irrésistible*, *incompréhensible*, *inconciliable*, *insensible*, *irréfutable*.

a. un charme auquel on ne peut résister. **b.** une preuve qu'on ne peut réfuter. **c.** des points de vue qu'on ne peut concilier. **d.** un cœur dépourvu de sensibilité. **e.** un raisonnement qu'on ne peut comprendre.

11 Identifiez les préfixes d'origine grecque ou latine et indiquez le sens des mots.

a. automobile. **b.** hypotension. **c.** bipède. **d.** hémisphère. **e.** biographie. **f.** homicide.

Vocabulaire pour lire

12 1. Identifiez les préfixes des mots en rose et les suffixes des mots en vert.

2. Trouvez deux mots de la même famille que *enfermer*, *compassion*, *imaginaire*.

Le jeune narrateur a connu de cuisants échecs au tennis. Il commence alors à écrire.

Toutes ces mésaventures firent que je m'enfermais de plus en plus dans ma chambre et que je me mis à écrire pour de bon. Attaqué par le réel sur tous les fronts, refoulé de toutes parts, me heurtant partout à mes limites, je pris l'habitude de me réfugier dans un monde imaginaire et à y vivre, à travers les personnages que j'inventais, une vie pleine de sens, de justice et de compassion.

Romain Gary, *La Promesse de l'aube* (1960), © Gallimard.

Vocabulaire pour écrire

SOCLE **Compétence 1** – Rédiger un texte bref à partir de consignes données.

13 Présentez un objet dans un catalogue de vente. Caractérisez-le en quelques adjectifs comportant les suffixes *-ible*, *-able ou -ique* et le préfixe *in-*.

38 Les règles de versification

Leçon

1 Les vers, les mètres, les strophes

- On reconnaît des vers à leur disposition dans la page (**passage à la ligne**). À l'audition, on les repère par le retour régulier des **sonorités**.
- Le **mètre** (longueur d'un vers) est déterminé par le nombre de **syllabes** dans un vers.
– Le ***e*** à **l'intérieur** ou à la **fin d'un mot**, **précédé** et **suivi d'une consonne**, est prononcé et compte pour une syllabe.
– Le ***e*** **suivi d'une voyelle** ou d'un ***h*** **muet** et le ***e*** en **fin de vers** ne comptent pas.
Ex : *E / ll(e) a / pa / ssé / la / jeu /* ***ne*** */ fill(e)* (**G. de Nerval**, « Une allée du Luxembourg »)
- Les vers **réguliers** ont un nombre fixe de syllabes et riment entre eux. On distingue :
– les vers **pairs** (alexandrin, décasyllabe, octosyllabe, hexasyllabe...) : 12, 10, 8, 6 syllabes ;
– les vers **impairs** (heptasyllabe, pentasyllabe...) : 7, 5 syllabes.
- Pour le respect du mètre, il arrive que deux voyelles qui se suivent soient prononcées séparément, formant deux syllabes : c'est la **diérèse**. **Ex :** *ci / el* (2 syllabes).
La **synérèse** consiste à prononcer en une seule syllabe deux voyelles qui se suivent.
Ex : *ciel* (1 syllabe).
- Les vers **libres**, aux mètres variables, jouent sur le rythme et les sonorités.
- Les vers sont regroupés en **strophes** : distique, tercet, quatrain, quintil, sizain, huitain, dizain (2 à 10 vers).

2 Les sonorités, le rythme

- La **rime** est le retour d'une même sonorité à la fin de deux vers. Les rimes peuvent être :
– **plates** (*aa*), **suivies** (*aabb*), **croisées** (*abab*), **embrassées** (*abba*) ;
– **féminines** si elles se terminent par un *-e* (*lame / flamme*), **masculines** dans les autres cas (*sort / dort*) ;
– **riches** si elles portent sur plus de deux sons (*p-**l-eu-rs** / f-**l-eu-rs***), **suffisantes** sur deux sons (*am-our / ret-our*), **pauvres** sur un son (*av-eu / f-eu*).
- Les répétitions de sonorités, associées au sens des mots, créent des effets. L'**assonance** est la répétition d'un même son voyelle, l'**allitération** celle d'un même son consonne.
Ex : *Je fais souvent ce rêve étrange et pénétrant !* (**P. Verlaine**, « Mon rêve familier ») → assonance en [an].
Tout en faisant trotter ses petites bottines (**A. Rimbaud**, « On n'est pas sérieux quand on a dix-sept ans »)
→ L'allitération en [t] imite les petits pas de la jeune fille séductrice.
- Le **rythme** naît du retour de syllabes accentuées (temps forts), de pauses ou coupes, de sonorités qui se font écho.
- La **coupe principale** (césure) partage le vers en deux parties, égales (**hémistiches**) ou inégales. Le **codage** du vers (calcul du nombre de syllabes entre deux pauses) fait apparaître la nature du rythme.
Ex : *Le seul* ***bien*** */ qui me* ***reste*** *// et d'Hec****tor*** */ et de* ***Troie*** (**J. Racine**, *Andromaque*)
→ rythme régulier 3 / 3 // 3 / 3.
- On parle d'**enjambement** quand la proposition commencée dans un vers se poursuit sur le vers suivant. L'élément mis en valeur au début du second vers s'appelle un « **rejet** » et, à la fin du premier vers, un « **contre-rejet** ». L'enjambement crée un effet d'allongement.
Ex : *Trois mille six cents fois par heure,* ***la Seconde***
Chuchote *: Souviens-toi !* (**C. Baudelaire**, « L'horloge ») → *Chuchote* en rejet, *la Seconde* en contre-rejet.

3 Les formes de poèmes

- Le **sonnet** est composé de deux quatrains et de deux tercets, construits selon le schéma *abba, abba, ccd, eed* (ou *ede*). Le **calligramme** est un poème dont le texte forme un dessin. La **ballade** ou le **rondeau**, formes médiévales, se caractérisent par la présence d'un refrain.

Je m'exerce

1 **1. a.** Retrouvez les rimes du poème : *mourir, Paris* (deux fois), *Pise, grises, éternisent, Barbarie*.
b. Quelle est la sonorité voyelle répétée (assonance) ?
2. Quel est le mètre utilisé ? Comment s'appelle une strophe de cinq vers ?

J'erre à travers mon beau ......
Sans avoir le cœur d'y ......

Les dimanches s'y ......
Et les orgues de ......
Y sanglotent dans les cours ......
Les fleurs aux balcons de ......
Penchent comme la tour de ......

D'après **Guillaume Apollinaire**, extrait de « Voie lactée », dans *Alcools* (1913), © Gallimard.

2 Rétablissez la mise en espace des deux quatrains ainsi que les majuscules en début de vers.

aide Les mètres sont des alexandrins. Le poème ne comporte pas de ponctuation.

Durant la Guerre de 1914-1918, Apollinaire écrit à Louise de Coligny, sa bien-aimée.

Quatre jours mon amour pas de lettre de toi le jour n'existe plus le soleil s'est noyé la caserne est changée en maison de l'effroi et je suis triste ainsi qu'un cheval convoyé[1]
[...]
Sans nouvelles de toi je suis désespéré que fais-tu je voudrais une lettre demain le jour s'est assombri qu'il devienne doré et tristement ma Lou je te baise la main

D'après **Guillaume Apollinaire**, *Poèmes à Lou*, extrait du poème XXIII (1955, éd. posthume), © Gallimard.

1. **un cheval convoyé :** un cheval qui accompagne un combat funèbre.

Vocabulaire pour lire

SOCLE **Compétence 1** – Utiliser ses compétences sur la langue pour lire.

3 **1.** Identifiez le mètre et le type de strophe utilisés ainsi que la disposition des rimes.
2. Quels vers sont constitués de rimes féminines ? Relevez une rime riche.
3. Relevez un enjambement (première strophe). Quel mot est placé en contre-rejet ?
4. Relevez les assonances (v. 5-6) et les allitérations (v. 11-12).
5. Après quelle syllabe la coupe se trouve-t-elle dans les vers 1 à 4 ?
6. Quelle image le poète donne-t-il des saltimbanques ?

« Saltimbanques »

À Louis Dumur.

Dans la plaine les baladins
S'éloignent au long des jardins
Devant l'huis des auberges grises
Par les villages sans églises

Et les enfants s'en vont devant
Les autres suivent en rêvant
Chaque arbre fruitier se résigne
Quand de très loin ils lui font signe

Ils ont des poids ronds ou carrés
Des tambours, des cerceaux dorés
L'ours et le singe animaux sages
Quêtent des sous sur leur passage

Guillaume Apollinaire, *Alcools* (1913), © Gallimard.

4 **1.** Quelle est la forme de vers utilisée ? Justifiez votre réponse.
2. Relevez l'anaphore, les répétitions, l'énumération.
3. Quel sentiment le poète exprime-t-il ?

« Et un sourire »

La nuit n'est jamais complète
Il y a toujours puisque je le dis
Puisque je l'affirme
Au bout du chagrin une fenêtre ouverte
Une fenêtre éclairée
Il y a toujours un rêve qui veille
Désir à combler faim à satisfaire
Un cœur généreux
Une main tendue une main ouverte
Des yeux attentifs
Une vie la vie à se partager

Paul Eluard, *Derniers poèmes d'amour* (1963), © Seghers.

Vocabulaire pour écrire

SOCLE **Compétence 1** – Rédiger un texte bref à partir de consignes données.

5 À partir de quelques-unes de ces rimes ou d'autres que vous inventerez, composez un ou deux quatrains sur un thème de votre choix (souvenir, amour...).
a. soir / espoir. **b.** prairie / rêverie. **c.** yeux / joyeux. **d.** feu / jeu. **e.** musique / exotique. **f.** tragédie / incendie. **g.** libellule / crépuscule. **h.** passion / sensation. **i.** histoire / mémoire. **j.** heureux / lumineux. **k.** terre / bruyère. **l.** cœur / douleur. **m.** silence / patience.

39 Les figures de style

Leçon

1 Définition

- Les figures de style sont des **procédés d'expression** visant à produire un certain effet.

2 Principales figures de style (par ordre alphabétique)

- L'**allégorie** consiste à personnifier une abstraction.
Ex : *Je vous salue **ma France** aux yeux de tourterelle* (L. Aragon, *Le Musée Grévin*, © Gallimard)

- L'**anaphore** consiste à répéter un mot ou un groupe de mots en début de vers ou de phrase. Elle crée un effet d'insistance.
Ex : ***Sur** mes cahiers d'écolier*
***Sur** mon pupitre et les arbres*
***Sur** le sable **sur** la neige*
J'écris ton nom (P. Eluard, « Liberté », *Au rendez-vous allemand*, © Minuit ► p. 242)

- L'**antiphrase** consiste à dire le contraire de ce que l'on pense, tout en laissant entendre que l'on pense le contraire de ce qu'on dit. C'est une figure de l'**ironie**.
Ex : *Une heure de retard ! Bravo ! Je te félicite !*

- L'**antithèse** oppose deux mots ou expressions ou deux notions contraires.
Ex : *Tu as choisi de **vivre**, moi de **mourir**.* (Sophocle, *Antigone*)
→ Antigone s'adresse à sa sœur Ismène.

- L'**apostrophe** interpelle un destinataire présent ou absent.
Ex : ***Afrique mon Afrique** […] Je ne t'ai jamais connuè* (D. Diop, « Afrique », *Coups de pilon*, © Présence africaine ► p. 233)

- Le **chiasme** est un parallélisme construit à partir d'une inversion des termes (a b b a).
Ex : *Le voyageur rentre chez lui comme un hôte ; il est **étranger** à **tout**, et **tout** lui est **étrange**.* (P. Claudel, « Pensée en mer », *Connaissance de l'Est*, © Mercure de France ► p. 256)

- La **comparaison** met en relation un **comparé** (élément comparé) avec un **comparant** (élément auquel on compare) à l'aide d'un **outil de comparaison** (*comme, ainsi que, tel que, ressembler à, aussi… que…*). Elle s'appuie sur un **point commun** entre le comparé et le comparant.
Ex : ***L'amour** s'en va <u>comme</u> cette **eau courante***
(G. Apollinaire, « Le pont Mirabeau », *Alcools*, © Gallimard) → comparé : *l'amour* ; comparant : *l'eau* ; outil : *comme* ; point commun : le mouvement.

- L'**énumération** (ou **accumulation**) consiste à énoncer une série de termes de même classe et de même fonction. Cette figure de style crée un effet d'abondance.
Ex : *Vois, je […] me livre à vos mains.*
*Vous pouvez **m'égorger, me tuer, me lier, me pendre**.*
(Euripide, *Andromaque*, trad. M. Delcourt-Curvers, © Gallimard ► p. 170)

- L'**euphémisme** adoucit une réalité trop brutale.
Ex : *Il nous a quittés.* = Il est mort.

- La **gradation** énumère des termes en les classant par ordre croissant (gradation ascendante) ou décroissant (gradation descendante).
Ex : ***Va**, **cours**, **vole** et nous **venge*** (P. Corneille, *Le Cid*, I, 5) → gradation ascendante (Don Diègue incite son fils à venger l'honneur de la famille).

- L'**hyperbole** amplifie ou exagère la réalité, de façon à frapper l'imagination.
Ex : *Mon nom sert de **rempart à toute la Castille**.* (P. Corneille, *Le Cid*, I, 3)

- La **litote** consiste à dire peu pour suggérer beaucoup.
Ex : *Ce n'est pas mauvais.* = C'est très bon.

- La **métaphore** met en relation deux éléments, un **comparé** et un **comparant**, mais sans outil de comparaison. Elle s'appuie sur un **point commun** entre le comparé et le comparant, qui peut être sous-entendu.
Ex : *La **jeunesse** est le **printemps** de la vie.* → comparé : *la jeunesse* ; comparant : *le printemps* ; point commun sous-entendu : le commencement.

La jeune fille est au ***printemps*** *de sa vie.* → Ici, le comparé est absent ; le mot *printemps* suffit à suggérer la jeunesse.

On peut construire la métaphore à partir :

– d'un attribut construit avec le verbe *être* ;

Ex : *Les pétales tombés des cerisiers de mai*
Sont *les* ***ongles*** *de celle que j'ai tant aimée* (**G. Apollinaire**, « Mai », *Alcools*, © Gallimard)

→ comparé : *les pétales* ; comparant : *les ongles* ; point commun implicite : la forme ovale.

– d'un groupe en apposition ; **Ex :** *Et tes mains* ***feuilles de l'automne*** (**G. Apollinaire**, « Marie », *Alcools*, © Gallimard) → comparé : *tes mains* ; comparant : *feuilles de l'automne* ; point commun implicite : la forme découpée.

– d'un complément du nom ; **Ex :** *Tandis que sous le pont de* ***nos bras*** *passe / des éternels regards l'onde si lasse.* (**G. Apollinaire**, « Le pont Mirabeau », *Alcools*, © Gallimard).

→ comparé : *nos bras* ; comparant : *le pont* ; point commun implicite : la forme courbe.

– d'un mot qui se substitue à l'un des deux termes de la comparaison. **Ex :** *La lumière* ***pleut****.*

→ comparé : *la lumière* ; comparant : la pluie ; point commun implicite : le mouvement vertical.

• La **métaphore filée** se développe sur une ou plusieurs phrases.

Ex : *Ma jeunesse ne fut qu'un ténébreux* ***orage***
Traversé çà et là par de brillants soleils ;
Le ***tonnerre*** *et la* ***pluie*** *ont fait un tel* ***ravage***
Qu'il reste en mon jardin bien peu de fruits vermeils. (**C. Baudelaire**, « L'Ennemi »)

• La **métonymie** remplace un terme par un autre, auquel il est lié par un rapport de sens : le contenu pour le contenant (*boire* ***une tasse*** *de thé* = boire son contenu ; ***la ville*** *s'éveille* = les habitants) ; la matière pour l'objet (***le fer*** = l'épée) ; la partie pour le tout (***une voile*** *sur la mer* = un navire).

Ex : *Et je le plains encore ? Et, pour comble d'ennui,*
Mon cœur*, mon lâche cœur s'intéresse pour lui ?*
(**J. Racine**, *Andromaque*, V, 1)

→ Le *cœur* désigne Hermione elle-même, amoureuse de Pyrrhus.

• L'**oxymore** rapproche des mots de sens contraire.

Ex : *Cette* ***obscure clarté*** *qui tombe des étoiles.* (**P. Corneille**, *Le Cid*, IV, 3)

→ L'oxymore renforce le contraste entre la nuit noire et les étoiles lumineuses.

• Le **parallélisme** rapproche deux phrases ou groupes de mots dont les éléments se correspondent (ont la même construction).

Ex : ***Songe aux cris*** *des vainqueurs,* ***songe aux cris*** *des mourants* (**J. Racine**, *Andromaque*, III, 8 ► p. 173)

• La **périphrase** remplace un terme par une expression de même sens pour mettre en valeur un aspect particulier d'un être ou d'une chose.

Ex : *Je passais jusqu'aux lieux où l'on garde mon fils,*
Puisqu'une fois le jour vous souffrez que je voie
Le seul bien qui me reste et d'Hector et de Troie*.*
(**J. Racine**, *Andromaque*, I, 4)

→ Andromaque désigne ainsi le petit Astyanax, fils qu'elle a eu avec Hector, mort pendant la guerre de Troie.

• La **personnification** attribue des comportements humains à des animaux, des éléments de la nature, des objets. La personnification crée une image poétique ou fantaisiste.

Ex : *Fais un signe au vent, et qu'il vienne* ***se coucher sur le sable****, pour y* ***jouer en rond avec les coquilles****…* (**Colette**, *Les Vrilles de la vigne*, © Librairie Arthème Fayard) → personnification du vent.

• La **répétition** reprend plusieurs fois un mot ou un groupe de mots pour le mettre en valeur. Elle peut parfois susciter le rire (comique de répétition).

Ex : *La mer est comme un ciel* ***bleu bleu*** (**B. Cendrars**, « Bleus », *Feuilles de route, Œuvres complètes*, © Denoël)

• Le **symbole** représente une notion abstraite par un personnage, un animal, un objet.

Ex : la colombe poignardée (*Calligrammes* d'Apollinaire ► p. 224) → La colombe blessée est le symbole de la guerre.

Je m'exerce

1 **Identifiez les figures de style de la vie courante : périphrase, hyperbole (deux fois), métaphore, comparaison, antiphrase, litote, métonymie (deux fois), antithèse, allégorie, chiasme.**

a. Tu n'as pas fait un mauvais choix ! **b.** Un pour tous, tous pour un. **c.** J'ai reçu une avalanche de cadeaux. **d.** Toute la salle a applaudi. **e.** Nous avons vu des Manet au Grand Palais. **f.** Noé pleure et rit à la fois. **g.** Ces quartiers poussent comme des champignons. **h.** Isa a une peau de pêche ! **i.** Une panne d'essence : c'est vraiment mon jour de chance ! **j.** J'ai vu la statue de la Liberté. **k.** Cela fait un siècle qu'on ne s'est vus ! **l.** Protégeons la planète bleue !

2 **Réécrivez les phrases en supprimant les litotes ou les euphémismes de la vie courante.**

a. Ton devoir d'histoire n'est pas mauvais du tout. **b.** Cet espace est aménagé pour les personnes à mobilité réduite. **c.** Je ne joue pas trop mal aux échecs. **d.** Vous n'êtes guère poli. **e.** Il n'est pas désagréable de passer ses vacances à Venise. **f.** La carte senior est adaptée aux gens du troisième âge. **g.** Ses ravisseurs n'ont pas commis l'irréparable.

3 B2i **Que désignent les périphrases suivantes ?**

a. Nous avons visité la Venise du Nord. **b.** On appelle ces montagnes le toit du monde. **c.** La planète rouge intéresse les scientifiques. **d.** Des récompenses sont attribuées aux personnalités du septième art. **e.** Épuisé, il tomba dans les bras de Morphée. **f.** Elle étudie la langue d'Homère.

4 **Identifiez les figures de style employées : antithèse, apostrophe, chiasme, hyperbole.**

a. Je suis né pour te connaître
Pour te nommer
Liberté.

Paul Eluard, extrait de « Liberté », dans *Au rendez-vous allemand* (1944), © Minuit ► p. 242.

b. Jamais un ennemi, pas même après sa mort, ne devient un ami.

Sophocle, *Antigone* (442 av. J.-C.) ► p. 164.

c. La soif à la fois et la source
La source et la soif à la fois

Louis Aragon, extrait de « L'amour de toi qui te ressemble », dans *Elsa* (1959), © Gallimard.

d. Figure-toi Pyrrhus, les yeux étincelants,
Entrant à la lueur de nos palais brûlants,
Sur tous mes frères morts se faisant un passage,
Et, de sang tout couvert, échauffant le carnage.

Jean Racine, *Andromaque* (1667), III, 8 ► p. 173.

5 **Relevez dans ce texte une gradation, une antithèse, un parallélisme.**

Hermione, délaissée par Pyrrhus, crie son désespoir.

Où suis-je ? Qu'ai-je fait ? Que dois-je faire
[encore ?
Quel transport[1] me saisit ? Quel chagrin me
[dévore ?
Errante, et sans dessein[2], je cours dans ce palais.
Ah ! ne puis-je savoir si j'aime, ou si je hais ?

Jean Racine, *Andromaque* (1667), V, 1.

1. **transport :** émotion violente. 2. **dessein :** but.

6 **Identifiez deux métaphores et une énumération.**

Le narrateur décrit le sac des soldats.

Le sac, c'est la malle et même c'est l'armoire. Et le vieux soldat connaît l'art de l'agrandir quasi miraculeusement par le placement judicieux de ses objets et provisions de ménage. En plus du bagage réglementaire et obligatoire [...] nous trouvons bien moyen d'y mettre quelques boîtes de conserve, du tabac, du chocolat, des bougies et des espadrilles, voire du savon, une lampe à alcool, et de l'alcool solidifié et des lainages.

Henri Barbusse, *Le Feu* (1916).

7 **Identifiez les figures de style : répétition, oxymore, gradation, métaphore, apostrophe.**

a. Songe, songe, Céphise, à cette nuit cruelle.

Jean Racine, *Andromaque* (1667), III, 8 ► p. 173.

b. Une fusillade intensive, furieuse, inouïe, battait les parapets de la tranchée [...].

Henri Barbusse, *Le Feu* (1916).

c. Ô cendres d'un époux ! ô Troyens ! ô mon père
Ô mon fils que tes jours coûtent cher à ta mère !

Jean Racine, *Andromaque* (1667), III, 8 ► p. 173.

d. Jardins où saigne abondamment le laurier rose fleur guerrière

Guillaume Apollinaire, extrait de « La colombe poignardée et le jet d'eau », dans *Calligrammes* (1918) ► p. 224.

8 **1.** **Identifiez les comparaisons, métaphores (dont une filée) et personnifications.**
2. **Pour les comparaisons et les métaphores, identifiez le comparé, le comparant, le point commun. Quels sont les outils de la comparaison ?**

a. Le fleuve est pareil à ma peine
Il s'écoule et ne tarit pas

Guillaume Apollinaire, extrait de « Marie », dans *Alcools* (1913), © Gallimard.

b. Tu es le grand soleil qui me monte à la tête.

Paul Eluard, extrait de « Je t'aime », dans *Le Phénix* (1951), © Seghers.

c. Jardins, vous ressemblez [...] à des mouchoirs de dentelle

Louis Aragon, extrait de *Le Paysan de Paris* (1926), © Gallimard.

d. Les sapins en bonnets pointus
De longues robes revêtus
Comme des astrologues
Saluent leurs frères abattus
Les bateaux qui sur le Rhin voguent

Guillaume Apollinaire, extrait de « Les sapins », dans *Alcools* (1913), © Gallimard.

e. Bergère ô tour Eiffel le troupeau des ponts [bêle ce matin

Guillaume Apollinaire, extrait de « Zone », dans *Alcools* (1913), © Gallimard.

9 Expliquez les métonymies.

a. Grenade et l'Aragon tremblent quand ce fer [brille.

Pierre Corneille, *Le Cid* (1637), I, 3.

b. Je vous offre mon bras. Puis-je espérer encore
Que vous accepterez un cœur qui vous adore ?

Jean Racine, *Andromaque* (1667), I, 4.

c. Paris a froid Paris a faim

Paul Eluard, extrait de « Courage », dans *Au rendez-vous allemand* (1944), © Minuit ► p. 228.

Vocabulaire pour lire

SOCLE **Compétence 1** – Utiliser ses compétences sur la langue pour lire.

10 1. Identifiez les figures de style qui structurent ces extraits de poème : parallélisme, comparaison, répétition, anaphore.
2. Quel élément est personnifié ? Quelle impression est ainsi produite ?

Nous étions faits pour être libres
Nous étions faits pour être heureux
Comme la vitre pour le givre
Et les vêpres[1] pour les aveux
Comme la grive[2] pour être ivre
Le printemps pour être amoureux
[...]
Le temps qui passe passe passe
Avec sa corde fait des nœuds
Autour de ceux-là qui s'embrassent
Sans le voir tourner autour d'eux

Louis Aragon, extrait de « Un homme passe sous la fenêtre et chante », *Elsa* (1959), © Gallimard.

1. **vêpres** : ici *le soir*. 2. **grive** : oiseau au chant mélodieux ; il y a un proverbe qui dit « saoul comme une grive ».

11 1. Identifiez les figures de style en rose (métaphores, comparaison, personnification, répétition) par lesquelles sont décrits l'enfant et la nature.
2. Quelle image est ainsi donnée des liens entre l'enfant et la nature ?

À trois heures et demie, tout dormait [...] et quand je descendais le chemin de sable, le brouillard retenu par son poids baignait d'abord mes jambes, puis mon petit torse bien fait, atteignait mes lèvres, mes oreilles et mes narines plus sensibles que tout le reste de mon corps... [...]

Je revenais à la cloche de la première messe. Mais pas avant d'avoir mangé mon saoul, pas avant d'avoir, dans les bois, décrit un grand circuit de chien qui chasse seul, et goûté l'eau de deux sources perdues, que je révérais. L'une se haussait hors de la terre par une convulsion cristalline, une sorte de sanglot, et traçait elle-même son lit sableux. Elle se décourageait aussitôt née et replongeait sous la terre. L'autre source, presque invisible, froissait l'herbe comme un serpent, s'étalait secrète au centre d'un pré où des narcisses, fleuris en ronde, attestaient seuls sa présence.

Colette, *Sido* (1930), © Librairie Arthème Fayard.

Vocabulaire pour écrire

SOCLE **Compétence 1** – Rédiger un texte bref à partir de consignes données.

12 Décrivez un paysage que vous aimez en utilisant une énumération, une répétition, une comparaison, une métaphore ou une personnification.

13 Imaginez des slogans publicitaires qui utilisent une figure de style pour chacun de ces produits.
a. des baskets (*personnification*). **b.** un parfum (*hyperbole*). **c.** une voiture (*comparaison*). **d.** un film (*énumération ou gradation*). **e.** un ordinateur (*métaphore*).

40 Le vocabulaire de la narration

Leçon

1 L'auteur, le narrateur, le personnage

- L'**auteur** est l'écrivain qui a écrit le texte. Le **narrateur** est celui qui raconte l'histoire (homme, femme, enfant, animal...).
- Le **narrateur** peut être **personnage de l'histoire** (récit à la 1re personne : *je, nous*).
- Le **narrateur** peut être **absent de l'histoire** (récit à la 3e personne), mais il peut intervenir dans le récit pour faire des **commentaires** et s'adresser au lecteur.

Ex : *Elles s'appellent Pouce et Poussy,* ***enfin, c'est le petit nom qu'on leur a donné.***
(J. M. G. Le Clézio, *La Grande Vie*, 1982, © Gallimard)

- Le **personnage** est un être de fiction (humain ou animal) qui joue un rôle dans l'histoire (une personne étant un être réel).

2 Le point de vue

- Le point de vue est l'angle selon lequel le narrateur raconte ou décrit.
- Quand le récit est à la **3e personne** :

– le narrateur adopte en général un point de vue **omniscient**, témoignant d'une connaissance parfaite des personnages (histoire, pensées, sentiments), des lieux et des événements passés ou présents. Il fournit au lecteur de nombreuses informations que les personnages eux-mêmes ne possèdent pas toujours ;

Ex : *Elles s'appellent Pouce et Poussy [...], et* ***pas beaucoup de gens savent qu'en réalité elles s'appellent*** *Christèle et Christelle, de leur vrai nom.* (J. M. G. Le Clézio, *La Grande Vie*, 1982, © Gallimard)

– le narrateur peut, par moments, adopter le **point de vue d'un personnage** : il ne montre que ce que voit ou pense le personnage (**point de vue interne**). Un verbe de perception (*voir, entendre...*) signale souvent le passage à ce point de vue. Le lecteur vit alors les événements en même temps que le personnage ;

Ex : *Les jeunes filles* ***regardaient*** *toutes les lumières qui s'allumaient, en bas, le long de la côte [...]. Elles* ***regardaient*** *aussi les phares des autos,* ***les petits points jaunes*** *qui avançaient si lentement [...]* ***Ils étaient si loin, si petits*** *[...]* ***quand on les regardait d'ici****, du haut de la colline.*
(J. M. G. Le Clézio, *La Grande Vie*, 1982, © Gallimard)

– le narrateur peut raconter l'histoire comme s'il était un **témoin extérieur** en limitant l'information à ce qu'il voit (**point de vue externe**).

Ex : *C'est* ***probablement*** *comme cela qu'elles ont eu l'idée de se lancer dans cette grande aventure.*
(J. M. G. Le Clézio, *La Grande Vie*, 1982, © Gallimard)

- Lorsque le récit est à la **1re personne**, le point de vue adopté est celui du narrateur personnage (**point de vue interne**).

Ex : *J'ai longtemps été un petit garçon qui se rêvait une famille idéale.*
(P. Grimbert, *Un secret*, 2004, © Grasset & Fasquelle)

- Le narrateur peut **changer de point de vue** au cours de son récit.

3 Le mode de narration

- Le narrateur peut choisir de :

– **faire parler** les personnages ou non (dans des dialogues) ;
– raconter les événements selon l'**ordre chronologique** ou procéder à des **retours en arrière** (souvent à l'indicatif plus-que-parfait) ;

Ex : *Il constata que le chenapan, pour entrer,* ***avait dû*** *ouvrir avec une fausse clé la porte de la petite cour et qu'il s'était enfui.* (Alain-Fournier, *Le Grand Meaulnes*)

– **ralentir** le rythme en s'attardant sur certaines **scènes** (avec présence de dialogues) ou l'**accélérer** en passant sous silence certains événements (**ellipse**) ou en les résumant (**sommaire**).

Ex : ***Le lendemain matin****, Meaulnes fut prêt un des premiers.* → ellipse.
De toute la matinée*, il ne vit qu'une bergère.* → sommaire. (Alain-Fournier, *Le Grand Meaulnes*)

Je m'exerce

1 Identifiez le statut du narrateur dans chaque extrait. Justifiez vos réponses.

a. Ils nageaient côte à côte, lui plus blanc de peau, la tête noire et ronde sous ses cheveux mouillés, elle brûlée comme une blonde, coiffée d'un foulard bleu. [...] Vinca se coucha sur le flot, souffla de l'eau en l'air comme un petit phoque.

Colette, *Le Blé en herbe* (1923), © Flammarion.

b. Un jour, je tombai sur une photo que je n'aurais pas dû voir... Je passais mes vacances chez ma grand-mère, dans cette ville aux abords de la steppe russe où elle avait échoué après la guerre.

Andreï Makine, *Le Testament français* (1995), © Mercure de France, 2010.

2 1. Identifiez le point de vue dominant dans chaque extrait : omniscient et interne (appuyez-vous sur les verbes de perception visuelle).
2. Quel intérêt chacun d'eux présente-t-il ?
3. Repérez un commentaire du narrateur.

a. Un coup de vent fit battre la porte de l'arrière-chambre qui communiquait avec la sienne et dont la fenêtre donnait aussi sur la cour aux voitures. Meaulnes allait la refermer, lorsqu'il aperçut dans cette pièce une lueur, comme celle d'une bougie allumée sur la table. Il avança la tête dans l'entrebâillement de la porte. Quelqu'un était entré là, par la fenêtre sans doute, et se promenait de long en large, à pas silencieux. Autant qu'on pouvait voir, c'était un très jeune homme. Nu-tête, une pèlerine de voyage sur les épaules, il marchait sans arrêt, comme affolé par une douleur insupportable.

Alain-Fournier, *Le Grand Meaulnes* (1913).

b. À temps perdu, François Deschamps peignait. De retour de ses vacances, il avait retrouvé sur son chevalet un tableau qu'il avait estimé achevé. Il s'attachait maintenant à en corriger les imperfections, qui lui étaient apparues à le revoir avec des yeux neufs. Depuis deux heures avant midi, le soleil traversait les rideaux blancs tendus sous la verrière, emplissait l'atelier d'une lumière et d'une chaleur africaines.

René Barjavel, *Ravage* (1943), Denoël.

3 1. Identifiez les personnages présents.
2. En quoi ce passage amorce-t-il une scène ?

Mme Kampf entra dans la salle d'études [...]. Antoinette n'avait pas cessé de lire, courbée si bas sur son pupitre, qu'elle touchait la page des cheveux. Sa mère la considéra un moment sans parler ; puis elle vint se planter devant elle, les mains croisées sur sa poitrine.

– Tu pourrais, lui cria-t-elle, te déranger quand tu vois ta mère, mon enfant. Non ? Tu as le derrière collé sur ta chaise ? Comme c'est distingué... Où est miss Betty[1] ?

Irène Nemirovsky, *Le Bal* (1930), © Grasset & Fasquelle.

1. miss Betty : gouvernante anglaise.

4 1. Repérez le retour en arrière.
2. Quel temps marque ce retour en arrière ?
3. Quel moment du passé du personnage le narrateur raconte-t-il ?

Pouce et Poussy sont deux jeunes filles de vingt-deux ans.

À l'époque, Pouce et Poussy habitaient un petit deux-pièces avec celle qu'elles appelaient maman Janine, mais qui était en réalité leur mère adoptive. À la mort de sa mère, Janine avait recueilli Pouce chez elle et, peu de temps après, elle avait pris aussi Poussy, qui était à l'Assistance. Elle s'était occupée des deux fillettes parce qu'elles n'avaient personne d'autre au monde, et qu'elle-même n'était pas mariée et n'avait pas d'enfant. Elle travaillait comme caissière dans une Supérette.

J. M. G. Le Clézio, *La Grande Vie* (1982), © Gallimard.

5 1. Repérez l'ellipse et le sommaire dans cet extrait.
2. Quelles sont les durées évoquées ?
3. Quel événement est résumé dans le sommaire ?

En 1913, au cours d'une randonnée, le narrateur rencontre un berger qui consacre sa vie à planter des arbres.

Nous nous séparâmes le lendemain.

L'année d'après, il y eut la guerre de 14 dans laquelle je fus engagé pendant cinq ans. [...]

Sorti de la guerre, je me trouvais à la tête d'une prime de démobilisation minuscule mais avec le grand désir de respirer un peu d'air pur. C'est sans idée préconçue – sauf celle-là – que je repris le chemin de ces contrées désertes.

Jean Giono, *L'homme qui plantait des arbres* (1953), © Gallimard.

41 Le vocabulaire des genres et registres littéraires

Leçon

1 Les genres

- Les œuvres littéraires sont classées en **catégories**, appelées **genres**. Chacun possède des caractéristiques ou codes précis, constituant des repères utiles pour orienter la lecture.
- La **nouvelle** est un récit court de fiction, centré sur un seul événement et aux personnages peu nombreux. Elle se termine souvent par une chute (dénouement rapide, inattendu et frappant) ► Skármeta, p. 14 ; Daeninckx, p. 124.
- Le **roman** est un récit long de fiction mené par un narrateur, mettant en scène des personnages fictifs qui évoluent dans des lieux précis et sur une durée assez longue. On distingue par exemple :
  - le **roman policier**, construit autour d'une intrigue policière ;
  - le **roman d'anticipation**, dont le cadre est le monde futur ► Barjavel, p. 129 ;
  - le **roman historique**, sur toile de fond historique ;
  - le **roman social** (comme *Les Misérables* de Hugo au XIXe siècle) ;
  - le **roman d'aventures**, qui peut être d'inspiration écologique ► Paasilinna, p. 126 ;
  - le **roman de guerre**, dont le cadre est, par exemple, la Première ou la Seconde guerre mondiale ► chapitre 4, p. 76 à 105 ;
  - le **roman d'apprentissage** dans lequel un héros découvre la vie ► De Vigan, p. 122.
- L'**autobiographie** est un récit dans lequel le narrateur raconte sa propre vie (► chapitre 2, p. 28 à 33) ou témoigne de son expérience (► Nothomb, p. 118). De nombreux **récits de guerre** sont autobiographiques ► Barbusse, p. 80.
- La **lettre** est une correspondance authentique ou fictive entre un émetteur et un destinataire ► lettres de poilus, p. 102.
- Le **théâtre** : le texte est construit sur des échanges de répliques. Écrit en vue de la représentation, il comporte des didascalies. Les grands genres sont la **tragédie** (► chapitre 9, p. 156 à 185) et la **comédie** (► chapitre 11, p. 192 à 219).
- La **poésie** : le texte poétique est en vers réguliers ou libres ; il se caractérise par une mise en espace spécifique (retour à la ligne), la musicalité du langage et le pouvoir évocateur des images. La **poésie lyrique** est fondée sur l'expression des sentiments personnels ► chapitre 13, p. 246 à 269 ; la **poésie engagée** est au service d'une cause ► chapitre 12, p. 220 à 245.

2 Les principaux registres

- Le **registre** d'un texte est défini par les **émotions** qu'il suscite chez le lecteur ou le spectateur (comique, tragique...). Dans une même œuvre, on peut trouver plusieurs registres.
- Le **registre comique** : fondé sur le rire, il s'appuie sur différents procédés (comique de mots, de gestes, de situation, de caractère) ► chapitre 11, p. 192 à 219.
- Le **registre tragique** : il cherche à émouvoir en représentant l'homme impuissant face à la mort ► chapitre 4, p. 76 à 105 ; chapitre 9, p. 156 à 185.
- Le **registre lyrique** : il est caractérisé par la musicalité et l'expression des sentiments personnels ► chapitre 13, p. 246 à 269.
- Le **registre humoristique** : il présente la réalité de façon amusante ► Gary, p. 60 ; Nothomb, p. 118.
- Le **registre pathétique** : il cherche à susciter la compassion, la pitié du lecteur en montrant des personnages face au malheur ► chapitre 4, p. 76 à 105.
- Le **registre satirique** : il critique en se moquant ► Calvino, p. 120.
- Le **registre ironique** : il consiste à dire quelque chose en montrant bien qu'on pense le contraire.

Je m'exerce

1 **Identifiez la catégorie de chacun de ces extraits : récit de fiction, autobiographie, témoignage de guerre. Justifiez vos réponses.**

a. Le talus, de tous côtés, s'est couvert d'hommes qui se mettent à dévaler en même temps que nous. À droite se dessine la silhouette d'une compagnie qui gagne le ravin par le boyau 97, un ancien ouvrage allemand en ruine.

Nous traversons nos fils de fer par les passages. On ne tire pas encore sur nous.

Henri Barbusse, *Le Feu* (1916).

b. Je suis né le samedi 7 mars 1936, vers neuf heures du soir, dans une maternité sise 19, rue de l'Atlas, à Paris, 19e arrondissement. C'est mon père, je crois, qui alla me déclarer à la mairie. Il me donna un unique prénom – Georges – et déclara que j'étais français.

Georges Perec,
W ou le souvenir d'enfance (1975), © Denoël.

c. Par le plus beau matin d'août, Phil et Vinca décidèrent d'abandonner la table familiale et d'emporter, dans une anse à leur taille, leur déjeuner, leur maillot de bain, et Lisette.

Colette, *Le Blé en herbe* (1923), © Flammarion.

2 **Identifiez le genre et le registre des extraits (comique, humoristique, tragique, lyrique). Justifiez vos réponses.**

a. Le front aux vitres comme font les veilleurs
[de chagrin
[...] Je te cherche par-delà l'attente
Par-delà moi-même.
Et je ne sais plus tant je t'aime
Lequel de nous deux est absent.

Paul Eluard, extrait de *L'Amour la poésie* (1929),
dans *Œuvres complètes*, © Gallimard.

b. *Le messager raconte à Eurydice, épouse de Créon, ce qui est arrivé à son fils Hémon, fiancé d'Antigone.*

Le Messager. – [...] Au fond de la caverne Antigone était suspendue, le cou serré par un lacet formé avec le tissu de ses vêtements, et Hémon défaillant la pressait dans ses bras, maudissant la perte de son épouse précipitée aux enfers, et la cruauté de son père, et son hymen[1] malheureux.

Sophocle, *Antigone*,
traduit du grec par J. Bousquet et M. Vacquelin.

1. **hymen** : mariage.

c. *La narratrice, jeune femme belge férue de culture japonaise, est engagée pour un an dans une entreprise d'import-export de Tokyo.*

Monsieur Haneda était le supérieur de monsieur Omochi, qui était le supérieur de monsieur Saito, qui était le supérieur de mademoiselle Mori, qui était ma supérieure. Et moi, je n'étais la supérieure de personne.

On pourrait dire les choses autrement. J'étais aux ordres de mademoiselle Mori, qui était aux ordres de monsieur Saito, et ainsi de suite, avec cette précision que les ordres pouvaient, en aval, sauter les échelons hiérarchiques.

Donc, dans la compagnie Yumimoto, j'étais aux ordres de tout le monde.

Amélie Nothomb, *Stupeur et tremblements* (1999),
© Albin Michel.

d. *Un vieux monsieur et un logicien discutent à la terrasse d'un café.*

Le Logicien[1], *au Vieux Monsieur*. – Voici donc un syllogisme exemplaire. Le chat a quatre pattes. Isidore et Fricot ont chacun quatre pattes. Donc Isidore et Fricot sont chats.

Le Vieux Monsieur, *au Logicien*. – Mon chien aussi a quatre pattes.

Le Logicien, *au Vieux Monsieur*. – Alors, c'est un chat. [...]

Le Vieux Monsieur, *au Logicien après avoir longuement réfléchi*. – Donc, logiquement, mon chien serait un chat.

Le Logicien, *au Vieux Monsieur*. – Logiquement, oui. Mais le contraire est aussi vrai. [...] Autre syllogisme : tous les chats sont mortels. Socrate est mortel. Donc Socrate est un chat.

Le Vieux Monsieur. – Et il a quatre pattes. C'est vrai, j'ai un chat qui s'appelle Socrate.

Le Logicien.– Vous voyez... [...]

Le Vieux Monsieur, *au Logicien*. – Socrate était donc un chat !

Le Logicien, *au Vieux Monsieur*. – La logique vient de nous le révéler.

Eugène Ionesco, *Rhinocéros* (1959),
extrait de l'acte I, © Gallimard.

1. **logicien** : philosophe spécialiste de logique.

◀ **Page 370 : Océane Mozas** (Antigone) dans *Antigone* de Sophocle, mise en scène de **Jacques Nichet** (théâtre de l'Odéon-Berthier, Paris, 2004).

42 Le vocabulaire de l'argumentation

Leçon

1 Argumenter, convaincre, persuader : définitions

• **Argumenter**, c'est chercher à convaincre un destinataire d'adopter le point de vue que l'on défend (la **thèse**) à propos d'un **thème**. Pour argumenter, on utilise des **arguments**, c'est-à-dire tout élément qui vient à l'appui de la thèse.

• On distingue la **thèse soutenue** et la **thèse rejetée** (thèse adverse).

• **Convaincre**, c'est chercher à obtenir l'adhésion du destinataire par une argumentation construite, tandis que **persuader** c'est faire appel à l'émotion.

2 Les modes d'argumentation et les types d'arguments

• L'argumentateur peut :
– **justifier** son **point de vue** à l'aide d'**arguments** ;
Ex : *Je suis **pour / contre** le port de l'uniforme au collège **parce que**… **parce que**…*
– **réfuter** la **thèse adverse** à l'aide de **contre-arguments** ; il s'agit alors de disqualifier (dévaloriser) les arguments de l'adversaire ;
Ex : *Je ne suis **pas du tout d'accord** avec vous lorsque vous dites que… **En effet**, vous oubliez que…*
– **concéder** (accepter ou feindre d'accepter) certains points de la thèse adverse, pour mieux la contredire ensuite.
Ex : *Je suis **d'accord** avec vous sur ce point **mais**…*

• Les **arguments** peuvent se fonder sur :
– un raisonnement **logique** ;
Ex : le syllogisme, raisonnement par déduction : **1.** *Tous les hommes sont mortels.* **2.** ***Or*** *Socrate est un homme.* **3.** ***Donc*** *Socrate est mortel.*
– des **valeurs** (le bien, le beau, le vrai, le juste, l'utile…) ;
– l'**expérience** (expérience personnelle, actualité) ;
– les propos d'une personne qualifiée (arguments d'**autorité**).
Ex : ***Selon le ministère**, le passage à l'heure d'été a permis d'économiser en 2009, en éclairage, la consommation d'environ 800 000 ménages.*

• Lorsqu'on argumente, on utilise des **indices de jugement** (appelés aussi « modalisateurs ») qui permettent de nuancer son jugement (expressions comme *me semble-t-il*, emploi du conditionnel) ou d'affirmer une certitude (*absolument*…) ► Leçon 20, p. 322.
Ex : *L'usage excessif du téléphone portable **pourrait** s'avérer néfaste pour la santé.*

• On utilise aussi des termes **péjoratifs** ou **mélioratifs** pour valoriser sa thèse ou disqualifier la thèse adverse.

3 Le vocabulaire pour construire une argumentation

Lien logique	Connecteurs, expressions verbales
Hiérarchisation des parties	*En premier lieu, en second lieu, d'abord, puis, ensuite, d'une part… d'autre part, enfin…*
Addition d'arguments	*Et, en outre, de surcroît, par ailleurs, non seulement… mais encore, à cela s'ajoute que…*
Introduction d'exemples	*Ainsi, c'est le cas de, par exemple, notamment, s'imaginer (Imaginez-vous…)…*
Reformulation	*En d'autres termes, c'est-à-dire, autrement dit…*
Explication	*Car, en effet, en raison de, parce que, puisque…*
Conséquence et conclusion du raisonnement	*Ainsi, c'est pourquoi, par conséquent, donc, il en résulte que, en conclusion…*
Concession à l'adversaire	*Certes, sans doute, bien que, même si, il est vrai que… mais, il n'en est pas moins vrai que…*
Opposition pour réfuter un argument	*Mais, cependant, en revanche, au contraire, alors que, tandis que…*

Je m'exerce

1 **Trouvez les antonymes de ces termes qui expriment des valeurs.**

a. le vrai. **b.** le bonheur. **c.** la beauté. **d.** l'utile. **e.** le bien. **f.** la franchise. **g.** l'honnêteté. **h.** la tolérance. **i.** la liberté. **j.** le juste. **k.** la paix.

2 **Trouvez le nom qui correspond à chaque adjectif ou verbe.**

a. cohérent. **b.** persuasif. **c.** pertinent. **d.** vraisemblable. **e.** convaincant. **f.** crédible. **g.** recevable. **h.** acceptable. **i.** réfuter. **j.** concéder. **k.** contredire.

3 **Reliez par des connecteurs la thèse à son argument et à son exemple.**

Thèses. a. L'intolérance est un fléau de l'humanité. **b.** Cessons de montrer des mannequins d'une maigreur excessive.

Arguments. c. Ils peuvent devenir des modèles nocifs. **d.** Elle est liée à la peur et au refus de l'autre.

Exemples. e. Des jeunes filles deviennent anorexiques pour imiter ces modèles. **f.** Les guerres de Religion en sont une manifestation.

4 **1. Identifiez le thème et la thèse de chacune des argumentations.**

2. Marquez les enchaînements avec les connecteurs qui conviennent.

3. Relevez les modalisateurs (indices de jugement) qui expriment une certitude.

4. Relevez un argument d'autorité.

5. Quelles sont les valeurs mises en jeu (justice, respect de la nature, savoirs) ?

a. Je pense que les voyages scolaires sont utiles. ......, ils permettent d'apprendre autrement. ...... ils sont difficiles à organiser. **b.** Les lois sont absolument indispensables dans une société. ...... sans elles, la société ne peut garantir les droits de tous. Certaines sont ...... perçues comme injustes. **c.** Il faut sans conteste promouvoir la pêche durable. ......, selon le Secrétaire général de l'ONU, les écosystèmes marins ont diminué de 30 % en 40 ans.

Vocabulaire pour lire

SOCLE **Compétence 1** – Utiliser ses compétences sur la langue pour lire.

5 **1. Quelle thèse chacun des frères défend-il ?**

2. Reformulez les arguments de chacun et écrivez-les face-à-face.

3. Quel argument logique Antoine utilise-t-il ? À quelles valeurs Jacques se réfère-t-il ?

4. Quelle attitude caractérise chacun des deux frères ?

En 1914, deux frères, Antoine et Jacques Thibault, discutent à propos de la conduite à tenir face à la mobilisation pour la guerre. Antoine est un médecin reconnu et Jacques un révolutionnaire pacifiste. Antoine prend la parole.

« [...] En un pareil moment, refuser de servir[1], c'est faire passer son intérêt personnel avant l'intérêt général.

– Avant l'intérêt national ! riposta Jacques. L'intérêt général, l'intérêt des masses, c'est manifestement la paix, et non la guerre !

Antoine fit un geste évasif, qui semblait vouloir écarter de la conversation toute controverse[2] théorique. Mais Jacques insista :

– L'intérêt général, c'est moi qui le sers, – par mon refus ! [...]

Antoine retint un mouvement d'impatience :

– Réfléchis, voyons... Quel résultat pratique peux-tu espérer de ce refus ? Aucun !... Quand tout un pays mobilise, quand l'immense majorité – comme ce serait le cas – accepte l'obligation de la défense nationale, quoi de plus vain, de plus voué à l'échec, qu'un acte isolé d'insubordination[3] ?

Le ton restait si volontairement mesuré, si affectueux, que Jacques en fut touché. Très calme, il regarda son frère, et esquissa même un sourire amical.

– Pourquoi revenir là-dessus, mon vieux ? Tu sais bien ce que je pense... Je n'accepterai jamais qu'un gouvernement puisse me forcer à prendre part à une entreprise que je considère comme un crime, comme une trahison de la vérité, de la justice, de la solidarité humaine...

Roger Martin du Gard,
Les Thibault, L'Été 1914 (1936), © Gallimard.

1. **servir** : partir à la guerre. 2. **controverse** : débat contradictoire. 3. **insubordination** : refus d'obéissance.

Vocabulaire pour écrire

6 **Complétez les syllogismes.**

a. 1) .... 2) Or l'essence a augmenté. 3) Donc la voiture coûte de plus en plus cher.
b. 1) .... 2) Or tu n'as pas fait ton travail. 3) ....
c. 1) .... 2) Or....... 3) Donc il est plus qu'urgent de protéger les océans.

43 Le vocabulaire abstrait ; le jugement et l'opinion ; l'implicite

Leçon

1 Le vocabulaire concret et abstrait

- Le **vocabulaire concret** renvoie à une réalité perçue par les sens, c'est-à-dire que l'on peut voir, toucher, entendre, sentir, goûter (*le cheval, la fleur, le parfum...*).
- Le **vocabulaire abstrait** renvoie à ce qui est perçu par la pensée ou le sentiment. On distingue par exemple le vocabulaire de la **morale** (*la justice, le courage, le mensonge, l'honnêteté, la vérité...*), de l'**esthétique** (*la beauté, la laideur, l'harmonie...*), de la **vie intellectuelle** (*l'intelligence, la lecture, le cinéma, l'art...*), de la **vie affective** (*la tendresse, la douleur, la jalousie, la peur, l'étonnement, la colère*), de la **vie sociale**, **politique** et **juridique** (*la famille, la démocratie, la loi...*).

2 Le vocabulaire du jugement et de l'opinion

- Exprimer une **opinion**, c'est :
  - **donner son avis** : *croire, penser, juger, estimer ; d'après moi, à mon avis* ;
  - **approuver**, **critiquer** : *admettre, approuver, donner raison à, accepter, heureusement ; protester, objecter, désapprouver, condamner, dénoncer, refuser, malheureusement* ;
  - **exprimer la certitude** ou **la distance** : *il est certain / évident que, avoir la certitude / la conviction que, bien sûr, évidemment ; il semble / est possible que ; sans doute, peut-être*.
- Pour exprimer un **jugement** ou une **opinion**, on utilise un vocabulaire mélioratif (favorable, positif) ou péjoratif (défavorable, négatif) :
  - vocabulaire **mélioratif** : *bon, bien, beau, juste, harmonieux, parfait, magnifique, superbe, extraordinaire, un chef-d'œuvre, une merveille* ;
  - vocabulaire **péjoratif** : *mauvais, laid, affreux, injuste, nuisible, malhonnête, scandaleux, abominable, intolérable, honteux, indigne, déplorable, décevant, ennuyeux, une horreur*.
- On peut **déprécier** en utilisant des **suffixes péjoratifs** pour former des noms, des adjectifs, des verbes : *-asse, -asser* (*paill**asse**, fad**asse**, rêv**asser***) ; *-aille, -ailler* (*gris**aille**, cri**ailler***) ; *-âtre* (*mar**âtre**, verd**âtre***) ; *-ard* (*braill**ard***) ; *-aud* (*pat**aud***) ; *-eux* (*miell**eux***).
- On peut **renforcer** un jugement positif en utilisant dans le langage familier des **préfixes intensifs** (*hyper-, super-, extra-*) : ***hyper**beau, **extra**fin, **super**drôle*.

3 L'implicite

- Pour interpréter un énoncé, il est souvent nécessaire de comprendre les informations **implicites** (pas exprimées précisément) qui s'ajoutent au contenu **explicite** de cet énoncé. On distingue les contenus implicites **présupposés** et **sous-entendus**.
- Un **présupposé** est une affirmation contenue implicitement dans l'énoncé.
Ex : *Pierre ne fume plus.* → Cette affirmation présuppose que Pierre fumait. L'information présupposée se devine, par exemple, à la présence d'un adverbe (*déjà, toujours, encore, ne...plus*).
- Un **sous-entendu** est une information que l'on peut déduire de l'énoncé, en relation avec le contexte (cause ou conséquence implicite).
Ex : *Il fait froid !* → Cette information sous-entend la demande de fermer la fenêtre ou d'allumer le chauffage.

Dessin de **Catherine Beaunez**. ►

Je m'exerce

1 Indiquez les noms abstraits correspondant aux noms concrets suivants. **Ex :** *mère* → ***maternité***.

a. bandit. **b.** monarque. **c.** défenseur. **d.** vendeur. **e.** héros. **f.** pacifiste. **g.** convive. **h.** libérateur.

2 **1.** Classez ces verbes de jugement, selon qu'il s'agit d'un jugement positif ou négatif.

2. Trouvez le nom correspondant à chacun.

a. désavouer. **b.** dénigrer. **c.** louer. **d.** blâmer. **e.** réprouver. **f.** estimer. **g.** condamner. **h.** apprécier.

3 Formez un mot péjoratif à l'aide d'un suffixe : *-âtre, -ot(te), -aud(e), -ailler, -ard, -asse, -asser*.

a. Arrête de discuter ! **b.** Cette robe est un peu vieille. **c.** Ce chauffeur a été arrêté. **d.** Je trouve tes résultats faibles. **e.** Ma soupe est fade. **f.** Une eau noire coule dans le caniveau. **g.** Il passe son temps à rêver ou à traîner. **h.** Il a une démarche lourd. **i.** Je te trouve pâle.

4 Faites correspondre un nom (liste 1) avec une caractéristique méliorative (liste 2) puis péjorative (liste 3). Les adjectifs sont à accorder.

Liste 1. a. un temps. **b.** un propos. **c.** une couleur. **d.** des sons. **e.** un roman. **f.** un tissu.

Liste 2. g. chatoyant. **h.** radieux. **i.** harmonieux. **j.** passionnant. **k.** concis. **l.** soyeux.

Liste 3. m. incohérent. **n.** ennuyeux. **o.** maussade. **p.** discordant. **q.** rêche. **r.** criard.

5 Indiquez l'information présupposée dans les énoncés. Relevez l'indice qui vous a permis de répondre. **Ex :** *Tom est venu aussi.* → Présupposé : les autres sont venus.

a. Marie ne mange plus de céréales. **b.** Je savais bien qu'il tiendrait sa promesse. **c.** Tu es bien coiffé aujourd'hui. **d.** Ils passent encore l'été au Portugal. **e.** Nous n'avons pas encore trouvé de maison.

6 Indiquez une ou deux information(s) sous-entendue(s) dans les énoncés suivants.

Ex : *Fumer tue.* → Sous-entendu : il ne faut pas fumer.

a. La porte est restée ouverte. **b.** Tu n'as pas encore vu ce film ? **c.** Le brevet ne se trouve pas dans une pochette surprise. **d.** Je n'ai pas cours aujourd'hui. **e.** Là-bas il fait beau.

Vocabulaire pour lire

SOCLE **Compétence 1** – Utiliser ses compétences sur la langue pour lire.

7 **1.** Relevez les termes péjoratifs qui se réfèrent au *panier de la ménagère* (l. 2-3).

2. Quelle critique implicite le narrateur fait-il de la société de consommation ?

Il n'était pas de jour où le journal ne révélait des choses épouvantables à propos du panier de la ménagère : le fromage était fait de matière plastique ; le beurre, avec des bougies ; dans les fruits et légumes, le taux d'arsenic des insecticides était plus élevé que celui des vitamines ; les poulets étaient engraissés avec certaines pilules synthétiques qui pouvaient transformer en poulet ceux qui en mangeaient une cuisse.

Italo Calvino, *Marcovaldo ou les saisons en ville* (1958), traduit de l'italien par R. Stragliati, © Julliard (1979).

8 **1.** Relevez les adjectifs péjoratifs dans la description du prince et de ses sujets.

2. Relevez les verbes de jugement et de sentiment : expriment-ils la critique ou l'approbation ?

3. Quelle image est ici donnée de la cour ?

La narratrice se souvient d'une histoire, Le prince et le pauvre *de Mark Twain, où un prince et un pauvre qui se ressemblent ont échangé leur identité.*

Celle du petit prince loqueteux[1], juché[2] sur un tonneau, couronné d'une écuelle de fer-blanc, une tige de fer dans la main… et en cercle autour de lui, dans une lumière rouge… la lumière même de l'enfer… des êtres humains au corps hideux, aux faces sinistres… Il proteste, il crie qu'il est Edward, le prince héritier, leur futur roi, que c'est sûr, que c'est vrai… Et ils ricanent, ils s'esclaffent[3], ils l'invectivent[4], ils font semblant de l'adorer, ils le supplient, ils s'agenouillent devant lui pour rire, ils lui font des courbettes grotesques, des révérences…

Nathalie Sarraute, *Enfance* (1983), © Gallimard.

1. loqueteux : vêtu de haillons. **2. juché** : perché. **3. s'esclaffent** : éclatent de rire. **4. l'invectivent** : l'injurient.

Vocabulaire pour écrire

SOCLE **Compétence 1** – Rédiger un texte bref à partir de consignes données.

9 Racontez un souvenir de lecture qui vous a marqué. Exprimez les sentiments que vous avez ressentis (enthousiasme, révolte, tristesse…) et le jugement que vous portez sur ce livre. Utilisez des termes péjoratifs ou mélioratifs. Aidez-vous du vocabulaire proposé page 374.

44 Le vocabulaire de la publicité

J'observe

Les composantes de l'affiche

1. Identifiez la nature de l'image (photo, dessin). Où la partie texte se trouve-t-elle ?

2. a. Quel est l'annonceur publicitaire (l'émetteur du document) ?

b. Quel est le public visé (la cible) ? À quoi est-il invité ?

c. S'agit-il d'une publicité commerciale ou d'une publicité d'intérêt général ?

3. Décrivez le paysage. Quelle image en est donnée ?

4. a. Que font les personnages ? Comment sont-ils vêtus ?

b. En quoi font-ils œuvre utile ?

La stratégie publicitaire

5. Lisez le texte sur l'affiche.

a. Distinguez : l'annonceur, le slogan (message), le logo.

b. Montrez que le texte est incitatif : pronom personnel utilisé, mode du verbe, valeurs mises en jeu, couleurs utilisées.

c. Quelle information le terme *indemnisées* fournit-il ?

6. a. Quelles retouches ont été réalisées sur l'image ? Dans quels buts ?

b. Comment ces retouches suggèrent-elles l'idée que celui qui regarde peut combler un manque ?

7. Le Service Civique vous encourage à vous prendre en photographie devant une de ces affiches et de les poster sur leur page Facebook. Quel est l'intérêt de cette stratégie de communication?

Le saviez-vous ?

- Le **Service Civique**, créé en 2010, permet aux jeunes de s'engager dans une **mission d'intérêt général** (action humanitaire, association sportive...) moyennant une indemnité mensuelle.
- Pour sa **campagne d'information**, l'agence du Service Civique présente des affiches dans les couloirs du métro parisien et sur des panneaux dans les rues.

Leçon

- Une image publicitaire est émise par un **annonceur** dont l'objectif est d'inciter un public visé (la **cible**) à acheter un produit (**publicité commerciale**) ou à adhérer à une cause (**publicité d'intérêt général**).
- La publicité s'appuie sur une stratégie de **séduction** : elle véhicule un message en mêlant une **image** (dessin, photo, logo...) et un **texte** qui se présente sous forme de **slogan** ou de **message publicitaire**.
- L'image publicitaire a une dimension **argumentative** : elle cherche à surprendre pour mieux **faire agir**, qu'il s'agisse d'**inciter à consommer**, de faire une **action humanitaire**...

Dossier Socle commun

SOCLE

Pour faciliter l'évaluation des compétences du Socle commun, ce dossier propose :

- des **tests** pour valider les compétences du Socle commun que l'élève doit maîtriser à la fin de la 3e. Ces tests ont été conçus à partir des items qui figurent dans le document officiel « Livret personnel de compétences » ;
- des **tableaux de conjugaison** des verbes usuels.

Valider les compétences du Socle

Tableaux de conjugaison

La maîtrise de la langue française

Lire

➤ Adapter son mode de lecture à la nature du texte proposé et à l'objectif poursuivi

• Être capable de repérer un passage précis dans un texte pour justifier une réponse ► Questionnaires de lecture

➤ Repérer les informations dans un texte à partir des éléments explicites et des éléments implicites nécessaires

• Identifier les personnages et leurs liens ► Questionnaires de lecture

• Comprendre les motivations des personnages, identifier leurs sentiments à partir de leurs actes ou de leurs paroles ► Questionnaires de lecture

• Identifier les paroles rapportées directement et les principaux interlocuteurs ► Leçon 21, p. 326

➤ Utiliser ses capacités de raisonnement, ses connaissances sur la langue, savoir faire appel à des outils appropriés pour lire

• Identifier les mots qui permettent de caractériser ► Leçon 8, p. 298

• Identifier les valeurs des temps ► Leçons 24 à 26, p. 334 à 340

• Identifier le point de vue ► Leçon 40, p. 368

➤ Dégager, par écrit ou oralement, l'essentiel d'un texte lu

• Identifier l'auteur, le narrateur, le point de vue ► Leçon 40, p. 368

• Comprendre le sens global du texte (actions, relations entre les personnages…) ► Questionnaires de lecture

1 Lisez cet extrait, puis répondez aux questions.

Augustin Meaulnes, dix-sept ans, pensionnaire en Sologne, fait un jour une fugue. Il se perd dans la campagne et se retrouve dans un château étrange où l'on prépare le mariage de Frantz de Galais ; tous attendent les fiancés. Près de l'étang, Meaulnes voit une jeune fille qu'il suit dans une promenade en bateau…

Il s'accouda sur le pont, tenant d'une main son chapeau battu par le grand vent, et il put regarder à l'aise la jeune fille, qui s'était assise à l'abri. Elle aussi le regardait. Elle répondait à ses compagnes, souriait, puis posait doucement ses yeux bleus sur lui, en tenant sa lèvre un peu mordue. […]

À terre, tout s'arrangea comme dans un rêve. Tandis que les enfants couraient avec des cris de joie, que des groupes se formaient et s'éparpillaient à travers bois, Meaulnes s'avança dans une allée, où, dix pas devant lui, marchait la jeune fille. Il se trouva près d'elle sans avoir eu le temps de réfléchir :

– Vous êtes belle, dit-il simplement.

Mais elle hâta le pas et, sans répondre, prit une allée transversale. D'autres promeneurs couraient, jouaient à travers les avenues, chacun errant à sa guise, conduit seulement par sa libre fantaisie. Le jeune homme se reprocha vivement ce qu'il appelait sa balourdise, sa grossièreté, sa sottise. Il errait au hasard, persuadé qu'il ne reverrait plus cette gracieuse créature, lorsqu'il l'aperçut soudain venant à sa rencontre et forcée de passer près de lui dans l'étroit sentier. Elle écartait de ses deux mains nues les plis de son grand manteau. Elle avait des souliers noirs très découverts. Ses chevilles étaient si fines qu'elles pliaient par instants et qu'on craignait de les voir se briser.

Cette fois, le jeune homme salua, en disant très bas :

– Voulez-vous me pardonner ?

Clémence Poésy (Yvonne de Galais) et **Nicolas Devauchelle** ► (Augustin Meaulnes) dans *Le Grand Meaulnes*, film de **Jean-Daniel Verhaeghe** (2006).

– Je vous pardonne, dit-elle gravement. Mais il faut que je rejoigne les enfants, puisqu'ils sont les maîtres aujourd'hui. Adieu.

Augustin la supplia de rester un instant encore. Il lui parlait avec gaucherie, mais d'un ton si troublé, si plein de désarroi, qu'elle marcha plus lentement et l'écouta.

– Je ne sais même pas qui vous êtes, dit-elle enfin.

Elle prononçait chaque mot d'un ton uniforme, en appuyant de la même façon sur chacun, mais en disant plus doucement le dernier… Ensuite elle reprenait son visage immobile, sa bouche un peu mordue, et ses yeux bleus regardaient fixement au loin.

– Je ne sais pas non plus votre nom, répondit Meaulnes.

Ils suivaient maintenant un chemin découvert, et l'on voyait à quelque distance les invités se presser autour d'une maison isolée dans la pleine campagne.

– Voilà la « maison de Frantz », dit la jeune fille ; il faut que je vous quitte.

Elle hésita, le regarda un instant en souriant et dit :

– Mon nom ?… Je suis mademoiselle Yvonne de Galais…

Et elle s'échappa.

Alain-Fournier, *Le Grand Meaulnes* (1913).

1. a. À quelle personne le narrateur raconte-t-il l'histoire de Meaulnes ?

b. Quel temps est utilisé pour les actions de premier plan ? Quel temps pour les descriptions et actions de second plan ? Citez des exemples.

2. a. Quels personnages se rencontrent ? Précisez le cadre de cette rencontre. Citez des termes précis.

b. Quels sont les autres personnages présents ? Meaulnes fait-il attention à eux ?

3. a. Quelles sont les étapes de la rencontre ? Appuyez-vous sur le jeu des regards, les expressions du visage, le trajet effectué par les personnages, les paroles prononcées.

b. Quelles expressions soulignent l'intervention du destin et du hasard dans cette rencontre ?

4. a. Relevez l'expression qui désigne la jeune fille (l. 18) et les termes qui la décrivent (l. 1 à 4 et 20 à 24).

b. Selon quel point de vue est-elle décrite dans le passage : *Elle écartait de ses deux mains nues les plis de son grand manteau… et qu'on craignait de les voir se briser* (l. 20 à 24) ?

c. Quelle image est donnée d'elle ?

5. a. Quels sentiments chacun des personnages éprouve-t-il ? Citez le texte.

b. Le trouble vous semble-t-il partagé ?

➤ Repérer les informations dans un texte à partir des éléments explicites et des éléments implicites nécessaires

- Identifier un champ lexical ► Leçon 36, p. 358

➤ Utiliser ses connaissances sur la langue pour lire

- Identifier les termes péjoratifs et mélioratifs ► Leçon 43, p. 374
- Identifier les figures de style ► Leçon 39, p. 364

2 Lisez cet extrait, puis répondez aux questions.

Le narrateur, soldat au front pendant la Première Guerre mondiale, raconte son expérience dans son roman Le Feu.

On reprend la route […]. Cette route apparaît sous nos pas, dans les blancheurs du brouillard, comme une effrayante vallée de misère. L'amas des débris, des restes et des immondices s'accumule sur l'échine fracassée de son pavé et sur ses bords fangeux[1], devient inextricable. Les arbres jonchent le sol ou ont disparu, arrachés, leurs moignons[2] déchiquetés. Les talus sont renversés ou bouleversés par les obus. Tout le long, de chaque côté de ce chemin où seules sont debout les croix des tombes, des tranchées vingt fois obstruées et recreusées, des trous, des passages sur des trous, des claies[3] sur des fondrières[4].

Henri Barbusse, *Le Feu* (1916).

1. **fangeux** : boueux. 2. **moignons** : extrémités de membres amputés. 3. **claies** : treillages en bois servant ici à recouvrir les trous. 4. **fondrières** : trous dans un chemin défoncé.

1. Quel champ lexical caractérise le paysage ? Les termes sont-ils mélioratifs ou péjoratifs ?

2. a. Relevez une comparaison et deux métaphores. Quels sont les éléments comparés, les éléments comparants ? Expliquez les images.

b. Relevez une énumération.

3. Quelle image le narrateur donne-t-il du paysage ?

- Identifier les classes de mots et les principales fonctions grammaticales ► Leçon 1, p. 280
- Identifier les mots qui permettent de caractériser ► Leçon 8, p. 298
- Savoir décomposer un mot pour trouver son sens ► Leçon 37, p. 360

3 Lisez cet extrait, puis répondez aux questions.

On a mis dans ma chambre une vieille commode achetée chez un brocanteur, elle est en bois sombre, avec une épaisse plaque de marbre noir, des tiroirs ouverts se dégage une forte odeur de renfermé, de moisi, ils contiennent plusieurs énormes volumes reliés en carton recouvert d'un papier noir à veinules jaunâtres… le marchand a oublié ou peut-être négligé de les retirer… c'est un roman de Ponson du Terrail, *Rocambole*.

Nathalie Sarraute, *Enfance* (1983), © Gallimard.

1. Indiquez la classe grammaticale précise des déterminants et pronoms en bleu.
2. Relevez les expansions des mots *commode* (l. 2), *plaque* (l. 3), *odeur* (l. 5).
3. Identifiez les suffixes des mots *veinules* et *jaunâtres* (en orange). Quel est le sens de chacun de ces suffixes ?

- Identifier les types et les formes de phrases ► Leçon 13, p. 308

4 Lisez cet extrait, puis répondez aux questions.

*Au XVIII*e *siècle, Côme, un jeune aristocrate âgé de douze ans, refuse de manger des escargots cuisinés par sa sœur.*

– Alors ? demanda notre père à Côme.

– Non, non et non ! répondit Côme en repoussant le plat.

– Quitte cette table !

Mais déjà Côme nous avait tourné le dos et sortait de la salle à manger.

– Où vas-tu ?

À travers la porte vitrée, nous le vîmes prendre dans le vestibule son tricorne et sa petite épée.

– Je sais où je vais ! cria-t-il.

Et il courut dans le jardin. […]

Notre père se pencha par la fenêtre :

– Quand tu seras fatigué de rester là, tu changeras d'idée ! cria-t-il.

– Je ne changerai jamais d'idée, répondit mon frère, du haut de sa branche.

Italo Calvino, *Le Baron perché* (1957), traduit de l'italien par J. Bertrand, © Le Seuil (1959).

1. Qui sont les interlocuteurs du dialogue ?
2. Qui pose des questions et donne des ordres ? Appuyez-vous sur les types de phrases.
3. Par quels types et formes de phrases Côme s'exprime-t-il (l. 10 et 15-16) ?
4. Relevez les phrases exclamatives. Quelles sont les émotions exprimées ?

- Identifier les valeurs des temps ► Leçons 24 à 26, p. 334 à 340

5 Lisez ces extraits, puis répondez aux questions.

Extrait 1. C'est de cette époque que datent les premières lectures dont je me souvienne. Couché à plat ventre sur mon lit, je dévorais les livres que mon cousin Henri me donnait à lire.

Georges Perec, *W ou le Souvenir d'enfance* (1975), © Denoël.

Extrait 2. Mon compagnon ne me conta pas cette nuit-là tout ce qui lui était arrivé sur la route. Et même lorsqu'il se fut décidé à me tout confier, durant des jours de détresse dont je reparlerai, ce resta longtemps le grand secret de nos adolescences. Mais aujourd'hui que tout est fini, maintenant qu'il ne reste plus que poussière *de tant de mal, de tant de bien*, je puis raconter son étrange aventure.

Alain-Fournier, *Le Grand Meaulnes* (1913).

1. **Extrait 1.** Quel verbe renvoie au moment de l'écriture ? Lesquels renvoient au moment du souvenir ? Identifiez leurs temps.
2. a. **Extrait 2.** Identifiez les temps des verbes en couleur, puis indiquez la valeur de ces temps.
b. Quels sont les deux temps qui marquent une antériorité dans le passé ?

- Identifier les classes et les fonctions des propositions ► Leçons 15 à 17, p. 312 à 316

6 Identifiez la classe et la fonction des propositions en couleur.

a. J'espère qu'ils ne viendront pas trop tôt. **b.** Mets le couvert pendant que je prépare le dîner. **c.** Je vais faire un gâteau, bien que je n'aie pas beaucoup de temps. **d.** Le plat que tu as fait m'a l'air très bon. **e.** Comme il fait sombre, nous allons allumer le plafonnier. **f.** Dis-moi où tu as mis la nappe. **g.** Quand tu les verras arriver, préviens-moi, que je puisse les accueillir. **h.** Surveille le gâteau, s'il cuit trop longtemps il sera moins moelleux. **i.** Nous nous sommes tellement dépêchés que nous sommes même en avance !

• Identifier les relations logiques ► Leçon 14, p. 310

7 Identifiez le lien logique implicite qui relie les deux propositions (cause, temps, conséquence, opposition, condition, but…). Réécrivez les phrases en introduisant une conjonction de coordination ou de subordination. Faites les modifications qui s'imposent.

Ex : *Il est tombé une pluie violente, j'ai dû retarder mon départ.* → lien de conséquence : *Il est tombé une pluie* ***si*** *violente* ***que****…* OU *Il est tombé une pluie violente, j'ai* ***donc*** *dû…*

a. On t'a averti, tu continues de bavarder. **b.** Couvrez vos livres, ils restent propres. **c.** Il a beau insister, je ne reviendrai pas sur ma décision. **d.** Entraînez-vous, vous courrez plus vite. **e.** Tu viendrais, je serais très contente. **f.** Il s'apprêtait à sortir, le téléphone sonna.

• Analyser les principales figures de style ► Leçon 39, p. 364

8 Identifiez les figures de style (comparaison, métaphore, anaphore, énumération) et dites en quoi elles contribuent au sens.

Extrait 1.

Deux jeunes filles font une fugue…

[…] Elles partaient pour la grande aventure, à travers le monde, dans les pays qu'on voit au cinéma : l'Inde, Bali, la Californie, les îles Fidji, l'Amazonie, Casablanca. Ou bien dans les grandes villes où il y a des monuments magiques, des hôtels fabuleux avec des jardins sur le toit, des jets d'eau, et même des piscines avec des vagues, comme sur la mer : New York, Rome, Munich, Mexico, Marrakech, Rio de Janeiro.

J. M. G. Le Clézio, *La Grande Vie* (1982), © Gallimard.

Extrait 2.

« Conte de fée »

Il était un grand nombre de fois
Un homme qui aimait une femme
Il était un grand nombre de fois
Une femme qui aimait un homme
Il était un grand nombre de fois
Une femme et un homme
Qui n'aimaient pas celui et celle qui les aimaient.

Il était une fois
Une seule fois peut-être
Une femme et un homme qui s'aimaient.

Robert Desnos,
Destinée arbitraire (1975, posth.), © Gallimard.

Extrait 3.

J'appuyais tendrement mes joues contre les belles joues de l'oreiller qui, pleines et fraîches, sont comme les joues de notre enfance.

Marcel Proust, *À la recherche du temps perdu*,
Du côté de chez Swann (1913)

➤ **Dégager, par écrit ou oralement, l'essentiel d'un texte lu**

• Résumer un texte

9 **1.** Résumez en une dizaine de lignes maximum la nouvelle « Solitude numérique » ► p. 124.

2. Résumez en une vingtaine de lignes un roman que vous avez lu.

• Identifier le genre et le thème du texte ► Leçon 41, p. 370

10 Identifiez le genre des extraits. Quels indices vous permettent de répondre ?

Extrait 1.

Un train siffle et s'en va, bousculant l'air, les
[routes,
L'espace, la nuit bleue et l'odeur des chemins ;
Alors, ivre, hagard, il tombera demain
Au cœur d'un beau pays en sifflant sous les voûtes.

Anna de Noailles, extrait de « Voyages »,
dans *L'Ombre des jours* (1902), © Calmann Lévy.

◄ *Californie, terre promise*, affiche du début du XXe s.

Extrait 2.

Je suis née à quatre heures du matin, le 9 janvier 1908, dans une chambre aux meubles laqués de blanc, qui donnait sur le boulevard Raspail. Sur les photos de famille prises l'été suivant, on voit de jeunes dames en robes longues, aux chapeaux empanachés de plumes d'autruche, des messieurs coiffés de canotiers et de panamas qui sourient à un bébé : ce sont mes parents, mon grand-père, des oncles, des tantes, et c'est moi. Mon père avait trente ans, ma mère vingt et un, et j'étais leur premier enfant.

Simone de Beauvoir, *Mémoires d'une jeune fille rangée* (1958), © Gallimard.

Extrait 3.

ISMÈNE, *se jette contre elle.* – Antigone ! Je t'en supplie ! C'est bon pour les hommes de croire aux idées et de mourir pour elles. Toi, tu es une fille.

ANTIGONE, *les dents serrées.* – Une fille, oui. Ai-je assez pleuré d'être une fille !

ISMÈNE. – Ton bonheur est là devant toi et tu n'as qu'à le prendre. Tu es fiancée, tu es jeune, tu es belle…

ANTIGONE, *sourdement.* – Non, je ne suis pas belle.

Jean Anouilh, *Antigone* (1946), © La Table Ronde.

• Identifier les arguments ► Leçon 42, p. 372

11 **1.** Quel est le thème de l'argumentation ?

2. Identifiez les arguments qui viennent à l'appui de chacune des thèses.

Le passage à l'heure d'été permet de se rapprocher du rythme naturel et de profiter plus longtemps de la lumière du soleil, ce qui permet d'économiser l'énergie nécessaire à l'éclairage des foyers et de bénéficier de soirées estivales plus longues.

Pour les détracteurs de l'heure d'été, le changement d'heure provoque des troubles du sommeil, chez les enfants notamment, qui ont du mal à se coucher tant qu'il ne fait pas nuit. Par ailleurs, les économies réalisées sur les heures d'éclairage du soir sont annulées par les dépenses énergétiques supplémentaires que l'on est amené à faire le matin, au début du printemps, pour se chauffer et s'éclairer…

➤ Manifester, par des moyens divers, sa compréhension de textes variés

• Identifier les différents registres ► Leçon 41, p. 370

12 Lisez ces extraits, puis répondez à la question.

Extrait 1. *La narratrice arrive dans une entreprise japonaise.*

L'homme me dit qu'il s'appelait monsieur Saito. Il me conduisit à travers d'innombrables et immenses salles, dans lesquelles il me présenta à des hordes de gens, dont j'oubliais les noms au fur et à mesure qu'il les énonçait.

Il m'introduisit ensuite dans le bureau où siégeait son supérieur, monsieur Omochi, qui était énorme et effrayant, ce qui prouvait qu'il était le vice-président.

Puis il me montra une porte et m'annonça d'un air solennel que, derrière elle, il y avait monsieur Haneda, le président. Il allait de soi qu'il ne fallait pas songer à le rencontrer.

Amélie Nothomb, *Stupeur et tremblements* (1999), © Albin Michel.

Extrait 2. *Deux amis se disputent…*

JEAN. –Vous me traitez de bourrique, par-dessus le marché. Vous voyez bien, vous m'insultez.

BÉRENGER. – Cela ne peut pas me venir à l'esprit.

JEAN. – Vous n'avez pas d'esprit !

BÉRENGER. – Raison de plus pour que cela ne me vienne pas à l'esprit.

JEAN. – Il y a des choses qui viennent à l'esprit même de ceux qui n'en ont pas.

Eugène Ionesco, *Rhinocéros* (1959), I, © Gallimard.

Extrait 3. J'ai cueilli ce brin de bruyère
L'automne est morte souviens-t'en
Nous ne nous verrons plus sur terre
Odeur du temps brin de bruyère
Et souviens-toi que je t'attends

Guillaume Apollinaire, extrait de « L'Adieu », dans *Alcools* (1913), © Gallimard.

Extrait 4. *Après la chute de Troie, Pyrrhus propose le mariage à Andromaque, sa captive. Il sauverait ainsi le fils de celle-ci de la haine des Grecs ; mais elle refuse, provoquant sa colère.*

ANDROMAQUE
Hélas ! il mourra donc ! Il n'a pour sa défense
Que les pleurs de sa mère et que son innocence ;
Et peut-être après tout, en l'état où je suis,
Sa mort avancera la fin de mes ennuis.

Jean Racine, *Andromaque* (1667), I, 4.

Identifiez le registre de chaque extrait : tragique, lyrique, humoristique, comique. Justifiez.

Écrire

> **Écrire lisiblement un texte, spontanément ou sous la dictée, en respectant l'orthographe et la grammaire** ► Leçons 1 à 35, p. 280 à 357

13 Recopiez le texte en le complétant.

Pouce et Poussy sont employées dans un atelier de couture. Elles rêvent de voyages.

Elles racontai... toujours la même histoire, une histoire sans fin qui les entraînai... loin de l'atelier, avec ses barres de néon, son toit de tôle ondul..., ses fenêtres grillag..., le bruit a...ourdi...ant de tout... les machines en train de coudre inla...ablement les mêm... poches, les mêm... bouto...ières, les mêm... étique...s Ohio Made in U.S.A.

D'après J. M. G. Le Clézio, *La Grande Vie* (1982), © Gallimard.

14 Complétez avec les terminaisons *-tion*, *-sion*, *-ssion* ou *-cion*. Aide : un seul mot en *-cion*.

a. Avoir de l'appréhen... avant de passer un examen. **b.** Une sci... dans un groupe. **c.** La suspi... qui pèse sur une personne. **d.** L'omi... d'un élément. **e.** Une incompréhen... entre deux personnes. **f.** Éprouver de la compa.... **g.** L'obten... d'un certificat. **h.** Une se... d'examen. **i.** Faire une excur.... **j.** Un vote sans absten....

• Maîtriser les accords (sujet-verbe) ► Leçon 27, p. 342

15 Accordez correctement les verbes au temps de l'indicatif indiqué.

a. Les cigognes sont revenues ; la plupart (retrouver, *passé composé*) leur nid. **b.** C'est toi qui (avoir, *présent*) raison. **c.** La majorité des élèves (être puni, *futur simple*). **d.** Il y (avoir, *imparfait*) deux larges fenêtres sur la façade. **e.** Je ne vous (oublier, *futur simple*) jamais. **f.** Derrière les peupliers, (s'étendre, *imparfait*) à perte de vue des champs de blé. **g.** Quand la sonnerie retentit, tous (sortir, *passé simple*) précipitamment. **h.** La moitié des élèves (être, *imparfait*) déjà hors de la classe. **i.** Toute sa joie, toute son insouciance (disparaître, *plus-que-parfait*) soudain. **j.** Ils (croire, *présent*) que je ne travaille pas.

• Maîtriser les accords (groupe nominal) ► Leçon 28, p. 344

16 Accordez si nécessaire les adjectifs.

a. Elle vit (seul). **b.** Il a acheté deux pantalons (marron) et une chemise (bleu ciel). **c.** Les meubles étaient bien (ciré). **d.** Il a une foule d'idées (original) à proposer. **e.** Elle marche pieds (nu). **f.** Le collège était régi par des règles (strict). **g.** Il porte des chaussures et une veste (neuf). **h.** Ce mur est (lézardé). **i.** Ces propos sont vraiment (banal). **j.** Est-ce la (meilleur) solution ?

• Savoir conjuguer les verbes usuels ► Tableaux de conjugaison, p. 388

17 Mettez les verbes entre parenthèses au temps de l'indicatif indiqué.

a. Je ne (craindre, *présent*) pas la pluie. **b.** Jacques Prévert (naître, *passé simple*) en 1900. **c.** Tu m'(appeler, *futur simple*) quand tu (finir, *futur antérieur*). **d.** Ils se téléphonèrent dès qu'ils (se quitter, *passé antérieur*). **e.** Nous (craindre, *imparfait*) d'être reconnus. **f.** Elles (s'arrêter, *plus-que-parfait*) un instant. **g.** Nous (venir, *conditionnel passé*) si le temps l'avait permis. **h.** Je (courir, *conditionnel présent*) plus longtemps si je m'entraînais régulièrement. **i.** Ma leçon je l'(apprendre, *passé composé*) par cœur.

• Savoir conjuguer les verbes usuels ► Leçon 22, p. 330

18 Conjuguez les verbes à l'impératif présent, puis au subjonctif présent en commençant par *Il faut que* ou par *J'aimerais que*.

a. (Excuser)-moi. **b.** (Parler)-lui, toi. **c.** J'ai cueilli des fraises, (manger-en) quelques-unes. **d.** (Savoir) bien vos leçons. **e.** (Faire) votre travail pour demain. **f.** (Ne pas rire), si nous ne voulons pas nous faire remarquer. **g.** (Ne pas oublier) vos affaires. **h.** (Apporter) ton livre de français à chaque cours. **i.** (Courir) si tu ne veux pas rater le bus. **j.** (Attendre)-moi si tu veux profiter de ma voiture.

• Maîtriser les accords des participes passés ► Leçon 30, p. 348

19 Accordez correctement les verbes au participe passé.

a. Il aime beaucoup la montre que son père lui a (donner). **b.** Elles sont (aller) voir un film qui les a (passionner). **c.** Elle a (voir) une exposition qui lui a beaucoup (plaire). **d.** Que de soucis elle m'a (causer). **e.** J'ai acheté des livres, j'en ai (lire) beaucoup. **f.** Les jours se sont (succéder) de la même façon. **g.** Elle s'est (couper). **h.** Elle s'est (couper) une tranche de gâteau. **i.** Nous nous sommes (parler) de nos projets. **j.** Elle ne s'est même pas (donner) la peine de me prévenir. **k.** Ils se sont (plaindre) à leur mère. **l.** Les enfants se sont bien (amuser), ils sont (partir) hier. **m.** Vous êtes-vous (laver) les mains, les enfants ? **n.** Je t'ai (écrire) une carte postale, l'as-tu (recevoir) ? **o.** La peine que ce travail leur a (donner) a été bien (récompenser).

➤ Rédiger un texte bref, cohérent et ponctué, en réponse à une question ou à partir de consignes données

- Enchaîner les actions ou les idées de façon cohérente ► Leçons 5, p. 290 et 19, p. 320

20 Réécrivez ces propositions en rétablissant les liens de cause, de conséquence ou d'opposition. Vous avez le choix entre une conjonction de coordination (ou un adverbe de liaison) et une conjonction de subordination. **Ex :** *car* : conjonction de coordination ; *parce que* : adverbe de liaison.

a. D'ici peu il pleuvra, le ciel se couvre de nuages. **b.** L'orage a été violent, les voyageurs ont été retardés. **c.** Les arbres sont déracinés. La tempête a fait rage toute la nuit. **d.** Le réveil est cassé. Il est tombé. **e.** Le réveil est cassé. Il ne marche plus.

- Savoir rapporter des paroles (discours direct et indirect) ► Leçon 21, p. 326

21 Lisez le texte. Réécrivez-le en le transposant au discours indirect.

aide Utilisez ces verbes introducteurs : *Il dit que... Sa mère répondit que... Elle lui dit de... et ajouta qu'il... Le doux petit garçon répéta que... Sa mère impatientée lui demanda... Elle lui dit...*

La narratrice rapporte un dialogue entre sa mère et son petit frère.

– Je voudrais deux sous de pruneaux et deux sous de noisettes, dit-il.

– Les épiceries sont fermées, répondit ma mère. Dors, tu en auras demain.

– Je voudrais deux sous de pruneaux et deux sous de noisettes, redemanda, le lendemain soir, le doux petit garçon.

– Et pourquoi ne les as-tu pas achetés dans la journée, se récria ma mère impatientée. Va te coucher !

Colette, *Sido* (1930), © Librairie Arthème Fayard.

➤ Utiliser ses capacités de raisonnement, ses connaissances sur la langue, savoir faire appel à des outils variés pour améliorer son texte

- Vérifier la cohérence des reprises pronominales et nominales ► Leçon 18, p. 318

22 Complétez les phrases avec un terme de reprise (à accorder au pluriel si nécessaire) : *pratique, population, cétacé, sinistre, imprudent*.

a. La chasse aux dauphins a commencé au Japon. Tous les ans, des milliers de ...... sont tués. Les défenseurs des animaux sont scandalisés par cette .... **b.** Les pompiers sont intervenus pour éteindre un incendie. Le ...... était de grande ampleur. **c.** Deux alpinistes ont été surpris par une avalanche. Les deux ...... ont pu être sauvés. **d.** Une centaine de loups vivent à l'état sauvage en France. Cette ...... progresse régulièrement.

➤ Rédiger un texte bref, cohérent et ponctué, en réponse à une question ou à partir de consignes données

- Organiser son texte sous forme de paragraphes cohérents ► Leçon 18, p. 318
- Savoir rapporter des paroles (discours direct et indirect) ► Leçon 21, p. 326
- Utiliser correctement les pronoms ► Leçon 4, p. 286
- Utiliser correctement les temps du récit et du discours ► Leçons 21 à 26, p. 326 à 340

➤ Utiliser ses capacités de raisonnement, ses connaissances sur la langue, savoir faire appel à des outils variés pour améliorer son texte

- Utiliser un vocabulaire précis et adapté ► Leçons 36 à 43, p. 358 à 374
- Vérifier la cohérence des reprises pronominales et nominales ► Leçon 18, p. 318
- Enchaîner les actions ou les idées de façon cohérente ► Leçons 5, p. 290 et 19, p. 320
- Vérifier la cohérence des enchaînements (temporels et logiques) ► Leçon 19, p. 320
- Vérifier la correction de la conjugaison ► Tableaux de conjugaison, p. 388 à 393

23 Racontez une scène de rencontre amoureuse. (Relisez l'extrait ► p. 378.)

Consignes d'écriture

- *Précisez le cadre de la rencontre.*
- *Utilisez le vocabulaire du regard et des émotions.*
- *Choisissez le point de vue (un des personnages est décrit à travers le regard de l'autre) ; utilisez des termes mélioratifs.*
- *Introduisez un court dialogue.*

➤ Rédiger un texte bref, cohérent et ponctué, en réponse à une question ou à partir de consignes données

- Exprimer une opinion et la justifier ► Leçons 19, p. 320 et 42, p. 372

24 Pensez-vous qu'il faut suivre la mode ? Rédigez un paragraphe pour justifier votre point de vue. Utilisez au moins deux arguments que vous enchaînerez par des connecteurs logiques.

La culture humaniste

Avoir des connaissances et des repères

➤ Relevant de la culture littéraire : œuvres littéraires du patrimoine

• Connaître les auteurs, leurs œuvres et le genre auquel elles appartiennent ► Textes ; Repères littéraires et culturels ; Leçon 41, p. 370

1 Recopiez le tableau en faisant correspondre chaque œuvre à son auteur, son siècle et au genre auquel elle appartient.

Œuvres	Auteurs	Genres littéraires	Siècles
Calligrammes	Pierre Corneille	Poésie	XXe
Les Misérables	Jean Anouilh	Tragédie	XVIIe
Antigone	Victor Hugo	Roman social	XXe
Le Cid	Guillaume Apollinaire	Tragi-comédie	XXe
Le Grand Meaulnes	Alexandre Dumas	Roman d'aventures	XIXe
Les Trois Mousquetaires	Jean Racine	Tragédie	XIXe
Enfance	Erich Maria Remarque	Roman de guerre	XVIIe
À l'ouest rien de nouveau	Nathalie Sarraute	Autobiographie	XXe
Andromaque	Alain-Fournier	Roman autobiographique	XXe

• Connaître les grands courants littéraires ► Repères littéraires et culturels ; Dossier 14, p. 270

2 Recopiez le tableau en faisant correspondre chaque auteur à son siècle, au courant littéraire auquel il appartient et aux caractéristiques de ce courant.

Auteurs	Siècles	Courants	Caractéristiques
Victor Hugo	XVIIe	Classicisme	Passion, énergie, révolte
Pierre Corneille	XIXe	Romantisme	Règles strictes fondées sur la raison
Guy de Maupassant	XIXe	Réalisme	Représentation juste et précise de la réalité (personnages, milieux sociaux)
Émile Zola	XXe	Naturalisme	Règne de l'imaginaire et de l'inconscient
André Breton	XIXe	Surréalisme	Représentation de la réalité à l'état naturel, sans volonté de l'embellir

➤ Relevant de la culture artistique : œuvres picturales, musicales, scéniques, architecturales ou cinématographiques du patrimoine

• Connaître les grands peintres et le mouvement auquel ils appartiennent
► Fiche HDA oral du brevet, p. 276 ; Dossier 14, p. 270 ; Pages Histoire des Arts
• Connaître des œuvres musicales, scéniques, architecturales ou cinématographiques du patrimoine
► Fiche HDA oral du brevet, p. 276 ; Dossiers 5, p. 106, 7, p. 142, 10, p. 186 ; Pages Histoire des Arts

Compétences validées dans la première partie du manuel.

Situer dans le temps, l'espace, les civilisations

➤ Situer des événements, des œuvres littéraires ou artistiques

• Situer les principaux auteurs du patrimoine français et étranger dans leur siècle ► Frises chronologiques en pages de garde ; Repères littéraires et culturels
• Situer les artistes (peintres, musiciens, sculpteurs…) dans leur siècle ► Dossiers, pages et rubriques Histoire des Arts

3 **1.** Classez dans un tableau, par siècles, les peintres et compositeurs européens suivants.

2. Citez un peintre appartenant au mouvement cubiste et un au mouvement surréaliste.

3. Citez au moins deux compositeurs du XIXe siècle qui ont composé un opéra.

a. Joan Miró (1893-1983). **b.** Mozart (1756-1791). **c.** René Magritte (1898-1967). **d.** Bach (1685-1750). **e.** Chopin (1810-1849). **f.** Léonard de Vinci (1452-1519). **g.** Otto Dix (1891-1969). **h.** Michel-Ange (1475-1564). **i.** Botticelli (1445-1510). **j.** Georges Bizet (1838-1875). **k.** Beethoven (1770-1827). **l.** Vivaldi (1678-1741). **m.** Wagner (1813-1883). **n.** Georges Braque (1882-1963).

4 Quels sont les thèmes traités par les films suivants : guerre (2), enfance (2), transposition d'un mythe moderne (1), espionnage (1), peinture de la société (2) ?

a. *Les Sentiers de la gloire* (1957) de Stanley Kubrick.
b. *Les Quatre Cents Coups* (1959) de François Truffaut.
c. *À l'ouest rien de nouveau* (1930) de Lewis Milestone.
d. *Orphée* (1950) de Jean Cocteau. **e.** *Carnage* (2011) de Roman Polanski. **f.** *Intouchables* (2011) d'Olivier Nakache et Éric Toledano. **g.** *Le Gamin au vélo* (2011) de Jean-Pierre et Luc Dardenne. **h.** *La Mort aux trousses* (1959) d'Alfred Hitchcock.

Lire et pratiquer différents langages

➤ Lire et employer différents langages (textes, cartes, images, musique)

• Maîtriser les outils d'analyse du récit ► Leçons 40 et 41, p. 368 à 370

Compétence validée plus haut (compétence 1, test 1 ► p. 378).

• Maîtriser les outils d'analyse du théâtre
► Chapitres 9 et 11 ; Leçon 41, p. 370

5 1. Au théâtre, qu'est-ce qu'une scène d'exposition ? une didascalie ? une réplique ? un monologue ? une tirade ? un quiproquo ?

2. Quand y a-t-il changement de scène ?

3. Voici trois sources possibles de comique : un trompeur trompé à son tour, une série de jurons, un personnage qui fait des grimaces. À quel type de comique chaque source correspond-elle (comique de mots, comique de gestes, comique de situation) ?

4. Qu'appelle-t-on règle des trois unités dans le théâtre classique ?

• Maîtriser les outils d'analyse de la poésie
► Leçons 38 et 39, p. 362 à 365 ; 41, p. 370
• Être sensible à la poésie d'un texte, aux éléments valorisants ou dévalorisants d'une description (rythme, vocabulaire, images...)
► Chapitres 12 et 13

6 Lisez ce poème, puis répondez aux questions.

« Méditation grisâtre »

Sous le ciel pluvieux noyé de brumes sales,
Devant l'Océan blême, assis sur un îlot,
Seul, loin de tout, je songe au clapotis du flot,
Dans le concert hurlant des mourantes rafales.

Crinière échevelée ainsi que des cavales[1],
Les vagues se tordant arrivent au galop
Et croulent à mes pieds avec de longs sanglots
Qu'emporte la tourmente[2] aux haleines [brutales.

Partout le grand ciel gris, le brouillard et la mer,
Rien que l'affolement des vents balayant l'air.
Plus d'heures, plus d'humains, et solitaire, [morne,

Je reste là, perdu dans l'horizon lointain,
Et songe que l'Espace est sans borne, sans [borne,
Et que le Temps n'aura jamais... jamais de fin.

26 octobre 1880

Jules Laforgue (1860-1887), *Autres poèmes* (1903).

1. **cavales** : juments. 2. **tourmente** : tempête soudaine et violente.

1. Identifiez la forme du poème, le mètre utilisé, la disposition des rimes.

2. Où le poète se trouve-t-il ?

3. Quels mots évoquent les conditions météorologiques ?

4. Quels éléments sont personnifiés ?

5. Analysez la comparaison du vers 5. Montrez qu'elle se prolonge dans toute la deuxième strophe.

6. Relevez dans les vers 1, 3, 4, 5 et 7 les allitérations. Quels effets produisent-elles ?

7. a. Quel est l'état intérieur du poète ? Relevez des termes précis, les répétitions.
b. En quoi le paysage est-il en correspondance avec son état d'âme ?

8. Expliquez le sens du titre « Méditation grisâtre ».

7 Écrivez une ou deux strophes dans lesquelles vous exprimerez votre état intérieur face à un paysage. Vous mettrez en relation le paysage et votre état d'âme.

➤ Connaître et pratiquer diverses formes d'expression à visée littéraire

• Pratiquer des exercices d'écriture variés
► Sujets d'écriture des chapitres

➤ Connaître et pratiquer diverses formes d'expression à visée artistique

• Jouer, mettre en scène un extrait de théâtre
► Sujets d'oral des chapitres 9 et 11
• Réciter un poème, chanter un poème mis en chanson
► Sujets d'oral des chapitres 12 et 13

Compétences validées dans la première partie du manuel.

Faire preuve de sensibilité, d'esprit critique, de curiosité

➤ Être sensible aux enjeux esthétiques et humains d'un texte littéraire

- Comprendre les valeurs humanistes véhiculées par un texte
► Questionnaires de lecture ; questions sur la portée du texte
- Identifier la visée d'un texte ► Questionnaires de lecture

8 Lisez cet extrait, puis répondez aux questions.

Le narrateur, un jeune soldat allemand, vient de poignarder un soldat français qui s'était réfugié dans le même trou d'obus que lui. L'homme agonise toute la nuit et meurt à trois heures de l'après-midi ► p. 84.

Je parle, il faut que je parle. C'est pourquoi je m'adresse à lui, en lui disant : « Camarade, je ne voulais pas te tuer. […] Nous voyons les choses toujours trop tard. Pourquoi ne nous dit-on pas sans cesse que vous êtes, vous aussi, de pauvres chiens comme nous, que vos mères se tourmentent comme les nôtres et que nous avons tous la même peur de la mort, la même façon de mourir et les mêmes souffrances ? Pardonne-moi, camarade ; comment as-tu pu être mon ennemi ? Si nous jetions ces armes et cet uniforme tu pourrais être mon frère. »

Erich Maria Remarque, *À l'ouest rien de nouveau* (1928), traduit de l'allemand par A. Hella et O. Bournac, © Stock.

1. Quel est le thème traité dans cet extrait ?
2. Quel message l'auteur veut-il délivrer ?
3. Exprimez en quelques lignes les réactions que ce texte suscite en vous.

➤ Lire et employer différents langages (textes, cartes, images, musique)

- Analyser une image fixe en utilisant le vocabulaire approprié
► Fiche HDA oral du brevet, p. 276 ; Pages Histoire des Arts

➤ Être sensible aux enjeux esthétiques et humains d'une œuvre artistique

- Analyser les effets produits par les différentes techniques mises en œuvre ► Fiche HDA oral du brevet, p. 276 ; Pages Histoire des Arts
- Dégager la visée d'une œuvre artistique
► Fiche HDA oral du brevet, p. 276 ; Pages Histoire des Arts

9 Observez ce tableau et répondez aux questions.

1. Identifiez le titre, l'auteur, la date de l'œuvre, la technique utilisée.
2. Comment le tableau est-il composé ? Décrivez ce que vous voyez dans chaque plan.
3. Quelles sont les couleurs utilisées ? Caractérisez-les.
4. Observez les feuilles de l'arbre, les tuiles, les pavés : comment les touches de peinture sont-elles posées ? Les contours sont-ils nets ?
5. a. Le peintre cherche-t-il à reproduire la réalité ?
b. Quelle vision donne-t-il de la petit ville de Murnau ?
6. Quelles sont vos impressions face à ce tableau ?

➤ Être capable de porter un regard critique sur un fait, un document, une œuvre

- Exprimer son avis sur une lecture, une œuvre d'art…
► Dossier 8 ; Leçons 42 à 44, p. 372 à 376

10 Vous avez vu une exposition ou fait une sortie. Rédigez en une dizaine de lignes un article pour le journal du collège. Présentez les œuvres marquantes que vous avez vues et faites part de vos impressions.

Vassily Kandinsky (1866-1944), *Murnau, maisons sur la place du marché* (1908), huile sur carton, 64,5 x 50,2 cm (musée Thyssen-Bornemisza, Madrid, Espagne). ►
Murnau est une petite ville de Bavière (Allemagne) où le peintre a séjourné avec sa compagne.

ÊTRE (auxiliaire)

INDICATIF	
Présent je suis tu es il est nous sommes vous êtes ils sont	**Passé composé** j'ai été tu as été il a été nous avons été vous avez été ils ont été
Imparfait j'étais tu étais il était nous étions vous étiez ils étaient	**Plus-que-parfait** j'avais été tu avais été il avait été nous avions été vous aviez été ils avaient été
Passé simple je fus tu fus il fut nous fûmes vous fûtes ils furent	**Passé antérieur** j'eus été tu eus été il eut été nous eûmes été vous eûtes été ils eurent été
Futur simple je serai tu seras il sera nous serons vous serez ils seront	**Futur antérieur** j'aurai été tu auras été il aura été nous aurons été vous aurez été ils auront été
Conditionnel présent je serais tu serais il serait nous serions vous seriez ils seraient	**Conditionnel passé** j'aurais été tu aurais été il aurait été nous aurions été vous auriez été ils auraient été
SUBJONCTIF	
Présent que je sois que tu sois qu'il soit que nous soyons que vous soyez qu'ils soient	**Passé** que j'aie été que tu aies été qu'il ait été que nous ayons été que vous ayez été qu'ils aient été
IMPÉRATIF	
Présent sois soyons soyez	
PARTICIPE	
Présent étant	**Passé** été ayant été
INFINITIF	
Présent être	**Passé** avoir été

AVOIR (auxiliaire)

INDICATIF	
Présent j'ai tu as il a nous avons vous avez ils ont	**Passé composé** j'ai eu tu as eu il a eu nous avons eu vous avez eu ils ont eu
Imparfait j'avais tu avais il avait nous avions vous aviez ils avaient	**Plus-que-parfait** j'avais eu tu avais eu il avait eu nous avions eu vous aviez eu ils avaient eu
Passé simple j'eus tu eus il eut nous eûmes vous eûtes ils eurent	**Passé antérieur** j'eus eu tu eus eu il eut eu nous eûmes eu vous eûtes eu ils eurent eu
Futur simple j'aurai tu auras il aura nous aurons vous aurez ils auront	**Futur antérieur** j'aurai eu tu auras eu il aura eu nous aurons eu vous aurez eu ils auront eu
Conditionnel présent j'aurais tu aurais il aurait nous aurions vous auriez ils auraient	**Conditionnel passé** j'aurais eu tu aurais eu il aurait eu nous aurions eu vous auriez eu ils auraient eu
SUBJONCTIF	
Présent que j'aie que tu aies qu'il ait que nous ayons que vous ayez qu'ils aient	**Passé** que j'aie eu que tu aies eu qu'il ait eu que nous ayons eu que vous ayez eu qu'ils aient eu
IMPÉRATIF	
Présent aie ayons ayez	
PARTICIPE	
Présent ayant	**Passé** eu ayant eu
INFINITIF	
Présent avoir	**Passé** avoir eu

AIMER (1er groupe, voix active)

INDICATIF

Présent	Passé composé
j'aime	j'ai aimé
tu aimes	tu as aimé
il aime	il a aimé
nous aimons	nous avons aimé
vous aimez	vous avez aimé
ils aiment	ils ont aimé

Imparfait	Plus-que-parfait
j'aimais	j'avais aimé
tu aimais	tu avais aimé
il aimait	il avait aimé
nous aimions	nous avions aimé
vous aimiez	vous aviez aimé
ils aimaient	ils avaient aimé

Passé simple	Passé antérieur
j'aimai	j'eus aimé
tu aimas	tu eus aimé
il aima	il eut aimé
nous aimâmes	nous eûmes aimé
vous aimâtes	vous eûtes aimé
ils aimèrent	ils eurent aimé

Futur simple	Futur antérieur
j'aimerai	j'aurai aimé
tu aimeras	tu auras aimé
il aimera	il aura aimé
nous aimerons	nous aurons aimé
vous aimerez	vous aurez aimé
ils aimeront	ils auront aimé

Conditionnel présent	Conditionnel passé
j'aimerais	j'aurais aimé
tu aimerais	tu aurais aimé
il aimerait	il aurait aimé
nous aimerions	nous aurions aimé
vous aimeriez	vous auriez aimé
ils aimeraient	ils auraient aimé

SUBJONCTIF

Présent	Passé
que j'aime	que j'aie aimé
que tu aimes	que tu aies aimé
qu'il aime	qu'il ait aimé
que nous aimions	que nous ayons aimé
que vous aimiez	que vous ayez aimé
qu'ils aiment	qu'ils aient aimé

IMPÉRATIF

Présent
aime
aimons
aimez

PARTICIPE

Présent	Passé
aimant	aimé
	ayant aimé

INFINITIF

Présent	Passé
aimer	avoir aimé

ÊTRE AIMÉ (1er groupe, voix passive)

INDICATIF

Présent	Passé composé
je suis aimé	j'ai été aimé
tu es aimé	tu as été aimé
il est aimé	il a été aimé
nous sommes aimés	nous avons été aimés
vous êtes aimés	vous avez été aimés
ils sont aimés	ils ont été aimés

Imparfait	Plus-que-parfait
j'étais aimé	j'avais été aimé
tu étais aimé	tu avais été aimé
il était aimé	il avait été aimé
nous étions aimés	nous avions été aimés
vous étiez aimés	vous aviez été aimés
ils étaient aimés	ils avaient été aimés

Passé simple	Passé antérieur
je fus aimé	j'eus été aimé
tu fus aimé	tu eus été aimé
il fut aimé	il eut été aimé
nous fûmes aimés	nous eûmes été aimés
vous fûtes aimés	vous eûtes été aimés
ils furent aimés	ils eurent été aimés

Futur simple	Futur antérieur
je serai aimé	j'aurai été aimé
tu seras aimé	tu auras été aimé
il sera aimé	il aura été aimé
nous serons aimés	nous aurons été aimés
vous serez aimés	vous aurez été aimés
ils seront aimés	ils auront été aimés

Conditionnel présent	Conditionnel passé
je serais aimé	j'aurais été aimé
tu serais aimé	tu aurais été aimé
il serait aimé	il aurait été aimé
nous serions aimés	nous aurions été aimés
vous seriez aimés	vous auriez été aimés
ils seraient aimés	ils auraient été aimés

SUBJONCTIF

Présent	Passé
que je sois aimé	que j'aie été aimé
que tu sois aimé	que tu aies été aimé
qu'il soit aimé	qu'il ait été aimé
que nous soyons aimés	que nous ayons été aimés
que vous soyez aimés	que vous ayez été aimés
qu'ils soient aimés	qu'ils aient été aimés

IMPÉRATIF

Présent
sois aimé
soyons aimés
soyez aimés

PARTICIPE

Présent	Passé
étant aimé	ayant été aimé

INFINITIF

Présent	Passé
être aimé	avoir été aimé

FINIR (2e groupe)

INDICATIF	
Présent je finis tu finis il finit nous finissons vous finissez ils finissent	**Passé composé** j'ai fini tu as fini il a fini nous avons fini vous avez fini ils ont fini
Imparfait je finissais tu finissais il finissait nous finissions vous finissiez ils finissaient	**Plus-que-parfait** j'avais fini tu avais fini il avait fini nous avions fini vous aviez fini ils avaient fini
Passé simple je finis tu finis il finit nous finîmes vous finîtes ils finirent	**Passé antérieur** j'eus fini tu eus fini il eut fini nous eûmes fini vous eûtes fini ils eurent fini
Futur simple je finirai tu finiras il finira nous finirons vous finirez ils finiront	**Futur antérieur** j'aurai fini tu auras fini il aura fini nous aurons fini vous aurez fini ils auront fini
Conditionnel présent je finirais tu finirais il finirait nous finirions vous finiriez ils finiraient	**Conditionnel passé** j'aurais fini tu aurais fini il aurait fini nous aurions fini vous auriez fini ils auraient fini
SUBJONCTIF	
Présent que je finisse que tu finisses qu'il finisse que nous finissions que vous finissiez qu'ils finissent	**Passé** que j'aie fini que tu aies fini qu'il ait fini que nous ayons fini que vous ayez fini qu'ils aient fini
IMPÉRATIF	
Présent finis finissons finissez	
PARTICIPE	
Présent finissant	**Passé** fini ayant fini
INFINITIF	
Présent finir	**Passé** avoir fini

ALLER (3e groupe)

INDICATIF	
Présent je vais tu vas il va nous allons vous allez ils vont	**Passé composé** je suis allé tu es allé il est allé nous sommes allés vous êtes allés ils sont allés
Imparfait j'allais tu allais il allait nous allions vous alliez ils allaient	**Plus-que-parfait** j'étais allé tu étais allé il était allé nous étions allés vous étiez allés ils étaient allés
Passé simple j'allai tu allas il alla nous allâmes vous allâtes ils allèrent	**Passé antérieur** je fus allé tu fus allé il fut allé nous fûmes allés vous fûtes allés ils furent allés
Futur simple j'irai tu iras il ira nous irons vous irez ils iront	**Futur antérieur** je serai allé tu seras allé il sera allé nous serons allés vous serez allés ils seront allés
Conditionnel présent j'irais tu irais il irait nous irions vous iriez ils iraient	**Conditionnel passé** je serais allé tu serais allé il serait allé nous serions allés vous seriez allés ils seraient allés
SUBJONCTIF	
Présent que j'aille que tu ailles qu'il aille que nous allions que vous alliez qu'ils aillent	**Passé** que je sois allé que tu sois allé qu'il soit allé que nous soyons allés que vous soyez allés qu'ils soient allés
IMPÉRATIF	
Présent va allons allez	
PARTICIPE	
Présent allant	**Passé** allé étant allé
INFINITIF	
Présent aller	**Passé** être allé

FAIRE (3e gr.)	DIRE (3e gr.)	VOIR (3e gr.)	SE TAIRE (3e gr.)
INDICATIF			
Présent je fais tu fais il fait nous faisons vous faites ils font	**Présent** je dis tu dis il dit nous disons vous dites ils disent	**Présent** je vois tu vois il voit nous voyons vous voyez ils voient	**Présent** je me tais tu te tais il se tait nous nous taisons vous vous taisez ils se taisent
Imparfait je faisais tu faisais il faisait nous faisions vous faisiez ils faisaient	**Imparfait** je disais tu disais il disait nous disions vous disiez ils disaient	**Imparfait** je voyais tu voyais il voyait nous voyions vous voyiez ils voyaient	**Imparfait** je me taisais tu te taisais il se taisait nous nous taisions vous vous taisiez ils se taisaient
Passé simple je fis tu fis il fit nous fîmes vous fîtes ils firent	**Passé simple** je dis tu dis il dit nous dîmes vous dîtes ils dirent	**Passé simple** je vis tu vis il vit nous vîmes vous vîtes ils virent	**Passé simple** je me tus tu te tus il se tut nous nous tûmes vous vous tûtes ils se turent
Futur simple je ferai tu feras il fera nous ferons vous ferez ils feront	**Futur simple** je dirai tu diras il dira nous dirons vous direz ils diront	**Futur simple** je verrai tu verras il verra nous verrons vous verrez ils verront	**Futur simple** je me tairai tu te tairas il se taira nous nous tairons vous vous tairez ils se tairont
Conditionnel présent je ferais tu ferais il ferait nous ferions vous feriez ils feraient	**Conditionnel présent** je dirais tu dirais il dirait nous dirions vous diriez ils diraient	**Conditionnel présent** je verrais tu verrais il verrait nous verrions vous verriez ils verraient	**Conditionnel présent** je me tairais tu te tairais il se tairait nous nous tairions vous vous tairiez ils se tairaient
Passé composé j'ai fait	**Passé composé** j'ai dit	**Passé composé** j'ai vu	**Passé composé** je me suis tu
Plus-que-parfait j'avais fait	**Plus-que-parfait** j'avais dit	**Plus-que-parfait** j'avais vu	**Plus-que-parfait** je m'étais tu
Passé antérieur j'eus fait	**Passé antérieur** j'eus dit	**Passé antérieur** j'eus vu	**Passé antérieur** je me fus tu
Futur antérieur j'aurai fait	**Futur antérieur** j'aurai dit	**Futur antérieur** j'aurai vu	**Futur antérieur** je me serai tu
Conditionnel passé j'aurais fait	**Conditionnel passé** j'aurais dit	**Conditionnel passé** j'aurais vu	**Conditionnel passé** je me serais tu
SUBJONCTIF			
Présent que je fasse	**Présent** que je dise	**Présent** que je voie	**Présent** que je me taise
IMPÉRATIF			
Présent fais faisons faites	**Présent** dis disons dites	**Présent** vois voyons voyez	**Présent** tais-toi taisons-nous taisez-vous
PARTICIPE			
Présent faisant **Passé** fait ayant fait	**Présent** disant **Passé** dit ayant dit	**Présent** voyant **Passé** vu ayant vu	**Présent** se taisant **Passé** s'étant tu

DEVOIR (3e gr.)	POUVOIR (3e gr.)	SAVOIR (3e gr.)	VOULOIR (3e gr.)	VALOIR (3e gr.)
INDICATIF				
Présent je dois tu dois il doit nous devons vous devez ils doivent	Présent je peux / puis tu peux il peut nous pouvons vous pouvez ils peuvent	Présent je sais tu sais il sait nous savons vous savez ils savent	Présent je veux tu veux il veut nous voulons vous voulez ils veulent	Présent je vaux tu vaux il vaut nous valons vous valez ils valent
Imparfait je devais tu devais il devait nous devions vous deviez ils devaient	Imparfait je pouvais tu pouvais il pouvait nous pouvions vous pouviez ils pouvaient	Imparfait je savais tu savais il savait nous savions vous saviez ils savaient	Imparfait je voulais tu voulais il voulait nous voulions vous vouliez ils voulaient	Imparfait je valais tu valais il valait nous valions vous valiez ils valaient
Passé simple je dus tu dus il dut nous dûmes vous dûtes ils durent	Passé simple je pus tu pus il put nous pûmes vous pûtes ils purent	Passé simple je sus tu sus il sut nous sûmes vous sûtes ils surent	Passé simple je voulus tu voulus il voulut nous voulûmes vous voulûtes ils voulurent	Passé simple je valus tu valus il valut nous valûmes vous valûtes ils valurent
Futur simple je devrai tu devras il devra nous devrons vous devrez ils devront	Futur simple je pourrai tu pourras il pourra nous pourrons vous pourrez ils pourront	Futur simple je saurai tu sauras il saura nous saurons vous saurez ils sauront	Futur simple je voudrai tu voudras il voudra nous voudrons vous voudrez ils voudront	Futur simple je vaudrai tu vaudras il vaudra nous vaudrons vous vaudrez ils vaudront
Conditionnel présent je devrais tu devrais il devrait nous devrions vous devriez ils devraient	Conditionnel présent je pourrais tu pourrais il pourrait nous pourrions vous pourriez ils pourraient	Conditionnel présent je saurais tu saurais il saurait nous saurions vous sauriez ils sauraient	Conditionnel présent je voudrais tu voudrais il voudrait nous voudrions vous voudriez ils voudraient	Conditionnel présent je vaudrais tu vaudrais il vaudrait nous vaudrions vous vaudriez ils vaudraient
Passé composé j'ai dû	Passé composé j'ai pu	Passé composé j'ai su	Passé composé j'ai voulu	Passé composé j'ai valu
Plus-que-parfait j'avais dû	Plus-que-parfait j'avais pu	Plus-que-parfait j'avais su	Plus-que-parfait j'avais voulu	Plus-que-parfait j'avais valu
Passé antérieur j'eus dû	Passé antérieur j'eus pu	Passé antérieur j'eus su	Passé antérieur j'eus voulu	Passé antérieur j'eus valu
Futur antérieur j'aurai dû	Futur antérieur j'aurai pu	Futur antérieur j'aurai su	Futur antérieur j'aurai voulu	Futur antérieur j'aurai valu
Conditionnel passé j'aurais dû	Conditionnel passé j'aurais pu	Conditionnel passé j'aurais su	Conditionnel passé j'aurais voulu	Conditionnel passé j'aurais valu
SUBJONCTIF				
Présent que je doive	Présent que je puisse	Présent que je sache	Présent que je veuille	Présent que je vaille
IMPÉRATIF				
Présent dois devons devez	– – –	Présent sache sachons sachez	Présent veuille – veuillez	Présent vaux valons valez
PARTICIPE				
Présent devant Passé dû ayant dû	Présent pouvant Passé pu ayant pu	Présent sachant Passé su ayant su	Présent voulant Passé voulu ayant voulu	Présent valant Passé valu ayant valu

METTRE (3e gr.)	PRENDRE (3e gr.)	RENDRE (3e gr.)	CROIRE (3e gr.)	CRAINDRE (3e gr.)	RÉSOUDRE (3e gr.)
INDICATIF					
Présent je mets tu mets il met nous mettons vous mettez ils mettent	Présent je prends tu prends il prend nous prenons vous prenez ils prennent	Présent je rends tu rends il rend nous rendons vous rendez ils rendent	Présent je crois tu crois il croit nous croyons vous croyez ils croient	Présent je crains tu crains il craint nous craignons vous craignez ils craignent	Présent je résous tu résous il résout nous résolvons vous résolvez ils résolvent
Imparfait je mettais tu mettais il mettait nous mettions vous mettiez ils mettaient	Imparfait je prenais tu prenais il prenait nous prenions vous preniez ils prenaient	Imparfait je rendais tu rendais il rendait nous rendions vous rendiez ils rendaient	Imparfait je croyais tu croyais il croyait nous croyions vous croyiez ils croyaient	Imparfait je craignais tu craignais il craignait nous craignions vous craigniez ils craignaient	Imparfait je résolvais tu résolvais il résolvait nous résolvions vous résolviez ils résolvaient
Passé simple je mis tu mis il mit nous mîmes vous mîtes ils mirent	Passé simple je pris tu pris il prit nous prîmes vous prîtes ils prirent	Passé simple je rendis tu rendis il rendit nous rendîmes vous rendîtes ils rendirent	Passé simple je crus tu crus il crut nous crûmes vous crûtes ils crurent	Passé simple je craignis tu craignis il craignit nous craignîmes vous craignîtes ils craignirent	Passé simple je résolus tu résolus il résolut nous résolûmes vous résolûtes ils résolurent
Futur simple je mettrai tu mettras il mettra nous mettrons vous mettrez ils mettront	Futur simple je prendrai tu prendras il prendra nous prendrons vous prendrez ils prendront	Futur simple je rendrai tu rendras il rendra nous rendrons vous rendrez ils rendront	Futur simple je croirai tu croiras il croira nous croirons vous croirez ils croiront	Futur simple je craindrai tu craindras il craindra nous craindrons vous craindrez ils craindront	Futur simple je résoudrai tu résoudras il résoudra nous résoudrons vous résoudrez ils résoudront
Conditionnel présent je mettrais tu mettrais il mettrait nous mettrions vous mettriez ils mettraient	Conditionnel présent je prendrais tu prendrais il prendrait nous prendrions vous prendriez ils prendraient	Conditionnel présent je rendrais tu rendrais il rendrait nous rendrions vous rendriez ils rendraient	Conditionnel présent je croirais tu croirais il croirait nous croirions vous croiriez ils croiraient	Conditionnel présent je craindrais tu craindrais il craindrait nous craindrions vous craindriez ils craindraient	Conditionnel présent je résoudrais tu résoudrais il résoudrait nous résoudrions vous résoudriez ils résoudraient
Passé composé j'ai mis	Passé composé j'ai pris	Passé composé j'ai rendu	Passé composé j'ai cru	Passé composé j'ai craint	Passé composé j'ai résolu
Plus-que-parfait j'avais mis	Plus-que-parfait j'avais pris	Plus-que-parfait j'avais rendu	Plus-que-parfait j'avais cru	Plus-que-parfait j'avais craint	Plus-que-parfait j'avais résolu
Passé antérieur j'eus mis	Passé antérieur j'eus pris	Passé antérieur j'eus rendu	Passé antérieur j'eus cru	Passé antérieur j'eus craint	Passé antérieur j'eus résolu
Futur antérieur j'aurai mis	Futur antérieur j'aurai pris	Futur antérieur j'aurai rendu	Futur antérieur j'aurai cru	Futur antérieur j'aurai craint	Futur antérieur j'aurai résolu
Conditionnel passé j'aurais mis	Conditionnel passé j'aurais pris	Conditionnel passé j'aurais rendu	Conditionnel passé j'aurais cru	Conditionnel passé j'aurais craint	Conditionnel passé j'aurais résolu
SUBJONCTIF					
Présent que je mette	Présent que je prenne	Présent que je rende	Présent que je croie	Présent que je craigne	Présent que je résolve
IMPÉRATIF					
Présent mets mettons mettez	Présent prends prenons prenez	Présent rends rendons rendez	Présent crois croyons croyez	Présent crains craignons craignez	Présent résous résolvons résolvez
PARTICIPE					
Présent mettant Passé mis ayant mis	Présent prenant Passé pris ayant pris	Présent rendant Passé rendu ayant rendu	Présent croyant Passé cru ayant cru	Présent craignant Passé craint ayant craint	Présent résolvant Passé résolu ayant résolu

Les mots à connaître

A

Abstrait (terme) : qui fait référence à une réalité perçue par la pensée ou le sentiment (que l'on ne peut ni voir, ni toucher...).
Ex : la peur. ► Leçon 43, p. 374

Abstrait (art) : qui ne cherche pas à reproduire le réel mais qui crée un univers de formes et de couleurs qui ne représente rien d'autre que lui-même. ► Fiche HDA, p. 278

Acte : au théâtre, division d'une pièce regroupant plusieurs scènes.

Alexandrin : vers de douze syllabes. ► Leçon 38, p. 362

Allégorie : personnification d'une idée ou d'une abstraction. **Ex :** l'allégorie de la Liberté. ► Leçon 39, p. 364

Allitération : répétition d'un même son consonne visant à produire un effet *(un **fr**ais par**f**um de **fr**uit)*. ► Leçon 38, p. 362

Anachronisme : décalage chronologique qui consiste à situer dans une époque ce qui appartient à une autre.

Anaphore : répétition d'un mot ou d'un groupe de mots en début de vers ou de phrase.
Ex : *J'écris ton nom... J'écris ton nom...*, Eluard. ► Leçon 39, p. 364

Angle de vue : désigne l'endroit d'où est vue la scène : face au sujet (vue de face), au-dessus du sujet (plongée) ; en-dessous du sujet (contre-plongée). ► Fiche HDA, p. 277

Antiphrase : consiste à dire le contraire de ce qu'on pense, tout en laissant entendre que l'on pense le contraire de ce qu'on dit (procédé principal de l'ironie). **Ex :** *C'est du beau.* ► Leçon 39, p. 364

Antithèse : figure consistant à opposer deux mots ou deux notions contraires pour créer un effet saisissant. ► Leçon 39, p. 364

Aparté : dans une pièce de théâtre, énoncé qu'un personnage s'adresse à lui-même, à l'insu des autres personnages.

Apostrophe : figure de style qui consiste à interpeller une personne présente ou absente ou une réalité qu'on personnifie. **Ex :** *Afrique mon Afrique*, Diop. ► Leçon 39, p. 364

Argument : élément que l'on utilise à l'appui d'une thèse. ► Leçon 42, p. 372

Assonance : répétition d'un même son voyelle visant à produire un effet. **Ex :** *Je fais sou**ven**t ce rêve étr**an**ge et pénétr**an**t*, Verlaine. ► Leçon 38, p. 362

Auteur : personne (écrivain, artiste) qui produit un texte ou une œuvre d'art. ► Leçon 40, p. 368

Autobiographie : récit qu'un auteur fait de sa propre vie. ► Leçon 41, p. 370

C

Cadrage ou **échelle des plans :** art de choisir ce que l'on donne à voir dans le cadre d'une image. On distingue le plan d'ensemble, le plan moyen, le gros plan... ► Fiche HDA, p. 277

Calligramme : mot inventé par Apollinaire pour désigner un poème dont le texte forme un dessin. ► Leçon 38, p. 362

Césure : coupe principale dans un vers, qui le partage en deux parties (égales ou inégales). ► Leçon 38, p. 362

Champ lexical : ensemble de mots ou expressions qui se rattachent à une même notion (*vagues, marée, crique, écume...* appartiennent au champ lexical de la mer). ► Leçon 36, p. 358

Chiasme : parallélisme construit à partir d'une inversion de termes (*bonnet blanc, blanc bonnet*). ► Leçon 39, p. 364

Classe grammaticale : nature d'un mot. On distingue les mots variables (nom, déterminant, adjectif, pronom, verbe) et les mots invariables (adverbe, préposition, conjonction de subordination ou de coordination, interjection). ► Leçon 1, p. 280

Comique : ce qui fait rire. On distingue le comique de gestes (grimaces, poursuites...), de mots (jeux de mots, injures, répétitions...), de situation (renversement de situation, quiproquo...), de caractère (manies, comportement comique d'un personnage...). ► Leçon 41, p. 370

Comparaison : figure de style qui rapproche deux éléments, le comparant et le comparé, à l'aide d'un outil de comparaison. **Ex :** *La mer* [comparé] *est comme* [outil] *un miroir* [comparant]. ► Leçon 39, p. 364

Complément essentiel : mot ou groupe de mots essentiel au sens du verbe ; on ne peut pas le supprimer. **Ex :** *Il habite **une belle maison*** (COD). *Il habite **Paris**.* (complément essentiel de lieu). ► Leçon 10, p. 302

Concession : mode d'argumentation consistant à accepter ou feindre d'accepter certains points de la thèse adverse pour mieux la contredire ensuite. ► Leçon 42, p. 372

Concret (terme) : qui fait référence à une réalité que l'on peut voir, toucher, sentir... ► Leçon 43, p. 374

Connecteurs : mots qui structurent le texte en reliant des phrases ou des propositions. On distingue les connecteurs temporels (*puis, alors...*), spatiaux (*à droite, à gauche...*), logiques (*car, donc, cependant...*). ► Leçon 19, p. 320

Connotation : ensemble des images que chacun associe à un mot en fonction de son vécu ou des traditions culturelles. **Ex :** le mot *Italie* est chargé de connotations multiples (Antiquité, art de vivre, vacances...) (voir aussi *dénotation*). ► Leçon 36, p. 358

Coordination : des propositions sont coordonnées lorsqu'elles sont reliées par un outil de liaison ou connecteur (conjonction de coordination ou adverbe de liaison : *puis, cependant...*). ► Leçon 14, p. 310.

D E

Dénotation : définition d'un mot admise par tous et telle qu'elle figure dans le dictionnaire (sens objectif). **Ex :** le mot *Italie* désigne un pays (voir aussi *connotation*). ► Leçon 36, p. 358

Destinataire : celui à qui s'adresse un énoncé (message, texte, lettre...).

Didascalies : dans un texte de théâtre, ensemble d'indications destinées à éclairer le jeu des acteurs (gestes, intonations, mimiques...) et la mise en scène (décor...).

Diérèse : en poésie, pour le respect du mètre, procédé qui consiste à prononcer séparément deux voyelles qui se suivent dans un mot (voir aussi *synérèse*). **Ex :** ***vi / o /** lon*, prononcé en trois syllabes. ► Leçon 38, p. 362

Discours rapporté : façon dont les paroles des personnages sont rapportées dans un récit (discours direct, indirect, indirect libre). ► Leçon 21, p. 326

Double énonciation : désigne le mode de communication spécifique au théâtre (les propos des personnages s'adressent à la fois aux autres personnages et au public).

Ellipse : dans un récit, le fait de passer sous silence certains événements. ► Leçon 40, p. 368

Emphatique (forme) : mise en relief d'un mot (ou groupe de mots) par sa place inhabituelle dans la phrase ou par une tournure qui le présente (*c'est... qui / que*). ► Leçon 13, p. 308

Enjambement : dans un poème, il y a enjambement quand une phrase commencée à un vers se poursuit au début du vers suivant. L'élément mis en valeur au second vers s'appelle « rejet » et à la fin du premier vers « contre-rejet ». ► Leçon 38, p. 362

Énumération : figure de style qui consiste à énoncer une série de termes de même classe et de même fonction pour provoquer un effet d'abondance. ► Leçon 39, p. 364

Euphémisme : figure de style qui consiste à adoucir une réalité trop brutale. ► Leçon 39, p. 364

Expansion du nom : ensemble des éléments qui complètent un nom (adjectif, nom ou groupe nominal, proposition subordonnée relative).
Ex : *C'était une **petite** chambre **aux murs blancs**.* ► Leçon 8, p. 298

F G H I

Figuratif (art) : qui s'attache à représenter les réalités du monde (personnages, objets...) de façon clairement identifiable (par opposition à l'art abstrait).

Fonction grammaticale : rôle d'un mot ou d'un groupe de mots dans la phrase (sujet, attribut, complément...). ► Leçon 1, p. 280

Genre : catégorie à laquelle appartient une œuvre (nouvelle, conte, roman, poésie, théâtre, lettre, autobiographie...). ► Leçon 41, p. 370

Gradation : figure de style qui consiste à énumérer des termes en les classant par ordre croissant ou décroissant. ► Leçon 39, p. 364

Hémistiche : moitié d'un vers marqué par la césure. ► Leçon 38, p. 362

Hyperbole : figure de style qui consiste à amplifier ou exagérer la réalité pour frapper l'imagination. ► Leçon 39, p. 364

Implicite : ce qui n'est pas dit mais sous-entendu ou présupposé dans l'énoncé (contraire d'*explicite*). ► Leçon 43, p. 374

Ironie : consiste à dire quelque chose en montrant bien qu'on pense le contraire. ► Leçon 41, p. 370

Juxtaposition : des propositions sont juxtaposées (« posées à côté ») lorsqu'elles sont reliées entre elles par une virgule, un point-virgule ou deux-points. Ces propositions sont liées par un rapport de sens (temps, cause, conséquence...), même s'il n'est pas exprimé. **Ex :** *Je me dépêche **:** je suis en retard* (rapport de cause). ► Leçon 14, p. 310

L M N

Litote : figure de style qui consiste à dire peu pour suggérer beaucoup. **Ex :** *Ce n'est pas mauvais* équivaut à *C'est très bon*. ► Leçon 39, p. 364

Lyrisme : désigne l'expression des sentiments personnels ; le lyrisme se caractérise par la forte présence de la 1re personne et du vocabulaire des sentiments. ► Leçon 41, p. 370

Mélioratif (terme) : présente une réalité sous son aspect le plus favorable (s'oppose à *péjoratif*). ► Leçon 43, p. 374

Métaphore : figure de style qui rapproche deux éléments, le comparant et le comparé, pour en souligner la ressemblance. La métaphore n'utilise pas d'outil de comparaison.
Ex : *La mer* [comparé] *est un miroir* [comparant]. ► Leçon 39, p. 364

Métonymie : figure de style qui consiste à remplacer un terme par un autre, auquel il est lié par un rapport de sens (*la ville s'éveille* = les habitants). ► Leçon 39, p. 364

Mètre : longueur d'un vers, déterminée par son nombre de syllabes. On distingue en particulier l'alexandrin, le décasyllabe et l'octosyllabe (12, 10 et 8 syllabes). ► Leçon 38, p. 362

Modalisation : ensemble des procédés par lesquels on exprime ses jugements ou ses sentiments. La modalisation s'effectue par l'emploi de modalisateurs (adverbes : *évidemment, peut-être...* ; temps verbaux : conditionnel... ; verbes : *sembler, paraître* ; adjectifs : *probable, certain...*). ► Leçons 20, p. 322 et 43, p. 374

Mythe : récit légendaire, transmis au fil des siècles, qui exprime de façon symbolique les croyances, les aspirations et les angoisses des hommes. **Ex :** le mythe d'Œdipe.

Narrateur : celui qui raconte l'histoire. Il peut avoir plusieurs statuts : personnage de l'histoire ou extérieur à l'histoire. Il peut intervenir dans le récit par des commentaires. ► Leçon 40, p. 368

Nouvelle : récit court, aux personnages peu nombreux, centré sur un seul événement. La nouvelle se termine souvent par une chute (dénouement rapide et frappant). ► Leçon 41, p. 370

O P Q

Oxymore : figure de style qui consiste à rapprocher des mots de sens contraire. **Ex :** *une douce souffrance*. ► Leçon 39, p. 364

Parallélisme : figure de style qui consiste à rapprocher deux phrases ou groupes de mots par la même construction. **Ex :** ***J'irai par** la forêt, **j'irai par** la montagne*, Hugo. ► Leçon 39, p. 364

Paratexte : texte qui accompagne le texte principal pour permettre de mieux le comprendre (introduction ou chapeau, notes...).

Parodie : imitation amusante d'une œuvre sérieuse.

Péjoratif (terme) : présente une réalité sous son aspect défavorable (s'oppose à *mélioratif*). ► Leçon 43, p. 374

Périphrase : figure de style qui consiste à remplacer un terme par une expression de même sens. ► Leçon 39, p. 364

Personnage : être humain, animal ou être merveilleux présent dans un texte de fiction et à ne pas confondre avec une personne réelle. ► Leçon 40, p. 368

Personnification : figure de style qui consiste à attribuer des caractères et comportements humains à un animal ou à un être inanimé (objet, végétal...). ► Leçon 39, p. 364

Poème en prose : prose rythmée, non soumise aux règles de la versification. ► Leçon 38, p. 362

Point de vue : dans un récit, angle selon lequel les événements sont racontés. On distingue le point de vue **omniscient** (le narrateur témoigne d'une connaissance parfaite des lieux, de la situation, des pensées des personnages), le point de vue **interne** (le narrateur adopte le point de vue d'un personnage), le point de vue **externe** (le narrateur, à la manière d'une caméra, raconte selon le point de vue d'un témoin extérieur). ► Leçon 40, p. 368

Prologue : dans le théâtre de la Grèce antique, discours d'un personnage qui vient présenter le sujet de la pièce avant qu'elle ne commence.

Propos : ce qui est dit du thème (voir aussi *thème*). **Ex :** *La nuit* (thème) *était tombée* (propos). ► Leçon 18, p. 318

Quatrain : strophe de quatre vers. ► Leçon 38, p. 362

R S

Registre : tonalité d'une œuvre (texte, film...), définie à partir des émotions qu'elle suscite chez le lecteur ou le spectateur : comique, tragique, lyrique... ► Leçon 41, p. 370

Réplique : au théâtre, paroles prononcées par un personnage en réponse à un autre personnage.

Retour en arrière : dans un récit ou au cinéma, rupture chronologique consistant à raconter des événements qui se sont déroulés avant l'action en cours. ► Leçon 40, p. 368

Rime : retour d'une même sonorité à la fin de deux ou plusieurs vers. On distingue les rimes plates (*aa*) ou suivies (*aabb*), croisées (*abab*), embrassées (*abba*). ► Leçon 38, p. 362

Rythme : retour à intervalles réguliers de syllabes accentuées (que l'on prononce avec plus de force que d'autres) et de sonorités identiques. **Ex :** *J'i**rai** par la fo**rêt**, j'i**rai** par la mon**ta**gne*, Hugo. ► Leçon 38, p. 362

Satire : critique moqueuse des vices et défauts d'une personne, de la société, d'un groupe social... ► Leçon 41, p. 370

Scène : **1.** division d'un acte de théâtre qui correspond aux entrées et sorties des personnages. **2.** dans un récit, moment important qui est plus développé que d'autres. Une scène comporte souvent des dialogues.

Schéma narratif : les cinq étapes du récit (situation initiale, élément déclencheur, enchaînement d'actions, résolution ou dénouement, situation finale).

Sens propre, sens figuré : le sens propre d'un mot est son sens premier (souvent concret) ; le sens figuré est un sens dérivé (souvent imagé). ► Leçon 36, p. 358

Situation d'énonciation : situation dans laquelle un énoncé est produit (qui s'adresse à qui, où, quand et dans quelles circonstances ?). ► Leçon 20, p. 322

Sommaire : dans un récit, résumé d'événements considérés comme moins importants. ► Leçon 40, p. 368

Sonnet : poème composé de deux quatrains et de deux tercets. ► Leçon 38, p. 362

Stichomythie : au théâtre, échange vif de répliques brèves lors d'une situation tendue.

Subordination (lien de) : on parle de lien de subordination quand deux propositions sont reliées par un outil de subordination (pronom relatif, conjonction de subordination, mot interrogatif). ► Leçons 14 et 15 p. 310 et 312

Surréalisme : mouvement artistique et littéraire (XXe siècle) qui fonde sa démarche créatrice sur le rêve, l'imaginaire, le hasard, et l'inconscient. ► Dossier 14, p. 270

Syllogisme : raisonnement qui se compose de trois propositions dont la troisième se déduit des deux autres (**Ex : 1.** Tous les hommes sont mortels. **2.** Or Socrate est un homme. **3.** Donc Socrate est mortel.). ► Leçon 42, p. 372

Symbole : représentation d'une notion abstraite par un personnage, un animal, un objet, un élément de la nature (**Ex :** la neige, symbole de pureté). ► Leçon 39, p. 364

Synérèse : en poésie, pour le respect du mètre, procédé qui consiste à prononcer en une seule syllabe deux voyelles qui se suivent (voir aussi *diérèse*). **Ex :** *vio / lon*, prononcé en deux syllabes. ► Leçon 38, p. 362

T V

Tercet : strophe de trois vers. ► Leçon 38, p. 362

Thème : ce dont on parle. L'information de départ dans un énoncé (voir aussi *propos*). ► Leçon 18, p. 318

Thèse : point de vue que l'on défend sur un thème donné. ► Leçon 42, p. 372

Valeur (d'un temps) : façon dont une action est présentée (dans sa chronologie, sous l'aspect de sa durée, de la répétition...). ► Leçons 24 à 26, p. 334 à 340

Vers libres : vers aux mètres variables, souvent sans rimes ; ils jouent sur les effets de rythme et de sonorités. ► Leçon 38, p. 362

Visée : intention particulière de celui qui parle ou écrit, effet qu'il cherche à produire chez son destinataire. La visée peut être de faire rire, d'émouvoir, de critiquer...

Index des auteurs et des artistes

Les pages en **bleu** renvoient aux parties « Textes et images », « Expression écrite et orale » et « Préparation au brevet » ; en **violet** aux rubriques « Étude de la langue » ; en **marron** aux pages et dossiers « Histoire des Arts ».

Auteurs

Artistes

Sont indiquées ici les images faisant l'objet d'un questionnement.

Bande dessinée

Cinéma

Design et Architecture

Musique

Peinture

Photographie

Sculpture

Théâtre

Table des illustrations

Garde avant g — ph © D. Arnaudet & J. Schormans / RMN
Garde avant hd, mg — ph © E. Lessing / Akg-Images
Garde avant md — ph © Josse / Leemage
Garde avant bg — ph © Hervé Lewandowski / Thierry Le Mage / RMN
Garde avant bm — ph © Josse / Leemage
Garde avant bd — ph © Electa / Leemage
Garde arrière g — ph © Costa / Leemage
Garde arrière hm — ph © Wallace Collection, Londres / Bridgeman-Giraudon
Garde arrière hd — ph © PrismaArchivo / Leemage
Garde arrière mg — ph © De Agostini / Leemage
Garde arrière bg — ph © Béatrice Hatala / RMN / © Succession Picasso, Paris 2012
Garde arrière bd — ph © The Metropolitan Museum of Art, Dist. RMN / Image of The Moma / The Andy Warhol, Foundation for The Visual Arts / © Adagp, Paris 2012

4 h — ph © Frédéric Soltan / Corbis
4 b — ph © Galvezrc / Demotix / Corbis
5 g — ph © Bridgeman - Giraudon
5 d — ph © Hervé Lewandowski / RMN
6 h — ph © Image Musée de l'Armée / Dist RMN
6 b — ph © Des Archives de Roy Export Company Establishment
7 — ph © Ean Taylor / Illustrations Works / Corbis
8 h — ph © Pascal Gely / CDDS
8 b — © Olislaeger / Iconovox
9 h, b — ph © Pascal Victor / ArtComArt
10 g — ph © De Agostini / Leemage / © Adagp, Paris 2012
10 d — ph © The Metropolitan Museum of Art, image of the MMA / Dist. RMN
11 — ph © Josse / Leemage / © Adagp, Paris 2012
13 — ph © Brigitte Enguerrand / CDDS
14 — ph © Remo Casilli / CameraPress / Gamma - Rapho
15 — ph © David Pillinger / Corbis
17 — ph © Frédéric Soltan / Corbis
18 — ph © Diego Goldberg / Sygma / Corbis
21 — ph © Galvezrc / Demotix / Corbis
23 — ph © Carlos Carrion / Sygma / Corbis
24 g — ph © Max Galli / Laif-REA
24 d — Coll. Christophel
25 — ph © Gérard Blot / RMN / © Succession Picasso, Paris 2012
26 h — © Folio
26 g — ph © Bridgeman - Giraudon
26 d — © Pocket
27 h — ph © Re-Public / Leemage
27 b — © Belin Gallimard
28 h — ph © Eric Fougere / VIP Images / Corbis
28 b — ph © Alison Shaw / Corbis
29 — ph © Olivier Culmann / Tendance Floue
30 g — ph © Christie's Images / Superstock / Leemage
30 d — ph © Sophie Bassouls / Sygma / Corbis
32 h — ph © Sophie Bassouls / Sygma / Corbis
32 b — ph © Roger-Viollet
33 — ph © Succession Willy Ronis / Gamma - Rapho
34 g — ph © La Collection / Imagno
34 d — ph © Albert Harlingue / Roger-Viollet
36 h — ph © Archives Charmet / Bridgeman - Giraudon
36 b — ph © Steer, Philip Wilson (1860-1942) / Ferens Art Gallery, Hull Museums, UK / The Bridgeman Art Library
38 h — ph © Stéphane Masson / Kipa / Corbis
38 b — ph © Chris Laurens / Photolibrary
40 g — ph © Sophie Bassouls / Sygma / Corbis
40 d — © Folio Junior
41 — ph © La Collection / Imagno
42 — ph © Stéphane Reix / For Picture / Corbis
43 — © l'Association
44 — ph © Ludovic / REA
45 — ph © Etienne de Malglaive / REA
47 — ph © Alain Nogues / Corbis
48 — ph © Emmanuel Valentin / Hoa-Qui / Gamma - Rapho
49 h — © LGF Paris
49 mg — © Casterman
49 md — © Pocket Jeunesse
49 b — Coll. Christophel
52 g — ph © Friedrich Seidenstücker / BPK, Berlin / Dist RMN
52 d — Coll. Christophel
53 — ph © Hervé Lewandowski / RMN
54 h — Coll. Christophel
54 m — Coll. Christophel
54 b — © Folio Gallimard
55 h — ph © Ullstein Bild / Akg-Images
55 b — Coll. Christophel
56 — ph © Agence Bulloz / RMN / © Adagp, Paris, 2012
58 — ph © Albert Harlingue / Roger viollet
59 — ph © Laurent Sully-Jaulmes / Musée de l'Armée / Dist RMN
60 — ph © Hervé Lewandowski / RMN / © Adagp, Paris 2012
63 — ph © Image Musée de l'Armée / Dist RMN
65 — Coll. Christophel
66 — © Folio Plus
67 — ph © Hervé Lewandowski / RMN
68 — Coll. Christophel
71 — ph © Musée du Louvre / RMN
72 — ph © Costa / Leemage
73 h — © Folio Junior
73 mg — © Magnard Collège
73 md — © Editions Zoé
73 b — Coll. Christophel
76 h — ph © Fernand Cuville / Ministère de la Culture - Médiathèque du Patrimoine / Dist RMN
76 b — ph © Selva / Leemage
77 — ph © Akg-Images
78 g — ph © Image Musée de l'Armée / Dist RMN
78 bg — © Le Livre de Poche
78 bd — ph © Adélaïde Beaudoin / MBA, Rennes / Dist. RMN
79 hd — Coll. Christophel
79 bd — © Pocket
80 hd — ph © Roger-Viollet
80 mm — ph © Josse / Leemage
82 — ph © Henri Martinie / Roger-Viollet
83 — ph © Image Musée de l'Armée / Dist RMN
84 hd — ph © Austrian Archives / Corbis
84 bd — Coll. Christophel
86 hd — ph © Albert Harlingue / Roger-Viollet
86 bg — Coll. Christophel
87 — Coll. Christophel
88 hd — ph © René Burri / Magnum
88 bg — ph © Josse / Leemage
89 — ph © Jean-Pierre Couderc / Roger-Viollet
90 hd — ph © Oscar White / Corbis
90 bd — ph © Robert Capa / International Center of Photography / Magnum Photos
91 — Coll. Christophel
92 — © Le Livre de Poche
93 — ph © Image Musée de l'Armée / Dist RMN
94 — © Casterman
95 hd — ph © Akg-Images
95 mg — © Ecpad
96 — ph © Bridgeman-Giraudon
97 — ph © René Gabriel Ojéda / RMN / © Succession Picasso, Paris 2012

99 ph © Patrick Merret / MBA, Rennes / Dist. RMN
100 ph © Hubert Josse / Paris, Musée de l'Armée / dist. RMN
101 ph © Robert Capa / International Center of Photography / Magnum Photos
103 hd © Librio
103 mg © Le Livre de Poche Jeunesse
103 md © Editions Ouest France
103 bd Coll. Christophel
106 © Les Temps modernes © Roy Export Company Establishment
107 hd Coll. Christophel
107 md © The Roy Export Company Establishment
108, 109 © Les Temps modernes © Roy Export Company Establishment
110, 111 © Les Temps modernes © Roy Export Company Establishment
112, 113 © Les Temps modernes © Roy Export Company Establishment
114 bg ph © Akg-Images / © Adagp, Paris 2012
114 bd ph © Michèle Bellot / RMN / © Adagp, Paris 2012
115 ph © Jacques Faujour / Coll. Centre Pompidou, Dist. RMN / © Adagp, Paris 2012
116 h ph © James Veysey / CameraPress / Gamma - Rapho
116 bg © Folio plus Classiques Gallimard
116 bd © Medium
117 h © Gallimard Folio
117 b ph © Nossant / Sipa Press
118 h ph © Baltel / Sipa Press
118 b Coll. Christophel
120 h ph © Andersen Ulf / Sipa Press
120 m ph © Imagestate / Leemage
121 ph © Jean-Claude Planchet / Centre Pompidou / MNAM-CCI / Dist. RMN
122 ph © Jerome Mars / Sipa Press
123 ph © Lissac / Godong / Leemage
124 h ph © TF1- Sureau / Sipa Press
124 m ph © Randy Faris / Corbis
126 ph © Andersen Ulf / Sipa Press
127 ph © Andreas Hub / Laif-REA
128 ph © Manfred Suzanne-Danegger / Jacana / Gamma - Rapho
129 ph © Andersen Ulf / Sipa Press
130 ph © Ean Taylor / Illustrations Works / Corbis
132 © Le Livre de Poche
133 ph © Firefly Productions / Corbis
137 ph © François Perri / REA
139 g © Folio Junior Gallimard
139 hd © Folio Gallimard
139 md © Magnier
139 bd Coll. Christophel
142 h ph © Manya Igel Fine Arts, London, UK / Bridgeman - Giraudon
142 b ph © Roger-Viollet / © Adagp, Paris 2012
143 g ph © The Fine Art Society, Londres / Bridgeman - Giraudon
143 hd ph © Museum of Fine Arts, Houston / Museum purchase with funds from J. Brian and Varina Eby / Bridgeman - Giraudon
143 m ph © Fréric Pitchal / Sygma / Corbis
144 h ph © De Agostini / Leemage / © Adagp, Paris 2012
144 mg doc. Made in design
144 md ph © Bertrand Prévost / Philippe Starck / Collection Centre Pompidou / Dist. RMN
145 g ph © Jean-Claude Planchet / Collection Centre Pompidou / Dist, RMN
145 hd ph © Georges Meguerditchian / Philippe Starck / Collection Centre Pompidou / Dist. RMN
145 mg © DR
145 md ph © Stéphane La Goutte / Challenges -REA
146 h Coll. Koball / The Picture Desk
146 b Coll. Christophel
147 h ph © Jean Bernard / Leemage / © Adagp, Paris 2012
147 mg ph © Farabola / Leemage
147 md ph © Jean-Claude Planchet / Collection Georges Pompidou / Dist. RMN / © Adagp, Paris 2012
147 bg ph © Jean Mounicq / Roger-Viollet
148 ph © Leemage
149 Coll. Kobal Collection
151 Coll. Christophel
152 h ph © Serge Benhamou / Gamma - Rapho
152 b © Olislaeger / Iconovox
155 ph © Denis Allard / REA
156 hd ph © Pascal Victor / ArtComArt
156 bg ph © Pascal Gely / CDDS
157 ph © Pascal Victor / ArtComArt
158 h ph © Collection Dagli Orti / Gianni Dagli Orti / Museo Vapitolino
158 b ph © Josse / Leemage
159 bg © Hatier
159 bd ph © Selva / Leemage / © Adagp, Paris 2012
159 h ph © ASP / BnF, Paris / Archives Hatier
160 ph © Frassinetti / AGF / Leemage
161 ph © Pascal Gely / CDDS
162 h ph © Bibliothèque littéraire Jacques Doucet, Paris / Archives Charmet / Bridgeman-Giraudon / © Adagp, Paris 2012
162 b ph © Proscenium Théâtre Collectiion, Archives Charmet / Bridgeman - Giraudon / © Adagp, Paris 2012
164 ph © Frassinetti / AGF / Leemage
165 ph © Brigitte Enguerand / CDDS
166 h ph © Lipniski / Gamma - Rapho
166 b ph © Pascal Victor / ArtComArt
168, 169 ph © Pascal Victor / ArtComArt
170 h ph © Rome, Musée du Capitole / Aisa / Leemage
170 b ph © Pascal Victor / ArtComArt
172 ph © De Agostini / Leemage
173 h ph © Aisa / Leemage
173 b ph © Victor Tonelli / ArtComArt
174 ph © Marc Enguerand / CDDS
176 © La Petite Vermillon
177 ph © Pascal Gely / CDDS
178 © Coll. A. Barsacq / DR / BnF, Paris
181, 182 ph © Victor Tonelli / ArtComArt
183 g © Nathan
183 mg © Le Livre de Poche
183 md © Librio
183 bd Coll. Christophel
186, 187 ph © Pascal Victor / ArtComArt
188 Coll. Christophel
189 Coll. The Kobal Collection
190, 191 ph © Pascal Victor / ArtComArt
192 h ph © Robert Doisneau / Gamma - Rapho
192 b ph © Philippe Migeat / Collection Centre Pompidou / Dist RMN
193 ph © Pascal Victor / ArtComArt
194 h Coll. Christophel
194 m ph © Pascal Victor / ArtComArt
194 b © Magnard
195 ph © Sébastien Dufour / Gamma - Rapho
196 ph © Pascal Victor / ArtComArt
197, 198 Coll. Christophel
200 ph © Pascal Victor / ArtComArt
202 ph © CameraPress / Nigel Norrington / Gamma - Rapho
206 ph © Pascal Victor / ArtComArt
208 © Folio
209 ph © Pascal Victor / ArtComArt
210 h, b ph © Pascal Victor / ArtComArt
211 ph © Victor Tonelli / ArtComArt
213 ph © Benjamin Renout / Enguerand / CDDS
214 ph © Leemage
215 Coll. Christophel

216	ph © Pascal Gely / Enguerand / CDDS
217 h	© Folio Junior / Gallimard
217 m	© Editions Hatier
217 b	Coll. Christophel
220 h	ph © Gamma - Rapho / © Adagp, Paris 2012
220 b	ph © David Lefranc / Gamma - Rapho
221	ph © Jean-Gilles Berizzi / RMN / © Succession Picasso, Paris 2012
222 g	© Gallimard
222 d	ph © Succession Willy Ronis / Gamma - Rapho
223 h	ph © Bianchetti / Leemage DR
223 m	Coll. Christophel
223 b	© Foliothèque / Gallimard
224	ph © Costa / Leemage
225	ph © De Agostini / Leemage / © Adagp, Paris 2012
226	ph © Robert Doisneau / Gamma - Rapho
227	ph © Imagebroker / Leemage
228	ph © L'Humanité / Keystone / Gamma - Rapho
229	ph © Robert Doisneau / Gamma - Rapho
230	ph © Keystone / Gamma - Rapho
231	ph © Jean-Philippe Charbonnier / Gamma - Rapho
232	ph © Centre Pompidou, MNAM-CCI, dist. RMN / © Adagp, Paris 2012
233 g	ph © Daniel Arnaudet / RMN
233 d	© Présence africaine
234 g	ph © Philippe Migeat / Centre Pompidou, MNAM-CCI Distribution RMN / © Adagp, Paris, 2012
234 d	ph © Pierre Choumoff / Roger-Viollet
235	ph © Philippe Migeat / Centre Pompidou, MNAM-CCI Dist. RMN / © Adagp, Paris 2012
236	ph © Eric Catarina / Gamma - Rapho
236, 237	ph © Chris Steele-Perkins / Magnum Photo
237	ph © Lionel Flusin / Gamma - Rapho
239	ph © Robert Capa International Center of Photography / Magnum Photos
241	ph © Ian Berry / Magnum Photos
242	ph © Heritage Images / Leemage
243 h	© Livre de Poche
243 m	© Gallimard
243 b	Coll. Christophel
246 h	ph © Hamburger Kunsthalle Hamburg, Bridgeman - Giraudon / © Adagp, Paris 2012
246 b	ph © François Ancellet / Gamma - Rapho
247	ph © Josse / Leemage / © Adagp, Paris 2012
248 h	ph © Archives Charmet / Bridgeman - Giraudon
248 bg	ph © De Agostini / Leemage
248 bd	© Edition Sophie Nauleau
249 h	ph © Tyne & Wear Archives & Museums / Bridgeman - Giraudon
249 b	© Seuil
250 g	ph © Centre Pompidou, MNAM-CCI, Dist. RMN / © Adagp, Paris 2012
250 d	ph © Edouard Boubat / Gamma - Rapho
251 g	ph © Centre Pompidou, MNAM-CCI, Dist. RMN
251 d	ph © Marc Gantier / Gamma - Rapho
252 h	ph © Keystone / Gamma - Rapho
252 b	ph © Akg-Images
254 h	ph © Micheline Pelletier / Gamma - Rapho
255	ph © Alex Majoli / Magnum Photos
256 h	ph © Karsh of Ottawa / Camerapress / Gamma - Rapho
256 b	ph © The Metropolitan Museum of Art, image of the MMA / Dist. RMN,
258	ph © Eric Catarina / Gamma - Rapho
259	ph © Olivier Culmann / Tendance Floue
260	ph © Ocean / Corbis
261	ph © Pierre Choumoff / Roger-Viollet
262	ph © Tyne & Wear Archives & Museums / Bridgeman - Giraudon
264	ph © Michel Migeat / Centre Pompidou, MNAM-CCI / Dist. RMN
265	ph © Imagestate / Leemage
267	ph © Sylvain Grandadam / Hoa-Qui / Gamma - Rapho
270 h	ph © Jacques Faujour / Centre Pompidou, MNAM / Dist. RMN / © Adagp, Paris 2012
270 b	ph © Philippe Migeat / Centre Pompidou, MNAM CCI / Dist. RMN
271 h	ph © Centre Pompidou, MNAM-CCI / Dist. RMN / © Adagp, Paris 2012
271 b	ph © Akg-Images / © Succession Picasso, Paris 2012
272 h	ph © Scala / Successió Miró / © Adagp, Paris 2012
272 b	ph © Rabatie Domingie / Akg-Images
273 h	ph © Edward James Foundation, Sussex / Bridgeman - Giraudon / Salvador Dalí, Fundació Gala-Salvador Dali / © Adagp, Paris 2012
273 b	ph © Menil Collection, Houston, Bridgeman - Giraudon / © Adagp, Paris 2012
274 g	ph © Akg-Images / Man Ray Strust / © Adagp, Paris 2012
274 d	ph © Jean-Gilles Berizzi / RMN / © Succession Picasso, Paris 2012
275	ph © Akg-Images / © Adagp, Paris 2012
281	ph © Peter Guenter / Vario Press / Photononstop
283	ph © Heinglein and Streets / Cultura Creative / Photononstop
285	ph © Aisa / Leemage
289	Coll. Christophel
293	© Editions du Nord, Bruxelles
297	ph © Phillips, Fine Art Auctioneers, New York / Bridgeman - Giraudon / © Adagp, Paris 2012
299	ph © Janet / Gough / Celebrity / Gamma - Rapho
300	ph © I love images / Photo12
303	ph © Guiziou Fransk / Hémis
307	ph © Super-Stock / Leemage
311	ph © FinaArtImages / Leemage
320	ph © Imagestate / Leemage
323	ph © Mauritius / Photononstop
325	ph © Ghislain et Marie David de Lossy / Culture / Photononstop
329	ph © Selva / Leemage
333	ph © Aisa / Leemage
339	ph © Grapheast / Leemage
341	ph © ImageSource / REA
343	ph © Photononstop
345	ph © Corbis
347	ph © Leemage
349	ph © Peter Hundert / Cultura / Corbis
355	ph © Selva / Leemage
370	ph © Brigitte Enguerand / CDDS
374	© Catherine Beaunez / Iconovox
376	© Agence Service Civique
378	Coll. Christophel
381	ph © Superstock / Leemage
385	ph © Aisa / Leemage / © Adagp, Paris 2012

Achevé d'imprimer par Grafica Veneta à Trebaseleghe - Italie
Dépôt légal : 95493-1/01 - Avril 2012

FRISE CHRONOLOGIQUE (du XVIIIe au XXIe siècle)

1700 | 1710 | 1720 | 1730 | 1750

1719 **DEFOE** *Robinson Crusoé*

1721 **MONTESQUIEU** *Lettres persanes*

1730 **MARIVAUX** *Le Jeu de l'amour et du hasard*

Chardin
Jeune Fille avec une raquette et un volant (1737)

1715 à 1723 — RÉGENCE DE PHILIPPE D'ORLÉANS

1723 à 1 — RÈGNE DE L

XVIIIe SIÈCLE : les Lumières

1800 | 1810 | 1830 | 1840 | 1850

1812 **GRIMM** *Contes*

Friedrich
Voyageur au-dessus de la mer de nuages (1818)

1833 **BALZAC** *Eugénie Grandet*

1834 **MUSSET** *On ne badine pas avec l'amour*

1837 **MÉRIMÉE** *La Vénus d'Ille*

extra

1830 à 1860 — RÉVOLUTION INDUSTRIELLE FRANÇ

1804 à 1815 — PREMIER EMPIRE (règne de Napoléon Ier)

1815 à 1830 — RESTAURATION (règnes de Louis XVIII et Charles X)

1830 à 1848 — MONARCHIE DE JUILLET (règne de Louis-Philippe)

1848 — IIe RÉ

XIXe SIÈCLE : romantisme, réalisme, naturalisme

1900 | 1910 | 1920 | 1940 | 1950

1899 **COURTELINE** *Le commissaire est bon enfant*

1906 **LONDON** *Croc-Blanc*

1910 **FEYDEAU** *On purge bébé !*

1913 **APOLLINAIRE** *Alcools*

1913 **ALAIN-FOURNIER** *Le Grand Meaulnes*

1916 **BARBUSSE** *Le Feu*

1928 **REMARQUE** *À l'ouest rien de nouveau*

Picasso
Tête de femme (1931)

1934 **COCTEAU** *La Machine infernale*

1935 **GIRAUDOUX** *La guerre de Troie n'aura pas lieu*

1938 **SUPERVIELLE** *La Fable du monde*

1942 **VERCORS** *Le Silence de la mer*

1944 **ANOUILH** *Antigone*

1944 **ELUARD** *Au Rendez-vo allemand*

1946 **PRÉVER** *Paroles*

1870 à 1940 — IIIe RÉPUBLIQUE

1914 à 1918 — PREMIÈRE GUERRE MONDIALE

1936 — FRONT POPULAIRE

1939 à 1945 — SECONDE GUERRE MONDIALE

1946 — IVe RÉ